张骁儒 / 主编

深圳市民文化大讲堂
2013年讲座精选

上册

The Selections of
Shenzhen Civil Lecture on Culture
(2013)

社会科学文献出版社
SOCIAL SCIENCES ACADEMIC PRESS (CHINA)

目录 Contents

上册

1

四　军事·科学

下　册

五　教育·励志

改革创新·中国梦

公共治理变革与创新：
实现中国梦的重要路径

汪玉凯

汪玉凯

教授，博士生导师。中国行政体制改革研究会秘书长，国家行政学院电子政务专家委员会副主任。致力于公共管理、中国政府改革和电子政务方面的研究，出版著作 20 余部，主要有《界定政府边界》《公共权力与公共治理》《中国行政体制改革 20 年》等。曾在《央视论坛》、《焦点访谈》、《百家讲坛》、中央人民广播电台等重要媒体制作节目或进行专题讲演。主持过多项国内外研究课题或咨询课题。参与由国务院办公厅、科技部组织实施的电子政务示范工程总体方案的制订。主持制订国内多家城市电子政务总体规划项目。

政府作为公共治理的载体和主体，在实现中国梦的过程中，它自身的责任、行为会对整个中国梦的实现产生深度的影响。

经过30多年的改革发展，中国改革本身已进入了战略转折期。主要有两个标志，一是改革的重点正在发生转变。过去，我们一直以经济改革带动其他改革，现在越来越带不动了，政府越来越成为社会矛盾的中心，成为社会矛盾的聚焦点。越到后来，行政改革几乎上升到和经济改革同等重要的位置，改革的重心正在发生一些转变。二是传统发展方式走到尽头了。就是传统的拼资源、拼环境，只注重GDP而不注重人的幸福，这种发展方式走到尽头了，走不下去了。这是改革进入战略转折期的两个重要标志。

现在从政府治理角度来看，我们面临双重压力。第一就是改革的政府环境、外部环境发生变化，给我们带来压力。第二就是政府自身存在一些深层次问题没解决好，引发老百姓的不信任，对我们形成压力。我把外部环境变化概括为四个特征。

一是中国改革发展取得巨大成就，但人们对改革的认知度在大大下降。今天的中国人再也不像30多年前改革起步时那样期待改革、拥护改革，实际上很多人反对改革。有些改革剥夺了普通老百姓的利益，老百姓肯定不支持。下一步改革如何走？分歧也在加大，在目前利益格局固化这样的环境下，要重构改革的共识，实际上比当年发动改革还难。

二是中国经济在持续快速的发展当中付出了很高的代价。主要表现在转变发展方式方面的"四个难以为继"，即低成本出口战略难以为继，低端产业主导经济结构难以为继，资源和环境传统的使用方式难以为继，以及收入分配不公引发的社会问题使社会稳定的大局难以为继。我们通过资金高投入、资源高消耗、环境高污染，换来了30多年来9.9%的高增长速度。我们透支了资源、破坏了环境。每天面对的是地沟油、毒奶粉、毒大米、毒胶囊，百姓还有幸福感吗？

三是中国的"双转"（即社会转型、体制转型）在快速推进。也就是说，传统社会走向现代社会，农业社会走向工业社会，乃至信息社会；我们的体制由计划体制转向市场体制。但是我们积聚了大量的社会矛盾、社会冲突。20 世纪 90 年代，中国每年发生的群体行为事件平均不到 1 万起，现在每年十几万起。为了维稳，我们付出了巨大代价。大量矛盾确实是人民内部矛盾，出警只能激化仇恨。

四是中国在国际上的影响越来越大，在世界上的话语权越来越大，但是中国的形象不断地被西方国家误读、误解。后面既有深刻的政治原因，也有一些其他复杂的原因。我们能不能保住 30 多年改革开放的成果，能不能发现新的机遇，打破这个格局，对我们政府治理国家形成了挑战，说明公共治理的外部环境发生了变化。

从政府自身来讲，首先得充分肯定过去 6 次改革的成就。1982 年、1988 年、1993 年、1998 年、2003 年、2008 年，我们进行过 6 次行政体制改革，也可以叫公共治理变革。6 次改革以后，政府大体由计划经济政府转向市场经济政府，在 30 多年中中国经济能够强势增长，国家整体大进步，政府功不可没；但是正像我前面讲到的，越到后面，政府就越来越成为社会矛盾的中心，成为社会矛盾的聚焦点。这可能和政府的问题相联系。政府的问题很多，据我的研究，从中央到地方有几个共性问题。第一，结构不合理。我们本来想搞一个小政府、大社会，但在很多地方都搞成大政府、小社会了。政府功能扩大，部门设立过多。职能交叉、职能重叠，导致行政监督不合理。还有就是我们有两套班子，党一套、政府一套。仔细研究一下，党的很多部门和政府部门交叉。比如说党委有纪检部门，政府有检查和审计部门；党有组织部门，政府有人事管理部门；党有宣传部，政府有文化局；党有统战部，政府有民族宗教事务管理局；党有政法委，政府有司法局。很多核心工作你会发现党的部门和政府机构有交叉。

第二，政府管理运行中深层次问题没解决好，我觉得至少有四大问题。

一是职能转变制度滞后。1988 年就提出要转变政府职能，后来每次转变政府职能改革都是最主要的改革任务。但是 20 多年过去了，转变政府职能这一目标还在困扰我们。

二是政府自身改革滞后。老百姓说，改社会的、改老百姓的改得快：减员增效、下岗分流、住房制度改革、医疗制度改革、拆迁和征地，这都是改老百姓、改社会的。反过来，改政府自己的就难了。三公消费即公车消费、公务接待、公款出国，都造成很大问题。20世纪80年代有些地方就开始探索怎么实施公车改革，到现在公车改革探索了30多年。再一个是官员财产申报公开，这是国际惯例呀，发达国家都有这个制度。你看人家竞选总统，先公开你家里有多少存款，有多少动产和房产，有多少股票、债券。包括我国台湾地区的马英九竞选的时候，首先公布他的财产。20世纪90年代，我们就开始探索官员财产申报如何依法公开。后来内部产生了很大争议，就搁置起来了，到现在我们只有申报环节，没有公开环节。我认为没有公开环节意义不大。房姐、房妹、房叔，都是通过网络搞出来的，哪个首先是纪检部门、组织部门曝光的？没有，都是通过网络。老百姓通过这种形式把一些官员的财产曝光，才发现问题了。

三是行政审批过多、过滥，变成腐败的温床。中国行政审批机构是由计划经济走向市场经济过程中出现的一个怪胎，这个怪胎反过来是会吃人的。哪个部门的公共审批都有许可，但是和国外相比，中国的审批面太宽，审批事项过多，程序不规范，存在大量暗箱操作。深圳市前市长许宗衡，他原来是深圳市委党校常务副校长，他几乎干预了在深圳主政期间所有的重大项目。有很多优秀官员在审批怪胎面前败下阵来。反腐力度小吗？不小，我说下面几组数据可能会震撼大家。从1978年到现在，全国一共查处450万起涉及政府犯罪，查处450万人，其中省部级高官腐败分子467人。从2002年至今，一共查处了63万起涉及政府犯罪，查处省部级官员接近100人，平均每年近10人。但腐败始终没有控制住，数额越来越大，由金钱腐败发展到权力腐败、司法腐败等。

四是在一党执政的条件下，我们官员的权力生命周期非常长。我们750万公务人员，在五级政府这个台阶上，只要你能当领导人，如果你不能管控好自己的行为，你想腐败易如反掌，哪怕在乡镇当党委书记、镇长，在县里当县委书记、县长、局长，依此类推。只要能当主要领导人，想腐败太容易了。不改革这个"温床"，不去掉这个根，腐败还可能会蔓延。

现在是互联网时代，网民快接近 6 亿了，微博用户快接近 4 亿了，现在最大的问题就是信息发布的主体改变了。过去是党政部门自己控制信息，现在几亿个微博用户就是几亿爆料人。在这样一种环境下信息发布的主体有变化了，这些年来发生的网络事件都是冲政府来的，基本上就是这种格局。例如，华南虎事件、上海钓鱼执法事件、邓玉娇案、"7·23"动车追尾事件、郭美美事件。这就是我们面对的公共制度的环境，我们面临的压力很大。那么公共治理的难度在哪里？750 万公务委员，加上 3200 万事业单位人员，没有这些公务人员管理的变革，我想公共管理变革很难实现。

三个部分的公共管理很重要。政府不是财富创造的主体，企业公民才是财富创造的主体，政府是营造环境的主体。法律不授权，政府无职权。政府权力受到严格的法律限制。很多官员没有这种概念，当了市长、党委书记以后，不知道他的权力有多大。政府权力和公民权利在法律上是相反的，法律对老百姓来讲是规定你不能做什么，你不能杀人，你不能放火，你杀人放火就追究你法律责任。但是法律对政府来讲是规定它只能做什么。法律没明确规定的，政府都不能做，这叫"依法行政"。依法行政的另一个意义就是，政府所有行政活动必须有法律的依据。习总书记多次提到，党必须在宪法、法律范围内活动，任何人不能以权压法、以言代法、徇情枉法。要用笼子把公共权力关起来，这对我们是很大的挑战。服务型政府的本质是不能让公民围绕政府转，而是政府围绕着群众转。这次提出四句话：职能科学、结构优化、廉洁高效、人民满意。最重要讲的是人民满意，我们只有树立这样的理念，变革才是有方向的。

公共治理变革与创新需要确立明确的战略和目标，一个是到 2020 年建成有中国特色的行政管理体制；另一个是建设一个职能科学、结构优化、廉洁高效、人民满意的服务型政府。这就是公共治理变革与创新的目标，变革的重点可以从四个方面展开。

第一，找准政府在市场经济条件下的角色定位，最大限度地保障社会的公平与正义。政府不是投身第一线替代企业去招商引资，政府最大的责任是人们有安全感；营造公平竞争的市场环境；没有欺诈、没有垄断，保障社会公平与正义。现在大家看到，这次机构调整就是针对政府过于强势，管的事情过多，于是做出了以下几项转变政府职能的重大举措。

（1）政府要向市场放权。将来各种私人投资基本要放开，民间投资基本要放开。生产经营过程的审批大量放开，包括各种资质、资格认证会大量减少。减少行政事业性收费，改革工商企业注册制度。降低门槛，鼓励个人创业，一块钱就能注册，而且注册就给你营业执照，第二天就可以开业了，后面再慢慢办手续都可以。不像过去，要办前置审批，现在颠倒过来了。

（2）政府向社会放权。下面四类社会组织不需要找政府主管单位了：行业协会、科技类组织、公益类组织、服务基层社区的组织。这四大类社会组织注册不需要找政府主管部门了，直接到民政部门去注册，和国际接轨。过去我们成立社会组织都要找主管部门。当然，政治组织、宗教组织还是需要找主管部门管一下。

（3）中央向地方放权。中央政府部门管的事务太微观了，经营活动权要下放，投资审批权需要下放，大大减少部委的专项转移支付。

（4）优化职能。小事情都交给部门来管，改善微观调控。

（5）加强政府的基础制度建设。包括两个重要制度：一是不动产登记制度，全国500个城市全部联网，一介入你的身份证，你的住房一目了然；二是以个人的身份证和企业的条码证为基础建立代码制度。一个人的代码跟你一生，你交税、办理社会保险、缴费全部用这个代码。由现在的信息网络技术把基础制度全部构建起来，完善不动产登记制和代码制。这为我们提高对老百姓服务能力，加强社会有效治理提供重要的保障。

第二，优化政府结构，坚持小政府、大社会方向。这次国务院把27个部委调整成25个，减少了两个。有六大改革，一共涉及18个部门。一是铁道部撤销了。它的行政管理职能放到了交通运输部，组建了国家铁路局；把地方铁路局改组为铁路总公司，实行政企分开。原来铁道部既当运动员又当裁判员，既搞铁路规划战略、行政管理，又搞铁路投资建设，还管铁路的运营，三位一体，现在强行覆盖。二是组建了国家卫生和计划生育委员会。把人口规划职能交到国家发改委；把计划生育职能放到新组建的国家卫生和计划生育委员会。整合医疗资源，满足老百姓的看病需求。三是组建国家食品药品监督管理总局。把质检总局的生产过程、生产环节，把工商总局的流通环节都拿过来放到食品药品监督管理总局。卫生部只管设定这个行业的标准制度和风险评估。四是组建国家新闻出版广电总局。这是把传统媒体归到一起，原来是两个部门管，这次就归到一起，整合这方面的资源。五是重组海洋局。原来是五龙治海，海关管海上缉私，海洋局管海上资源，农业部管海上渔业捕捞，海事局管海上救助，公安部管海上边防警卫。南海局势的紧张，迫使我们整合内部的执法资源。现在在国家海洋局上面又挂了一个牌子"国家海警局"，这意味着我们可以在巡视船上配武器了。六是重组能源局。原来能源局还管不了电，由电监会管电。这次我们撤销电监会，把电业管理职能也放到了国家能源局。这突出了问题的导向，这不是定型的改革，但是首先从问题出发。目前有两大问题：一个是民生，一个是海洋权力。交通运输、新闻出版、广播、电影与电视，这都是民生问题。这几项改革都是围绕民生展开的。能源涉及国家战略，海洋区域关系国家主权。这六大改革都是政府的公共治理面临的最突出问题，可以作为优先改革的项目。

第三，加大政府自身改革力度，构建制约公权力的制度笼子。要坚持选拔政府官员的公开性、透明度和公正性。加快官员财产申报公开制度改革的步伐。要遏制三公消费，要加大这方面的改革力度，就是把公共权力关在制度的笼子里。不靠网络反腐，也不是靠"二奶"

反腐，而是要靠制度反腐。

第四，政府要为人民谋福祉，避免与民争利。中国现在的外汇储备超过德国的 GDP，达到 3.44 万亿美元。中国的外汇储备占了全世界外汇储备的一少半，被认为是全世界最有钱的国家。但你想过没有，国库有钱，老百姓腰包中有多少钱？我们过去走了一条国富优先的道路。外汇储备很多，财政收入很高，政府每年拿走的收入占了整个 GDP 的 35%。我认为现在要转到民富优先了，让老百姓富裕起来，更多一线生产者、劳动者、工作者优先。

要通过政策的公平公正使老百姓产生幸福感。我认为在这方面问题最突出。有人说，我们的政策、制度似乎越来越有利于富人，越来越有利于有钱人。下岗的、打工的以及其他普通劳动者，在政策制定过程中声音越来越微弱。干脆讲中国政策、制度是上层的阶级化，下层的碎片化。什么是阶级化呢？政府阶级和财富阶级相好，你看这么多的高官腐败分子曝光以后，省部级的高官腐败分子，到目前没有一个人没有受贿行为，都存在官商勾结现象。政府阶级掌握权力，财富阶级掌握经济。这两种阶级现在越来越近，政策对他们越来越有利。下层被碎片化了，一个农民利益收缩以后，没有组织替他来表达，没有组织听他的诉求。个人起来和社会抗争，去上访，往北京走。很多上访人堵塞交通，甚至烧汽车、卧轨。所以大家看到，往往这种群体事件后面隐藏的是公平正义。政府成为凌驾于社会之上最有权威的公共机构。北京的医院、北京的大学是公共机构，但它们不具有权威性，因为一个是看病的，一个是提供高等教育的。哪怕是县政府，它也可以制定政策。政策一出来，在我们县的管辖范围内畅行无阻。所以政府是凌驾在社会之上最权威的机构，它的责任是制定政策不偏不倚，保证社会公平公正。如果这个公平公正的天平出了问题，那它在社会上的负面影响就非常大。所以我认为，老百姓有没有幸福感在很多情况下是看他们是否处在公平的起跑线上，是不是享受到公平制定的政策了。如果他发现他是被歧视的，他是被政策排挤的，那他会据理力争，甚至发生非常强烈的反抗。所以我说，一个人有没有幸福感不仅仅体现在经济层面，不仅仅是有没有钱。精神层面有时候更重要，就是要公平正义。

政府不能与民争利，还要给每个人出彩的机会。这是习近平讲的，我认为很深刻。按照人的价值，人有五个需求。最基本的需求是生理需求，第二是安全需求，第三是社会交往需求，第四是被尊重的需求，第五是自我价值实现的需求。我认为要给每个人创造出彩的机会，就不仅仅是生理需求、安全需求、社交需求，更重要的是自我价值实现的需求，这是最高追求。你能不能给每个人提供这样的平台？我有多大的本事发挥多大的能力，我想这就是制度的平台，非常重要。

公共治理创新是实现中国梦的重要途径。公共治理变革要与时俱进，过去的公共治理变革更多在行政层面。十八大报告说，行政体制改革是政治体制改革的组成部分，所以十八大在讲政治体制改革的时候才会讲七部分的内容，其中第五部分讲的就是行政体制改革。在我看来，行政体制改革是政治体制改革的下半部分。它能够解决的就是政企分开、转变职能、提高效率、降低成本。而在政治体制改革上面还有四个更核心的要素。一是依宪行政体制。中国梦包括依宪治国梦。二是政党政治。政党在国家治理过程中扮演什么角色？三是社会主义民主。我们老说要民主选举、民主决策、民主管理、民主监督。老百姓当家做主，这主到底做了没有？四是社会主义法制。这四个方面内容，我认为是政治体制中更具有绝对意义的内容。如果我们仅在下面改革，在行政层面变，不在上面变革就走不远。举个例子，有些地方官员拼资源、拼环境、搞政绩、搞形象，表面看这是行政管理问题，但后面隐藏的是官员选拔制度问题。与时俱进，不仅在行政层面改革，而且在政治层面也要改革。政治层面的改革需要共识，需要时代竞争。

习主席讲实现中国梦，一要走中国道路；二要弘扬中国精神；三要凝聚中国力量。弘扬中国精神他讲了两层含义：一是以爱国主义为核心的民族精神；二是以改革创新为核心的时代精神。我认为非常重要的就是改革创新。改革创新就要打破因循守旧、墨守成规，要冲破墨守成规就需要形成共识，需要敢于走别人没有走过的路，敢于思考别人没有思考过的问题。1976年粉碎"四人帮"以后，如果没有邓小平发动的1978年高峰讨论这场思想解放运动的话，我们会在那么短的时间内否定"文化大革命"吗？如果这些东西否定不了，党和国家的工作重心能够转移吗？这是不可能的。邓小平看到了这一点，所以他发动了一场真理高峰讨论。人们原来认为马克思主义、毛泽东思想就是坚定的标头，邓小平说不对，马克思主义、毛泽东思想也是一种运动，它的对错也要经过检验。就是通过这场思想解放运动，我们否定了"文化大革命"，否定了"以阶级斗争为纲"，实现了工作重心的转移，中国很快走上了改革开放的道路。

为什么1992年1月28日邓小平要到南方来视察？因为改革开放进入低潮了。过去30多年，中国经济平均增长9.9%，但1990年中国经济是负增长的，是倒退的。再加上苏联、东欧发生变化，当时高层就邓小平提出的"以经济建设为中心"产生了严重分歧，有人提出，中国绝不能只坚持以经济建设为中心，还要坚持另一个中心，叫双中心。邓小平看到他提出的主张有可能被改变，于1992年1月28日破门而出，到南方视察，走一路说一路，形成著名的"南方谈话"，启动了第二次思想解放。南方视察期间邓小平说了很多话，核心就四句话。第一，基本路线动摇不得，一百年不能动摇。第二，计划和市场都是发展经济的手段，不决定国家政治制度；资本主义可以有计划，社会主义也可以有市场。第三，不改革就是死路一条，就下台。第四，要防止右，但当前的主要危险是"左"。这四句话彻底打破了当时的政治僵局，把中国改革开放拉到了新的征程上。如果没有1992年邓小平"南方谈话"，中国改革开放能不能走到今天都不一定。

我在这里说两件事。2012年2月，胡耀邦的儿子胡德平组织了一场思想讨论的聚会，我有幸参加了。那时候大家都对十八大以前中国的局势非常担忧。胡德平等人不断组织这些活动给中央提重大建议、方案，包括领导出门不封山、少封路。大家看到，如果没有1992年邓小平"南方谈话"，中国可能还不会走到今天。习近平执政以后，第一站没有去西柏坡，没有去延安，也没有去井冈山，而是重走了邓小平当年的南方视察之路，到深圳来转了一圈。象征性意义非常明显，就是继续走邓小平的改革开放道路。

走出改革困境需要更大的勇气推进公共治理变革。新一届领导执政以后，确实带来了新风，产生了重大效应。当然，好的开局并不意味着中国目前面临的风险下降了，风险依然存在。中国现在在政治、经济、社会等方面面临着四大风险，包括政府改革在内的公共治理变革。有哪四大风险呢？

第一，经济下行的压力加大，房地产泡沫越来越大。房地产的泡沫会不会破？一旦破了有可能导致中国经济硬着陆，不是软着陆。这种后果对中国经济的杀伤力是难以想象的。美国预言家成功地预言了2008年的美国金融危机，之后他又放出预言，说中国的房地产泡沫会在2014年破裂，中国经济将遭到重创，中国经济有可能硬着陆。风险压力现在感觉很大，房地产新规定出来以后，北京房价继续在上涨，10年前一平方米5000元，现在核心区一平方米10万元，涨了近20倍。

第二，社会矛盾加剧，四大差距放大了，包括贫富差距、城乡差距、行业差距，社会利益格局被扭曲了，当然，分配制度不合理是造成利益格局扭曲的首要因素，其次就是机会不均等，企业之间不处在同一个竞争起跑线上，国有企业很强势，民营企业相对弱势。人和人发展不处在同一竞争起跑线上，有钱有势的人，儿女发展空间很大；没钱没势的人，儿女发展空间受到了很大限制。高级领导的小孩要发财可以发大财，要当官可以当大官。农村出身的小孩就是考上北大、清华，毕业以后也找不到体面的工作。中国逐步进入全面拼爹的时代，这很危险呀。阶层有可能被固化，底层人越来越不能往上挤，已经被人控制了。所以说中国的改革在和革命赛跑，改革慢了就要革命了，非常危险。

　　第三，老百姓的民生有没有改善？对老百姓的承诺能不能兑现？医疗、教育、社会保障、就业、住房，我们能不能让老百姓享受到改革开放的成果？如果普通老百姓得不到实惠，感受不到幸福，他就不会再对政府产生信任感了。

　　第四，腐败能不能得到有效控制？能不能有效地遏制住公权滥用？

　　我认为这四大风险是目前经济社会面临的最大风险。我们需要调整改革的逻辑，不能再用经济改革带动其他改革了，现在主要是行政改革。国务院机构改革，转变职能强制推进。应该通过行政改革来带动经济改革，但是前面必须要有相应政治改革的推进，如法治、民主，对于这些方面的推进。如果没有政府配合推进，推动行政改革倒不如重新改革。行政改革应该先转变政治，后转变经济。所以我在《改革是中国最大的红利》一书里提出"未来变革的主题是市场经济改革，之后就变成主题"。我最后修正了一下说，未来变革的主题是适应市场经济的公共治理变革，作为整个党的改革的主题。

　　在这个大主题下我提出了一个"三清四权"的改革目标。"三清"用的是十八大报告的原话：干部清正，政府清廉，政治清明。这三句话提得非常有价值，可以作为我们长期改革的目标。干部清正是政府清廉的基础，如果750万公务员清正，政府清廉没问题。政府清廉了以后才有可能实现政治清明。政治清明不光是廉政的问题，还有幸福感，还有对制度的认可度等，还有更深刻的内涵就叫政府清廉。废除特权、弘扬民权、约束股权、保护私权，这是"四权"的改革目标。就是敢于废除一些长期形成的不合理的特权，保障老百姓当家做主的权利，构建一个约束权力的制度笼子以及对合法的个人私权予以保护，实际上这些我们已经写到宪法里去了。既然引入了宪法，我们就可以理直气壮地把这个口号打出来。所以说"三清四权"的改革目标即公共治理改革目标，我认为在当前更具有时代意义，也更具有真理性，也是我们实现中国梦的最重要的途径！

共筑中国梦　凝聚正能量

曾凡光

曾凡光

广东省委宣传部讲师团团长，教授。主要研究领域：哲学、历史和市场经济学等。长期从事政治理论的教学与研究工作，擅长宣讲党的理论创新成果，被誉为"岭南名嘴"。先后在《求是》杂志、《人民日报》、《光明日报》、《经济日报》等报刊上发表论文60余篇，出版了《中国近现代史三十讲》等3部著作。

深圳这个地方本身就是寻梦、追梦、圆梦的地方。我来深圳很多次，原来流行的三句话是"握手最有力、微笑最长久、梦想最出彩"，所以我非常愿意到深圳给大家谈谈中国梦的问题。

中国梦是习近平总书记十八大以后在国家博物馆参观《复兴之路》展览的时候提出来的，他指出，"现在，大家都在讨论中国梦，

15

我以为，实现中华民族伟大复兴，就是中华民族近代以来最伟大的梦想"。在 2013 年"两会"结束的时候，习总书记发表重要讲话，主题也是阐述"中国梦"。"中国梦"提出以后，在全国上下引起了广泛的反响和热议，大家普遍反映可敬、可亲、可及。

为什么要提出中国梦的问题

梦想反映的是一种追求。没有梦想的人生是暗淡的，没有梦想的民族是悲哀的，没有梦想的社会是沉闷的，没有梦想的时代是停滞的。

第一，提出中国梦是全面把握机遇和沉着应对挑战的迫切需要。习近平总书记在党的十八大刚结束的中央政治局常委中外记者见面会上的讲话中就提出："我们的责任，就是要团结带领全党全国各族人民，接过历史的接力棒，继续为实现中华民族伟大复兴而努力奋斗，使中华民族更加坚强有力地自立于世界民族之林，为人类作出新的更大的贡献。"要担负起这个重大责任，最重要的就是要把握机遇、应对挑战。当前，最大的机遇和挑战就是第三次工业革命的兴起。美国教授杰里米·里夫金写了一本书叫做《第三次工业革命》。他概括第一次工业革命是 18 世纪晚期，崛起的国家是英国，能源是煤炭，通信方式是报纸、杂志以及书籍，标志性产业是铁路、蒸汽机，生产方式是工厂机器生产代替作坊手工制作；第二次工业革命是 20 世纪早期，美国、德国崛起，能源是石油，通信方式是电话、收音机、电视机，标志性产业是电力、汽车，主要是汽车，生产方式是大规模流水线自动化机器生产；第三次工业革命现在开始了，21 世纪多个国家崛起，主要是"金砖四国"，能源主要是太阳能、风能等可再生能源，通信方式是互联网，标准性产业是 3D 打印，生产方式是分散合作式、个性化、就地化、数字化生产。第一次工业革命和第二次工业革命我们都错过了，这一次机不可失，时不再来，对我们的国家和民族而言这是一次很好的机遇。

　　第二，提出中国梦是为中国社会的奋斗赋予目标意义的迫切需要。中华民族历来是一个十分勤劳的民族。现在全国人民都在努力奋斗，但奋斗为了什么？大多数人是有远大理想和目标的，但也有一些人就是为了车子、房子、票子，或者简单地说就是为了钱。当然，马克思也讲过，人们奋斗的一切，说到底都与他们的利益有关。但马克思讲的这个利益既包括个人利益，也包括整体利益。习总书记提出中国梦，就是告诉国人要把个人梦与国家梦结合起来，为实现中华民族的伟大复兴而奋斗，这就为人们的奋斗指明方向，赋予更高的目标意义。

　　第三，提出中国梦是为进一步推进改革树立精神旗帜的迫切需要。改革是一个永恒的话题，只有进行时，没有完成时。但现在的问题是要不要改，怎么改，人们感到有些迷茫。现在的改革不同过去，过去的改革叫做帕累托式的改革，一部分人得到利益，带动另一部分人富起来，因此对于一些改革措施的出台，大家都赞成。现在不同了，现在的改革是利益关系的再调整，进入了深水区和攻坚期。要改革就要使一部分人利益受到损失，要动一部分人的奶酪。提出中国梦，就是要树立起一面精神旗帜，号召国人为了国家和民族的振兴而自觉地投入到改革之中去。

　　第四，提出中国梦是我国对外树立和平发展良好形象的迫切需要。现在，国际上一些国家总是对中国的发展说三道四，一会说中国的经济不行啦，鼓吹"中国崩溃论"，一会又说中国是"远交近攻"，鼓吹"中国威胁论"，特别是在关于南海问题、东海问题上，日本、菲律宾等国不断制造事端。提出中国梦，一方面就是告知世界中国要实现复兴，另一方面是要告诉世界中国是和平崛起。因此，中国梦提出以后，在世界上也引起了很好的反响。

中国梦有什么样的内涵和时间表

　　关于"中国梦"的内涵，习近平总书记有一段话："实现全面建成小康社会、建成富强民主文明和谐的社会主义现代化国家的奋斗目标，实现中华民族伟大复兴的中国梦，就是要实现国家富强、民族振兴、人民幸福。"中国梦的内涵包括两个方面，一方面是"国家梦"，就是实现中华民族的伟大复兴；另一方面是"人民梦"，习近平总书记讲"中国梦"归根到底是人民的梦。对于国家梦和民族的复兴，习近平总书记提出了一个"时间表"，实际上就是一个新的"三步走战略"。

第一步，到中国共产党成立100年（2020年）的时候，全面建成小康社会，可以叫初步复兴。就是国内生产总值和居民收入都翻一番，国内生产总值翻一番就是从2010年的39.7万亿元翻到80万亿元；居民收入翻一番，即人均GDP到2020年大概是接近6万元，居民叫支配收入可以达到2.5万元。

第二步，到新中国成立100周年（2049年）的时候，建成富强、民主、文明、和谐的社会主义现代化国家，可以叫基本复兴。基本复兴是个什么目标呢？中国的GDP在1820年曾经占到世界的33%。1820年是清代康乾盛世以后，经济发展比较快。清朝是1644年入关的，到了1820年GDP占到了世界总量的33%，这是中国历史上最高的。由于落后挨打，经济比重逐渐降了下来，到了改革开放前夕我们GDP占全世界的比重只有4.6%。经过30多年的改革开放达到了10%。现在世界银行预计我们2016年会占到18%，2020年全面建成小康社会的时候会达到25%，2030年的时候会恢复到33%，也就是说，2030年到来之日就是中华民族实现基本复兴之时。

第三步，实现中华民族的伟大复兴，把中国建设为一个强盛的中国、文明的中国、和谐的中国、美丽的中国，实现全面复兴。什么叫强盛中国呢？就是经济实力和综合国力强，国际影响力强，人民生活幸福。文明中国就是具有高度的精神文明、政治文明，民主法制健全，社会文明程度高。和谐中国就是社会公正、安定有序、团结和谐，同各国人民友好相处、共同发展。美丽中国就是尊重自然、保护自然，生态环境良好，天蓝、地绿、水清。

"人民梦"有三个层次：第一个层次是民生梦，就是解决人们的房子、车子、票子、环境、教育、医疗问题；第二个层次是尊严梦，不是说解决民生问题就完了，要使人们享有经济、政治、文化、民主的权利，使人真正感觉到当家做主人；第三个层次是成功梦，特别是年轻人，就是三个机会，即共同享有人生出彩的机会，共同享有梦想成真的机会，共同享有同祖国和时代一起成长与进步的机会。

"中国梦"经历了怎样的曲折历程

"中国梦"贯通中国历史，承载着中国人的美好夙愿。中国人的追梦过程概括地说分三个历史过程：古代辉煌兴盛，近代饱受屈辱，现代走向复兴。

习近平总书记讲过："我们的民族是伟大的民族。在五千多年的文明发展历程中，中华民族为人类的文明进步作出了不可磨灭的贡献。"中国是四大文明古国之一，在这四大文明古国中，中国有"三个唯一"。

第一，中国是世界历史上唯一一个持续了 5000 年文明的国家。四大文明古国——埃及、巴比伦、印度、中国，持续 5000 年文明的只有中国一个国家。埃及不行了，巴比伦不在了，现在印度虽然还在，但是印度历史上被灭亡过，被英国沦为殖民地，所以现在印度英语说得比较好，它也不是过去的印度了。

第二，中国是世界历史上唯一一个恢复特别快的国家。中国历史上也有衰败的时候，也有乱的时候，从秦末到汉初、从隋末到唐初、从五代末到宋初、从元末到明初、从明末到清初，它也衰败过，也乱过，但是它很快就恢复过来了，这个过程大概是 10～20 年，这在世界历史上找不到第二个这样的国家。

第三，中国是世界历史上唯一一个反复强大的国家。世界历史上，古罗马、古希腊、斯巴达、波斯帝国、荷兰、西班牙、英国等国家曾经都强大过，都辉煌一时，但是后来衰败下去再也起不来了，包括英国。现在只有一个国家还不能下结论，就是美国。中国则不同，中国是世界历史上唯一一个反复强大的国家，汉代雄风、大唐伟业、康乾盛世，辉煌一时。中国真正强大、形象非常好的时候是汉唐时期，所以现在我们的语言叫汉语，传统服装是唐装，特别是唐代，中国不但强大，而且树立了一个和蔼可亲的形象，世界上很多国家的人都到长安来学习，特别是日本，当了中国1000多年的学生。长安是世界、亚洲经济文化的中心。

中国的衰落是明代的"土木之变"以后慢慢出现的。所以，历史学家写康乾盛世的时候讲是落日辉煌。为什么会落后呢？原因有两个方面。一方面是观念的问题、思想的问题。那时候中国还在向后看，像明代的时候编《永乐大典》，把古代的一些历史、地理、文化都编在一起，欣赏过去。这时候，西方已经开始面向未来了，法国已经开始编百科全书。另一方面就是闭关锁国。明代以后为了防范倭寇，海边实行海禁，到清代还是这样子，这是非常遗憾的一件事。在清代初年的时候我们中国的地图和现在不一样，清代初期是一个桑叶型，现在已经变成了一个公鸡形。清代初年的时候我们北边到外兴安岭，南边到南海曾母暗沙，东边到库页岛，西边到巴尔喀什湖，面积达1300多万平方公里。近代以后，我国有300多万平方公里被别人侵占。

习近平总书记指出："近代以后，我们的民族历经磨难，中华民族到了最危险的时候。"进入近代，中国人所受的苦难之重、付出的牺牲之大是世界历史上少见的，想起这段历史就使人感到心痛。这段历史概括起来就是三句话：从金戈铁马横扫漠北衰落到被刚刚崛起的沙俄割走150多万平方公里的土地；从当了日本1000多年的先生衰落到被东方弹丸小国在甲午海战中打得一败涂地；从长期受到近邻远邦的普遍尊重、万邦来朝沦落到受尽"华人与狗不得入内"的侮辱。可以说，中国人是带着泪水、耻辱、辛酸进入20世纪初的。1840～1949年，列强强迫中国签订了1100多个不平等条约，赔款1000多亿两白银，相当于清政府1901年收入的960倍，光是《马关条约》

就赔款2.3亿两白银，相当于日本4年半的财政收入。在中国近代史上有一个国家特别疯狂和残忍，就是日本。1894年11月旅顺市血案，日军入侵旅顺，大屠杀4天，屠杀无辜群众2万多人；1937年12月南京大屠杀，日军侵占南京后，屠杀30多万人；1938年1月万福桥血案，日军在扬州万福桥屠杀400多人；1941年1月潘家峪血案，日军杀害河北省潘家峪1200余人，全村惨死者33户。中日甲午战争以后，一个小小的日本把中国打败了，而且中国赔了那么多钱，所以，其他国家一哄而上，掀起了瓜分中国的狂潮。那时候维新派的激进人士谭嗣同写了一首诗说："世间无物抵春愁，合向苍冥一哭休。四万万人齐下泪，天涯何处是神州？"近代中国沦落到这种地步，确实是令人感到非常心痛的一段历史。但就在这种情况下，一些先进的中国人开始了追梦过程，魏源提出"师夷长技以制夷"，学习外国的长处来制伏侵略者；洪秀全提出建太平天国，有田同耕，有饭同吃，有钱同使，无处不均匀，无人不饱暖；康有为提出建大同世界，无私产、无阶级、无家族、无邦国、无帝王，人人相亲、人人平等；特别是孙中山提出振兴中华，第一个喊出中华民族复兴的是孙中山，中国梦、中国复兴，发出第一声呐喊的是孙中山。

进入现代，习近平总书记强调，"中国共产党成立后，团结带领人民前赴后继、顽强奋斗，把贫穷落后的旧中国变成日益走向繁荣富强的新中国，中华民族伟大复兴展现出前所未有的光明前景"。特别是1949年以来，有一些事件值得我们回忆和骄傲。第一个事件就是毛泽东在天安门宣布中华人民共和国中央人民政府成立了！毛主席这一宣布当时多少人拍手称快，多少人欢呼雀跃，多少人热泪盈眶。第二个事件是抗美援朝，保家卫国。彭德怀在1958年总结的时候讲，抗美援朝战争雄辩地证明："西方侵略者几百年来只要在东方一个海岸上架起几尊大炮就能霸占一个国家的时代是一去不复返了。"特别说得好的是新加坡的前总理李光耀，他说"中国走向振兴是从跨过鸭绿江开始的，我年轻的时候到欧洲旅行，说自己是华人，人家看不起我，1951年再去西欧旅行，说自己是华人，人家就肃然起敬了"。

这个说法非常到位，所以，抗美援朝战争是使我们走向复兴的一个很重要的事件。第三个事件是 1964 年我国第一颗原子弹爆炸成功！还有从"神五"到"神十"飞天，中国人实现了自己的"航天梦"。改革开放以来，我们更是取得了举世瞩目的成绩，1978 年的时候国内生产总值排世界第 11 位，2010 年跃升第 2 位，超过了日本。世界银行行长佐利克说："中国改革开放 30 年，这是一个绝无仅有的成功的发展故事。"他讲了五个方面：一是经济年均增长 10%；二是数以亿计的人口摆脱贫困；三是实现联合国千年目标成效明显；四是成为世界第二大经济体；五是由低收入国家迈入中等收入国家行列，我们现在人均收入是 6000 美元。这一段历史是中国人扬眉吐气的历史。

如何借鉴"美国梦"的今天去圆"中国梦"的明天

谈到"中国梦"，现在社会上很多人自然就想起世界上其他国家的梦，特别是美国梦，这是我们面向世界需要理性思考和借鉴的一个问题。"美国梦"的实现可以分为五个时期。

第一个时期是"五月花号"与"美国梦"的缘起，就是 1620 年到 17 世纪中叶。1620 年 9 月，一些欧洲人乘"五月花号"离开英国驶往美洲大陆。到了美洲大陆以后一看惊呆了，大片的原始森林，清清的河水，鲜艳的野花，还有无尽的资源，他们马上决定在这里开始自己的梦想。17 世纪以后又有很多英国人和欧洲大陆的一些移民到了美洲。这是第一个时期。

第二个时期是"美国梦"的发展和"西进运动"时期，18 世纪末至 19 世纪末。美国的西部原来也是很荒凉、很落后的，通过将近一个世纪的开发，发生了很大的变化。当然，这也包括中国人的贡献，中国的一些华侨也参加了美国西部大开发，特别是修铁路还付出了很大的代价。

第三个时期就是马汉创立"海权论"，美国开始"海洋强国梦"并走向海外。这个时期，美国有一个叫马汉的上校，开始名不见经传，他研究海洋，研究海军，后来到美国海军学院去讲课，引起了震动，形成了他的海权论思想。马汉认为一个国家要崛起，必须实行海洋强国，而且要注意控制世界上一些关键的海峡和关键的海域。所以，从这时开始美国开始重视海军建设，特别是后来通过美西战争，美国把西班牙打败了，美国的海军力量上升到了第2位，第1位是英国，现在美国的海军力量已经是世界第1位了。

第四个时期就是"美国梦"和"进步主义时代"，即1890～1928年，美国近30年的改革运动时期。这个时期美国通过"西进运动"开始空前繁荣，繁荣以后也带来了一系列的问题，如高度垄断、经济危机、贫富分化、腐败盛行、阶级冲突、社会动荡，特别是贫富分化。1900年时，占美国人口1%的富人拥有美国财富的87%，1000万美国人（占人口的1/8）却生活在极度的贫困之中。19世纪中期开始，美国进行了一场被西奥多·罗斯福取名的"扒粪者"掀起的扒粪运动，专门揭示美国社会的政治与商业腐败。通过改革，美国逐渐走出了危机。

第五个时期就是罗斯福的"世界主义"和美国的"世界梦"，1929～1945年。这一段历史主政的是小罗斯福，他是美国历史上一个坐在轮椅上的总统，连任4届总统，他是唯一的一个。他当选期间提出了"罗斯福新政"，推动建立"布雷顿森林体系""雅尔塔体系"，后来又推动建立联合国国际组织，实现了美国的"世界梦"，就是霸权主义。

"中国梦"和"美国梦"有何异同？

一是文化背景不同。美国是一个移民国家，"美国梦"体现的是移民文化，每个人都有淘金梦想。因此，每年仍有超过百万的人通过移民等方式成为美国公民。而"中国梦"则是在中华文化滋润下萌生，推崇"国家好，民族好，大家才会好"。这也使得中国人民无论面对多少挑战、多大困难，都能够始终以伟大的民族智慧为底蕴，始终张扬着"厚德载物，自强不息"的性格。

二是具体内涵不同。"中国梦"的本质内涵是实现国家富强、民族复兴、人民幸福，真正实现每个人的自由和全面发展。与"美国梦"强调个人奋斗和成功不同，"中国梦"强调个人命运和国家紧密相连。

三是主流价值不同。"美国梦"强调个人价值，强调"自由、平等、民主"，集中体现为美国人的个人主义价值观。而"中国梦"则强调集体主义，倡导富强、民主、文明、和谐，倡导自由、平等、公正、法治，倡导爱国、敬业、诚信、友善。"中国梦"的价值观，在价值层面上极大提升了"中国梦"的吸引力、凝聚力和感召力。

四是实现途径不同。"美国梦"的实现途径是通过所谓的全球化来实现，其本质是对外扩张、掠夺和侵略。从1898年发动美西战争到21世纪入侵伊拉克、阿富汗等，美国的历史就是一部不断对外扩张、掠夺甚至侵略的历史。而"中国梦"实现靠的是中国的和平崛起。

五是实现目标不同。除了一些人的个人成功和那些虚幻的激励成分以外，如今"美国梦"的实现目标就是追求美国独霸世界。而"中国梦"的实现目标则是人民幸福、国家和民族的伟大复兴，正如习近平总书记所说，"人民对美好生活的向往，就是我们的奋斗目标"。

六是产生影响不同。美国意识形态以个人利益、个人自由为中心，"美国梦"强调追求一强独大的单极世界，为了自己国家的利益而不惜损害甚至牺牲其他国家人民的利益甚至世界的整体利益。"中国梦"追求的是促进世界共同发展，建设和谐世界。实现"中国梦"是世界的重大"利好"，是全世界人民的福祉。

梦想对一个国家的发展具有巨大影响和重大意义。虽然"美国梦"和"中国梦"有着根本的不同，但我们可以借鉴"美国梦"中的一些积极因素，来推动实现我们的"中国梦"。

第一，我们要尊重个人的梦想和追求。"中国梦"涵盖了民族梦想和个人梦想。我们不能简单地用"中国梦"替代每个人的个人梦想。我们要借鉴"美国梦"中对每个人的梦想和追求的尊重，用"中国梦"凝聚和激励全体中国人民，从而汇集力量去实现国家和民族的梦想。

第二，积极寻求"中国梦"与每个人的梦想和追求的结合点。奥巴马强调，"美国梦"要把所有的美国人团结在一起，风雨同舟，荣辱与共。这也正是我们实现"中国梦"所需要借鉴的。

第三，要大力宣扬体现新时期时代特点的优秀人物。像罗阳、杨善洲、袁隆平、郭明义等这样的新时期的代表人物，体现出中国人的价值自信和民族自信，使更多的人为实现我们共同的"中国梦"而努力奋斗。

怎样坚持和画好中国梦的路线图

中国梦的路线图概括起来是三句话：第一句，坚持中国道路，就是坚持中国特色社会主义道路，这是实现中国梦的最佳途径；第二句，弘扬中国精神，就是弘扬以爱国主义为核心的民族精神、以改革创新为核心的时代精神，这是实现中国梦的动力源泉；第三句，凝聚中国力量，就是凝聚中国各族人民大团结的力量，这是实现中国梦的根本保证。

第一，实现中国梦必须走中国道路。这就是中国特色社会主义道路。习近平总书记指出："这条道路来之不易，它是在改革开放 30 多年的伟大实践中走出来的，是在中华人民共和国成立 60 多年的持续探索中走出来的，是在对近代以来 170 多年中华民族发展历程的深刻总结中走出来的，是在对中华民族 5000 多年悠久文明的传承中走出来的，具有深厚的历史渊源和广泛的现实基础。中华民族是具有非凡创造力的民族，我们创造了伟大的中华文明，我们也能够继续拓展和走好适合中国国情的发展道路。全国各族人民一定要增强对中国特色社会主义的理论自信、道路自信、制度自信，坚定不移沿着正确的中国道路奋勇前进。"中国不可能再回到封闭僵化的老路上去，那是一条缺乏生机活力、只会越走越窄的路。中国更不可能走照搬西方模式的邪路，那是一条脱离国情、食洋不化的死路。改革开放 30 多年的历史证明，我们坚持中国特色社会主义道路的方向是完全正确的，必须坚定不移地走下去。

第二，实现中国梦必须弘扬中国精神。这就是以爱国主义为核心的民族精神，以改革创新为核心的时代精神。习近平总书记指出："这种精神是凝心聚力的兴国之魂、强国之魂。爱国主义始终是把中华民族坚强团结在一起的精神力量，改革创新始终是鞭策我们在改革开放中与时俱进的精神力量。全国各族人民一定要弘扬伟大的民族精神和时代精神，不断增强团结一心的精神纽带、自强不息的精神动力，永远朝气蓬勃迈向未来。"实现中国梦，不仅要在物质上强大起来，而且要在精神上强大起来。民无魂不立，国无魂不强。一个没有信仰的民族，无论物质上多么富有，不可能真正自立自强。只有让梦想插上精神的翅膀、闪耀思想的光芒，才能产生巨大的物质力量。以爱国主义为核心的民族精神，表现在三个方面。一是表现对祖国的感情、对人民的热爱、对祖国文化的认同。列宁讲，爱国主义是千百年积聚起来的一种对国家和民族的爱。二是在国家主权完整遭到破坏的时候甘洒热血，保卫祖国。三是共向中国梦，共圆中国梦。以改革创新为核心的时代精神，主要体现在解放思想、开拓进取、攻坚克难、与时俱进上。广东在这一方面体现得淋漓尽致，像广东创造的"三来一补""四通一平""筑巢引凤""两头在外""外引内联""借船出海""以路养路"等，这都是解放思想、与时俱进的表现，特别是深圳提出"时间就是金钱，效率就是生命"最能体现改革创新的精神，是新的历史时期实现"中国梦"必须大力弘扬的。

第三，实现"中国梦"必须凝聚中国力量。这就是中国各族人民大团结的力量。习近平总书记指出："中国梦是民族的梦，也是每个中国人的梦。只要我们紧密团结，万众一心，为实现共同梦想而奋斗，实现梦想的力量就无比强大，我们每个人为实现自己梦想的努力就拥有广阔的空间。生活在我们伟大祖国和伟大时代的中国人民，共同享有人生出彩的机会，共同享有梦想成真的机会，共同享有同祖国和时代一起成长与进步的机会。有梦想，有机会，有奋斗，一切美好的东西都能够创造出来。全国各族人民一定要牢记使命，心往一处想，劲往一处使，用 13 亿人的智慧和力量汇集起不可战胜的磅礴力量。"实现中国梦，必须使中国梦在人民群众的共同奋斗中落地生根、开花结果。积聚中国各族人民大团结的力量，主要包括三个方面：一是要依靠人民，共筑中国梦，大家心往一处想、劲往一处使；二是要造福人民，解决人民群众最关心、最直接、最现实的利益问题；三是要使人人都有人生出彩的机会、梦想成真的机会、同祖国和时代一起成长与进步的机会，机会均等，真正建立起一个公平、公开、公正的体制机制。

怎样才能实现中国梦和中华民族的伟大复兴

现在大家普遍都在议论：作为一个国家，也包括我们个人，怎么样才能实现中国梦？空谈误国，实干兴邦。不干，再美好的梦想也不能成真。从来没有"天上掉馅饼"的事，梦想的实现只能依靠实干来成就。

第一，要用理想信念提升中国梦。理想信念是实现中国梦的一个基本前提。习近平总书记讲过："理想指引人生方向，信念决定事业成败。没有理想信念，就会导致精神上'缺钙'。"理想信念现在对于我们这个国家、民族太重要了。在实现中国梦的过程中，我们每个人都要敢于有梦、勇于追梦、勤于圆梦，而且要把自己的梦和国家的梦、民族的梦结合起来。这方面，革命前辈、革命烈士为我们树立了典范。歌剧《江姐》有一个绣红旗的画面，反映的是新中国成立前夕，重庆快要解放了，重庆的市郊已经听到了解放军的炮声和枪声，这个时候国民党准备杀害江竹筠、许云峰等一批革命烈士，新中国天亮之前这些烈士在绣红旗，一边绣一边唱："线儿长，针儿密，含着热泪绣红旗，绣呀绣绿旗，热泪随着针线走，与其说是悲，不如说是喜，多少年多少代，今天终于盼到了你、盼到了你！"这个情节是根据烈士们的真实事迹改写的，太感人了。天亮之前，这些烈士视死如归，昂首挺胸地走向刑场。今天，我们国家要实现中国梦，这种

"革命理想高于天"的精神值得大力弘扬。

第二，要用转型升级夯实中国梦。发展是硬道理，这是实现中国梦的基础。发展必须是有效益、有质量的发展，科学发展的基本途径就是转型升级。习近平总书记到广东视察，要求广东实现"三个定位、两个率先"的目标，达到这一目标的主攻方向就是对经济结构进行战略性调整。广东现在主要的问题就是发展不平衡，珠三角人均GDP 13000美元，粤北山区最低，人均GDP才3800美元，目前全国人均GPD已经达到6000美元。要实施分类指导，珠三角主要是在转型升级中加快发展，东西北主要是在加快发展中转型升级。要加快推进振兴东西北规划，通过抓好基础设施建设、工业园区建设和城市提质扩容建设促进发展。要加快推进城镇化，建设4个城市群：珠三角世界级城市群、粤东城市群、粤西城市群、粤北城市群。

第三，要用改革创新推动中国梦。改革创新是实现中国梦的不竭动力。习近平总书记在党的十八届三中全会上指出："改革开放是决定当代中国命运的关键一招，也是决定实现'两个一百年'奋斗目标、实现中华民族伟大复兴的关键一招，实践发展永无止境，解放思想永无止境，改革开放也永无止境，停顿和倒退没有出路，改革开放只有进行时、没有完成时。"十八届三中全会关于改革的基本思路是：总目标——完善和发展中国特色社会主义制度，推进国家治理体系和能力现代化；总方向——坚持社会主义市场经济改革方向；时间表——到2020年，在重要领域和关键环节上取得决定性成果；路线图——紧紧围绕经济体制、政治体制、文化体制、社会体制、生态文明、党的建设六个方面全面深化改革。深化改革的关键环节在于创新。大量事实表明，国际经济竞争甚至综合国力竞争，说到底就是创新能力的竞争。谁的创新能力强谁就能掌握主动。深圳之所以成为改革开放的一个窗口，就是因为它是国家创新的一面旗帜。深圳创新能力建设已形成了"六个一批"，即加快建设了一批重大科技基础设施和创新载体、积极培育了一批新型研究机构、培养引进了一批高层次创新人才、着力突破了一批核心关键技术、大力集聚了一批创新资本、发展壮大了一批新兴产业集群。这是值得总结和大力推广的。

第四，要用诚实守信扮美中国梦。诚实守信是实现中国梦的保证。诚信是为人之道，是立身处世之本，是人与人相互信任的基础。讲信誉、守信用是我们对自身的一种约束和要求，也是外人对我们的一种希望和要求。诚实守信不仅是社会公德，也是任何一个从业人员应遵守的职业道德。诚实守信缺失是当前中国存在的一个突出问题。比如"三鹿奶粉事件"当时就造成很多大头娃娃。现在我们到我国香港、澳门以及澳大利亚、德国购买奶粉都要限购，价格翻一番还买不到。因此，要大力加强诚信体系建设，也就是要加强全社会的诚信教育，政府要率先推进诚信制度建设，建立和完善企业和个人的信用制度，完善诚信信息披露制度。

第五，要用艰苦奋斗铸就中国梦。艰苦奋斗是实现中国梦的关键。艰苦奋斗是我们党和国家的优良传统之一，无论是在条件十分艰苦的革命战争年代，还是在国家日益繁荣富强、人民生活水平不断提高的今天，我们共产党人时刻都不能忘记艰苦奋斗。当前要特别强调"四反"：反对官僚主义、反对形式主义、反对腐败现象、反对铺张浪费。现在，中国人每年在餐桌上浪费的粮食价值高达 2000 亿元，被倒掉的食物相当于两亿多人一年的口粮。我国一年仅餐饮浪费的食物蛋白质就达 800 万吨，相当于 2.6 亿人一年所需；浪费的脂肪 300 万吨，相当于 1.3 亿人一年所需。我们国家的基本国情是国家大、人口多、底子薄，必须记住两个算式，一个是除法，一个是乘法。除法，你的经济总量居世界第 2 位，但除以 13 亿在世界上就排 70 多位了；乘法，全国每个人浪费一度电、一滴水，乘以 13 亿也就不得了。因此，艰苦奋斗的精神永远不会过时。

我们坚信，只要坚定不移地沿着中国特色道路不断开拓前行，到中国共产党成立 100 年时全面建成小康社会的目标一定能实现，到新中国成立 100 年时建成富强、民主、文明、和谐的社会主义现代化国家的目标一定能实现，中华民族伟大复兴的梦想一定能实现。

中国梦的回顾与展望

谢春涛

谢春涛

中共中央党校党史教研部副主任，
教授，法学博士，获国务院特殊
津贴。从事中国共产党的历史和
理论的教学研究工作，主要研究
方向是中国特色社会主义史和中
国共产党执政经验。出版有《大
跃进狂澜》和《庐山风云——
1959 年庐山会议简史》等专著，
主编过《中国特色社会主义史》《转折中国——1976—
1982》《共和国五十年图史》《中国简史——从孔夫子到邓
小平》（英文版）等书，并主持和参与了多项国家级和部级
课题的研究工作。

我个人主要是研究历史，尤其是研究中国共产党的历史。我这次
定的题目是《中国梦的回顾与展望》。主要包含两个部分：一是回

顾，从历史的角度回顾 1840 年以来我们这个梦在不同时期有什么样的内涵，不同时期的中国人为这个梦的实现做了哪些努力，取得哪些成果。二是展望，谈谈现实，谈谈未来。我觉得我们这个梦的实现还面临多方面的严峻挑战。我想讲四个问题。

第一个大问题是，实现国家独立、民族解放的中国梦。这个问题的时间跨度大一些，是从 1840 年的鸦片战争到 1949 年新中国成立。

1840 年意味着我们民族屈辱的开始。我们遭受帝国主义的侵略，我们吃了败仗，从此之后几乎所有西方国家都侵略过我们，我们都吃败仗。相伴随的就是被迫签订丧权辱国的条约，割地赔款。我们是带着极大的民族耻辱进入 20 世纪的。1900 年八国联军打我们，分区占领北京。中华民族遭遇奇耻大辱。整个近代，中国人的中国梦就是要实现国家的独立、民族的解放，就是希望不再受人欺负。可以说，从 1840 年遭受侵略开始，中国人做这个梦的同时也在努力实现这个梦。不同的阶级做了不同的努力，比如太平天国运动、戊戌维新、资产阶级领导的辛亥革命等。

中国共产党成立之前，哪个阶级、政党都没有完成这个任务。这个任务客观上就留给了中国共产党。

关于新中国建立的意义，毛泽东曾经有一句名言，"中国人从此站立起来了"。这句话大家熟悉，相信也都会说。但是我敢断定很多同志说得不准确，往往是多说一个字，"人民"的"民"字。有没有这个字含义是不一样的。人民是政治概念，指的是当年绝大多数中国人，不包含国民党人。而毛泽东用的是中国人的概念，显然把国民党人包含在内，指的是整个中华民族从此站立起来了。显然毛泽东的说法更准确。2003 年毛泽东诞辰 110 周年，胡锦涛总书记作纪念讲话，他提出这样一个新观点，"毛泽东是近代以来中国伟大的爱国者和民族英雄"，显然这个观点是立得住的。后来我又看到台湾李敖先生的评价，比胡锦涛的评价还要高得多，他说毛泽东是中华民族五千年来第一人。

1949 年之后，中国人的地位大大不一样了。比如在旧中国，海关长期被外国人控制，外国人可以在中国驻军，外国人在中国享有领事裁判权等。但在这之后不一样了，新中国成立初期，美国驻沈阳的原总领事不听招呼，向我们挑衅，被人民政府抓起来了，因为当时美国跟我们的新政府没有建立外交关系，我们不承认他的外交官地位。这在旧中国是根本不可想象的。

新中国成立后，毛泽东面对着中苏关系的难题。国民党政府同苏联政府签订了一个不平等条约，答应把东北的一些权益让给苏联。就是东北铁路、旅顺军港他们可以使用，国民党政府以此换取苏联支持国民党统一中国的承诺。所以苏联红军在东北消灭了日本关东军之后，撤走的时候东北的大城市全部交给了国民党部队，没有交给共产党的部队。

想改变谈何容易？1949 年 10 月 1 日新政府成立，12 月毛泽东就率团访苏。名义上是为斯大林祝寿，祝寿活动一结束，他就跟斯大林提出废除旧条约，订立新条约。斯大林一口回绝了，说这是二战的遗产，不能动，这个动了会造成连锁反应，比如说日本的北方四岛被苏联人占了，是不是也要归还？毛泽东就被斯大林晾在一边了。新闻媒体也没有关于他活动的报道。过一段时间英国人传出一种说法，说毛泽东被斯大林软禁了。斯大林压力很大，派高层负责人问毛泽东到底想干什么。毛泽东讲就是要解决这个条约问题，如果不解决他就不走，逼着斯大林不得不同意谈判，经过艰苦谈判，废除旧条约，重新订立新条约。新条约中苏联政府承诺，最迟于 1952 年底，把过去从中国得到的权益还给中国人。后来这条 1954 年兑现了，晚了两年。但是晚了两年不是苏联赖着不走，而是因为我们感觉在抗美援朝期间，苏联在中国领土上的军事存在对美国人有威慑作用，我们没有着急让他们走。1953 年 7 月，朝鲜停战协定签订，1954 年这个问题彻底解决。新中国成立初我们外交上的一系列成就，真正印证了毛泽东的名言"中国人从此站立起来了"，我们再不受人欺负了。这段中国梦中国人花了 100 多年的时间才实现，非常不容易。

十八大报告对这部分的成就评价很高，说为后来一切发展进步提供了根本的政治前提。这个评价是准确的。这是我想讲的第一个大问题。

两弹一星为中国争取到大国地位

第二个大问题是建立国家工业化、现代化的基础的中国梦。

我想讲一下从1949年新中国成立到1978年改革开放之前这段历程。这段中国梦的内涵我认为就是要建立国家工业化、现代化的基础。"两化"的实现恐怕是更往后的事情，能建立一个基础就不容易了。1949年，共产党接过来的完全是一个烂摊子。国民党逃往台湾的时候，大陆多年积累的财富能带的几乎都被他们带走了，黄金白银、外汇储备全部带走，重要的文物也带走了很多。只有少量的青铜鼎扔在了南京，想装飞机太沉了，装不了，想装轮船来不及了，只好扔下。当时铁路没有一条完整通车的，很多公路也中断了，一些重要企业短时间内也无法恢复生产，共产党就是在这个基础上建立国家、发展国家的。一直到1954年，毛泽东还说，我们的工业很落后。落后到什么程度？飞机、汽车、坦克、拖拉机都造不了，只能造桌椅板凳、茶碗茶壶，还能把麦子磨成面。如果不迅速改变这个状况，我们就有被开除地球球籍的危险。经过二十几年努力，到改革开放前，我们国家工业化、现代化的基础基本建立起来了，独立的门类比较齐全的工业体系建立起来了，包括一些新兴的工业门类，比如电子工业、核工业等都建立起来了，布局大致合理，包括中西部地区也有了工业基础，也有一些中小企业。另外我们还造出了"两弹一星"。

新中国成立初期，一开始我们没打算造原子弹，觉得实力差太远了。但是1957年毛泽东访苏时受了震撼，下决心搞原子弹。苏联人给他放了一部纪录片，是原子弹爆炸的纪录片，毛泽东当场提出，我们也要搞原子弹。这时候正是中苏关系好的时候，赫鲁晓夫在有些问题上有求于我们，所以他主动提出帮助我们搞，甚至给我们提供原子弹的样品，协议达成了。但是赫鲁晓夫第二年就反悔了。因为我们炮击金门，事先没有向苏联人通报，赫鲁晓夫非常恼火，生怕我们把他们拖进同美国的对抗之中，他感觉到毛泽东不听招呼，就撕毁了协议，不帮了，那中国人只有靠自己。1959年，中国进入严重困难时期，饭都吃不饱，甚至饿死过人。北京的一些顶级科学家离开北京，跑到西北的戈壁滩搞原子弹，当年家里人都不知道这些人干什么去了。钱三强问后来的"两弹元勋"邓稼先，国家要发射一个大炮仗，你愿意不愿意参加这个事？如果参与，得严格保密。邓稼先参与了，从此28年隐姓埋名。直到他去世前不久，国人才知道有一个邓稼先，知道邓稼先干过什么事。"文化大革命"中，杨振宁回国访问，周恩来总理接见他，让邓稼先去陪同他参观。邓稼先跟他是西南联大的同学，在上海参观期间，杨振宁知道原子弹确实是中国人自己搞出来的，他的同学邓稼先又参与这个事。杨振宁激动得不能自已，跑到卫生间大哭了一通。邓小平后来讲，没有"两弹一星"，就没有中国真正的大国地位。

当年那一代中国人，为了建设自己的国家，可以说是不遗余力，甚至是不怕牺牲。王进喜讲，宁愿少活20年，也要拿下大油田，后来他只活到47岁，少活了绝不止20年。大庆油田之所以叫做大庆油田，就是1959年国庆十周年的时候发现的。在此之前，西方人在中国搞过石油勘探，觉得中国是贫油国，找不出大规模的油田。后来中国人自己干，李四光等同志发现了我们有大规模的石油储存，国家就组织各方力量大会战、大开发。王进喜是从甘肃玉门油矿被调到东北去的。他在路过北京的时候到天安门广场去，发现在天安门广场前跑的汽车，上面背着大的煤气包，因为那时候没有汽油，只能用煤气。王进喜后来谈到他深受刺激，连石油都解决不了，这是石油工人的奇耻大辱。所以到大庆后，当年他们在极端困难的情况下豁出命去干。

尽管过去我们犯了"大跃进""文化大革命"等错误，造成严重损失，但因为大家艰苦努力，我们在建设上还是取得了很大的成绩，工业化、现代化的基础应该说在这个时期建立起来了。

改革开放前后的历史不能割裂开来

我们这个时期还有别的方面的成就，比如说国防上我们打赢了抗美援朝战争。这在中华民族历史上绝对能够大说一笔。新中国成立时，本来我们准备解放台湾，实现国家的完全统一，这在发展海军、空军的基础上不是没有可能的。因为这时美国已经在一定程度上准备放弃对台湾当局的支持了，也不希望跟新中国完全对立，希望建立正常的国家关系。如果没有外力干预，我们解放台湾还有什么问题吗？但是没有想到，1950 年 6 月，我们的近邻朝鲜半岛发生了内战，一开始北方打得很顺，如果没有外力干预，他们统一整个半岛应该不成问题。但是美国人干预了，美国人操控联合国安理会，通过谴责朝鲜所谓侵略的决议，又决定成立美国人为首的所谓联合国军。这个决议为什么能通过？因为苏联代表缺席。为了支持恢复我们在联合国的合法席位，苏联做了很多努力，但都遭到西方国家的阻挠。苏联代表一气之下不参加联合国安理会活动，你不参加正好，决议人家通过了，你无法投否决票。后来苏联代表发现不能缺席，赶紧又跑回去了。以美国为首的所谓联合国军一登陆，战局急转直下，很快他们占领平壤，又把战火烧到中朝边界。人家到了我们的家门口，威胁着东北工业基地的安全，可以随时找借口侵犯我们，而且直接派兵进入台湾海峡，使我们台湾问题的解决从此遥遥无期。台湾问题至今解决不了，不就是因为美国介入吗？今天我们有一些年轻人不了解当年的背景，似乎觉得不该打这个仗。其实我们内心肯定不愿意打，是被迫的，不得不打。政治局决定用志愿军的名义，意思很清楚，我们一部分部队响应朝鲜政府和人民的请求，自愿帮人家的忙，不是政府行为，其实明摆着是政府行为。我们的目的就是想把战争规模控制在朝鲜范围，不要把事情弄大。

现在有人说这场仗双方打了平手，战前是三八线，战后还是三八线。这个说法对朝鲜、韩国可以这么说。但是对我们来讲可不是这样的，我们出兵之前战线不是三八线，而是中朝边境，我们打完了才是三八线，肯定是打赢了。

这场仗对中国人来讲意义巨大、深远，打出了我们的和平、安宁，打出了我们的国威、军威，打出了国际地位。在此之前，西方人包括一些发展中国家的人瞧不起中国人。这场仗之后，很多人对中国人有了新的认识。美国人在三次战争中吃了大亏，一次朝鲜战争，一次越南战争，一次伊拉克战争，其中两次跟中国人有关。

在美国华盛顿韩战纪念设施、水泥地上刻上了字，美军死了多少、失踪了多少、伤了多少，联合国军又死了多少、伤了多少、失踪了多少，这个数字是巨大的。对美国人来讲那是永远的痛。当然，我们也付出沉重的代价，但是从长远来讲，我们的国防实力大大提升了，现代化水平大大提高。之前我们的军用装备都是从敌人手上缴获的外国的杂牌子，抗美援朝之后，我们得到了几乎全部苏联新式装备，跟美国可以比一比了。苏联人不光卖给我们武器装备，还帮助我们建设兵工厂，建立哈军工，这对中国人民解放军的现代化建设有巨大的影响。而且人民解放军的主力部队轮番入朝作战，都经受了现代化战争考验，意义巨大。彭德怀元帅曾讲过，抗美援朝的胜利表明，过去100多年间，帝国主义列强只要在中国的海岸上架几座大炮就能控制这个国家的历史一去不复返了，这个话说得很形象，也很准确。这点对于中华民族意义是巨大深远的。

这个时期还有一个重要的事情，那就是中美关系取得突破，导致整个西方世界跟我们关系的改善。美国总统尼克松居然在中美没有建交的情况下跑来中国访问，这件事绝对震惊世界。这就为后来的对外开放奠定了基础。没有这个前提，我们的对外开放无从说起，向谁开放？毛泽东晚年犯过严重错误，但把这段否定了，我想那是不公道的。

十八大之前有各种各样的传闻，包括说某领导人在某个场合说十八大要放弃毛泽东思想，要甩掉毛泽东这个历史包袱。我当时就断定不可能发生这样的事，如果有人这么做，那否定的绝不仅仅是毛泽东，否定的其实是整个中国共产党。十八大报告在回顾中国特色社会主义探索历程的时候特别讲到毛泽东这一段。2013年1月5日，习近平总书记在中央党校的中央委员研讨班上的一篇讲话，又特别提出不能把改革开放后的历史与改革开放前的历史割裂开来、对立开来，不能以后面的历史简单否定前面的历史，也不能以前面的历史否定后面的历史。我觉得中央的态度是慎重、科学的。

中国共产党 30 多年来成功的三大法宝

第三个大问题是实现社会主义现代化的中国梦。想讲一下改革开放以来我们共同经历的这 30 多年的历史。

这 30 多年来，中国进入近代以来最长的历史繁荣期。连续 30 多年政治、社会基本稳定，经济超高速发展，人民生活不断改善，综合国力大幅度跃升。特别是 2008 年以来，世界范围内很多重要的经济体都遭受金融危机的重创，西方大国日子普遍难过，但是中国依然发展得很好，作为一个政党，中国共产党绝对是成功的，所以西方人要研究这个政党，甚至要学习这个政党。

2012 年我到伦敦参加伦敦书展，带着我写的一本书《历史的轨迹：中国共产党为什么能》，这本书 2011 年出版，很快出版了 10 种外文版本。在这之前，我没有想到有这样的效果，因为外文版本是外国人买版权，我没有想到他们接受这本书，他们认为这个党值得研究、值得学习。2012 年我又出了《中国共产党如何治理国家？》，又输出了 9 种外文版版权。我想这绝不仅仅是我个人的成功，更重要的是中国共产党的成功。

这 30 多年我们靠什么办法取得了今天的局面？最重要的是靠三条。

第一，解放思想、与时俱进。有的同志听了可能觉得这是套话，但完全不是套话。这是我们最重要的一条成功经验。一部改革开放史，我认为就是一部思想解放史，我们任何一个重大决策往往都是以思想解放作为前提，当然反过来，改革开放的举措又推进了思想的进步，这一段历史基本上是相互促进的历史。四项基本原则是 1979 年邓小平提出来的，至今我们还坚持。四项基本原则的表述，这四句话几乎没有文字的变化。但是我们想想，四项基本原则的内涵变了多少呢？跟1979年那时候理解的马克思主义、社会主义大大不同了。

但马克思、恩格斯创立的本源意义上的马克思主义我们没有放弃，至少有三个方面的坚持。第一是世界观、方法论，这个不存在过时的问题，永远不会过时。第二是根本的价值观，就是最终实现共同富裕，实现人的完全平等，实现每个人自由全面的发展，这个也不能改变，这个改变了就不是共产党了。第三是根本政治立场没有变，共产党始终站在绝大多数老百姓的立场上。

这三点没有改变，也不能改变。但是很多具体的内容因为我们的国情不同、我们面临的时代特征不同，我们丰富了、发展了、改变了。今天的中国特色社会主义不管有多少特色，还是社会主义，根本的东西没有改变。今天的成就跟思想解放、理论创新有直接的关系。反过来看，垮台的苏东政党问题出在哪里？首先出在思想不够解放，教条式地对待马克思主义。说的还是100多年前的话，没有新话，原来的理论已经很难解释后来的实践了。

第二，改革极大地解放了我们的生产力。农村家庭联产承包责任制的推行，使中国人不光吃饱了，而且吃得不错。比如社会主义市场经济体制的建立，其影响比农村改革影响更深远、更广泛。市场配置资源，不同的利益主体为了获得自身最大利益，必然使出浑身解数，1992年以来中国发展得更快了。再举一个例子，社会主义基本经济制度是以公有制为主体，多种所有制成分共同发展，这是1997年十五大确立的。之前有人认为，随着改革开放的推进，随着非公有制成分的发展，我们国家出现了新的资产阶级，他们已经影响到共产党的执政地位的巩固。当年中央就面临着这场争论。1997年5月29日，江泽民在中央党校讲话当中明确表态，一切有利于社会主义生产力发展的各种所有制形式都可以大胆探索，又扫除了我们发展非公有制经济的一个重大意识形态的障碍。十五大之后，非公有制经济发展得更快，在今天的经济结构当中占了不止半壁江山。

我觉得这都反映了改革的作用。所以李克强同志反复强调，改革是最大的红利。

第三，开放给我们带来了大量新的东西。1978年以来，"改革""开放"这两个词从来合在一块，实际上开放在前，改革在后，开放促改革。开放给我们带来太多的东西，比如说带来外国的资金、外国的设备、外国的技术、外国先进的观念、外国的资源，带来巨大的国际市场，还带来大量的资本主义创造的人类文明的共同成果。股票基金、社会保障制度、市场经济、公务员制度等都是我们跟人家学的。当然，我们丰富了内容，我们有后发的优势，用不着一切从头做起，我们可以买人家的技术，在这个基础之上再创新，后来者居上。

十八大以来，中央反复强调要坚定道路自信、理论自信、制度自信。中国道路显然就是过去这30多年我们走出来的成功的路子。十八大还讲，不走封闭僵化的老路，也不走改旗易帜的斜路，所谓老路就是改革开放之前走的路，斜路就是全盘照搬人家的路。历史告诉我们，到底应该走什么样的路，不该走什么样的路，在这个问题上我们要高度一致。

实现中国梦面临的八大艰巨挑战

第四个大问题是实现中国梦要面临很多艰巨的挑战。我初步归纳为八个方面的挑战。

第一个挑战，如何实现经济持续健康发展？我们要的是健康的速度，要的是科学的发展。所以今天强调创新，强调城镇化，强调为民营企业包括外资企业提供与国有企业公平竞争的环境。

第二个挑战，如何稳步有序发展民主？我们肯定要发展民主，老百姓有这样的诉求，吃饱穿暖之后希望有更多的民主自由权利，希望有越来越健全的法制环境。像王立军、薄熙来事件，对党和国家、对老百姓来讲绝对不是好事，但是从民主建设推进来讲，我认为又会起到重大的促进作用。那就是促使我们的领导层反思怎么会发生这样的事，怎样才能避免这样的事，怎样稳步有序发展我们的民主、健全我们的法制。

第三个挑战，如何增强中华文化的影响力？怎样让外国人理解我们？怎样把中华文化影响力扩大？我想多沟通、多理解对谁都有好处。我们的价值观、我们的正能量怎样让大家都接受、都认同？显然需要努力，这方面有很大的改进空间。

第四个挑战，如何实现社会的稳定和谐？群体性事件往往是利益诉求不一致引起的。最典型的例子如征地拆迁，农民希望补偿高一点，而开发商谁愿意多给？而地方政府往往是土地财政，也有自己的利益，在这个问题上也不会完全站在农民一边。在诸多的群体性事件当中，征地引发的群体性事件最多，中国社科院的研究报告认为占了一半。怎么实现稳定和谐？首先就得从平衡、协调各阶层利益诉求上着手，得让各阶层觉得这个社会公平公正。只要你有能力，只要你肯奋斗，那就有可能成功，我们得给每个人提供实现个人梦的机会。十八大报告特别强调公平，如权利公平、机会公平、规则公平。实现社会稳定和谐，得从根上解决问题。

第五个挑战，如何建设生态文明？十八大报告强调，要建设社会主义生态文明，要建设美丽中国。各方高度认同，说明领导层对我们环境问题的认识比过去深刻了，也反映出领导层对老百姓甚至对全人类负责任的态度。现在有人讲全国有案可查的癌症村高达 200 多个，显然我们不希望这样的状况出现。

第六个挑战，如何实现国家统一？我们解决了香港、澳门问题，在国家统一问题上迈了两大步。而海峡两岸的关系虽然日益改善，跟前些年相比有了巨大的进步，但是明摆着现在无法列出解决台湾问题的时间表。我有一个观点，不要轻易地说哪一天中国梦实现了。台湾问题不解决，中国梦就没有理由说真正实现。我套用习近平的一句话说，中国梦永远是进行时，没有完成时。

第七个挑战，如何营造和平的发展环境？温家宝同志曾向欧盟领导人抱怨，他两届总理任期都快结束了，两件事就解决不了，一是让人家承认我们的市场经济地位，另一个是让人家解除对我们的武器禁运。美国围堵我们，日本向我们挑衅，越南、菲律宾这样的小国也向我们挑衅。我时常能够听到有些人特别是年轻人抱怨，中国外交工作没有做好，我觉得基本上不是这么回事。随着我们的快速发展，有的人必然采取某些对我们不友好的措施。我们一再强调坚定不移地走和平发展道路，目的是尽可能地让人家理解我们，让人家相信我们，为我们自己的发展营造一个和平的国际环境，这对我们而言利益最大。当然，我们也不能无限制地退让，如果有人欺负到我们的头上，在某些问题上也不会吞下损害我们利益的苦果。

第八个挑战，如何解决党内消极腐败问题？中央领导层在这个问题上的认识是清醒的，态度是坚决的。过去有人抱怨，当官的生病，让我们吃药，现在明摆着就是让当官的吃药，生病的往往是掌权的人。如果高层带头从自身做起，实施一个个起作用的规定、制度，得到老百姓的广泛响应、配合，这个问题可以得到解决。

未来的挑战很多，但是我相信这些挑战逐步可以解决，我的理由来自几个方面。

第一来自中国共产党90多年的历史，那么多的艰难困苦都过来了，目前这些事不是过不去的坎。

第二来自我对党的路线、方针、政策的了解。这些问题中央早就意识到了，早就在研究，而且都有了应对之道，坚持做下去我不相信解决不了。

第三来自我对领导层包括各级领导干部的了解。在中央党校接触最多的是中高层的官员，包括位置很高的官员。他们很多人在基层干过，了解中国的国情，对老百姓有责任感。有的是改革开放前上的大学，更多的是改革开放以来上的大学，这些人不会僵化保守。他们很清楚党情民意，也意识到他们肩上的责任，到了这个位置上干得怎么样，历史都会重重地记下一笔。我想，为这个党负责任，为老百姓、为国家负责任，他们会竭尽全力把自己的工作干好。所以，我认为中国梦实现是不成问题的，大家应该有信心。谢谢大家！

十八大与未来十年中国的改革与发展

孙立平

孙立平 ✎

清华大学社会学系教授，博士生
导师。主要研究领域：中国社会
结构变迁和转型社会学。著有
《社会现代化》《走向现代之路》
《发展的反省与探索》《"过程—
事件分析"与当代中国国家—农
民关系的实践形态》《90 年代以
来中国社会结构演变的新趋势》
《断裂》《失衡》等多部著作。

今天的题目，最主要是想谈谈十八大之后中国的改革与发展。这
也是各位现在非常关心的问题，就是十八大之后的路怎么走。人们充
满着期待，同时也有各种各样的猜测。我今天主要想谈谈个人的一些
想法。

在这个大的题目之下，我最主要想谈三个问题。

第一个大问题，如何站在历史的高度理解十八大之后中国的改革与发展？

这次十八大，会前、会中和会后，人们对它的关注都是空前的，国内外都是如此，超过了以往的任何一次会议。这表明了这次会议的重要性。我个人的看法是，这次十八大是中国改革开放之后这30多年里第二次最重要的会议！第一次当然是十一届三中全会，它正式结束了"文化大革命"，让我们进入了改革开放的时代。我认为十八大在将来可能也有同样的意义。从十八大开始，中国要进入一个新的阶段了，所以我经常讲，现在是新的30年的开端，打个比方来说，有点像我们看书，前几届都是从这一段到下一段，这次有"翻页"的意思了。这个翻页能否翻好是一回事，但是现在恐怕必须要翻了。为什么？实际上我们面对一系列新的问题，与过去30年有很大的不同，现在要面对、解决这些新的问题，中国要进入一个新的阶段了。

回顾一下历史，对我们可能会有一些启示。中国人有个习惯，把60年叫一个甲子。但是在现实当中，你可以体会到往往是30年一段，按照30年来划界。1911年辛亥革命到1949年中华人民共和国建立，一共38年时间。中华人民共和国建立之后，"文化大革命"前17年，"文化大革命"10年，加在一起有27年。改革开放到现在，又过去30多年了。我个人来看，现在要开始新的阶段了。

关键的问题就是刚才我说的，我们现在面对的问题和过去有了根本的不同。最主要的应该注意三点。

首先，从发展的意义上来说，过去那些传统的发展优势基本上用完了，未来30年中国要想有一个不错的发展，必须寻找新的潜力、新的动力。

各位都很清楚，过去的30年中国经历了长时间的高速度发展。为什么会有这样长时间的高速度发展？除了改革之外，实际上当时最有利于发展的一些条件都凑到一起了，但是现在所有的条件都发生了根本的变化。例如刚开始发展的时候，能源、原材料很便宜，改革开放之前我们生了大量的孩子，有人口红利，有大量的廉价劳动力。改革开放之后不久，冷战结束又给我们带来和平红利，当时国际市场状况也很好。从国内环境来说，当时可以说是一个处女般的环境，破坏一点、污染一点，问题都不大。

但是现在，所有这些条件都在发生变化，能源、原材料越来越紧张，价格大幅度上涨。人口红利现在基本上没有了，劳动力价格在大幅度攀升。国际环境发生了明显的变化，整个国际市场状况非常不好。从国内来说，环境污染现在已经到了临界点，不但代价越来越大，而且原来的那些历史欠账现在也差不多应该还了。综合这几方面的情况，有一个最基本的判断，就是过去低成本发展的时代已经基本结束，我们迎来的将是一个高成本发展的时代。

现在的问题是，我们未来发展的动力和潜力在什么地方？在2012年11月的改革座谈会上，李克强同志说，"改革是中国未来最大的红利"。也就是说，未来经济发展的动力和潜力，在于我们有一套好的制度。就像我们办企业，最初的建厂房、进设备、买原材料的阶段已经基本过去，现在如果要有一个不错的经济效益，就要考虑软的东西，要靠管理和好的企业制度。所以李克强同志讲了，改革是中国未来最大的红利。这个红利将来最主要体现在什么地方？我认为要体现在政治和社会层面。

前一段时间，著名经济学家陈志武教授讲了一段话，他说，今天的中国靠经济改革带来新的增长和新的社会福利的政治空间已经很小了！如果其他领域的制度建设没有进一步的变化，经济改革所推动的事情并不多了。甚至可以说，将来经济问题的解决，更重要的也要从政治和社会层面着手。所以我想，未来30年，我们在经济动力和潜力上，可能会有一个根本性的变化。与之相伴随的整个中国经济，可能要进入一个新的阶段。从客观情况来说，中国经济进入一个新的阶段。什么阶段？发展的速度会稍微降下来一点，每年只有5%～6%的增长，但是发展的质量更好一点，能够保护好环境，而且发展的成果能够被老百姓公平分享，所创造的物质财富能更好地满足人民群众的需求。我认为，这5%～6%的发展对社会和老百姓来说，可能要比现在10%、8%的发展更有好处。

但是我们知道，这个层次的新的阶段现在还进入不了。面对未来的30年，现在是一个新的开端，我们要解决这个问题。我们转变发展方式转了这么多年，却死活都转不过来，不但转不过来，情况可以说是更加恶化了！现在征地拆迁到了不顾人命的程度，过去短短一个月，死在推土机下的达到四五人！破坏环境到了不顾子孙后代的程度，现在有人说，中国已经是挖地三尺式的发展。前一段美国很有名的投资家索罗斯说了一句话，现在中国的经济已经成了世界上最没有目标的经济！

综合这些方面来看，未来的30年，我们经济上要经历一个根本性的转变。这个转变最重要地体现在两方面，一是如何通过制度的变革造就经济发展新的动力和活力；二是通过转变发展方式，如何使我们的经济进入一个新的阶段。

传统的维稳方式基本失效

其次，在社会治理上，现在和过去30年也有了很大的不同。一些社会矛盾、社会问题已经到了临界点，传统的解决问题的方式，特别是传统的维稳方式基本失效。社会矛盾的增加是大家都感觉到的，但是社会矛盾、社会问题更主要的还是在表层，尤其要注意到的是，最近这些年，在社会深层，在老百姓那里，社会矛盾正在发生变化，甚至这最近短短一两年、短短几个月，这种变化都是很明显的。我不知道各位是否有这样的感觉？尤其上网的同志这个感觉可能会更明显。现在的老百姓有点越来越不耐烦的感觉，对一些总也解决不了的问题正在失去耐心。

我经常用一件事情来说明现在老百姓心态变化的这种特点。2013年1月初，昆明长水机场因为大雾造成航班长时间大面积延误，有的乘客延误了两天以上。最后出现了什么状况？无论哪个航班说要登机、起飞，大家呼啦啦都拥过去。然后机场广播说，这个航班是要飞向深圳/北京/上海的，请你不要登机！他们却同样向里面挤，一边挤，嘴上还一边喊：我不管飞到哪里，反正我要坐飞机！他们就是这种心态。各位可能没有见过这样的阵势，如果你在机场当中，航班长时间延误后，已经坐在椅子上十几个小时或者几十个小时，就非常能理解他们的这种心情了。

前段时间，美国有个学者写了一篇很长的文章，我把这篇文章概括为8个字，叫"体制未改，生态已变"。什么意思？从体制改革的角度来说，过去10年基本上停滞了，没有什么大的进展。但是就在体制停滞这10年的时间里，在社会深层，在老百姓那里，发生了一些非常明显的变化。换句话说，过去10年，我们的政府还是原来的政府，但老百姓已经不是原来的老百姓了。这一点，我想大家都能感觉到。

现在的政府已经明显感觉到，老百姓越来越不好管理，队伍越来越难带，维稳成本越来越高。老百姓这边，现在是政府说什么，他们不信什么，你要不说还好，你一说他更不信。前些天有人在网上说了一句话，我认为很彻底，他说，"政府，你说的话我连标点符号都不信了！"这句话说得够彻底了！为什么会有这个变化？我认为与信息技术的发展有着直接的关系。最近这两年，微信、微博，再加上智能手机的普及，使人们得到信息非常便捷，成本越来越低。老百姓越来越难"忽悠"，在这种情况下，我们一定要看到这些年社会的深层已经发生了明显的变化。还继续靠过去那种治理社会的方式恐怕不行了。

要搞司法独立试点

这个新的方式是什么？现在可以看到一些迹象，就是法治和依法治国。习近平同志最近几个月一直在反复地讲这个问题，说必须要全面贯彻落实宪法，要确保司法的独立性。有消息说，中国要在几个地方搞司法独立试点。李克强同志在正式就任总理之后用了这样一个表态，说要"忠于宪法，忠于人民"。各位想，这话原来一般不是这样说。在新班子上任之后的第四次政治局集体学习当中，学习的最主要内容就是依法治国。从这些迹象来看，我们能看到新班子现在有了这样的思路，在社会治理上要转向法治的轨道。

但是我想说的是，要真正走向依法治国，可能不是我们想象的那么简单。现在政府也总是讲"依法治国"，那究竟现在依法治国在中国有什么问题？不是说哪条法律是否健全，也不是哪条法律制定出来了能否真正得到贯彻执行的问题，最关键的是，政府也好，社会也好，是否能够真正从整体上在法治的轨道上运转？我在一个地方讲这个观点，当时下面有一位法院院长在休息的时候找到我说：我特别同意您的观点！我是法院院长，是管这方面的，现在就有这个体会。现在中国的法律确实谈不上健全，但是应付日常的这些事情也基本够用了。问题在于，现在这个社会、这个政府，在整体上就没有在法治的轨道上运转！这才是真正的问题所在！

所以我认为，要想真正走向法治，在中国很迫切地需要解决两个现实问题。

第一，改革政府权力运作的模式。我们这些年，特别是在维稳当中，形成了一套和法治社会越来越格格不入、越走越远的政府权力运作模式。一个法治国家，政府的权力是怎么运转的呢？政府也好，领导人也好，办事人员也好，最高的准则就是按照规则、法律来办事。但是我们都知道，严格按照规则、法律来办事，也有办不好的时候。假如说他没有办好，那怎么办？首先不能追究他的责任，而是要反思这个规则是否有问题。然后通过改进规则来改进政府的工作。这是法治社会权力运作的最基本原则。但是有一条，绝不允许为了把这个事办好，用违反规则的方式去办。法治社会的权力是这么运转的。

但各位想一想，我们这些年形成的是一种什么样的权力运转模式？最简单地说，我就要结果，怎么办的我不管，你自己想办法。比如维稳，反正这个地方不能出事，至于怎么不能出事，你自己想办法。计划生育也是这套，反正孩子不能生下来，至于怎么不能生下来，你别问我，自己想办法。所以各位，我们这些年形成了一个政府权力运作的模式，但这是极为恶劣的模式！因为它默认你，甚至鼓励你用破坏规则、破坏法律的方式来实现工作目标。我前一段曾经提出一个概念，有点难听，叫做"作恶授权"。看我们政府权力的运作模式，有个作恶授权在里面，允许你破坏、违反规则。什么叫法治？不是首先管老百姓，而是管理政府权力的，要解决政府权力运作模式的问题。

破坏法治已经很长时间了

第二，就是政府破坏法治已经很长时间了，积累了无数的问题。现在想回头走法治的路，怎么回头？要想办法。这个问题对于中国来说很现实。现在的政府每天都在讲依法治国，有的官员会想，我今天没有按法律办事，而明天严格按照法律办事，这不就是依法治国了吗？但是各位想一想，哪有这么轻松？你说今天依法治国了，要严格按照法律办事，那我问你昨天的事怎么办？你没有按照法律来做，是否要解决这个问题呢？如果你说我把昨天的事解决了，那么前天遇到的和这件差不多的事，你是否能解决？解决得了吗？如果你前天、昨天的事解决不了，今天怎么能走向法治吗？他们能不找你吗？这是个问题。

政府这些年经常讲，老百姓的要求有合理的，也有不合理的。我们说这话的时候，其实更多的是强调有的老百姓的要求不合理。这当然不是好事情，但是现在中国最难办的不是老百姓要求不合理的那一面，如果他们的要求不合理，即使能闹，是"刁民"，他们的底气也是不足的。我认为现在最难办的是老百姓的要求是合理的。不知各位是否同意？现在中国的情况是，老百姓的要求越是合理的，政府越不能解决。为什么？因为你破坏法治这么长时间，积累了无数的问题，你怎么解决？可能解决了1个，出来10个，解决了10个，出来100

个。例如，征地拆迁当中每个老百姓提出一个合理要求，你都解决试试！计划生育当中哪个老百姓都提出一个合理要求，你解决起来试试！这些都解决不了，那怎么能走向法治之路？

有同志说了，按照你这样说就麻烦了，就是不能回头了。其实，世界上很多国家在社会转型时期都面对过这个问题，包括像台湾地区蒋经国掌权的时候，当时叫做"历史功业"。怎么解决这个问题？可以说连第二种办法都没有，只有一种，拦腰一刀切断，今天同昨天作一个切割。用中国人的话说，就是老问题老办法解决，新问题新办法解决。老问题作为历史遗留问题，想个办法一揽子解决。新问题从今天开始，重打鼓另开张，走上法治的轨道，轻装上阵，不留后患。未来国家要想长治久安，只有这一种办法。

必须与过去有个了断

为什么我强调这个问题？现在是新30年的开端，我们必须与过去有个了断。对于中国来说，可以说这是很迫切的问题。现在要切割也就切了，如果现在不切，将来能否切得了都是个问题。关于这个切割，我这样比画一下好像感觉很容易，其实不容易，它需要条件。起码社会当中要有一个比较宽松的氛围，谁都不能太较真，才能切割。如果大家都较真，那就切割不了了。

现在中国有切割的条件吗？我认为还不能说完全没有，但是已经相当不乐观了！为什么这么说？说一句比较难听的话，我认为现在老百姓对政府还残存着一份信任和感情，但是也只能叫"残存"了。现在说老百姓怎么热爱我们政府，我估计可能不是这种情况了，已经谈不上"热爱"了。但是还残存着一点信任和感情，这就是解决问题的基础。

有问题你拿什么解决？人家怀着七八个月的孩子，你说打就给打掉了，有的把孕妇都打死了，你拿什么解决?！但是他们还残存着这样一份信任和感情，也知道这事确实解决不了，而且这又是历史条件下的产物。你就是道个歉，意思一下，有的人现在说不定还能感动得泪水涟涟，这就是解决问题的基础，问题是这个"泪水涟涟"可能也维持不了几年了。假如这段时间过去了，他们到时候就不会"泪水涟涟"了，就和你死磕，较这死理了。你怎么办？那就说明切割的条件已经失去，切割的机会已经错过，到时候连切割都切割不了了！如果这样了，那是个什么情形？到时候中国就剩最后的一条路——武力维稳！谁不服，我就镇压，能维持一天就维持一天，小车不倒只管推，哪天倒了哪天算。如果走到这一步，这个社会就惨了！

为什么我要强调这个问题？作为新的阶段的开端，我们要有一种历史的责任感和担当，要有勇气、有智慧作这个切割，真正和历史告别，我们由此走向法治国家的路，其实前途一片光明，那才是真正的长治久安。

这是我们现在面临的第二个和过去明显的不同。

迫切需要社会作出改变

最后，现在普通民众、一般老百姓对美好生活的追求日益迫切。在最近很短的一段时间，人们内心里掂量的东西都在发生明显的变化，现在迫切需要社会做出改变，来适应民众的需求。可能有同志心里会说，老百姓什么时候不追求美好生活？是的，什么时候都追求，但是我想说的是，最近两三年时间，甚至这几个月，他们心里掂量的东西都在发生明显的变化。从这几年来看，老百姓对于尊严的追求、对于人的权利的追求，特别是现在人们关于环境的理念等都在发生变化。

我前一段时间在微博上搞了个很小的调查，只有一个问题：在阴霾比较厉害的时候，如果让你减少1/3的收入能够换来蓝天白云，你同意吗？结果2/3的人表示同意。当然，这话要看怎么看，他说同意，但是在现实生活中哪怕减少他1/10的收入，他也会和你打破脑袋。但是两三年前，甚至于1年前，如果谈这个问题，他的回答应该是不一样的。这说明人们对于生活当中一些东西的掂量,包括环境、尊严、权利问题,正在发生变化。

2012年2月,在黑龙江亚布力召开了一个企业家年会,阿里巴巴的马云在这个年会上讲过一段话,这很值得我们深思。他说,10年后,三大癌症将会困扰中国的每个家庭,这就是肝癌、胃癌和肺癌,这和我们吃的、喝的、呼吸的空气有密切的关系。马云说,他担心,这些年我们这么辛辛苦苦挣的这点钱,创造的这点财富,说不定到时候就变成了医疗费。如果真的是这样,我们怎么来理解这些年的发展?可能人们的一些根本理念都会发生变化。

所以我们一定要敏感地意识到现在老百姓的追求、对问题的掂量正在发生明显的变化。各位可以想,下一代成长起来之后,这个变化将会更加明显。在座的年龄大的朋友很多,像我们这个年龄的人,对生活的要求很有限,穷怕了、饿怕了,我们这代人追求得比较实惠,只要手里有点钱花,能吃饱,也就满足了。但是各位家里都有孩子,他们这一代人长大了之后,对生活的追求可能和我们很不一样。你觉得不重要的东西,他觉得很重要;你觉得能忍的东西,他觉得不能忍。所以在这里我要提醒各位,在未来的30年,中国老百姓对生活的追求和理解、要求,可能会发生明显的变化,这个社会必须做出改变。

从这三个方面来说,现在你无论是否愿意,都必须要翻开新的一页,翻得好要翻,翻得不好也要翻,中国必须要进入新的阶段!

既得利益集团已经形成了

第二个大问题,我想谈谈如何走出转型"陷阱",建设公平正义的社会。

进入新的30年,并不是说我们马上要进入新的光辉灿烂的30年,我没有这个意思。很可能情况恰恰相反,未来30年,可能是相当不轻松的30年,尤其是开头这一段。我经常讲,十八大至少要管未来 10 年，这很可能是中国改革开放以来最艰难的 10 年！我们从日常生活当中也能体会到，过去这 30 年，我们把好听的那些话基本说尽了，把最容易做的那些好事也基本做完了，甚至把好花的钱都花得差不多了。老实说，剩下的基本都是难办的事了！从这个意义上来说，将来这个新的阶段是相当艰难的一段时间！不但我们面对的这些问题大体上都是比较难办的事，而且给我们留下的做事空间已经非常有限！

在政府工作过的同志可能更有这样的感觉，20 世纪 80 年代甚至 90 年代初，你会感觉很多东西都能动。例如，这个瓶子摆得不是地方，你就可以动它。而现在，你明知道它摆得不是地方，但是也动不了。很多东西动不了了，为什么？因为利益格局已经固化，既得利益集团已经形成了。明知道问题在那里摆着，但是能动得了的地方并不多。十八大之后，新班子上来了，各位都在议论他们的性格是什么样的，谁的取向是什么样的，他会不会做事、能做多大的事，等等。在这种情况下，更多的不是取决于个人，而是取决于这个已经正在固化的利益格局允许你做什么。所以现在我们面对的问题解决起来相当艰难，但是能够做这件事情的空间非常有限，这说明我们面对的情况是非常严峻的！

未来我们面对的这一段时间很艰难，还有一个意思，我们现在面临这些新的问题，有的问题提供了前人的经验教训，摆在那里可以让我们借鉴。但是有些问题，就连可供我们借鉴的经验教训都不多，有的甚至完全没有，几乎完全靠我们自己摸索。举个例子，上上下下都在讲"中国梦"，怎么理解？如果把"中国梦"理解为像美国人那样发展、生活，还要追上它、超过它，讲什么"伟大复兴"，我现在就可以说，永远都没有可能！别的不说，就资源这一条，就不允许我们这样生活。因为我们有近 14 亿人口，不可能有这样的生活，如果真的勉强过上了，对中国来说可能也是一场灾难！但是这并不是说我们不应当过更好的生活。但是这个好的生活是什么样的？要通过什么样的发展途径才能实现呢？在很大程度上，可能要完全靠我们自己来摸索。

未来四种可能选择的道路

从这个意义上来说，未来的 10 年是艰难的 10 年，也是充满着不确定性的 10 年。这次换届，将来会怎么走？这个不确定性比以前的任何一届都大。我们要意识到中国已经走到了重要的十字路口。现在中国的情况和 20 世纪 90 年代初的情况比较类似，中国面临一个十字路口。现在看当时比较简单，就是向前、向后两种选择，通过"南方谈话"，我们选择了向前走。但是这次的中国十字路口比那次复杂，不是有两种选择，而是有多种选择，有多种可能性。十八大前后，整个社会的思想空前活跃，人们也提出各式各样的主张、想法，包括我们自己在内。在这些想法和主张中，互相之间可能还有严重的分歧。在这种情况下，未来选择走什么样的路就非常重要。我前一段把人们提出的，包括我们自己提出的想法简单地规整了一下，认为现在至少有四种不同的思路，或者是四种可能选择的道路。在这种情况下，我们究竟选择走什么样的路非常重要！

第一条路，我把它叫做在一定意义上向旧体制的复归。我们可以把前一段薄熙来主政时期重庆的一些做法，所谓的"重庆模式"作为代表。在薄熙来出事之后，我们知道走这条路的可能性在下降，但是我觉得，仍然要看到它在整个社会当中有着深厚的社会基础。尤其是最近这些年，下层的民众过多地承担了改革的代价，在下层民众当中存在一种相当普遍的怀旧意识。在这种情况下，假如说中国社会当中的一些重要问题不能够得到有效解决，社会当中的一些重要弊端不能得到有效的克服，中国走这条路的可能性不是没有。关键看将来人们会被逼到一个什么份儿上？正像各位经常说的，当然倒退是没有出路的，但这个可能性不能够完全排除。

第二条路，就是延续过去 30 年改革的模式，深化改革攻关、改革攻坚。改革取得了重大的成就，最重要的是建立了市场经济体制，同时也获得了快速的经济发展。但是我们也不能否认，在这个过程当中也造就了大量的弊端。现在的老百姓还能否继续认同这个改革？可能是个问题。现在普通老百姓有时候听到"改革"这两个字都有心惊肉跳的感觉，只要一改，不是这个地方吃亏，就是那个地方吃亏，反正对他们没有一点好处。这个改革现在也处在很尴尬的境况中。

中国现在有很多弊端，不改是不行的。单改就行了吗？也不见得。前些天，我在微博上说了一句有点情绪的话，"我们现在的情况往往是，不改打你两个耳光，改了说不定打你三个耳光，反正你离不开这个耳光！"和过去相比，改革复杂得多了。例如，前段时间大家关注比较多的，也是政府用最大力气推进的铁路系统改革，不改确实不行，铁道部高度的行政化、垄断化，要改。但是改了会怎么样呢？结果很难说。中国将来走这条路的可能性非常大，为什么？别的不说，现在凡是在领导岗位上的这些干部，基本都是在改革开放30多年当中成长起来的，最熟悉的就是这一套。不得不改了，但还是这一套，因为大家也不会做别的。如果按照这条路来改，最后是个什么结果也很难说。

第三条路，叫定型现有体制，原地不动，维持现状。说得好听一点，就是坚持中国模式、中国特色。假如说这个社会当中，一些重要的问题得不到解决，重要的地方改不动，很可能最后就是这个结果。如果是这个结果，既得利益集团最高兴，最符合它的利益。但是会激起社会当中最多的不满和社会矛盾。而我觉得，中国走这条路的可能性也很大。为什么？既得利益集团掌握着大量的资源、权力，它要不改，可能你还真动不了！而它现在根本就不想改，所以前一段有人放出风来试探说，我们就不改，你究竟能怎么样？我们已经维持了10年，继续维持下去的可能性不是没有！但不是说这条路一点都不会改，会小打小闹，但是基本的东西不动。所以中国走这条路的可能性也是不小的，但如果这样维持下去，会维持出什么样的结果？这也是很难说的。

第四条路，就是我们所主张的，选择一个新的方向进行改革，这个方向就是建设一个公平正义的社会。我刚才给各位提供了3份报告，它们之后的第四份报告我们正在写，从 2012 年 1 月到现在还没有写完，大约在 2013 年下半年可能会正式发布。这份报告最主要的内容就是我们如何通过改革建设一个公平正义的社会。换句话说，我们现在需要一场改革，但是需要的是一场新的改革，改革的方向是建设一个公平正义的社会。我这里特别强调是一场新的改革，从 2005 年开始到现在 8 年的时间里，我凡是讲改革，就再也没有说过一句"深化改革""改革攻关""改革攻坚"，都是讲"改革新故事""改革再出发"，强调我们需要的是一场新的改革，这个改革的方向是建设一个公平正义的社会。通过 30 多年的努力，我们建立了市场经济体制，当然这个任务没有最后完成，但是框架已经出来了，这是我们过去 30 多年最大的成功。未来 30 年，要在市场经济的基础上建设一个公平正义的社会。

这是我们的基本主张。所以现在关于中国未来的走向，我大体就概括为这四种，出不了这个圈子，关键是我们选择走什么样的路。

公平正义是最核心的问题

在我刚才的主张当中，最强调的是公平正义。为什么我这么强调它？可以说，公平正义现在已经是中国社会最核心的问题。现在中国社会当中的很多问题，从经济到社会、政治，问题出在哪里？往往都和公平正义有着直接的关系。

从最简单的经济上说，这些年我们的经济活力在不断下降，深圳也是如此。为什么？最关键的是公平竞争的环境在不断地恶化。这是现在经济上最关键的问题。如果未来要有一个不错的发展，首先要解决公平竞争问题，它本质上就是公平正义的问题。前一段时间，著名经济学家许小年讲过一段话，我很赞成。他说，政府现在在经济上最需要做的，不是今天出台 36 条，明天出台 72 条，今天扶持这个企业，明天扶持那个企业，而是只有四个字——一视同仁，营造一个公平竞争的环境，提供一个公平竞争的平台。企业在这样的平台上进行

55

公平竞争，它的活力自然就能激发出来！所以，如果要重新激发中国的经济活力，最关键的是要解决公平正义的问题。

从社会的角度来说，现在大家都感觉到社会矛盾、社会问题越来越多。但是它们是从哪里来的？假如和 20 世纪 80 年代初比较一下，你可以看出来，由吃不饱饭这样最基本的民生问题引起的社会问题和矛盾越来越少了，现在的社会矛盾、社会问题从哪里来的？主要就是由社会不公造成的，背后还是公平正义的问题。改革开放走到今天，在社会层面，公平正义最低的标准我们能否做到？这已经是个问题。什么是公平正义最低的标准？最简单地说，老百姓遇到点事情要有说理的地方，这可以说是低得不能再低的标准。之前召开的"两会"上，九三学社一位副主席讲了一件事情。省里的九三学社副主委，是副厅级干部。他岳母家里拆迁，因为补偿标准问题发生纠纷，他作为女婿也帮着过去讲理。他后来说，这时候你就能明白什么叫没有讲理的地方，根本就不允许你说话，一张嘴就把你的手用手铐铐上，到派出所里再说话。他在被铐上之后说，"我是全国政协委员，如果你不相信可以摸我的口袋，里面装着证书呢！"因为他的手被铐住，还是由警察把证书摸了出来，这样他才没有被抓进派出所。后来他讲到当时的心情时说，他当时连死的心情都有了。各位，副厅级的干部尚且如此，一般的老百姓又当如何?！现在中国为什么有这么多的社会矛盾、社会问题？最基本的问题是公平正义的问题。

从政治的层面来说，十八大引人注目，除了它的重要性之外，还有一个原因，那就是它的安保措施、维稳措施也到了史无前例的程度，甚至到了匪夷所思的程度！各位在深圳还好一点，我们在北京体会更深。开始，网友说出租车后面的窗户玻璃摇柄要卸下来，我认为这是瞎编的，这怎么可能呢？太荒谬了！但是后来一打车才发现这是真的。不但菜刀、剪刀不能卖了，而且连小孩玩的遥控飞机也不能卖了，可以说已经到了匪夷所思的程度。当时很多人在微博中问这样一个问题，他们究竟怕什么呢？我觉得这个问题哪怕是你问到最高层，他就算愿意回答你的这个问题，我估计也回答不了。为什么？因为他也说不清楚究竟怕什么，就是一个模模糊糊的感觉。你说怕什么呢？怕炸弹还是怕传单？他也说不清楚，就是感觉这个社会好像有点不安定，弄不好会出事。

既得利益集团要维持现状

为什么会有这个感觉？我认为在于体制的脆弱性！他们维稳到今天这个份儿上，也因为体制脆弱。体制为什么脆弱？全社会要求政府能够提供、维护公平正义，如果你不能做到，有时候还带头破坏社会公正，他心里没底，体制就脆弱，心里就发虚。

既然要建设公平正义的社会，现在究竟卡在什么地方？我提出了一个概念叫做"转型陷阱"，它最重要说的是我们在改革的过程当中，逐步地形成了一个既得利益集团，这个集团在不断地做大，现在要维持目前的这种现状，既不想往前走，也不想向后退。这是中国现在最麻烦的问题。我为什么强调这一点？只用一句话解释。现在很多人都知道中国改革艰难，但是很多人想这是什么意思。中国有改革的力量，有反对改革的力量，因为后者太强大，改革就十分困难了。但是"转型陷阱"要说的不是这个问题，真正起作用的是第三个东西，这就是我刚才说的存在一个既得利益集团。它不像我们原来想象的那样，什么思想保守、反对改革，实际上他们的思想一点都不保守，可能有些人在三四年前都是响当当的改革者。但是他们在改革当中获得了巨大的利益，不想向前走了。他们既不想向前走，也不想向后退，就想停在这里。为什么？维持现状对他们最有好处。现状是什么？简单地说，是权力和市场结合在一起，方便用权力时用权力，方便用市场时用市场。对他们来说，没有比这更好的了。各位不信就想象一下，假如你是一个房地产商，什么样的方式对你最有好处？假如能用权力的方式廉价地拿地，又能用市场的方式卖房，还有比这更好的吗？如果向前走，彻底市场化了，让他们适应市场的方式来高价卖房，但是对不起，他们也要用市场的方式来高价拿地。这难道比我刚才说的现状好吗？如果倒退回计划经济体制时代，你可以不用钱拿地，但是对不起，这房子也不能卖。所以他们既不想向前走，也不想向后退，就想维持现状。中国真正的问题就出在这里，我们往前走，包括建设公平正义的社会，就卡在了这里。

无论如何，这个社会未来30年还是要解决公平正义的问题。有人说，一个政府首要的职责不是发展经济，甚至也不是增强国力，而是维护公平正义。我认为，这应当成为未来30年我们改革和发展的基本方向！

为什么提出"社会进步"的理念

第三个大问题，简单谈一个理念，我把它叫做"社会进步"的理念。为什么？在新的30年开端，在这样的历史转折点上，我们脑子里有什么样的理念非常重要。

在讲这个理念之前，我想把刚才提供给各位的3份报告简单说两句，因为它们与这个理念有关系。刚才我给各位提供的3份报告，第一份是2010年4月发布的关于社会稳定的报告，它当时起到的直接作用是把维稳从一个主流媒体不允许讨论的问题变成了至少可以偶尔进行讨论的问题。这个报告发表之后，国内的主流媒体，包括一些重量级的媒体作了大量报道，有的报道就用了这样的题目《清华报告指中国的维稳已经是恶性循环，越维越不稳》，有的题目是《清华报告指中国维稳成本太大》。所以这个报告的发表和主流媒体对它的报道，打开了这几年对维稳问题进行反思的空间，促成了最近这两年整个社会对于维稳问题的反思和讨论。

第二份是关于社会建设的报告，最主要针对的问题是这几年政府权力不断扩张、膨胀的趋势，提出由市场的发育和社会的建设来遏制这个趋势。它发表之后，对一些地方的社会建设也起到了一定的作用，有的省市非常明确地说，他们社会建设的思路就是按照这个思路来做的。关于这一点，广东也比较明确。

第三份报告，就是刚才讲的关于当前改革困境的报告，如何来解释我们现在改革所面临的种种困境？

我为什么首先要提这 3 份报告？因为它们与我下面要讲的这个理念有关系。我为什么要写它们？就为了一个理念在中国能够提出、传播、传扬开来，这就是社会进步的理念。后来我把这 3 份报告和下面要写的报告，统称为"中国社会进步系列"报告。2012 年 1 月，我们专门在清华大学成立了研究所，就叫"社会进步研究所"。其实我最早提出这个问题，还不是从写出这些报告开始，而是 2008 年，当时纪念改革开放 30 周年。我当时在几个场合反复讲一个问题，说现在中国需要一场社会进步运动。后来写这些报告，成立这个研究所，都是为了它。

各位听我这么强调社会进步问题，有没有感觉怪怪的？为什么？"社会进步"这个理念不是我们提出的，而是古已有之。但是这么多年基本上没有人讲这个概念，而我为什么把一个很古老的东西又翻出来讲呢？打个比方，一个家庭中，两口子过日子已经很多年了。今天晚上吃完晚饭，两个人正在客厅的沙发上看电视。这时夫妻当中一个人突然说了一句话，咱们俩好好过日子！尤其是女同志可以想象一下，饭菜给你做好了，你也吃饱喝足了，碗筷也收拾干净了，坐在沙发上看电视了。这时，你老公坐在沙发上一本正经地说：我们要好好过日子！女同志会是什么感觉？如果是脾气不好的女同志，不同老公打架就不错了。她会反问，你是什么意思？谁不好好过日子？如果你不想好好过日子就赶快说话！我今天讲的社会进步的问题，大家可能就有这种感觉。这句话是不错，但是为什么突然讲这个问题呢？我认为中国到了迫切要讲这个问题的时候。为什么？我们这些年没有社会进步的理念，只有另一个理念——发展的理念。所有的东西都叫发展，例如经济叫发展，社会叫发展，文化叫发展，教育叫发展。但是各位可以想一想，发展的理念最主要的是一个数量概念，虽然有时候我们也讲发展质量，但是它最主要强调的是数量的增加。但是在我看来，在我们快速发展 30 多年之后，如果没有一种好的理念和价值来主导这个发展的过程，那么这个发展可能要出问题！

实际上是现在已经出了问题！最近这些年，我经常在想，将来历史会如何评价我们这代人？有时候我们想起来，可能还感觉很自豪，感觉我们经济发展很快，创造了多少物质财富，等等。但是我个人的看法是，将来的子孙后代写历史教科书，写到我们这代人时，不会有任何好词来形容我们。我们这代人在他们的眼睛当中，很可能就是荒谬、愚蠢甚至是很可耻的一代人！

为什么这么说？我们这代人在整个人类历史的长河当中是最独特的。我们把地球演进了这么多亿年形成的那点财富弄出来用光了，煤挖出来了，石油抽出来了，天然气弄出来了，各种矿产资源挖出来了。能烧的基本上都烧了，最后化作一缕轻烟。有的同志说，那还有很多不能烧的呢，深圳的这些大厦就不能烧，那都是留给子孙后代的财富！建设部政策研究中心原主任陈淮说了一句话，中国建筑的平均寿命是30年！如果我再把它加20年，各位想一想，50年后，现在我们看来是财富的这些高楼大厦，将来就是一堆垃圾，是否有地方放置都不知道。清华大学建筑学院算是中国最有名的建筑学院了，我前几天给这里的学生讲，你们千万别把自己盖的这些房子看得太重，将来的子孙后代比我们会盖房子，这对他们来说是很简单的事。各位想一想，20世纪80年代时，深圳一个星期起一层楼，外面人听到后都觉得很震惊，震惊于这"深圳速度"。但是各位，现在一天盖一层楼有什么大不了？对子孙后代来说，盖楼是很简单的事，可能就像洗衣服、做饭差不多。那时候，面对着我们给他们留下来的这堆烂楼，他们不是感谢我们给他们留下这些财富，而是可能发愁这堆垃圾怎么办，拆了放哪里。这一点不是笑话。

将来我们离开这个世界了，留给子孙后代的是什么？我认为一点疑问都不会有，就是空空如也、千疮百孔、一片废墟。这还有疑问吗？所以子孙后代除了骂我们之外，还能说什么好话？所以小伙子，再活75年也不见得是什么好事，可能人们会骂，那帮坏蛋都死了，就剩这一个还活着！

中国人要维护人的尊严

2012 年发生了三个事件。一个是四川的什邡事件，一个是江苏启东事件，一个是宁波镇海事件，它们都是因为要上很大的项目可能造成环境污染而引起的群体性事件。不知道各位是否注意到，这三个事件的主体都是"90 后"，他们已经不同意了？他们说，我们宁可不要这个项目，不要几十亿的 GDP，你把环境给我们保护下来，我们还要生存呢！我们已经到了真正要思考这个问题的时候了！

再换一个不同的角度。大自然一次性给我们的这点财富被一代人祸害光了，你活好了吗？我们整天吃的是有毒食品，呼吸的是污染的空气，喝着肮脏的水，下个饭馆吃的还是地沟油。2012 年冬天，全国大部分地区看到太阳都不容易！这是为什么？值得我们认真思考。几年前，有个网站搞了一个调查：假如说有来生，你是否愿意再做中国人？这个调查还没有完毕，我发现已经有 1 万多人参与，其中有64% 的人回答不愿意再做中国人。第一位的原因还不是地沟油问题，而是做中国人缺乏人的尊严！这很值得我们深思。

2012 年春天，我参加了一次会议，很受触动。这是中国在非洲的一个项目管理会。在非洲管理这个项目，遇到了在中国根本想象不到的问题。例如，非洲很多地方都是一个星期或者半个月发一次工资，今天发工资了，那么明天就找不到这些非洲员工了，起码有1/3不来上班。干什么去了？花钱、娱乐、消费、享受去了。过几天他们又陆陆续续回来，因为钱花没了，他们要干活了。在非洲制订工期时要考虑到这个问题，例如今天混凝土刚刚浇铸了一半，然后把工资发了，明天可能就没有人干活了。中方管理人员很生气，问：这些天干什么去了？怎么又找不到你了？他说老爸死了，总要回去看看吧！管理人员反问：你老爸今年都死了多少回了，一发工资就死吗？他说：之前说要死，但是最后都活了，这次是真的死了。其实这是他们的一种生活态度，我们也知道这个国家的经济肯定好不了。但是反过来说，他们也很难理解我们。这些管理人员说，这些非洲员工经常问他们派到非洲来的都是什么人，是否都是犯人。管理人员反驳说，这都是他们精挑细选的优秀员工！非洲人很不理解地说，这些中国人光会干活挣钱，也不会花钱、消费、娱乐、享受，不是犯人怎么可能这样呢?！这件事至少提醒我们，应该考虑发展对人的意义，以及发展究竟意味着什么。

在2012年1月召开的广东省委全会上，有人向汪洋提问，说江苏的GDP马上要超过广东了。我记得汪洋回答了这样一句话，超就超吧，别管它！在三四年前，一个地方大员这么回答问题都是不敢想象的！从某种意义上来说，这可能标志着我们已经开始思考这个问题。

汪洋说过，在全国都在搞阶级斗争的时候，广东人最早知道要挣钱了。现在全国都知道挣钱的情况下，广东提出要过幸福的生活。广东最早提出提升居民的幸福感，之后又有一些省陆续提出了类似的理念。2011年春天，各个地方制订"十二五"规划，有人统计了一下，全国一共有59个地方把"提升居民幸福感"写到了"十二五"规划当中。我认为中国到了提这个问题的时候了。但是我们知道，多重要的问题，到了宣传工具手里往往变成了一个笑话。前一段时间，中央电视台的记者拿着话筒，满大街地追着人问："您幸福吗?"有人回答，我不姓福，我姓曾。这当然是个笑话，但是我认为这个问题非常严重。2008年，我提出中国要有一场社会进步运动。这一年，当时的法国总统萨科齐找了世界上最有名的几位学者，其中有两位非常出名，一个是阿玛蒂亚·森，一个是斯蒂格利茨，让他们组成小组，只研究一个问题——如何使人民过得更幸福？如何制定一个指标来衡量人们的幸福？政府制定什么样的政策才能够有利于人民的幸福？因为在萨科齐的思想当中有一个重要的理念，经济发展不等于社会进步，能够真正给人们带来幸福的是社会进步。

进入新的30年，我们要有一个理念的变化。至少在经济发展的同时，要有社会进步的理念。在追求经济发展的同时，追求社会的进步，用社会进步来主导经济发展的过程。这次"两会"结束之后，李克强同志用了这样一种表述，叫做"促进经济发展，实现社会进步"。我不知道他当时是怎么说的这句话？是顺口说的，还是深思熟虑作为将来施政的理念、指导思想提出的？如果他不是随口说的，是经过深思熟虑后作为未来的执政理念，这应当是一个重要的进步。

对于今天这个主题，最后我再重复一句话。过去30年，我们建立了市场经济的体制。未来30年，我们要在这个基础上建设一个好的社会，最基本的标准是公平正义。假如说我们从这个角度来理解十八大之后中国的改革和发展，可以看得更清楚一些。

这是我个人的一些想法，同各位交流。谢谢各位！

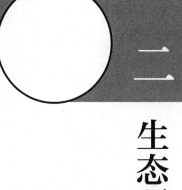

二

生态环境·美丽中国

防震减灾　你我同行

杨马陵

杨马陵 ✏️

研究员，广东省突发事件应急
管理专家。现任广东省地震预
报研究中心主任，中国地震学
会理事，广东省地震学会、地
球物理学会常务理事。国务院
特殊津贴专家。先后在新疆地
震局、广东地震局从事地震监
测预报工作。多次参加国内强

震的现场监测预报工作。已发表科技论文 80 余篇。

　　2013 年 4 月四川雅安芦山发生了一次 7.0 级地震，芦山地震是
汶川地震和玉树地震之后一次比较大的地震，也引起了全国人民的关
注，民间、政府为减灾也做了很多工作。

　　下面把芦山地震的简要情况给大家做个介绍。

决定地震破坏的几个因素

这个地震是在雅安的西北边，它的影响范围包括了几个县，地震造成的死亡人数将近 200 人，但受伤的人比较多，主要还是在芦山县。

芦山地震的断层运动方式和汶川地震是一样的，属于逆断型断层破裂。汶川地震从震中向西北方向延伸大概 200 公里，这里是汶川震区，而芦山地震震中在汶川震区的西南方向。网上有些舆论，这到底是不是一次余震？我个人认为，两次地震有共同点，它们都属于逆断型破裂，都是单侧破裂，即一个是往北东方向破裂，一个是往西南方向破裂。它们肯定有关系，起码它们两个的动力来源都是一样的，就是青藏高原往这边（西南方向）挤压造成的，只不过两次地震的时间有一定的差距。

这次地震伤亡比较小，为什么？地震造成破坏有几个因素，第一就是地震强度，也就是我们通常说的震级大小；第二是地震深度；第三是与地震震中的距离；第四是建筑物抗震设防水平，即房子盖得结实不；第五是次生灾难；等等。这次有一个比较有利的条件，因为地震强度只有 7.0 级，比 8.0 级地震的能量释放低很多；同样，它的震中烈度也小，汶川是 11 度，这次才有 9 度；另外，它的断层破裂通过的地区主要是乡村，而乡村人口少一些。而汶川所在的四川盆地北边缘人口比较多，特别是北川县城人口非常多，所以伤亡比较大。再有，经过汶川地震，政府的救援能力、响应能力比原来大大提高了。大家可能还有一些记忆，汶川地震后在救灾方面可能出现了一些混乱，但是这次，无论军队还是政府，反应非常快，救灾非常及时，这也是人员伤亡少的一个原因。另外，汶川地震后，当时雅安地区也受过一些灾害，重建以后它的很多建筑物搞得非常好。比如雅安中学、宝兴医院等非常好，这次地震救援，很多救灾部队、救灾人员都在里面睡，房子非常结实。当然也有不利的条件，就是山区泥石流、滑坡灾害非常多。但总的来说，这次救灾行动还是比较成功的。

汶川8.0级地震最大烈度达到11度，而这次只有9度，它的最大破坏面积仅208平方公里，而汶川地震破坏面积有7000多平方公里。所以汶川地震破坏严重得多。

地震的发生与断层、地震波

下面我讲一些有关地震的基本知识。

地震是一种自然现象，人类到现在为止还无法控制地震，它是不以人类意志为转移的。地球的结构是这样的，它有内核、外核、地壳，地震常常发生在距离地面比较近的地方，大部分都是在地壳中，当然个别地震可以达到600多公里。

地震是地壳运动不间断的形式。整个地球可以分为七大板块，板块边界通常是地震带。板块边界发生了什么运动呢？例如太平洋整个海底一直向两边扩张，扩张时板块边界就产生地震、火山等系列运动。又如印度洋板块插到青藏高原的底下去了，实际上青藏高原就是造山运动的结果，造山的过程中就发生了很多的地震。

通常地震的发生是因为有断层，断层有三种破坏形式：走滑型、正断型、逆断型。2001年，昆仑山8.1级地震造成300～400公里的地表破裂，是走滑型破裂。

我们通常说的正断型断层是上盘下降、下盘上升。汶川地震就是逆断型断层，整个是岩石断面，你可以想想它的力量有多大。

地震是能量的急剧释放，如果岩石里面积累的能量超过了破裂强度，地震就会发生。比如这里有一个栅栏，它两边受力，到了一定的时候它突然垮了，产生震动，随着地球的介质传播，于是形成了我们通常说的地震波。

地震是怎么定位的？比如这里有一个地震台，它记录地震波，它可以记录一定范围的地震，同样有第二个、第三个地震台，这三个地震台记录震中距离的交汇部位就是通常所说的震中。通过这个震中，我们还可以确定它的深度，这就是我们通常说的震源深度。

地震灾害有三种类型

地震是自然现象，但它对于人类来说就是一种灾害。全球主要有两个地震带：一是环太平洋地震带，80％的地震发生在这里；二是亚欧地震带，15％的地震发生在这里。全球每年发生约500万次地震，但是真正能感觉到的只有1％，只有100次左右能造成灾害，而且主要是在陆地上，占85％左右，海洋也有一些，主要是海啸造成的。中国、日本、伊朗、美国等都是地震灾害比较多的国家。一些地震造成了比较大的伤亡，比如中国汶川地震、日本海域的地震等。

地震灾害有三种类型，一种是原生灾害，就是直接造成的损害，比如房屋倒塌；另一种是次生灾害，那就是环境破坏造成的，比如泥石流、滑坡、水灾；还有一种称为衍生灾害，主要是指经济、社会生活停滞造成的损失。

现在地震灾害有几个特点，一是越发达的国家经济损失越大，但是人员伤亡比较小；而发展中国家，则人员伤亡比较大。另外，次生灾害、衍生灾害都比较多。二是地震灾害的增加呈现非线性增长。20世纪前50年发展中国家和发达国家伤亡人数基本相同，但是后50年，发达国家每次地震伤亡人数非常少，而发展中国家仍比较多。这主要是基于经济发展的原因，比如伊朗的巴姆地震，震后当地成了废墟。差不多同样大小的地震，如美国7.1级地震才造成67人死亡，而印度地震死亡几万人，海地死亡20多万人。

在次生灾害方面，像日本的阪神地震曾引起了大火灾。北川县城靠山边的部分在8.0级地震后，上千人及房屋被滑坡掩埋，什么都看不到了。

所谓的衍生灾害就是一些经济上的损害，比如光缆错断、企业破产等。地震灾害呈非线性加速增长，一方面与地震震级有关，另一方面也与经济发展有关。比如普洱地区 1979～2007 年有三次 6.0 级地震，它造成的灾害越来越严重，灾害增加的速度越来越快。通常用震级 M 表示地震释放能量的多少，可能大家也经常听有各种各样的震级说法，其实这是正常的。根据不同的能量释放关系，我们从不同地震仪上能够得到不同的地震震级，它并没有统一的标准。比如咱们经常听到的有里氏震级、面波震级等。到目前为止，世界上最大的地震是发生在 1960 年的智利地震，它是 9.5 级地震。

地震破坏程度通常用烈度或者加速度来表示，它跟震级、深度、震中距离、房屋抗震能力等有密切关系。我国用的是 12 度烈度表，像汶川地震是 11 度，芦山地震是 9 度。通常 4～5 度人会感知，但是没有破坏，6 度以上就会出现破坏。一次地震只有一个震级，但是它有很多个烈度。比如唐山地震是 7.8 级，在唐山它的烈度就有 11 度，到天津它就是 8 度，到北京就是 6 度，因此，烈度是指一个地方的地震破坏程度。

中国的防震减灾历史

下面来讲讲我们国家的防震减灾工作。

首先讲一下它的历史。中国有非常悠久的地震记录历史，2000 年前，一些古籍上已经有一些记录，后来陆陆续续记录到的越来越多，所以中国古代历史是世界上最丰富的。历史上张衡造的地震仪，我国在 1951 年已经复原出来，但它实际上不是真正用来预测地震的，而是记录地震的。中国现有的最早的现代地震仪器记录是在 20 世纪初，当时的西方列强（比如日本、法国、俄国）在咱们国家一些地方设立了一些地震台。我们国家自己最早搞地震的专业人士是李善邦先生，他是广东新宁人。1930 年在北京他建了一个地震台，就是北京鹫峰地震台。在 20 世纪 40 年代的时候，他研制出了我国第一台现代地震仪。

新中国成立后，我国自主研发出各种各样的地震仪器，在国内开始安装。20 世纪 50～60 年代研制出电子放大地震仪，到 90 年代开始研制数字地震仪。最初的地震仪比较笨拙，到现在已经越来越小了，用来观测大地形变、观测地下水位、观测重力等。

中国的防震减灾工作主要从 1966 年河北邢台地震后才开始，这次地震造成了 8000 多人死亡，当时周总理直接到震区去指挥救灾。之后，他在全国集中了几十个单位，包括中科院、地质部等单位，组织了一大批人开展地震工作。他当时提出，希望我们这代人能把地震预报搞出来。我们老一辈的地震工作者，他们当时都在现场，他们为了完成周总理的愿望奋斗了一辈子，但到现在为止地震预报进展还是非常缓慢。

中国 1966～1976 年这 10 年内内地发生了 14 次 7.0 级地震，都造成比较大的损失，但这个时间段我们国家的防震减灾工作也有比较大的进步。1967 年成立了国家科委地震办公室，1969 年成立中央地震工作小组办公室，1971 年成立了国家地震局，直到 1998 年更名为中国地震局。地震局最初主要搞地震预报，1988 年后，也就是从澜沧—耿马 7.6 级地震开始，提出监测预报、震灾预防、应急、震后救灾和恢复重建等内容，直到 2000 年前后，终于形成了现在的监测预报、灾害预防、紧急救援三个体系。

广东省的地震历史也比较长，1956 年，中国最早组建的 8 个地震台，广州有其一。当时的观象台老房子到现在还在那里，已经作为一个历史古迹留下来。1962 年，河源新丰江地震后成立了新丰江地震考察队，一直延续到 1969 年成立地震办公室，1970 年组建中南地震大队，1978 年成立广东省地震局。

全国地方的地震工作也走过了比较长的历史。1966 年邢台地震后，群众开始自发监测预报地震。一直到 70 年代，政府着手支持监测预报工作，到现在为止，地方地震工作机构在全国多数地方都已经成立，据不完全统计，有地（市、州）级地震局279个，还有1000多个县设立地震办公室。

中国地震多同地质构造环境有关

下面谈一下我国的地震灾害。中国现在面临比较严峻的地震形势，因为现在人口城市化速度非常快，如果城市发生地震，就面临着比较大的灾害威胁。另外，因为农村建筑质量不好，每次地震在农村都造成比较大的损失，所以农村的地震灾害同样十分严重。中国为什么会有这么多的地震？实际上同地质构造环境有关。中国处在太平洋板块和印度洋板块两个板块夹击中，中间形成了比较特殊的地质构造环境，特别是中国西部，大概105°线以西地区的地震非常多，包括青藏高原、新疆、甘肃、云南、四川等地区。中国大陆主要分成6个比较大的地震带，广东处于其中之一的东南沿海地震带。但是地震活动最强烈的地方是南北地震带、新疆天山地震带。

中国大陆的地震活动有几个特点：地震多、强度大、分布广、震源浅。

①中国地震多。每年发生5.0级地震20次左右，6.0级地震将近4次。②强度特别大。2000年以来全世界发生了很多次8.0级地震，真正在陆地发生的只有两次，都在中国大陆，其他都发生在海域。③分布特别广。6.0级地震在全国各地都有发生，7.0级地震有19个省市发生过，8.0级地震也有12个省市发生过。④震源浅。94%是浅源地震，破坏性比较大。

这几个特点造成了中国地震灾害非常严重。1949年以来，在各种自然灾害中，地震灾害占54%。据统计，8.0级以上地震发生了9次，死亡人数59万人，加上汶川地震应该有60多万人。中国历史上有4次死亡20万人以上的地震。

73

2005 年，我们曾做了一个预测。未来 15 年内，就是到 2020 年，中国可能发生 10 次左右 7.0 级地震，到现在为止已经发生了 4 次，即新疆于田、汶川、玉树和芦山 4 次地震。

大家都比较关心广东的事，刚才说了广东处在东南沿海地震带，历史上曾发生比较多的地震，主要集中在东西两翼的汕头、潮州一带和雷州半岛。近 120 年以来，广东沿海发生 12 次 6.0 级以上地震，其中 2 次 7.0 级地震，即 1918 年南澳和 1994 年台湾海峡的 7.0 级地震。

广东沿海地区大部分地震的基本烈度是 7 度，可能造成比较明显的破坏。而深圳、汕头地区可达到 8 度。1918 年广东南澳的 7.3 级地震，当时的历史记录记载南澳县"死伤十之八"，因为是民国时期，没有特别具体的数据统计。1962 年新丰江水库发生 6.1 级地震，当时死了 6 个人。1969 年阳江 6.4 级地震，死了 30 多人。

20 世纪 80 年代后广东省也发生了一些地震，没有造成比较大的人员伤亡，但是经济损失比较大。从 2012 年开始，广东省地震出现了增强的趋势，河源有两次 4.8 级地震，2012 年 1 次、2013 年 1 次，可能全省都有一些震感，深圳也有感觉，但幸运的是这两次地震没有造成什么破坏。

抗御 6.0 级左右地震是基本目标

下面讲一下面对地震我们能做点什么。

联合国前秘书长科菲·安南说："灾前预防不仅比灾后救援更人道，而且更便宜。"当然，防震减灾最大的宗旨就是最大限度地减轻地震灾害损失，由这个宗旨我们可以导出现在地震工作的方针，就是预防为主，防御与救助相结合。由此再推出我们防震减灾工作有三个体系：地震监测预报、地震灾害预防、地震紧急救援。

下面来谈谈这三个体系。地震监测预报和地震灾害预防主要是震前的工作，一是通过监测，预测地震什么时候发生；二是通过一些非工程性的措施来减少地震伤亡。当地震发生后，我们通过地震紧急救援，想尽一切办法挽救生命财产，使损失减到最少。通俗的说法是，首先能预报出来最好，如果预报不出来，我们把房子盖结实一点，房子不倒也不错。如果实在没有准确预报，房子又倒了怎么办？我们就先把人救出来，来达到最大限度降低灾害的目的。

为此我们定出了一个目标，到 2020 年，我们国家基本上能抗御 6.0 级左右地震，大中城市、经济发达地区的防震减灾能力要达到中等发达国家的抗震水平。

关于地震监测预报，我们国家现有各种各样的地震监测方法，这是我们每天做的工作，全国有 1000 多个地震台站，还有各种 GPS 台、重力台、形变台站等，都用来干什么？我们在震前就是通过这些观测方法和数据来做地震预报。

全国地震台还不是特别多，每万平方公里大概有两个台，能监测到 2.5 级以上地震，这是一个很大的进步。1976 年唐山地震时，当时的党中央、国务院都不知道这个地震震中在什么地方，唐山市当时有一个工会主席开着一辆车，连夜闯到北京中南海，最后中央才知道这个地震发生在唐山。这些年通过技术的发展和努力，情况已经得到大大改观。现在我们基本上是自动速报，就是人不要管它，大概地震后 2～3 分钟就能完全速报出地震的参数，人工干预一下也就 10 多分钟，通常在 10 分钟内就可以完成准确的地震定位。现在通过网络我们已经能够把全国各地的地震台数据都弄过来，可以非常快地完成地震定位。如汶川地震，我们只用 3 分钟就得到了准确的地震参数。

当前的地震预报在做什么

下面讲一下大家关心的地震预报。地震预报分为几个阶段的预报，即长期预报、中期预报、短期预报、临震预报，时间跨度从 10 年、1 年、3 个月、1 个月到 10 天。中国地震预报始于 1966 年，经过近50年的探索，我们发展了一种思路，就是所谓渐进式地震预报的思路，积累了非常多的资料，也取得了某些成功的预报，但是失败也比较多。

地震预报发布程序在最新的《防震减灾法》修改后，跟原来有一些变化，就是我们提出了地震预测意见后，社会公众也可以提出预测意见，要经过评审，上报后由国务院或者省政府发布，这是发布流程。地震预报现在主要还是经验预报。对地震预报，我们也提出了一些地震孕育和发生的模型，比如说膨胀—蠕动模型、孕震坚固体模型等。如果能做到准确的地震预报，就可以大大减轻人员伤亡和财产损失。

现在地震预报机制，包括中长期预报、年度会商制度、震情短临跟踪，这是我们地震局内部采取的一些制度。中长期地震预报的结果就是确定全国地震重点监测防御区。这个防御区指的是未来一个时期内，通常是10年左右，存在发生破坏性地震的危险性。这为当地政府做好防震减灾准备打好基础。比如1995年第一次做这种预报时，确定了1995～2005年的全国21个地震重点防御区。这段时间过后，我们再来统计主要发生的地震的情况，绝大多数地震基本上落在重点防御区。

全国地震趋势会商会每年在年底召开，以确定未来一年可能发生破坏性地震的重点危险区，比如说前几年广东也有地震重点危险区，当然后面没有发生预期的地震。平常我们通过一些震情短临跟踪，主要是各个省地震局做的工作，包括会商、落实异常等，希望能在震前做出一些预报。比如1975年辽宁海城7.3级地震预报比较成功，估计挽救了好几万人的生命。在近几十年内，我们曾做过20多次比较成功的预报，比如2000年以来的几次地震。

那么，当前我们对地震预报能做什么？在一定条件下，我们还可以做一些事情，这句话是我们地震局说的，比较绕嘴，就是说，在某些有利条件下对某种类型的地震有可能做出一定程度的预报。某些有利条件是什么？就是我们在这个地方有比较多的观测台站，包括地震台站和前震台站。某种类型的地震指什么？它通常指的是有前震的地震。对满足这样条件的地震，通常可以做出一定程度的预报。在几十年的实践中，我们确实也做出了多次这样的事情。但是对于突发性地震，像这次芦山地震，还有汶川地震，没有前震，突然发生了，这种情况基本上我们是无能为力的。从年度预报的统计来说，20年内预测成功的平均值是22%，最高43%，最低4%～5%。至于短临预测，比如1个月到10天，虽然有一些成功的例子，但是总体来说成功率低，最多也就5%～10%。

地震预报是世界科学难题

为什么地震预报这么难呢？咱们通常说它是世界科学难题，有几个原因。第一，孕震过程是复杂的，到目前为止，地震发生的机理只是理论上的，还有实验室模拟的结果，真正到底是怎么发生的并不清楚。因为地震通常发生在地表15公里以下，而人类能够打的钻井最深是12公里，在地震前地底下发生了什么事情我们并不清楚，这就是通常人家讲的"上天容易，入地难"，现在我们的卫星已经可以升到外层空间去、到宇宙去，但是地下我们最多只能进入12公里。

这里顺便跟大家讲一个笑话，前两年，有人在科技部申请课题，说了我刚才那句话，"上天容易，入地难"，结果旁边坐着航天局的人，他不高兴了，马上站起来说，让地震局上天试试。地震局的人一听，这确实说得有点过分了，于是把它改成"上天不容易，入地更难"。

第二，大地震比较少，它的发生是小概率事件，我们实践的机会比较少。天气预报为什么多数能成功？因为它的观测技术比较成功，而且它的实践机会比较多。而大地震很少，造成破坏的地震很多年才有一次，实践的机会少，总结经验的机会也就少。

第三，我觉得最关键的是，现在的科学水平还没有达到那个预测的水平，比如观测技术就没有达到。我们现在基本上是在地表上观测，比如地磁变化、地电变化等，这两年虽然发展到天上从卫星上看地表温度等，做了一些工作，但也只是表皮的东西。这两年城市化建设比较快，我们可以打几百米深的井到地下观测，这样可以减少地表的干扰。但是这个几百米对于地球的半径近7000公里来说，还不如一层鸡蛋皮那么厚，可能就是相当于一层薄膜，实际上可以忽略不计。地壳里面到底发生了什么，我们不知道。而且地震前有很多现象，这次地震和下次地震又不一样。这些情况都制约了我们的预报。我觉得地震预报真想取得突破还有赖于世界科学技术的发展。

预报还将面临比较长的探索阶段

世界上各个主要国家也都成立过相应的机构做地震预报工作。

回顾一下历史，1949年苏联当时就提出了一个工作计划，而且1960年就开始了大规模的预报研究。1964年美国也在做这个工作，1965年日本也提出了比较宏伟的目标。苏联提出要用7个5年把这个事情完成，它还建立了比较多的地震预报实验场，比较有名的就是当时苏联在中亚建的多个实验场。德国、日本、土耳其也做了很多工作。但是现实情况是，虽然做了那么多工作，但是地震还是给人类造成了很多损失。当时预测的很多地震迟迟不来，比如日本东海大地震，到现在也没有来；美国帕克菲尔德也有个实验场，在建实验场前那个地方地震运动非常有规律，几十年有一次7.0级地震，但是建了实验场后，地震不来了，至少推迟了十几年。所以地震预测比我们想象的难。中国的海城地震预报曾经成功过，一度大大鼓舞了我们的地震预报工作，但是后来唐山地震、汶川地震又给我们带来沉重的打击。

到目前为止，关于地震预报到底搞不搞不但在国外，而且在中国也一直在讨论。有些人认为不要搞了，有些人认为要继续搞。地震预报在近 50 年的探索中有一定科学进展，但目前的水平还很低，特别是跟社会公众对我们的要求还有非常大的距离。现在社会上对地震预报的要求非常高，但我们到目前为止能做的事情还是比较少的，这种进步只是局部的，并不是全局性的，它没有到突破的时候，只是一个缓慢的进步。地震学家能看到的一些东西并不是地震本质的东西，还是一些表面的、很肤浅的东西，所以我们还面临比较长的探索阶段。

这里再给大家讲一个笑话。"5·12"地震发生时，我正好在北京，之后在四川工作了 1 个月。5 月 18 日，当时地震部门曾预报过一次地震，说有 7.0 级，最后没来。有个短信写得很有讽刺意味，"比地震可怕的是余震，比余震可怕的是预报地震，比预报余震更可怕的是预报了余震却一直不震"。当时我在成都，那天晚上看着全城人开着汽车慌慌张张地跑出去，成都基本上成了空城。当然，后来确实来了余震，但是比预报的时间晚了 7 天。当时我收集了一些民众对我们调侃、挖苦的短信，很多编得挺有意思，也挺有水平的。

震灾预防是减轻地震灾害损失的一条途径

刚才我讲的是监测预报，现在讲一下震灾预防工作。

震灾预防，就是针对可能发生的地震灾害，通过法律法规，通过计划、规划、抗震设防等达到减轻地震灾害损失，降低对社会的冲击的行为。它的工作重点是大城市和城市群，还有农村民居等。它主要工作的内容是两个，一是工程性预防，二是非工程性预防。所谓工程性预防，就是对于新建的工程，主要是做一些抗震设计，通过这些措施把房子盖得更结实一些；对于一些已建的建筑和工程要进行抗震加固、震害预测、抗震性能鉴定，这是工程性预防。非工程性预防就是进行一些抗震规划、科普宣传，它的目的是什么？就是如果没有预报出来，我们的房子盖结实一些，民众的素质提高一些，同样我们也可以减轻人员伤亡和降低经济损失。工程性预防的目标主要是提高建筑物的抗震能力，中国的做法主要是地震安全性评价、地震活动水平的长期预测、活动断层探测等，通过制定地震安全性法律法规，提高抗震设防标准。抗震设防已经做了几十年了，咱们这些新盖的房子，如果它确实能保证工程质量，通常情况下在地震的时候是不会造成特别大的损失的。像汶川地震，很多房子倒了，大部分可能是建筑质量问题。有些离得很近的房子，一个倒了，一个没倒，主要是一个质量好，一个质量不好。

通过法律法规的要求，还有监管，工程质量只要能达到国家最低的安全标准，应该说抗震能力可以得到明显提高。这里有一些案例，比如说包头钢铁公司，它在1977～1992年花了4000多万元进行了抗震加固。1996年当地发生一次6.4级地震，它基本上是完好的。而跟它一墙之隔的另外一个厂，损失很大，半年后才能恢复生产，而包钢大概三天就恢复生产了，为什么？它的房子比较结实。

台湾1999年发生地震，活动断层通过的地方的房子全都倒了，但是一些房子非常结实，没倒。这就是我们工程选址要考虑的问题。我们可以提前做一些活动断层探测，活动断层从哪里通过，我们的建筑就不要在断层通过的地方盖房子，避开它，这样的话安全就能得到保证。北川县城有2万多人，只活了4000多人，因为这里有一条断裂带叫作北川—映秀断裂，正好从城中央穿过去，它附近的房子全部倒塌了，以后北川县城重建，挪了地方。

还有一个应用是采用隔震技术，最典型的例子是这次地震中芦山县人民医院有一个综合楼，这个楼在震后非常好，就是稍微有一点掉墙皮、裂缝。这个楼是广州大学周云教授设计的，而且广州大学有一个工程院院士周福霖，他就一直在推动橡胶隔震技术。实际上就是在房子底下支撑柱这个点，放一块比较大的橡胶，做一个隔震层，也就是用钢和橡胶压在一起的大的垫子。广州为亚运会建的一些场馆就有这种隔震垫，广州市地震局监测中心大楼也有。这个东西放进去后，地震来的时候它就能吸收很多能量，起到减震的作用。当然使用隔震垫的工程成本会提高 10% 左右，因为房价上升，一般民居还没有用到这些。据我所知，昆明新机场就完全采用了这个技术。

新西兰 2010 年发生 7.1 级地震，没有死人，只伤了 2 个人，掉了一些瓦，当时有网民发了一条信息说，新西兰 7.1 级地震没有死人，也不能开表彰大会了，也没法捐款了，也没法多难兴邦了。虽然是开玩笑，但实际上说明如果你的工程抗震做得好，7.0 级地震也基本上不死人。在中国，这次芦山 7.0 级地震死了将近 200 人，应该说也是非常少了，以前 7.0 级地震死亡成千上万人是很普遍的情况。

应急救援体系是综合性的

最后，说一下应急救援。应急救援是灾难事件发生后，以救助幸存者生命为主的紧急救援。我国的应急救援体系是一个综合性的应对自然灾害、人为灾害、技术灾害的体系。它的定位主要是抢救生命。根据以前的统计，震后半小时是救人最多的，现在定义前三天是黄金时间，到第三天平均仍有 36.8% 的人被救活，再往后能救活的人就很少了。中国国际救援队是 2001 年成立的，有很多设备，包括医疗救助设备、通信设备等，参加了多次国内外的救援。广东省救援队是 2005 年依托消防总队成立的，到现在陆续已经有 25 支救援队了，每个地级市至少有 1 支。它也参与了比较多的救援行动，如汶川地震、玉树地震等，广东省救援队，包括佛山救援队、深圳救援队也都去了，也救了较多的人，比如在汶川地震中，广东救援队救出了 200 多人。

"与我同行"怎么理解？对于社会公众来说，面对地震灾害我们能做些什么？我想平时要增强一些忧患意识，中国古时候经常说一句话叫"生于忧患，死于安乐"，这些年我们生活比较安逸了，大家想这些可能比较少，但是灾难往往是在你忽视的时候，它就突然降临了。日本人在这方面就比中国人意识强一些，因为它经常发生灾害，所以人们遇事不慌张。我有一次到日本去，正好碰上日本发生7.0级地震，在宾馆大楼里住着，听到外面一片惊慌，出去一看惊慌失措的全是中国的游客，在外面大呼小叫。相反，日本人非常冷静，都在房子里头安静地等待震动结束，人家是该怎么躲就怎么躲，因为日本人经历得多。再一个是意识上、宣传上要到位。社会公众首先要了解一些地震的基本知识，了解一些防护知识，同时更重要的是科学、理性地看待地震传闻，不要盲目相信。地震的时候主要是要懂得保护自己，要做自己能做的事情，比如做志愿者等。平时要增强忧患意识，这方面国内现在开展的活动比较多了，广东省也做了一些，包括地震演练等。

怎样看待社会上流传的地震预报

应该怎么样看待地震预告的传闻？每次地震完了后就有很多传闻，说是民间曾有预告。这里也有一个案例，看看怎样解读雅安大地震的预警。有人说雅安大地震前三天晚上川西北老震区出现了刀状云、小型龙卷风、大型暴雨，少数人莫名头晕，甚至传言老震区一个牛人传出地震暗语等。大家注意，震后去总结你总可能会发现一些东西，但是事前你怎么把这些东西当做一个预报呢？这种云、风的现象经常会出现，出现后我们难道都要去躲地震？这是不可能的事情，因为这样，我们正常生活就被破坏了。

还有一些虚假的信息，比如雅安地震后也有人在成都造谣，22日成都要发生7.2级地震，后来公安局把这个破案了。原来是一个年轻人开了一个网站，想提高点击率，结果他被行政拘留10天。类似的事情还有许多。实际上广东的生活中也常常碰到这样的事情。2010年亚运会的时候，网上有各种各样的消息乱传，说东莞发生4.0级地震了，阳江发生4.0级地震了等，深圳将发生

5.2级地震，实际上都是虚假信息。怎么认识这些信息？我觉得还是要到官方网站上去关注，因为论坛上关于地震的消息多数都是瞎扯。

那么怎么看待社会上流传的地震预报？首先，如果是地震预报，肯定是政府发出的，因为我们的法律规定，只有政府才能发预报，包括地震局发预报，没有政府的批准都是违法的。其次，预报时间太精准，比如明天就有几级特大地震，我觉得肯定不是正常的。因为根据现在的预报水平，地震局也不可能做出那么精确的预报。另外，用地震云预报基本上也是瞎扯。作为民间探索，人们可以自己研究，但地震云从科学上没有依据，而且没有重复性，是不可能根据这些现象预报地震的。再说某某单位，比如说地震局内部通报了，这也是瞎扯，如果我们认为有地震的话，我们不告诉你们，实际上我们就是在犯罪。不可能有什么内部预报，要有预报就是对整个社会、对全民的预报。

我也经常收到一些民间爱好者的预报，说这样的云、那样的云的也很多，深圳也有几个地震预报爱好者经常通过邮件、QQ给我发"地震预报"，这种预报有时候也能对上地震。因为他们发的预报多，有时候也遇上地震，但是通常大部分遇不上。大概半个月前，湛江地震局也给我报告说他们那里蛤蟆成群，市政府让他们调查。我当时告诉他们，现在这个季节正是蝌蚪变成真正青蛙的时候，它们会换一个生活环境，每年到这个季节的时候，他们有正常的迁移活动，跟地震没有直接的关系。虽然我们的研究发现，一些强地震前会有一些动物异常，但不是动物有异常每次就有地震；大地震前虽然有动物异常，但是通常动物异常并没有大的地震。

雅安地震后有个民间爱好者自己取名叫"雅安预报中心"，他说他预报了雅安地震。但实际上他说的是四川、汶川和北川、龙门山应该有5.0级以下余震，而当时网民却传他在地震前就把雅安芦山7.0级地震预报了。民间的一些预报经常预报的范围非常大，有些能从西藏一直到新疆、云南。负责任地说，那样大的地方你叫我怎么准备？

几个省的人都搬出来睡觉？所以这种预报没有意义。真正有减灾意义的预报，时间、地点、震级应该比较明确。其实，像5.0级地震通常情况下也不用去防太多，对现在城市新建的房子而言，5.0级地震应该不会造成损失。

地震志愿者和如何地震避险

雅安芦山地震后，有比较多的志愿者到那里去，这是好事，但我觉得最基本的原则是不要去添乱。如果你是非专业人士的话，不要去，实际上这次已经出现了很多问题，就是造成了交通堵塞，有很多志愿者没事可干。我到灾区去过，灾区物资等资源非常紧缺，没有专门经验的人去了那里，实际上是误事。当然，后期你可以去做一些实际的工作，比如说汶川地震最需要的志愿者是专业医疗人员和交通运输人员。人人都可以是志愿者，但不一定到灾区去，因为你到灾区去也可能浪费资源，留在本地也可以做一些其他工作。做志愿者工作，主要是因地制宜。

对于地震时如何保护好自己的问题，建议你根据你当时所在的地方，可以躲在厕所里或三角区里，主要根据你自己的情况决定。比如现在咱们这么大的房间里，地震来了，你不能跳楼，你只能找个结实点的地方躲一下，等它完了再说。但是如果在一楼的话，就先跑出去再说，这是完全可以的。

地震预警与地震预报

最后讲一下地震预警的事情。

现在网上流传，日本人在地震前几秒钟就预报出来了，而且芦山地震后，四川一个民营研究所也说，他们在震前给雅安、给成都提供了多少秒钟的预警。

预警是什么意思呢？它跟预报是什么关系？地震预报是对有可

能发生的地震在震前的预告；地震预警则是对已经发生的地震，在没有形成灾害前的预告。预警是在地震已经发生后，利用几秒钟的时间，很快知道这个地震有多大、在什么地方，然后赶快对地震波没有到达的地方发出预警，这样能争取十几秒或几秒钟的防震时间，就是这么一个原理。我们举一个简单的例子，地震如果发生在我们脚底下，那这个地震预警是根本不可能做的，它只是对震中以外的几十公里，通常 50 公里以外才有用，而且对大地震才有用。对于震中区，本地没有时间去做这种反应。现在世界上有一些国家进行了地震预警的研究和应用，比如日本、墨西哥、土耳其、美国，它们也是地震比较多的国家。地震预警的原理是什么？首先地震已经发生了，其次我们监测地震的仪器已经得到了一些信息，但是这个时候地震波走得慢，电磁波走得快，我们就用这个电磁波比较快的特点，迅速把地震的大小和位置估计出来，然后我通知你这个地方的人赶快逃生，这里发生地震了，地震波还有几秒钟马上要到了，它就是这样一个过程。

预警成功还有一个因素就是地震监测台网足够密，而且计算得比较快。我们国家现在也在做这个事情，在福建、兰州搞了两个实验室，这是国家台网的分布。广东地震局也在做这个事情，现在广东正在建设珠江三角洲预警台网，2013 年可能把一期搞完，再有一两年就全部完成。但地震预警有自身的局限性。第一，存在预警盲区。震中区根本没办法预警，就是 50 公里以内根本没有时间可以让你报，但是 50 公里内又是灾害最严重、最需要预警的地方，而 50 公里以外灾害已经轻了很多。所以这里有矛盾，真正需要的地方预警不了，不太需要的地方它又预警了。第二，有误差。因为你要算得特别快，你要争取时间，你利用的信息就少，就有可能产生计算误差。比如咱们经常说日本能地震预警，因为日本有一个最大的好处，它是岛国，上次 2011 年那个 9.0 级地震，离海岸最近的地方也有 130 公里，最远的地方有 300 公里，这样他们可以争取比较多的时间来预警。设想一下，如果这个地震发生在陆地上，如果发生在脚底下，那它也无法预警，可能也会死很多人。当然，这种方法还是有一定用处的，现在我们也在通过各种各样的办法去做地震预警的研究。就像我刚才说过的，可以发布预报、把房子盖结实、预警，再不行就是救人，我们一直通过各种方法来尝试，并努力减轻地震的灾害。

谢谢大家！谢谢大家对地震防震减灾事业的关心，只有全社会关注才能减轻地震灾害。

生态文明和公民环境权

王灿发

王灿发

中国政法大学环境法学教授、博士生导师，中国政法大学环境资源法研究所所长。2007 年被美国《时代》杂志评选为全球"环保英雄"，2008 年被评为"改革开放 30 年环保贡献人物"。创立了全国第一个向污染受害者提供法律援助的民间机构——"污染受害者法律帮助中心"，开通了全国第一个民间的、向污染受害者提供免费法律咨询的热线电话。出版书籍《中国环境行政执法手册》。曾参与《中华人民共和国自然保护区法》《中华人民共和国生物安全法》《中华人民共和国水污染防治法》《中华人民共和国环境影响评价法》《公众参与环境保护办法》等国家多部法律的起草和讨论工作。

为什么强调生态文明建设

生态文明建设是党的十八大已经提出来的"五个建设"之一。怎样建设生态文明？应该有哪些法律来保障？每个老百姓应该怎么来参与？这就涉及了公民环境权的问题。在这里，我想先引一段胡锦涛在党的十八大报告当中的两段话。这两段话实际上把生态文明的重要性、为什么要建设生态文明讲清楚了。

第一，"建设生态文明，是关系人民福祉、关乎民族未来的长远大计。面对资源约束趋紧、环境污染严重、生态系统退化的严峻形势，必须树立尊重自然、顺应自然、保护自然的生态文明理念，把生态文明建设放在突出地位，融入经济建设、政治建设、文化建设、社会建设各个方面和全过程。"生态文明建设，要融入这"四个建设"，而且要把它作为一个单独的建设提出来。原来我们是"四个建设"，现在有"五个建设"，通过建设美丽中国，实现中华民族持续发展。

第二，"坚持节约资源和保护环境的基本国策，坚持节约优先、保护优先、自然恢复为主的方针，着力推进绿色发展、循环发展、低碳发展，形成节约资源和保护环境的空间格局、产业结构、生产方式、生活方式，从源头上扭转生态环境恶化趋势。"

胡锦涛总书记这样讲，我们的生态环境在恶化，通过建设生态文明，要把它扭转过来，为人民创造良好生产生活环境，为全球生态安全做出贡献。

这两段话，把生态文明提到了非常高的高度，涉及中国的未来，涉及中国能不能生存和发展。为什么我们国家要把生态文明建设提到如此重要的地位？这是由我们国家的现实情况、经济发展的现实情况和环境的现实状况来决定的。

粗放式的经济发展给环境带来了灾难性后果

30年来，中国经济高速发展，2011年的GDP已经达到了519322

亿元，大约为 1983 年 GDP 的 47 倍，也就是说，我们增长了 46 倍，如果与 1978 年的 GDP 相比，增长了 71 倍。我们的经济总量已经很大了。

2001～2005 年，GDP 的增长都在 9% 以上。2007 年 GDP 增长14.2%，这在世界各国都是很罕见的。随着 GDP 的增长，我们公共财政收入增长的速度也非常快，比如在 2006 年，我们的财政收入才38760 亿元，但到了 2011 年，我们的财政收入已经达到了 103740 亿元，每个人平均达到大约 7000 元。

但是这种增长是以我们的资源过度消耗、环境污染、环境质量恶化为代价换来的。实际上这是一种高投入、高污染、低产出的经济发展方式，这种粗放式的经济发展，给我们国家的环境带来了灾难性的后果。中国科学院在 2012 年曾经做了一个《2012 中国可持续发展战略报告》，数字表明，在 2009 年，中国的 GDP 虽然只占世界的 8.6%，但是主要资源消耗和污染物排放占世界的比重远高于 GDP 所占的比重。其中，能源消费量约占世界的 19.3%，成品钢材消费量约占世界的 48.1%，水泥消费量约占世界的 53.4%，常用有色金属消费总量约占世界的 41.4%，纸和纸板消费量占世界的 23.0%，化肥施用量占世界的 32.7%，也就是说，有将近 1/3 的化肥用在了中国，通过这个你就可以看到，中国的江河为什么那么臭、那么富营养化。我们施用的化肥过多，一下雨，这些氮、磷、钾被冲到河里去、冲到湖里去，就变成了营养物质，因为水太肥了，它消耗了水中的氧气，水中没氧气了，水就变臭了。施用化肥对环境也是很有害的。

我国的消耗臭氧层物质消费量占世界的 44.5%。什么是消耗臭氧层物质？就是在天空当中大约有 10 公里的高度，有一个平流层，平流层上面有一个臭氧层，它可以防止太阳和紫外线直射到地球上。如果没有这一层薄薄的臭氧层，太阳的紫外线将要杀死地球上所有的生物，正是因为有了臭氧层，我们才能在这里正常生存。但是，我们的一些氟利昂物质就继续消耗臭氧层，比如电冰箱制冷、空调器制冷都用到氟利昂；还有像发泡剂、做头发的摩丝，里面都有消耗臭氧层的物质。消耗得过多了，结果臭氧层出现了空洞，一薄，紫外线就可以直接照到地球上，导致患白内障、得皮肤癌的人增多。另外，中国化石燃料燃烧二氧化碳排放量约占世界的 23.7%，也就是将近 1/4 的二氧化碳是中国排的，现在全球气候变暖，罪魁祸首之一就是二氧化碳。现在中国的二氧化碳排放量超过了美国，在全世界排第一位。

全国几乎没有干净的河流

我们国家的能源消耗非常多，煤炭的消费量 2011 年已经达到了 37 亿吨，相当于全球的 50%。所以，你们可以理解为什么中国天空到处都是灰蒙蒙的，就在这么小的一片土地上，消费了全世界一半的煤炭。2012 年，煤炭的消费量进一步上升到 39.4 亿吨，其中我们自己生产了 36.5 亿吨，进口了 2.9 亿吨。现在石油进口超过了一半，煤也开始进口了。

2002 年以后，我们的煤炭消费量上升了。1990～2009 年，中国的 GDP 增长了 5.6 倍，但是能源消费增长了 2.6 倍，成品钢材消费增长了 9.3 倍，水泥消费增长了 6.9 倍，有色金属消费增长了 13.2 倍，二氧化碳排放增长了 2.4 倍。这种增幅在世界上都是比较少见的，尤其是钢材、水泥和有色金属消费的增幅高于 GDP 的增幅，而生产钢材和水泥都可以造成环境严重污染。

能源消费巨大，而且又没有充分地把废物利用和回收，导致进入环境中的污染物大量增加，超过了我们的环境容量。环境容量是什么呢？就是说，环境有一定消纳污染物的能力，比如说有一条大河，你给它里面倒的污染物少，它自己就能够把它净化了，比如像苏州，上面倒马桶，下面还能够使用河里的水来刷碗、做饭。我去过江苏，当地有规矩，4 点钟之后不能往河里倒马桶，如果倒得晚了，人家再用河水做饭，就等于拿你的废水来做饭。

由于超过了环境容量，我们的环境受到严重污染，比如严重的水污染，使得全国几乎没有了干净的河流。像我们的化学需氧量

（Chemical Oxygen Demand，COD）就是在一定条件下，用强氧化剂处理水样时所消耗氧化剂的量，污染物到水里以后，会消耗水中的氧气，就把污染物给分解了。如果进入的污染物太多，水中没有那么多氧气，水就发臭了。所以，污染物程度一个标志性指标是COD。实际上，现在我们国家COD的排放量，严重超过了环境承受能力。换句话说，全国地表水如果全部达到国家三类水质标准，COD的容量最高为800万吨，就是我们国家现在的江河湖泊所能容纳的COD只有800万吨。但实际上我们一年排放了多少？2011年，COD的实际排放量达到了2499.9万吨，将近2500万吨，超过环境支撑能力的2.125倍，有这么多的污染物超过了它的环境容量，水能不臭、能不黑吗？

由于水污染严重，在南方人们守着大河、守着大湖没有水吃。这是太湖。由于太湖的蓝藻暴发，无锡整个城市没有水吃，是解放军运水车来给这个城市拉水。为什么没水？河里、湖里都是水，但是这种水全都是脏水，没法吃。淮河的水量很大，好多人守着淮河，但田地干旱都没法用水浇。巢湖里劣五类的水达到了50%，整个巢湖连二类水都没有，最好的水是三类水，所以巢湖基本上就是臭水一潭。还有滇池，极差的水占到了14.7%，较差的水占到了40.3%，两者加在一起达到了45%。我们国家本来水资源就少，加之这样严重的污染，很多地方的水都不能用了。

广东某地有一个矿业公司，当地整个河道都是红的。天津北城区有100多个小化工厂。那里有一个化工技校，每个老师都开一个化工厂，因为化工厂投资不要太多的钱。外国因为污染严重，不生产这些东西了。所以出口这些产品比较容易赚钱，但是没有人处理这些污染，结果河里的水要不然是红的，要不然是绿的，当地村里有100多人得癌症的，我们专门去那儿调查过。

近岸海域污染严重

我国近岸海域污染也非常严重，生物资源消耗过度，许多污水未经处理，就直接排入海洋。2011年监测到，432个日排污水量大于100吨的直排海工业污染源、生活污染源和综合排污口的污水排放总量为47.4亿吨。这么多的污水进入海洋，使得近岸海域污染严重，四类和劣四类水达到25.2%。海洋水质标准跟淡水标准不一样，它规定的最差的标准是四类，比四类再差的就是劣四类，劣四类基本上就是污染很严重的了。

河口、海湾，都是人类聚居的地方。像杭州湾、珠江口、长江口、渤海湾、闽江口，四类水都占一半以上，甚至杭州湾全都是四类水、劣四类水。海洋污染导致频繁和大面积的赤潮和绿潮，2012年，我们国家的海域共发现赤潮73次，累计面积7971平方公里，东海发现赤潮次数最多，因为那个地方经济最发达。渤海的赤潮累计面积最大，为3869平方公里。赤潮一来，渔民的养殖物全都死了。

2008~2012年我们国家海域发现赤潮的次数每年都在60次以上，赤潮使整个海水都变成了红色，就是由于我们向海里排放的有机物太多了，然后滋生微生物，红色的微生物变成了赤潮。除了海洋以外，大气污染导致大范围的酸雨和灰霾天气，按照国家空气质量二级标准的要求，中国大气环境二氧化碳的容量大约是1200万吨，如果不下酸雨，我们的空中能容纳多少二氧化硫呢？一年排放1200万吨是可以的，但是我们国家实际上排了多少？2011年，全国二氧化硫的排放量达到2217.9万吨，最多的时候达到2500多万吨，严重超过环境的承载能力，而且随着现在油用得越来越多，氮氧化物的排放量超过了二氧化硫。二氧化硫到空中变成了硫酸或者亚硫酸，而氮氧化物在空中变成了硝酸，比硫酸还严重。我们原来注重脱硫，所以硫的排放现在有所下降，但氮氧化物的排放还在增加，达到2404.3万吨。大量排污的后果就是，酸雨已经覆盖中国国土面积的1/3左右，2011年监测的468个市县当中，出现酸雨的市县有227个，占48.5%。将近一半地区下过酸雨，而且酸雨频率在75%以上的就有44个，在这44个县当中，10场雨有3场是酸的。由于不重视微小颗粒物的治理，灰霾天气不断。

每年因受重金属污染而减产粮食 1000 多万吨

最早我们国家的酸雨发生在西南贵州、重庆那一带，但是到后来发展到华南，现在华中、华东都有酸雨了，甚至图们江、内蒙古都有酸雨了。我们知道，北方的土是碱性的，一般到空中一中和，就不是酸雨，但是由于我们排放了太多的二氧化硫和氮氧化物，整个北方都有酸雨。由于不重视微小颗粒物的治理，灰霾天气不断，2013 年 1 月北京连续遭遇严重的灰霾天气。我在北京时，一个星期都不能开窗户，细颗粒物浓度很高，尽管我们国家的标准是 35 微克/立方米，而这个标准已经超过世界卫生组织标准 1 倍多。天安门广场几乎在外面都看不见了，这些人都得戴着口罩。我们都知道，那个电视台不就是"大裤衩"吗？然后都变成"灰裤衩"了。不仅仅是北京，实际上灰霾天气影响着中国多地。天津、河北石家庄、山东济南、浙江温州、河南郑州、湖北武汉等城市也都遭受严重的灰霾天气。灰霾笼罩大半个中国。深圳过去一般的雾是白色的，现在如果你的眼睛特别好，它有点浅蓝色。

巨量的固体废物导致土地占用和地下水遭受污染。随着经济快速发展，工业固体废物迅速增加，2011 年，全国工业固体废物产生量达 32.5 亿吨，5 年内增加了 17.3 亿吨。随着农村经济快速增长，农村固体废弃物明显增加。像中国农膜年残留量高达 35 万吨，残膜率达 42%；畜禽粪便年产生量已超过工业废弃物产生量，成为固体废物防治的重点。因为我们大家吃猪肉、吃牛肉、吃鸡肉，这些畜禽所造成的废物，过去都是作为肥田的废料来上地、种地，但是现在这些没人用了，都变成了废物。

由于水和固体废物的污染，土壤污染加剧，粮食损失巨大。全国受污染耕地约 1000 万公顷，污水灌溉污染耕地 216 万公顷，固体废弃物堆存占地和毁田 13 万公顷，合计占耕地总面积的 1/10 以上，这些土地多数集中在经济较发达地区。据调查，在约 140 万公顷的污水灌区中，遭受重金属污染的土地面积占污水灌区面积的 64.8%，也就是用污水灌溉的地区，有 60% 以上遭受到了重金属污染。中国每年因重金属污染而减产粮食 1000 多万吨，被重金属污染的粮食每年多达 1200 万吨，合计经济损失至少 200 亿元。

农民不吃污染了的粮食

我们不要以为，这些遭重金属污染的粮食都是农民在吃，实际上农民他们不吃，他们知道哪里有污染，他们自己留好的吃，实际上最终受害的可能是我们每一个人。

对土地和草原的过度利用导致水土流失和荒漠化。全国水土流失面积 356 万平方公里，占国土总面积的 37.1%；每年流失土壤近 50 亿吨，相当于耕作层 33 厘米的耕地 130 万公顷。全国现有退化草地 135 万平方公里，占中国可利用草地面积的 1/3，且每年仍以 2 万平方公里的速度在增加，怎么造成的？就是因为我们过度开发耕地，以粮为纲，全面砍光，把草原也开垦成了土地，结果种一两年粮食以后，草没了，粮食也长不成了，结果就变成荒漠了。沙子每年从北方往南面移动好几米，慢慢地就把有树、有石头的山变成了荒漠，到最后埋得连一点石头和绿色都没有了。

因为我是学者，我敢在这里讲问题，官员就不会讲得这么严重。因为我想把这些真实的情况告诉广大的市民，要有保护环境的紧迫感。粗放式的经济发展，导致了一系列的环境污染事件的频繁发生，比如云南阳宗海砷含量超标，水体污染严重。砷就是常说的砒霜，导致当地 26000 多名民众饮水困难，有关部门不得不对阳宗海实施"三禁"，也就是禁止饮用、禁止在阳宗海游泳、禁止捕捞阳宗海的水产品。还有像盐城的水污染，导致消防支队出动 20 辆消防车为 19 个居民区送水。还有浏阳的镉污染。镉是什么呢？镉是造成痛痛病的重金属。这个痛痛病是什么呢？就是人吃了含镉的食物以后，这个镉可以置换身体当中的钙，骨头里没钙了，你说那骨头还能结实吗？然后浑身骨头就断，有的人因为镉中毒，全身骨头断成 70 多节，骨头断了有多疼？

就是疼啊疼啊，高叫而死，所以到后来这种病就叫痛痛病。2009 年，陕西凤翔有 851 人血铅超标，铅是一种可以使人变傻的重金属。

粗放的经济发展方式还导致了 15 年来环境污染事件的发生。每年最少 460 多起，最多的时候一年发生环境污染事件 3000 多起。环境污染事件频发，是因为我们经济高速发展，而又不注意环境保护。按照专家推算，按我们这个发展速度，环保投入必须占 GDP 的 2% 才能够不好不坏，也就是维持现状。如果投入能够达到 GDP 的 3% ~ 4%，我们的环境才有可能改善。但在"十五"之前，我们的环保投入连 1% 都没有达到，现在我们环保投入只占 GDP 的 1.4% 左右。

追求物质生活恶化了环境资源状态

人们对物质生活无止境的追求，导致资源的过度消耗。从公民个人来讲，我们的消费观念、我们对物质生活的追求，也是环境资源状态恶化的原因。现在一个人就能住上百平方米的房子，住房这么大，你就得消耗原材料、水泥、钢材、砖，这对环境的冲击就大了。再一个就是，汽车越来越多、越来越豪华。汽车多，你就要烧汽油，烧汽油就要排放尾气，北京 500 多万辆汽车，它能没有雾霾吗？所以，环境的污染和破坏，和我们每个人都有关系。

另外，冰箱、空调越来越大。原来我们有个电风扇就行了，现在我们要用很大的电冰箱，消耗很多电力。而且像我们原来的衣服，都是新三年、旧三年，缝缝补补又三年，但是现在我们买了这件衣服，穿三天就不穿了，就扔那了，到后面就变成固体废物了。

还有就是高尔夫球场越建越多。我们国家本来少地缺水，但是现在全国有 400 多个高尔夫球场在运营，加上正在建的有 700 多个。实际上高尔夫球场对环境有很大破坏作用，使用杀虫剂、除草剂，污染水源，破坏生态多样性。

在这种情况下，中国能不能经得起这么消耗资源的折腾？这一切结果，都将导致中国经济社会的不可持续发展，将毁灭我们的生态文明。实际上，我们这一代人在消耗着后代可以利用的资源，压缩了后代人的生存空间。比如你要让后代人还能喝地下水，就得费很大的力气去解决地下水的污染问题，甚至有的地下水污染根本没法解决。我到美国去的时候，华盛顿州原来有一个筑木厂，围绕着木材防腐、防虫，筑木厂要往木材上抹农药、抹化学品，结果地下水就被污染了。我去的时候，人家已经在那弄了好多机器往外抽水，抽了10年，到现在还不达标。你说污染了水以后再去恢复，得费多大劲？

如果我们还不警醒，不转变我们的经济发展方式，不改变我们的消费方式，自然资源将很快耗竭，生态环境将急剧恶化，国人的健康和生命就会受到难以避免的危害。北京有报告说，这10年当中，北京肺癌的发病率增加了60%，因为空气污染，有这么多的雾霾天气，因为PM 2.5可以进入人的体内。颗粒物如果直径是10微米，我们的鼻黏膜和鼻毛可以把它挡住，就进不到我们的肺里去。PM 2.5就是2.5微米的直径，可以进入我们的肺泡，随着我们的血液进入毛细血管，如果进到更小的地方，它就把血管给堵了。这些PM 2.5都带了一些病菌，使你发病，你就有可能得各种各样的疾病。

特别在北京，要是有一星期没有风，儿童医院的住院率要比平常高20%以上，老年人心脏病发病率也要高20%以上。我们国家早就应该把这些数据统计出来，让领导、老百姓都知道这种危害。我不知道卫生部统计了没有，反正没有公布，都是一些记者零星地去统计，要把这些原原本本地告诉老百姓，让大家警醒起来才行。

地震和四川很多大坝没有关系？

党中央及时做出了决策，我们要建设生态文明。再不建设生态文明，中华民族能否延续下去都成问题。生态文明是什么呢？我们这里不做理论探讨，只简单跟大家说一下，生态文明应该是人类遵循人、自然、社会和谐发展的客观规律而取得的物质、精神与制度成果的总和。人类经历了石器文明的时代、农业文明的时代、工业文明的时代，现在我们又要进入生态文明的时代。农业文明可以被称为黄色文明，工业文明可以被称为黑色文明，而生态文明是一种绿色文明，要重建生态系统，它是以人与自然、人与人、人与社会和谐共生、良性循环、全面发展、持续繁荣为基本宗旨的文化伦理形态。生态文明的核心内容是什么？就是它的价值观。必须树立先进的生态伦理理念，把人类作为自然的组成部分。我们原来都觉得人类是世界上最厉害的，我们要让高山低头，要让河流让路，以征服自然为荣。但实际上人类很难真正征服自然，你可能在某一个局部、某一个地方把自然给征服了，或者你在一条河流上建了一个大坝，但是接踵而来的就是大自然对你的惩罚。四川修那么多的大坝，地震和它有没有关系？

人类是自然的组成部分

我们必须把人类作为自然的一个组成部分来对待，你毁灭了自然，也是毁灭了人类自己，你要有这样一个价值观。另外，我们要建设生态文明，必须要拥有发达的生态经济，现在我们是工业经济，比如我们大量消耗煤炭、消耗石油、消耗天然气，这都不是生态经济。这些资源都是可耗竭资源，比如煤，几十年后我们就把它挖没了；我们的石油现在的依存度超过了50%，你可以想象，如果没有了石油进口，我们的生活会是怎么样？好多汽车开不起来，好多家里的火没法点。

在这种情况下，我们必须发展生态经济。比如我们要用风力发电，用太阳能发电，用海水潮汐能发电。这些资源都是可再生资源，可以循环利用，永远不会耗竭。

再一个就是制度保障。围绕建设生态文明，我们必须建立完善的生态保育制度，确保生态安全，要有一整套的法律来促进我们生态经济的发展，也包括促进我们的绿色消费。我们的根本目的，就是要持续改善生态环境质量，使人类生活在舒适、优美的环境当中。人类不管怎么做，都是围绕人类的可持续性发展，一代一代传下去，要过有尊严的生活，不能说我们这一代过得很有尊严、活得很舒服，却让后代没法活了，这样是不行的。

我们应该怎么来对待、处理环境保护与经济发展的关系？2001年，美国环境法教授在网上票选最著名的十大环保案件，田纳西流域管理局诉希尔案以绝对优势得第一，这可以称为环保史上的经典之作。它的导火索是什么呢？是一种新发现的小鲈鱼——蜗牛镖，就是这种小鱼，使得一个耗费巨资的大坝功亏一篑。那么，这场"小鱼对大坝"的诉讼究竟有什么魔力，使得它能在美国环境法乃至整个法律发展史上占据如此高的地位？

事情是这样的。20世纪30年代初，资本主义国家爆发了空前的经济危机，整体经济水平倒退到了1913年水平。在这种形势下，罗斯福实行了新政，在全国大兴土木，修建基础工程，田纳西计划便是当时重要的决策之一，建了一个田纳西流域管理局。1967年，田纳西流域管理局经过议会批准，要在田纳西河上修建泰利库大坝，差不多快修好了。1975年，生物学家发现田纳西河有一种濒临灭绝的鲈鱼，叫蜗牛镖的小鱼种，并被列入濒危物种名单。这种鱼对环境的依赖性特别强，只能在这条河里生存。以希尔等为首的田纳西州两个环保组织和一些公民，就以田纳西流域管理局为被告，向联邦地方法院提起民事诉讼，联邦地方法院判希尔败诉，理由是什么？《濒危物种法》颁发得晚，这个大坝建得早，加之这种鱼对人类没有太大的影响，而这个大坝已经耗资那么多了，浪费纳税人的钱，所以不能停止大坝建设。

但是以希尔为首的这些人，上诉至联邦第六巡回法院。法官认为，联邦地方法院滥用自由裁量权，有违三权分立的原则，就判令联邦地方法院永久禁止大坝继续建设，就是这个大坝不能建了，这个上诉法院支持了民间环保组织的请求。这一下轮到田纳西流域管理局不服了，就上诉至联邦最高法院，9位大法官以6:3的多数判希尔等胜诉，从1967年一直到90年代，20多年来耗费了人力、物力，最后这个大坝没有修起来，这一条小鱼就把大坝给战胜了。在我们国家能行吗？葛洲坝在修的时候，江豚必须游到上面去产卵，结果大坝修成以后，很多鱼都撞到大坝上撞死。后来虽然修了一些设施来养，但是鱼种受到了很大的影响，原来这个鱼的产量很大，现在这个鱼的产量很小。中国人更重视经济利益，结果就没注重鱼的利益。也许几十年以后、上百年以后我们可能会后悔。

现在我们应该转变观念

建设生态文明，应该在理念上正确认识环境保护与经济发展的关系，到底谁更重要？《环境保护法》规定，环境保护与经济社会发展相协调，但是事实上可能吗？环境保护永远协调不过经济。在很多地方政府眼里，环保要为经济发展保驾护航。2005 年，国务院通过了一个《关于落实科学发展观加强环境保护的决定》，强调经济发展要在环境容量的范围内来进行，在环境和资源能够承载的范围内来发展，也比原先有点进步了。但是，在一些地方，如果没有很严格的考核指标，还是很难实现的。

实际上，现在我们应该转变观念，在处理环境保护与经济发展的关系上，应该实行环境保护优先。世界各国到了人均 GDP 4000 美元左右，都进行经济转型，开始把环境保护放在首位。比如日本，1970年的第 64 届议会一下通过了 14 部法律，删掉了协调条款。所以，日本 20 年以后变成了环境比较优美的国家。而我们国家现在环境立法当中，除了《海岛保护法》里头规定了保护优先以外，我们在新修订的《环境保护法》当中都没有提这条。

在这一点上，深圳做得比较好。《深圳经济特区环境保护条例》明确规定，在城市建设中实行环境保护优先，但是我不知道这个条例执行得怎么样。市民应该监督政府，这是人大通过的立法，如果在处理经济发展与环境保护关系时，环境保护让位于经济发展，市民就应该拿这个条例说事，要监督政府。整个国家都应该开始转型，深圳作为发达的地区，更应该率先来执行环境保护政策。

在 20 世纪 80 年代，我们曾经提出两个基本国策，一个是计划生育，一个是环境保护，计划生育那一条腿比较硬，但是环境保护这一条腿比较软。要执行最严格的环境保护制度，比如对违法者按日计罚的制度、禁用制度。在人力资源上，应该让全社会的力量共同参与环境保护。原来说经济靠市场、环保靠政府，但世界各国的经验是，如果仅仅靠政府做不好环境保护工作，老百姓都起来主动地参与才能做好。

生态文明建设还需要环境立法的革新。我们要在法律当中首先明确规定环境保护优先，这是处理经济发展与环境保护关系的最基本原则，如果没有这个原则，一切都是空话。其次是风险防范原则，也可以翻译成谨慎原则，就是任何一个可能对环境造成不良影响的活动，包括建设项目，都要预先采取措施来防止它，如果没有能够防止住，这个项目你就不能上了，这才符合风险防范原则。而我们现在法律当中是"预防为主，防治结合"，防和治结合，实际上这个防治是防不住的，就流落成"先污染后治理"的借口，现在治不了，以后再治吧，一下就污染了。

法律必须规定不得恶化原则

法律要规定不得恶化原则。现在我国法律都实行达标合法原则，就是你只要符合标准，就是合法的，包括排污；一个地方政府说它的空气质量、水质达标了，就是合法的。实际上很多地方，比如空气质量，西藏、新疆的空气质量基本上都是一级的，而我们国家规定空气质量标准达到二级就符合法律了。你想想，一部法律制定了以后，还让那个地方的环境质量继续恶化，那这个法律还有什么用？还制定法律干吗？所以，法律必须规定一条不得恶化原则，就是这个法律颁布以后，任何地方的环境质量不得比现在差，只能比现在好，有了这么一条，我们的环境才能够真正改善。这一条也不是我创造发明的，美国的《清洁空气法》在 20 世纪 70 年代制定的时候，就规定了不得恶化原则。

生态文明还需要在法律制度上创新。原来我们有环境评价制度、三同时制度、排污收费制度、限期治理制度，这些制度实行了二三十年，结果我们的环境还是越来越恶化。而现在我们到了要实行一些新的制度的时候，一是建立生态风险评价制度，就是对生态环境有什么影响，应该进行评价。二是应该建立严格的生态修复和补偿制度。现在我们好多地方环境污染已经很严重了，如果不下大力气来解决，以后我们的生存空间会越来越小。比如被重金属污染的土地要进行治理。我去过日本神通川，就是痛痛病发生的地方。他们在原来种稻谷的那个地上，把凡是污染的土全都挖了，把被污染的土壤放在底下，中间再铺一层石子，填上好土，你用水泥打上还不行，因为不透气了，要铺一层石子，把底下挖上来的好土铺在上面。我 2008 年去的时候，最后一片被污染的土地刚治理完，用了二三十年的时间才把土地全恢复过来。我们国家有 10% 的耕地遭受了重金属污染，我们能不能从现在就开始改造这些土地？三是建立生态损害评估和鉴定制度。现在我们造成了生态损害，如果老百姓受到损失，打官司到底要赔多少，没有人拿出一个标准来，法院又不能说老百姓要多少就让企业赔多少。在这种情况下，应该有一个制度规定如何评估环境污染造成的损失。四是建立排放权交易制度。污染物排放，要把它作为一种权利，可以卖。排放权值钱了，企业就特别谨慎，就不会轻易地去排放污染物，这样污染物不就减少了吗？五是建立环境信息公开制度。环境有什么问题，要让老百姓了解。六是建立社会责任制度，要让每一个人承担起保护环境的责任。七是建立环境权益保障制度，特别要通过司法来保护公民的环境权益得到实现。

生态文明在环境立法的革新中还要求严格执行法律和司法公正。文明的法律，应该是全社会一起遵循的法律，必须一视同仁，企业要遵守，每个人要遵守，特别重要的是领导要遵守。因为对法制的破坏，最有权力的人破坏得最严重。真有权力的人破坏了法制，没有人去制约他，这才是最严重的。如果我们建立生态文明了，我们真正进人文明社会了，那就实现了对权力的制约，谁有权法律就应该多管谁。在美国，管总统管得最严，因为他的权力最大，大家首先把他当成一个坏人，所以人们要千方百计地监督他，甚至人人都可以骂他。在这种情况下，总统不敢胡作非为，不敢腐败。

文明的法律应当是执法必严、违法必究。我们不能选择性执法，想去执法了才去执法，不想管的时候就不管，想管谁就管谁。所以有的人就有侥幸心理，认为我权力大就不管我了；我有钱，我在这儿影响大，比如我是大企业，人家就不来管我。这种情况不是生态文明，也不是法律文明。另外，文明的法律必然要求公正司法，司法是社会公平的最后一道屏障。我们要建设生态文明，就应该有公正的司法，要让人人到法院里都能够得到公平对待。

环境权是基本人权

生态文明还需要确立公民的环境权。任何人的权利都不受非法侵犯，不管你是有权力的人，还是没权力的人，这才叫文明。所以，我们每一个人都应该去追求任何人的权利不受非法侵犯的这样一种制度，我们才能够真正建立生态文明的社会、法律文明的社会，如果我们不建立这样的制度，我们任何人的权利都可能受到非法的侵犯。

建立生态文明的社会，也要建立法律文明。这就要确立环境权，要使我们的环境权利得到保障，这应该是一种基本的人权。环境权就是人人都有在良好适宜的环境中生活的权利，它具体包括哪些权利呢？清洁空气权，也就是呼吸新鲜空气的权利；清洁水权，即喝干净水的权利；宁静权，即不受噪声干扰的权利；欣赏优美风光权，虽然这个权利比较难做到，但是实际上应该有这种权利，比如深圳有海，有这么多的红树林保护区，不能随便破坏，破坏了就侵害了你欣赏优美风光权；同时还要有环境知情权、环境保护参与权、环境监督权、环境诉讼权。

我们国家法律没有明确规定"环境权"这个词。在1989年修改原来的《环境保护法（试行）》的时候，专家曾经把环境权写进去了，但是最后被有关部门拿掉了，说我们现在还没那么大的能力来保证人人都享有环境权。2012 年 12 月全国人大审议的《环境保护法》的修订草案还是没写环境权。现在一些学者，包括我，都反对该项法律修订通过，可能再修改，不知道能不能把这个环境权写进去。倒是《深圳经济特区环境保护条例》明确规定了，深圳公民有环境权了。条例规定：单位和个人享有在良好环境中生活、获取环境信息、参与环境监督管理以及得到环境损害赔偿的权利。这是一个创举，就是在地方立法当中，首先规定了环境权，所以今后深圳市的市民要充分利用这一条来保护你们自己的权利。

虽然我们的法律当中没有明确规定环境权，但并不能说中国人没有环境权。实际上，有关法律也从不同侧面规定了公民的环境权，只是没有明确规定。《环境保护法》和其他有关污染防治的法律规定了保证人体健康，这些法律都有一条立法目的，即保障人体健康，这就间接规定了环境健康权、受害索赔权。还有《民法通则》，通过规定相邻权来间接保护公民的环境权，就是相邻的单位和个人，应该正确处理通风、采光、排污等关系，受到侵犯的可以要求别人停止侵害，这也是对环境权的保护。《物权法》从限制动产和不动产权利人的角度来保护环境权，在第 89 条、第 90 条都有规定，就是动产和不动产的权利人在行使权利的时候，不能影响别人的环境，包括弃置污染物、排放污染物都不能影响他人，这也是对环境权的保护。《侵权责任法》第八章专门规定了"环境污染责任"，为环境侵权救济提供了法律保障。《民事诉讼法》和《行政诉讼法》，从诉讼程序的角度规定了环境诉讼权，就是行政机关不履行法院职责，或者是侵害了你的利益，你可以向法院起诉行政机关。根据《民事诉讼法》，你的环境权受到了侵犯，你可以上法院来起诉，要求当事人停止侵害、赔偿损失。还有《刑法》第六章第六节通过规定制裁环境犯罪保障公民的环境健康权和财产安全权。《政府信息公开条例》和《环境信息公开办法（试行）》从信息公开的方面规定了对环境知情权的保障。

　　我国法律所保障的环境权，概括起来有如下法律根据。一是在符合环境质量标准的环境中生活、工作和学习的权利。比如你住的这个地区算二类空气质量区域，如果质量下降了，那你就可以主张你的权利。二是受害索赔权。如果环境遭受污染和破坏，使自己的利益受到损害，你可以去索赔。三是环境信息知情权。

走进生物多样性保护

解　焱

解　焱

中国科学院物种生存委员会执委
和中国区副主席，国际动物学会
秘书长。主要从事生物多样性保
护等相关工作，主持了三届"中
国边境野生生物卫士奖"。编写
了《中国兽类手册》《中国生物
多样性地理图集》《生物入侵和
中国生态安全》等多部著作。出
版《中国物种红色名录》（一套4本）。

今天，我主要围绕什么是生物多样性，以及生物多样性跟大家有
什么具体关系，来做一个介绍。

离开生物多样性人类不能生存

普通的人听到"生物多样性"这个词，更多想到的是大的、漂

105

亮的、有影响的动物，实际上生物在全世界有将近870万种，其中我们定了名字、做了分类的只有120万种，尽管我们经常看到的是植物，但实际上89%的物种是动物。中国人的餐桌上，什么样的生物都有，实际上这是一种生物多样性。生物多样性，实际上是它内部的基因来决定的，也就是说个体之间存在差异，我们称之为遗传多样性；然后人和老虎、大熊猫之间又不同，这是物种的多样性；当这些物种之间最终形成一个平衡的生态系统时，那就是我们谈到的生态系统多样性。生物多样性可以从这几个层次来解释。

让大家了解生物多样性，实际上是要大家去保护多样性。保护的理由是什么？大家想一想，离开生物多样性你能生存吗？生物多样性其实给我们提供了非常多的服务，首先是供给功能，给我们提供食物、纤维、淡水、燃料、遗传基因库、观赏的植物。其次，在很大程度上它具有调节功能，能给我们更好的气候，如果西双版纳没有森林，它不会有那么高的湿度，白天和晚上的温度会差很远，它的夏天白天的时候酷热，但是到了晚上温度降得比较多，这是一个局部的气候条件，对于全球来讲这是一个更大的气候条件的调节功能。我们的水质净化、森林疾病（包括人类疾病）的控制都和调节功能有关系。再次，生物多样性还给我们提供了文化，我们的少数民族具有非常多样的文化，实际上和他们生存的环境有很重要的关系。我们愿意去旅游，愿意到环境好的地方去观赏、去拍照片，实际上这和多样性的文化功能有着重要的关系。最后，生物多样性在支撑着氮循环、水循环这样的功能。

我不能一一把所有这些功能介绍完，下面我选其中的一些内容，给大家介绍一下。比如说植被的水源保护功能。一个良好的森林，树冠层能拦截非常多的水，灌木层和草本又能阻止水直接到达地面，破坏地表，地表的枯枝落叶层就像海绵一样，下雨的时候它会膨胀，没有水的时候，它会把水排出来，这样的枯枝落叶的厚度不用太大就能发挥非常重要的储水作用。另外，它庞大的根系也能储存大量水分，但是不要忘了动物在这个过程中也发挥了非常重要的作用。脊椎动物鼠兔长得像老鼠，但实际上它是兔子，这个物种在青藏高原的草原上大量存在，也被视为一种害兽而遭到大量屠杀，实际上这个动物，它主要在洞里生存，这个洞也为鸟类和其他的野生动物提供生存的环境，同时鼠兔是很多捕食性的鸟类的天然食物，大量的食肉动物甚至像熊都可以吃大量鼠兔，所以这个鼠兔的存在养活了很多其他生物。在水的保持方面，这些洞穴是最重要的储水设施，有科研人员做过研究，把 1 吨水倾倒在鼠兔数量非常少的地表，水很快就流走了。但是有健康鼠兔种群存在的地方，1 吨水下去，基本上在地表没有径流，全部到了地下，这些水在未来干旱的时候，可以为我们的下游或者其他地方提供水分。

图 1 是一张扬子鳄的照片。这个小扬子鳄在我们的湿地里打洞，或者它吃其他动物，实际上对维持湿地的健康有非常重要的作用，而且它也是扩张湿地非常重要的动力。另外，无脊椎动物、微生物在这些土壤中，可以说都为土壤吸收更多的水分提供非常重要的帮助。我们的森林覆盖至少可以使水力发电的效率提高 10%～30%，这10%～30% 是怎么实现的？就在于这个坝在水位最合适的时候，发电效率最高；当水非常少的时候，发电效率并不是特别高；当水特别多的时候，发电效率也不是很高。但是森林通过水源保持的作用，能让水位变得更加适合于发电。我们国家现在的发电量中至少有 20% 归功于我们良好植被的覆盖，但是反过来讲，我们发电的产值中，并没有 20% 的钱返回来做森林保护。

图1

生物多样性也是精神需求

物种的种间关系也是有价值的，而且这种价值可以通过经济价值的计算而得出。

物种之间的关系是生态系统自我更新最重要的基础，很多野生动物在为植物授粉，同时控制病虫害，分解枯枝落叶，把营养返回到土壤。这些过程都是生态系统维持下去非常重要的基础。以授粉为例，75%的世界主要作物和80%的开花植物都依赖于动物授粉，15%是家养蜜蜂，80%是其他的野生蜜蜂或者是其他的动物。全世界有25000种蜜蜂，所有的授粉动物超过了40000种。如果排除蜜蜂类，当地授粉者一年对美国农业贡献的价值可以达到41亿美元，在全球这个价值达到540亿美元。现在农业有时候减产，不仅仅是因为土地肥力降低，也因为生物多样性降低了。

生物多样性对人类来说，也是一种精神需求。大自然是治疗人类疾病的医生，有很多慢性疾病都需要在环境条件好的地方去治疗。人的情感是非常丰富的，包括爱情、友情、亲情，但还有一个精神世界，我觉得描述得最好的影片就是《阿凡达》，《阿凡达》很好地把生物世界和人的世界联系在一起。在城市里和森林茂密的自然环境中，人的精神感受不一样。当你看到一只鸟从天上飞过去，你的心灵会有反应，起码有一瞬间你的心情是舒畅的，甚至你会感觉你和它在一起飞。这种野生动物和人之间精神相连的关系是客观存在的。大家如果养宠物，这种感觉会更加明显，即使是野生动物，也会有类似的这种感受吧。

总结起来，无论富裕还是贫穷，无论生活在城市还是农村，可以说完全依赖生物多样性所提供的无价的服务，包括从清洁的水到食物，从风暴防御到自己的文化特征，无不需要生物多样性。但是为什么我们现在感觉不到？因为我们住在城市的"水泥森林"里，我们使用的物品和它的原产地之间产生了距离，但是农村来的那些孩子会有更多的这种感受。

我们经常会埋怨那些天灾，但实际上更多的是人祸，如果我们不断地对这些生物多样性造成破坏，那我们最后将丧失这种服务。

保护生物多样性就是保护平衡生态系统

工业革命以来，物种的灭绝速度非常快，比如说渡渡鸟。渡渡鸟是仅产于印度洋毛里求斯岛上的一种不会飞的鸟。这种鸟在 1505 年被人类发现后，仅仅 100 多年的时间里，便由于人类的捕杀和人类活动的影响大量减少。在 1665 年最后一只渡渡鸟消失后，再也没有了，你到那个地方去，总是看见卖渡渡鸟的纪念品，大家都愿意去买一些纪念品回家。

图 2 所示也是已经灭绝的物种。哺乳类 1/4 已经受到威胁；然后是鸟类，因为鸟类会飞，能躲避危险，它受到的威胁稍微小一些；受威胁最严重的是植物。

2004 年中国出版了《中国物种红色名录》，对物种濒危状况进行了评估。哺乳类 40% 受到威胁，鸟类 8%，爬行类 26%，两栖类 40%，裸子植物达到 70%，杜鹃花科植物有 600 多种，达到 55%，兰科达到 78%，78% 是非常大的数字，主要是因为栖息地的丧失。我们现在越来越盛行养兰花，也成为兰花非常重要的威胁因素。在采兰花的地方，当地老百姓把不管什么种类的兰花都采下来，装在麻袋里，卖给收兰花的，也许从那个麻袋里面能挑一棵、两棵、三棵，其他的全部扔掉了。

我们刚才列了这么多濒危物种，有人可能问，蚊子也要保护吗？苍蝇也要保护吗？很多人觉得难以回答。我们为什么保护老虎，不保护蚊子？产生这个问题的原因就是我们还没有理解生物多样性的含义。我们为什么不说保护生物，而说保护生物多样性？这个多样性里面包含了非常多的含义，也就是说，不仅仅是保护单一的物种。每个曾经的，消失的，美丽的传说，已灭绝……

图 2

物种不是相互分割的，它有更加广泛、深刻的生态平衡的内涵在里面。有些物种我们要去控制，特别像外来入侵物种，我们甚至要清除它，尽量不让它们在我们的环境里存在。保护的含义不仅仅是说我们不去伤害，它其实有更深刻的含义，保护生物多样性是保护生物之间、生物和非生物之间形成的平衡生态系统。

生物在生态系统中有不同的定位。不是说老虎重要，昆虫、线虫就不重要。像我们这个社会一样，不同的社会分工在支撑着整个社会。不能说科学家重要，清洁工就不重要，其实这个道理在生物多样性当中有着类似的含义。这种理念还没有贯穿到我们的教育里去。我们现在的教育是，你一定要考好大学，你要进北大、清华，这是我们给孩子传输的理念，所以孩子不懂得清洁工也有他的价值，最后导致我们在很多事情上的不平衡。不是所有孩子都适合于当科学家，有很多孩子可能适合于去干别的。

我们都喜欢大熊猫、老虎，也有人问，为什么要特别保护老虎？没有老虎，我们照样生存，为什么在国际或者国内我们花那么多钱去保护东北虎，我们还要给它提供栖息地，要去做很多保护工作？因为这些物种处于食物链顶端，老虎的生存有赖于很多的有蹄类动物，而这些有蹄类动物的生存有赖于拥有很多不同植物的生态系统的存在。所以你能够把老虎保护下来，意味着整个系统的各个元素都要达到平衡。我们不是在简单地保护老虎，实际上我们是在保护我们的水源地，保护我们清洁空气的植被，保护我们生存的基本条件。保护这些物种会引起更多人的关注，会获得更多的支持，同时这些物种也会成为我们保护工作中的指示物。如果这个物种存在，种群健康了，意味着我们整个生态系统都健康了。

有很多人过去错误地认为，这个老虎野外不好养，我们就拿到家里来养，给它吃、给它喝。但这种养法，并不能改变我们的生态系统，并不能为我们人类的生存系统提供更好的条件。有很多物种人工养了之后，可以放出去，比如扬子鳄，甚至大熊猫，但是老虎很困难，因为老虎这种动物是捕食性的，它会捕食其他的动物。在人工养殖的情况下，它不怕人。但老虎在野生状态下，只要闻到人的味道，它就会早早跑掉，你根本看不见。家养老虎有问题，它闻到人味会过去，因为在它的历史生活当中，它知道人对它有利，人不会伤害它。所以这样的老虎，你不敢把它放到野外，否则必然的结果就是造成对人和动物的伤害。或者你给它画一个很大的圈，做一个大围栏，但是这个围栏要非常结实，因为老虎会跳、会爬树，所以我们保护东北虎，不能采用把老虎养了之后再放回野外的思维方式。

老虎为什么急剧减少

生物多样性，怎么才能保护好呢？保护是非常科学的内容，你没有研究清楚，有很多措施可能会起到相反的作用。

以野生老虎的保护为例，我来做个介绍。我从事老虎保护工作有七八年历史了，未来20年，甚至50年，我还会努力地去做东北虎的保护工作。

图3是过去两千年老虎在中国的分布情况。基本上除了我们两个大地岛屿，或者在青藏高原核心的位置没有老虎的记录之外，全中国各地都有老虎出没，过去这是非常常见的动物。图4是20世纪80年代老虎的分布图。

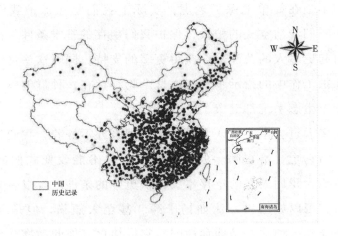

图3

图5现在老虎的分布图，全部数量不到50只，而且基本上在国境线上和国外的老虎之间形成交流，这两个老虎种群，虽然现在说有10~15只，但实际上比这个数量更少。我们现在最有希望的是东北

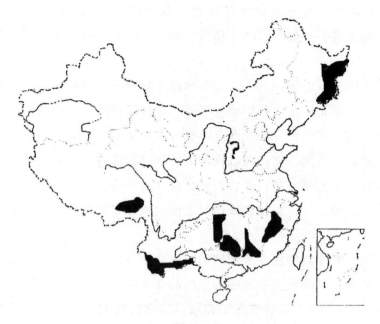

图 4

图 5

虎，因为东北虎连着俄罗斯那边大的种群，那个种群差不多有 500 只，但是我们南部的这两个种群，要么和国外断裂，要么国外数量也非常少。

要保护一个物种，一定要了解这个物种。大家都知道一山容不得二虎，也就是说老虎的领域性很强。这种领域性很强指的是雄老虎还是雌老虎，或一雄一雌？老虎不搞一夫一妻制。研究发现，处于繁殖阶段的雌性老虎，它的领域性最强，它必须要找到一块领地，足够给它和它未来的孩子提供食物，它才会在这个地方定居下来，并且在这个地方繁殖。所以，我们现在对老虎的领地是以雌性繁殖虎来进行描述的。

图 6 是老虎的社会组织结构图，从中可以看到每个圈都是一个雌性虎的领域，雌性虎和雌性虎之间的交叉非常小。能力特别强的雄老虎可以占领 3~5 只雌性虎的领域，和它们交配，剩下的老弱病残老虎都处于游走状态，就是单身汉，走到哪儿算哪儿，无所谓领地。这样的一个结构告诉我们，这一个圈大概需要多少面积，要看这块领地里有多少头哺乳动物，或者野猪，不能去计算有多少只老鼠。一只老

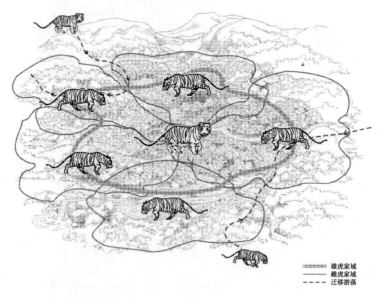

图 6

虎一般一周捕食一次，一年捕食大约 50 只鹿，雌性繁殖虎会稍微多一点，因为它需要养育后代，一年约捕食 70 只鹿。从图 7 可以看到，这个三角形就是这只老虎要吃的鹿科这么大的动物，但是它的栖息地里不能只有这么多动物，必须要储备差不多上面 9 倍数量的动物，它从中取 10%，这样野生动物可以继续稳定繁殖下去。它的领域里要有 500 只鹿类动物。

图 7

俄罗斯人做了一个给老虎戴项圈的实验，可能有七八十只老虎戴了项圈。这些戴项圈的老虎，它们一生的活动范围非常清楚，在俄罗斯远东地区东北虎活动领域，一只雌性老虎的活动范围是450平方公里，但是如果是在印度最热的地方、生存条件最好的地方，这个面积只有20平方公里，所以不同的物种在不同的地方会有很大区别。

我们保护老虎只要划定450平方公里就可以了吗？不是的，因为任何一只老虎、两只老虎、数只老虎，它们不能形成一个种群。丹顶鹤是迁飞的鸟类，在日本给它投喂后，它就在当地停留下来了，然后不走了。日本人发现这样不行，因为这些停留下来的个体相互之间不繁殖，因为它们之间有亲属关系，即使把雌雄两只放在一起，它也不繁殖，即使繁殖，后代的生存能力也存在问题。经过对印度老虎的研究，这个种群需要15~18只的雌性繁殖虎，如果少于这个数量的话，这个种群就算你不去捕猎，栖息地也非常好，食物也非常充足，这批老虎也会慢慢地消亡，所以我们要保护至少18只雌性繁殖虎的领域范围。这个面积是多少？8100平方公里。大家知道我们最大的东北虎保护区有多大面积吗？1000平方公里。谈到这里，是不是觉得老虎保护完全没有希望？俄罗斯远东地区在50年前他们的老虎只有20~40只，那个时候我们国家还有100多只，所以我们给俄罗斯老虎提供种源。但是50年之后的今天，俄罗斯有将近500只，而我们国家现在有20多只，所以我们的现状和50年前俄罗斯的情况是类似的。俄罗斯为什么取得成功呢？就是不同类型老虎的栖息地，它们联结成了网络，为老虎提供了栖息地。我们有很多的走廊地带，一些连通地带非常狭窄，但是就是因为这些狭窄的地带为物种的交流提供了良好的条件。所以，大范围的保护和栖息地之间的连通性非常重要。

我长期工作的地方是吉林珲春自然保护区，约有1000平方公里，当然我们的保护范围要远远大于这个区域。我们要建立自然保护区的网络，通过这个网络为东北虎提供栖息地，才能实现我们要达到的繁衍野生东北虎的目标。有很多人觉得东北虎是特例，其实很多物种都有着类似的要求。所以我们要规划道路、游廊的路径，还有水坝。

为什么我们常常在自然保护区、风景名胜区看不到鱼？因为鱼有一个特点，它繁殖的时候必须要顺河上游到山顶，在那个地方交配、产卵，然后再慢慢往下游。如果出现一个拦水坝把哪个地方截断了，这种物种就彻底消失了，这种鱼就看不到了。这就是我们的自然保护区、风景名胜区没有鱼的原因，因为我们的河道经常要么是修了河坝，要么是拿鱼网把它彻底隔开了。有些鱼网拦在河沟上，一些小鱼、小虾可能落入你的鱼网中，可能你拿去炒了一盘菜，但你拦截的是这条河流当中非常多的动物在生命繁殖中必须经过的通道，所以最后我们的河流只剩下了水，看不到鱼。

然后是过度利用。现在野生动物贸易已经成为毒品和枪支贸易之外的全球第三大走私贸易，贸易规模甚至比前面那两种贸易还更加庞大。我们现在的贸易涉及食品、旅游纪念品、宠物和药物等，宠物问题现在也变成了一个越来越严重的问题。

图8是全球野生动物贸易的情况，大家可以看到有多少个箭头指到中国，这种贸易在威胁着全球的生物。有很多生物就是因为短期的、过度消费最后导致整个种群濒临灭绝，最近两年大家都知道黄河捕不到鱼了，十几万渔民都失业了。中药一直是中国的骄傲，但中医药消耗了大量的动物和植物，我们的药用动物使用超过 1500 种，然后有 5000 多种植物用于医疗，大量的濒危动物、植物被用做正规的医药，这也是我们现在面临的重要的问题。

图 8

117

入侵物种造成非常大的威胁

说一下外来入侵物种。这是最近几十年开始形成的非常严重的威胁，在我们各种各样的生态系统中，入侵的物种已经造成非常大的威胁。

还有很多非常典型的外来入侵物种，有非常多的例子。如我们淡水当中的水葫芦、水藻；罗非鱼，我想在座的可能都吃过。我 2000 年去过西双版纳，我们去农家吃了当地各种各样的鱼。2004 年，我们再去西双版纳，到了农家，走到这家吃罗非鱼，走到那家也吃罗非鱼。我觉得奇怪，他们这儿怎么养这么多罗非鱼？老百姓说，不用养，你放了一次之后，它自己生长，长得非常快。当地老百姓觉得是好事，因为鱼的产量增加，但是你会意识到当地大量的鱼在消失。牛蛙、猪蛙都是中国人特别爱吃的，养得多，但是它们跑到野外，也成为外来入侵物种，会以其他的小青蛙类为食物，会吃蝌蚪，会吃小鱼，造成非常严重的生态破坏。南方人爱吃螺丝，引进了福寿螺，当时觉得这个食物很好，结果发现口味不好，放弃了，结果成为严重的外来入侵物种。

紫翅椋鸟，我在加拿大的城市公园里经常看到，刚开始觉得这里生态真好，鸟还很多，这种鸟的羽毛呈现金属光泽。但是现在这种鸟成为整个北美洲最严重的入侵害鸟，它能从松鼠的嘴里抢食物，它的胆子非常大，基本上无所不敢。

我在南京大学读书时我们的教授因为引进了互花米草来防堤护岸成为佳话。那个时候我们想那个教授真厉害，从国外引进了这个物种后，海岸保护得非常好。但是没想到等我博士毕业，就有报道说这个互花米草把海岸附近的沼泽，能给我们产螃蟹、贝壳、螺丝的地方都给占了。在它生长的地方几乎所有的生物都不存在了，鸟类也没有吃的东西了。你想在海边捞点什么东西拿去卖，没有了。所以附近一个县的县长带了一大帮人，到南京农业大学教授那里说，要是能把他们那里的互花米草治住的话，他们花多少钱都愿意，因为它的损失一年都是上亿元。这个教授是研究除杂草的，就说我给你点药，你拿回去试试，如果能杀死这些植物，你就回来找我，否则，我也没办法。过了一个月，县长打电话说，你那个药洒上去后，刚开始还黄了两天，后来又变绿了。因为它在海边，一旦涨潮，你喷了什么农药、化肥都不管用，所以外来物种会造成非常严重的后果。

紫茎泽兰是植物界里的"杀手"，所到之处寸草不生、牛羊中毒。它在云南、四川大量繁殖，你看它开白花，你就知道它非常厉害，一亩见方的紫茎泽兰，每年可以生产4.63亿粒种子，1000粒种子的质量只有0.095克，小得跟尘土一样，而且有冠毛，可以随风飞。我们去考察的时候，看到这个物种扩散的路线，它自动扩散，一点办法都没有。

还有很多物种，我没有办法一一给大家介绍。

放生其实是非常不好的现象

红火蚁是一群一群活动，群和群之间是竞争的，这种蚂蚁在南美洲是这样的。红火蚁在20世纪初因检疫防疫上的疏失进入美国南方，它就变异了，它们变成相互合作了，可以一群一群地发展。这原本不起眼的外来红火蚁，却造成美国在农业与环境卫生上非常重要的问题与经济上的损失。这个红火蚁，在美国人们已经同它们战斗了40年，人们仍然没有取得胜利。

福寿螺，南方人非常熟悉，它可以如此密集地生长。它一旦在水稻田里繁殖，水稻可以颗粒无收。但是你很难消除它，它在水田，你喷的农药会被稀释，你把水放干，它钻到泥土里可以休眠，一旦有水它又发展起来了，生命力极强。

控制外来系统最好的办法就是控制引入，但是我们现在有个非常不好的现象就是放生。这种放生和宗教有关。老百姓觉得放养动物是好事，中国台湾最多放生达两亿种动物。中国大陆现在放生的情况也是越来越严重。我们现在还有很多鸟放飞野外，有的成为外来入侵物种。巴西龟成为典型外来入侵物种，还有很多动物因为这种放生行为而丧失生命。因为很多人放生，先要到市场上去买动物，你买动物，人家就要从野外抓动物，或者人工养的动物放出去，它根本没有办法生存。在北方，某一天突然发现满地怎么这么多小鸟。因为那天晚上突然下了一场雪，后来发现这不是当地的鸟类，南方的鸟全部放飞到了北方，正好赶上降温，全死了。这种放生可能成了非常严重的事情。

有记者访问我，我们应该怎么科学放生？我说可以科学放生，但是对于个人来说，基本上无法科学放生。对于个人来说，除非你在当地发现了受伤的个体，你发现它没有什么问题，你可以当即把它放生，其他的所有放生都不要自己去做，应该按科学办法去做。放什么动物、什么时间放、有没有疾病、能不能放、这个地方能不能生存，还有外来入侵物种的问题，都需要考虑科学性，个人到市场上去购买动物放生的行为，应该得到制止。

我们在保护中也会有很多误区。中国是全世界种树最多的国家之一，但为什么我们的生态还是不好？从图9和图10大家能看到，图10的植被好。因为是人工种的。图9是天然恢复的灌木林，这是我在四川一块地上拍到的。但好不好其实不能光看它表面的覆盖，当你到真正的森林里去的时候，你会发现图9的森林里湿度非常高，物种种类非常丰富；图10是单一的人工松树林，树下基本上荒芜一片，除了松针基本上没有任何生物在上面生存，这是人工林典型的例子。

种树其实有学问，我们称它为生态恢复。所谓生态恢复，就是通过人工的方法，按照自然规律来恢复天然的生态系统。我们要保持水土，就去种树，不能仅仅种植当地的植物。生态恢复是试图重新引导或者加速自然演替的过程。生态系统有自然演替的过程，什么物种先长出来，什么物种后长出来，有规律，我们恢复生态就应

图 9

图 10

该根据规律加速演替过程。这听起来似乎非常复杂，用非常简单的话来说，我们的生态恢复就是要为各种当地动植物提供相应的栖息环境。

我们现在种树，有人考虑过当地动物和那些树木的关系吗？我们应该种什么？我们讲生态恢复，应该考虑的是我种的这些树、这些动物能不能在这个地方生存，因为动物在这个地方生存后，可以授粉，传播种子，然后可以加速生态系统演替的过程。如果我们种树，之前我们要考虑物种的多样性、空间结构的多样性、年龄结构的多样性、资源利用的多样性。

我们的现状是，我们都培养单一物种，同一年龄大小的树木，经常拿尺子度量距离，量好了再去种，最后形成的就是这样单一的植被。

保护我们生存安全底线并不需要太多钱

我们国家的生态究竟应该怎样去保护？我过去一年一直在做自然保护地立法的推动工作。对于我们的生态保护来讲，首先保护好我们的自然保护地是最重要的，我们把它总结成一句话，就是用自然保护地捍卫国家生态安全底线。

实际上我们的生态系统一直在持续退化，所以我们存在癌症村，存在雾霾。当这些生态系统退化到一定程度时，人类将难以生存，我们称之为生态安全底线，而保护好自然保护地可以说是保护我们生态安全底线最重要的手段。

自然保护地包含我们在这儿谈到的自然保护区、风景名胜区、森林公园等，这是已经有的类型，有一些是具有国际意义的、未来可能还会有新的类型。但是，我们现在的自然保护地分布非常不合理，虽然数量非常多，但是它大量集中在人烟稀少的区域，而我们人烟稠密的区域自然保护地非常少。图11是中国生物多样性战略和行动计划中的生物多样性优先区域，其中很大一部分是我们非常重要的生物多样性区域，当然不是说这些区域要100%建成自然保护地，而是要把这些区域40%、30%的地方建成自然保护地，比例应该高一些。

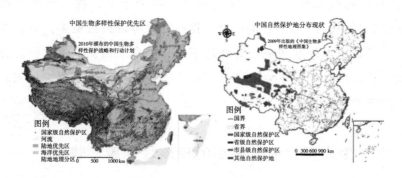

图 11

我们现在的自然保护区的分布格局非常有问题，这也导致我们的生态安全底线在某些地区已经被突破。为什么形成这样的格局？就是因为我们过去在谈保护的时候，在人多的这些区域没有办法建立比较多的自然保护地，因为这些地方经济发展迅速，但事实上我们有很多的野生动物可以和人类活动相协调。比如许多迁徙的鸟类可以在水稻田中迁飞，可以在这个地方停留，甚至水稻田里剩下的食物可以是它们很好的食物，但是如果这样的田变成旱田的话，它对候鸟就没有任何意义了。我们可以继续发展农业，但是不要用那么多农药，不要用那么多化肥，能为迁徙鸟类做好保护工作，这也是一种很好的保护方式。很多风景名胜区、森林公园也能发挥很好的保护作用，我们的湿地公园可以说在生态功能上也能发挥极为重要的作用。

整个自然保护地存在很多的问题，和我们经费和人员缺乏有很大关系。有很多人觉得你光在那里谈保护，钱从哪里来？我们做了计算，要把中国 17% 的土地和 10% 的海洋建立自然保护地，进行良好的管理，究竟需要花多少钱。一年是 306 亿元。大家一听觉得这是个天文数字，国家怎么可能拿 306 亿元来进行保护？但是当你拿这个数字和 GDP 一除，306 亿元只是占 GDP 6.5/10000 的钱，我们按比较宽松一点计算的话，就是 0.2% 的钱。我们现在的教育预算是 GDP 的

4%，我们的研发预算是 2.5%，相对这两个数字，我们要保护我们生存安全底线的钱实际上非常少，我们完全可以投入更多，只是看政府重不重视，另外这些投入的钱是不是真的拿来做保护工作的。有多少投入到保护区的钱拿去修楼台馆所？这些钱不能算是保护投入，那要算经济发展的投入。

生命属性中最需要的应该是健康、快乐

下面谈生物多样性和人生。我做生物多样性保护工作有 20 年了，我经常思考的问题就是，人活着究竟是为什么？你要有高的地位，你要挣更多的钱，这属于你的社会属性。但是我们逐渐在丧失我们对人的生命属性的理解。你要是一只大熊猫，你对生命的追求是什么？我们要更多地去理解生命属性存在的价值和意义。这个目标是什么？这个目标是我们的身体健康和精神愉快，这和动物福利计划的目标是一致的。我们要给动物生存的权利，给它健康的身体和愉快的精神，其实对我们自己也一样。但是我们现在追求更多的是社会属性，我们忘了生命属性，我们经常感觉不快乐，因为我们的生命属性没有得到满足。生物多样性可以让我们的生活多姿多彩，你去观察植物、观察鸟、观察昆虫，你会成为专家。

基于生命属性你需要减少伤害，热爱生命，不仅热爱别人的生命、生物的生命，同时也热爱你自己的生命。现在很多人为了工作、为了应酬、为了很多不属于生命属性的东西，在做一些违背自己意愿的事情。我觉得大家没有意识到一个精髓，对于人类最重要的就是热爱生命，它的含义非常广泛，因为这种含义能让你和你周边的人生活更好，让你自己也能更好地、健康地生活。

你可以把生物多样性的理念运用到你的生活中。大家都知道养鱼，传统的养鱼都是不科学的。应该怎么养鱼？一个水缸里放了很多水，然后从外面拿一条红色的金鱼放进去，然后往里面投食，或

放两棵草，这主要是为了美观。然后这个鱼缸里的水过一两天必须换掉，这是通常养鱼的方法。我过去就很痛恨这种养鱼的方法，因为它浪费很多水。现在我家里有一个不是很大的透明的鱼缸，从2003年开始，这个鱼缸里面刚买的时候就有一棵马蹄莲，这个马蹄莲插到水里，然后伸出水面。后来这个鱼缸里发展出来多种生物，小鱼、小虾、螺丝，土壤里还有一些线虫等。我从2003年放进去水之后，到现在从来没有把鱼缸里的水倒出来，唯一一次倒出来的时候，是我有一次买了一些线虫，我觉得线虫放进去多了，我就跟我老公说，我们少放点，然后他说那剩下的怎么办，又说那干脆都放进去。因为底下有很多土，觉得也许能容纳，结果水就臭掉了。那次我倒掉了不到1/2的水。除那次以外，从来没有往那个缸里倒水，只是不断往里面装水，干了就往里面装，但是它们生活得很好。

为什么？因为它要讲究多样性，你里面要放各种各样的生物，你甚至可以放一些石头给它创造一些异质性的环境，让小鱼、小虾可以躲避，或者有繁殖的地方。你要注意的是要考虑容量问题，如果你的缸很小，你一定不能养大鱼，一定要避免往里面投食，即使投食也是极少的，因为任何投食都会导致很多污染，因为我们的养殖业是水污染的一大源头。你考虑多样性，考虑容量问题，然后适当给予辅助，你家里就可以有很好的生态鱼缸，然后鱼缸尽量不要放在太阳下暴晒，如果温度不稳定，这个生态系统不容易形成生态平衡，比较阴的一面好。如果你有比较大的鱼缸，那就是有陆地、有深水、有浅水，你要想到多给它多样性。

我接下来一个非常重要的工作，就是希望能推动自然保护地的发展，提高自然保护地的管理水平，而且帮扶这些社区从保护当中受益。我们现在很多保护地周边的生产方式是有害的，比如使用农药、化肥，只要是使用了农药、化肥的产品，我们不予以考虑支持。符合标准的产品，我们可以认证它为自然保护地友好产品，然后通过一个平台，用比较高的价格卖出这些产品，帮助老百姓从保护当中获益。

最后加上很好的监督机制，确保这些产品长期在生产和销售中不会对保护地造成破坏。

我们想今后利用这样一种体系，来推动我们自然保护地的保护工作。大家感兴趣的话，可以通过微博找到我，新浪、腾讯甚至搜狐，搜我的名字都能找到，谢谢大家！

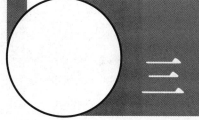

三

文学·艺术

当下中国的文学状况

孟繁华

孟繁华

沈阳师范大学特聘教授，中国文化与文学研究所所长，吉林大学博士生导师，中国人民大学兼职教授，中国当代文学研究会副会长，北京文艺评论家协会副主席。主编各类文学书籍 80 余种。主要著作：《众神狂欢》、《梦幻与宿命》、《中国 20 世纪文艺学学术史》（第三卷）、《传媒与文化领导权》、《想象的盛宴》、《中国当代文学通论》、《文学革命终结之后》等。发表论文、评论 400 余篇。获"华语传媒大奖年度批评家奖"等文学奖项 10 余种。

评价一个时期的文学要看高端水准

当下文学的状态是好还是不好？大概从 2004 年一直到今天，关于当代文学的价值评估问题一直没有终结。后来有一些媒体，包括一些作家和批评家，把当代文学评价的情况分为了唱盛派和唱弱派。唱盛派就是认为当下中国文学是百年来中国文学发展的一个高峰。唱衰派认为现在是百年来中国文学的一个低谷。

我们先不说这个问题的真伪。假如说这个问题是真的，显然我是一个唱盛派。我认为当下中国文学是百年来最好的时期之一。评价一个时段的文学，最好的办法就是比较。能和当代文学进行比较的，就是现代文学。指责的人士讲，当下的中国文学红尘滚滚、泥沙俱下、肉欲横流、一无是处、乏善可陈，情况不是这个样子的。如果是这样的，中国现代文学恰恰如此。比如现代文学里面有张恨水、有红玫瑰、有三角恋爱、有十里洋场，这才是红尘滚滚、肉欲横流的文学。

中国现代文学经过历史化和经典化，我们有了鲁、郭、茅、巴、老、曹，我们就建构起了一个伟大的现代文学史。所以评价任何一个时期、一个时代、一个族群、一个国家的文学，主要看它高端的文学水准。我们谈到英国文学，主要谈论莎士比亚；谈到美国文学，我们就谈到海明威、斯坦贝克；谈到日本文学会谈到川端康成；谈到印度文学就谈到泰戈尔；谈到中国现代文学就谈到鲁迅。这个高端文学难以超越，能够表达一个国家、一个民族、一个时代的最高水平。有了这样一个标志性的作家和作品，这个国家、这个民族和这个时代的文学就是伟大的文学。现代文学经过了历史化和经典化，当代文学因为是个近距离的表达，我们没有经过历史化和经典化的这样一个过程。但是，能够深入当代文学内部的人都会知道，当代文学究竟取得了什么成就。否定当代文学的人，一般来说是因为对当代文学不甚了了。

我为什么是个唱盛派？

下面关于当代文学的成就，我会一一举出。我为什么是个唱盛派？当代文学没有经过历史化和经典化，你就迅速地对它进行好坏判断，过于简单了。究竟好坏，还是要在未来来评判。再过几十年，我们可以回头看看 80 年代、90 年代，或者新世纪的中国当下文学究竟是好是坏。我觉得不要急于做出判断。另外，挑起这种话题的人，我觉得可能缺乏一点常识。唐代的人不会评价整个唐代的文学是好是坏，宋、元、明、清的作家和批评家不会谈论那个时代的文学好坏。某些人挑起了这样一个话题，本质上来说它是个伪命题，我觉得可以置之不理。

但是有一个情况我们必须正视，就是当下文学或者当代文学整个被关注、被阅读的情况不容乐观，这是没有问题的。最好的比较就是和 80 年代比，那是中国文学最辉煌和被读者念念不忘的一个伟大时代。当时的《人民文学》大概发行 100 多万册，《诗刊》都发行近百万册。这个情况我觉得非常正常，80 年代我们情感的沟通，唯一的管道就是文学。今天大家进行文化消费的场合和方式太多了，可以到星巴克、嘉年华、健身房等，有无数的场合可以去。用广告的话来说就是必有一款适合于你。今天爱好文学的人口被分流了，过去集中阅读《人民文学》的人，可能被其他的文化消费形式吸引了。这种情况不是说当下的文学不好。我曾经多次讲过，当下的文学有了百年的经验，包括西方的经验。"80 后"、"90 后"的一些作家一出手，包括他们的语言，他们的构思，他们的人物，灿烂逼人，不同凡响。这是因为什么呢？就是因为百年文学经验对我们青年一代的滋养。文学作品写得越来越好，为什么不被关注？就是其他的一些文化消费形式把大家的注意力、关注度、热情分流了，是这种原因造成的，和文学作品好与不好没有关系。

还有一个问题是什么呢？今天的阅读不是读者阅读，是粉丝阅读。《哈利·波特》的英国作者罗琳非常著名。《哈利·波特》现在的各种语言版本印数已经是一个难以超越的纪录，世界上除了宗教类的书籍以外，它的销售量可能最高了。她后来又写了一部作品，是侦探小说，叫《杜鹃的呼唤》，她用笔名发表以后，只销售了 1500 册。出版商着急了，换上了罗琳的名字，立即出版了 30 万册，而且仍在加印。这不是粉丝阅读吗？这个书发生变化了吗？没有发生变化，就是因为是罗琳写的，是《哈利·波特》的作者写的，大家趋之若鹜。

再举一个简单的例子。在当下的中国，诺贝尔文学奖获得者莫言的读者远远不如《小时代》作者郭敬明多。《小时代》是什么样的作品？大家都很清楚，也是粉丝在读。这些东西是文学的成功吗？包括罗琳的《杜鹃的呼唤》，包括郭敬明的《小时代》，不是文学的成功，是文化产业的成功。图书出版是文化产业之一种。从《哈利·波特》《达·芬奇密码》《暮光之城》一直到《小时代》，最近当然还有一些作品，比如说詹姆斯的《50度灰》《50度飞》《50度黑》，"50度"系列都出了几千万册，这是文化产业的成功，不是文学的成功，这两个概念完全不一样，我们要清楚。

作家的价值观非常重要

大概在 2012 年以后，文学状况可能发生一些变化，可能和莫言获得诺贝尔文学奖有直接的关系。但是关于莫言获诺贝尔文学奖，文学界的看法并不完全一致。有一些不同的议论，我觉得非常正常。在这个时代把诺贝尔文学奖授给中国人，作家莫言当之无愧。这里我要为莫言辩解几句，为什么呢？20 世纪 80 年代我们有一个非常重要的口号，就是"让中国文学走向世界"，大家知道这是一个祈使句，在这个话语结构里面，我们是把自己作为一个文化或者文学的弱势国度来对待的。也就是说，我们自己还认为中国文学没有进入世界格局，所以才呼唤让中国文学走向世界。

中国文学走向世界的标志性东西是什么呢？就是中国人获得诺贝尔文学奖，为西方的文学强势国家所承认。2012 年以前，任何一种评奖制度，包括诺贝尔文学奖，首先是一种政治。承认本身也是一种政治。所以 20 世纪八九十年代以前，诺贝尔文学奖不授予社会主义国家的作家，他们可能会授予社会主义国家的"叛徒"，比如说帕斯捷尔纳克、索尔仁尼琴。苏联，就是现在俄罗斯的这些作家都不认同斯大林时代的政治，所以授给这些社会主义国家的"叛徒"。评奖不也是一种承认的政治吗？诺贝尔奖评委也讲，诺贝尔文学奖的上空，有一层挥之不去的政治阴云。所以说评奖本身也是政治。

莫言获奖，和中国综合国力的提升肯定有关系。同时也与诺贝尔奖评委会冷战思维的终结有很大的关系。你是不是社会主义国家的作家，已经不再作为考量的标准了。

莫言获奖后，一是缓解了我们诺贝尔文学奖情结的焦虑，让中国文学走向世界的焦虑缓解了。在世界文学政治格局当中，中国文学有了一席之地。二是我觉得，在短时期里面提升了中国读者（包括有关部门）对文学的关注度。我看过一个报道，就是莫言获奖之后的第三天，全国各大书店关于莫言的所有作品销售一空，这个消息太让人震惊了。文学读物从来没有如此抢手，莫言获奖之后，在短时期里面带动了我们读者对文学阅读的热情。

当然，莫言获奖之后，并不是说中国文学所有的问题随之迎刃而解，一个国家、一个民族能够为世界所尊重、所认同，重要的不是什么人获得了诺贝尔文学奖，最重要的是他的价值观。不管他有多大的权力，也不论他有多少金钱和财富，这个人的价值观非常重要。

从乡土文学到农村题材的变化

下面我们切入正题里面，谈下中国当下文学的状况。百年来，中国文学最大的成就就是乡土文学。当代文学成就最大的是两个题材，一个是农村题材，一个是革命历史题材。

乡土文学和农村题材不同。现代文学都叫乡土文学。由北大严家炎先生编的《中国现代文学流派创作选》中第一部就是乡土文学，我们可能最发达的也是乡土文学。从新文学诞生那一天起，乡土文学伴随着新文学的诞生一起发展。鲁迅、沈从文、彭家煌、许地山、沙汀等作家写的都是乡土文学。为什么乡土文学最发达？它和中国的社会性质有关系，中国的社会性质从本质上来说就是乡土中国。

著名学者费孝通先生写过一本书《乡土中国》。他把乡土中国的价值观、道德、习俗、礼仪、差序格局等讲得非常清楚。至今我也认为，关于乡土中国的研究和费孝通先生的《乡土中国》比较起来，还无出其右者。乡土文学什么时候发生变化呢？是1942年毛泽东在延安文艺座谈会上的讲话发表以后，乡土文学开始发生变化了，从这个时候开始我们可以把它叫做农村题材。乡土文学和农村题材最大的差别在哪里呢？乡土中国是一个描述性的词语，讲的是中国社会的状况。农村题材是意识形态的表述，也就是说，毛泽东在延安文艺座谈会上的讲话发表之后，我们的作家才第一次在我们的文学作品里面建构出两个阶级的冲突和对立。比如《白毛女》体现的是杨白劳和黄世仁两个阶级的冲突，这是农村题材。

到1948年，丁玲的《太阳照在桑干河上》和周立波《暴风骤雨》发表后，农村题材逐渐地趋于成熟。这样一个理论指导下的中国文学创作，在这个时代里面有没有合理性呢？我觉得当然有合理性。回到具体的历史语境，1942年的中国是一个风雨飘摇、国将不国的时代。在这样的时代环境里，中国共产党要动用一切手段，包括文学在内，实现民族的全员动员，建立现代民族国家，这有什么错误吗？当然没有错误，所以在延安文艺座谈会上的讲话，在那个时代所发挥的这个巨大的作用，在今天或者在未来，无论怎样评价都是正确的。

农村题材里面有一个隐结构，就是当我们主流的文学政策、方针和路线号召去书写工农兵的时候，这个隐结构里面有一个对知识分子的排斥和拒绝。延安讲话以后，知识分子题材最为萧条。在进入当代文学17年的时候，大概我们只有两部作品，北面叫做《青春之歌》，南面（广东）有一个《小城春秋》，作家叫做高云览。后来在文学史的叙述里面，高云览的《小城春秋》也看不到了。这和书写工农兵背后这个隐结构，对知识分子的排斥有直接关系。知识分子的身份多年一直处在非常暧昧的状态。

对知识分子这个群体构成的伤害，后来在不同的文本里面都已经叙述到了。农村题材从延安开始，一直进入到共和国的门槛之后，在今天我们看来有一些问题出现了。也就是说，我们把延安时期的战时文学主张挪用到了和平时期，把延安时期的局部经验放大到了全国。这个时候我们的文艺路线、方针、政策可能会出现一些问题。所以我们的文艺路线、方针、政策处在不断调整的过程当中。后来我们讲到，中国现代性的最大特点就是不确定性、就是西方缔造了现代性之后，中国在回应西方现代性的过程当中产生了中国的现代性，中国的现代性就是不确定性。

到现在这个不确定性可能仍然在过程当中，当然文学也是在这样一个总体框架里面。从《太阳照在桑干河上》《白毛女》《小二黑结婚》《三里湾》到"三红一创、保山青林"就是12部经典作品。"三红"就是《红日》《红岩》《红旗谱》，"一创"就是《创业史》，"保山青林"就是《保卫延安》《山乡巨变》《青春之歌》《林海雪原》，这些经典作品里面书写只有社会主义才能救中国的作品是主流作品。特别是《创业史》的出版，不是说塑造了梁生宝或梁三老汉这样一些人物，关键是为当下的中国建构了一种价值，就是只有社会主义才能够救中国。

农村题材的思想路线走不下去了

在文学里面我们逐渐地发现问题了，这个问题当然也是从延安时代带过来的。毛泽东在1942年有一个新文化猜想，或者叫做新文化想象。肯定不会要旧的封建文化，也不会要资本主义的文化，我们要的是什么文化呢？就是新民主主义文化和社会主义文化，毛泽东对此没有具体的阐释，但是什么不是这种文化他知道。所以1950年以后，我们整个文学艺术领域里面，所经历的就是不断被清理和不断被整肃的过程。1951年批判萧也牧的《我们夫妇之间》，然后批评俞平伯对《红楼梦》的研究，然后批评胡风，然后是"反右"等，然后是"文化大革命"。在这样一个不断整肃的过程当中，文学领域越来越干净。在延安时期，我觉得那个时代的文学确实创造了一个伟大的奇迹，大家都知道的中国现代文学历史上的文学人物就是阿Q、华老栓、华小栓、祥林嫂、老通宝等，他们都是病态的、肮脏的、愚昧的中国农民形象。到了延安时代，中国农民形象焕然一新，我们有了二黑哥，有了大春哥，有了红军哥哥。这在中国文学史上是一个伟大创造。但是这几个哥哥，逐渐地就变成了李玉和，变成了郭建光，变成了江水英。中国文学变得越来越明朗、越来越透明，所有的人之间的关系变得只有一个关系，就是革命同志的关系。

文学是干什么的？文学是处理人类精神事务的一个领域，就是处理人性的领域，外部的事情由各个部门来处理。到了样板戏时代，或者走农村题材的思想路线，人们在舞台上都是"孤男寡女"，不要说邻里关系、同事关系、夫妻关系，只有一种关系，就是革命同志关系。走到这个地方，事实上不仅文学走不下去了，整个那个时代的思想路线和方针政策也都遇到了巨大的挑战。从1949年中华人民共和国的建立，一直到1978年党的十一届三中全会召开之前，我们一个伟大的承诺落空了。也就是在梁生宝、在肖长春、在高大全的这条道路上，中国共产党和广大农民没有找到他们希望找到的东西，于是我们才实行了改革开放。1979年有两部重要的作品，一是周克芹的《许茂和他的女儿们》，另外一部是古华的《芙蓉镇》。通过这两部作品，我们从农村题材重新回到了新乡土文学。通过《许茂和他的女儿们》这样的作品，我们发现老许茂和他的女儿们，他们的体相他们的衣着、他们的生活水准和阿Q、华老栓、华小栓、老通宝、祥林嫂他们有什么区别吗？没有什么区别，1919～1979年60年过去了，真正的革命并没有在中国农村发生。我们的文学创作也重新回到了乡土文学，当然党的思想路线和方针政策也随之发生变化。过去"以阶级斗争为纲"，置换为以经济建设为中心，就是经济生活在我们社会生活的整体结构里面的核心地位获得了确立，当然获得了全体人民的支持和欢迎。

然后又出现了一个问题，就是只有改革开放才能救中国，只有改革开放才能强国富民。社会主义才能救中国的承诺，显然遇到了挑战。只有改革开放才能够强国富民，这个承诺，在今天我要说它部分实现了。2007年前后，我去了江苏华西村，那是中国第一村。大概有200多人参加全国农村题材小说创作文学研讨会。华西村当然是一个伟大的村庄，是中国改革开放的缩影。你到了华西村，才发现在中国农村究竟发生了什么样的变化。每一户人家都住400平方米左右的别墅，村里面都是高楼大厦，轧钢厂里面空无一人，全都是自动化。这和城市社会没有什么区别了，当时去了很多西部的作家拿着DV到处拍，说如果这是他的家乡该有多好啊！西部作家在感叹，但我说这幸好不是你的家乡。中国可能只有一个华西村，如果乡村中国都变成了华西村，13亿中国人喝西北风吗？农村是干什么的？是生产食品（吃的）和纤维（穿的）的。如果中国农村都变成华西村，我们基本的生活材料肯定就处在一种非常不安全的状态。

当时老书记吴仁宝给我们讲华西村的发展史。这是改革开放之后中国乡村发生的变化，但是现代性是一个与魔共舞的过程。乡村中国的发展，并不是都走了华西村这样一条道。中国的东部和西部发展不平衡，在文学作品里面已经得到了非常充分的反映和表达。

一批新乡土文学的作品出现了

新世纪以来，在新乡土文学的作品里面，我们发现类似《创业史》《艳阳天》《许茂和他的女儿们》《芙蓉镇》这样能够把乡土中国结构成一个完整的故事讲述给读者的作品越来越少。后来我们甚至发现，很多作家在书写乡土中国的时候，完全碎片化了。有几部典型的作品，比如说孙惠芬的《上塘书》，这都是第七届茅盾文学奖入围作品，还有贾平凹的《秦腔》，阿来的《空山》。贾平凹影响最大的作品当然是《废都》，我在后面再讲。

《上塘书》里面写的乡土中国是什么呢？它用村志的方法来写，如上塘的地理、上塘的政治、上塘的交通、上塘的通信、上塘的教育、上塘的贸易、上塘的文化、上塘的婚姻、上塘的历史等。它的结构不可能出现梁生宝、梁三老汉这样贯穿小说始终的人物，没有一个完整的故事。阿来的《空山》也是这样的，把这本小说读完了以后，你可能觉得是几个中篇构成的，讲机村、讲山火，互相之间没有建构成完整的、作为文学作品内在的逻辑关系。贾平凹的《秦腔》也是这样的，很多批评家朋友就认为贾平凹的《秦腔》大概是《废都》之后写得最好的作品。如果没有《秦腔》，贾平凹作为作家的整个创作生涯就可以终结了。秦腔本身是陕西的剧种，小说里面的重要人物——白雪又是个秦腔演员。在小说里，这个白雪渐行渐远，最后成为历史的一颗"痣"。"秦腔的声音渐行渐远"表达的是什么呢？就是传统的乡土中国逐渐会在我们的视野里面消失。

2012 年我提出一个观点，就是乡村文明的崩溃和这些作品都有关系。改革开放之后，发达的东部地区确实富裕起来了，但是更广大的中国乡村越来越空心化。乡村中国空心化，只有留守儿童、留守老人。2010 年，《人民文学》杂志新创办了一个栏目叫做"非虚构文学"，2010 年第 10 期发表了青年学者梁鸿的一篇非虚构作品叫做《梁庄》。后来出版了《中国在梁庄》，后来又出版了一本《走出梁庄》，可以看做作者的"梁庄"系列。从 2010 年至今，"梁庄"系列可能是当下中国文学作品的核心读物之一。"梁庄"是非虚构文学，它不是报告文学。报告文学和非虚构文学并不完全相同。它用极端写实的方法，讲述了梁庄——自己家乡的衰败过程。这个衰败不是说教育和乡村生活的衰败，最重要的是乡村文明没有了载体。

在我刚才讲的这些作品里面，都表达了乡村文明整个破败或整体溃败的现实。这当然和中国当下城市化进程的不断加快有直接的关系。2011 年，中国整个城乡人口结构发生了革命性的变化，城镇人口超过了乡村人口。现在有超过全国总人口一半的人生活在城市。这个变化不是乡土文学逐渐消失或逐渐衰落的一个依据，不是说乡土文明崩溃了之后，乡村文学也随之终结了，这是不对的。中国当代文学有一个非常致命的弱点，就是对当下的追踪过于密切，对于历史事件的关注缺乏持续的耐心。我甚至举过一个极端的例子，就是在封建文明即将崩溃的时候，恰恰产生了中国最伟大的作品——《红楼梦》。我们也期待着伟大的作家能够书写出乡村文明在我们现代性的进程当中是怎样崩溃的，就像封建社会怎么在《红楼梦》里面崩塌的一样。但是我们现在还没有读到这样的作品，让我们有些耐心，慢慢地等待它们。乡村文明崩溃之后，用我的看法来说，就是另一种新的文明正在崛起。在这个过程当中，当然也有不同的作家试图重新用文学的方式建构乡村文明和乡土中国社会。还有几部作品，如第七届茅盾文学奖获奖作品，周大新的《湖光山色》；第八届茅盾文学奖的入围作品，关仁山的《麦河》。热爱文学的读者，可能都读过这些作品。他们还试图在乡土中国里面建构起一个完整的故事来讲述给读者。对周大新的《湖光山色》，从整体上来说，特别是在当下中国文学的环境里面，我给了很高的评价。

《湖光山色》讲的是楚王庄的故事，楚王庄是楚国楚王的故乡。改革开放以后，楚王庄发现了楚国的一段长城，历史学家带着他们的学生不断地到楚王庄来考察楚长城。村里面有一个非常聪明的姑娘叫暖暖，发现了商机，建造起了一个家庭旅馆，现在叫什么农家乐之类的，就是每天收 10 元钱，吃住全管。这个农家旅馆办得越来越大。在乡土中国，有一个问题，叫做不患寡而患不均。少可以，但是不能没有我的。楚王庄有这么一个资源，暖暖一家把它都变成个人的资源了，这样就出现了问题，一些人就欺压暖暖。村支书有一个弟弟，特别想向暖暖示好，要结为连理，被暖暖拒绝了。她找了村里一文不名的穷小子，叫旷开田。暖暖发现村支书不断欺负自己的时候，她跟旷开田讲，"如果我们在村里面不受欺压，必须当村长或者当书记"。旷开田说，这怎么可能呀！但这个暖暖很会运作，终于把他运作成了村长，终于掌握了这个权力。

楚王庄改革开放的步伐越来越大，不断地有招商引资的动作。用现在文化产业很时髦的用词来说，有"印象丽江、印象刘三姐"，楚王庄也要搞一个大型情景剧，叫做《离别》。怎么离别呢？就是楚王要出征了，楚国的民众来为楚王壮行。那谁来演楚王呢？只能书记来演。尽管旷开田没有经过专业训练，但是演这个楚王，三天之后他就非常自如了。周大新在《湖光山色》里讲的是什么呢？是中华民族传统里面对王权的迷恋、对权力的迷恋。一个农民做了村长以后，权力给他带来了快乐，带来统治的快乐，带来的这种成就感、荣誉感，让他念念不忘。但是周大新在讲楚王庄改革开放这样一个故事的时候，有强烈的或者有鲜明的批判意识。就是改革开放这么多年了，但是中国农民的思想观念没有发生革命性的变化，王权思想依然具有支配和统治地位。这种情况好像不只是在农村吧，在知识分子成堆的地方，在大学里也是这样吧。

关仁山的《麦河》写的是最切近的乡村。近几年我们公布了一个最重要的土地政策，叫做"土地流转制度"。《麦河》写的就是土地流转制度，写鹦鹉村通过一个能人，叫做曹三强，把全村土地集中起来，集中播种、收割、加工，不而是卖粮食，而是卖粮食制品，就是如何使鹦鹉村富强起来。这两种叙事方式显然都是对乡土中国未来怀有乐观态度的一种讲述方式，和我们刚才讲过的像《上塘书》《秦腔》《空山》这种乡土中国文明破败的讲述方式完全不同。当然，不同的作家对当下乡土中国有不懂的理解，有不同的讲述方式和阐释方法，我觉得完全可以接受和理解。乡土中国，究竟会向什么方向发展？通过文学作品我们可以拭目以待。

城市文学已经成为今天的主流

昨天，深圳非常著名的杂志《新城市文学》组织了一次座谈会，讨论新城市文学。这和我们一段时间以来关注的话题都有关系。乡村文明崩溃之后，肯定还有另一种文明在崛起。这个文明就以都市文明为核心，是正在建构的一种文明。为什么不叫做城市文明？为什么不叫做城市文化？改革开放以后，中国的整个城市化不断地加快发展，我们现在所居住的这个城市、所理解的城市和我们过去的城市完全不同。今天的上海还是 20 世纪 40 年代张爱玲笔下的上海吗？不是了。

当然也有作家不断地用这种方式在书写，比如20世纪80年代的程乃珊写的《蓝屋》、王安忆写的《长恨歌》。

20世纪40年代老舍笔下的北京，完全是平民的北京，是骆驼祥子的北京，是四世同堂的北京。今天北京还有多少骆驼祥子？今天的骆驼祥子都搬到固安、搬到燕郊、搬到涿州去了。北京胡同里面的骆驼祥子越来越少了，今天的北京是政治精英、文化精英、商业精英、白领、中产阶级的北京。这个文明在不断建构，怎么概括和描述它？我觉得非常困难，因为在不断变化，是不确定性的一个过程，所以我说新文明正在崛起。与新文明正在崛起构成同步关系的、以都市文学为核心的一种文学正在生成。这种情况在过去没有引起太多的注意。在乡村文明革命历史题材或者说其他题材的作品在齐头并进的时候，城市小说并没有引起大家过多的关注，没有成为批评界的显学。但是近两年不同了，近两年批评界大概把城市文学作为非常重要的考察对象，很多城市，包括广州和深圳都开会集中讨论城市文学。

我们突然把眼光转到城市文学的时候，就发现当下的城市文学确实已经成为我们今天的主流了。我参加过几次评奖，入选的作品我发现和乡土文学有关的一部都没有了，这太让人惊讶了，全是写都市生活的。都市的过去我们也有呀，官场、情场、商场、职场、中产阶级、白领都有。包括从2005年以后，我们有一个重要的文学现象是从深圳发生的，叫做"打工文学"。"打工文学"也是城市文学呀，或者说是城市文学的一部分。但是现在你发现城市文学虽然成为当下文学创作的主流，但城市文学在建构的过程当中还没有成功的作品。

昨天我也讲过这些例子，比如在19世纪的巴黎、19世纪的圣彼得堡，包括20世纪60年代的美国都产生过和城市文学相关的、和年轻人相关的一些伟大的作品和人物。但是我们现在的城市文学没有这些东西。官场小说，在20世纪90年代末期就开始了。像《国画》《羊的门》《沧浪之水》等，都是写官场的好作品。

《沧浪之水》这部小说非常好看。写的是一个医科大学生毕业了，分配到卫生厅。但是这个人对自己有要求：不和他人同流合污！他可以做清流，但是七年了他依然是一个科员。同时代毕业的同学做了科长、副处长、处长，都升迁了。为什么说承认是一种政治？从黑格尔一直到查尔斯·泰勒都讲过，"对社会主流意识形态的承认或者认同，是我们进入社会的通行证"。你要做清流，当然提拔科长和处长的时候不会轮到你。池大为后来终要结婚，娶妻生子。一个科员完全可以特立独行，有自己独立的精神空间。但是老婆天天在你身边说话，这就糟糕了。她说："你看看人家那个孩子吃的都是雀巢奶粉，我们家的孩子吃的都是三聚氰胺。你看人家一年搬了三次家，我们一家三口还住着很小的房子。"男人在女人面前如果抬不起头来，这一生就完全是窝囊的。所以他开始改变了对人生的要求，三年以后池大为终于做上了卫生厅厅长。它讲述的是什么呢？一个知识分子在当下社会生活里面，在体制里面，想要坚持自己特立独行的精神空间是非常困难的事情。这部小说非常了不起。

写商场的作品太多了。从20世纪90年代到当下，大概有几个高峰。90年代中期，和商场有关的作品，恰恰得益于海外文学对我们的反哺。比如《北京人在纽约》《我的财富在澳洲》《上海人在东京》等作品，除了表达它的商业诉求之外，当然它还有另一种倾向隐含在其间，就是所有到国外的留学生，内心的这种焦虑在这些作品里面表达出来了。你离开国门之后，处在两种文化之间，你不可能进入第一世界的文化主流。离开了大陆之后，你在大陆主流文化中也处于边缘地带，就是处在无根的状态。我们出去留学的时候，个人如何表达自己的存在和价值？就是成功，你不可能在政治上成功，表达的成功只能是商业上的成功，这些作品带动了我们文学的市场化。

写官场的作品，一定是和商场密切联系在一起的。只要写到官场，一定会有商场，有商场就肯定会有情场，在这些作品里面表达得也非常充分。新文明崛起之后，都市文学正在不断发展，从以前的潜流逐渐成为主流的一种现象。另外，有个现象很重要，深圳的文学品牌"打工文学"，在学界被命名为底层文学。底层文学和打工文学都不准确，底层和打工都是社会学的一个概念。后来我在《文艺报》写过一篇文章叫做《新人民性的文学》。文学的人民性是普希金等人提出的一个不断完善的文学概念。

底层文学重新被读者关注

我们的文学从毛泽东在延安文艺座谈会上讲话，一直到文学的思想方针和政策，都和人民性的文学有直接的关系。写工农兵的文学、为人民大众服务的文学都和人民性有关。我们暂时延续底层文学这个命名。深圳有很多重要的作家，比如曹征路。曹征路在《当代》上发表了非常重要的作品叫《那儿》，特别是前几年发表了长篇小说叫《问苍茫》。曹征路是可以驾驭重大题材的作家，他是深圳大学教授。《那儿》为什么重要？大家知道，新中国成立以后，有一个重要的文学题材叫做工业题材。这么多年谁还读过工业题材的作品？没有了。我在 2005 年的时候，参加一个煤矿工人作家作品讨论会。当时我非常感动。

曹征路的《那儿》中这个"那儿"是"英特纳雄耐尔就一定要实现"。作品里面有一个姥姥，年龄大了，她说不全"英特纳雄耐尔"，她就叫"那儿"。曹征路写的是一个工厂，这个工厂倒闭了。工厂的厂房卖给了港商，要和政府合作开发。那么工人要维护自己的权益，和港商与政府之间存在一些矛盾。这里面有一个重要的人物就是工会主席，曹征路很有意思，他不断地写到工会主席，后来在《问苍茫》里面也写到工会主席。工会这个角色在我们的生活结构里面现在变得很奇怪。在西方市民社会里面，工会是非常重要的部门，在中国这个部门就变得非常诡异。当工会主席为工人维权，或者说代表工人和整个体制战斗的时候，后果可以想象。失败以后，这个工会主席跑到自己工厂里面，把多年没有使用的气锤点着了，把气锤一拉，把自己的头颅砸碎，变成了一个无头尸体，悲壮地死去了。小说里面写了一条狗，叫帕瓦罗蒂，后来嫌麻烦就叫罗蒂了。人活不成了，还要养狗？于是把狗赶走，狗又回来了，又赶走，又回来了。然后工会主席开着吉普车走了300公里，把狗装在麻袋里面扔掉了。一年以后，这个罗蒂伤痕累累，千里寻家，又回到了工会主席身边。但是这条狗还是不被待见。狗有自己的尊严，后来它爬上龙门吊跳下去死掉了。他用帕瓦罗蒂这条狗来比附中国底层工人这种命运，是否准确可以商榷，但是小说写得极端惨烈，是我们底层文学的发轫之作，确实很有力量。

还有一个和乡土中国有关系的很重要的作家，他是河北作家胡学文，他的作品叫《命案高悬》，不知道大家看过没有。《命案高悬》是一个真实的故事，胡学文自己讲的：一个村庄里面有一个叫吴响的流氓无产者，游手好闲。土地、草场都分了，这个吴响没有事情就躺在自己的草场里。突然村里面一个风韵犹存的少妇牵着两头牛过来了，要吃吴响这个草地的草。吴响说那不可以，这草地是他的，别人的牛怎么可以吃呢？这不是分田到户了嘛，不可以吃。他说如果她同意什么什么的，就允许她的牛吃草。这个少妇一听，这个成本太高了，代价太大了，不同意便走掉了。这个风韵犹存的少妇后来被乡政府叫去了，一个星期以后死掉了。吴响得知后非常愤懑，他暗恋的一个女人死掉了，自己很难过，他要把这个案子搞清楚。《命案高悬》说的是命案呀，他开始调查。一个乡间的流氓无产者和一个乡政府作对，就像前面工会主席和体制作对一样，后果完全可以想象。这个少妇的丈夫，为了镇政府8万元钱的封口费，任何消息都不透露给他。吴响忙了大半年，命案依然高悬。这就是底层写作。深圳和底层写作有关的作家很多，像吴君、毕亮、谢宏等一些很年轻的作家，都写了很多很优秀的作品。打工文学是我们当下文学里面重要的潮流和现象，到现在仍然没有终结。

当然，对底层文学和打工文学，文学界都持有不同的看法。有人说底层文学和打工文学太粗糙，我的看法不一样。它写的是底层，写的是打工者，它不是写的小姐的象牙床，肯定是粗糙的。如果写得很细腻，那是资产阶级、中产阶级，那是张爱玲、白先勇，就不叫底层文学了。当然，底层文学一些问题逐渐呈现出来了，就是有过多的苦难，就是作家想象的底层人的这种苦难，无边无际的苦难和泪水。我曾经讲过，底层文学的苦难文学性上还要提高一下。讲到契诃夫，大家都读过作品《万卡》，不足3000字的短篇小说，写的是俄罗斯一个9岁的孩子，在圣诞节的一个夜晚孤苦伶仃，无依无助。主人去过圣诞节了，留下他一个人在昏黄的灯光下给自己的爷爷写信。整个小说不足3000字，没有一滴眼泪，没有一句苦难，最后写"乡下爷爷收"。爷爷没有收到这封信，但全世界的读者都收到了万卡的这封信。这就是它的文学性，我们的底层文学可以说远远没有达到这样的水准。但是底层文学的出现，使中国文学也在1993～2005年的12年间淡出了公众视野，重新被读者关注。这是底层文学的功绩。

过去那十几年，文学与我们社会和民众的生活没有关系了，我们当然可以淡忘它，可以不关注它。随着中国社会改革开放的深入发展，矛盾也越来越突出，问题也越来越多，特别是底层问题在底层写作里面被呈现以后，获得了广大读者的关注。这应该说是文学进行了一个漂亮的战役，但是这里面隐含的问题是什么呢？就是这些作家作品里面有一个明显的倾向，叫做民粹主义。在毛泽东的文艺思想里面，有非常鲜明的民粹主义思想倾向。写工农兵，为工农兵创作，为工农兵服务，讲我们的文学作品一定要服务于民众。走向民间，学习老百姓的语言，学习老百姓的情感方式和表达方式，延安文学是这么发展起来的。底层文学与我们的左翼文学和延安文学勾勒起来，它是一个文学脉流。

作品有鲜明的民粹主义思想倾向，这个倾向问题太大了。2010年前后，在扬州大学同时开了两个会，一个是讨论底层文学"到城里去"；另一个是社会学学者开的会，也是讨论底层的。去听社会学学者关于底层的发言和讲述，看他们的文章，真是受益匪浅。孙立平教授是清华大学从事社会学研究的，他有一篇文章叫《底层的沦陷》，一篇文章把批评界多少年搞不清楚的问题说得清清楚楚。文章讲的是一个社会现象，就是山西黑砖窑现象。这个黑砖窑里欺压这些工友的人是一个只读过三年级的普通农民。他本身也在底层，但是为了金钱，他的道德已经完全没有底线了，所有叫做《底层的沦陷》。社会学学者用社会学的方法和目光发现了这个问题，这和文学知识分子（作家们）所表达的那种同情、悲悯，那种苦难和泪水的讲述相比，显然要深刻得多。

很多作家发现了边缘经验

当下的文学创作发生的一个很重要的变化是什么呢？过去我们有一些主流的经验，讲述的对象和书写的对象是主流的。近些年来，特别是 2010 年以后，很多作家发现了边缘经验。这个边缘经验里面最重要的有这么几部作品，一是广东作家魏斌的作品，还有就是前两年发表的刘震云的长篇小说叫《一句顶一万句》，大家可能都看过了。这部作品很重要，我感到这部小说在结构上和它的整个想象力上，和我们此前看到的所有讲述历史的作品相比发生了重要变化。

过去小说为了攀高结贵，获得自己的合法性身份，它延续两个传统，一个叫做诗骚传统，一个叫做史传传统。什么叫诗骚传统？就是小说开篇有诗云"滚滚长江东逝水，浪花淘尽英雄"，和诗有关系。小说结束的时候又有诗云如何如何，且听下回分解。史传传统则是小说不重要，但是历史重要。史传传统就是所有的小说一定要和历史建构起联系来，比如《三国演义》。这么多年，我们发现的唯一一部比真实的历史叙述影响还要大的文学作品就是《三国演义》，知道陈寿《三国志》的人不多，但没有人不知道《三国演义》。然后从黑格尔一直到斯宾格勒建构西方巨大的历史哲学，我们评价小说的一个尺度叫做史诗，小说一定要跟历史建构起结构关系来。

《一句顶一万句》写的是什么呢？就是出延津记与回延津记前后70 年，但是当下中国风云际会，70 年中国社会历史生活发生了什么，你不知道。它只讲述了一个叫杨百顺或者吴摩西的这样一个人去寻找那一句话。刚才我讲过承认是一种政治，夫妻之间也是一样。夫妻之间没话说就糟糕了，肯定出问题了，叫冷战。有话说是互相之间有兴趣，有说不完的话。

《一句顶一万句》寻找的就是这个东西。杨百顺是个老实巴交的农民，是个孤儿，非常勤奋。后来娶了一个老婆叫吴香香，他是倒插门过来的。男人倒插门也是很没有面子的事情，名字改了，不能叫杨百顺，叫吴摩西，跟人家的姓。开个饭铺，每天蒸馒头，两个人过得不冷不淡的，就是过日子吧。有一天，吴摩西要到山西去，这不是开小饭铺嘛，就要去山西贩葱。这个地方我讲过多次，我说这是个败笔，一个小饭铺能用多少葱啊？你到超市里去买几斤葱，就是贵几块钱，这个成本也要低得多。他到山西去了，惦记家里，原先计划三天回到家里，他两天半就赶回来了，半夜赶到家里来了，突然发现自己的房间里有说话的声音，又一听是自己的朋友跟妻子吴香香在一起苟且。苟且完了之后两人说话，说完了又苟且，苟且完了之后再说一会儿话。说睡吧，再说一会儿，再说就再说一会儿。作为男人，这个时候肯定是怒从心头起，恶向胆边生。说时迟，那时快，这个吴摩西把腰刀就抽出来了。抽出来之后，他又放回去了。他没进去，如果进了房间就变成《水浒传》了。于是吴摩西想：人家两个人有说不完的话，吴香香跟我结婚一年多了，都没有说这么多的话，她除了骂我也不跟我说话。两个人有这么多说不完的话，那两个人是真好，自己就走了，这叫出延津记。后来自己的养女又有了儿子叫牛爱国。牛爱国遇到的问题和他姥爷遇到的问题是一样的，他也要找那一句话。于是就有了回延津记。《一句顶一万句》找一句话，这一句话是什么呢？谁也不知道。就像贾平凹在《废都》里面的方块一样，写的什么并不重要。男女之间就那点事情，你把它都填上了还能有什么呢？我们在《肉蒲团》《金瓶梅》等作品中应该早就耳熟能详了。

《一句顶一万句》这句话是什么并不重要，关键就是在《一句顶一万句》70年的这个历史讲述里面，这里面和历史没有关系，和历史的风云际会没有关系，就是讲普通民众说话的故事。这个经验我们在过去的小说里面读到过吗？没有，这是边缘经验。今天我们在座的作家魏微有一部很重要的作品叫《家道》，写官场的。他不写贪官，写贪官被抓走之后他家属是怎么生活的，这都是很有想象力的。其他的还有像当下的青春文学，包括职场小说、"80后"写作等等，都是我们当下文学创作中非常重要的一些方面。因为时间的关系，我就讲到这里，谢谢各位！

西方哲学的现当代走向

刘放桐

刘放桐

教授，博士生导师。复旦大学校
务委员会委员、学术委员会委
员、学位评定委员会委员，复旦
大学杜威与美国哲学研究中心主
任，"美国哲学促进会"（SAAP）
等国际学术组织的中国联系成
员。曾任复旦大学现代哲学研究
所第一任所长、复旦大学哲学系
博士后流动站第一任站长。主要
研究方向为西方哲学史、现代西方哲学、现代西方哲学与马
克思主义哲学比较研究。著有《现代西方哲学》《实用主义
述评》《马克思主义与西方哲学的现当代走向》《西方近现
代过渡时期的哲学》等，在《求是》《哲学研究》等刊物上
发表论文 100 余篇。

引　言

　　谈西方哲学的现当代走向，也就是谈它们在现当代的发展趋势。说现当代，当然就是为我们的谈论划定一个范围。现代西方哲学的范围显然应当比当代要宽。在英语里，现代与近代都可用 modern time 来表示。我们平常讲的现代化、现代性，英语的对应词分别是 modernization 和 modernity，都是从 modern 这个词根衍生的。在英语国家的哲学史论著中，modern philosophy 的范围可以泛指从文艺复兴时代直到现在的哲学。但在汉语中，近代与现代是分开的。我们通常都把从笛卡尔到 19 世纪中期这一时期的哲学称为近代哲学。如果用词要统一，modernization 和 modernity 就要分别译成近代化和近代性。但极少有人这样翻译。这样一来就可能发生用词混淆的问题。为了避免这种混淆，我国哲学界通常仅把马克思主义哲学产生以后的哲学，即与马克思主义哲学大致处于同时代的哲学称为现代哲学，相应的英语词是 contemporary philosophy。英语的 contemporary 本来就是同时代的意思。"现代西方哲学"这个概念指的就是这个范围的哲学。

　　但是，contemporary philosophy 的所指还有不确定性。它既可以指 19 世纪中期迄今的哲学，又可以仅指当前时代（present time，例如 20 世纪下半期以后或 60 ～ 70 年代迄今）的哲学。为了强调 contemporary 这个词的当前意义，一些中国哲学家把它对应于"当代"。例如一些马克思主义哲学家谈论的马克思主义的当代性，就是试图把现代与当代区别开。这也就是把 19 世纪中后期和 20 世纪上半期的现代与当前时代区别开。按照这种划分，19 世纪中后期以来直至当前的西方哲学就应当称为现当代西方哲学。但是，这种划分在哲学界似乎还未取得共识。许多人还是习惯于把当代包含在现代（contemporary）之内，作为现代的一个最新的阶段。说现当代西方哲学大体上仍然是指现代西方哲学（contemporary philosophy）。我们在下面谈到的西方哲学的现当代走向实际上也还是 19 世纪中后期迄今的整个现代西方哲学的走向。它大体上可分为马克思主义哲学的产生和西方现代哲学的形成以及这两种哲学后来的发展和演变两个阶段。按照我的理解，从具有划时代意义的哲学思维模式或者说范式来说这两个阶段大体上是相同的，但在发展的程度和表现形态上又有区别。

革命变更和现代转型是近现代哲学走向的大背景

1. 革命变更和现代转型的出现

19 世纪中期马克思在哲学上实现的革命变更建立了作为革命的无产阶级世界观的理论形态的马克思主义哲学，从根本上超越了以往西方哲学特别是作为早期资产阶级世界观的理论形态的西方近代哲学，克服了它们的种种片面性，开辟了哲学发展的新方向。同一时期的西方哲学家虽然难以摆脱他们所依附的资产阶级的眼界的束缚，但其中较为敏锐的人士毕竟在不同程度上察觉到了西方资本主义社会的内在矛盾以及因此所陷入的困境和危机。为了使资本主义社会能在一定程度上摆脱这种困境和危机，使之能继续存在和发展，他们也认识到必须进行某些社会改革。与此相适应，在哲学上也要进行某些变更，特别是要促使哲学从纯粹和抽象的思辨转向对具体的现实生活的关注。正是在这种情况下，西方哲学的发展出现了从近代到现代的转型。革命变更和现代转型在阶级背景和理论形态上都有原则区别，但二者在超越近代哲学思维方式、转向现代哲学思维方式上有着重要的共同之处，都标志着西方哲学进入了一个新的发展阶段，即现当代阶段。

2. 对革命变更和现代转型的看法的演变

关于马克思主义哲学的产生和现代西方哲学的出现，国内外不同的人都会承认它们是哲学发展中具有转折性意义的变更。但持不同立场的人对这种转折的性质的看法不同甚至完全相反。马克思主义阵营认为只有马克思在哲学上的变更才是具有划时代意义的革命性质的大变更，不仅体现了西方哲学发展的正确方向，也体现了整个人类哲学发展的正确方向。至于西方哲学从近代到现代的转化，绝大多数人都认为只能是从进步走向反动、从唯物主义和辩证法转向唯心主义和形而上学，因此它是逆历史潮流而动的，当然不能代表西方哲学发展的正确方向。

这种情况在我国改革开放后已有很大改变。以关于实践是检验真理的唯一标准的讨论为转折点，我国理论界在很大程度上纠正了以往占支配地位的教条主义和僵化倾向，对马克思主义哲学本身的理解有了很大的变化。以往马克思主义哲学教科书中所阐释的理论在传播马克思主义上起过积极作用。许多人都是通过这些教科书初步了解马克思主义哲学的。但这些哲学读物往往存在某些偏离马克思主义哲学本身的倾向。这些倾向现在都已在很大程度上得到克服。大家都力图回复到马克思本人所提出、后来又为一些杰出的马克思主义者所正确阐释和创造性发展的理论。但是，在这方面还存在较多问题，其中最突出的是如何看待实践在马克思主义哲学中的作用。这点我们下面将作较具体的讨论。

至于对现代西方哲学，现在很少再有人简单否定了。除了已有一支相当强大的专业队伍在对现代西方哲学作全面和深入的研究外，许多专事中国传统哲学和马克思主义哲学研究的人士也对它们作了大量研究，并在自己的工作中借鉴了它们的有关积极成果和合理因素。有的马克思主义哲学家甚至还出版了大量有关现代西方哲学的论著。可以毫不夸张地说，在对现代西方哲学的研究上，我国学界大体上可以与国际学界平等对话了。

但是，在对马克思主义哲学和现代西方哲学的认识和态度上，特别是涉及二者的关系上，似乎还存在较多问题。例如，现在大家都意识到要反对将马克思主义僵化和教条化，但什么是僵化和教条化呢？这就不易掌握了。其实，即使在"左"的倾向占支配地位的时期，大多数人在口头上也都是反对僵化和教条化的，极少有人直接宣扬僵化和教条化。在将马克思主义哲学教条化和僵化的人中，固然有它的反对者，但也有甚至更多是它的拥护者，有的甚至是杰出的马克思主义者。然而，由于他们在某些方面未能越出近代哲学的视野，或受政治和意识形态等其他方面因素的制约和影响，以致不自觉地背离了马克思主义特别是作为马克思主义哲学核心的实践原则。因此，如果对马克思在哲学上的革命变更理解片面，即使有最好的动机，也会背离马克思主义的。这种情况现在和将来都还可能存在。例如，如果我们不按照马克思主义的正确原则去理解党和国家领导人的某些口号的精神实质，简单地把它们当做口头禅，把一些本不相干的事情也往它们上面套，那就会把这些口号变成新教条，而这势必脱离马克思主义。

至于对现代西方哲学进行深刻和细致的研究也是要有原则的。现代西方哲学派别纷呈，各派内部往往又有很大差异。几乎没有两个哲学家的学说是完全相同的。如果没有正确的原则作指导、没有明确的问题意识为主旨而盲目地跟着他们走，那就会变成他们的信徒，就很难谈到较好地做到吸取他们的理论的合理因素而排除其消极因素。然而现在跟着西方哲学家的理论走而跳不出他们的理论框架的情况相当普遍。不少关于现代西方哲学的论著（特别是一些研究生的学位论文）实际上只是对这些理论的单纯介绍，甚至是宣扬这些理论。这样的研究恐怕是不符合在思想文化领域建设中国特色社会主义的要求的。

总之，无论是对马克思主义哲学的学习还是对现代西方哲学的研究，都必须坚持马克思主义的实事求是的态度，有准确的时代感和明确的问题意识。也只有抱着这种态度，我们才能对马克思在哲学上的革命变更和西方哲学从近代到现代的转型有正确的认识，才能把握西方哲学从近代到现代的变更趋势。

3. 关于革命变更和现代转型的两个基本观点

究竟怎样理解马克思在哲学上的革命变更和西方哲学由近代到现代的转化的真实意义？这是涉及面广泛、内容复杂且带有较大敏感性的系统工程，需要哲学界共同努力探索。我个人近 20 年来对这方面的问题曾反复思考，在 1996 年发表的《西方哲学的近现代转型与马克思主义哲学和当代中国哲学的发展道路（论纲）》一文中就已提出过两个基本观点，在后来出版的较多论著中对此作了进一步的论证和发挥。这里再次对此作简单介绍。

第一，现代西方哲学的出现是西方哲学发展史上一次具有划时代意义的哲学思维方式的转型，主要表现为多数现代西方哲学流派都以自己特有的方式力图超越以主客和心物等二分为出发点、以建立关于世界的本源和本质的理论体系为目标、以基础主义和本质主义等为理论特征的近代哲学，使哲学研究在不同程度上从抽象化的自在的自然界或绝对化的观念世界返回到人的现实生活世界。他们企图以此摆脱近代哲学的困境，为哲学的进一步发展开辟新的道路。他们的哲学总的说来更能体现这一时期西方社会各个方面发展的状况，因而具有重要的进步意义。西方哲学由近代转向现代标志着西方哲学发展到了一个新的、更高的阶段。

第二，马克思主义在哲学上所作的变更是哲学史上最具有进步性和革命性的事件。马克思主义哲学不仅比现代西方哲学更加彻底和全面地超越了近代哲学的二元分离、基础主义、本质主义和思辨形而上学等倾向，而且为西方哲学的进一步发展指明了现实的道路。这具体表现在马克思不是简单地扬弃一切旧哲学，而是力图彻底打破它们由以出发的前提。他所关注的不是建立关于整个世界的严密完整的理论体系，而是直面人的现实生活和实践。他由此明确地把实践观点当做其整个哲学的首要的、基本的观点；主张通过实践来充分发挥人的能动性和创造性，促进人的自由和全面发展。马克思正是通过对人的实践意义的深刻揭示和全面阐释彻底地实现了哲学上真正的革命变革，不仅超越了近代哲学，而且克服了西方现代哲学在这方面的不彻底性，从而也超越了西方现代哲学。

总的说来，从批判和超越以二元分离、基础主义、本质主义等为特征并已陷入困境的近代哲学思维方式说，从建立一种以强调人的现实生活和实践以及人的自主能动性和创造性为特征、适应现代社会的时代精神的要求的新的哲学思维方式说，现代西方哲学和马克思主义哲学之间存在重要的类似之处，可谓殊途同归。二者均属于现代哲学思维方式，具有某种程度的同质关系，都体现了西方哲学由近代到现代变更的趋势。

马克思主义哲学的根本特征及其在发展中的曲折

上面还只是一般地讲到了马克思在哲学上的革命变更和西方哲学的近现代转型体现了西方哲学从近代到现代的发展趋势。革命变更和近现代转型为什么体现这种趋势呢？这还需要作论证，主要是进一步说明二者都是具有划时代意义的哲学思维方式的变更。下面先谈革命变更。

1. 马克思把实践的观点当做其哲学的根本观点

马克思主义哲学是革命无产阶级的世界观和方法论的理论形态，这一点很少有人直接否定。重要的是要做到具体地而不是抽象地看待马克思主义哲学的这种阶级属性与其具体的理论形态之间的联系，否则仍然无法正确地理解和坚持真正的马克思主义。马克思主义哲学中最重要的是把实践观点当做首要的、基本的观点，这是由于马克思不仅是伟大的哲学家，而且是无产阶级革命的伟大导师。这二者的统一使他超越了同时代的西方哲学家无法避免的在理论与现实之间脱节的局限性，能自觉地把在哲学上的变更与无产阶级的现实的革命要求有机地结合在一起，从而使他的哲学具有高度的现实性和实践性。马克思在批判和超越西方近代哲学时，其所关注的不是像西方哲学家那样构建新的哲学体系，而是促进现实社会的改造，为其指明方向、提供指导。他在《关于费尔巴哈的提纲》最后一条中指出："哲学家们只是用不同的方式解释世界，问题在于改变世界。"这不仅是《关于费尔巴哈的提纲》的结论，也可以看做他的整个哲学的结论。马克思主义哲学的根本目标就是为无产阶级改造世界服务。因此它不把理论当做教条，而是当做行动的指南；它不恪守任何抽象的原则，而是把原则与现实生活和实践紧密联系起来，既用来指导现实生活和实践，又在现实生活和实践中受到检验；它反对并超越任何封闭、僵固的体系，自然也避免构建易于变得封闭和僵固的那种全面完整的体系，而坚持采取一种能动地面向现实生活和实践、面向未来的开放的思维方式，并由此使自己的理论不断得到丰富和发展。正因为如此，马克思主义哲学在其产生以来的100多年中，在所涉足的各个领域都显示出强大的生命力，无论就其理论本身还是在它的指导和影响下所进行的各种现实的革命和实践活动，都取得了极其光辉和伟大的成就。这些事实雄辩地证明了马克思主义哲学的划时代意义。

关于马克思的这种实践观点以及它在整个马克思主义哲学中的决定性意义，我在《深化对马克思主义哲学基础理论的认识》、《马克思在哲学上的革命变更的意义重释》和《从经典马克思主义到西方马克思主义》等论文中都作过较为具体的阐释。例如，在《马克思在哲学上的革命变更的意义重释》中曾谈道："现实生活和实践的观点是整个马克思哲学的根本观点。它不仅因强调人的实践在认识中的决定作用而具有认识论意义，而且还因强调人的实践使物质、自然的存在成为具有现实意义的存在而具有存在论（生存论）意义。它不仅因促使人与自然界的相互作用得以发生而具有自然观的意义，还因促使人在与自然的相互作用中与他人结成一定关系而具有社会历史观的意义。因此，不管是用辩证唯物主义和历史唯物主义还是用其他名称来指称马克思哲学都不能离开现实生活和实践的观点，否则都会划不清马克思的唯物主义与旧唯物主义、马克思的辩证法与黑格尔等人的辩证法的界限，都会偏离马克思哲学的真实意义、偏离马克思在哲学上的革命变更的真实意义。"关心这方面问题的读者请参看这些论文，这里就从略了。

2. 对马克思实践的观点的扭曲必然导致对整个马克思主义哲学的扭曲

马克思主义哲学的发展不可能没有曲折。早在马克思在世时就有人以颂扬他的名义曲解他的理论，以致他为了与这些人划清界限曾不得不宣称"我自己不是马克思主义者"。在往后的100多年中，围绕着如何看待马克思主义哲学，无论在马克思主义者和非马克思主义者之间还是马克思主义者内部，一直都在进行着激烈的争论，马克思的哲学也一再受到曲解。

以现代西方哲学各个流派哲学家为主的非马克思主义者由于不能摆脱资产阶级眼界的束缚，自然看不到马克思主义哲学的革命意义。尽管他们有的也力图超越西方近代哲学，甚至以某种含混的方式、在某种程度上把面向现实生活和实践当作哲学的新的方向，但他们往往看不到马克思主义哲学对西方近代哲学的超越，特别是马克思主义的实践原则的真实意义。他们大都仍然是以近代哲学思维方式来看待马克思主义哲学，把马克思主义的唯物主义与近代唯物主义等量齐观，把马克思主义的辩证法与黑格尔的辩证法相提并论，把这些哲学存在的问题当做马克思主义的问题，并由此对之加以批判和攻击。例如，许多有代表性的西方哲学家都竭力指责马克思主义哲学的"二元论""教条主义"。其实，马克思早在《关于费尔巴哈的提纲》等早期著作中，就已非常明确地把"实践""真正现实的、感性的活动"当做他的全部哲学的出发点，从而从根本上超越了唯心主义和直观的唯物主义的界限，动摇了产生"二元论""教条主义"的基础。

在马克思主义者内部，人们对马克思主义哲学也往往有不同看法。原因是多方面的。例如，所处历史时期和社会背景上的差异都会使人对马克思主义哲学有不同的眼界，从而有不同的认识。这种不同大都是正常的现象。对马克思主义哲学的正确理解本身就需要考虑时期、地点、条件等多方面的因素。就对马克思主义哲学的曲解或误解来说，情况也是多样的。最常见也最值得注意的是一些人往往按照近代哲学的思维方式来理解它。例如，把马克思对费尔巴哈的关系主要看做抛弃其人本主义而继承其唯物主义的"基本内核"；把马克思对黑格尔的关系主要看做抛弃其唯心主义而继承其辩证法的"合理内核"。费尔巴哈的人本主义的唯物主义对旧唯物主义的自然主义的一定程度的克服，黑格尔的唯心主义自我意识理论对传统的先验主体性原则的超越以及对人的自由、实践性和历史性等的揭示，这些本来都为马克思所肯定和强调，成了他的哲学理论的重要思想来源。然而它们后来被许多人忽视了。他们对马克思主义哲学的理解因而往往带有某种自然主义、纯粹理性主义和非人的色彩，而这些正是马克思所竭力批判和超越的近代哲学固有的倾向。诸如此类对马克思哲学的偏离为各种形式的教条主义和机会主义倾向所进一步发展，后者对马克思主义造成了极大损害，有时使之陷入困境甚至危机。出现这种偏离的原因各有不同，需要具体分析，但脱离现实生活和实践可以说是其共同特点。

在马克思主义哲学的发展中，"左"倾、右倾机会主义在理论上的错误都突出地表现在脱离了现实生活和实践。而坚持马克思主义正确路线的马克思主义者的突出优点也正表现在他们坚持了现实生活和实践的观点。因为这个观点不是马克思主义理论中的某一特殊的观点，而是其根本观点。坚持还是脱离这个观点就是从根本上坚持或脱离马克思主义，从而必然影响到马克思主义的革命斗争的成败和理论上的兴衰。国内外无产阶级革命和马克思主义发展的成败得失的经验教训都可证明这一点。最近几十年来在学界争论得较多、评价也各异的所谓西方马克思主义，从一定意义上说也正是背离还是坚持现实生活和实践的观点的产物。

3. 马克思主义哲学发展中的曲折与西方和国外马克思主义思潮的兴起

马克思主义哲学从其产生之日起就曾受到各种曲解和误读，马克思主义革命运动中的"左"倾和右倾机会主义几乎无时无刻不在危害马克思主义的正常发展。从国际范围来说，影响最大的是十月革命后一些西欧国家出现的大好革命形势因受教条主义的影响而被断送，以及20世纪90年代初的苏东剧变造成了更为严重的后果。

第一次世界大战后俄国无产阶级在列宁领导下，通过武装斗争取得了十月革命的胜利，建立了世界上第一个由无产阶级掌握政权的社会主义国家。这是国际无产阶级革命运动史上一次具有伟大历史意义的事件。十月革命的成功理所当然地也被当做列宁主义的胜利，列宁主义也由此具有了正统马克思主义的地位。在十月革命影响下，一批中西欧国家也出现了进行无产阶级革命的大好形势。但是，由于共产国际及这些国家的共产党领导人不是从这些国家的具体历史情况（特别是无产阶级的阶级自觉以及资产阶级可能的武力镇压）出发，而是简单地理解列宁主义，照搬十月革命的武装起义道路，在起义队伍未能有效组织起来、在对资产阶级的反革命镇压未有充分准备的情况下贸然发动起义，结果起义均遭到了失败，使这些国家的无产阶级革命运动受到很大挫折。这种挫折引起了匈牙利、意大利、德国共产党领导人卢卡奇、葛兰西、柯尔施以及其他一些共产党和马克思主义的同情者对正统马克思主义特别是列宁主义和十月革命的武装起义道路的合理性的反思。他们由此在反对教条主义的共同旗号下对马克思主义做出了一些与正统马克思主义（特别是列宁主义和十月革命道路）不同的解释。他们的理论被称为西方马克思主义。由于西方马克思主义者的具体的阶级地位、政治倾向以及他们用以重新解释马克思主义的理论根据各不相同，因此他们从一开始就不是一个统一的哲学或政治派别，而只是一种由都有上述共性而被人们将其联系在一起的广泛的思潮，也不能笼统地将他们归结为马克思主义派别或反马克思主义派别。我个人认为，西方马克思主义者对正统马克思主义有所偏离并不意味着他们不可能再是马克思主义派别；西方马克思主义者在重新解释马克思主义时借用了某些现代西方哲学的思想也不能证明他们与马克思主义只能是根本对立。我们应当根据他们的不同情况对他们作出不同的具体分析。

不管怎样说，西方马克思主义思潮的出现反映了马克思主义在其发展过程中的曲折性。其中有的人在反对正统马克思主义的教条主义的名义下否定了马克思主义的一些根本原则或重要理论，他们自然就站到与马克思主义相对立的方向去了。有的人在政治上忠诚于无产阶级的革命事业，只是在批判正统马克思主义所的确存在的教条主义时借用了一些现代西方哲学的理论，只要这种借用不违背马克思主义的基本原则，那对他们也不能简单否定。至于那些本来就不相信马克思主义的人借用马克思主义发展中的挫折来反对马克思主义，那我们当然就要揭露他们反马克思主义的面貌。

至于 20 世纪 90 年代的苏东剧变则是国际马克思主义和共产主义运动中受到的最大的挫折。它使无产阶级的革命事业遭受空前损失，使本来蓬勃发展的马克思主义陷入空前的低潮。如何总结其教训，是国际马克思主义立场和共产党人义不容辞的更为重要的任务。本文无法在此作深入具体的分析。但是我们至少可以说，这次事件的原因更为复杂。从这些国家的领导人公然解散共产党、推翻无产阶级领导的社会主义国家、废除社会主义政治和经济制度、以实行"休克疗法"等极端手段来彻底复辟资本主义制度来说，他们无疑是无产阶级革命事业的叛徒。至于他们背叛的思想根源，既有教条主义，又有修正主义。二者互为因果。正是由于在经济上实行教条主义的计划经济政策，使整个国民经济陷入全面崩溃的境地，经济上的失败使他们在政治上的大国沙文主义和极权主义也遭到了失败，最后终于向国际垄断资产阶级和帝国主义国家屈膝投降。

苏东剧变虽然是国际马克思主义和共产主义运动中受到的最大的挫折，但是资本主义必然为社会主义所取代的社会历史发展的客观规律不会因此不再发生作用。以中国共产党人为代表的世界忠诚的马克思主义者从事变发生时起就在探索社会主义和马克思主义继续发展的道路，并取得了谁也不可能磨灭的胜利。展望未来，我们仍然对马克思主义和社会主义充满信心。

需要提到的是：苏东剧变及与之相关的冷战的结束，使马克思主义在国外存在和发展的条件出现了很大变化。以往那种以苏共为代表并作为其官方意识形态的正统马克思主义因原有存在条件的变化而失去影响，在许多情况下甚至不复存在。在中国得到丰富和发展的马克思主义一开始就强调与中国革命和建设的具体实践相结合，不同于苏联模式的马克思主义，从而不具有与西方马克思主义相对应的正统性质。持正统马克思主义立场的当然还大有人在，但他们大都失去了原来的正统意义。至于原有与这种正统马克思主义相异甚至相对立的西方马克思主义，由于不处于与原有的正统马克思主义相对立的地位，也就不再作为原有意义上的西方马克思主义而存在了。因此，把正统马克思主义与西方马克思主义作为马克思主义的两种主要形态来研究也就不再具有原有的意义。

西方马克思主义作为一种与正统马克思主义相对而存在的思潮不等于西方国家的马克思主义，更不等于国外马克思主义。后者的范围要广泛得多。除了本来意义的西方马克思主义以外，还有其他许多马克思主义和非马克思主义的学者在研究马克思主义。这种研究在苏东剧变以后仍继续存在。而他们的研究从基本倾向、范围、重点、目标等方面说，往往各不相同。对马克思主义哲学作一般性研究的人当然还有，但多数人宁愿去研究当代社会的一些具体问题，例如政治、伦理、宗教、种族、女权、生态方面的问题。所谓女权主义的马克思主义、生态的马克思主义等就是由此出现的。在本来意义的西方马克思主义已经停滞甚至终结的情况下，如何突破西方马克思主义研究的范围，积极开展对各种类型的国外马克思主义的研究就成了我国马克思主义哲学和外国哲学研究的重要课题。

在当代新的历史条件下，各国社会的发展有着不同路线。马克思主义的基本原理仍然有效，但传统的社会发展模式的确受到了种种冲击。一些后现代主义哲学家关于现代文明的冲突、关于晚期资本主义发展的特殊性、关于信息技术和网络文化对社会发展的影响等议论虽然都存在明显的片面性，但也往往包含了某些真理。这些都要求我们突破某些过时的思维框架，在发展着的马克思主义的指导下，以实事求是和与时俱进的态度对新的情况进行具体研究。正是由于各国的发展条件不同，各国马克思主义的研究也有着不同的发展路线。对中国马克思主义学者来说，我们既要坚持中国特色的社会主义和中国特色的马克思主义，又要放眼世界，关心各国社会的发展和各国马克思主义的发展。既要致力于马克思主义在当代中国的发展，又要了解马克思主义在国外的发展，加强国外马克思主义研究。这种研究包含了许多方面。例如，除了国外马克思主义者的研究外，还包括众多非马克思主义的学者的研究。他们从各自立场出发对马克思主义的研究并非仅仅是对马克思主义的攻击，有时还包含着可资借鉴的见解。即使那些对马克思主义明显存在扭曲的理论也可通过批判用来作为防止扭曲的材料。

西方哲学的现代转型：其进步和局限性

1. 西方现当代哲学的转型及其对近代哲学的超越

我们上面曾谈到"现代西方哲学的出现是西方哲学发展史上一次划时代意义的哲学思维方式的转型"，"西方哲学由近代转向现代标志着西方哲学发展到了一个新的、更高的阶段"。这些都意味着西方现代哲学较近代哲学有了重大的进步，这种进步主要表现在它在如下四个方面超越了西方近代哲学。

第一，大部分现代西方哲学流派继承了康德等人对传统形而上学的批判，进一步否定了建立无所不包的哲学体系以及把哲学当做科学的科学的企图。这虽然限制了传统哲学的范围和职能，甚至是对后者的一种消解，却是哲学上的一种重要进步。随着各门特殊科学的形成和发展，越来越需要改变由哲学来支配特别是代行其职能的状况。人们必须重新研究哲学的意义和功能。现代西方哲学家正是适应这种需要而提出各自见解。它们虽都有片面性，但大都不失为对哲学的意义和功能的有价值的探索，是对必然带有封闭性的体系哲学的近代形而上学的超越。

第二，现代西方哲学家大都企图排除作为近代认识论基础的二元分离倾向。这并不都是简单地否定主客、心物等之间的差别和联系，而往往只是要求将它们看做一个不可分割和统一的过程。其中起主导作用的是主体（人）的能动和创造性活动。康德的"哥白尼变更"在一定程度上超越了主客分离以及与之相关的经验论和唯理论等的对立，他关于实践理性高于理论理性以及道德自由的理论也超越了以自然科学方法论为核心的认识论哲学模式的界限。然而他又在现象和自在之物之间、理论理性和实践理性之间划了一道鸿沟，从而没有真正克服甚至从另一方面加剧了二元论倾向。不少现代西方哲学家企图进一步强调主体的能动性来克服康德的不彻底性。尽管有时走向极端，但这毕竟包含了对与二元分离相关的机械论、独断论和怀疑论的某种程度的否定。有的人还主张用人的实践活动取代主客二分作为哲学的出发点，使哲学由主客分离的世界转向二者统一的现实生活世界。这是对二元分离哲学模式的超越。

第三，许多现代西方哲学家对人的意识活动特别是非理性的精神活动进行了多方面和多层次的揭示和研究（包括它们之间的联系和区别），试图揭示与人的精神活动直接相关的研究（社会历史、道德法律和心理等学科）和自然研究之间、认识活动和非认识活动之间的区别，制定与自然科学方法论有所不同的精神学科的方法论。这些研究有时也有走极端的倾向，但毕竟批判了将理性绝对化和凝固化（包括将理论理性和实践理性的区分绝对化）的片面性，揭示了人的精神活动的更多的层面和特性，扩大和加深了对它们的认识。这些未经理性改装和凝固化的本真的精神活动如同人的理论理性活动一样，是通向人的现实生活世界和达到对人的更完整的认识的重要门户。对它们的研究具有重要意义。这是对传统绝对理性主义的超越。

第四，近代哲学是以倡导人文精神开始的。然而其思辨形而上学和二元论思维方式必然把人对象化，使人失去其本真的个性（异化）。现代西方哲学家（特别是人本主义哲学思潮的哲学家）大都要求重新认识人的存在及其活动的多方面的价值和意义，强调要把人看做完整的人，看做目的而不是手段。人是整个哲学的核心，不是其中某个环节或组成部分。哲学重建的根本途径说到底是向人的回归。这种理论虽然同样有片面性，但毕竟是在提倡一种新的人文精神，至少对西方社会中人的异化现象及传统人道主义的种种弊端作了较大深度的揭露和批判。这是对近代哲学关于人的学说和人道主义的超越。

西方现代哲学对近代哲学的超越不只是在个别哲学流派和哲学家那里发生的个别理论观点的改变，而是西方哲学发展中一种具有相当普遍意义的理论思维方式的转型，即有关哲学研究的对象、方法和目的等基本观念的重大变更。许多现代西方哲学家都在用一种不同于近代哲学的思维方式来重建哲学，企图以此摆脱近代哲学的困境，为哲学的进一步发展开辟新的道路。总的说来，他们的哲学的确也更能体现这一时期西方社会的政治、经济和文化发展的状况，特别是科学技术的飞速发展所导致的各种问题，因而具有重大的进步意义。与近代西方哲学比，现代西方哲学的出现标志着西方哲学发展到了一个新的、更高的阶段。

2. 西方现当代哲学进步的局限性

但是，在肯定西方哲学的现代转型的进步的同时不能忽视其严重的局限性。从整体上说，西方哲学家毕竟都未能摆脱资产阶级的狭隘眼界。这一点决定了现代西方哲学家不可能把哲学的改造与对西方资本主义的根本改造结合起来，不可能真正把现实生活和实践作为他们的哲学的出发点（其中最重要的是不能把作为人的生存的首要条件的物质生产活动作为人的全部实践活动的基础），从而他们的哲学必然在不同程度上与现实脱节，由此产生各种片面性，陷入各种矛盾。

与马克思主义哲学相比，现代西方各派哲学对近代哲学的超越都很不彻底，甚至自相矛盾。他们往往以不同形式发展了近代哲学的某些片面性。例如，在激烈抨击其思辨形而上学倾向时，自己又以新的形态去构造同样具有片面性的某种形而上学。他们对近代哲学的理性独断和绝对主义作了可谓淋漓尽致的揭露和批判，却又因忽视或贬低理性的作用而往往走向某种形式的相对主义和非理性主义。他们揭示了主客、心物等分离开来的种种弊病，特别是使人对象化和物化（异化）的弊病，强调发挥人的能动性和创造性，然而由此走向了无视客观实际的主观主义。总的说来，西方现代哲学各个具体流派对近代哲学的超越只是在某些方面或环节上的超越，在其他方面则可能仍然徘徊于传统哲学的框架之中。只有从整个现代西方哲学的长期发展历程的角度来考察，才能谈得上其对近代哲学的超越。换言之，马克思主义在19世纪中叶就已基本实现的哲学思维方式的变更，现代西方哲学只能是通过迂回曲折的道路在一个多世纪的漫长历程中在某种程度上实现。

正因为如此，现代西方哲学在其演化过程中遇到的矛盾和挑战比马克思主义哲学要严重得多。过去将现代西方哲学的矛盾强调过分，仿佛从来都不能克服，从来都不能获得进步。这当然不符合实际。19世纪中期以来西方哲学发生了思维方式转型意义的变更，这种变更正是通过在不同程度上克服各个流派和思潮的矛盾和困境来实现的。不过，就现代西方哲学的各种具体的流派和思潮来说，由于都存在内在矛盾，因而都不可避免地要陷入其特有的困境和危机。事实上，在现代西方哲学演化的 100 多年中，不断有哲学家惊呼所处时期的哲学陷入危机，他们往往宣称自己的哲学理论的目标就是使西方哲学摆脱这种危机。然而他们同样由于内在矛盾而陷入新的危机，甚至很快就为别的流派和哲学家所否定。尽管像西方资本主义在一定历史时期内仍有一定生命力一样，现代西方哲学从整体上说也还具有一定生命力，但绝大多数哲学流派都没有长久的生命力。所以，在一定意义上未尝不可以说现代西方哲学是一种处于困境和危机之中的哲学。

3. 后现代主义思潮的出现及其进步与局限性

上述状况从 20 世纪 60 年代以来表现得更为明显。随着英美分析哲学运动的衰落与欧陆现象学运动受到挑战，现代西方哲学由于其两种主要思潮都未能摆脱自己的困境而仿佛陷入了危机，西方哲学界也普遍地由此发出了克服危机、为今后哲学的发展寻找新的出路的呼声。各种新的思潮应运而生，它们的共同特征是要求不仅超越近代哲学，也超越现代哲学，特别是上述两种思潮及其对立。其中最为突出并被广泛炒作的要算所谓后现代主义（Postmodernism）。它被一些哲学家渲染为实现了哲学上的新的变更，开辟了西方哲学的新时代，但又受到另一些哲学家的激烈非议，中国哲学界对它的看法也往往大相径庭。哲学上的后现代主义究竟是一种怎样的思潮？它在西方哲学发展中究竟能起何种作用？我们在其他地方已有大量阐释，本文仅简单提及。

首先提一下什么叫后现代主义。

后现代主义一词在学界被较广泛应用是 20 世纪下半期以后的事。它最初仅指称一种以背离和批判某些古典特别是现代设计风格为特征的建筑学倾向，后来被移用于指称文学、艺术、社会学、政治学甚至自然科学等诸多领域中具有类似反传统倾向的思潮。在哲学领域中，一些具有反传统哲学倾向的流派，特别是那些以反对和超越心物二元论、基础主义、本质主义、理性主义和道德理想主义、主体主义和人类中心论、一元论和决定论、唯一性和确定性、简单性和绝对性等为特征的哲学流派，也大都被归属于后现代主义哲学。例如，以利奥塔、福柯、德里达等为代表的法国后结构主义，以伽达默尔为代表的德国哲学释义学，以及以蒯因、罗蒂等人为代表的美国新实用主义，由于都具有上述特征而被认为是 20 世纪 60 年代以来出现的当代后现代主义哲学的主要形态。这些哲学流派或哲学家之间往往存在重要区别，许多西方哲学家因此肯定后现代主义哲学的多样性，甚至提出有多少后现代主义者就有多少种后现代主义。然而西方哲学家在谈论后现代主义时，又基本上离不开上述那些特征。

是否可以把具有上述特征的哲学归属于后现代主义以及后现代主义是否都具有上述特征，这些都并不特别重要。后现代主义哲学之所以引起人们关注，主要在于一些西方哲学家把它看做一种与现代西方哲学根本不同的哲学，甚至构成了西方哲学发展上一个新阶段；而当它传入中国后，更是引起了种种思想混乱。

出现这种混乱的重要原因在于不少人对于西方哲学在近现代以及现当代的变更的历史过程缺乏深刻了解。最早将西方后现代主义引入中国的多为文学艺术界人士。他们对西方文学艺术领域中后现代主义者对现代主义的批判也许很是了解，但对于他们的哲学背景可能不太熟悉。其实从哲学上来说，20 世纪下半期以来一些西方哲学家提出的被当做后现代主义的理论，其基本观点是尼采以来许多西方现代哲学家早就提出过的，或者说他们的思想倾向是现代西方哲学发展中的较有普遍性的倾向。一些西方学者也认为后现代主义只是一种要求超越"现代性"的倾向，超越了特定的时间和学派的界限，可以把不同时期具有这种倾向的哲学理论都归入其内。除后结构主义、哲学解释学、新实用主义等哲学流派外，还包括海德格尔、弗洛伊德、马尔库塞、阿多诺、维特根斯坦、奥斯汀、戴维森、波普、库恩、拉卡托斯、费耶阿本德等人的理论，尼采、狄尔泰等一些 19 世纪思想家被认为是后现代哲学的重要先驱。总之，19 世纪中期以来具有反传统哲学（特别是反笛卡尔和康德以来的近代哲学）特征的主要哲学流派大都被归属于后现代主义之列（有的人甚至将其思想渊源追溯到帕斯卡尔、维柯和卢梭）。这样理解的后现代主义哲学实质上就是指超越了近代哲学视野的一种具有较普遍意义的哲学思维方式，完全可以归属于现代哲学思维方式。

这当然不是说 100 多年来的西方哲学没有重大发展，也不是说近几十年来西方哲学家在后现代主义等名目下提出的种种理论只是简单重复其前辈哲学家。他们与之相比至少有如下几点区别。第一，他们大都指责前辈哲学家对传统形而上学的批判不彻底，在批判基础主义时往往又陷入另一种形式的基础主义，而他们力图克服这种不彻底性。例如罗蒂、德里达等人都明确地承认自己在继续尼采以来的许多重要哲学家的工作，但又要求克服他们的不彻底性。德里达就说正因为他受惠于海德格尔，他才要"在海德格尔的著作中寻找其属于形而上学或他所谓的存在—神学印记"，以便最终摆脱形而上学思维方式。第二，他们进一步发挥了某些现代西方哲学家的反主体性和反人类中心论倾向，但不同意后者仍然把人作为一种具有实在性的主体，而要求像消解其他实体性的存在那样消解人的存在，以此使人不受任何外在的或内在的制约，而只领略当下的现实的生活。第三，他们对现代西方哲学中的非理性主义作了改造，不仅要超越理性主义，也要超越非理性主义。在他们那里，一切都成了变动不居的、非决定的、不可比较的、不可公度的东西。人的认识成了一种相对主义、无政府主义式的自由嬉戏。第四，当代后现代主义者把对传统和现代西方哲学的超越发展成了对哲学本身的超越，消解了哲学的本来意义，使哲学变成某种非哲学的东西。最值得注意的是他们把哲学和诗融合起来。德里达提出哲学与诗同源，认为从事哲学就是从事诗的创作。也正是在这种意义上他把哲学当做隐喻之学。

对于当代后现代主义对现代西方哲学的种种超越，都应当分别作具体研究。但总的说来，这些超越或者是对前辈哲学家的观点的发挥，更为彻底（例如对基础主义的批判），或者将其引向极端（例如极端相对主义）。这就是说，当代后现代主义哲学家所进行的种种批判和变更不管怎样激烈和奇特，都是在现代西方哲学思维模式这个总的框架内进行的。因此不管从肯定还是否定方面说，都不能认为他们实现了对现代西方哲学的根本性超越或新的方向性转换，而只能把它们当还是整个现代西方哲学发展中出现的一种引人注目的动向。一些当代后现代主义哲学家的确在一定程度上察觉了并试图克服现当代西方哲学发展中存在的一些问题及所处的某些困境，但他们并没有也不可能达到预期的目标，他们没有也不可能为当代西方哲学的发展找出正确的道路。总之，从当代后现代主义者的理论与实现了西方哲学近现代转型的那些著名哲学家的理论的比较来说，不能证明后现代主义在西方哲学史上是不同于或者说超越了现代西方哲学的另一个发展阶段。

当代后现代主义的上述局限性并不意味着对它的研究不重要。它的出现至少具有如下几点意义。第一，它对近代等西方传统哲学的批判虽有片面性和极端性，但毕竟揭示了后者的许多缺陷和矛盾，由此可以看到西方哲学由近代向现代的转向作为基本哲学思维模式变换的必然性和进步性。第二，它对西方现代哲学的批判和超越虽然同样有很大局限性，但毕竟同样暴露了后者的种种矛盾以及所陷入的困境。这意味着现代西方哲学所体现的现代哲学思维方式有严重缺陷，必须加以批判和超越。第三，它虽然在基本哲学思维模式上没有超越现代西方哲学，从而未能体现当代哲学的现实走向，但毕竟为研究当代哲学的走向提供了某些值得思索的设想。第四，它在批判近现代哲学时把马克思主义哲学也列入其内。这固然可以说是对马克思主义哲学的歪曲和攻击，但也应看做对被僵化和教条化的马克思主义哲学的种种弊端的揭露，这有助于我们思考如何重新认识和恢复马克思主义哲学作为现代哲学的本来意义，认识它如何既超越西方近代哲学，也超越西方现代哲学。

4. 实用主义运动的复兴

在讨论西方现当代哲学的变更及与马克思在哲学上的革命变更时，最应当论及的是以杜威为主要代表的实用主义。这是因为，在所有西方现当代哲学中，实用主义是一种最能超越西方近代哲学的思维方式、最能体现现代哲学思维方式的哲学。在现代西方哲学流派中只有实用主义才最为直接、最为明确地把社会化的人的现实生活和实践的观点当做其全部哲学的根本观点，并在这一点上与马克思的哲学有着重要的共同之处。尽管杜威等人未能像马克思那样把作为人的生存的基本条件的物质生产活动当做人的一切其他实践的前提，当然也未能根据对物质生产活动的分析而正确发现人与人之间的生产关系以及其他社会关系，但杜威明确主张在社会化的人的实践的基础上实现知与行的统一以及事实与价值的统一，也就是认识和实践的统一以及事实与价值的统一（科学与道德、美学等的统一），后者实际上也是在康德那里未能实现的理论理性和实践理性的统一，从而最能体现西方哲学从认识论的转向进步到实践的转向，并在这一点上与马克思有着重要的共同之处。关于这方面的问题，我另外写了《再论重新评价实用主义》，那里有较为全面和具体的论述。在此就不重复了。

进一步转向现实生活和实践是当代哲学走向的总趋势

从全球化的观点来观察当代哲学的发展可以发觉，无论现当代西方哲学还是马克思主义哲学都有各自的问题，都遇到了新的挑战或受到过新的挫折。在全球化运动的新的阶段中，它们各自都需要总结既往发展的经验教训，探索新的发展方向。它们的探索和答案各有不同，但是在以不同方式、不同程度进一步转向现实生活和实践则几乎都是它们的必由之路。

对于现当代西方哲学的处境，现在很少再有人用穷途末路等词语来形容了。但它们存在矛盾和危机，处于某种困境之中，则是西方哲学家都肯定的事实。在众多现当代西方哲学流派中几乎没有一个流派能得到公认，也没有一种哲学理论不受到批驳。当代后现代主义思潮的出现曾使一些人受到鼓舞，仿佛它为西方哲学的发展找到了新的方向。然而正如我们上面谈到的，尽管它在一定程度上的确适应了对西方哲学发展进行新的反思和变更的需要，一些当代后现代主义哲学家也以开辟哲学的新方向为己任，但他们的哲学大体上只是对尼采以来的西方现代哲学的一些基本观点的重述，有的虽有所发挥，也并未越出现代西方哲学的基本思维框架，甚至使后者的某些本来就存在的矛盾和片面性更加极端化。因此尽管后现代主义在西方哲学界曾轰动一时，但好景不长。一些西方哲学家在"后现代主义"等各种名目下早已开始对之加以批判，企图为西方哲学的发展另外寻找较健全的道路，但他们大都未能摆脱当代后现代主义出现之前的那些现代西方哲学家的既有立场，充其量不过是使之更为适应现代社会各方面的实际。这意味着他们是在不同程度上更为面向现实生活和实践。如果我们可以说胡塞尔和海德格尔后期各以不同方式回到现实生活世界、维特根斯坦后期用日常语言来取代前期的理想语言在不同意义上也是对现实生活和实践的回归，那么后现代主义中所谓建设性后现代主义之兴起，同样是出于对回归到现实生活和实践的认识。

最值得注意的是，包括当代后现代主义者在内的许多西方哲学家纷纷把他们对近代哲学的一些根本观念的批判与马克思的名字联系起来，有的人甚至把马克思哲学当做从现代通向后现代的必经之路。他们由此与原有的西方马克思主义一道汇成了一股通向马克思主义的强大潮流。萨特等人早就提出过的马克思的哲学是当代唯一不可逾越的哲学的论断现在为越来越多的西方思想家所接受。1999 年，马克思居然被西方媒体评列千年伟人之首。这在一定意义上意味着不是个别人，而是相当多的人肯定了马克思开辟的哲学道路是当代哲学发展的正确道路，而这条道路正是把实践的观点当做全部哲学的根本观点的道路。

对于马克思主义者来说，当然需要重新研究和认识西方近现代哲学的发展和变化的历史，从它们的成败得失中吸取经验教训，特别是注意它们在不同程度上回到现实生活和实践这种动向，从中吸取可以用来丰富和发展马克思主义哲学的积极因素；但更为重要的是，在整个西方近现代哲学转型的大背景下更为深刻、全面地认识马克思在哲学上的革命变更的伟大意义，从100多年来世界的社会政治和思想文化领域的错综复杂的斗争的大背景下来重新认识对马克思主义哲学的"左"和右的扭曲及它们所造成的严重的后果，由此既划清马克思主义哲学与各种西方哲学流派的界限，又划清马克思主义哲学的本来意义与对它的"左"和右的扭曲形态的界限。在这方面，最为重要的是进一步深刻认识我们上面曾提到的马克思早在《关于费尔巴哈的提纲》中就已明确提出的那些观点。这些观点中最为重要的是对"人的感性活动""实践"的强调，指出：对哲学家来说，重要的不是"用不同的方式解释世界"，而是"在于改变世界"。也就是重要的不是认识问题，而是实践问题。现当代哲学发展的方向不是继续认识论的转向，而是肯定和强调实践的转向。换言之，无论是从对现代西方哲学的批判和借鉴来说还是从对马克思理论本身的进一步认识来说，对"实践""改变世界"的关注都是首要的、基本的问题。

为了更加坚定对马克思论述的关于实践的观点是整个马克思主义哲学的基本观点的深刻信念，始终不渝地坚持马克思主义的发展方向，就必须既正确认识和理解马克思主义哲学的本来意义，又正确认识和理解马克思主义哲学在新的环境和历史条件下的发展，把握它在新的情况下所遇到的各种新的问题。这意味着必须既把握马克思主义哲学的实践性，又把握马克思主义哲学的历史性，并把二者统一起来。恩格斯把马克思超越黑格尔和费尔巴哈所建立的新哲学称为"关于现实的人及其历史发展的科学"，明确地揭示了马克思主义哲学对历史发展的强调。马克思主义哲学永远具有生命力，就在于它在坚持唯物主义的前提下既把实践的观点当做其哲学的根本观点，并由此而能把唯物主义与辩证法统一起来，成为辩证的唯物主义，又把实践看做一个历史发展过程，使辩证的唯物主义同时又是历史的唯物主义。用马克思主义哲学观点看待事物，意味着既要有辩证的观点，又要有历史的观点；既要看到事物的诸种复杂的联系和矛盾，又要看到事物的历史发展过程；既要坚持根本原则，又要有发展的眼光，能与时俱进。马克思和恩格斯在看待资本主义和工人运动时正是这样做的。他们对放弃原则的机会主义和墨守成规的教条主义都作出了旗帜鲜明的批判。列宁之所以能领导俄国无产阶级取得十月革命的伟大胜利，也正是由于他既坚持了马克思主义的基本原则，又在俄国革命的新的具体条件下发展了马克思主义。列宁主义坚持了马克思主义，但又发展了马克思主义。以毛泽东、邓小平为代表的中国马克思主义者同样是既坚持又发展了马克思主义。也正因为如此，以毛泽东思想和邓小平理论为指导思想的中国共产党人才能领导中国人民取得革命和建设的伟大胜利。

总之，无论从100多年来世界哲学发展的历史还是当前的现实看，只有马克思所开辟的哲学发展方向才是现当代哲学发展唯一正确方向，尽管全球化的趋势100多年来发生了深刻变化，但从哲学上说，这种变化没有超越发展着的马克思主义所及的范围。只有发展着的马克思主义才是现当代时代精神的精华的高度和深刻体现。

卑微的力量

鲍尔吉·原野

鲍尔吉·原野

一级作家，编审，《读者》签约作家。中国作协会员，辽宁作协副主席。已出版著作 46 部，主要作品：《今年秋天的一些想法》《譬如朝露》《羊的样子》《青草课本》《每天变傻一点点》《让高贵与高贵相遇》等。多篇作品被收录至大、中、小学课本。曾获"中国少数民族文学奖""蒲松龄短篇小说奖""文汇报笔会奖""人民文学散文奖""中国新闻奖金奖"等多项国内文学大奖。

对卑微现象的观察举例

卑微，我的理解是低下的，不受重视的，不起眼的，同时数量是

173

最多的，有可能是人，也可能是自然界各种各样的现象。数量最多，但是常常被忽略，这也是生活中很有意思的现象。因为人总是盯着万众瞩目的特别稀少的东西，如黄金、总统、歌星，而忽略自己，我们无论如何都摆脱不了的一个名称叫"老百姓"。我通过写作，通过长跑锻炼，我觉得我已经不是老百姓了，但我有一次跟朋友去干休所探望一个高干，这是副兵团级以上人住的干休所。我朋友领我去的时候，里面一个阿姨说，你又领了一个老百姓来。在他们的眼里，我们都是老百姓，但是老百姓很好。

我有一个特别好的习惯，就是喜欢春天。北方的春天跟南方不一样，冰冻三尺，地冻到什么程度？看到工人换管道的时候会发现，冰冻到一米多、两米多，全是冻土。就是在这样的土地上，你会发现青草发芽了。如果你好奇，或者你是闲人，你会发现，青草发芽的土地实际还冻着，你不知道它怎么会发芽。一棵青草卷得像一张纸，像一根针，从冬天的土地里发芽出来，这就是青草。随着春天的到来，青草会长满一切地方。我看过很多地方，青草的生长特别离奇。我老家是内蒙古赤峰，铁轨挡架有很多石头，石头里面有青草，在青草上面，车轮走来走去。沈阳有一个水泥广场，不长草，因为没有土壤。你会看到水泥和水泥之间有一个木锨放进去。如果木锨有一块残缺，风刮进土，里面一定会长出青草。我到楼上往下看，比这个楼低的楼的雨搭，上面也有草有树。

我没有发现能比青草更有力量的生物。齐白石在去世之前跟他的徒弟、子女说，让他的坟头年年都长青草。每年到了秋天和冬天，草已经黄了，但青草是不死的。在世界上找不到一个比青草更卑微、更低贱、更任人践踏的这么一种植物了，完全没有人工养它，它可以在一切地方生长。美国诗人惠特曼在《草叶集》里说，他一有机会就歌颂草的力量。实际上惠特曼歌颂草的力量就是歌颂民主的力量。青草，你可以叫做杂草，也可以叫做野草，它不是整齐划一的，完全是一种老百姓的样子。沈阳也有公家的草，我称之为政府的草，政府的草长得好看，长得都一模一样。政府草坪里的草是花钱买来的，要浇水，若不浇水就会死掉，个头一般高。我觉得这些青草如果会说话，说的话都一模一样，他们有统一的思想、统一的头脑、统一的身高，但是它们的特点就是活不长，必须不断地有人侍弄。惠特曼在他的《草叶集》里讲，青草的力量就是民主的力量，自由的力量，就是一种杂的力量，所谓的"杂"是什么呢？不是整齐划一的，不是按照一样的想法来生活，这不符合自然界规律。那么它的生存力量实际上是最强大的。

我把这样的现象称为卑微。卑者下也，微者就是小，广东话叫"细"，当年很多词翻译过来的时候，翻译的人是广东人，或者说是传教士，比如利玛窦，他的中国话就是在广州上岸之后学的，学习半年才发现是广州话。比如在现代汉语里，说"细菌"，"细"就是广州白话里的"小"，细得无法形容了，就是微小、不起眼。

我发现一个现象，就人而言，几乎每个人，不管自己地位多么卑微，多么平民化，他关注的还是高大的东西，这是人类共同的特点，他会关注更有钱、更有势力、更光耀照人的人。换句话说，在生活当中，他们其实缺少足够的观照自己的能力，有的时候是不敢面对自己，人太普通了。

实际上，我们就像青草一样，我们就是这么生长的，不知不觉地生出，不知不觉地走掉，每个人差不多都是这样的。虽然有的人愿意把自己形容成像恒星、像太阳，每天都愿意听这样的话，但事实是他不是太阳，人和星球之间现在还没有发现一种转化的规律，可以从肉体变成一个星球。但是人在关注这些比较耀眼的东西之后，对自己的生活态度会有影响。举个例子，青草是卑微而不死的，烧都烧不尽，踩也踩不烂，冻也冻不死，它是年年又生的东西，也是不起眼的东西。其实自然界有好多非常美的东西，生存得非常艰难，人也一样。

卑微是我们生存的理由

在哺乳动物世界里，我个人非常钦佩老虎。如果把老虎和我们单位里的领导放到一起让我选择谁漂亮，当着领导的面我也敢说老虎漂亮，这种生物实在是太神奇了。头两天还有人跟我说，如果谁有虎牙，挂在脖子上一辈子不得病。有一个朋友在黑龙江买了虎牙，花了3万元。我说我再借你3万元，你买两个虎牙，镶在你嘴上，没有人敢惹你啊。猎人同我讲，老虎非常清高、非常高贵，只喝干净的水。有人说老虎吃人，实际老虎根本不吃人。首先，老虎不吃人的原因是，它认为人太古怪了，人站着走路，虎看不惯。我在俄罗斯等地看过的站着的动物就是狗熊。它在路边的松树边上无端地站起来，你立刻会觉得它上肢特短，站着特难看、特傻。我估计老虎看人就是这样认为的。其次，老虎觉得，人穿衣服特别古怪。动物界的所有动物皮毛颜色都有一种生存目的，无非两点，第一是吓唬对方，第二是吸引配偶。但是人穿什么的都有，不知道是哪个目的，可能有100多个目的。另外猎人说，老虎最不喜欢的是人身上的一股气味，所以老虎不吃人，宁可饿死也不吃人。但老虎这么美好的动物马上就要消失了，它身上的一切器官都有使用价值，当然这是对人而言的。如果像青草那样没用就好了。朋友说，老虎连虎须都可以治病，我说你最好别往外说这些事，最好别说妨碍动物的事，以后有人真要去拔虎须，这是缺德行为，都不善良。

自然界很多珍贵的东西恰恰不能永年，人就处在这样的矛盾当中。实际上，人一方面希望自己漂亮，还要聪明、谈吐非凡、家世显赫等等。所有的皇帝到晚年都想跟老天爷要一样东西：多活几年。事实上好多东西是不能共存的。正如我们每个人有时候不能接受自己身上的缺点，你仔细想一想，你要是个认真的人、诚实的人，我们有的时候就是靠自己的缺点活着，每天都依赖着自己的缺点活着，有时候我们的优点坚持不住、坚持不了。但是就是所谓的缺点、所谓的卑微性、所谓的大众性、所谓的跟别人一样，恰恰是我们生存下去的理由。不是说我们不应该往更高的地方发展，这跟世界观是两回事。我也不认为你念了多少年书，你学会了多少知识就高明了。我们现在从学校的毕业生里越来越看不出来他们学了什么。

有时低下才有可能收获

很多毕业生说话一样，连手势都一样。关键我们是 13 亿多人口的大国家、大民族，说话都一样，而且说的是网络语言，"有木有"，我不反对这样的话，有没有更生动的语言？有没有更有趣的语言？有没有富于个性的语言？

我对于卑微的理解，我刚才举了青草和老虎的例子，我还想说跟做人的关系。其实我说了这么多还是想说如何做人。卑微在做人里处于下下位，常常能取得上上的结果，肯定是这样的，但是这个道理一般人可能并不清楚。

我举一个例子。现在很多人喜欢算卦，喜欢《易经》。我见过很多懂《易经》的人。《易经》有六十四卦，每一卦都有吉有凶。吃饺子好，但天天吃饺子，完了，你一边吃就一边准备去三甲医院看病吧。娶媳妇好，你一辈子能娶几个媳妇？你没有这么大的福气。《易经》的卦有凶有吉，但是《易经》里面唯有一卦是大吉，没有凶，这很怪，但是确实有这么一卦，这卦叫做谦卦，谦卦所表述的事是什么？这个谦卦就像土地上有一个低洼的坑，谦就是低下。地下有个坑，坑里面有什么？如果天上降水肯定满满的都是水，这就是下与上之间的关系，这是一种卑微的力量，你首先只有低下，水才能流到你这里来。

佛教常常说，傲慢不好，傲慢是高山。咱们老百姓不这么比喻。我们国家的主流意识形态把高山形容成好的东西。藏传佛教说高山是批评，是很大的批评，说傲慢是高山，你在高山上什么也得不到，什么也没有，是孤立的。低下才有可能收获。卑者下也，微就是小，谦卦所表达的就是这个。

中国人民族性格有问题

中国文化常常说要谦虚。我们都知道谦虚好，我没有听一个人说谦虚不好，但是我也真的很少看到谦虚的人。什么是谦虚？举个例子，用佛教的仪式来说，谦虚，够卑微，不管认识不认识，要敬别人，见人先要低下头来，遇到什么事情要让，有好处先给别人，肯定是这样的，这样才算修行到家。有一口水他要给你，他时时处处都在表现他不如你，他比你低，这种态度恰恰是最难的。

中国文化在教育孩子方面，很大的毛病就是让你刚了再刚，取得了成绩，再取得新的成绩，再取得更好的成绩，让你永远拼搏。我觉得这种教育形成一种民族态势，对民族来讲是极其危险的。没有人教育孩子，你要退让一点，你要量力而行，你要认清自己，都是不遗余力地鼓励孩子往上走、往高走、往好处走。这种世界观让好多人的人生极其不幸福，只能赢，不能输，极其脆弱。话没有说两句，不合就不能够讨论下去，就不能够接受别人的意见。只要你说的话跟我不一样，我干脆不听，别看我听着，我是给你面子，我根本不往心里去，然后还是按照我说的办。这么大一个民族，如果像这么一种状态，我觉得整体的民族性格有问题。

实际在中国传统文化里不是这样的，讲究谦让，讲究游刃有余，讲究有进有退。远的不说，自鸦片战争以来，我们这个国家被西方列强打得稀里哗啦，整个民族自尊心都没有了。当时日本整个国力不如中国，就是打不过人家，然后被别人打，然后就是内乱，然后就是"文化大革命"，一点民族自信心都没有了。在这样的情况之下滋生了一种斗争哲学，对别人而言我们要不断地斗，对自己而言跟自己斗，跟自己不合作，不能给自己休养生息的机会。我们要告诉自己一个真理，就是低下头活着，卑微地活着，这也是幸福生活的一部分。

谦卑使你的视野更开阔

谁能说青草活得不好呢？谁能说大树活得就好？幸福是什么？幸福首先离不开你内心的安宁。我见过太多的人内心一点不安宁，讲斗争哲学，没有一个很好的对人生的看法，自己折磨自己，这种折磨就是只能赢、不能输，这种逻辑灌输在整个民族性格当中，比如体育、军事训练，都在说胜利。胜利固然好，但是在生活当中，有一些事情能办成，有一些事情办不成，这才符合天道，但是我们的教育当中没有这个天道，就是只能赢、不能输。

有些人得病了，好多明白人不跟疾病斗争，首先他把自己的心态放松下来，然后依靠自己的智慧改善身体，其实这个智慧比你想象的要高明得多，比所有医院的大夫高明。这不是胜利，我们不要轻易说"胜利"这个词。从医学来说，一个人得了病，如果康复了，是合作的结果，不是使用了什么药物、抗生素战胜了疾病。如果在这些领域有"战胜"，那么世界上早就被某个方面占领了，就没有多样化了，所以没有单方面的生命。如果你能甘居低下，实际上你自己心里踏实，你该得到的东西自然而然也就都得到了，好多东西真不是争来的，肯定是这样的，有些人就是不明白这个道理。

印度德兰修女得过诺贝尔和平奖，她是阿尔巴尼亚人，在印度当修女。我们在网上很容易找到她的照片。冬天、夏天，都是穿着普通的衣服，她自己看护着几十个患麻风病的孩子。她访问过中国，中国官方给了她比较高的礼遇，派类似于国务院副总理、国务委员的人去接待她。11 月在北京机场下飞机，她穿着一双凉鞋，七八十岁的人了。接待她的人上街给她买了棉鞋和袜子，因为北京天气冷。她说，谢谢，我要带给我的孩子。她不是假装的，她在全世界各地募捐了无数的财产，她都留给了孩子，都留给了世界上更需要这些东西的人。对德兰修女来讲，钱越多越好，她总是把这些钱送给需要的人，她自己没有什么需要。她吃饭的时候，从自己的兜里掏出一块手帕，铺在桌子上，把碗放在上面，喝着清水，吃着面包，然后吃两片西红柿，然后把面包渣放在嘴里一吃。这是最普通的人，这个人得了诺贝尔和平奖，受到全世界人民的爱戴。她不光是做慈善，她的整个生活方式就是坚决地拒绝奢华，愿意和老百姓一样过着非常俭朴的生活。她认为，所谓的奢华都是在糟践自己的福气，每个人都有福气，不管是谁，这种奢华就是破坏自己的福气。

一个低下的力量、一个谦卑的力量会使你的视野更开阔，会使你更了解生活本真的样子，而不至于太糊涂。人糊涂有两个方面，一方面是病理学原因，比如说脑血管堵了，供氧不足。另一方面是这个人经常在高处，当领导，听的全是恭维的话。单位里的人都变成了语言文学家、主持人和相声演员了，想法让领导高兴。这种事情的害处是什么？他说的话使领导的头脑不清晰。

智慧是通过自己悟来的

卑微是什么？卑微是跟大地在一起。中国人常常爱引用一句话，"人法地，地法天，天法道，道法自然"。好多人问过这个问题，第一句"人法地"，人要效仿大地，人向大地学习，人学习地什么？我的感觉是这样的：人法地，地法天，天不是你学习的榜样，你学习的榜样是地。地是什么？地首先是最低的，没有比地更低的了。跟天不一样，地是广大的，地不是整洁的，如果是整洁、清洁的地，就不生东西了；地是生长的，地是包容的，地可以经受春夏秋冬，可以经受洪水，在地上可以有毒蛇行走，也可以有吃草的羊群行走，但是地可以生长万物、包容、低下。

我觉得，老祖宗说"人法地"，核心是告诉人们保持一种低下的地位，这样才能立于不败之地。但是人常常愿意站在高处一呼百应，其实人人心里都有皇帝梦，人人都愿意当领导，人人都愿意指挥别人，但如果能够自觉地进入这种状态会更好。禅宗常常爱说，人要有智慧。智慧并不是在学校学来的，不是通过书本教育得来的，而是通过自己悟出来的。这个悟也不是猜出来的，不是想出来的，按照禅宗的说法，所有好的结论不是人想出来的，都是当你心中的迷雾、心中脏的东西没有了之后，它就在那里摆放着，那是什么？那就是一种清醒、明白。禅宗爱说，清楚明白就是人生最好的境界。

你只有自甘低下，你才能看得清楚好多事情，要不然看不清楚。

1949 年之后，政府号召人们做主人翁，后来产生了工宣队、军宣队，大家变成了好斗的人，毛病还没有改过来，突然实行市场经济，又变成赚钱的人了。有好斗的人肯定就有挨斗的人，有赚钱的人肯定就有穷人，这个毫无疑问。1949 年之前，如果不算战争，人和人之间很少有争吵，社会秩序井然。现在讲人人平等，大家都可以发言，但谁也说不清楚大家在说什么。

卑微可以是人生的状态

按照过去那种教法，这种卑下可以生和气。在《中庸》里，和气的核心是什么？不光是和平、安详，什么事情不走极端，守于中道，叫做至中和，走极端就是有一些事情做过分了，争执就是这样，强迫别人接受你的观点。你甘守低下，你会发现很多争执根本没有意义。邓小平有一句名言：不搞争论，是我的发明。这句话仔细琢磨一下，很有意思，意思是说我不想和别人争论。他说得很有意思，不跟你讨论这些问题，你们都不配。另外，争论也占用时间。但是我们现在的生活真有点像韩剧，不断争论，一个简单的事情反复在说。我 6 岁时，党和国家动员大家对一切事情都发言，"文化大革命"之后大家都要发言，我们成了话痨，这些话后来实际上害了我们，浪费了我们的时间，使我们原来明白的事都不明白了，不明白的事更不明白了，这就是争论。原来只是心里不清楚、不明白的人才争论。从小到大有几件事我们清楚、明白？我们生活当中用得上的道理就是，小时候爸爸妈妈教我们的话，到现在还管用，比如吃饭慢点，别狼吞虎咽，天冷多穿衣服，出门不要跟别人吵，到 80 岁也管用。只是语言里面生出各种各样复杂的语气，而且媒体还怕不复杂，还发明出一些新的东西，容易产生歧义，容易让别人误会。微信不就是这样吗？微博也是，电话也是。从小到大，人活着没有多少道理可言，主要是做事，把这一辈子度过，而不是说话，人说话多了就麻烦。人说不清楚自己所表达的话，但是人特别容易抓住别人说的话，你说得不对，就进入了荒唐的争论当中，原因就是不甘于低下，怕别人说你这棵小草太矮了，都认为自己是参天大树。我写过一篇文章，人人都穿皇帝的新衣，人人都觉得自己了不起。人法地，就是学习大地的开阔和包容，如果大地是挑选的，大地是拒绝的，大地就不成为大地了，大地什么草都长不了，有人类喜欢的庄稼，也有人类不吃的食品，也有毒草，这就是大地，没有分别心。

如果一个人愿意把谦卑或者卑微作为人生的一种状态，实际上会获得一种特别好的境界。我见过这样的人，把自己定位定得很低，当然是真诚的，不是虚伪的，面色清净，占了大便宜。我看过这样的人，他老是乐。乐什么？看别人争论，争强好胜，抢当第一。他甘于低下，做自己喜欢做的事情，他心里特别宁静。过去有一句老话，静能通神，但人不容易静，人心静不下来。有人不同意这一点，说我的心特别静，缺少自我观察能力，心理学叫做自我觉知的能力。人心就像屋檐滴水，念头永远没有断的时候，如果把念头断了，就太了不起了，就清净了。如果你不相信，你可以做一个实验，一个人打坐，先做 5 分钟，到第 5 分钟你发现坐不下来，发现自己在想一切事情，你的脑子从来没有停过，脑子想的都是没用的事。如果说你的脑子里面每分每秒都是想有用的事，那你应该得诺贝尔文学奖。你肯定在想没有用的事，这就是杂念。如果你安于卑下，很多妄念就没有了，我不想争谁赢；咱俩穿衣服，我不想穿得比你好看，也没有打算比你多吃一碗饭，你就始终处在合理的状态下。

显赫者背后都是卑微的

谦卑是一种人生姿态，不去争第一，但我从来没有说人生不做什么。人生该做什么，不该做什么，和你的姿态不矛盾。但凡是一件有意义的事都不是一朝一夕做的，和你什么姿态没有关系。比如说你想下棋下得好，不一定要有傲慢的态度，你也可以很卑下，你是日积月累逐渐把那件事情做成的，你完全可以采取卑下的姿态，不一定天天像圣人。另外，做的但凡有利于自己的事情，有一件算一件，都是一些很卑微的事情。比如跑步，我是跑步爱好者，早上起来跑步，无论如何也不算是出风头的事情，也不算是了不起的事情，也不算表演，就是跑步，太普通了。我喜欢快跑，每天每个地方都要跑，跑过100多个城市，它就是一件普普通通的事，你喜欢。最后给了我什么？就是身体比跑步前好。好多傲慢的人跑不了步，他喜欢前呼后拥，喜欢别人跟他碰杯。跑步不是这样的，每天做同样的事情，实际上这是很卑微的事情。

书法家当着大伙的面写一幅字或者词，"两个黄鹂鸣翠鸟，一行白鹭上青天"，把笔一放，一拍卖20万元、25万元、80万元，成交！别人说多好，世界有这么好的事。但没有人看他练书法，极其枯燥，极其乏味。我经常跟我老婆赞叹刘德华。我说刘德华太了不起了，这么年轻，1000多场演唱会，5000多集电视剧，200多部电影，多了不起啊，多么好的控制能力，多么敬业，而且身材这么好。我老婆说，你怎么天天赞美刘德华？这些在人前风光的人，肯定背后所做的事情是极其卑微的。练书法也是这样的，刘德华原来没有多少文化，这是人生的基础。

我认识1个马头琴大师，平常练琴每日练1个小时，不带音阶练半个小时，极其枯燥。练手的感觉，让心静下来，这种功夫没有几个人坚持得了。这是什么功夫？我认为就是一种卑微的功夫，他们做的工作也是相当卑贱的工作。练过书法的人知道，写书法很痛苦，我是悬腕写，写完4个小时之后就跟傻子一样，为什么？为了人前显贵，背后就要遭罪。如果我们说卑微是我们人生的态度，我们不接受，但告诉你一个真理，所有显赫的人在背后都是卑微的，他们年复一年，日复一日，时复一时，做着一种极其枯燥的、简单的事情。有的东西特别简单，要反复重复，如果没有这种耐力，永远成不了大家。

居于低下之处比较安全

卑微和强大之间的辩证法，也是上下之间的辩证法。一个人居于下游，但不会永远居于下游，只是我建议你居于下游，居于低下之处比较安全，这是低调的好处，比较能够保全自己。过去有一句话说"好学不如好问"，人有个特点，爱问，会提问题，为什么？因为人的特点或者是缺点，就连小孩，你问他问题他也愿意解答，只要你好问就能学好多东西，你好问就是自甘低下。如果你觉得什么都明白，你绝不会发问。有人觉得问别人比较丢脸，什么是"丢脸"？我问一个问题脸没有了？这不可能，这就是一种人的姿态。

有的时候我们进步慢，不进步，甚至退步，就是因为不正确的观念，如斗争的观念、争强好胜的观念、不愿意请教的观念，核心是什么？用佛教的话来讲就是，你心里面的"我"字太大，你时时替"我"着想，"我"得这样，"我"得那样，这个人有了"我"，或者"我"字太大，就会影响你的生活、妨碍你的生活。人都是同情弱者的，我没有听说谁同情强者。比如说施瓦辛格，我挺喜欢他。有一次他感冒了，在输液，没有人同情他，因为他很健壮，其实他一样痛苦。在人们眼中，强者和弱者不同，做一个弱者其实并不一定弱，一个人弱就怕你心里弱，怕你不明白事理。什么是清楚？不是逻辑清楚，也不是哪个知识清楚，按照佛法的说法，心里没有太多乱七八糟的想法，就像把月亮遮住的云彩散了之后，什么样就是什么样，本真。小孩子没有念过书，但知道好赖，知道善恶，为什么？人活着不是靠学校获得知识，你的本性就能帮你活，你不需要学好多奸诈的东西。

我年轻的时候，有一个朋友老拉着我去学习《孙子兵法》，我一学就困，他就很生气，天天跟我探讨暗度陈仓、反间计等，我受不了这种计谋的东西。他学这些东西也没什么用处。生活并不是由计谋完成的，更多的是靠你为人的一种宽厚、仁慈，还有你的努力，还有你的人生姿态。在特殊的情况下，我们要选择，要一个人去承担痛苦，如果一个人低下、谦卑，大家都会喜欢他，就不会把他送到祭台上去。

争强好胜不如态度低下

这里有一个矛盾。从内心深处，我们受到鼓励成功的教育，让我们退不下来了，一出门就想争第一。我举一个例子，你明明知道下飞机之后要上摆渡车，可以按照秩序下来，但是一定要抢下来，跟别人争一下子，到了摆渡车上还要等，等到最后一个人上来之后才能开车，你何苦要抢？一定要抢，这就是这个社会对我们的教育。我们常常做一种没有意义的争夺，有时候恰恰害了自己，你的内心世界长期处在紧张状态，长期处于一种野兽状态，野兽是什么状态？以食肉动物为例，今天要吃的饭就是那些奔跑的兔子、黄羊，它始终琢磨这个事情，就养成了残暴的习惯，想争第一，争强好胜。

从医学观点来表达，个人的应急激素，比如说肾上腺素和去甲肾上腺素，让一个人保持警惕。比如说外面进了坏人，保证你从这里可以钻出去，长期保持这种应急状态活不了多长时间，因为你消耗了在最关键时刻用的东西。现在很多情况下我们使用肾上腺素，有人说没有办法，实际有办法，就是你太着急了。一个人想过得好，想活得长，它是矛盾的。当你的心踏实下来之后，确实没有什么事情可以发生，无论你做的事情多么繁重，都需要一样一样来做。一个人就算再努力，也不会比你这辈子原本能做的事情做得更多，有可能是更少。比如说一辈子只做1万件，你着急做，只是你把它早早做完了，做完之后干什么？好的话在公园里坐着，不好的话在医院病床躺着。这就是我所感受到的争强好胜，远不如用一种低下的态度更自然，而且我觉得你采取卑下的人生姿态，并不影响你做事，你该做什么就做什么，是两回事。

到哪儿我都不愿意装老大。有一次我坐火车，有人问我干什么工作的。我说一定要回答你的话，我没有工作。他说，你不要隐瞒了，看出来了，你像农村小学教师，搞体育的。我说你说得太对了，你这个人太有眼力了。那个人说，你有多大岁数了？虽然我这么大的岁数不需要瞒岁数，但是我也不想告诉他。他说，你属什么的？我说我要告诉你我是属狗的你就知道我 55 岁了，我不告诉你。他就不问了。这个社会大家都是在瞪着眼睛来观察别人、看别人，有时候不了解自己。禅宗的方式、打坐的方式是去了解自己、看看自己，到你心里看一下你是什么，现在很多人看不到，有修行的人可以看到，很清楚。在古代，好处是没有电视，早早睡觉了，庄子说晚上临睡三省，最重要的是看看我自己做了什么事。西藏的喇嘛有两个罐子，一个罐子装白石子，一个罐子装黑石子，今天干一件坏事就放一个黑石子，干一件好事装一个白石子，一年之后看一看一般都是黑石子多，人干的坏事多，干的好事少，这是指诚实的人。

人要不诚实就没什么可说的了。人如果有自我反省能力，就会了解自己，就会知道这种卑下的好处，好处会越来越多，别人都会喜欢你，如果你有这样的姿态，你的眉宇之间就有一种谦和之气，有一种亲和之气，灾祸不侵。比如犯罪分子想报复社会，想杀几个人，一看你眉宇之间他就不想杀你，还想跟你拥抱一下，善意是可以表现在脸上的，而且善意是从内心发出来的，首先跟自己的定位就有关系。有时候你被别人误解，说你看着像农村小学教师，还有人问我是不是农村的，我不觉得说人家是农村的是诬蔑，但是我家真不是农村的，我说是农村的，我家有地、有房子，实际这都是赞美，说你朴实。反过来你坐火车，别人说你家里是城里的吧，好像往下还要说什么。一个人，你在别人眼里是什么样的不重要，最后取决于你这件事情办得什么样，而且事情办成之后你长什么样都没有关系了，这都不是重要的事情。

如果一个人能够比较谦卑、比较随和、比较低调地生活，就会有很多的福气来找他，这是肯定的，毫无疑问，运气好。因为人间的运气对于一些叱咤风云的人、对于什么气功大师不感冒。好多人买彩票，我过去在赤峰常常买彩票，中彩票的人第一是个罗锅、看门的，第二是个跛子，第三就是说话说不清楚。当时我有一个感觉，老天爷不偏私，他会把很多东西给一个平常得不到尊重的人，这点你要相信老天爷的公平。本来你满腹经纶，人好，有才华，有钱，家里有几套房子，而且你还能很卑下地生活，老天爷不会忘记你，老天爷会把更多的福气给你，这样你自己过得自在，而且别人看着你这张脸也会比较自在，他觉得是在和一个有安全感的人在一起说话。

刚才我从草、从做人的姿态引用了一点比喻来表达我的观点。卑微和强大是可以转化的，卑微是多做好事的基础。最后我用非常短的时间来表达我另外一个观察。卑微的力量也包括这么一个意思，这些话不是跟在座各位说的，是跟官员说的，老百姓是不能得罪的！如果你真学过历史，学过罗马史，学过欧洲史，学过中国历史，学过野史，你会发现老百姓绝不能得罪。老百姓从表面上来看逆来顺受，没有文化，乌合之众，什么也不是，我就是其中之一。但是，他们不能得罪，对于一种政策来讲，对政权来讲，对政府来讲，你把老百姓真的得罪了，那你真的没有机会了，老百姓实际已经无数次给当权者机会了，这一定要有好的心态才能够把社会上的事情做好。

我要说的就是这些，我并非谦虚地说，有一些地方可能说得不大准确，但是大家可以一起来讨论，谢谢！

漫谈艺术与人生

白燕升

白燕升

香港卫视副台长，曾获评"金话筒奖"、中国电视主持人"30年风云人物"等奖项。先后在北京、天津、河北、河南、山西等地成功举办了"燕歌行"大型公益演唱会，2012年底推出了全新演唱大碟《"白"老汇》。著有《冷门里，有戏》《那些角儿》等作品。

　　我今天能奉献的就是表达我这么多年对于戏曲、对于艺术的感悟。从戏曲的角度漫谈传统和经典，但现代人还需要吗？在这个相对浮躁的、功利的生态环境下，传统离我们渐行渐远。还别说"80后""90后""00后"，就像我这样开始迈入中年的人，对传统都觉得可有可无了，更别说戏。其实我们获得心灵的那种柔软、共鸣和感动不是通过电视和电影，而是要真正走进剧场才能去感受。中国有 13 亿多人口，如果每个中国人在一生里有一次进剧场的经历和感受，中国的戏剧舞台早就火了。很遗憾的是，13 亿多人口有一半以上的人一生当中都没有一次走进剧场的经历。为什么我强调走进剧场？台上和台下的那种共鸣和感受一定比你看电视和电影来得更直接，那两个小时你可以忘掉一切，让自己的心灵接受一次彻底的洗礼，跟台上与你喜欢的演员或哭或笑，这是最幸福的审美体验。

我常常跟爱戏的朋友讲，一定要有一次走进剧场看戏的感受，不只是戏曲，还有所有的舞台剧。好的演出我都去看。我非常喜欢莱蒙托夫一首诗中的"冷落殿堂总还是庙，推倒了圣像依然是神"。

传统与经典会尘封吗？当然不会。尘封的永远是我们的双眼，正如美永远都在那个地方，见与不见都在，只是你缺少发现美的眼睛。

昆曲是中国的雅乐，有多少人走进剧场去看昆曲的冲动？很少。它等了你 600 年了，它不在乎再等你十年八年，我真的希望大家有机会能走进剧场看一次昆曲，最典雅的词、最优雅的曲，演绎的是中国最古典的才子佳人，这就是中国雅乐。我们说俄罗斯有芭蕾，意大利有歌剧，那中国有什么？那一定是昆曲。

现在的生态环境在恶性循环，电视节目靠收视率，电影大片看票房，只要收视率高，只要票房高，这就是成功的。多可怕的价值观！我的同事杨澜说过一句话，"你给观众垃圾，观众就期待垃圾"。你播放更低俗的节目收视率更高，这是我们的价值观吗？这是我们拥有话语权的从业者应该提倡的吗？当然不是。我打了一个比喻说，现在的生态是山楂树少、圣诞树多，纯粹的、干净的和艺术的东西越来越少，西化的、浮躁的、功利的东西越来越多，在扰乱着我们的心灵，让我们的生活变得不安。

提高文化素养需补中药

如何安住当下的这颗心，恐怕是每个人的终极目标。达尔文说过，"通往坟墓的路是由欲望的石子铺就的"。有欲望不可怕，但不能出卖灵魂和肉体。事实上呢？我们不择手段为了所谓的欲望和目的而挣扎。

在以往的体验当中，我们自己为意义而活着。前几年著名作家毕淑敏到大学里去办讲座，到后面的互动环节，学生们提问，"毕老师，您说人生的意义是什么？"毕淑敏说，"人生没意义"，台下哗然。紧接着毕淑敏说，"你不需要为自己设定一个目标并为它而努力奋斗"，台下掌声一片。

所以，我们不要总是问我们活着到底有什么意义，我们自己每天要尽量多做一些有意义的事。每天晚上，我们能不能跟自己的心灵对对话，我这一天过得有意思吗？开心吗？累不累？恐怕我们忙得跟自己对话的三五分钟都没有了。所以，我一直告诉自己，慢生活，慢下来。谁都不知道自己的终点在哪里。我觉得一定要把自己的心安顿下来、放下来。当你不为了那个意义和目的去的时候，也许就会柳暗花明。你内心里期待什么，没有人会阻拦你。

在一个成王败寇、山楂树少、圣诞树多的情况下，我们应该树立什么样的价值观？这是我一直在思索的。作为中国人，我觉得文化素养的提高在于吃中药而不是吃西药。西方文化进来前，是谁保护中国人的健康？就是中药。中国人总讲"三皇五帝"，神农之百草、伏羲之针灸、黄帝之内经。我经常说，一个民族的消亡无外乎两个原因，一是瘟疫，一是战争。瘟疫，中国文明史有据可考，瘟疫从古到今没有少过，最近的叫H7N9，10多年前的叫SARS，之前的瘟疫历史上都有记录，但是中华民族没有消亡。中国人从来不发动侵略人的战争。老祖宗给我们留下《黄帝内经》和《孙子兵法》。《孙子兵法》尽管讲的是攻防谋略，但是它的核心思想是止戈为武，就是不发动侵略人的战争。《黄帝内经》的核心思想是和为贵。中药讲究的是让病毒和细菌在一定温度下和谐共存，这是我们的文化。

近代百年来，中国对于西方的影响几乎等于零，而从五四以来我们接受了大量的西方文化，如绘画、音乐甚至节日，现在年轻人过的依然是西方人的节日，甚至不懂得如何过中秋、端午。美国大片引进中国快 20 年了，就我的感受，看完美国大片在回家的路上内心里还充满着一种正义和英雄的力量，美国通过电影传达了它这个民族主流的价值观。我也曾主持中国作家协会主办的有关图书走向世界的论坛，那些知名的作家感慨地说，2009 年，中国庞大的作家团去法兰克福，偌大的世界图书展上却找不着中国的书，后来找到了莫言的书。这就是中国文化对于西方的影响。

最高的境界是吟唱

改革开放 30 多年来，中国经济发展速度有目共睹。经济的发展如高速行驶的列车，假如没有了道德的约束和文化的支撑，等于说这个列车没有制动和刹车系统，后果不堪设想。大到一个国家，小到一个人都是如此。所以，文化的力量越来越重要。我们无数个人梦想的叠加才造就中国梦，如何实现我们个人美好的愿景？不要抱怨体制，不要抱怨客观环境，我们首先问问自己，是不是有很多人不相信某种价值观，还不得不依靠这种价值观活着？你无法去抱怨这个社会，抱怨这个体制，我们自己先做好，从内心里把这个思路理顺，你一定会成就自己的梦想。

今天，我试着从我熟悉的信息、从我自己的角度给大家解开一个又一个的问号。

我跟所有人一样，我喜欢流行歌，我最喜欢的歌手就是我的河北同乡邓丽君，她生前最大的愿望就是希望回到河北来开演唱会。邓丽君是佛教徒，她客死他乡是歌迷的不幸，同时我也看到了幸福，那是她的归属，在风韵犹存的年龄她走了，也带给了我们永远年轻和美好的记忆。我觉得邓丽君是幸福的，她留给我们的永远是那么美好。

邓丽君的歌声没有声嘶力竭的号叫，没有脖筋暴突的呐喊，没有忸怩作态的媚俗，也没有豪言壮语的高调，她的歌声是那么沁人心脾，滋润着每个人的心灵。一直到现在，我最爱的歌手还是邓丽君，我喜欢了她30多年，我相信邓丽君的歌声何止影响了我，影响了几代中国人甚至海内外的中国人。但是，小时候听邓丽君的歌那是抱着一种犯罪的心理，因为大人、老人告诉我们这是靡靡之音。改革开放30多年了，今天重新审视邓丽君的歌，我依然发现她的歌声还是那么沁人心脾，她每一个字、每一句话都饱含深情，甚至可以说，邓丽君的每一首三五分钟的歌，都有完整的表达，而不是像现在的很多歌手只知道炫技。唱歌是分境界的，七分为吟，八分为唱，十分为喊，十二分为吼，最高的境界当然是吟唱。站在这样的审美标准来看，邓丽君当然达到了吟唱境界，这才是唱歌。

很多明星太关注名和利

现在的审美导向不是审美，是审丑。刚刚看了对陈道明的专访，我特别有感触。他说，"80年代的时候，人们把我们叫文艺工作者，我觉得挺舒服的，现在我们成娱乐圈了。我特别不习惯，怎么我也成娱乐圈了？看来我得退出娱乐圈了"。很多明星不把爱放到艺术本体上，而是关注艺术之外的名和利，营造了一种虚假的繁华，就是互相制造话题，唯恐不吸引大家的眼球，这就是娱乐圈！陈道明说，"也许再干个三五年，我永远退出娱乐圈了"。这不是危言耸听，我能感受得到。我理解，我也懂得，现在文艺等于娱乐，这是非常混乱的价值观。

真正能柔软我们心灵、能打动我们的艺术家依然存在，他们是我们这个时代的旗帜。一个城市也好，一个人也好，一定要有自己的DNA标识，这才是一个城市、一个人精神气质重要的组成部分。如果都没有态度了，没有坚持了，何为城市？何为人？现在很多人随波逐流，没有自己的态度和坚持，不懂得辨别，甚至是非观念都没有，这是我担忧的。

人生匆匆忙忙几十年，我觉得大家一定要喜欢艺术。昨天专程去看了王君安领衔主演的大型越剧《柳永》，我喜欢这个戏的风格，平淡地、温婉地去叙述。王君安很棒。她生于1970年，16岁即以尹派名剧《红楼梦》蜚声上海，1990年主演《玉蜻蜓》再次在上海引起轰动，从而奠定了她与茅威涛、赵志刚三分天下的地位。她在美国生活了10年，美国的老师和同学没有一个人知道她是会唱戏的，也没有人知道她在中国是一个如日中天的越剧名角。当年她说离开就离开了，私下里也不唱了。尹桂芳老师去世好多年了，她就觉得尹老先生在召唤她，希望她继续尹派艺术，于是她回来了，特别简单、特别漂亮，她纯粹服从内心的召唤，她就是这么一个简单的人。

这个社会一定有理想主义者存在，一定还有一些为自己梦想而努力、而坚持的人存在。从这个意义上讲，他们是幸福的。而现在很多人被这个社会压迫得激情和梦想荡然无存了，为生计而奔波。为什么？人们说安居乐业，现在的人因为高房价无所安居，只能啃老，如果老了没有那么多资本让他啃了，他可不就焦灼吗？仅从生存的角度来讲，可以理解每个年轻人。我们不能说只是抱着一种理想的正能量的心态说这个社会如何美好，一定能成就每个人的梦，它一定还有这样那样的问题，但是遇到这些问题怎么办？从根本上讲，要靠每个人去改变。

我内心里一直想，一切都是最好的安排，不要总想到自己失去了什么，要多想想得到了什么，这样你就会觉得一切都是最好的安排，这是我们活着让自己快乐的基调。这么多年我一直在思考，人活着干什么？我的理解是人活着就是不断地悟道。说到悟道，我想到了一本书，这本书应该是我们每个人儿时的枕边读物，叫做《西游记》。每个人在人生中都充满了九九八十一难，无论是我们的内心还是周围的环境都有这样那样的妖怪，不是吗？是不是每个人都像取经人？当我们真正战胜了内忧外患之后，真经就在你的心里，佛就是你自己。人的一生一定是一个人的修行和战斗。

多读无用书也能成就大事

科学和艺术到底是什么关系？我觉得科学的研讨往往淹没在对人类共性规律的探索当中。没有牛顿，一定会有羊顿、马顿，为什么？因为苹果总会落下来，万有引力定律总会被人发现。但是假如没有莎士比亚，没有曹雪芹、曹禺，我们还能看到《哈姆雷特》、《红楼梦》和《雷雨》吗？艺术创造是艺术家个人灵性的展现，是无法复制的，这就是艺术和科学的差别。但是在实际生活中，我们看到很多大家把艺术和科学结合得非常好。著名科学家钱学森和著名声乐教育家蒋英相濡以沫62年，谱写了科学与艺术完美联姻的典范，他们用科学与音乐组成了美妙的二重唱，给这个世界留下了无尽的回声。蒋英是一位非常优秀的教育家和歌唱家，她是研究德国古典音乐的。钱学森说了这样一句话，"蒋英是女高音歌唱家，而且专门唱最深刻的中国古典艺术歌曲，正是她给我介绍了这些音乐艺术，这些艺术里包含了诗情画意和对于人生的深刻理解，使我丰富了对于世界的认识，学会了艺术的广阔思维方法，或者说正因为我受到了这些艺术方面的熏陶，我才能避免死心眼，避免唯物论，想问题能更宽一点、活一点，所以在这一点我要感谢蒋英"。这不是艺术和科学在生活当中最完美的结合典范吗？

我奉劝今天在座的很多大学生，不要画地为牢。不管是学文的、学理的、学艺的，打破这个僵局，多读些无用的书，多做些无用的事，肯定能成就大事！我们现在总是抱着功利目的，我要干什么，我赶紧买什么书，我赶紧搜索什么东西，平常要注意多读些无用的书。不要忽略了生活当中跟你接触的任何一个人，每个人都会带给你惊喜和意想不到的东西。比如上个月我去浙江湖州，湖州有一个地方叫安吉，安吉有个青翠茂密的竹海，李安的《卧虎藏龙》就是在竹海拍的，特别漂亮。我去了以后，与一位司机有过接触，司机提着我的箱子下台阶。我说，陶师傅，我的箱子很重，有一块石头。他马上说，是青田石吧？这让我想象不到。他跟我聊柳州的什么石、灵璧的什么石，一个司机的见识让我惊讶。这个司机很有意思，我在哼唱一段小曲时，他扭过头来说，"白老师，您的评剧唱得太好了"，一个浙江人，对北方的评剧他也知道。这个司机后来送我到杭州机场，我不知怎么表达对他的一份感谢，就在他到后备厢取行李的一刹那，我把箱子打开说，"陶师傅，我把这块石头送给你，因为你认识它，你知道它，我把它转赠给你，作为往后的纪念"。每当想起这件事，我就会觉得特别美好，尽管那是一块很好的石头，只要是有缘人，我觉得我就应该送给它，因为他比我看到它更欢喜。

应该学日本人重视传统

我采访过两位日本大师：坂田藤十郎和坂东玉三郎。坂田藤十郎80多岁，坂东玉三郎也60多岁了，两人是日本国宝级艺术家，相当于中国的梅兰芳。提到日本，我们有一种狭隘的误解，日本土地狭小，资源匮乏，人口密度差不多是中国的3倍，本来连成为发达国家的可能性都没有，却是真正意义上的经济强国。从19世纪60年代开始的一系列改革措施成就了日本，但这个国家对传统文化非常尊重。坂东玉三郎在日本的收入全国排名第7位，这是一个传统艺术家。在中国排名前100位的一定是房地产商和煤老板。如果今天我们传统艺术工作者的收入是上等的话，中国的精神面貌一定不会像现在这么浮躁了。

传统和经典是人类智慧和文明的结晶，它对民族复兴提供了强大的精神资源，它为人类开出救治各种危机的文化良方。对传统和经典有无敬畏之心，这是考量一个民族有没有希望的标尺之一。日本真的做到了这一点，别看这个民族如何狂妄，他们内心里对于传统的东西还是心怀敬畏的。我讲一个真事。20世纪70年代末，世界大指挥家小泽征尔到中央音乐学院讲学。他在课堂上听一个十五六岁的女二胡演奏家演奏，开始他坐在凳子上，坐着坐着就离开了椅子，跪到了椅子下，泪流满面，他说这样的音乐应该跪着来听。这不值得我们尊敬吗？

艺术家给我们创造了一个流派艺术的高峰，后人不要总想着要超越，谁也超越不了谁，谁也复制不了谁。你要像水一样顺势而为，在大师的背后创造一个属于自己的高峰就够了。所以我不愿意听到别人这样评价，谁表演得特别好，或者王君安又超越了谁，别这么评价，王君安就是王君安，尹桂芳就是尹桂芳。什么叫做艺术？什么叫做审美？说出来的东西都不足以表达。

内心深处应该树立理想

谈到继承和发展，梅兰芳、程砚秋、荀慧生、尚小云的老师是王瑶卿。一个师傅培育了4个学生，4个学生呈现了不同的艺术流派，这不就是最好的继承和发展吗？老师用一个字概括了4个学生的艺术特点，梅的"相"，梅兰芳的长相、梅兰芳的扮相是最漂亮的，所以他的相最突出；程的"唱"，程砚秋的唱腔悠远婉转、藕断丝连、音断气不断，具有独特的审美性，他的唱最独特，所以到现在在中国京剧舞台上，程迷遍天下；尚的"棒"，尚小云的武功身段是最棒的；荀的"浪"，荀慧生先生扮演的大多数是妩媚俏皮的女子，所以老师用一个"浪"字形容。他们的代表作、艺术作品和唱腔特点，都非常值得反复琢磨。

总而言之，我理解的戏曲是传统文化当代艺术。50年前，或者100年前的创新，我们今天拿来当做传统，同样我们今天的创新，50年后、100年后不就是传统吗？所以创新和传统应该是个动态的概念。其实，当年我们那些创作的艺术大家都比我们现在时髦，比我们还要革新。所以，传统和创新是一个动态的概念，我们不要把它僵化地去理解。

　　我们常说唱戏的是疯子，看戏的是傻子，这是对的。疯子和傻子营造了一个独特的剧场，为传统文化蓄人力。现在唱戏的也不那么疯了，看戏的不那么傻了。说到这里我想到一本书，就是史铁生写的一本书《命若琴弦》，后来这本书被凯歌导演拍成电影叫《边走边唱》。这个故事一直到现在还深深地感染着我。书的内容是，一个盲琴师收了一个盲童徒弟，告诉他，只有弹断1000根琴弦才能打开琴匣取出药方，才能重见光明。师傅走了，盲童接过了师傅留下的琴，踏遍了千山万水，唱尽了人间悲苦，半个多世纪过去了，盲童也老了，终于有一天他弹断掉了第1000根琴弦。当他打开琴匣取出了药方后，三步并作两步到镇上去拿药，店员告诉他，这是一张白纸。琴师受到了致命的打击，在弥留之际，他突然悟到了师父的用意。如果没有弹断1000根琴弦的动力，如何能度过这暗无天光的时日？在他临走的时候，他把这张白纸折好放进了琴匣，用同样善意的语气告诉了他新收的盲童徒弟。这个故事告诉我，人生到最后或许就是白纸一张，但是弹断1000根弦的过程和动力是最重要的。所以，我由衷地希望大家，无论生活有多么的不如意，无论工作有多么的不开心，我们内心深处要树立一个理想，一定要为这个理想而奋斗，从而成就自己的梦。

　　让我们在以后的工作和生活中重新学会爱，谢谢大家！

合唱交响曲《人文颂》创作谈

王 宁

王 宁

中国音乐学院作曲系教授、博士生导师，中国音协理事，北京高校优秀青年骨干教师。曾获"中国学院奖"，被评为"繁荣首都文艺事业作出突出贡献者"。创作了歌剧、交响乐、民族管弦乐、室内乐、影视音乐等大量音乐作品，其中包括大型儒家文化交响乐《人文颂》。主要著作：《管弦乐法基础教程》《中国民族管弦乐队的源流与发展》等；已出版多部作品集和 CD 专辑。

《人文颂》是"国家立场，深圳表达"

《人文颂》这部作品我是受深圳市委宣传部的委托来创作的。这个音乐创作对我来说具有一定的挑战性。同时我也深切地感到深圳对文化建设以及对中国文化的弘扬，包括对文化主权方面的思考具有一定的前瞻性，也很有深度，切实起了一定的推动和促进作用。所以，《人文颂》应该说是"国家立场，深圳表达"，这样一个概念促使了这部作品的产生。

这部作品主要是通过挖掘中华传统文化主流价值观的主旨内涵，从中吸取精华加以分析提炼，对接当代中国先进文化价值观念，并在向现代文化的创造性的转化过程当中，使之焕发出新的生命与活力。这部音乐作品在创作构思方面含有这样一些意义和想法，同时，这也表现了国家文化主权的建构与弘扬，既表现了时代精神，又是对历史的传承和弘扬。

谈到民族复兴，它实际上体现了当代中国人的一种理想，也包含了对五千年的中国文化和中国文明的一种珍视。像欧洲文艺复兴也是把目光首先投到最古老的希腊文明。中华民族的复兴要充分吸收和借鉴全人类优秀文明成果，也必须坚持自身文化主体的复兴，在深入挖掘民族文化的立身之本和独特价值中实现复兴。

《人文颂》的主旨是弘扬中国特色的人文思想和人文气质。中华文化博大精深，而儒家文化又因其对人的人文关怀，其人文内涵和意蕴非常深厚，突出表现在肯定了人的尊严，彰显了人的价值。孔子说过，天地之性人为贵；荀子也说过，人有气、有生、有知，而且有义，故最为天下贵也；董仲舒还说过，天地之精，所有生物者莫过于人，这也体现了传统中国文化对人的尊重。

这个作品其实也是一种人学的表达，表达了如下共同思想。第一，人是万物之灵，集天地之精华、五行之灵气。正是在这样的思想指引下，中国传统哲学成为一种人学，具有浓厚的人文气质。第二，推崇人的主体性，强调独立人格。第三，充满忧患意识，敢于担当历史责任。比如儒学讲先天下之忧而忧，后天下之乐而乐，为天地立心，为生民立命，为往圣继绝学，为万世开太平，等等，都表现了这样一种忧患意识和社会责任感。第四，探索这种社会理想，追求人生的这种大道，如天下为公，这也是儒家政治思想的最高境界。

彰显中华文化内在刚健与气节

《人文颂》的风格，彰显了中华文化内在的刚健与气节。刚健的观念始于孔子，后来儒家又把刚健作为人生的根本原则，就是民族气节和君子品格，仁、义、礼、智、信，实际上也是民族气节传统和君子品格的一种回归。

这部作品的创作开始于 2010 年。这个合唱版的音乐歌词是基于深圳韩望喜博士主笔完成的《人文颂》的文学脚本，创作开始时我跟他在歌词方面进行了深入研究和探讨，确实有一些难度，但我们还是克服了各种难度，最终完成了合唱版的音乐创作。后来，中国音乐学院李月红老师也参与了歌词创作，我们两个人共同完成了第一版合唱版的《人文颂》的歌词部分。

首演是在 2011 年 8 月 31 日，在深圳音乐厅，由张国勇指挥，深圳交响乐团合唱团和深圳高级中学的百合同声合唱团共同完成。这一版合唱里面还有领唱，所以，请了男高音戴玉强、男中音袁晨野、女高音沈娜和女中音杨光这 4 位领唱，他们参与了这个合唱版的首演。

2011 年 9 月 1 日，深圳市委宣传部组织了一个研讨会。我们现在演出的这个版本，是一个乐队版本，当然也用到了合唱。为什么说这是乐队版呢？我简单介绍一下转换的过程。因为创作这部作品，在歌词的组织和结构上，我们遇到了一些很难逾越的问题，比如仁、义、礼、智、信这 5 个乐章，应该说，每一个部分都可以写一部歌剧，写一本书，里边的内涵太丰富了，包括中国传统故事、历史事件，甚至寓言，这些流传下来的东西，一个字就可以有各种各样的展示和反映。但时间和容量都有限，5 个乐章加上前奏和尾声，每个乐章最多 10 分钟，这 7 个部分就是 70 分钟了。演唱这种形式不像讲评书或者讲故事，对词的内容容易理解。通过音乐形式进行表达，在唱的过程中观众如果不看字幕，可能听不太清楚到底唱了什么，容易造成理解上的障碍。

用纯音乐来表现宏大题材

最关键的问题就在于，在有限的时间和有限的容量当中，到底能够多深地反映这么厚重深刻的文化内涵。这是个最大的问题。研讨会之后，又开了一次研讨会。这时候，作品的策划者京生同志问我，你对这部作品目前这个状态有什么感觉？

容量有限，要表达那么深刻的东西，又不可能讲太多的故事，一个故事也不可能有太大的展开，都只能蜻蜓点水，感觉太难了。要想煽情，它没有过程；要想激动人心，它没有容量。表达这样一个宏大题材，音乐表现有太大局限性了。蜻蜓点水式的这样一个表现过程实际上也不可能太深刻。包括这里面引用了一些过去的历史事件、历史传说等，比如荆轲刺秦王，它到底能不能代表这个意义，这也是个问题，甚至有考虑到如果这部作品将来拿到国外去演，人家不了解你中国历史是什么。遇到这样的问题，你又不能去给人把整个历史讲一遍。这个作品到底引用哪些东西更合适表现这些文化内涵，确实有难度。最后决定不用歌词而全部用纯音乐来表现这个主题，全部的乐章使用纯音乐、交响化的写法来表现。我觉得这个想法很有智慧。因为这样，作者就避开了很难解决的一些问题，同时这样的表达也符合音乐表现的这样一种体裁形式。后来，就有了这样一个乐队版的变化。但这个作品最后要有一首歌曲，像贝多芬第九交响曲《欢乐颂》一样，希望有一首歌曲能够对这部作品的传承和普及产生一定的促进作用。这个作品的设计，就是前面以纯音乐为主，尾声有一首歌曲，就是这样一个结构。

第二版乐队版的《人文颂》的创作，就是这样改变过来的。因为考虑到后面有合唱，还有声乐，使用一个作品的音响资源，如果只用女声，那么前面几个乐章都是纯粹的器乐，对资源也是一种浪费。

后来我在设计的时候，还是把前面几个乐章加进去声乐器乐化的一种写法，让它作为一种音源，对整个音乐的表现起到更加丰富的作用。从头到尾实际上还是有合唱，但是表现手法和侧重点不一样，所以也叫合唱交响乐，但真正的合唱主要放在尾声那首歌曲上。

从古琴曲《幽兰》当中选取素材

这部作品的创作初期，就音乐素材上来讲，我主要从古琴曲《幽兰》当中选取了一些素材进行提炼、发展。据史料记载，《幽兰》是最古老的一首古琴曲。当然《幽兰》现在有各种版本，因为古琴过去没有五线谱，甚至简谱也没有，都用的是简字谱，包含了各种奏法，包括音高，用哪个手指，按哪根弦琴，它给了你这样一种信息，但几乎没有什么十指节奏，没有这些方面的内容。

所以古琴曲的演奏，包括它的记谱，就出现了打谱。所谓打谱就是把他认为的这个音的十指相对固定下来，如果再演奏这个，希望按照他演奏的这种节奏去演奏，但你换了一个人，他的理解又可能不同。这样一种记谱方式，现在有各种各样的版本，就是因为每个人对古琴的这个简字谱的理解不一样，所以打出来的结果也不一样，有的差异还相当大。

我为什么选取《幽兰》呢？因为这是孔子作曲的作品。既然谈儒学，我当然用孔子的音乐来表现。还有，孔子为什么写《幽兰》呢？因为孔子一生周游列国，他实际上不太得志，或者说怀才不遇。他那些治学方法、人文精神，很多人不欣赏。他周游列国，就希望得到别人的认可，但是当时这些人不理解他，他很郁闷。在这种心情下，有一次走到路边，他累了，坐那儿休息时看到了兰花。兰花实际上很芬芳、很高雅，但是它不张扬，它有很高的品质。他想，这么好的兰花长在草丛里边，根本就显现不出来，就像他的这一生，这么大的抱负，满腹经纶，不被世人认可，他觉得自己有点像兰花。

孔子很自信，但是当时没有人理解他。后来，他就回到了家乡讲学，办学传道。他的思想能够流传下来，还真是靠了他的这种讲学布道。当时他写了这首曲子，表现的就是那样一种心境。我想了很多素材，也想到用民歌、戏曲这些当地的民间音乐素材，但是我想来想去还是没有采用其他民间音乐素材。

先秦时期的民族音乐，流传下来的最主要的音乐文化就是古琴曲，其他的几乎都失传了。比如韶乐，韶乐当时是什么？据说是几千人奏的韶乐，比现在的乐队不知道大多少。滥竽充数这个故事是怎么来的，就是乐队用的人太多了，没那么多会乐器的人，一些人就混在里边充数。其实奏韶乐有级别要求，必须经过考试才能进乐队演奏。当时有些人为了混口饭吃，不管会不会，拿个竽就充数去了，实际上一大部分人都不会吹，在那里乱奏。

我除了学习孔子的著作以外，还亲自去山东曲阜采风。曲阜以前去过几次，都是作为游客去的，但这次是带着创作任务去的。我要到游客去不到的地方转一转，于是我自己开着车到了曲阜。孔子的母亲姓颜，叫颜徵在，她住的那个村子当时叫颜村，现在也叫颜村。当地有个传说，说孔子是"凤生虎养鹰打扇"。我到了当地最老的一个孔庙，在那附近有一个夫子洞。传说孔子出生以后，因为他长得很难看，耳朵很大，又翻着鼻孔，他父亲就认为生了个怪物，把他扔到泥山草坡就离开了，是一只老虎把他叼到夫子洞里面去喂，当然是喂虎奶，而因为夏天太热，一只鹰竟然呼扇翅膀给他扇凉。他母亲相当于凤，所谓"凤生虎养鹰打扇"的传说就是这么来的。我听了这个传说，专门让老农领着我参观了扔他的那个地方，就是泥山红草坡。老农跟我讲，那个地方的草都是红的，起码我要到那里去感受一下。我还真到了那个草坡，在那里我还拔了一些草，捡了几块石头留作纪念。

老农讲，孔子出生以后，因为是个圣人，万物都保护他。当时有一种荆棘，是长着刺的那种草，这刺都得往上长，就是因为怕扎到了孔子。传说反映了人们对孔子的敬仰文化。这个采风过程，有我很多亲身的体验在里面，写东西时感觉和感情都不一样。

在创作这部作品之前，我其实也介入了关于孔子儒学的创作。2008年奥运会开幕式前，当时有关负责人找到我，委托我创作表现先秦文化的书法那段音乐。当时修改、审查的过程很复杂，张艺谋导演对我们的创作提了一些要求，交流很多次，翻来覆去改。我当时实际上正接了一部歌剧《孔子》的创作，同时进行。改来改去，两个月的过程还定不下来，我说我现在目前就这个稿，我认为还可以。但后来开幕式那段音乐没有被采用，我用在了歌剧《孔子》上了。

从那时开始，我已经大量研究孔子著作以及儒学，也算是糊里糊涂地做了很好的铺垫。所以在文化上、在音乐上、在各方面的感受上，我对这部作品的创作有比较充分的准备。

以个性为中心，外学西方技术，内袭传统文化

下面我针对《人文颂》每个乐章大致作一个介绍。

先说序曲。序曲的开始，我想象应该创作一段音乐，是代表孔子的音乐符号。听到这段音乐，观众马上会想到孔子。这段音乐的主题是从古琴曲《幽兰》提炼出来的，前面表现了一个圣人的形象，很辉煌、很高大。中间有一段稍微显得有一点暗淡，表现了孔子一生的怀才不遇。最后又回到平静的大山，表现他的一生就是办学传道。实际上他的去世也不是辉煌的，他平静的一生就过去了。这段音乐加一起也就6小节左右，我们用这段音乐凝练了孔子的一生。

这个序曲之前有定音鼓，后来大鼓、大堂鼓都加入，一点一点的，好像一个圣人从远古走来，离我们越来越近，他的脚步声一点一点渐强，接着前面一个复杂的和弦，表现了一种思想混乱的状态，突然出现了圣人，杰出的思想家出现了，然后出现了这种文化、思想，最后是表现孔子的音乐形象。大的交响乐序曲，通常把其中主要的其他乐章的主题都在这里凝练一下，做个伏笔，然后再加以发展，这样观众不会感觉到这段音乐很陌生。

第一乐章《仁》。《仁》主要表现的是一种人文主义的人性关怀，

不是所谓的妇人之仁，它对应的现代价值观应该是博爱、包容，所谓仁者爱人。它对应的五行应该属于土。我们过去讲，"仁者乐山，智者乐水"，这句话不是没道理，因为大地包容万物，每一种生物都被它滋养，都有生存的权利，所以万物生机。

《仁》反映的是非常仁慈，表现一种包容仁爱、孕育万物、承载万物、无偏无私。从文学表达意义上来讲，大地、山川、河流甚至所有的生命都在这里孕育、生长，大地无私奉献，这个乐章，我希望用音乐来表现这种思想。整个音乐应该说比较舒缓，又很有深度、很有内涵，很温和又很壮美，给人这样一种感觉，里边有一些起伏变化。

这部作品在深圳已经演出七八场了，大家有兴趣可以去听。2013年9月21日，联合国教科文组织正式邀请这部作品到法国巴黎演出，据说联合国教科文组织邀请中国作品去演出，历史上这是第二次，这个作品应该说受到国际舞台的关注了。

第二乐章是《义》。对于义也有各种各样的理解，这个义不是指君臣之间的义气，它对应的现代价值观是正义。从文学表象来说，对照五行当中的火。义就像一团火，焚烧罪恶，焚烧陈腐的东西，同时它又能够温暖人心。这个乐章，在音乐表现上用了一些跟前两个部分对比的写法，音乐充满了张力、动力，是很快速、音响很丰富的这么一种写法。应该说，音响上比较激烈，一是音乐结构上的需要，二是表现这种内涵的需要。这里面用了一些中国戏曲，跟音乐结合在一块，产生戏曲音乐的一种特别的感觉。我在音乐结构上做了一些改编，这个作品的主奏乐器是大提琴，独奏，代表了一种人物性格。大提琴本身很抒情，又很有内涵，在我们对乐器的理解上，通常这件乐器是不能说假话的，就是说，每件乐器都带有不同的性格，像大管、双簧管、单簧管、长笛、小号、圆号，这些乐器都有性格，小提琴、大提琴、中提琴、贝斯，它都得有性格。

在乐队配器的时候，作者要会体悟这些不同乐器的不同内涵，音乐表达才能做到位。比如音乐形式上，表现老爷爷的，通常用大管，表现爱情的，可以用木管乐器，通常用双簧管，你要是用大管来表现爱情，就感觉这个爱情怎么那么苍老，就好像回忆遥远的过去，给人产生另一种联想，因为它本身那个质感会给你不同的影响。所以，这个乐章的主奏乐器，我选的是大提琴。

第三个乐章是《礼》，主要表现的就是以人为本的和谐之道，它对应的现代观念就是秩序、和谐。这个礼当然不是孔子所说的克己复礼的那种周礼，也不是等级观念的那种礼，这个礼应该就是一种举止文雅的文明，强调人对人的尊敬，协调人际关系的融洽、和睦，就像过去说的礼之用，和为贵，主要表现的是这种礼。从文学意义上来讲，主要是指五行中的木。我们可以这么理解，灌木、小草，还有很多植物，它们生长都很有秩序，和睦相处，和谐有序。而且中国人讲天人合一，每一种植物都不张扬，完全是一种既独立又互相尊重的和谐状态，主要表达了这样的思想内涵。这个乐章用的音乐的形象比较温文尔雅、彬彬有礼，你可以想象那个音乐的感觉，像戏曲里面的官人，迈着四方步，一步一步地前行，遇到熟人互相作揖行礼。你可以想象那种感觉和所表现的思想内涵。

谈到韶乐，相传孔子听韶乐，三月不知肉味，当然这是传说。据史料记载，孔子听了韶乐之后，确实说了一句话，就叫"不图为乐之至于斯也"，意思就是说，从来没想到我听了这段音乐，能够产生这样美妙的感觉，这是他本人的原话。

这个韶乐当时演奏的地点在山东淄博一带，据说很好听，但是到了明清，就改叫中和韶乐了。而且还有记载，先秦韶乐发展到唐宋以后，那个韶乐改叫洋乐。所以，几千年变化过来以后，最早的韶乐，先秦时期的韶乐，现在谁也不知道究竟是什么样的，现在有记载的，就是明清以后的韶乐，叫中和韶乐。我在这里就写了一段我认为很美的音乐，我们可以想象一下，听了这段音乐，是否可能三月不知肉味。

第四个乐章就是《智》了。智当然主要是指智慧，对应的现代价值观就是智慧。智慧照耀着人生的正途，引领着人们追求真理。在文学表达上相对应的就是水：智者乐水。所以在这个乐章上，我用了水声，就是滴水的声音，水滴在盆子里的声音。当然得用扩音器扩出来才能听得见，因为水声融进去以后，这种声音跟乐队其他一些乐器发音，产生很飘、很神秘的感觉，表现了一种灵质、灵性的东西，这个乐章用了很多这样的表现手法，而且大量使用声乐。声乐如同山谷里边回声的那种感觉，在女声、在童声上用了很多这种手法。还有一个技巧就是用了男声吟诵，当然这个吟诵现在感觉做得还不是太到位。吟诵已经失传了，但是我在歌剧《孔子》里也用了吟诵，在孔子和老子对话那一场戏里，让他们俩都用吟诵来对话，把古老的传统、失传的东西恢复。在国外现在还有很多人在传承吟诵，这里面试用了一些男声手法。

第五个乐章是《信》。信是以人为本的生命的承诺，对应的现代价值观就是诚信，传达一诺千金这样一种理念。儒家也把诚信作为人的基本道德。从文学上来讲，就是五行当中的金，因为金既光芒四射，又非常内敛，同时它也表现了一种分量和不可更改。所以，这个乐章主要是这样一些内涵的反映，同时这个乐章的尾声出现了连续演奏，主要就是《人文颂》的这首歌曲，它主要的内容就是仁慈之心，包括仁、义、礼、智、信五段。仁慈之心，如同大地，包容人类，这是仁；义，正义之火，焚烧罪恶；礼，礼仪之举，和睦如邻；智，智慧之水，如同海洋；信，无信不立，如同金石。

我还想再补充一点，我的音乐创作理念也叫"一个中心，两个基本点"：以个性为中心，外学西方技术，内袭传统文化。这部作品的创作也是我创作理念的延续。

走进书法

梁铁民

梁铁民

赣州书法院院长，中国书法家协
会会员，江西省书法家协会理
事，赣州书法家协会副主席，中
国国书会副秘书长。其作品多次
在全国展出并获得奖项。

中国书法是中华五千年的文明成果，也是全世界的优秀文明成
果。世界教科文组织把中国书法列为世界非物质文化保护遗产，以引
起全世界人民的共同关注。事实上，中国书法列不列入世界非物质文
化保护遗产，它都不会消亡。

因为中国的方块汉字不会消亡，中国五千年深厚的文化不会消
亡。世界上只有中国的文字才是最美的文字，所有文字中只有中国文
字既是抽象的又是象形的，比如："鸟""月""山""日"等，可以

208

从文字本身过渡到它的字义，非象形字中间也有象形的基础，可以满足任何复杂的思维和想象。埃及与玛雅文字比我们的文字象形多了，恰恰又是因为太象形，难以组织再造，也容易产生歧义，严重影响了它的书写性，因此最终走向消亡。只有中国文字，既功能强大又方便书写，所以不会被废弃。中国书法是用毛笔书写汉文字，是一种表达民族美感的方式——自然它永远根植在人们的心里，所以也不会消亡。在中华民族到了最危险的时候，在五四运动前后，许多文化界精英曾经把中国落后的原因归结为中国文化落后，把中国文字归为中国走向落后挨打的罪魁祸首，欲以拼音字母来取代中国文字，而依附于中国文字的书法艺术，更是消磨人们意志的妖魔，欲除之而后快，但它没有消亡。现如今，书法早已脱离开了其实用功能，称之为最边缘的纯粹的艺术，但它还是没有消亡。为什么？存在自有它的理由。

书法的无用与有用

1. 有用与无用古今比较

①封建社会有用。书法是学子的敲门砖：面子、名声、地位、当官首先靠它。人们从小开始，笔不离手，尤其是读书人，每天都要用到它。因为是登堂入室的钥匙，多半秘而不宣，家族相传，师徒相授。②现今无用。书法的纯粹的艺术，离今天的日常生活越来越遥远，现今绝大部分人不拿毛笔，钢笔都不用了，无纸化办公。相对于物质财富、经济发展似乎不值一提。

2. 无用或许有大作用

书法虽不能当饭吃，不是必需的生活资料，但其作用一直不被人们发现。目前人们虽然大都不为吃、穿、用而发愁，却烦心事不少，总也不能释怀，无名的焦躁让人不知如何是好。事实上，人们所缺的恰恰是物质所不能给予的，是精神上的享受，是内心的安抚。书法就是安抚人们内心的一剂良药。修心养性，心安心宽，没有烦恼。人的大脑和内心处在一种平和、安静的状态下，便能抛开物欲寻求精神解放，更深入地思考，更能真切体会到人的终极目的和意义，因而更加珍爱目前的生命与亲情，珍惜自己所从事的工作，不以物喜、不以己悲。使人一生处于一种安然、悠游舒心的状态，事实上是大作用。

3. 书法有用

（1）书法与生理机能的培养。学习书法的过程中，主要是动手，尤其是训练手指、手腕和手臂的动作，达到协调性和灵活性。这些动作靠大脑指挥，经常有规律地训练，可以促进少年儿童大脑的生长发育，开发智力，培养高智商；中老年人长期学习书法，可以增强手的灵活性，锻炼眼力，活动大脑，调息心脏，松活手指、手腕、手臂和腰，对各部件协调统一都有非常大的作用。

（2）书法艺术与个人能力培养。首先是培养观察力。古人说："察之者尚精，拟之者贵似。"学生通过观察每个字的点画结构、用笔方法和特征，从而心摹手追，训练既久，学生观察事物的能力就会提高。

其次是对想象能力的培养。古人云："夫书肇于自然。"书法中关于笔画形态的描述，很多是来自我们的生活和自然现象，像我们描述线条的质量高时，常以"屋漏痕（下雨时农家房檐滴的雨线）"作喻，还有"高山坠石""千里阵云"。唐代草书大家张旭从公孙大娘舞剑中悟得笔法之理，也是关于书法艺术与想象力培养的例证。

再次是对辩证思维能力的培养。在临摹古代书法中，有很多辩证统一的思想贯穿其中，如字形的向背、行笔中的提按、墨色的浓淡、行笔速度的疾涩、笔画形态的方与圆等，都构成了书法学习中矛盾的对立统一。从某种意义上来说，书法艺术乃至艺术创作的规律，就是运用辩证法，在矛盾中求得统一的过程。

最后，对专注力、耐力的培养也有着其他学科所不可替代的作用。怀素，10岁出家为僧，少时在经禅之暇，好笔翰，贫穷无纸墨，为了练字种了1万多棵芭蕉，用蕉叶代纸。后又用漆盘、漆板代纸，勤学精研，盘、板都写穿了，写坏了的笔头也很多，埋在一起，名为"笔冢"。毛泽东作为伟大领袖的形象盖过了一切，或者说，他在其他方面的造诣，与他伟人形象相比，实在是太微不足道了。他精书法，是中国当代的书法巨匠，被公认为20世纪最杰出的书法家之一。毛泽东在指挥中国革命之余，一直不忘他的书法实践，时常披览碑帖，从江西根据地到延安，毛泽东身边别无长物，却一直把晋唐小楷等他阅读临写过的法帖带在身边。他的书法成就在于狂草，来源于张旭、怀素。在井冈山，由于敌人的经济封锁，笔墨纸张比较缺乏，有一次，一个学员提出用柳枝烧成炭可以写字，毛泽东在青石板上试了试，软硬适度，写出来的字还挺清晰。毛泽东满意地说："倒真像墨笔哩！"他说："敌人越是封锁，大家的办法就越多。看，封锁得同志们用木炭树枝当笔，在地上、石板上、沙滩上写字。这种笔墨纸张是用不完的。"他在访苏的短暂而紧张的日子里，也未忘随身带几本《三希堂法帖》。我们反过来想：毛泽东那么伟大，他成就了书法，同时书法是否也成就了他的伟大？正所谓"梅花香自苦寒来"。今天，我们的孩子热衷于看韩剧、美国大片，沉迷网络，听流行歌曲。我想，我们如果能够引导孩子在中国传统艺术上给予足够的关注，就能够成就更多的国家栋梁之材。

（3）书法艺术与人格和精神培养。中国传统文化，主要是诸子百家，诗、词、歌、赋，尤其是儒、释、道（儒家思想、道家思想和佛教思想所带来的影响）。而书法，其表现内容主要为诗、词、歌、赋，而其审美理念与创作感悟和实践直通儒、释、道三家。

第一，书法艺术与儒学思想。

儒学思想的远大抱负是"大一统"思想、进取精神（正心修身）、忧患意识（治国、平天下）、历史使命感（士不可以不弘毅，任重而道远）。

如果用两个字来概括儒家思想就是"中庸"。"中庸"思想是为人处世的最高境界，"既讲天行健，君子以自强不息，讲士不可以不弘毅，任重而道远，又强调正心修身、修己安人"。"中"不是天平式的正中，是中国式的"老秤"，是根据实际情况做出恰当的判断。

反映在书法艺术中的审美取向和艺术境界是"中和"之美，"中正平和"，"不激不厉，风规自远"。《礼记·中庸》说："中也者，天下之大本也；和也者，天下之达道也。""和"是中华传统文化的核心，是中华传统文化所追求的一种境界。中华文化是道的文化，是"和"的文化，不是争的文化。书法是和的艺术，天与人、人与人、身与心，都要和谐。书法艺术追求中和美，笔画之间相互响应，结体左右顾盼，错让有度、协调一致，体现以和为贵、中庸和谐的思想内涵。表现在创作主体思想情感精神境界中，则是和而不同又不张扬，不媚俗，不故作姿态，追求绚烂之极归于平淡的中和境界。

第二，书法艺术与道家思想。

庄子说，芸芸俗生终日忙忙碌碌，疯狂地追逐名利，无情地侵害争夺，获得了什么成功？这样活着岂不丧失了人的内在价值？对于人生的意义与人的归宿，难道不是蒙昧透顶吗？原文在《庄子·齐物论》中："终身役役而不见其成功，苶然疲役而不知其所归，可不哀邪！人谓之不死，奚益！其形化，其心与之然，可不谓大哀乎？人之生也，固若是芒乎？其我独芒，而人亦有不芒者乎？"庄子的人生观承启自然天道观，对人生的痛苦体验，使得庄子向社会之外寻觅人生的乐趣，自然之美感正好充实他生存体验形成的空虚。庄子把鱼比喻成得道之人，水便是道体。鱼们无贪欲、无纷争、无私藏，恬淡纯朴，得水见性，自足自乐，相处如忘我，无思无虑；老子说，"见素抱朴，少私寡欲"，"夫唯不争，而天下莫能与之争"。老庄是随俗世无为浮游、独与天地精神相往来。

反映在书法审美上是追求自然之美，阴阳变化合于道，无为、无造作、无设计、不重形式，主要是抒发人的安静的、优雅的内心情感，游走在阴阳矛盾中，寻求无穷无尽的变幻和觉解，一切皆合道、合自然。

第三，书法艺术与佛法。

康有为云："吾谓书法亦犹佛法，始于戒律，精于定慧，证于心源，妙于了悟，亦非口手可传焉。"

"书法与佛法无异。盖书法书写时，运笔要合乎法则，必全神贯注于笔尖，合法则犹如持戒，全神贯注即是定，心定静而后能虑，思考布局章法即是慧。如此说来，与佛法修行戒定慧何异？"所以说书法即佛法。

法贵变通、灵活运用，颜真卿书法百帖百面目，王羲之《兰亭序》20多个之字写法均不同，变化多端，神奇莫测。

古人常抄经书，写经首先要定心，写经比念经更能帮助心的安定，注意力集中则不易散乱、妄想，专心一意写经，写着写着就入定了。

清周星莲《临池管见》云："作书能养气，亦能助气，静坐作楷法数十字或数百字，便觉矜躁俱平，若作行草，任意挥洒，至痛快淋漓之际，又觉灵心焕发。""应无所住而生其心"，"息业养神、任运自然"，"廓然无圣"，"去粘解缚"，"心上不着一物"，"入于法而出于法"，"心常空寂，无诸妄念清净心"，这些禅经中所得到的思想体悟，都是在书法临摹与创作中追求的一种状态，"忘怀遣虑，率性任心"，"悲喜双遣"，进入一种"妙绝古今，神逸超迈"的书法最高境界。

黑格尔说："人因渴求理想才有艺术。"艺术以美为内涵，美以真善为条件，以心灵为依归。只有真善美三位一体，才能达到"常乐我净"的心境，达到超尘脱俗的境界。

书法事实上无意中暗合了儒、道、释三家的核心思想，真正的一个书法人，在读得圣贤书时不进山可以悟道，不剃度出家可以学佛。给人感觉谦谦君子、文质彬彬，与世无争、仙风道骨，慈眉善目、心中有佛。

总之，书法看似无用，实为大用，对于人生有百益。

书法的简单与复杂

1. 书法的简单

很多人会这么认为，谁都认识字，蘸上墨汁把汉字写到纸上就是书法，混淆了一般写字与书法的概念。但是，由于大家都认识汉字，都能说出个一二三，所以书法都普遍地植根于人们的心中，只是还无法分辨出什么是好。谁都可以拿起笔来写。

2. 书法的复杂：有笔法、字法、章法、墨法

就笔法而言，楷、行、篆、隶、草5种书体都有它各自的结体和用笔方法。写字在没有获得笔法以前，永远也进入不了书法。几十年来，对于每个字体的每一种点画都有一套规范的书写方法和书写手法。没有经过严格的长期的训练，没有明师（"非名师"）的指导，都不能独得笔法。所以尽管写字的人非常多，但真正获得笔法的人少之又少，知道的不说，例如古时张旭对笔法秘而不宣，对裴敬与颜真卿态度截然不同。不知道的人乱炫耀，导致书坛混乱不堪，特别是想方设法吹嘘自己的东西，大秀特秀，迷惑世人。

3. 学习书法三步走

一是师法：法中之法。法中之法就是古人所论述的书法中循规蹈矩，亦步亦趋地去学习书法字帖，就是临摹。还包括笔法、字法、章法、墨法等。二是师造化：法外之法。法外之法就是师法自然，人法地、地法天、天法道、道法自然。有人概括为读万卷书，行万里路。三是师心：无法之法。无法之法重在"无"字，天地万物生于有，有生于无。道常无为而无所不为。东坡云："我书意造本无法，点画信手烦推求。"

书法的欣赏（详述）与收藏（简略）

1. 书法欣赏

书法的审美标准是"形态美""神韵美"。

"形态美"包括点画、线条以及由此而产生的书法空间结构；"神韵美"主要指书法的神采韵味。

（1）书法的点画。一是力量感（起笔、收笔与中间部分都有力，不浮滑轻薄）。点画、线条的力量感是线条美的要素之一。它是一种比喻，指点画、线条在人心中唤起的力的感觉。早在汉代，蔡邕

《九势》就对点画、线条做出了专门的研究，指出"藏头护尾，力在字中"（起笔），"令笔心常在点画中行"，"点画势尽，力收之"（收笔：指出锋部分加力收之）。要求点画要深藏圭角，有往必收，有始有终，力贯始终。

二是节奏感（不是一种节奏，而是千变万化，根据字形、字势和人的情感等产生不同的节奏）。节奏本指音乐中音符有规律的高低、强弱、长短的变化。书法由于在创作过程中运笔用力大小以及速度快慢不同，产生了轻重、粗细、长短、大小等不同形态的线条交替变化，使书法的点画、线条产生节奏，从而产生节奏感。

三是质感。无论中锋还是侧锋，都可以使线条产生质感，根据笔的运行状态不断地调整笔的运行方式，来保证线条与点画的质量，使线条厚重而不呆滞、飘逸而不流滑。

书法线条有力量感、节奏感和质感，都是人们对点画、线条的感悟。古人有很多的想象，孙过庭《书谱》云："观夫悬针垂露之异，奔雷坠石之奇，鸿飞兽骇之资（姿），鸾舞蛇惊之态，绝岸颓峰之势，临危据槁之形；或重若崩云，或轻如蝉翼；导之则泉注，顿之则山安；纤纤乎似初月之出天涯，落落乎犹众星之列河汉；同自然之妙，有非力运之能成；信可谓智巧兼优，心手双畅，翰不虚动，下必有由。一画之间，变起伏于锋杪；一点之内，殊衄挫于毫芒。"

（2）书法的结构。字法：字法即字的结构安排，也就是"集点画成字"。通过违与和、正与斜、疏与密、增与减、向与背、松与紧、平与险、避与就的处理构成美的汉字形体，这就是理想的字法。唐代孙过庭说："至若数画并施，其形各异；……违而不犯，和而不同。"其精妙处在于指出了每个字都应遵循一个规律，那就是"违"与"和"。"违"即变化，"和"即统一，要在错综复杂的结体变化中求得整体上的统一。

行气：书法作品中字与字上下（或前后）相连，形成"连缀"。①线条连接——实连。行书、草书等动态书体可字字连贯，游丝牵引，要求上下承接，呼应连贯。②意连。楷书、隶书、篆书等静态书体虽然字字独立，但笔断而意连，行书和草书也有意连。此外，整行的行气还应注意大小变化、欹正呼应、虚实对比，以及由此而产生的节奏感。这样，才能使行气自然连贯、血脉畅通。

章法：书法作品中集点成字、连字成行、集行成章，构成了点画、线条对空间的切割，并由此构成了书法作品的整体布局。要求字与字、行与行之间疏密得宜、计白当黑，平整均衡、欹正相生，参差错落、变化多姿。其中楷书、隶书、篆书等静态书体以平正均衡为主；行书、草书等动态书体变化错综，起伏跌宕。

（3）书法的神韵。神采本指人面部的神气和光彩。书法中的神采是指点画、线条及其结构组合中透出的精神、格调、气质、情趣和意味的统称。"神采为上，形质次之，兼之者方可绍于古人。"说明神采高于"形质"（点画、线条及其结构布局的形态和外观），形质是神采赖以存在的前提和基础。因此，书法艺术神采的实质是点画、线条及其空间组合的总体和谐。追求神采、抒写性灵始终是书法家孜孜以求的最高境界。

2. 书法收藏

（1）四宁四毋原则：傅山提出"宁拙毋巧、宁丑毋媚、宁支离毋轻滑、宁率真毋安排"。以拙朴遒厚、自然率真为贵，反对轻滑、软弱和做作。

（2）重功力（有法）、重学养（人：人品高、有文化、有内涵；作品：有书卷气、安静气，无霸气、市侩之气等）、重境界（儒之中和、释之，道之丰富变幻无穷又自然流露）。要收藏到好作品，自己要有一定的鉴赏水平。如何提高鉴赏水平？（略）

书法的临摹（详述）与创作（略）

市民文化大讲堂听众是广大市民，不是专业书法学生和书法家。肯定有不少学习书法的朋友，对笔法的问题困惑不解，下面，结合自己几十年学习书法的感受和经验专门从临摹入手对笔法的问题作深入的探讨。

书法的临摹，是伴随着每个书法家一生的问题。一个成功的书法家总是不断地在书法临摹中获取营养，终生不辍。王铎就有一天读书临摹、一天应请索的良好习惯，把临摹与创作的问题处理得非常好。沈鹏先生已是80多岁的老人，但是沈老一直都坚持着一个习惯，他可以一段时间不创作，但每天都要临摹，没有时间就读帖。

书法一般意义上的临摹是忠实于原作、尊重原作者书法风格的临摹，即对原作作精微、深入的分析临摹（中国美院）。

另外是主体介入的临摹，即意临，印象的临摹是向创作靠近、走向创作。

1. 选帖方面

（1）要选经典法帖。经典就是经过了历史的选择，能穿越时光而且保存下来的字帖。一般认为是百年以后，在后人反思中公认的法帖。目前有不少人拜谁为老师，就学谁的字，而老师并非经典，结果把老师的特点全学到手，好的坏的都在手上。

（2）版本要高清。现在高清的字帖非常多。

（3）字体的选择。路子可以放宽一点，不要局限于欧、颜、柳、赵，不是因为欧、颜、柳、赵不好，可以适当选择魏碑、北魏墓志，不仅有法度，而且还有情趣，更不会学得死板。

另外，如果不是针对培训中小学教师，就毛笔书法而言，我不主张选学楷书。我主要是学习篆书，铁线篆（小篆）和隶书也可以，因为后来的草书、行书、楷书都是从篆书与隶书演变过来的。

初学隶书一般不写《石门颂》，篆书一般也不写《散氏盘》。它们已经加入了很多思想与情性，初学还是学基本的特征和技法。学到篆书、隶书，实际上是寻找书法的源头，不容易写坏手。

（4）走大路。凡是越特异的，其路子越来越小。郑板桥、王铎太特异，特点太明显，大家容易被表面的特点迷惑，忽略对书法本体的认识。其实，他们一开始也是走大路，比如王铎。

2. 把注意力放在细节上（放在局部）

你看到的字，是一个大概的模糊的字，反映到你脑子里时又是一个大概，又通过手反映到纸上，又是一个大概的大概。稍微马虎便走形。

刘京闻说：对于一个草法我要仔细琢磨，反复练习。它是怎么下去的，又是怎么上去的，反反复复，在细节上力求抓住书写的本质。王厚祥说：对于每一个草法的锤炼，都经历无数次的反复的比较，从书写的状态中把握毛笔的走向和运动方向、进入的角度、行走的方式与速度，在各个方面尽可能达到与古人同。

3. 进去要站稳，出来要小心

进去要站稳，说的是入纸的一刹那，无论在什么情况下，开始下笔到收势后的重新起笔，每一个笔画都要站稳再走。就是笔一入纸，就要把笔锋调整到涩势状态，否则线条变薄，出现流滑、拖笔。前面讲线条的力量感、质感和节奏感，没有涩势这一切都出不来。

如何站稳？这是个思想问题，更是一个技术问题。对于初学者来说是很难理解的。一支圆锥形的笔，对笔的每一个面，360°下笔都是一个样的，怎么就产生稳与不稳的问题？写字写多了的人就明白，就是对笔性的认识与把握。古人云：欲上先下，欲左先右，反正就是假如你的笔毫想走一个方向，那就要从它相反的方向取势或者说逆入取势。配合实际线条的大小、笔入纸的角度、线条的运行方式与速度，从而产生千千万万个不同的起笔方式。只有取到了涩势，笔才能站稳。

这个站稳是相对于时间概念而言的，你取得涩势的一刹那，便要行走，如果你取得涩势又停下来，弹性没有了，涩势也不存在了。没有站稳，这就是写字入笔的奥妙和关键所在。一个字写下来，无非起笔、行笔和收笔，解决了起笔问题就完成了一根线条（点画）的1/3。

所谓万事开头难，如果起笔都没有起好，对于这个字基本就没有信心了，这个字也不可能写好。

收笔就是收势，出平要小心。一个字的收笔与收势影响下一个字的起笔与起势。收笔由几个部分组成。

（1）方向：方向不同，字势不一样，字势最后决定造型。在写一个字时往往前面的结构比较平，但最后通过收势使整个字精神起来。

（2）运行状态：决定收笔的厚与薄、实与虚，即浑厚或是尖刻、拙或是平。

（3）收势和引势：收势即安如山，引势如青龙出水，摇曳生姿。很多人写字形成一种习惯，写完每一个字都带一下出笔，又不连到下一个字，使得字势断了，而单个字又不收势，通篇散而程式化。

4. 目前临摹中存在的几种情况

（1）求形不求法。写字的人通常把注意力放在字的形体结构上，怎样把字写得像。事实上，形以法为基础。没有抓住实质，形不可能准，只能是大体上外形相似，而精神不在，没有精神的字，就是没有魂，如人没有魂，就剩下躯壳。无法则形不准，抓形如抓烟，原因有二。一是识形不识法。书法相对于其他艺术，它是抽象的；但对于书法家而言，字形是具象的，笔法是抽象的，只知字形线条却不见笔法，则不知道笔法在哪里。二是识法不知法。也就是说，明知道这个字这根线条是有笔法的，不知道怎么表现出来。不懂就是不懂，写一千篇也不是这个法，写一千篇也写不出这根线条来。有人写字一辈子，还不知道法为何物，这是悲哀，自己还不服气，都写了一辈子了，还不如小年轻？法是科学，要尊重科学；但又不完全是科学。有人提出用西方的方法：用手术刀一样解剖，事实上这样理解笔法是不科学的，是反科学的，因为它无视众多可能参与的主观和客观的因素，一厢情愿地片面解释，必然走向失败。这样理解笔法会把自己带进死胡同。所谓法是科学的，是说我们通过一种动作方法的训练，使自己的手法与古人写字的手法相同。因为在写同一个笔画时，无论怎样都不可能相同，王羲之自己再写《兰亭序》不可能一样，因为人的手在使用笔的时候，含水量，脉搏的跳动、呼吸、情感，下笔的方向、角度与旋转力度和速度都不能完全测量出来，不可能完全一样。

（2）求量不求质。许多人的心里形成了一种负担，每天都要写字，一写就通篇，每天写一大堆，半年下来，"废纸三千何足少"。抱一大堆给别人看，结果所写的每页都一样，没有看到一点东西，人累了、钱花了、时间浪费了是小事，结果把手还写坏了。

本来手上缺点不多，也不明显，结果每天重复自己的错误，每天巩固手上的缺点，结果手上的恶俗习惯很难去除，下笔就难，这是非常要命的。首先要去掉手上的坏习惯、坏毛病，因为你教他一种方法时，他的手和思想都会条件反射地形成一种阻挠，就像病毒进入人体内，非得杀病毒。

（3）缺乏系统性。临摹贵在专攻，短的在1年内有基本打算，长一点的在5年内有个安排，按部就班地来进行，有意识地一家一家地过，切忌东一榔头西一棒槌，漫无目的。人一段时间有一段时间的喜好及审美兴趣，一生也许会临帖无数，在某一阶段可有意识吸收某种优势，把临摹看成一个动态的过程。临摹就是继承，就是向古人学习，学习前人优秀碑帖中美的用笔、美的结字、美的章法、美的韵味和气势等。

（4）抓笔不松活。松，有了一切变化的可能；紧，使肌肉紧张。松是周身的放松，心放松、思想放松、手放松，甚至手握的笔管也放松。一个字乃至一个点画，都有许多细微的变化之处，线条丰富性只有在身心极为松活的状态下才能表现出来。现在不少人写字把笔管握得紧紧的，好多老师在教学生时，要从背后猛然抽学生正在写字的笔。如果抽不出来，说明笔抓得实、抓得牢。听说"大王"检查"二王"时就用的是这个方法，所以大家便以为握笔要紧，事实上手松才能抓住笔。极松才极敏感，与太极同理。

手在松的状态下笔与纸的摩擦力可以传递到手上，书写是手和笔相互感召的结果。

用笔有两种状况，一种是完全由人力主导。目前绝大部分人书写都如此。另一种则是发挥笔的能动性，借助笔在运动中的力的不断消失与再生，在笔与手的相互作用下完成。这样就把笔看成有生命的了，赋予了灵性。

有没有技法，这是区别一般写字与书法的前提条件。没有技法，不成为书法；技法没有过关，永远在书法的大门之外。但反过来说，有技法也不等同是书法，技法是手段，不是目的，目的是创作，以表达丰富的精神世界和内心情感。

前面说学习书法要三步走。第一步是学笔法，就是师法：法中之法。另外法中之法还有字法、章法和墨法等。关于书法创作的问题，第二步是师造化：法外之法。第三步是师心：无法之法。因时间关系，以后再作探讨。谢谢！

中西方建筑的文化赏析

陈 炎

陈 炎

山东大学副校长、研究生院院
长、教授、博士生导师。中华美
学学会副会长、中国文艺理论学
会副会长、中国墨子学会常务副
会长、台湾东吴大学客座教授。
主要研究领域为文艺学、美学以
及中国传统文化。已出版《积淀
与突破》、《陈炎自选集》、《反
理性思潮的反思——现代西方哲
学美学述评》、《多维视野中的儒家文化》、《日神与酒神》、
《中西比较美学大纲》（合著）、《美学与社会犯罪》（合著）
等著作，并主编了《中国审美文化史》（四卷）。

从建筑材料入手看古代建筑

今天讲中国与西方建筑的文化欣赏、文化鉴赏就要放在中国文化和西方文化大背景上，才能看出东方与西方建筑有什么差别。

建筑和其他艺术形式最大的不同是，它不是虚构出来的，它需要一砖一瓦、一石一木，必须从建筑材料入手，我们才能进入这个话题。

古代建筑的材料是什么呢？传统的西方建筑，包括被西方认为是东方的埃及、印度、伊斯兰建筑，长期以来以石头为主体，而传统的东方建筑，包括日本、越南、朝鲜半岛等地的建筑则一直是以木头为主体，这种建筑材料的不同，为其各自的建筑艺术提供了不同的可能性。所以我们看古代建筑，首先要观察它们的材料。

费塔尼纳圣母希尔山这个建筑是诺曼底登陆的地方。所有的教堂建筑全是一块块的石头建成的，这种建筑在古代西方比比皆是。

日本奈良的东大寺庙是仿造唐代的建筑形式建造的，主要材料都是木头，有的柱子能挖一个洞，像我这种身材都可以从那个洞里穿过去。这种木头材料不仅在庙宇中能看到，而且在民居中也能看到，我们经常看韩国的电影，古代韩国建筑用的都是这种材料。

这两种材料各自有什么特点？石头是密度很高的材料，它的第一个特点是施工周期长、使用寿命长，因为石头很坚硬。我们用石头来建房子，我们就要把石头打成一块相对完整的石砖、石条。在打磨的过程中，本身要耗费很多时间，然后一块一块把它垒起来，建设一个建筑需要很长时间。比如巴塞罗那的圣家族大教堂，在建筑史上非常著名，是西班牙建筑大师安东尼奥·高迪的毕生代表作，它位于西班牙加泰罗尼亚地区的巴塞罗那市区中心，始建于 1884 年，盖了 100多年了，已经写进历史了，目前仍在修建中。你去看，那些工人还在一砖一石地慢慢干，花两三百年建一个教堂，在西方很常见。建筑周期长似乎是缺点，但同时也是它的优点，它的使用寿命长。西方建筑

223

可以保存相对长的时间。

帕台农神庙是古希腊留下的，到现在有两千多年历史。神架现在还比较完整，尽管它的屋顶被破坏了。如果它是木头建造的，它能保存下来吗？所以石头的第一个特点是施工周期长、使命寿命长，包括我们在罗马看到的这个将近两千年历史的罗马斗士场。

石头的第二个特点是宜于纵向发展而不宜于横向发展。石头很坚硬、很重，它压得很结实，它可以盖得很高，而且不晃动，所以它利于纵向发展。反过来，它不利于横向发展，如果用石头盖一个很大的门窗，这个就很难。如果它前面加一个石梁，石梁再加石头，那么重，它就很容易扭曲，很容易被破坏。所以它只适用于指向上苍的这样一种造型。

巴黎圣母院有 1000 多年的历史了，但是你现在去参观巴黎圣母院，你会发现它完好无缺，你如果有时间排队，你还可以从那个楼梯上一直爬到上面，看看卡西诺拍电影的地方，说明这个建筑很完好。如果是木头建造的，1000 多年，肯定不可能存在了。西方的建筑像这种拔地而起指向上苍的非常多。

木头的特点正好和石头相反，它的第一个特点是施工周期短、使用寿命短。木头是相对比较柔软的、可塑的材料，可以锯、可以刨，建房子使用木头很快。

紫禁城是明清两代留下来的皇城，据说有 9999 间半房子，这么大一个大建筑群体，只花了大概 13 年就建造出来了。如果这些建筑都用石头，那要花很长时间，会很慢。优点也是缺点，施工周期短，使用寿命也短。中国古代没有悠久的建筑，最早的据说就是佛光寺，再往前的建筑有没有？有，但是没有留下来。

木头这个建筑材料，它禁不住风吹日晒、雨淋、火烤，容易破坏，虽然它的施工周期短，但是它使用寿命也短。

木头的第二个特点和石头也刚好相反，利于横向发展，不利于纵向发展。我们要做一个很宽的门窗没有问题，我们上面用几个梁，木片一搭，就没有问题了。但是我们要是光上片就有问题了，为什么？它可能会晃动，木头比较轻，如果盖得很高，它就不怎么结实。李白有诗，叫"危楼高百尺，手可摘星辰"，李白是很夸张的诗人，在他的诗里百尺已经是危楼。我们古代没有很高的那种往上发展的建筑，就是一些木塔也是高硬性的建筑，比如应县木塔，这个是比较老的。

西方建筑都不是为俗人建设的

为什么西方建筑要以石头为主？西方没有木头吗？不是，西方人有木头，而且西方人也曾经用木头建造过神庙，但是西方人后来放弃了木头，而选择了石头，尤其是在它的经典建筑上，在它的教堂、神庙上选择了用石头。为什么？这跟他们的文化有关系。西方文化，简单说叫宗教文化，大凡经典的西方建筑都不是为俗人建造的，而是神灵栖息之地，石制建筑不利于建造而有利于保存的特点，刚好可以满足宗教建筑不求急用、唯求永恒的理念。另外，石制建筑有利于高耸而不利于采光的特点，又刚好可以满足宗教建筑神秘、幽暗而又指向上苍的要求。

西方之所以选择石头作为材料建房子，是因为它的房子是为神、为上帝建造的，上帝永远在，上帝不着急，你着什么急？所以我们凡人一砖一瓦、一世一代都是为上帝奉献，不着急，这个奉献是没有止境的，在西方人看来，几百年盖一个建筑是常有的事。

威尼斯圣马可广场是很著名的一个建筑，这个建筑也有好几百年了，它每一层的风格都不一样。它建了几十年后，改了一个风格，后来又变一个。这种几百年建成一个教堂的事情在西方国家非常多，为什么呢？不着急，建这个房子就是世世代代给上帝做贡献的，它没有功利的需要。另外，这个石制建筑利于高耸、不利于采光的特点，刚好可以营造一种神秘而又幽暗的氛围。大家知道，石制建筑不能弄很宽的门窗，所以它的采光比较差，这个按道理是不好，但是对于供奉上帝来说，也没有什么不好。你们看这样的门窗，还要搞成彩色玻璃，采光就更暗了，在幽暗的环境下，它可以营造一种神秘的氛围。选择石头作为材料，对于宗教建筑来说，它没有什么不好，西方人大概出于这个原因选择了石头。

反过来说，中国人为什么偏爱木制建筑？和西方正好相反，在一个非宗教的世俗社会里，中国古代虽然也有佛教，也有道教，但是广大民众基本上不相信，中国基本上是一个世俗的社会。在这个社会里我们建筑的核心不是神灵栖居的寺庙，而是皇帝居住的宫殿。一方面，木制建筑不利于高耸而有利于采光的特点，刚好可以满足世俗建筑宽敞、明亮而又安居大地的特点。另一方面，木制建筑有利于建造而不利于保存的特点又刚好可以满足世俗建筑不求永恒、唯愿速成的现实需要。所以中国建筑的核心或者代表不是寺庙，而是皇宫，皇宫是给皇帝住的，皇帝成天让臣民说"皇帝万岁万岁万万岁"，但是他心里明白他活不了10000岁。所以，你要是花好几百年时间给他建造房子，他不接受，他明白他住不进去，而且中国古代有一个非常不好的习惯，历代推翻前朝之后，都要重新盖自己的宫殿，除了明清两代合用一个故宫以外，其他主要朝代都新建了自己的皇城。如果你花几百年去建设，这个朝代就没有了，所以首先要选择比较好的建筑材料。

木制建筑不利于纵向发展，利于横向发展，好处是什么？采光好。采光在古代建筑里非常重要，为什么？因为古代没有电，没有窗户的建筑我能住吗？那个时候没有电就需要自然采光，所以建筑要横向发展，像这种整个阳面全部是玻璃、全部是窗户的建筑，采光很好，非常舒服，非常适合人居住。中国不是没有石头，但我们不愿意用石头，这是我们的文化需求决定的。

可能有的朋友会说，中国古代也有宗教建筑，比如说塔。确实是这样的，但是大家知道，塔这个建筑是从西域和佛教一起传进来的，而且传进来的过程中发生了两个变化。第一，塔在中国寺庙中的地位不是很高，在西域的时候是核心，在中国内地已经边缘化了，在中国寺庙中地位最重要的不是塔，而是殿，我们叫大雄宝殿，而塔基本上是在寺院后面。第二，西域的塔，从石头塔到砖塔，然后演变成木塔，最后就变成了一种适宜观光、适宜享受的环境，所以它的世俗化倾向也越来越强。因此，在一个世俗社会里，它也慢慢地接近满足我们的需要。

根据建筑风格和特点选择石柱

西方建筑最基本的元素是它的柱子。为什么？因为西方建筑是纵向发展的，是指向上苍的，如何把石头、把屋顶挺起来，这个柱子就变得非常重要。这个柱子是什么样子呢？多粗、多长才是合理的？古希腊人很信奉宗教，他们认为人是神造的，神在造人的时候一定有它的根源，于是他们根据人的脚和腿的长度比例最后算出来一个柱子，这个柱子叫多利克石柱。这个石柱长、粗的比例相当于男子的脚和腿的相关比例，而整个柱身很挺拔，有一些凹槽，显得很有力量，它的柱头和柱底没有什么东西，很简单，像男子汉一样，非常刚强、有力、挺拔，这种柱子被认为带有男性阳刚之美。

创造了这个多利克石柱后，希腊人觉得还不满足，这个世界上光有男人而没有女人显得很单调，于是又根据女人的脚和她的腿的长度比例，创造了第二种石柱，叫爱奥尼石柱。爱奥尼石柱不仅比较秀美、比较修长，而且它的柱头和柱底都做了精心的布置，柱头如古希腊女人的卷发，做了一些精心的修饰，它的柱底也做了修饰，像女人的头发，它的柱身光洁，像女人的皮肤。爱奥尼石柱被认为具有女性阴柔之美。

之后，古希腊人觉得还不过瘾，我们能不能把男人和女人的特点结合起来创作一个石柱呢？于是他们就创造了科林斯石柱，科林斯石柱的特点是它的柱身像多利克石柱，强悍、有力、粗放，有阳刚之气。但是它的柱头经过了一番修饰，像一种散落的花瓣，很漂亮，像女人的另外一种发型。这个石柱我们在生活中也经常看到，这就是科林斯石柱。

当这三种石柱都创造出来之后，古希腊人还不过瘾，索性按照人的形体创造了一个石柱，叫人形柱，把人的雕像变成了一个柱子。

有了这四种石柱，古希腊人觉得够了，不用再创造了，所以我们现在看，从古希腊到现在，西方人所使用的柱子无外乎这四种，他们会根据建筑的风格和特点来选择不同的石柱。如果要建造一个市政厅或者一个法院，这是很严肃的地方，就要选择多利克石柱，因为很严肃、很阳刚。反过来，如果要建造咖啡馆、美术馆，他们有可能选择爱奥尼石柱、科林斯石柱或者人形柱，根据不同建筑的风格去选择不同的石柱，而且有时候我们看西方的建筑，它每一层选择的石柱都不一样，比如第一层是多利克石柱，第二层是科林斯石柱，第三层是爱奥尼石柱，第四层是人形柱，用柱子来修饰，你会发现每一层都有变化，如果石柱单一，就显得太单调了。

除了看这个柱子外，我们欣赏西方建筑，还要注意它的屋顶。不同的时代选择的屋顶也不同，比如古希腊神庙选择的是希腊式的人字屋顶，中间有一个三角形，上面有一个雕塑，叫花山，然后底下的柱子是空的，可以和外面相互沟通。整个神庙是开敞的，和自然融为一体，所以一般人认为，希腊式建筑反映了希腊当时的宗教精神。当时希腊人信奉多神教，希腊的神都住在奥林匹斯山上。那些神和人都差不多，也有个性，有的神爱嫉妒，有的神贪财，有的神好色，没有什么神秘的，而且神和人之间还可以沟通、谈恋爱，谈了恋爱之后生的孩子叫英雄，就是半神半人的，所以那个时候没有必要把神庙分开。它那种通透的东西显示了人和神比较接近，可以互相往来。而且整个建筑不是很高，它居于大地，也显示了人和神之间不陌生，比较亲密，这些都是希腊式建筑的特点。

创造神是为了显示我们渺小

到了罗马时代，情况变化了。如果大家到意大利首都罗马去看建筑，大家一定要观察这个叫万神庙的建筑。万神庙前面部分是典型的希腊式，开敞、通透，后半部分有一个封闭的空间，它供奉了很多神。这个建筑的意义在哪里？如果我们把前面部分封闭起来，举向上空就成了罗马式；如果我们把后半部分封闭起来，举向上空就成了外在形式。到了罗马时代后，基督教慢慢被官方接受了，而基督教教徒后来被分成了两部分，一部分是天主教，另一部分是东正教。天主教基本上是把前半部分封闭起来，举向上空，他们的建筑形式基本上是这样的。天主教的中心就在意大利、在罗马，这些地方包括整个西欧一带都是天主教的地盘。他们改造了希腊建筑。第一，把它封闭起来了，封闭意味着人和神不再沟通了，神是神，人是人。第二，他们把它举向上空了，意味着神和人不那么接近了，比较疏远，人只能匍匐在神面前进行祈祷，再也不能和神谈恋爱了，说明开始了异神教对人的一种反治。

基督教分开的另外一部分叫东正教，东正教的中心主要在伊斯坦布尔，古代叫拜占庭，这个建筑就是把我们刚才看到的万神庙的后半部分都立起来了，然后又举向上空。其中封闭和举向上空的意义是一样的，意味着人和神不再那么接近，意味着神对人有统治。而这种拜占庭式建筑也有很多，比如在俄罗斯，我们可以看到这种像洋葱一样的建筑，俄罗斯也属于东正教的地盘。

在莫斯科的红塔上可以看到瓦西里升天大教堂，红塔呈三角形，你站在红塔的列宁墓那里，可以看到很多部队，路的另一部分就是瓦西里升天大教堂。当时的沙皇要建造一个非常好的、举世无双的教堂，有一个人就设计了这样的教堂，沙皇很满意，说这个教堂很好，以后这个世界就只有它了，不能再有了，为了保证这个教堂的独一无二，他把建筑师的眼睛弄瞎了，意思是你不可能再建出同样的建筑。类似这种拜占庭式建筑在中国也有，如哈尔滨的索菲亚大教堂，也是拜占庭式建筑。

如果说封闭的结构表现自然、人与社会的隔绝的话，高耸的体态则表现出人与神的疏远。无论是拜占庭式的穹顶，还是罗马式的斜山顶，都是向高空发展的，这似乎意味着多神教向一神教发展过程中，人神之间关系日益疏远。进入黑暗的中世纪后，人和神的关系更疏远了，人在神面前我们叫异化，我们创造了神，但是神反来压迫我们。

为了使神显得伟大，出现了哥特式建筑。哥特式建筑拼命往上发展，非常高，竭尽所能的高，而且内部非常幽暗、神秘。德国科隆有一个双塔式哥特建筑，非常高，高到什么程度？在前面的广场上都拍不到塔尖，这个建筑大概是 300 多年前建设的，我们进去后会发现，它建得越高，人越渺小。这个建筑跨度空间很大，在里面人的比例显得非常小，我们创造了神是为了显示我们的渺小，这叫异化。为了使这个教堂高，旁边还有一些辅助的支撑，虽然它是石头的，但是仍然太高。这种建筑有一种匪夷所思的高度，这种高度让我们感觉到的不是优美、和谐，而是一种崇高、压力。

洛可可式建筑都非常烦琐

中世纪过后迎来了一个伟大的时代，我们把它叫做文艺复兴。文艺复兴就是要复兴古希腊、罗马的文化，要摆脱神对人的压抑。佛罗伦萨是文艺复兴时期的中心城市，我们到意大利去一定要去佛罗伦萨看圣母百花大教堂。它在建筑史上非常有名。为什么？这个建筑从里面开始明亮了、好看了、舒服了，没有那么压抑了，它摆脱了哥特式建筑人和神之间的疏远，开始向人回归了。

这种文艺复兴式建筑的代表是梵蒂冈圣彼得大教堂。梵蒂冈就有一个教堂，非常漂亮，而且这个建筑里集合了当时伟大的艺术家，比如米开朗琪罗、拉斐尔他们的创作，这个建筑就是米开朗琪罗设计的，里面有很多雕像和绘画是米开朗琪罗和拉斐尔他们创作的。还有一个广场是一个叫贝尔尼尼的艺术家创作的，广场里有三排柱子，设计得非常精美。到这种建筑里，人显得不那么渺小了，人和神之间相对来说可以沟通了，这种形式进一步美化之后，就出现了所谓的巴洛克式建筑，这个建筑没有名气，但是它太漂亮了。

巴洛克式建筑是怎么样的？在原有罗马式建筑的基础上，或者拜占庭式设计基础上，它搞了一些蜗卷式的装饰。整个建筑让你感觉非常和谐、非常舒服、非常好看，比如说原来的建筑应该是走直向下的，罗马式建筑应该是下来的，但它是曲下来的，它没有直角、另类的感觉，而是很和谐的，而且这个上面有很多的装饰。我们在巴洛克建筑的内部，也看到比以前通透明亮了许多，虽然它不能有很宽的门窗，但是窗户挨窗户，它的采光非常好。这种神态本来也是一种巴洛克式的修饰，非常好，明亮，从内部看已经非常艺术化了，不仅追求宗教的神秘感，同时也追求一种和谐、美妙的感受。

随着巴洛克式建筑的极端性发展，就出现了洛可可式建筑，表现为进一步雕刻的烦琐，无论看外面还是内部，洛可可式建筑都非常烦琐，就像一个阔太太，身上所有的地方都要配上她的装饰，耳朵上戴耳环，手上戴手镯，她不能有一个地方闲着。

柏林无忧宫，外面的装饰就显得很烦琐，它的内部也是这样，细节很烦琐。这种建筑已经没有多少宗教神秘感了，更多的是一种珠光宝气，是一种世俗的东西，如金钱、欲望。到这个时候，这还叫教堂吗？这有点像星级宾馆了。有人说洛可可式建筑已经是宗教的一种堕落，宗教向感官化、肉欲化的世俗妥协和投降了。宗教发展到这个阶段，它已经慢慢不再成为神圣、被人尊重的东西了，就像尼采说的，"上帝死了"，上帝在人们心目中死了，人们更注重的是感官的享受，而不是神秘氛围的营造。

总的来说，西方古代建筑的核心，要处理的是人和神的关系，我们从希腊式、罗马式、拜占庭式，到哥特式、文艺复兴式、洛可可式，一直数下来会发现人和神的关系开始是相对和谐的，后来是紧张的，然后再回到相对和谐的状态，这个状态不同时期表现在建筑上面，就会出现不同的风格和样式。

西方园林体现了西方人的科学精神

如果说教堂体现了西方人的宗教信仰，西方园林则体现了西方人的科学精神。西方文化很有特点，一方面在上帝面前人表现得非常渺小；另一方面，在自然面前，人又非常伟大。按照西方的宗教观念，人是上帝派来主宰这个世界的，如果说教堂体现了人和神的关系，那么园林则体现了人和自然的关系。在人和自然的关系上，西方人的园林就充分体现了人对自然的统治。

西方园林一般分三种类型，第一种类型叫意大利的台地式园林。意大利是一个多丘陵、多山的国家，它利用山坡的特点，就是用坡度制造原理建设园林。这个原理有什么好处？从上往下看，视野上很舒服。另外它可以把山上的泉水一叠一叠地放下来，很漂亮，但是这个建筑基本形态是一个坡度线，意味着人可以去主宰控制自然。圣彼得堡夏宫是按照台地式来做的，水池是一叠一叠的，整个园林基本上平衡对称，这边是喷泉，那边也是喷泉，这边是水池，那边也是水池。

第二种类型就是法国式的古典式园林。法国是平原古国，它的古典式园林没有那么多坡度。凡尔赛宫是巴黎郊外路易十四的夏宫，它后面有一个非常宽阔的园林，像森林，但是整个园林都是几何化的、对称的，这种东西同样体现了人对自然的控制。这种把树木、把花草修剪成几何状的园林，充分显示了人对自然的驾驭。

奥地利的美泉宫，是西亚公主的夏宫，它的园林、花卉的设计都是几何化的。还有美景图，树木也呈几何形状。树木其实不是这样的，反映了人对自然的控制。

第三种类型叫英国式的庄园园林，基本上是学中国和日本的园林，我觉得它不代表西方文化的特点。

总的来说，西方的建筑，一是看它的教堂、神庙，这些体现了人和神的关系；二是看它的园林，体现了人和自然的关系。这就是西方建筑和文化的关系。

中国建筑追求飞檐屋顶上行文

中国的建筑正好相反，它不是拔地而起、指向上苍的，而是横向发展、居于大地的。中国的建筑不追求绝对的高度，而是在飞檐、在屋顶上做文章。

中国建筑首先关注的不是它的柱子，中国的柱子没什么好看的，顶多是雕个龙、刻个凤而已。中国的建筑要注意它的飞檐和斗拱，斗拱是中国建筑特殊的一个元素，就是用斗形的木头和斗形的木头逐渐咬合出来的一种状态，它的目的是把纵向的力量往横向发展，有了斗拱才可以有飞檐，中国的建筑注重的是突出横向发展的飞檐。

飞檐非常有讲究，高低、长短有一定的规律，不像西方建筑有四种柱子就行了，我们的飞檐要根据这个建筑的特点，时而高瞻、时而低垂、时而横向延展，每个建筑的飞檐都不一样。

比如说武汉的黄鹤楼。虽然它是仿古建筑，但它的飞檐还是很成功的。它的飞檐很有特点，拔地而起，就像黄鹤展翅高飞，有点冲天向上的感觉。但不是所有的仿古建筑都是成功的，比如岳阳楼，我就觉得不是特别好。不是说飞檐越高越好，或者飞檐越长越好。如果你在这种地方谈情说爱可以，但如果当朝理政这个国家就快灭了，太不严肃了。这个飞檐，古代人说"增之一分则太长，减之一分则太短"，要恰到好处才可以。所以，我们看中国建筑要注意它的飞檐，包括飞檐上面的瑞兽，这个瑞兽都是有等级的，龙凤只有皇家能用。

除了飞檐外，中国建筑屋顶也有类型，但是这个类型不是宗教化的，而是世俗化的。它按照这个建筑主人身份的高低，以及这个建筑的重要程度来显示高贵。有一种显示高贵的屋顶叫庑殿式，就是一个屋顶前面是一个斜坡，后面是一个斜坡，左边是一个斜坡，右边是一个斜坡。

比庑殿式屋顶更高贵的是重檐庑殿顶，就是再多一个屋檐。比庑殿式屋顶低一点的等级叫歇山式屋顶，前面是一个斜坡，后面是一个斜坡，但是左右不是一个坡下来的，是先下来一个三角形，然后再合上来。这两个是有差别的，这个差别只在于它的等级。

故宫最重要的殿是太和殿，太和殿一定是重檐庑殿顶，这是最高贵的等级。太和殿一定是金顶，颜色也有等级。在中国古代，礼制是固定有等级的，太和殿上的瑞兽也有等级。中国古代数字最大的是"九"，而太和殿有十个瑞兽，我们最高级的宾馆叫五星级宾馆，太和殿是七星级的，这个殿是最高贵的、最有身份、最有等级的，为什么？因为这是皇帝举行大典的地方，应该是最严肃、最庄严、最尊贵的地方。

中国建筑体现不同人的等级身份

前门也叫正阳门。正阳门的屋顶是什么？重檐的，不是庑殿式了，是歇山式，一个三角形直下来，然后再歪下来。这里有等级差别，而且颜色也有差别，为什么？因为太和殿是殿，而前门是门，门是为殿站岗的，所以它不可能是重檐庑殿顶，但它仍然是重檐的，只不过是歇山的，因为它是皇家的，所以它仍然地位很高，有差别。

天安门是什么地位？天安门是重檐，不是庑殿式，也是歇山式，但它是金色的顶。天安门的地位在前门和太和殿之间，它的地位比前门高，所以它要用金顶，但它的地位比太和殿低，所以它不能用庑殿式，它只能用歇山式。所以，中国古代的建筑之间讲究它的身份和地位，以及在建筑群里的功能。

比歇山式屋顶再低一点的叫悬山式屋顶。悬山式屋顶就没有四个屋顶了，它只有前面一块，后面一块，左右两边都是直接用墙盖的顶。所不同的是，这个悬山式的屋顶还出来一块，叫悬山式，如果这个屋顶索性不出来，就叫硬山式。在中国的礼制文化里，人与人之间有尊卑长幼的差别，房子之间也要有这种区别，也存在差异。一个房子的高低贵贱要看它的屋顶，由此你就大致知道它是干什么的。在故宫里，我们经常可以看到金色、重檐的屋顶，但有的是歇山式的，有的是硬山式的。

与西方不同的是，中国古代建筑种种类型并不体现人与神之间的关系，而是体现了人与人之间的关系。一般来说，只有宫殿、城楼、衙署、寺庙、陵墓等或皇亲贵族的府第才可以使用重檐和庑殿式、歇山式屋顶，而民居则只能使用单檐和悬山式、硬山式、卷棚式屋顶。换句话说，中国古代建筑的屋顶类型不像西方那样是在历时状态下彼此交替的，而是在共时的状态下彼此并存的，它体现的是同一时代不同人的等级和身份。这是宗教文化和世俗文化最大的差别。

老外为什么来看中国四合院

最能体现中国文化的中国建筑叫四合院。老外经常来中国看四合院，这个四合院最能体现的是儒家文化长幼尊卑的人际关系。四合院是封闭、合并在一起的口字形的院子，这个院子很简单，但它必须有一个面南背北、最宽最长的房子，我们叫堂屋，也叫正房。这个四合院的房子，左右两边叫厢房，厢房的高度肯定要比堂屋低，厢房的深度要比堂屋浅，它是有差别的。为什么？因为堂屋占领的位置最好，它是面南背北的。为什么面南背北的最好？因为我们在地球的北半球，古代人最重视的是采光，面南背北的房子受光的时间最长，最舒服，所以这个房子一定最尊贵，它的宽度、长度都比东西厢房要高、要深。为什么？因为这里住的是这个家族的老爷和太太，是这个家族的家长。

在堂屋两边有两个耳房，这个耳房明显比堂屋高，这个耳房是放杂物的，说明人要比物高。而东西厢房应该比堂屋要窄、低，它是儿女住的，这意味着父母和儿女之间的长幼尊卑关系。一般我们进了堂屋后，中间有一个条案，有一个八仙钩，两排有太岁椅，太岁椅是给谁坐的？是给老爷和太太坐的。儿女怎么办？儿女既不能面对着这里坐，也不能背对着，只能侧身而立。东西厢房就是这个意思，侧身而立。如果现在我们说这个东西厢房采光不好，为什么要这样呢？它有它的功能。第一，通过它，使这个院落变成一个封闭的家庭；第二，通过这种差别，显示出长幼尊卑的关系，我们可以看到儒家文化的奥秘。大家知道儒家文化是孔子创造的，孔子思想中最重要的是"仁学"思想，这意味着什么？"仁"的问题不是一个孤立的问题，自由的两个人以上才有"仁"的问题，即"仁者爱人"，人与人之间要相爱。为什么要相爱？"孝悌也者，其为仁之本也"，什么叫孝？父子曰孝。什么叫悌？兄弟曰悌。说现在我们之所以有爱，是因为我们是父子、兄弟的关系，所以这个仁爱一定是有差等的，它不是那种母爱，不是那种兼爱，不是那种平等的爱，有差别，比如老子爱儿子是父慈子孝，你不能把它颠倒过来说父孝子慈。

人与人之间不同，虽然能够沟通，但是要有等级差别，这种等级差别在我们这个四合院里就能体现出来了。每个人住的房子体现了你的等级，但我们毕竟是一个家，我们还有一个抄手回廊，把它们联系起来，我们在一个天圆立方的环境中温馨默默地过着一种爱有差别的生活，这就是儒家文化。

中国园林体现了道家思想

理解了儒家文化后，我们再看中国古代最伟大的建筑，我们就能够看明白了。

故宫为什么建9999间半房子？看不明白怎么回事。但是你看明白了四合院你就明白了一个国家，说"国"只不过是放大了的一个家，君君臣臣只不过是放大的父父子子。从前面看，从正阳门、天安门、午门进来后是太和殿、中和殿、保和殿，再往后面是乾清宫、坤宁宫，这条线叫什么？叫中轴线，这个中轴线上面的门都是高耸的，这个中轴线的路都是刻有龙纹的，这个中轴线的椅子都不是你我坐的，这个中轴线的门也不是你我能踏的，这些体现了皇帝的尊严。这个门虽然有，但老百姓不能随随便便去走这个门，走这个门要杀头的，一般的王公大臣也不能走这个门，只能走这个门旁边的门，中间的门谁可以走？皇帝、太后可以走，国宾来了可以走。如果你有幸这辈子考了个状元，可以走一回，这是对你的一个礼遇。

中国人讲究人与人之间的差别，这个线上面的椅子叫龙椅，这上面的线上的路都刻有龙纹，像龙脉一样。这个线突出出来，突出了国君，也就是一个家庭的家长，皇帝老爷就是我们的家长，然后皇帝面南背北。故宫的东边是东庙（太庙），还有一个"前朝后寝"，"前朝"是什么意思？就是说从午门进来，太和殿、中和殿、保和殿这一部分叫"前朝"，大臣们上朝可以在这里活动。乾清宫、坤宁宫"后寝"的地方有一堵墙，大臣们就进不了了。进里面的除了皇家子弟，就只有太监，那里是皇家家庭活动的地方。大家知道皇帝传位有一个密诏放在哪里？放在乾清宫正大光明匾的后面。乾清宫在哪里？乾清宫属于后寝部分，这意味着什么？皇帝传位是家里的事情，皇帝传位了，家里的事情确定了后，突然到了前朝就成天子了，所以一般皇帝传位，大臣们是不能插嘴的，里面有一套封建宗法制度的礼仪规则，这个礼仪规则就体现了人与人之间等级尊卑的关系，这与不同时代的人和神的关系不一样。

如果说皇宫和四合院体现了儒家思想，中国园林就体现了道家思想。如果说儒家文化强调人与人的关系，道家文化则强调的是人与自然的关系，人要回归自然。中国古代的园林基本上是什么人建设的呢？是当官的人，做了一辈子官，攒下了一些金钱，告老还乡了，搞个园子住一住。这个时候他不再管尊卑有序的东西，恰恰要回归自然，遵循人法地、地法天、天法道、道法自然这样一种道家思想。西方的园林体现了人对自然的统治、征服，而中国的园林恰恰体现了人向自然的回归，所以中国园林绝对不搞那种很刻板的、几何状的东西，它恰恰是根据自然的山水状况，因地制宜，"山重水复疑无路，柳暗花明又一村"，将天地融合为一体成为非常自然的东西。西方人的园林都是几何状的，我们恰恰是非常自然的，没有两个园林是一模一样的，你看这个桥是不是修不直？没关系，如果这个桥修得很笔直，反而显得很呆板，看起来很自然、很随意的样子，这才是中国园林的精神。

由于时间关系，我们最后做一个小结。我们讲了中西文化，不同的语言表达不同的思想，流露出不同的情感，而不同的建筑承载着不同的文化，体现着不同的理念。西方文化，总的来说，它的建筑的宗教色彩很浓，这些古代建筑主要体现了不同时代人和神的关系。中国古代建筑主要受宗法文化环境影响，它主要体现了人和人之间的等级关系。

现代建筑太没有特点了

进入现代社会以后，情况变化了，有两个方面。第一，在文化层面上，到了现代社会后，自由、平等、博爱、民主这些理念在上升，而无论是西方宗教还是中国宗法观念的影响都在下降。第二，现代社会出现一种既不同于石头也不同于木头的建筑材料，这种材料叫做钢筋混凝土，而这种建筑材料同时能具备石头和木头的优点，它不仅建筑周期短，而且建筑使用寿命长；既可以纵向发展，很高，又可以横向发展，很开阔。建筑的建造不再服务于人和神的关系，服务于人之间的等级差别，而是服务于人的现实需要。比如建一个报告厅，我们会考虑声音的回响是否比较科学，视线是否比较清楚，采光怎么样，怎么利用空间等。这样一来，现代建筑应该是最科学、最经济也是最实用的建筑。

山东大学是我工作的地方。这些建筑很好用，宽敞、明亮，面南背北，我们再也不需要东西厢房了。但是现代建筑有个缺点，就是太没有特点了。你说这里是山东大学行，说是山西大学也行；你说是中国大学行，欧洲大学也行。山东大学威海校区的建筑也挺好、挺实用，但是我们看了之后，觉得没有多少可欣赏性。反过来我们发现了一个问题，现代建筑实用了、人性化了、科学化了，但恰恰没有文化了。比如我们到欧洲去，我们到哪里去看建筑？我们去佛罗伦萨、威尼斯，我们要看的是古代建筑，没有人去看现代建筑，没有人跑到法兰克福看建筑。

所以现代建筑就出现了这样一个问题，以至于现在的城市都一样。我们住的每个宾馆房间都一样，我们叫它标准间，我们把人设定成标准人，你需要一台电视，一个洗手间，多宽、多长的床，就把人标准化了。这个标准化是现代社会的产物，是科学化的产物，但是它慢慢没有文化了。现代建筑科学化、理性化了，成本低了，但是它没有个性、没有文化、没有特点了，这个时候就出现了后现代建筑。

后现代建筑体现了与众不同

我还是说材料。如果说现代建筑基本上用的是钢筋混凝土，后现代建筑那就多了，什么都可以用，比如传统的石头、木头、钢筋混凝土、玻璃、钢材、塑料，甚至纸张，只要可以盖房子，什么都可以用。而它的样式是什么？只要与众不同，什么都可以，后现代建筑是对现代建筑的一种反叛，它认为现代建筑太呆板、太单调了，它要造出一种与众不同的东西。

后现代建筑从哪里开始？学术界说法也不一样，我觉得至少可以追溯到巴黎的埃菲尔铁塔。埃菲尔铁塔是为纪念法国大革命一百周年在巴黎建的一个标志性建筑。工程师埃菲尔就设计了这样一个与众不同的建筑，一个用钢铁冒出来的塔。这个塔建成后，巴黎人很不高兴，什么怪模怪样的，这叫建筑吗？有一个评论家每天都会坐着电梯上去，就坐在这儿。过去这个地方有一个咖啡馆，现在有埃菲尔的一个蜡像。这个评论家每天坐电梯来到这个地方，写文章骂人家。你既然不喜欢这个建筑，为什么跑到这儿写文章？他说，只有在这个地方，我才见不到这个可恶的建筑，我在巴黎任何一个地方，一抬头就看见，看见我就生气。但是随着时间的推移，慢慢地巴黎人也接受了，觉得这个埃菲尔铁塔还不错，而且你现在到巴黎去旅游，它会卖给你当地一些旅游纪念物，其中最重要的就是埃菲尔铁塔的模型，这是巴黎的象征。

后现代建筑对人的观念有挑战，人们觉得它不像建筑，不像建筑才是后现代建筑。

巴黎有一个很著名的艺术馆叫卢浮宫，藏了很多古代艺术品，包括《蒙娜丽莎》。但是卢浮宫有个问题，因为它是用石头建造的，不利于横向发展，它的门很窄，所以很多人进出卢浮宫很困难，每天都会出现拥挤现象，甚至发生踩踏事件。为了改造卢浮宫的入口，他们决定投标。于是美籍华人贝聿铭设计了一个入口，就是在卢浮宫广场上搞了一个金字塔，里面有电梯可以下去，下去后有一个大厅，你在这里可以买票，可以存包。然后不同的电梯可以把你送到卢浮宫不同的地方去，这样就解决了人流分散的问题。但是这个东西出来后，巴黎人很讨厌它，这叫建筑吗？金字塔不是变成了坟墓吗？中国人信风水，坟墓盖在这里，多窝囊？但是时间长了，大家觉得也不错，说这个东西晚上也挺漂亮，慢慢地巴黎人觉得它还可以。像巴黎这样的城市是多元文化城市，你既可以看到古老的建筑，也能看到后现代建筑。巴黎有个凯旋门，另外还搞了一个新凯旋门，全都是后现代建筑。所以它是个多元文化城市，它的建筑吸收了很多不同文化。比如蓬皮杜艺术中心，像工厂一样，它无非告诉你，艺术中心也可以盖成工厂，这就是一种创造。

悉尼歌剧院为什么能够成功

很多后现代建筑让城市获得了一些美誉度，比如悉尼歌剧院。悉尼是一个美丽的港口城市，但这个地方缺少文化底蕴，它不像巴黎一样满街都是古迹，所以悉尼就想建造一个举世无双的歌剧院，它的造型一定与众不同。在招标过程中，建筑师乌特松创造了这样一个悉尼歌剧院。当然这只是一种说法。我们去悉尼的时候，当地人说当时乌特松想不出招来，正好吃晚饭的时候切了个橙子，把橙子的皮一剥，翻过来，这不是很好的歌剧院吗？就根据这个橙子皮，创造了悉尼歌剧院。

现代建筑是横平竖直，建筑材料可以批量生产，砌在一起就可以了，这就是现在我们建房子那么快的原因，很科学。但后现代建筑式样不规则，它设计起来麻烦，施工起来也很麻烦，它的材料使用很浪费，每个预制板要从不同的角度专门定做，价格高昂。后现代建筑至少比现代建筑贵3~5倍。在施工过程中，要不断追加预算，搞得当时的悉尼市政府很不开心，两边就搞僵了。后来乌特松一跺脚离开了，发誓再也不回到这个缺少文化底蕴的国家。他走了之后，这个建筑终于建好了，给悉尼带来了什么利益？我们去悉尼的时候，那个导游告诉我们，上午去参观悉尼歌剧院以东的地方，下午参观悉尼歌剧院以西的地方，晚上到歌剧院里去听歌剧。想一想，如果没有了悉尼歌剧院，我们看什么？悉尼虽然是一个美丽的港口城市，但它没有历史、没有文化，这个歌剧院现在给它带来了多少游客、多少影响，这个价值就没有办法计算了。所以，一个后现代建筑的投入和成本，没有办法用简单的公式去预算，它基本上是一个城市的地标性建筑。

在奥地利也可以看到这样的建筑，这是维也纳建筑师白水先生的作品。白水先生的设计理念很特别，现在的建筑都是横平竖直，对称，但显得呆板。他偏偏说上帝不喜欢对称，如果上帝存在的话，他一定是歪鼻子斜眼的，所以他盖的建筑全部都是歪鼻子斜眼。你看白水先生盖的房子，你进入那个建筑后，你会发现那个楼道都不是平的，房子窗户都不是一样大小的，而且它的阳台都是斜的，但是从外面看，有点童趣，也挺好看的。

奥地利人对白水评价很高，说白水先生给奥地利带来了一个与众不同的后现代建筑。奥地利是个美丽的城市，但这个城市也有很多垃圾。当年维也纳决定建一个垃圾处理厂，这个时候市民上街游行，说这样会影响环境。结果市长就把白水先生请来了，让他设计一个让老百姓接受的垃圾处理厂，结果他就建了现在这个垃圾处理厂。这个垃圾处理厂是一个后现代建筑，像迪斯尼乐园，上面还有一个旋转餐厅，可以喝咖啡，当地男女青年唱歌、谈恋爱，就喜欢去白水垃圾处理厂，可以说他已经化腐朽为神奇。江泽民也参观过这个垃圾处理厂，很多国家的人都去参观过这个建筑，这是后现代建筑一个成功的案例。

后现代建筑很多。新加坡有一种很臭的水果叫榴梿，新加坡人特别爱吃这个水果，所以新加坡就搞了一个榴梿式的艺术中心。这个艺术中心不仅盖起来难，维护起来也很难，比如擦玻璃的工人，你给他买很高的保险，他才给你擦玻璃。所以后现代建筑必须是不惜成本的。但新加坡人说，我愿意，我玩得起，专门花10万元钱找人擦玻璃，你一定不要从它的经济利益角度来考虑问题。

当人们衣食住行都解决后，才应该去发展后现代建筑，否则就不应该。当社会发展到了这个阶段，你就不要再考虑钱多钱少的问题了。新加坡建了一个非常著名的建筑，这个建筑等于是把一个类似军舰式的东西拖到了一个大厦上，你想，这个建筑建设起来花了多少钱？不仅设计难，施工起来也非常难。但是新加坡人说，我就要建一个与众不同的建筑，这是后现代的另一个尝试。不仅那个大楼从底下看，让你叹为观止，你从上面看也会叹为观止，这是人们在屋顶上游泳。后现代建筑在不断挑战我们的想象力和感觉能力，这是后现代建筑的一种追求。现代建筑一定是横平竖直的，后现代建筑一定是挑战你的力学难度。我们要盖横平竖直的大楼很容易，但我们要盖这么一个后现代建筑很麻烦，建造起来难，使用起来也不舒服，你在这个楼里生活会头晕！怎么来克服这个头晕问题又是一个问题！所以后现代建筑不断在给自己制造麻烦，然后又努力去克服这个麻烦，人类现在就到了这个水平，后现代建筑一定是不规则的。

后现代建筑不考虑经济问题

后现代建筑不考虑经济问题，它在挑战我们的思维空间。

前几年上海世博会，你去了之后几乎看不到方方正正的现代建筑，一个圆的建筑都已经显得很傻、很不时髦了，都是歪鼻子斜眼的建筑，而且在建筑材料上有很多创新。有的建筑是用类似玻璃的东西做成的，它的建筑材料有特点、有挑战性。我曾经看过一个建筑，完全是用纸张做的。

中国国家大剧院，北京人现在还不接受。如果你要去北京，你问的哥什么地方好玩，他可能带你去"十四陵"，"十三陵我去过了"，"那我带你去十四陵"。它基本上是一个圆的东西罩起来，里面有好几个厅，厅之间彼此不连接，空间密度很差。这个还不是很大的问题，麻烦的是它同周边环境不太和谐，因为它就在长安街上、首都的中心，你可以从天安门城楼上看到这个白色建筑，也可以从景山最高的亭子上看到它，跟周围很不协调。我个人觉得这个建筑是失败的，倒不是因为它花钱了，或它的使用效率低了，而是它对周围环境有破坏作用。如果说国家大剧院搬到鸟巢附近可能协调，因为那一片全是后现代建筑，但是在现在这个位置不合适。后现代建筑就是要挑战人的这种可能性，创造一种不是建筑的建筑。比如有像鸟巢这样的体育场吗？我们就造了！而且后现代建筑能够用灯光点缀。有像冰块一样的游泳馆吗？我们也建造了一个！

后现代建筑就有一个好处，它是独一无二的；而现代建筑好用、好看，但它的特点没有那么明显，所以各有各的好处。

景德镇学与陶瓷文化

陈雨前

陈雨前 ✏

景德镇陶瓷学院党委委员、副校长，景德镇陶瓷学院教授、硕士生导师，景德镇陶瓷学院副院长。主要研究方向：陶瓷美学、陶瓷文化与创意、文化艺术产业研究、中国陶瓷文化史、陶瓷艺术史。新世纪百千万人才工程国家级人选，江西省中青年学科带头人。先后撰写和主编了"中国景德镇陶瓷文化研究丛书"等多部著作与大型画册，在海内外报纸、杂志发表专业论文和评论文章 60 余篇。

我来自景德镇陶瓷学院，今天给大家汇报一下我的一个想法、一个心得："景德镇学"与陶瓷文化。

"景德镇学"是我提出来的，那么"景德镇学"和景德镇陶瓷文化有什么样的关系？

景德镇是中国瓷器集大成者

景德镇这个城市非常特殊，它是中国唯一以瓷器而得名、以皇帝年号来命名的城市。

我讲三个问题：一、千年瓷都景德镇；二、景德镇陶瓷文化；三、景德镇陶瓷文化与景德镇学的关系。

景德镇得名于宋真宗景德元年，即公元 1004 年，有很多文献可以佐证。新中国成立前，景德镇归浮梁县管辖，浮梁县归饶州府管辖。新中国成立以后，江西省人民政府把浮梁县撤了，设置了景德镇为省辖市。后来恢复了浮梁县，但浮梁县和景德镇的关系倒过来了。昌江是景德镇的母亲河，昌江两岸曾经非常繁盛，因为昌江承担了这样一个职能，制瓷原料、燃料等通过昌江上游运下来，它还把陶瓷源源不断地运进鄱阳湖，运进长江，走向世界。

根据历史文献，昌南镇改名景德镇，时间就是在宋真宗景德元年，那个时候景德镇归浮梁县管辖，具体位置在浮梁西兴乡，得名于生产的一种瓷器，"土白壤而质埴，质薄腻，色滋润……光致茂美"，这种瓷器就是青白瓷，现代也有人讲是影青瓷。这种瓷器在晚清叫影青，或者映青，或者罩青，实际上它是指不同历史时期对同一种瓷器的不同称呼。但宋元时期都叫青白瓷，所以我这里还是用那个时候的历史名词来讲。

景德镇真正是天下的瓷都，"汇天下良工之精华，集天下名窑之大成"。景德镇不是中国瓷器发源地，却是瓷器的集大成者，而且它走向了全世界。另外，景德镇是在世界上唯一一个以手工业为主的城市，而且制瓷业持续了 1000 多年的历史，这在世界上是绝无仅有的。景德镇瓷器的生产分两条线，一个是官窑，另一个是民窑，景德镇的官窑有 600 多年的历史，实际上这个官窑是御窑，产品专门供奉皇帝和供朝廷用，从洪武年间设立，一直到晚清时期才结束，这种历史在全世界也是没有的。景德镇跟皇家的关系非常密切，第一，它得名于皇家。第二，它的御窑厂的历史最为悠长。皇家的瓷器，生产方式特殊，它所有的样稿都来自宫廷，然后官方派督陶官在景德镇负责监造。

在世界各个地方、各个博物馆，大英博物馆也好，大都会博物馆也好，大家都可以看到景德镇瓷器。这个瓷器是中国的一个象征。景德镇是首批全国24个历史文化名城之一，也是国家的甲类开放城市，集陶瓷文化、历史文化、民居文化于一体的生态非常好、历史非常悠久的城市，它对中国、对世界的贡献非常大。有一种土叫高岭土，在元代以前，瓷器是用瓷石单一成型的、单一制瓷的，比如刚刚说的青白瓷，就是用瓷石单一成型，但成功率比较低，坚挺度、光泽度都不够。到了元代，景德镇的窑工率先使用高岭土和瓷土，实现了瓷器史上的革命性变化。

南河流域是景德镇瓷业的发祥地，景德镇瓷器的主要原料——高岭土就产于瑶里附近的高岭山，这是为世界制瓷业做出重要贡献的地方，当地这种黏土英文名称叫 kaolin。景德镇以前烧窑都是烧柴，分成两种窑，一个是槎窑，一个是柴窑。柴窑使用松树原料，稍高档些，值钱，这是景德镇镇窑。景德镇位置非常特殊，它距离三清山、庐山、龙虎山、黄山等这些名胜之地，还有鄱阳湖等地方非常近，也是一个旅游城市。

景德镇为什么能够成为天下瓷都，长达1000多年都能这么繁盛？这个地方具有制瓷的天然优势，水土宜陶，瓷器的原料、燃料等在景德镇非常富有。康熙年间，法国传教士殷弘绪做了两件事情，一件事是在景德镇传教，另一件事就是在景德镇收集、记录景德镇制瓷的秘诀长达7年。他收集了景德镇的制瓷技艺后，写了两封长信寄回到法国教会。那个时候，法国、德国、英国都在探讨瓷器制造的秘密。因为那个时候瓷器在欧洲非常珍贵，珍贵到什么程度？常常以金银为底座陈列中国的瓷器，甚至那个做底座的金和银比瓷器本身还要高，皇帝甚至用卫队来换中国的瓷器，纷纷在皇宫建立瓷宫，现在很多国家还有瓷宫，还可以看得到很多中国瓷器。

那个时候欧洲人互相攀比，谁家收藏了中国瓷器，这个人就有了身份、地位。所以，欧洲人对中国充满了向往，但他们又不知道瓷器是怎么造出来的，所以把它当做了一种炼金术。殷弘绪这封信传回到欧洲以后，启迪了欧洲人，使欧洲的现代瓷器得以诞生。所以，高岭土对瓷业影响太大，当地瓷石看起来像一般的石头，粉碎以后就能做瓷器。

景德镇处处显现着陶瓷文化

景德镇地处山区，雨量非常充沛，形成了一个自然的落差。那个时候生产瓷器、粉碎瓷石等，用的不是机械，而是用水碓。像农村以前舂稻谷等工艺，几乎 24 小时不停。古代有首诗叫"重重水碓夹江开，未雨殷传数里雷"，老远就听到这种声音，好像雷声一样。实际上，还有一种说法，有一本书将景德镇称为"四时雷电镇"，就是一天到晚打雷、闪电，什么原因呢？就是这个地方日夜不停地生产瓷器，窑火不断，水碓轰响。所以，它讲这个地方叫"四时雷电镇"，反映了这个地方当年瓷器生产繁盛的场面。

这是古码头，高岭土通过这里运到昌江上游。古代景德镇的柴窑很多，几乎都是柴窑，这是松柴，这是现在复制古代的一个柴窑。景德镇本身就是因制瓷而兴、因制瓷而成的城市，它从北到南，都跟陶瓷有关，号称"陶阳十三里"。而且它依傍昌江这样一个景观，昌江当年是什么样的？就是"陶舍重重倚岸开，舟帆日日蔽江来"。

景德镇号称天下瓷都，瓷器非常出名。郭沫若在 1965 年访问景德镇，曾经写了一首诗，题目就叫《题与艺术瓷厂》，开头为"中华向号瓷之国，瓷业高峰是此都"。景德镇瓷器品种非常多。中国有很多产瓷区，比如龙泉的青瓷、钧窑的钧瓷、德化的白瓷、醴陵的釉下五彩、石湾的陶塑。但是景德镇集天下名窑之大成，什么品种都有，而且它有几大名瓷，如青花、玲珑、粉彩、颜色釉，这是名闻天下的四大名瓷。

景德镇瓷器形成了特有的风格和韵味，有"白如玉、明如镜、薄如纸、声如磬"之说。从拍卖角度讲，中国艺术品拍卖价最高的东西就是中国瓷器，也就是景德镇瓷器，一个是元青花鬼谷子下山图罐，另一个是清代乾隆转心瓶。中国瓷器在国际上影响非常大，家庭之间发生纠纷，最后也是拿瓷器补偿，做嫁妆也用中国瓷器，以这种方式来影响外国人。

我一直说，中国瓷器不存在中国文化走出去的问题，中国瓷器早就走出去了，而且非常辉煌，对世界文明产生了非常重要的影响，沟通了世界和中国的联系，也加深了世界对中国的认识。我们现在在陶瓷这一块所要做的，是重现历史的辉煌，重振中国瓷之母国的雄风，这也是我们这代人的责任和使命。

景德镇本身就是一个陶瓷文化城市。很多诗词对景德镇都有过描述，如"三千炉灶一齐熏"等。景德镇还有一个特殊问题，因为它生产陶瓷历史非常悠久，这个城市是因瓷而兴的；另外，它养育了很多人，所以陶瓷行业里面形成了行业自律，当地的行业习俗就像现在的法律，能够自己管理自己，这个习俗本身也形成了陶瓷文化，包括带徒弟、拜师父等都有专门仪式，窑工有自己的崇拜、有自己的信仰等。

龙珠阁是景德镇的象征。在景德镇的里弄街道，处处显现着陶瓷文化，有的建筑就是以窑砖为材料砌的，甚至路上也铺着窑砖。当地陶瓷文献也非常多，如清朝的《南窑笔记》《浮梁县志》《陶说》等。

陶瓷是手工制作的，因此景德镇成为一个以手工艺为主的城市。宋应星的《天工开物》里讲，瓷器是"过手七十二，方克成器"，就是它要经过 72 道程序，才能够从原材料变成成品，从拉坯到利坯、荡釉等。每年在景德镇生活的窑工特别多，叫"工匠来八方"。另外，过去景德镇有日食"千猪万米"码头的说法，来自全国各地的手工业者云集在这里。清代朱琰讲，那时候的窑工"候火如候晴雨"，等这个火如同等晴雨一样。景德镇完全是一个手工艺城市，而且即使现在出品的瓷器，也是崇尚手工艺。

景德镇历史上人才辈出

最早有文字记载的景德镇陶瓷名人是唐代初期镇民陶玉、霍仲初。他们"载瓷入关中，称为'假玉器'"，传说这两个人把瓷器运入关中，供奉皇帝，那个时候就有了供瓷。非常欣慰的是什么？2013年元月，景德镇正式出土了唐朝瓷器，在这之前，唐朝生产瓷器只是文献记载，包括人名等都是文献记载，并没有发现过。2013年我们在兰田窑窑址的成功发掘，证明了景德镇制瓷业起始时间被提前至唐代晚期甚至是中期，此外我们还发现了元朝瓷窑，都是2013年最新的发现。明朝陶瓷名家有周丹泉、崔国懋、昊十九等；清末，以程门、金品卿、王少维等为代表的新安派画家加入景德镇瓷艺界；在民国有"珠山八友"，王琦是"珠山八友"的领军人物，他在汪晓棠和潘匋宇等人的影响下，与王大凡等人发起和组织"景德镇陶瓷研究社"，现在很多搞瓷器收藏的人都知道他们；再有瓷雕怪才曾山东，他是一个聋哑人，但他对艺术特别敏感，是景德镇传统瓷雕的代表性人物，在中国美术界有这个说法。他的父亲叫曾龙升，号称景德镇的"瓷雕曾"，也是一代英才，是陶瓷雕塑的代表人物。

从唐朝开始，景德镇陶瓷形成了它独特的风格，现在更是人才辈出，目前活跃在中国当代陶瓷艺术界的，有中国工艺美术大师，有陶瓷艺术大师等。在中国工艺美术大师里，目前陶瓷类的有81个，其中37个跟景德镇有关系，24个毕业于景德镇陶瓷学院，占29.6%。这批人引领了中国当代陶瓷艺术的发展。秦锡麟是景德镇陶瓷学院的老院长，中国工艺美术大师，他独创了现代民间青花这个流派，在国际上产生了重大影响。周国桢教授是中国当代陶艺领军人物，1954

年毕业于中央美术学院，然后到了景德镇，把一生最美好的年华贡献给了景德镇。还有故去的老教授施于人。他们的作品被故宫博物院收藏。他们打破了故宫博物院不收藏当代艺术品这样一个惯例。杰出人才还有王锡良、张松茂、刘远长，他们都是中国工艺美术大师。《富贵寿手》这个作品是刘远长先生创作设计的，英国女王伊丽莎白60岁大寿时作为礼品送给她了。

大家知道景德镇的瓷器，但不一定了解景德镇的茶叶。其实景德镇号称"一瓷二茶"，它的茶叶也非常出名，1915年就获得了"巴拿马金奖"。大家知道，古代县令一般都是七品芝麻官，但是浮梁县的县令部是五品县令，县衙是五品县衙。这是目前中国南方保存最完好的县衙，也是中国唯一的五品县衙。原因就是景德镇是御窑厂所在地，它的县令要有相应的官阶；另外，在唐代，景德镇茶叶赋税占了全国1/6，经济地位很重要。白居易的《琵琶行》是这样写的，"商人重利轻别离，前月浮梁买茶去"，就是指这个浮梁。浮梁有红茶，也有绿茶。浮梁工夫红茶，简称"浮红"，就是这个"浮红"1915年获得了"巴拿马金奖"。

景德镇陶瓷历史的几个阶段

下面我介绍景德镇陶瓷的历史。一是到清末这个阶段，古代景德镇陶瓷可以分为官窑和民窑两个系统；二是从清末到1949年中华人民共和国成立这个阶段；三是到我们当代这个阶段。浮梁古县衙曾经有个千年瓷坛、龙珠阁、民窑博物馆，历史上从五代开始一直到元代，这里是中国最大的生产民窑的地方。还有当时的御窑厂发掘现场，景德镇市政府原来就在这个地方，新中国成立后得知这个地方实际上是古代御窑厂所在地，就搬迁了。

大家可能熟悉清华、北大，对陶瓷学院不一定熟悉。实际上陶瓷学院在世界上影响非常大，号称百年名校，创办于1910年。那个时候叫中国陶业学堂，而且是中国唯一的陶瓷高等学府，1958年设立

图1　千年瓷坛

图2　龙珠阁

了从事本科教育的陶瓷学院，1984年我们获得了硕士研究生的招生权，2012年我们又获得了设计学和陶瓷材料与工程博士学位的授予

图 3　民窑博物馆

图 4　古代景德镇盛景图

图 5　御窑遗址

权以及博士学位授予权单位称号，学校有"陶瓷黄埔"之称。

　　我们的办学使命是复兴中国的陶瓷文化，振兴中国的陶瓷产业。现在活跃在中国陶瓷产业和中国陶瓷艺术界的，几乎都是我们陶瓷学院的毕业生。现在光我们的老校区就有 4 栋楼被列为江西省的近现代名建筑，不能拆，非常有特色，文化底蕴非常深厚。2009年，我们在巴黎联合国教科文组织总部大楼举办了"景德镇陶瓷学院师生作品展"。联合国教科文组织自从成立以后，世界上没有任何一所大学在那里举办作品展，这个展览产生了非常大的影响，世界各国驻联合国教科文组织的代表都出席了，中央电视台等媒体做了大量的报道。

《清代御窑盛景图》是由中国工艺美术大师李文跃创作的作品。卢浮宫是世界艺术殿堂，也珍藏了很多中国瓷器，当然那里珍藏的瓷器，是通过各种途径陈列在那里的。《清代御窑盛景图》是首次代表中国当代陶瓷艺术品在巴黎卢浮宫展出，也是景德镇特殊地位的象征。2012 年我们的作品在深圳文博会展出，也产生了很大反响，李长春、刘云山等领导都去了。

图 6　《清代御窑盛景图》参加联合国世界多样性文化展

很多国礼的设计也出自我们陶瓷学院。美国驻中国大使馆新馆落成的时候，景德镇陶瓷学院和美国西弗吉尼亚大学共同创作了一个碗，叫"行碗"，这个题材是美国 56 个州花，这套东西被载入美国出版的一本书，叫《中美关系两百年》，这是中美民间交流的典范，产生了很大的影响。图 7 被故宫博物院收藏的 3 位教授的 3 件作品，中间这一幅是周国桢教授的《猫头鹰》；右边的《春意盎然》是秦锡麟教授的；左边是施于人教授的。我们的作品大概有 300 多件在世界（包括中国）的博物馆收藏，参加全国美展的作品就更多了。总之，景德镇陶瓷学院在世界的影响非常大，历史非常悠久，是中国唯一的陶瓷学院，是我们的特色学校，"千年瓷都，百年学府，特色名校"是我们的办学理念。

图 7　施于人、周国桢、秦锡麟作品

景德镇陶瓷文化的特征

后面我想谈一下景德镇陶瓷文化。确实很多人不明白什么叫陶瓷文化，确实没有一个明确的定义。在学术界，也有不少学者探讨，一般从三个角度看。一是从工艺美术本身的角度，二是从人类文化学的角度，三是从文化的角度。

我主编了一套丛书——"中国景德镇陶瓷文化研究丛书"，共6 本，是国家"十五"规划重点出版项目。在编这套丛书的时候，我就思考这个问题，真正按照文化的观念，如何构建陶瓷文化体系？

我觉得，陶瓷文化，是陶瓷的泥作、火烧、销售、消费过程中，各个环境中所呈现的材质文化、工艺文化、制度文化、行为文化、物质文化形态和情感、心理、观念、习俗等精神文化的面貌。它不仅仅是一个器物问题，还要研究这个器物是怎么造成的，它的观念，还有它呈现的美，还包括陶瓷的鉴赏，以及和人心理这种关系。

陶瓷文化具有如下特征。第一，陶瓷是泥做火烧的。把泥巴变金子，在国外叫"中国白金"。我再给大家说个事情，我们学校前段时间在英国剑桥博物馆办了一次作品展，叫"中国白金——景德镇当代陶瓷艺术作品展"，还出了同名书。"中国白金"也是17、18世纪欧洲人对我们瓷器的称呼。第二，在民国时期，蒋介石曾经要我们学校（即陶瓷学院前身）校长汪璠设计一套纪念瓷给英国伊丽莎白女王。不久前我们学校受邀请，和英国剑桥举办一个展览，这个展览已经结束了。但是要举行一个庆典，景德镇陶瓷学院党委书记冯林华同志，也是中国陶瓷艺术设计大师，和我们的校长助理宁钢（著名的陶瓷艺术家）共同设计了一个礼品送给英国女王，纪念她登上王位60周年。陶瓷确实是用泥巴做的黄金，它不像木头，也不像玉。它的实用性和审美性是统一的，它会给人一种美感。第三，陶瓷是科学技术与造型艺术的统一，没有科学技术，没有工艺配方等，它不可能成为陶瓷。所以，陶瓷文化有特殊的特征。

景德镇的陶瓷文化和其他产瓷区不同。除了它和皇家有特殊关系、历史悠久之外，还可以从这几个方面来概括景德镇陶瓷文化的特征，如博大精深，它涉及中国的历史、文化、哲学等方面，可以说从陶瓷里可以破译中国人的文化密码；它体系完整，景德镇做坯、烧窑、画坯、选瓷、包装等，形成了很配套的体系，其他任何产瓷区是不能相比的；它风采独具，"白如玉、薄如纸、明如镜、声如磬"等；它魅力无穷，天下人都喜爱，影响非常大，国际、国内，我这里也不多说了。

我为什么提出建构"景德镇学"

我提出"景德镇学"，既不是哗众取宠，也不是沽名钓誉，因为对我来讲没有这个必要。现在有徽学、红学、敦煌学，这些研究在国际、国内产生了很大的影响，历史非常悠久。我提出"景德镇学"才十几年时间。

"景德镇学"提出来的时候，我正好在中央美术学院做访问学者，跟随金维诺先生攻读博士学位。金维诺先生是中国著名的美术史论家，也是敦煌学研究大家。受他的影响，我正好编一套"中国景德镇陶瓷文化研究丛书"，我想，我不能为编书而编书，应该让景德镇陶瓷文化研究成为一种体系、一门学科。所以，我在这套书里提出，景德镇陶瓷文化的研究，应该以一个学科形态出现。只有这样，景德镇陶瓷文化才能够与它在世界上的地位相称，而且它不应该仅仅是一门学科，应该是一个学术事业，也是我们的使命。

2004年，景德镇得名1000年的时候，这套丛书共6本出版，"景德镇学"正式提出来。当时景德镇举行了制镇1000年庆祝活动，正好举办国际陶瓷博览会，我提出的"景德镇学"得到了社会各界（包括学界）的高度认可和评价，各界都认为景德镇陶瓷文化应该研究，"景德镇学"应该成为一门学科。而且，江西省社会科学院还在2006年9月16日举办了专门的"景德镇学"首场学术报告会，将"景德镇学"作为一门具有江西地方特色的学科向社会推出，专门成立了"景德镇学"研究机构，聘请我当主任，这是我没有想到的。

实际上，"景德镇学"就是研究景德镇陶瓷文化，研究它的发生和发展规律这样一门学科。有人说，"景德镇学"就是"景德镇瓷学"，对，也不对，为什么？瓷学就是专门研究景德镇瓷器怎么做的、怎么得来的，比如说原料、配方等等；但"景德镇学"不能仅仅研究这些东西，还要研究文化，以及和造物的关系与造物的观念、和人的关系、和社会的关系等。

另外，景德镇历史上的辉煌都在我们的记忆中，都在我们的史书上，沉睡在博物馆里。陶瓷文化的复兴还有很长的路要走，实际上它是带有很强使命感和责任感的这样一种学问，也希望能够为景德镇陶瓷文化的复兴提供一种理论支撑和系统总结。

景德镇陶瓷对世界的贡献非常大，我觉得在全球文化同质化时期，陶瓷文化是我们民族的文化，是我们民族的根脉，我们要传承、要创新，我们要保持民族自己的特色、自己的灵魂和根。所以，我把景德镇陶瓷文化称作中国的"根底"文化之一，这是我们需要衡量与追求的。实际上，我准备从理论和实践两个方面来建构"景德镇学"。在文献方面，国家新修《四库全书》，有一个出版工程叫《中华大典》，其中《陶瓷艺术典》由我来主编，至今已经6年，马上要出版了。还有《中国古代陶瓷文献影印辑刊》30卷，这是中国有史以来第一套用原始文献影印的方式收集的资料汇编，真的可以讲是千古工程，就是从全国乃至全世界的一些文献里面把它收集起来的，为中国陶瓷文化与陶瓷史的研究、考古、鉴定等提供了第一手文献，而且它还起到了正本清源的作用。在此之前，我们的陶瓷史研究所引用的文献常常来自二手、三手文献，里面有很多错误，所以，它具有正本清源的作用。

用新的设计思想来创作我们的标本

在实践上我们要进行探索和建构。比如，实践"景德镇学"陶瓷文化理念，我们可以从千年景德镇瓷器精华里面抽取它的精神，结合现代的思想和理念，用新的设计思想来创作我们的标本，就是带有标本意义的当代景德镇陶瓷艺术精品，如把红色文化和景德镇陶瓷文化相结合创作设计一系列的精品。一些重要的创作，比如说可以用景德镇陶瓷做载体，以中国的世界遗产作为表现题材。中国的世界遗产都是经过联合国教科文组织认定的，它是中国的，也是世界的。以前历史上我们把陶瓷当做赏玩之物，当做小器物，当做"君子不器"的东西，但我觉得，实际上陶瓷应当承担更大的使命和责任，可以用中国的世界遗产来作为题材，用还原历史情境的办法再现世界遗产当年完整的生产等情境，使这个作品产生巨大的视觉冲击，再一次让世人感觉到陶瓷文化的魅力。

图8是以平遥古城为题材的大屏风，45块瓷板，20多米长，在现在这个急功近利的时代，很少有人做这样的事情。我们就需

要做好这种历史的沉淀工作，发扬这样的精神，使作品产生视觉冲击力。

图8　巨型釉上瓷板屏风《平遥春秋》

古代的瓷器为什么好？官窑瓷器为什么好？因为宫廷画师先要根据皇帝意旨创作稿子，经过皇帝看过，然后他批准你去做。我们先创意，要考虑达到什么效果，写生以后进行创作，完了以后开研讨会，觉得你的画符合这个创作意境，才让你进行陶瓷创作。陶瓷创作完了以后，也不能直接去烧，我要去看是不是符合我们的创作意图，是不是达到了画稿的要求，是不是能够体现应有的技艺和水平，如果可以才能去烧。

我们的奥运会、世博会举办得非常成功，而且"神八"要上天，我们要用什么作品纪念这个伟大的时刻？我选择了敦煌飞天这种题材，取名《腾飞》。中国共产党成立90周年，图10这个作品也是由我总创意和策划的，把红色文化和陶瓷文化相结合，创作了4个鼎、6个将军罐、4个尊，把整个中国共产党90年的波澜壮阔的历史表达出来了。古代瓷器里，鼎多为青铜器，但瓷器鼎也有，这就是创新，取了鼎的这种形，重新加以设计，在耳、腿部位，采用开光这种形式。中间镶一些纹，像江山永固纹、长城纹等，表明共产党江山永固，把中国共产党成立、中华苏维埃共和国的成立、邓小平"南方谈话"等重要历史时刻加以表现，而且用真金进行描绘，非常不容易。

我们学校在陶瓷文化创意方面也有成就，比如在陶瓷艺术设计与佛教艺术相结合方面，如常州天宁寺佛教堂整个用陶瓷艺术品做成，引起了非常大的反响，确实是夺人心魄。

图 9　苏法融创作的大型瓷板画——《腾飞》

图 10　建党 90 周年纪念瓷

　　我校是联合国教科文组织的合作伙伴，"景德镇学"已经得到联合国教科文组织的认可，所以我们举办了多次这样的活动。我们和联合国教科文组织签署了战略合作协议。

　　从我自己来讲，景德镇陶瓷文化的传承创新责任重大。我现在接任了江西省景德镇陶瓷文化传承协同创新中心主任，当然陶瓷文化创新不是某一个人、某一个单位的事情，也不是某一个学科所能承担的，它需要结合各方面的力量来传承我们千年的精华。

　　景德镇千年窑火铸就了景德镇深厚的文化底蕴，陶瓷文化是中华民族的集中载体，是祖先留给我们的财富，是不可再生的宝贵的资源。

　　我曾经说过，景德镇不能单单把它看成景德镇的，也不仅仅是江西的。我觉得景德镇是中国的，是世界的，也应该是全人类的财富。所以我们有共同的责任和使命来复兴景德镇陶瓷文化。

德国歌剧之旅

陈　蔚

陈　蔚 ✏️

歌剧、音乐剧导演，表演教育家，中国音乐学院表演教研室主任。曾多次参与大型晚会的策划与导演工作，担任文化部评委。其作品多次获得文化部"文华大奖"、"文华新剧目奖"、"国家舞台精品工程奖"以及中宣部"五个一工程"奖。导演歌剧《原野》《徐福》《舍愣将军》《司马迁》《木雕的传说》《八女投江》等；导演音乐剧《五姑娘》《冰山上的来客》《三月茶香》等。

歌剧的诞生以及在中国的发展

歌剧是来自西方的艺术，我先跟大家讲讲歌剧是怎么回事。

　　歌剧的意大利语叫 opera，是将音乐（声乐与器乐）、戏剧（剧本与表演）、文学（诗歌）、舞蹈（民间舞与芭蕾）、舞台美术等融为一体的综合性艺术，通常由咏叹调、宣叙调、重唱、合唱、序曲、间奏曲、舞蹈场面等组成（有时也用说白和朗诵）。早在古希腊时期，就有了合唱队的伴唱，有些朗诵甚至以歌唱的形式出现。歌剧诞生在中世纪，它以宗教故事为题材，宣扬的大多是宗教神迹。真正称得上"音乐的戏剧"的是近代的西洋歌剧，在 16 世纪末到 17 世纪初，它随着文艺复兴应运而生，这个时候世俗文化已经诞生了，歌剧被视为西方经典音乐传统的一部分，因此它和经典音乐一样，流行的程度虽然不如流行音乐，但是到了近代，一些音乐剧也被视为歌剧的现代版本。

　　中国最早的歌剧诞生在重庆。1942 年，陈定担任编剧的《秋子》是我国近代第一部采用西方正歌剧形式创作并产生巨大社会影响力的歌剧作品，写一个日本姑娘反战的故事。中国原创歌剧的代表是《白毛女》《江姐》《洪湖赤卫队》等，还有一些西洋歌剧也被中国观众熟悉和喜欢，比如《茶花女》《卡门》《费加罗的婚礼》《图兰朵》等。外国人也叫中国戏曲为 opera，因为它是有唱、有说、有音乐、有舞蹈的综合艺术，我觉得歌剧在中国还是非常有基础的，其实以中国音乐学院老院长马可先生为首的这一批人，他们当时创作的《白毛女》《小二黑结婚》，包括《洪湖赤卫队》和《江姐》，推动了中国原创歌剧的发展，那个年代歌剧可以说是最红火的一种戏剧艺术。但是"文化大革命"之后，中国原创歌剧沉寂了一段时间，近些年来又开始呈井喷状态，每年的原创歌剧有 20 多部。

　　我在学习西洋歌剧的同时，也一直在坚持原创歌剧。我自己写的歌剧，有小剧场的歌剧《再别康桥》，2001 年在北京文艺剧场首演，2008 年、2009 年、2010 年反复在国家大剧院上演，它描写了以诗人徐志摩为代表的那一代知识分子的心路历程，它将中国几个大知识分子都搬上了舞台，比如林徽因、梁思成、陆小曼、胡适，还有徐志摩的老师泰戈尔。这部歌剧很受欢迎。

　　我前两年还排了歌剧《红河谷》。《红河谷》是根据电影改编的，这部戏诞生后也引起了很大震动，主演是殷秀梅、魏松。这部戏在国家大剧院也演出了，2013 年还有一些演出计划。

总的来说，中国歌剧人并没有放下以《白毛女》《红河谷》为代表的这面旗帜，依然在原创创作上耕耘，但是我们对西洋歌剧的学习也是孜孜不倦的。2013 年就有这样一个机会，歌德学院组织了中国的歌剧导演到德国去看戏，主要是看欧洲经典歌剧，这些经典歌剧每一部都有创新，它的音乐是不变的，但是导演和二度创作是全新的，涉及几个大作曲家的作品。

德国歌剧院操作非常现代化

2013 年正好是德国最重要的作曲家瓦格纳诞辰 200 周年，我们看了 3 部瓦格纳的歌剧。瓦格纳歌剧都很长，短的 4 个半小时，长的 6 个小时，还有连演 4 天的，每次中场要休息两次。

我现在就顺着我们到德国歌剧之旅的足迹给大家介绍一下德国歌剧。

我最先到的地方是斯图加特歌剧院。一到斯图加特歌剧院，就爱上了这个城市，因为这个地方太美了，它的歌剧院就在它的市中心国王广场的附近，前面是一个湖，非常漂亮。斯图加特歌剧院也是在欧洲非常有影响力的一个歌剧院，它每年演歌剧、演芭蕾舞、演话剧，大概有 23 万观众会光顾。它 6 次被选为德国年度最佳歌剧院，目前它在国际歌剧院大奖赛中也被提名。我第一天看的贝里尼作曲的《梦游女》还获得了最佳新作品奖的提名。这个故事非常有戏剧性。故事讲的是一个穿白裙子的姑娘患有梦游症。在新婚之夜她离开了自己的婚床，上了另外一个男人的床，在整个村庄引起了轰动，市民感觉整个都暴动了。她上了那个人的床，她可以说有恋父情结。这是很惊悚的一个故事，这也是贝里尼最有代表性的作品。导演运用了德国现实主义手法，作风非常严谨，每个群众演员的表演也非常出色。特别是女主角，她是俄罗斯歌唱家，她演出《梦游女》获得了 2013 年欧洲的最佳新人奖。整个作品，无论从导演手法还是舞台设计等方面，都体现了斯图加特歌剧院的传统。德国的歌剧，我有一个感受：恪守传统，部部创新。

贝里尼是传统的、经典的歌剧作曲家，但是每部歌剧的设计完全按照新的思路来展现自己的艺术创作。歌剧《梦游女》给了我们很大震撼，整个舞台重现、演员表演、歌唱可以说达到了非常高的水平，特别让人惊叹的是德国歌剧院的操作非常现代化，所有的戏虽然都是大型的，但是他们装台的时间特别短。第一天我们看了《梦游女》，第二天在同一个歌剧院我们看了瓦格纳的作品《帕西法尔》，更让我震撼。

这个戏的故事我给大家简单地讲一下。圣杯之城的国王安福塔斯因伤忍受着疼痛。精通法术的异教徒克林索用妩媚的妖女诱惑安福塔斯，使他失去了圣矛并且被克林索用圣矛刺伤，从此这个伤口便不再愈合。为了治愈国王的伤口，人们寄希望于找到所谓的圣洁之门，但是找到这道圣洁之门，必须依靠一个因同情而获得智慧的愚人，就是一个傻子才能找到这道门。这个傻子就叫帕西法尔，就是男主角。他要去完成这个神圣的任务。他被选中的时候，他对自己的前途一无所知。预言者孔德丽告诉他，在他找到圣杯之城之前，圣杯社会将要慢慢消失瓦解。这部戏实际上是一个神话故事。很多版本的演出都非常古朴。但是我们那天看见的情景让我非常震惊，因为我们下午两点钟进去的时候它正在装台。这个戏由西班牙人导演，女设计师来自斯图加特。这个导演在欧洲非常有争议，她的作品以性、暴力、血腥著称，我们看装台的时候就已经感觉到了，整个舞台地面全是烧焦的泥土、断裂的高速公路、拿着喷火器的人。所有的人都是从地面的那个黑洞里戴着防毒面具上来的。

歌剧演员肢体表演多非常累

我们了解了这个导演的手法以后，大家对这个作品充满了期待，也忐忑不安。这部戏在斯图加特演了好几轮，争议还是非常大。我是怀着很好奇的心进去的，我以为会非常暴力。但它的第一个场景就把我的眼泪给感动下来了，大幕一开，呈现的是一个烧焦的世界，地洞里冒着烟和火，断裂的高速公路上，有的人甚至都被烧焦了。一个裸体孕妇从舞台深处走了出来，真的就是一个孕妇在烧焦的泥土上走，走到台前。这个时候那个傻子醒过来了，他看着这个孕妇，我们都以为他要去袭击她，但是这个傻子脱下了自己的羽绒服给这个孕妇披上。当时我的眼泪马上下来了，我觉得这个导演还是非常人性的。问题在后面，残酷就在这儿。当那个孕妇满怀感激之情地穿着这件羽绒服往舞台深处走的时候，这个傻子一跃而起，把那件衣服又抢回来了，所以人性就在这一瞬间让我们看到了它的双面性。

这个戏让我们震撼。大家知道歌剧演员在舞台上是要唱的，并且有很多肢体表演，这个戏的歌剧演员拿着喷火器在舞台上唱咏叹调，在泥堆里插着唱咏叹调，男女一边厮打着，一边对唱，趴在那段断裂的高速公路上唱、表演，表演幅度之大，我觉得就是一个运动员也挺难达到的。整个戏虽然有暴力、有性、有血腥，但它还是很好地把人性的思辨展示在了观众面前，我认为这是非常高水平的演出，这就是我们在斯图加特两天的经过。

我在这里谈谈对斯图加特的感受。我们去的那天正好是周末，广场上有喷泉，还有很多市民，最让我高兴的是广场上放着一个巨大的LED显示屏，上面播着动画片，因为那个周末就是他们的动画节，广场于是给大家提供了椅子，无论是大人、小孩还是老人都坐在那里看动画片。到了晚上，大部分人走进剧院去看戏、听音乐会，它还有一个话剧剧场，同时演着非常好的话剧。我们还参观了他们的美术馆，看见了毕加索、凡·高的真迹，所以斯图加特确实是一个很有文化的城市。原来中央音乐学院毕业的一个女高音也在这个歌剧院工作。

感受到德国歌剧的新颖开放

第二天，我们到了柏林。我们先去了德意志歌剧院。德意志歌剧院是欧洲最大的歌剧院，它是在1961年重建的，以前全部被炸毁了。我们参观了歌剧院的后台，我很惊讶。我们的国家大剧院已经很大了，但是我进了德意志歌剧院的后台，我更惊叹了，简直是一个巨大的仓库，那里存着30部歌剧的背景材料，他们说他们还有100多部戏存在一个更大的地方，整个后台的运作保证了他们每周最少能演出3部戏，而且都是大型歌剧，这在中国很难实现。我看到《茶花女》的吊灯都非常有序地挂在那里，然后托斯卡的那个布景也在旁边，都非常有序地摆着，他们这些常演的剧目，在巨大的后台、有序的舞台的支撑下，保证了能够特别高效地演出并吸引观众。

我们还上了30米高的马道去参观。我们看的戏是大家很熟悉的歌剧叫《弄臣》，这部戏导演的手法也让我们大吃一惊。我们去的时候他在装台，我惊异地发现，这个导演的设计把整个德意志歌剧院的观众席搬到了舞台上。晚上看戏之前，开始有人穿着礼服上去了，《弄臣》的设计让我们感受到了德国艺术的新颖和开放。下午，我们还跟《弄臣》导演进行了交谈，那个导演是一个很年轻的话剧导演，但是他很有想法，他说，"我进到歌剧院，我就是希望观众和舞台是一体的"，所以他把观众席搬到了舞台上。非常有意思。整个戏的处理也是非常具有开放角度。一开始是两层的观众席，最后这个戏的布景越来越少，当女主角吉尔达死在她父亲的怀里的时候，整个台上一片空，它表现的就是人性的毁灭和爱的死亡，所以这个戏深深打动了我们。它还有一个新颖之处就是把乐池带进来了，很多表演都发生在乐池里，和观众已经融为一体，互动性非常好。《弄臣》剧照很有意思，观众席转过来后，那些铁架子就变成了内景。

舞台演出和旅游密切结合了

第二天是五一，我们从柏林开车去德累斯顿。五一劳动节在欧洲是很重要的节日。我们住的那个宾馆对面就是柏林工会大厦。刚出大门，我们就被警察拦住了，因为游行队伍开始行进了。警察在前面开道，然后工会代表们打着横幅，放着音乐，非常有序地游行。游行的规模非常大，都经过政府批准，警察给他们开道，在哪个街道上游行，从几点到几点，也安排得很好。翻译跟我们说，五一劳动节在德国是非常重要的节日，大家一定会上街游行，平时工作的人都会休息。

德累斯顿实在太漂亮了，那是一个旅游城市，是当年普鲁士的王府，我们在那里还参观了王室的一些珍宝展。让我惊叹的是，它所有的展馆、剧院都是在1945年后重新建设的，和原来的一模一样，非常漂亮。那天五一正好休息，广场上非常热闹，还有各种卖艺活动，一些表演艺术家在广场上表演。

我们在那里看的戏是《曼侬·莱斯科》，作曲家普契尼的成名之作。这部戏写得很有现实意义。曼侬·莱斯科很漂亮，但是她爱上了一个一贫如洗的大学生，同时还有一个富裕的税务员在追求她，她在两者之间难以抉择。她向往奢华的生活，陷在物质的世界里难以自拔。但是，与大学生真挚的爱情又让她难以割舍，她最后选择和那个小伙子一起去了美国，在心灵的沙漠当中，最后曼侬·莱斯科死在了她爱人的怀里。它跟美国的关系很大，我们在舞台上看到，巨大的自由女神头像变成了一个景，火炬也是一个景，那个自由宣言书也是一个景。整个舞台处理让人非常震惊。这部戏在德累斯顿演出很受欢迎，同时德累斯顿的芭蕾舞也很强。我们参观剧院的时候，看到它的芭蕾舞演员正在那里排练，那真是如梦如幻。

在德累斯顿的一天让我感受到，德国的歌剧院已经将他们的舞台演出和旅游很好地结合起来，每天他们的门票都销售一空，有大批旅游者为了参观他们的歌剧院来到剧场，因为他们的歌剧院像皇宫一样漂亮，同时剧目也雅俗共赏，像《曼侬·莱斯科》这种欧洲人非常爱看的戏经常在那里上演，并且它的芭蕾舞也很受人欢迎。

然后我们又回到了柏林。柏林国立歌剧院是欧洲历史上最悠久的歌剧院，当时正在装修，将在2015年重新开张。所以我们只能在一个临时剧场看他们的作品，我们当时看到的戏是很古典的歌剧《阿格里皮娜》。我们在乐池里看到了在中国很少能见到的欧洲的古钢琴、古月琴，它的舞台非常现代化，它的创作由一个法国团队来做，整个演出舞台是一个镜面式的，所有的东西都可以反光。《阿格里皮娜》整个舞台设计像一个时装发布会，所有的演员穿着的服装都是现代的，甚至像时装发布会一样，所以这个法国团队的浪漫让这个歌剧院焕发光彩。而且有一个非常让人惊艳的亮点，就是男高音是我们过去说的歌剧的阉人歌手，他的假声男高音非常棒。这个戏很长，一共演了 4 个半小时。因为有了导演和二度创作的新颖感，这个歌剧重新绽放了光彩，给我们留下非常深刻的印象。

看歌剧成了市民的生活方式

继柏林之后我们去了迈宁根。迈宁根是一个旅游城市，整个城市人口只有 15000 人，整个城市虽然很小，但是非常宁静，有文化气息。这里有一个巨大的歌剧院，同时也演出芭蕾舞和话剧。当地接待我们的导演曾经带着一部他导演的话剧到上海和南京演过，所以他对中国很有感情。迈宁根歌剧院是个导演处于主导地位的现代剧院，当年，迈宁根公爵就是在这里掀起了以导演为中心的德国戏剧革命，带来了德国戏剧的繁荣。

我们看了瓦格纳很有名的一部戏，叫《特里斯坦和依索尔德》，这个戏 20 世纪 90 年代在哈尔滨歌剧院重新排练过。它是一部爱情戏，把爱和死亡联系在了一起。故事情节是这样的：爱尔兰公主依索尔德和特里斯坦（男主角）在一条船上喝了侍女送来的迷药，就陷入了疯狂的热恋之中。本来特里斯坦是要送女主角去跟别人结婚的，但是他们通过那个爱的迷药，就互相爱得一塌糊涂，再也不能分开，最后直至死亡。这部戏也是瓦格纳很有代表性的戏，整个戏的服饰、刀具都非常有特点，尤其是女主角的演唱让人惊叹。瓦格纳的歌剧有一个很大的特点就是把声乐当成器乐来写，演员需要有非常强大的歌唱能力。最后的演出非常完整，它的舞台是个转台，那艘船可以旋转。

当地歌剧院院长跟我们交流说，作为一个旅游城市，迈宁根歌剧院的演出不都是先锋的，因为大批旅游者希望看非常经典的歌剧，所以这部戏在二次创作上不像柏林歌剧院那么现代，它保持了德国歌剧的一些传统，很受欢迎。我感受最深的是，散场后剧院前面没有一辆车，所有的观众都慢慢地走回家，我们也跟着大家的步伐，用了15分钟就回家了。我想，在迈宁根看歌剧是市民的一种生活方式，观众还是以老年人为主，白发族很多，但都是西装革履，穿得非常漂亮，一个老太太穿着一件紫色的裙子，黄头花、化了妆，拿着包，非常惊艳，旁边是一个穿白色衣服的绅士，两个人挽着手就回家了。

原东、西德城市文化取向不同

我们接着到了莱比锡。莱比锡歌剧院也是很有历史的歌剧院，这里曾经属于东德，那个歌剧院和整个城市给我们呈现的感觉很像苏联。虽然东、西德合并已经很久了，但是剧院的感觉，人们的状态，还有整个氛围，我们觉得很亲切。莱比锡歌剧院最重要的特点是，彻底地打破了贵族歌剧院的痕迹，你看不到像我们在德累斯顿、斯图加特见到的那种金碧辉煌，完全是皇室文化的传统。莱比锡是最早实行人民剧院的地方，东、西德分开后，文化的根基不一样，剧院包括很像苏联的那种大柱子，很朴实但非常大气。

我们看了瓦格纳的《莱茵的黄金》。这是瓦格纳四部曲的第一部，它的剧情是如何用莱茵河底的黄金为自己铸造一枚王者的指环统治这个世界。我觉得后来的电影《指环王》应该都是跟着这个剧情演变来的，整部作品在一开始就告诉我们，权力和爱情彼此不能相容。低沉的弦乐贴切地表现了原始的自然环境，这个戏融入了非常多的现代主义元素，整个舞台以现代舞为串场，这在德国的其他歌剧中很少看到。整个现代舞的表现既演了仙女也演了地狱里的人，表现很醒目。它的导演系舞蹈表演出身，所以在这方面的应用让我们耳目一新。从整个感觉来说，到了原来东德的城市，感觉和原来西德的城市在文化取向上有非常大的不同。虽然东、西德已经合并了，我们到了柏林，也看了柏林墙，但是这种文化不是推倒一堵墙就能完全融合的。

舞台艺术开放程度匪夷所思

接下来我们到了巴伐利亚州的慕尼黑，慕尼黑的文化、经济在德国都是非常好的。巴伐利亚歌剧院是当年德国最大的剧院、欧洲最大的剧院，现在它是第二大歌剧院，这个剧院的气魄和规模确实让人震撼。

当年有许多歌剧都是在巴伐利亚歌剧院首演的，如今巴伐利亚歌剧院和巴伐利亚芭蕾舞剧院每年会推出大约 350 场演出，演出的规模也很大，巴伐利亚歌剧院有近 2000 个座位，共有 6 层楼。我们去的前厅叫神厅，里面有悉尼、瓦格纳、莫扎特、斯特劳斯的雕像，此外还有一个国王厅。这个歌剧院金碧辉煌，规模巨大，观众席也非常大。它每年的演出在德国的所有歌剧院里也是场次最多的。

院场的化妆间条件非常好，后台也非常大。整个机械的操作也让人叹为观止，它装台的速度非常快。我们去的下午正好为一部威尔第歌剧装台，这部戏的话剧版本在中国非常有名，当年我的导师就排过话剧《麦克白》。这部作品他一开始讲，麦克白（那时候他已经是国王了）和他的王后尽情享受着二人世界。但是在这个美妙的时候，隐藏着作曲家威尔第用心良苦地塑造的文学史上不多见的一个残酷的和令人惊心动魄的故事。为了得到权力，麦克白和他的夫人不停地在杀人，他们策划了一个又一个的谋杀，不达目的不罢休，所以他们的爱情就显得非常病态而极端。这两个人非常相爱，但是他们血淋淋地不停地杀人，以前的歌剧作品从未描写过这样的内容。"这部歌剧的主体既没有政治色彩也没有宗教色彩，充满了奇异的想象力。"威尔第是这样说他这部作品的。这部作品中的女巫、鬼魂、显灵和不同寻常的歌唱方式以及戏剧进程征服了整个世界。尤其可贵的是，主角的外表与内心世界格外统一协调。

这部戏的上演在当地引起了非常大的争议。舞台上主要的布景有1万多只骷髅，白森森的。那个吊灯也可以上下移动，有时候王后就在那个吊灯上唱调。大家都知道，《麦克白》里有3个著名的女巫，一直在预言麦克白将失去他的王位。但是在这个歌剧里，这个导演用的女巫全是小孩，演得很吓人，但是那些小孩演得特别好、非常真实，舞台的信念感也非常强，配合得也很好。

整个德国之旅我的感受是，在德国，歌剧是他们思想的港湾。我看了8场戏，每一场都是爆满的，而且我们的票是提前订的，没有一个空座位，也没有一个人提前退场。和中国情况差不多，看戏的白发族多一些，年轻人群也有，看戏的文化在德国已经成为他们的一种生活方式。整个德国之旅，我们不但看了戏，也切身感受了德国文化。如果大家有机会去德国，一定要看一看德国的歌剧，可以说这是世界上最好的一种艺术享受！

希望大家关注中国原创歌剧

我再给大家讲讲我导演的中国歌剧。希望大家关注一下中国原创歌剧。

歌剧《小二黑结婚》首演在1952年。2010年是马可先生诞辰90周年，他是中国歌剧院老院长，我们就把这个戏重新拿出来复拍，并且在大剧院进行了两轮演出，非常受欢迎。我们的任务有两个，一个是继承传统，另一个是创新发展。中国歌剧走到今天，我们作为中国歌剧人一直在做这方面的事情，对经典歌剧的复拍是我们一个很重要的任务。复拍歌剧《小二黑结婚》让我自己重新受了一次教育，我对那个戏的音乐非常喜欢，大家对那个唱应该很熟悉，"清粼粼的水来蓝格莹莹的天"。我特别喜欢里面的中间人物三仙姑、二孔明，那些戏剧人物写得都非常有意思。

这部戏在湖北省歌剧舞剧院一直在演，几度进国家大剧院，2013年6月底《洪湖赤卫队》又在国家大剧院登陆，非常好，传唱了半个世纪。更加可喜的是，他们并没有停留在这里，2013年年底，湖北省歌剧舞剧院要我回去再拍一部新的歌剧，叫《一鸣惊人》，讲楚庄王一鸣惊人的故事，展现楚国文化。2014年10月，第二届中国歌剧节就将在武汉举办，那时候将有非常多的中国原创歌剧到武汉去会演，可以看到非常好的中国歌剧。

陕西省歌舞剧院也是一个老牌歌剧舞剧院，其前身就是西北文艺工作团，也是非常有传统的一个剧院。我刚才说的《再别康桥》《八女投江》这些戏，为什么广大的观众都不能看到呢？歌剧有一个问题，就是歌剧的规模比较大，尤其是大型歌剧，它一般都会超过200人，因为它会有一个大乐队七八十人，合唱队也七八十人，再加上角色演员、舞台灯光布景，一般大型的歌剧规模都超过200人，所以他们行动起来不是那么方便。现在很多团体想了很多办法，比如说他们会演一些音乐会的歌剧，就是只有乐队穿着简单的服装，但是有表演，在音乐厅里演出，这也是歌剧普及的一个方法。大家以后有空也关注一下歌剧音乐会的演出。非常完整的这种大型歌剧演出，可能在深圳还不多，我相信在不久的将来这个歌剧也会登陆深圳。现在广州出现不少，因为广州有大剧院。歌剧《茶花女》好像10月在广州大剧院演出，那个戏也非常棒，音乐也很美。

我最希望大家去的就是北京的国家大剧院。国家大剧院的歌剧演出是贯穿全年的，我自己的歌剧每年至少有两部都会在国家大剧院演出。前几年我的《再别康桥》《小二黑结婚》在国家大剧院演出过多轮，而且他们那边的制作、演出水平可以说和国外接近，有的甚至超出了国外。现在中国国家实力非常强，国家大剧院如果做外国的歌剧，都请外国导演和演员，花巨资打造自己的版本，他们已经积累了非常多的剧目。前一段著名的歌唱家多明戈就在国家大剧院演出了《纳布科》，他以73岁的高龄演出男主角，在舞台上不断演唱，连滚带爬，很让我们惊叹。因为我坐在第一排，大师级的表现让全场欢呼、震动，国家大剧院每年这种高水平的演出是很多的，所以希望大家关注。

上海歌剧院院长魏松，是三大男高音之一。他当了院长后，前一段时间推出了三大男高音版的《托斯卡》，就是戴玉强、莫华伦、魏松同演一部戏，第一幕魏松，第二幕戴玉强，第三幕莫华伦，在上海引起了很大的轰动。这两个基地支撑了中国歌剧。希望深圳在不久的将来也能成为中国歌剧的一个基地。我希望有机会把我的《再别康桥》带到这个厅来演出。

我今天就先讲这么多，谢谢大家！

四

军事·科学

中国崛起的战略选择

朱　锋

朱　锋

北京大学国际战略研究中心副主任、北京大学国际关系学院教授。曾在美国哈佛大学、美国战略与国际研究中心、美国关注军控科学家联盟、英国杜兰大学、日本信州大学、香港中文大学担任访问学者。主要研究领域为东亚安全、中美军事和战略关系、国际安全理论。已出版《人权与国际关系》《导弹防御计划与国际安全》《国际关系理论与东亚安全》等著作。

中国正面临强大的烦恼

今天给大家做的讲座分以下几个部分。

中国崛起不是简单的我们享受荣誉、享受更好生活的过程。今天的世界面临许多矛盾和冲突，利益竞争和国家实力增强所引起的各种各样的看法、心态，事实上我们面临两个非常重要的矛盾和挑战。

第一个挑战，中国越来越强大，但我们的外交难题、挑战也越来越多，比如中国周边有很多烦心事。东海、南海、黄海都非常不太平，都会成为冲突的重要根源。今天周边安全形势确实面临着很多的挑战、冲击，甚至不确定性。和我们有领土争议的国家，包括菲律宾、越南、日本、印度，我们到底该怎么办？

国际上认为，中国变得越来越咄咄逼人，而为什么中国老百姓觉得中国外交越来越软了？老百姓总是觉得政府太软，我们为什么不采取行动呢？很多朋友给外交部写信，信里面加钙片，认为中国外交需要补钙。

原因是什么？很简单，就是中国的崛起。中国崛起的力量再分配、财富再分配、利益再分配，必然把中国推到矛盾的风口浪尖，原来中国穷、弱，即使毛泽东时代我们是另类，但是我们的能力有限。别的国家对中国还有一些同情。尼克松访华，要拉着中国共同反苏。日本田中角荣在 1972 年访问中国，迫不及待地想跟中国建交。1978～2008 年，中国是日本政府开发援助最大的受援国。1985 年日本首相中曾根康弘参拜靖国神社，中国反对，一反对中曾根康弘就不去了。而且 80 年代被称为中日、中美关系的蜜月时期，为什么？因为中国穷，因为中国弱。当你实力不济的时候，别人不太把你当回事，反而帮你，有同情心的自我满足。

但是今天，中国国民生产总值在 2010 年已经超过了日本，而且我们正在富国强兵，中国军费在过去 22 年每年保持两位数的增长，中国变了，世界变了，中国和世界的关系变了。当今天中国强大了，中国获得如此巨大成功的时候，别的国家并不必然给中国鲜花、鼓励、掌声，给中国的是什么？是批评、挑剔、指责和非难。我们实际上正面临巨大的烦恼，我们对此要有足够的信心，要有足够的认识，要有足够的心理准备。

第二个挑战，今天我们是整个亚太地区各国最重要的贸易伙伴，亚太地区成员国对中国市场的依赖在不断上升，中国已经成为拉动整个世界经济增长的最重要的引擎之一。为什么今天中国反而在领土争议、安全争议上问题越来越突出？我们到底应该怎么去应对？其实中日钓鱼岛争议从1972年之后就一直存在，我们和越南、菲律宾的南海领土争议，出现的时间更久。中国人这么多年都知道有这个争议，那为什么现在这个争议不可忍受了？实际上，面对强大的中国，其他国家心里确实担心和恐惧，越来越不愿意妥协，不愿意和我们谈判。因为他们觉得，如果在领土上对中国轻易让步，那中国今后会得寸进尺，如果在领土上不能有效面对今天中国的崛起，那今后他们面对更加强大的中国只能缴械投枪，所以，中国崛起带来的第二个非常重要的变化是心态变了。

我们是现在国际秩序最大的受益者

我们觉得钓鱼岛问题背后是日本军国主义复活，我可以告诉大家，石原"购岛"计划、日本政府在钓鱼岛问题上推行国有化计划的根本原因就是，日本对一个强大的崛起的中国充满了恐惧，甚至是担忧。当我们老是埋怨自己的政府没有对这个国家动武、对那个国家动武的时候，我们是否想过别人的想法、别人的心态？今天中国开始强大，别人的心态变化了，对你的一举一动都充满了警惕、担心，很多原来存在的领土问题确实会被激化。中国怎么办？和我们有领土争议的都是中国的邻国。在日常生活中，邻居跟我们总有一些磕磕绊绊，如果邻里之争动不动拳脚相向，今天揍这个，明天灭那个，我们还是受欢迎的好邻居吗？所以中国今天崛起一个非常重要的挑战其实不在于我们的力量，而在于我们使用力量的方式，在于我们思考力量的战略，在于我们不能光有肌肉，更重要的是我们必须有头脑。

今天的中国崛起对中国带来三个非常重要的影响，或者新的改变。

第一，尽管我们笑意写在脸上，尽管我们对这个世界充满了善意，尽管我们不干涉别国内政，尽管中国成为拉动世界经济增长的重要力量，但是我们正在成为国际矛盾的中心，原因很简单，因为我们做大做强了，我们开始改变国际体系中的利益权力格局，还有财富分配。中国的崛起正在带来全球秩序的变化，因为中国的崛起，全球化现在正在变成新的浪潮，就是再全球化。20世纪90年代，西方国家都到中国来说，中国应该自由贸易，应该打开国门，应该更多地接纳其他国家的商品，而今天，中国不断向美国、日本、欧洲说，应该自由贸易，应该开放市场，应该和我们更多地在WTO规则下发展自由贸易下的新的谈判机制。当我们开始成为社会生活主动权的掌握者，令西方国家内心骄傲的那个原有的结构开始变得脆弱，甚至走向崩溃，他们对中国的反应肯定是挑剔、批评、为难，甚至是更多的防范。

第二，中国变了，世界变了，我们自己变了没有？我们的思想，我们的观念，我们的行为，我们的举止，到底变了没有？很多人说我们变了啊，出国也不是简单观光了，中国人有钱了，出国都是扫货，现在确实也觉得自己强大了，所以我们不仅出国，我们也在追求中国更好的发展，阴霾天气我们越来越不能忍受了。

我们有没有想过，我们看世界的方法、我们对中国和世界的关系的思考有没有变？原来我们一直认为世界是充满帝国主义侵略扩张的地方，落后就会挨打，西方亡我之心不死，甚至有的人认为这个世界的主要矛盾仍然是无产阶级和资产阶级的对立。当中国成为今天的财富和利益、权力中心的时候，我们已经不再是这个社会群体的边缘，我们的理想是要做社会群体的中心。我们不仅会挑战原有的秩序，而且我们事实上成为过去35年自由、开放的国际秩序最大的受益者。原因很简单，我们石油的进口依赖度达到了59%，铁矿石、铝、铅、锌、铜的进口依赖度在65%以上，但我们在海外没有军事基地，没有一兵一卒，我们靠什么能够实现过去35年中国的进步和繁荣？靠的是合作、和平崛起，靠的是小平同志所讲的让我们的朋友遍天下。

中美是竞争关系但不是敌对关系

既然过去 35 年我们靠一系列的合作走向世界，向世界显示中国的魅力，那未来中国成功的钥匙在哪里？合作共赢，就像今天习总书记所讲的，我们要建立新型的大国关系，避免重演西方历史所谓的"经验"，就是国大必霸，力量强必然要发生冲突。我们能不能成功地实践，真正做到合作共赢？

当中国做大的时候，国家间利益和权力的竞争将变得更加突出。中美之间，我可以非常准确地告诉大家，真的是竞争关系，既竞争又合作；中日关系、中欧关系、中印关系，我们几乎和所有的大国之间都存在着竞争，而这种竞争是必然的。比如当我们的海军想要突破第一、第二岛链，当我们有了第一艘航母，当我们有了东风 21D 导弹，我们可以打别人的航母，别人心中会怎么想？很显然，竞争的一面在扩大。但是我们不能把关系都搞成敌对关系。在单位里，评职称也好，分奖金也好，提拔干部也好，很多同事之间都有竞争，如果有竞争就是敌对关系，那我们在这个世界就没有朋友了。

从这个角度来讲，当今天中国实力强大的时候，我们的心态、我们的观念、我们思考中国问题的战略意识要有根本的改变。当你做大做强时，这种竞争关系甚至变得更加尖锐，这是不可避免的。所以，一方面，我们要坚定地捍卫自己的核心利益；另一方面，十八大报告非常明确地提出我们要建设和发展新型大国关系。

什么是新型大国关系？不能简单地因为竞争和利益冲突而一定变成战略敌对和对抗关系。对中国人来讲，美国是我们的敌人还是朋友？既是敌人又是朋友，还是既不是敌人又不是朋友？我相信这个问题对中国人认识我们和世界的关系是一个非常重要的话题。

中国和美国的关系就是国际关系中老大、老二的关系。对于中美关系，我们必须要从一个非常重要的观念的角度去思考，那就是中美是一个结构关系。比如中国经过过去 35 年的发展，我们好不容易当了老二，进了班子，如果我们觉得老大不是个东西，老三、老四更坏，底下的群众全部没有素质，跟越南和菲律宾一样，我们有没有问过我们自己，我们怎么混？很简单，中美是结构关系，美国就是老大，战后的自由主义的国际秩序是美国带领反法西斯同盟取胜后奠定的，无论经济规模还是军事力量，美国就是老大。你在单位里一定要跟老大搞好关系，还要跟三四把手密切合作，在底下的群众面前显示你的能力、眼光和你的胸怀，只有这样你才能慢慢地去当老大。所以，今天中国的实力变了，我们的地位变了，我们的利益变了，我们思考国际问题的方法、思路、思想一定要变。

习总书记提出了一个重要的概念——"中国梦"，而对中国人来讲，我们还有"中国痛"。美国确实不是中国简单意义上的朋友，美国是今天中国崛起的最大的国际战略压力的来源，美国售台武器是两岸今天依然分裂的重要原因，美国对中国坚持走中国特色社会主义道路指手画脚，是我们坚持中国道路的最重要的国际批评者。但问题是，即使中美有这么多的竞争，有这么多利益的分歧，你要说美国是中国的敌人，这是不对的，有两个原因。第一，今天中美经贸、社会等方方面面的联系已经如此密切，我们很多朋友都把孩子送到美国去读书，中国已经是美国最大的留学生生源国，我们在美留学生的数量是居第二位的印度在美国留学生数量的6倍，我们为什么都把自己的孩子送到美国去读书？让他们战斗在反帝反修的第一线？让他们在美国潜伏？不对吧。

第二，很重要的是，今天的中国还处在崛起的过程中，如果把世界第一的美国和世界第三的日本视为中国的敌人，我们能想象吗？这是中国战略的正确选择吗？很多人抱怨政府太软，我们应该左手打日本，右手打美国，但问题是我们必须考虑国家利益，中国战略的未来靠的不是口气，靠的是我们的脑子，因为我们要继续做大做强，如果我们的观念、意识不改变，我们对世界的认识就不能有战略的眼光和世界的意识，这会成为中国崛起最大的国际挫折的来源。

要升级我们对世界的认识

从历史到理论看，大国崛起的最大风险不在国内，而在国外。当我们忽视我们崛起中面临的战略判断和战略风险时，往往可能误判、误看国际现实力量对比的，这恰恰是我们最大的战略隐忧。一个崛起的国家变得强大，崛起的国家的战略需求其实变得更加重要。所以我们要升级我们对世界的认识，今天的世界是全球化的时代，是环境、生态、水资源等各种非传统的安全议题已经变得如此重要的时代，是人与人之间关系如此紧密的时代，也是有公共外交的时代，中国人真正能在世界的竞争中笑到最后的力量的依据不是我们的肌肉，而是我们的大脑、是我们的智慧。

当年苏联曾经在军事力量上和美国一样强大，美国有 11 艘航母，苏联鼎盛的时候有 10 艘航母，美国鼎盛的时候有 1.6 万枚核弹头，苏联可能有 1.7 枚万核弹头。今天的苏联不见了，而苏联的教训不是因为有戈尔巴乔夫，苏联的教训是斯大林主义和斯大林模式，忽视人民的利益，急于称霸逞强，最后使得整个国家发展的模式不可持续。所以，当苏联决定抛弃斯大林模式的时候，一夜间灰飞烟灭，所以大国崛起，我们的战略意识和国际眼光的升级更重要。

第三，中国是一个非常特殊的国家，不仅人口多，而且我们有各种历史的屈辱，所以我们知道落后就要挨打，但我们如何来处理我们面临的各种国内问题？一个强大的中国和一个国内问题日益沉重的中国，这两个问题的位置怎么摆？我们如何在面对国际挑战的同时，有效地应对国内的问题和挑战？事实上中央早就提出做好中国的事情，就是统筹解决好两个问题。这两个问题怎么统筹？一方面中国在崛起，另一方面中国怎么看世界。中国外交的国内争议、分歧在前所未有地深化，今天的中国已经前所未有地在如何看待世界的问题上变得多元。

要当国际主义的中国人

简单来讲，今天的中国至少可以分成五类中国人，他们怎么看世界？

第一类是信奉民粹主义的中国人。他们觉得今天出现的内政问题、外交问题，核心是因为我们走向世界走得太快，所以我们要重向某种中国的模式，重塑某种让中国人有骄傲感的历史的英雄，所以"毛"是解决中国一切问题的答案，而不是"邓"。有一些极端的"左"派，有极端的崇"毛"主义，原因是他们觉得毛泽东时代中国敢打，而今天中国不敢打，但是这种民粹主义的中国人的思想极端狭隘、片面，甚至危险。原因很简单，毛泽东时代为什么中国敢打？第一个原因就是我们的经济、社会发展的模式，我们那时候没有外资、外企、外商，我们关起门来自己搞建设，自力更生，艰苦奋斗，所以对外战争行为对中国的经济发展没有任何影响。第二个原因是，在极"左"路线的影响下，中国人缺乏个性，中国人没有私生活，领袖的思想就是全体中国人的思想。毛主席挥手我前进，那个时代的中国是世界秩序的挑战者。毛泽东时代的中国敢打，是因为极"左"的意识形态对老百姓思想的高度控制。今天的中国是个性社会、开放社会，我们对世界的依赖已经如此巨大，所以打和不打跟领袖气质没有关系，只跟这个国家的战略和实践有关系。

如果我们只是简单地认为中国今天有各种各样的问题，似乎毛泽东时代的敢打就是中国的答案。我可以告诉大家，这是中国人思想的倒退，是中国人在今天现代化的过程中，对于已有的成就、对于中国的力量缺乏客观冷静的思考。深圳莲花山上竖着邓小平的塑像，是中国人一个时代的精神力量的象征。哈佛大学教授傅高义，2012年出版了花了十几年写的书，叫做《邓小平时代》。我相信世界对邓小平历史功绩的基本看法，就是邓小平真正改变了中国，使中国如此强大，改革开放35年之前没有一个西方人可以意识到中国能有今天。

所以邓小平改变了中国，使一个从鸦片战争以后悲情成长中的中国，变成自信、开放、开始具有世界眼光的中国。所以今天的中国，我们一定要反对民粹主义。

第二类是信奉民族主义的中国人。很多人有民族主义的思想，觉得西方不会让中国强大，所以世界还是分成西方和非西方两个集团，中国的强大代表东方的崛起，西方总有一天要被中国办了，所以很多人认为美国亡我之心不死。今天的世界，中国人对自己要有信心，我们有近14亿人，我们成为世界经济发展的重要市场和引擎，只要中国保持强大、统一、凝聚，这世界上没有一个大国可以真正遏制中国。从这个意义来讲，今天中国的力量在哪里？在于我们有近14亿人，他们勤劳、勇敢，向往幸福、和平的生活。今天的深圳模式靠的是什么？靠的是深圳这么多人在拼搏，把一个小渔村变成一个世界级的大都市。所以我们一定要对中国人有信心，一定要对中国有信心。不能简单地说自己强大了，别人说了你几句坏话，就觉得这个要办我，那个要办我。

第三类是持现实主义思想的中国人，或者中国人中的现实主义者。他们认为中国的未来靠的是博弈，靠的是权力，因为英国人早就讲过"没有永恒的敌人，没有永恒的朋友，只有永恒的利益"。但是我想告诉大家，即便今天中国强大了，我们的核心是要争取中国人的利益，但是在今天这个时代，如果你不讲感情、不讲价值、不讲诚信，你就不可能得到真正的利益。很多人坚信实力可以解决一切。我可以非常坦率地说，今天的中国，我们一定要摆脱简单的对实力的迷信。美国是世界上最强大的国家，美国依然有无穷无尽的内政和外交问题，所以不是强大了问题就可以解决了，而是你只有解决问题，我们才能强大。从这个意义来讲，今天我们已经有了崛起的基本条件，我们有了可以引以为豪的国力，今天的中国不是简单地靠肌肉、力量去解决问题，我们更多的是靠我们的眼光、计划、战略。现实主义者简单地迷信一切来自力量的拼争，在今天这个时代是狭隘的。今天的中国不仅要有力量，还要有形象；我们不仅要有肌肉，还要有优雅的行为；我们不仅要让别的国家感到怕，最重要的是我们如何在世界上赢得爱。所以，我们如何去塑造形象，去追求一个受人尊重的中国，这是今天我们面临的新的难题。

第四类是信奉自由主义的中国人。他们认为中国的未来就是简单的西方式的民主，这种观点也过于狭隘。苏联解体后，俄罗斯成为民主化国家，结果是什么？结果是美俄依然存在难以解决的战略竞争甚至冲突。

第五类是持国际主义观点的中国人。他们认为中国和未来的世界的关系不是简单的你灭我、我灭你，而是相互协调、竞争，但是要合作；并没有中国和西方关系的预设未来，而是中国和西方的关系取决于我们怎么做。

中西方建立什么关系取决于我们怎么做

很快习近平主席将和奥巴马总统在美国加利福尼亚的庄园举行农庄首脑会，为什么？很简单，中美关系越来越重要，但又越来越复杂，彼此的利益竞争和各自对安全的关注甚至呈现对立的趋势，还有朝鲜问题、伊朗问题、网络安全问题。这些问题怎么解决？领导人必须超越传统首脑会晤的局限，直面现实，成为带动中美新的合作和促进问题解决的最重要的动力。

这次习近平主席与奥巴马总统能够就两国关系进行谈判和交流，这是什么样的力量的结果？这是双方领导人希望对两国关系给予一种更加强大的务实和灵活的认识的结果。这是两国领导人在向两国人民展示他们基于个性、责任、眼光这样一种新的认识高度的更加灵活的处理方式。所以，即将举行的农庄外交，是中国外交的重要进步，是中美关系积极向好的信号。它展示中国新领导人的个性，那就是重在解决问题，而不是重在讲什么程序和过程。从这个角度来讲，今天的中国在不断崛起，我们必须简单地抛弃原来我们觉得很成功的、很自信的去认识世界的一些方法，不能说国家间只有利益，或者今天西方总是对中国抱有敌意，其实社会中到底有什么样的人，塑造什么样的关系，更本质地取决于我们怎么做。而做的前提是我们要相信今天这个时代，一个全球化的时代，我们都不可分离。

面临这三个重要的变化，面临中国强大，我们已经成为矛盾的焦点，尤其中国的崛起改变财富、利益、权力的分配格局，我们使得其他国家对中国的看法变得更加复杂，甚至变得羡慕、嫉妒、恨。我们自身的观念和思考也需要与时俱进，从而更加准确、全面地认识变化中的中国和世界的关系，我们应该怎么办？

中国大战略需要大众的共识

面对中国的崛起，面对变化的世界，面对中国和世界的变化，我们需要大战略。

什么是大战略？这个大战略不仅可以保证我们不断崛起、强大、发展的战略目标的实现，而且可以告诉我们，实现这个战略目标的时候，我们的计划、我们的步骤、我们手段的使用如何相互搭配、协调，同时大战略非常重要的内容就是凝聚中国人的共识。我们要重回这个世界，我们要有清晰的主流认识，我们要让中国人认识到和美国的关系、和世界的关系不是简单的分裂。中国的大战略需要民众的支持，需要大众的共识，更需要我们整个社会的理解。今天这个大战略，不仅能够解决中国外交的烦心事，让中国的对外关系变得更加有条有理，既进行竞争、斗争，又在合作中不断地保持我们坚定的航向，更重要的是发展中国的外交、中国和世界的关系，我们需要重建中国社会的理解，赢得人民的支持和拥护。从这个意义来讲，我们的战略选择如下。

第一，对中国到底要走向什么样的国家，我们要有共识。世界上有两个国家，它们有天生的优越感。一是美国。美国的优越感来自美国的近代史，因为美国打赢了一战和二战，美国成为世界的老大。20世纪被称为美国世纪，美国在冷战之后和美国之后的第二位国家的实力对比，被认为是从公元1世纪罗马帝国以来，世界上最大的老大、老二之间的力量对比。对于美国来讲，它的实力是如此强大。美国的美元霸权、美国的军事霸权使得美国人有优越感。二是中国。中国人也有强大的优越感，中国人的优越感来自古代史，因为从罗马帝国到现在2000多年的世界历史中，中国至少1500年是世界的老大。我曾经做过一项调查，给500个大学生发问卷，问中国强大到什么程度就完成了大国的崛起。84%的中国大学生告诉我说，他们的理解就是要跟美国一样强大。同样的问题问欧洲人、问俄罗斯人、问日本人，打死这些国家的年轻人，他们都不敢说他们希望国家的发展有朝一日能跟美国一样强大，而对中国人来讲，要跟美国一样强大几乎是一种内心强大的自然反应，是中国人基于历史对民族复兴的一种情感和理解。

中美关系变得特别复杂，就是因为美国这老大当得挺舒服的，不想让出位置，而中国人强大以后，眼睛里只有老大。所以在钓鱼岛问题上，中国人为什么这么生气？每次我发展你都出来搅局，你非要跟我们对着干。中国人确实希望成为世界最强者，或者成为最强者之一。但是如果我们目标高远，我们更应该着眼细节，这是中国传统文化对中国人行为的基本要求。中国人越是希望未来实现民族复兴，越是目标远大，我们越要注重细节。

当我们有了目标，我们对这个目标的共识非常重要。在美国人眼中，什么是美国最大的战略威胁？不是本·拉登，不是卡扎菲，不是利比亚，不是叙利亚，美国人眼中最大的威胁就是世界上出现另一个国家，这个国家跟美国一样强大，是与美国一样强大的对手。所以，中美关系是一种结构关系，美国要永远牵制、防范中国。

中国没有非和平崛起的机会

我们坚持和平崛起的战略目标，不仅是我们对世界战略的承诺，更是中国对自己利益经过仔细评估后的结果。如果我们坚持非和平崛起，跟美国干，那有一个非常重要的条件，就是你得往身后看，谁站在中国背后。国际关系中系统性权力的竞争甚至战争，取决于双方的阵营、双方的同盟体系有多么强大。我们今天往自己背后一看，谁是中国坚定的朋友？

朝鲜不提也罢，我们说朝鲜还不够给我们添堵添乱呢！2013年5月22日至25日，这次金正恩的特使崔龙海到北京来。韩国人开心死了，说你看，1月韩国总统特使到北京来，向习主席递交韩国候任总统的亲笔信，习主席用双手接过来；崔龙海5月24日也交了一封金正恩的亲笔信，习主席一只手拿过来。而且你看电视，习主席见崔龙海，从头到尾几乎没有笑容，因为朝鲜闹得太不像话，而且在核问题上习主席说得非常坚定，无核化是人心所向、大势所趋。

还有巴基斯坦。我们把巴基斯坦叫做"巴铁"。巴基斯坦和中国的关系确实很好，但是你不能只有一个巴基斯坦。国际关系的力量对比，看你的阵容、你所组织的集团有多大块头。美国在全球有数十个军事同盟，还有一堆安全伙伴或者防务伙伴，从这个角度来讲，今天的中国没有非和平崛起的机会。

当然，如果美国威胁到中国的核心利益，我们一定要跟美国人干到底。但问题是，原来我们说中美关系中最核心、最敏感的问题是台湾问题，从20世纪90年代到2008年，每次中国领导人见美国总统，第一个问题是世界上有几个中国。美国总统赶紧回答："一个中国。"那今天台湾问题还成为中美关系中的核心话题吗？你看最近这几年中美领导人老谈台湾问题吗？所以从这个意义来讲，我们说大战略的战略目标是要规避中国的战略风险，尽可能降低中国崛起过程当中我们没有必要付出的战略代价，让中国前进的步伐更稳、更快、更坚定。

我们对国际问题的认识，不是简单地讲，我生气，我有情绪，我看不惯这个国家，我就要跟它打。战略问题思考的核心是如何让我们降低和规避战略风险。从这个意义来讲，我们的战略目标不是简单地说什么时候解决台湾问题，什么时候解决领土问题，我们的战略目标是尽可能地让今天 500 年难得一遇的国家崛起、发展现代化延续进程。大家应该支持国家的这一战略。如果有人挑战中国的核心利益，习总书记说得非常清楚，不要奢望中国会拿核心利益做交易，但是我们要坚持和平崛起不动摇。只要我们越来越强大，我们处理同其他国家的关系越来越聪明，我们的行为举止变得越来越优雅，中国就能赢得世界的人心。所以，一个强大的中国，不是简单的实力迷信，我们的行为举止、心态和观念要有升级，要有发展，要有继续提升的巨大需求。

南海问题的最大挑战是社会困境

第二，大战略需要有清晰的战略节奏。战略问题一定要清楚今天做什么，明天做什么，后天能做什么，不能把后天做的今天做了，你更不能把明天可以做的今天非要马上做了。像南海问题、东海问题等一系列领土争议问题不是仅现在有，只要越南、菲律宾、日本不打破现状即可。我们可以等，我们可以忍，而且今天中国在南海问题上面临的巨大困境是，10 个东盟国家捆在一起都不是我们的对手，我们完全有能力把越南、菲律宾给办了，但是一个小孩淘气，大人打他一个耳光，身边的人会说这个小孩没有家教；如果大人很生气，把小孩按在地上一顿狂揍，旁边的人都会说这个大人怎么这么没素质，这是犯罪，这是虐待少年儿童。我可以告诉大家，在南海问题上我们面临最大的挑战不是简单的安全困境，而是社会困境。越南、菲律宾土豆型的国家，我们真的把它们按在地上打残，我们才开心吗？所以大国有大国的特殊烦恼，你膀大腰圆，被人踩了一脚，你就不能把人摁在墙上揍一顿，大家都会说这个人没有素质、没有修养。所以我们的战略问题是，只要越南、菲律宾敢采取行动，挑战中国的核心利益，我们就把它堵墙上。2012 年 4 月，菲律宾先出动军舰，强制拦劫，强制搜查中国的渔船，中国很生气，后果很严重。所以黄岩岛现在我们根本不让菲律宾进去了。仁爱礁也是，原来菲律宾占着，上面有 8 ～

11个守岛的菲律宾战士，非用旧军舰抢滩，又跟中国说非常煽情的话，菲律宾的国防部长说他们愿意为了南海问题打到最后一个士兵，这是国内的政治语言，不是两国的语言，你不用打到最后一个士兵，我们就已经把你不知道打晕多少次了。

军国主义复活的日本不是中国的威胁

在南海问题上，我们今天要以柔克刚。为什么？因为我们用力量，我们的外交代价很大，如果越南、菲律宾是狼，日本就是老虎，美国就是狮子，一打菲律宾和越南，结果是把10个东盟国家打成铁板一块，对中国来讲，跟美、日的战略竞争一点好处都没有。所以要做大者，要仁、要忍。南海问题我们不通过军事冲突解决，我们排斥武力斗争，如果越南、菲律宾真的不知死活，非要跟我们硬碰，那我们也没有办法。同样在中日关系问题上，很多人认为今天安倍的右翼历史修正主义嚣张，意味着日本军国主义会复活，我们当然需要警惕。如果日本走回历史，我们当然坚决不答应，但我们必须意识到今天的中国和日本的力量对比已经发生根本变化。我可以非常有把握地告诉大家，日本可以实质性地威胁甚至侵略中国的时代永远不会再有，面对中国的崛起，日本人内心最基本的反应是担心和害怕。他们看着每天中国晚上电视剧播的抗日神剧，看着中国人男女老少都想着大刀向鬼子头上砍去，看到今天中国实力如日中天，日本人的内心是害怕的。所以安倍讲得很清楚：我为什么上台之后拼命地四处出访，拼凑所谓反华阵营？为什么要搞安倍经济，要结束日本的经济低迷？安倍讲，一是为了日本重新振兴，二是为了让日本人在强大的中国面前重新拾回信心。

我可以非常坦率地告诉大家，一个走回历史的日本、想军国主义复活的日本不是中国的威胁，因为除了我们以外，有的是国家要办日本，你看韩国急成什么样了？美国现在都不给日本好脸色！而一个和平主义的日本，处处跟中国人讲道理的日本，一个中国人总是在历史中难以自拔的中国，一个总是在斤斤计较历史悲情的中国，才是我们的威胁。中日竞争考验我们什么？考验的是我们的眼光和意志。如果日本军国主义复活了，等于给了中国机会！所以在对日关系上，不能冲动，不能情绪化。石原乃日本极右翼代表，因为他2012年4月的购岛计划，在钓鱼岛问题中日两国才会闹到今天。面对中国的崛起，日本右翼的心态确实失衡了，但别人失衡，我们不能失衡。

中国的未来要先内后外

今天中国要有一个大战略，有三方面非常重要。第一，协调战略目标，赢得民众的支持；第二，我们要有非常明确的战略节奏，对我们的未来有信心；第三，我们的战略选择，就是今天中国的发展，要先内后外或者内外平行。为什么？因为今天中国处在过渡时代，我们在国内体制、市场、科技、教育的竞争力方面，存在巨大的内在的改革需求。我们还没有真正完成中国的转型、进步、全面法治和市场经济的发展。我可以告诉大家，中国依然还是一个脆弱的大国。一个真正的大国、一个有全面的战略竞争能力的大国，必须要有成熟的制度、开放的社会、有竞争力的科技和教育系统，以及完全法治化的市场环境，更重要的是拥有强大的政府和人民的凝聚力。从这个意义来讲，我们国内的转型和发展，依然任重道远。当我们还没有真正完成成熟的制度建设的时候，当我们还没有完成这样的转型的时候，我们今天最主要的挑战不是来自国际，而是国内。我刚才讲了，只要我们维持团结凝聚的势头，没有一个国家可以遏制中国，没有一个国家在今天真的就像当年帝国主义时代一样敢侵略和毁掉中国。所以，我们今天要有明确的战略方向。中国的未来，我们要先内后外。我们要想成为真正的超一流的大国，必须先从自身的革新、转型做起。我们依然要学习，我们依然要成长，而这一点恰恰是我们今天跟世界最大国家最大的区别。

今天美国和中国之间的区别，不在于美国的价值体系，或者美国教育比中国先进。今天中美最大的区别是，人家已经有了相对成熟的制度，而我们还在转型和建设的过程当中。所以，当你有了一个成熟的制度后，你的对外竞争才能有国内足够的支撑，你的国际竞争才能尽可能减少对国内问题解决能力的损害和削弱，如果你没有强大的内在制度，那么国际竞争会进一步恶化国内的状况。这是战略选择重要的内容。

中国在转型中需要继续学习

我说一下我的结论。第一，今天的中国获得前所未有的发展良机，说到底我们虽然已经开始崛起和变得强大，但是我们依然在转型，我们需要学习，我们需要成长。深圳是学习型的城市，中国依然还必须是学习型的大国，我们要在学习中让中国方方面面变得成熟、变得强大。

第二，很重要的是，我们面临一个尖锐的、更加具有挑战性的战略选择。这个战略选择就是，中国变了，世界变了，中国和世界的关系变了，我们自己的观念、我们的行为、我们的体制、我们的战略有没有变？我们能否跟上这样的转变？这对今天中国和世界的关系至关重要。

第三，思考中国今天众多的国际问题，民间有争议是正常的，因为今天的世界对中国人来讲已经不再是可有可无存在，世界也不再是中国人历史记忆中苦难的来源，世界并不是我们陌生、好奇的外界存在。今天中国人出国从事商务活动、旅游、学习的机会越来越多。世界对中国而言不再陌生，世界走进了中国，中国走进了世界，但我们一定要非常认真地问我们自己，当中国和世界的关系变得如此紧密的时候，我们究竟应该用什么正确、客观、科学的方式和战略的思考，有效地去重新审视中国和世界的关系？

世界变了，我们自己的认识、观念、心态、政策甚至战略跟不上，这个世界对中国人来讲可能变得越来越有争议性。但是未来中国的发展，前所未有地取决于中国和世界的关系，因为今天的中国战略空前扩大了。小平同志的"南方谈话"也好，设立深圳特区也好，他非常清晰地指出中国最重要的利益就是和平发展。但是今天光有和平发展不够了，我们还需要有善意合作的国际市场，因为中国的产能过剩，成为世界工厂，如果别的国家对我们关闭市场，将对中国构成巨大的战略伤害。我们除了和平稳定的市场以外，还需要安全可靠的安全资源，没有资源、没有能源我们怎么能发展？当中国越来越依赖世界、世界对中国越来越重要的时候，我们的战略一定要清晰，我们的战略意识一定要强化，我们对世界的认识一定要科学。

千年战争，千年文明

——战争与现代国际社会

张笑宇

张笑宇 🖊

柏林自由大学哲学系博士候选人，北京大学政府管理学院硕士，中国人民大学国际关系学院学士，《文化纵横》杂志社思想文化研究所研究员。2011年北京市青年政治学论坛主题发言人。曾在国内多家刊物上发表学术性文章，多次进行实地调研，组织并参与相关学术会议，出版多部译著。

不久前我们国家有一件可喜可贺的大事，神舟十号升天，然后返回。说起神舟十号的发射，包括人类其他的航空航天事业，与德国有

许多的缘分。为什么这么说呢？人类航天事业的第一步探索，起源于德意志帝国的军事扩张。当年一战的时候德国人造巨炮轰击巴黎，就是著名的巴黎大炮。我们看这个炮的角度非常有特点，大家知道按力学的角度讲，你往外扔一个物体，仰角45度扔得最远，但是德国人发现造这么大的炮，用这个角度打得更远。为什么呢？因为你的炮弹会一直打到平流层，空气阻力非常小。德国人打到空中的炮弹，是历史上第一个到达平流层的人造物体。

到二战的时候，德国人又发明了一种新型武器，就是V2飞弹。当时德国遭到盟军的集中轰炸，为了进行报复，就研制了这个飞弹。它的领衔研究者是冯·布劳恩博士，这个人后来投降了美国，美国人得到他的知识和资料真是大喜过望，也不追究他的罪责，就让他戴罪立功，最终他为美国人走向星辰大海的征途做出了巨大贡献。所以V2飞弹是后来航天火箭的前身。所以今天你看到很美好的、很宏大的人类探索宇宙奥秘的事业，它是从战火中走出来的，它的身后有不为人知的铁和血。

说航空好像离我们平常人的生活远一些，再讲个普通人耳熟能详的例子。我们有个词叫"四邻"，街坊邻居，为什么是"四邻"，不是"三邻"，也不是"五邻"？你邻居四个，连你自己正好五个，这是上承先秦的"什伍"制度，始创于齐，光大于秦。秦国是全民皆兵的制度，五人一伍，平日里是最低一级的耕作组织单位，战时就是最低一级的军事组织单位。五人里选一个伍长，农忙的时候伍长要监督这几个人的耕作状况，如谁出力、谁不出力；打仗的时候伍长就是带队小班长，监视有没有人逃跑。"四邻"这个词语，就是这个军事制度在我们记忆中的烙印。它就这样穿越千年，融入我们的骨髓里，刻在我们的生活中。而它最初的发祥还在于人类的军事活动。有很多我们习以为常、已不自知的事物和行为，比如靠右行驶、握手礼、铁轨的宽度，最初都是源于军事。所以，有个叫戴蒙德的历史学家写了一本名为《枪炮、病菌和钢铁》的书。枪炮产生之前人类是靠钢铁打仗的，所以你看这书名，控制人类历史的，三分之二是军事。

我们今天演讲的主题是"千年战争，千年文明"，我们主要讲的是欧洲，但其实放眼人类历史，军事行为从来都是如此重要，人类处在战争中的时间是如此漫长，铁和血在我们灵魂深处刻下的记忆是如此深刻。我们自称理性的动物，但当理性被激情冲走离我们而去，战争就不期而至，教训我们，扭着我们的耳朵逼我们开始运用理性，追求生存。当然，相对而言，我们得说欧洲这个文明，战争塑造了欧洲人的思维方式与生存之道，而欧洲人的思维方式与生存之道又进一步影响到了我们自己。在今天这个由欧洲人塑造的现代世界，你要在其中生存，你要跟欧洲人打交道，你就要考其根本、察其源泉。今天我们就从战争的角度考其根本、察其源泉。

说起中国，我们的印象是大一统；说起欧洲，我们的印象是四分五裂。但是历史上曾经有一股力量把大半个欧洲凝聚成一统，今天它的文明成就依然烙印在我们的生活之中，它的丰功伟绩仍令历史爱好者欣羡不已，这个力量就是罗马。罗马历史不算特别悠久，建城2700多年，但是希腊史家波利比乌斯称赞说，它47年间就统一了全世界——当然这个世界是地中海世界，是欧洲人当时知道的世界。罗马人发动扩张战争的时间是公元前264年，比秦始皇横扫六合略早；在地中海全无敌手的时间是公元前146年，比汉武帝北击匈奴略早。又过100年，罗马从共和国蜕变成一个帝国，此后一直到公元476年西罗马帝国灭亡，罗马这个名字一直响彻欧亚大陆西岸，罗马文明与东岸的中华文明交映生辉。罗马人的文韬武略，一直滋养着欧洲文明。

那么罗马到底给西方人留下了什么样的遗产？它到底对西方人有着怎样的意义？那我想，历史学界公认的，至少有两个最大的意义。

第一，它为欧洲人留下了法律的遗产。西方文明的一大特点是法律并不完全是政治权力的附庸，自古至今，法官和律师都是一个独立的团体，他们研习法律，解决纠纷。中国人传统上是地方行政长官兼职做司法长官，但是在西方社会就不一样，一定要受过专业训练的专门人士来担任。这个传统始于什么时候？始于罗马。当今法律中的许多基本术语和门类都起源于罗马法。17世纪文艺复兴的时候，欧洲大思想家们从罗马共和国时代的自然法思想里汲取资源。18世纪启蒙运动集大成的成果，最后借拿破仑之手造就的民法典采用的是谁的结构体系？是罗马帝国时期的《查士丁尼法典》。19世纪德国法学兴盛之时萨维尼、耶林这些法学大家靠的什么研究起家？还是罗马法。

第二，它为欧洲人留下了文化的遗产。罗马人说拉丁语。罗马人统一地中海后，拉丁语就成为欧洲人通用的语言，希腊、埃及的文献都被翻译成拉丁语。它是世界上保存古典文献第三多的语言——第一是汉语，第二是梵语。保存古典文献，对一个文明来说是非常重要的。古典文献之所以能成为古典文献，就是因为它记载了这个文明成功应对挑战、建立秩序的经验。我一向认为，理性的文明其标志之一就是能够从过去的典籍吸收那些健康的养分。我一个朋友是土耳其人，他们原来用突厥文字，凯末尔搞资产阶级民主革命之后改成拉丁文字，100年前的书都看不懂了，一个民族自废武功，多么可怕！欧洲人今天虽然不说拉丁语了，但是拉丁文的痕迹依然残留在每个民族的语言里。像法语、西班牙语、意大利语是直接脱胎于拉丁语的，这不必说，就像英语这种日耳曼语族的语言，一般它的单词只要超过6个字母，你肯定能找到拉丁词根。所以，这是欧洲今天能够一体化的最基本的文化基础。

这两个是公认的罗马留给欧洲的遗产，但我今天还要说第三个。这个是我自己的一点想法和体会。罗马以一个城市起家，最初是争取独立和自由的共和国，到后来发现要想不被别人奴役，最好就去奴役别人，终究造就成为一个大帝国，然后又从内部崩裂至于衰亡，它给之后的欧洲诸民族留下了一种向往、一种迷梦、一种命运。罗马用不可抗拒的武力将天下一统于罗马的法律治下，美其名曰"罗马式的和平"，古往今来，多少西方国家做过这样的美梦？神圣罗马帝国做过，西班牙哈布斯堡王朝做过，大不列颠日不落帝国做过，沙皇彼得一世做过，拿破仑做过，希特勒做过，今天轮到美国正在做了。说起美国，大家讲到它的民主自由、三权分立值得学习，确实有值得学习的地方，但是你懂了民主自由、三权分立，你不一定就真懂了美国，你要懂美国，得先懂罗马。

罗马的元老院叫做 Senatus，美国参议院叫 Senate。因为按照共和制的政治哲学，民主是个很危险的东西，一味尊重民意，很可能洪水滔天、坏人当道，所以要有精英来平衡。当时搞这个 Senate，找一些精英中的精英来指导国事，就是模仿罗马元老院的建制。

美国人今天讲民主，但是美国建国的时候绝对不说自己是民主国家。美国是堂堂正正的共和国。西方历史上影响力最大的共和国是哪个？罗马。说到共和国，什么叫做共和国？这个国家是人民共同的财产才叫共和国。这个人民不是一般的人民，是对自己的价值观和生活方式有认同、有自豪感的人民。这样的人民要爱自由，不被奴役，这样的人民要有美德，其中最重要的一条就是勇敢，因为他们要捍卫自己所选择的价值观和生活方式。所以共和国的人民一定是英勇善战的，不管挡在前头的是内部的困难还是外部的敌人，他们都绝不退缩，也不借助外在的力量来赢得最后的胜利。

美国建国以来打过的大大小小的仗，我们平均一下，每 20 年就要打一次仗。没有外敌，它就跟自己人打内战。美国人耳熟能详的英雄，他们没有一个不是能打仗的好汉。

我们现在先不讲美国，先暂且放在一边，待会再来讲它。我们今天的主题本来是"千年战争，千年文明"。罗马共和国离我们已经有两千多年了，罗马帝国从灭亡到现在离我们也有 1500 多年了，所以我们今天的主角不是它。我们讲罗马，只是讲西方文明骨子里一个底色，它其他很多美好的东西都是在这个底色上，我们要认清楚。但是罗马帝国确实离我们而去不复存在了，夕阳下巍峨的斗兽场、高耸的功德柱、为人效仿的凯旋门以及凯撒、屋大维的雕像都只不过默默无言地站在那里，雨打空城，任人凭吊。有时候真让人觉得，那些要效仿它伟大的，注定要做一个罗马梦。不过眼下这个梦还没做完，我们且拭目以待。

我们现在切入这个姗姗来迟的主题，那就是欧洲文明营造的这个政治秩序，不管是国际的还是国内的，其实都是围绕战争来转的。本立则道生，本变，道自然也会变。战争的形式改变，欧洲文明塑造的政治秩序其实也在悄无声息地改变。我认为，随着军事技术的进步和战争形式的发展，欧洲文明的政治秩序已经走过了三个阶段，下面我就来一一阐明这三个阶段。

权利的背后，归根结底要有一种道德支撑。我们看到这个国家的力量背后确实有一种道德支撑，我要代表大多数人的根本利益，我要统筹安排社会公益。但是个人权利的背后也有一种道德支撑：我能够追求一种我想要的幸福，只要我没有侵犯别人这样做的自由，那任何人也不能干涉我的这个自由。我们今天认为，个人权利在道德上，是跟国家权力平起平坐的。

那这个观念起源于什么时候？

500年前的一位法学家格老修斯，生活在荷兰。荷兰人当时跟葡萄牙人关系紧张，但是荷兰人非常勇敢，他们的航海技术也好。荷兰人在印度洋上俘获了一艘葡萄牙的船只，当时法学界就开始辩论，荷兰还没有跟葡萄牙开战，这个私人的行为合不合法。格老修斯这个时候就站出来说：合法。因为茫茫大海之上，没有任何人为制定的法律能够束缚这片自由的空间，所有人只能遵守自然法。而自然法教导给人的理性便是如果觉到自己的生存受到危险，他便可以先发制人地对威胁者开战，哪怕对方是一个国家！在大海这片自由的国度，个人和国家平起平坐。

这个原则，后来被人文主义思想家们继承和发扬，演变成了这样的原则：自然赋予人们不可剥夺的权利，人们为了更好地保护这种权利，才签订契约，建立了国家。但是它最初来自什么地方？来自海战。其实我们很好想到，你在陆地上作战，每个人就会被淹没在集体里面。我们战国七雄争霸的年代，伏尸百万，流血漂橹，列国滚滚车尘、皑皑铠甲面前哪有你个体自由的空间？只有在海上你一叶扁舟，没有人管得到你。500年前欧洲国家政府的战船，比私人战船好不到哪里去，水手也不优秀到哪里去。打起仗来，西班牙的无敌舰队居然被英国海盗领的舰队给灭了。正因为这样，才能产生一种观念：我到了海上，我就是自由的，我与其他任意的个体都是平等的。这个观念演变为现代政治国内、国际的两大基本原则：国内社会中个人权利与国家权力在道德上平起平坐，国际社会中不同主权国家在道德上平起平坐。

这就是我说的第一个阶段，我把它称为古典海战阶段。这个阶段有三个特征：战争形式是古典的，个体和个体、个体和国家、国家和国家是平等的，关键是制海权。

战争形式是古典的，什么意思呢？因为这个战争形式的产生远在人类开始工业化之前。我们说瓦特改良蒸汽机是工业革命开始的标志，实际上瓦特的这个蒸汽机从发明到大规模运用，中间隔了近 100 年，都到 19 世纪了，而古典海战阶段从地理大发现的年代就开始了，那时候西方的技术优势相对世界其他区域其实并没有后来那么大。我们看西班牙人皮萨罗带着一条船，船上一共 150 个人，就把人口上千万的印加帝国打下来了，有人说是因为有火枪，实际上根本不是。最重要的三个原因是：西班牙人有马，印加人看了害怕；西班牙人身上带着病菌，印加人没有免疫能力；印加帝国的政治结构落后，皇帝死了就群龙无首，直接投降西班牙人。这实际上给西方人造成一种迷梦的印象，就是我凭借智力上的优势，能够以小博大，能够用这么小的代价统治这么广大的地域。为什么我有这个智力上的优势？因为我的文化里有人文主义，我把人当人，我能激发人骨子里那种热爱自由、奋力拼搏的斗志。西方因为历史上人数少，一直都有以少胜多的迷梦。大家看过几年前一个片子叫《斯巴达 300 勇士》，这就是最早一个版本的西方梦。那么，古典海战阶段西方人这种迷梦大大强化了。

这个阶段无论个体和个体、国家和国家还是个体和国家，它们之间都是平等的。什么意思呢？你在陆上的时候，有钱的可以买装备当骑士，没钱的只能当步兵。大军一到，片甲不留。大海上水天一色，孤帆一片，不管你是王公贵族还是平民百姓，上了船一律平等，谁的技术好，谁就能打胜仗。这环境，绝对公平、绝对自由，才会产生个人和国家、国家和国家在权利（力）上对等的观念。实际上个人和国家可能对等吗？美国和朝鲜可能对等吗？当然不可能。但海战的实际情况就创造出了个人和国家平等、国家和国家平等的观念，而观念的力量，即使它产生于一套落伍的战争体系，却依然影响着我们今天的世界。

战争的关键是制海权。西方政治哲学里有一个很有名的比喻，就是利维坦大战贝希摩斯。利维坦是海中怪兽，贝希摩斯是陆上怪兽。贝希摩斯试图用自己的角或者牙齿撕碎利维坦，而利维坦则用自己的鳍堵住这个陆地动物的嘴和鼻子，使得它无法进食和呼吸。这是一幅什么样的场景？这是一幅陆地国家被海权国家封锁、被切断补给线，最后国民饥馑而死的场景。海洋象征着独立自由，而陆地象征着专制和依赖。这个意象一直到20世纪80年代的时候还感染了一些中国人，如果在座的还记得当时一部叫《河殇》的政论片的话。

但我们说这是一种建立在古典海战阶段上的迷梦。这个年代西方人真正征服的是一些什么地区？是印加帝国、阿兹特克帝国，是因为与世隔绝而造成文明不够发达的地区。后来英国人运气比较好，还征服了一直处在四分五裂状态的印度。但是面对奥斯曼土耳其帝国、面对我们中国这些有着强大国家机器和丰富斗争经验的文明国家，古典海战时期的西方人是没有办法的。1521年我们跟葡萄牙人打屯门海战，大获全胜，明朝水师见到悬挂葡萄牙旗的船只就击毁，葡萄牙人大气不敢喘一声。1661年郑成功渡海，打得荷兰人大败溃逃。但是200年之后，1840年鸦片战争的时候，我们面对英国人没有任何办法。为什么？因为战争进入一个新的阶段，不再是古典海战阶段了，而是工业化的时代，我把这时的战争叫做工业化时代的全面战争。工业化时代的全面战争有三个特点：形式不再是古典的了，而是工业化时代的；个体不再是跟国家平起平坐的了，而是国家机器上的螺丝钉；制胜的关键不再是制海权了，而是核心工业以及能够支撑核心工业的人口。

工业化时代和之前的时代都不相同，因为工业生产的特性要求大量的劳动力被组织到工厂去做专业的生产。我们说工业革命是机器生产取代劳动力生产，但实际上使用机器归根结底还是要靠人，而且是专门化了的人。亚当·斯密论述劳动分工，说以前手工业作坊的时候，每个工人独立做针，10 个工人一天做不到 200 根针；现在搞分工，每个人只负责做他的那一部分，10 个工人一天就能做 4800 根针。现代工业生产，那工序比做针不知道复杂几千万倍，产品越来越复杂，基本配件越来越多。要保证工业的正常运转，把工艺锁在图书馆里，指望用到的时候再去查是不行的。就算查到了还有个熟能生巧的问题，更不可能有进步——没有人能基于不懂的知识进行二次开发。

因此，在工业的核心部分里，平均每个基本配件至少要对应一个专职人员来储备并改进生产工艺，这个人还要带一个徒弟，花上十几年时间口传心授把工艺诀窍传承下去。随着工业化的发展，核心产业所占用的工业人口和工业技术的复杂性，以及基本配件数量在同比例增长。

传统社会造一只船，可能就是那么几百个工人，龙骨、桅杆、船舵、风帆……全给你造出来。所以荷兰这样小的国家，它都能做海上马车夫。那工业社会造一条铁甲舰，零部件有几十万种，那你的核心产业需要的工业人口就是上百万人，更不用说你还要农业和服务业来满足这些人的日常需求。

到 19 世纪晚期，增加了电器和化工两个大门类，工业体系的基本零部件种类也随之翻了几倍，已经要几百万产业劳动力——其中还得有相当数量的高素质劳动力——才能维持工业体系完整了。这个时候欧洲人口少于 1000 万的国家基本就被淘汰出列强范围了，人口最少的法国是 4000 万人，而且法国的工业体系也不完备，人家 6000 多万人的德国打上门来，法国就必须在英美的支持下打第一次世界大战。

到二战期间，基本部件增加到几百万种，对应的是 6500 万人的德国可以发动战争，法国则在开战后一个月出局。但德国也必须放弃研制生产诸如战略轰炸机、航空母舰和原子弹这样的超级武器，人口规模差不多的日本能造航母却造不出像样的坦克，日本造的机枪和手枪连伪军和八路军都鄙视。海上、地面两边都行的只有人口上亿的美国一家。苏联在海军技术上缺乏储备，不过造坦克、大炮、火箭炮总能压德国一头。

工业社会组织大规模工业生产，一下子组织的是几千万人。老牌资本主义强国完成这个任务还不是特别难，好歹资本主义搞了几百年，资本家建工厂驾轻就熟。新兴国家从传统社会到工业社会，谁最有力量来组织这件事？答案只有国家。所以没赶上资产阶级革命的国家，到第二波工业革命的时候就必须建立强大的国家机器，依靠国家机器来完成工业化的组织任务。这里面的后发国家，第一个是德国，第二个是日本，第三个是苏联。这些国家传统不同、制度不同、意识形态不同，但都是赶第二波工业革命的浪潮。那它们刚起步的时候，必须要有一个强有力的国家政权来完成工业化的任务，这是不可避免的历史大势。

国家政权是一个方面，你搞工业化还需要大规模的工业人口，更需要广大的农业和服务业人口来支撑自己国家的核心工业人口。过去说抢殖民地是争夺商品原材料和倾销市场，那你看西班牙抢到了美洲，工业也并没有发达起来；英国人打了鸦片战争，商品也没有马上倾销到中国。其实对欧洲这些小国寡民的国家来说，最关键的还是给自己的核心工业找到大规模的工业人口来支撑，要把殖民地国家变成自己的廉价商品和廉价服务来源地，降低核心工业劳动力的成本，保持竞争力。所以，19世纪末20世纪初，老牌资本主义强国只有英国靠着日不落帝国这个人类有史以来面积最大的帝国和版图上的数亿人口才能维持核心工业竞争力。其次是美国，自己就有1亿多人口。后发国家像德国，它就始终想要殖民地，二战的时候纳粹分子甚至有一个全盘的大欧洲经济计划，要替被自己征服的欧洲诸国设计种种特定的农业和工业方案与贸易计划——奥地利产烟草，波兰产土豆，捷克产牛奶，卢森堡产钢，罗马尼亚产小麦……全齐了。日本也是这样。我刚从东北过来，日本当年在东北工厂残虐我们的同胞，背后都是这浸染着鲜血的工业化逻辑。

这是第二个阶段。还有第三个阶段，这个阶段就是核战争阶段。在人类历史上，毁灭自己的蠢事儿其实没少干。中东有个比我们还古老的文明，叫做苏美尔文明，那会儿打仗流行往打了败仗的民族耕地上撒盐，因为中东缺水啊，土地很快就盐碱化了。结果打过来打过去，这片土地都盐碱化了，苏美尔文明就灭亡了。但是核武器的发明，是人类第一次以这么直观的方式认识到这是能够毁灭我们全部人的武器，这是同归于尽的武器。原子弹之父奥本海默第一次看到原子弹爆炸，脑子里全是几千年前印度史诗《薄伽梵歌》中的诗句：

> 漫天奇光异彩，有圣灵逞威，只有一千个太阳，才能与其争辉，我是死神，我是世界的毁灭者。

面对这样的武器，世界静默下来了。敌国有核武器，你还敢对敌国发动常规的全面战争吗？当年苏联军方的核战标准是只要判断美国人有全面战争的意向，那就要在自己的核武器投射能力损失殆尽之前把所有核弹都发射出去。因为苏联人知道美国人的空军很厉害，飞弹也很厉害，你不用，他把你的投射手段全毁掉，你就没机会了。但你用了，地球就没机会了。所以核武器诞生之后，世界就处在了恐怖平衡之中。你能造再先进的坦克、飞机、大炮，都没有用了。

所以这个战争形式演化到核武器阶段之后，又出现了全新的三个特点：战争双方拥有彼此毁灭的力量；国际社会实际上是一个等级制社会；恐怖平衡下各国仍然在多个领域展开激烈战争。

第一，发动全面战争征服一个有核国家，把它消灭就不可能了，大家恐怖平衡。第二，灭国战争打不了，是不是就意味着世界大同了？不是的。首先，你是核大国，依然能打无核小国，像美国打伊拉克、打阿富汗；其次，我们一定要了解战争永远是政治手段的延伸，战争本身不是目的。以前纳粹德国打灭国战争，是因为它要给自己找到足够多的工业人口，它只能用灭国战争来扶植一个听命于己的傀儡政权，进而用这种强制性的命令手段来全方位控制该国的政治经济政策。当然，它输掉了战争，必须把这个道路完全抛弃掉，把自己置于别人的核保护伞之下，换取经济上富足生活的可能性。日本也是这样，苏联也有这个意思。我们可以设想，如果它们想控制的对象有核武器，这个基本上是不可能的。但是你除了强制性命令，你真的没有别的办法来影响甚至控制他国的政治经济政策了吗？其实是有的。你可以收买，你可以用外交手段施加压力，你可以找世界著名的经济学家给它们出谋划策，你可以收买这个国家的当政者把他们培养成买办，你可以动用媒体舆论宣传渗透，你可以做很多事情。

所以当战争形式演进到核武时代，我们不会再有世界大战，大国和大国之间也不太可能再有灭国性的战争。但是这并不意味着世界就和平了，对斗争和征服的渴望会永远存在，就像对善良和正义的渴望会永远存在一样。我有个当过兵的朋友，聊起中国的国防建设，他颇为自豪地说，我们的国防建设很有成就，就算美国人打到我们本土，我们也绝不会亡国，周旋到最后，还是可以获胜的。我当时就跟他说，人家美国人为什么要打到我们本土，甚至还要我们亡国？这么干对他们有什么好处？如果有这么一个中国，安心地给他们生产廉价商品，提供廉价服务，输送最优秀的学生到他们那里去充当高级技术工程师，把辛辛苦苦积累的资本拿到他们国家去投资，然后又绝不给他们添乱，绝不在地球的任何角落购买他们需要的资源，绝不跟他们在任何他们擅长的技术领域竞争，那对他们来说不是很好吗？如果他们要打仗，把中国打成这样不就够了吗？为什么一定要灭国呢？

我想我们还是永远不能忘记，战争本身不是目的，归根结底是政治手段的延伸，所以我们不能好战，但绝不畏战。我今天花这样长的篇幅讲到这里，就是为了说明白欧洲文明，这个从战争中生长出来的文明，它今天建立的这样一个遍及全球的政治秩序，始终摆脱不了战争的底色。我们不可能怀着天真幼稚的理想拒绝这样一个世界，只能更加努力地学习和掌握这个残酷世界中的规则，更好地保护我们所珍视的一切。

那么运用刚才我讲过的这三个阶段来解读中国，我们马上会发现，中国是同时处在第二阶段和第三阶段。一方面，中国的工业化进程还没有完成，我们在基础工业和高科技产业领域还缺乏核心竞争力，我们还要想办法发展实业，在最精尖的领域争取自己的一席之地；另一方面，中国又以非常之道搞跨越式发展，不依赖外力援助搞出了自己的工业体系和核武器。也就是说，我们实际上没有真正成为一流国家，但是拿到了成为一流国家的通行证。我们实际上参与到西方文明建立的这个世界政治秩序的时间非常短，但我们这么快地在这个秩序里获得这么重要的一个地位。

我刚才说，一个国家在以全面战争为目标的工业化阶段，需要大量的工业人口，我们国家有十几亿人，基数完全不成问题，成问题的是我们能不能全面提升劳动力素质，支撑起我们真正有竞争力的核心产业，成为名副其实的一流强国，这是国内；在国外，就是我们能不能保护我们国家的核心利益，能不能在和平共处五项原则的基础上吸引他国愿意在国际贸易中为我国的工业人口提供必备的原材料基础、农业基础和服务业基础。而且还有一个，我们是有核国家，所以轻易不要动武，不要动不动就摆出全面战争的架势，要让近者悦、远者来，要让小国有安全感。所以我一向认为，不管是钓鱼岛还是台湾，虽然它们在某种程度上关系到我们真正的国家利益，但是从本质上来说并不是我们真正的国家利益。从长远来看，真正的国家利益还是我们的核心竞争力，我们在世界上的吸引力，我们获取资源、原材料和工业人口的能力。这不是说我们就不收复领土了，我要说的是，你实现了真正的国家利益，你收复领土就不会受到什么真正的阻挠。反过来，你收复了领土，但是是以损害真正国家利益为代价的，那这个领土收复了也没有多大用。

我们讲明白了政治秩序跟战争的三个关系后，再来分析中国的处境，我们就会马上非常明白中国今天国际战略中要解决的根本问题是什么，一句话，就是成功跨越第二阶段，到达第三阶段，名副其实地成为一个大国。我们现在的矛盾是我们的经济地位和政治地位还不匹配，我们的目标就是让它们匹配起来。讲国内政治的时候，你说落后的政治体制阻碍经济的发展，阻碍生活水平的提高，那你就改革；讲国际政治的时候你光说改革没有用，因为我们改革不是为了别人去改革，而是为了自己去改革。所以讲国际政治的时候，我们的目标是这样的，但是应该采取跟国内政治不同的手段。

那其中最重要的手段是什么？我个人的看法是，君子务本，本立而道生，真正的国家利益，就是务本，就是强大自己。一个人不管他的出身是卑微还是高贵，生活条件是筚路蓝缕还是锦衣玉食，身处的环境是恶劣到无以复加还是优越到无人能及，他只有内心强大到自己喜欢自己，别人才能喜欢他。一个国家也是这样，今天有一些国家不太喜欢我们，我们既不能因此就不喜欢自己，也不能因此就老想着瞬间逆袭，强逼着人家喜欢我们。人类历史经过了这么多年，有太多非理性的案例，有太多人心不足蛇吞象的前车之鉴，一个国家要想繁荣昌盛，靠的不是打败所有的竞争对手，而是在自己前进的路上不要犯严重的错误。我讲到最后，回归到这么一个很粗浅、很简单的道理，但人类历史长河中最光辉灿烂的，往往就是那些最粗浅、最简单的道理，谢谢大家！

核技术与人类文明

樊明武

樊明武

中国工程院院士，华中科技大学
教授，博士生导师，中国著名回
旋加速器专家，磁铁理论与工程
专家，有突出贡献的国家级中青
年专家。曾任华中科技大学校
长，中共十五大代表，十届全国
人大代表，湖北省科协主席。现
任华中科技大学学术委员会主
任，湖北省高级专家协会会长，
中国粒子加速器学会理事长。主要从事粒子加速器和电物理
设备有关技术研究。多次获国家级科技进步奖和省部级科技
进步奖。已发表论文 80 余篇，出版专著 4 部。

今天我向大家汇报的题目是《核技术与人类文明》。比较通俗的

说法，核技术就是研究、观察和利用原子变化所产生的能量或效应的技术。可以分成两个部分，一个叫做动力核技术，如核武器和核电；一个是非动力核技术，包括各类加速器、核探测器、成像装置、放射线医疗设备、放射性同位素及制品（治疗和显像药物）、辐射改性的材料等，应用领域涉及工业、农业、医疗健康、环境保护、资源勘探和公众安全等。

德科学家发现了核裂变现象

在用中子轰击各种元素的原子核时，人们不但发现用中子能实现许多核反应，创造出多种放射性元素（称同位素），同时还发现中子竟是一把打开原子能宝库的钥匙。

1938 年 12 月，德国物理学家哈恩和他的助手斯特拉斯曼发现，用中子轰击铀核时，铀核发生了裂变。他们发现了这个现象，但是他们解释不了。他们的女学生迈特纳做出了完美的解释——核裂变。裂变后两个分裂核的质量小于分裂前的核质量，按照爱因斯坦的质能转化公式，核裂变中质量的损失变成了巨大的能量，是通常物质燃烧释放的化学能的几千万倍。

1938～1939 年，希特勒开始迫害犹太人，一批犹太人科学家逃到了美国，他们推测原子核裂变产生的巨大的能量有可能变成具有大规模杀伤力的武器。

这些科学家建议美国开展这方面的工作，但是罗斯福总统不是搞科学的，他觉得这个事情有点悬，裂变后怎么可能变成武器呢？所以开始没有理他们。这些科学家于是找了美国总统科学顾问萨克斯，这个人很有头脑，他一听到这个理论就明白了。有一天，他利用吃早饭的机会跟罗斯福讲，"我跟你讲个事"。罗斯福说，"你是不是又要来讲那一套，我懒得听"。他说，"你不能懒得听，你得仔细听一听"。他讲，德国已经开始干这个事了，这时候罗斯福才紧张起来，他下决心做这件事情，就找了一个叫奥本海默的人负责这个工程，所以现在把奥本海默称为"原子弹之父",也有人把解释裂变现象的那位女科学家迈特纳称为"原子弹之母"。我理解那个"之母"倒应该是"之父",她只是解释了裂变现象。这个奥本海默真正像怀孕一样,把原子弹造出来了,这是母亲的工作,奥本海默应该是"原子弹之母"。

二战时,美国把原子弹研制计划称为"曼哈顿计划",参与人数最多的时候达到50多万。这么多人,保密工作做得相当好。时任副总统杜鲁门有一次路过洛斯·阿拉莫斯研究所,就是做原子弹的地方,他问:"这些人在这里干什么?"其他人说:"您别问了,我们不知道。您问多了,您和我都会惹麻烦。"一直到1945年,罗斯福去世,杜鲁门接替总统才明白。杜鲁门特别好战,说干就干,加快了原子弹研究的步伐。当时这个团队的核心人员是几百人,周围有两千多人。同时期美国空军也开始了投弹训练,10吨重的弹,要在1000米的高空上目测投到地面直径为100米圆圈内,投完以后马上掉头往回跑。

原子弹使二战提前结束

1945年7月16日凌晨5时30分,世界上第一颗原子弹"瘦子"在美国新墨西哥州阿拉莫戈多附近的沙漠地区爆炸成功,当时高达几十万度的温度,把几公里范围内的花岗岩表面烧成了玻璃。此时德国、意大利虽然已经投降,苏、美、英召开了波茨坦会议,但日本军国主义分子负隅顽抗,他们觉得自己手里还有上百万军队,还占有中国很大一部分土地,还有日本本土、朝鲜等地方。当杜鲁门听到第一颗原子弹爆炸成功后,心中万分高兴,信心十足,他说,如果日本不无条件投降,要让日本的国土变成焦土。日本军国主义分子根本不理。8月6日,美国人在广岛投下一颗叫"小男孩"的原子弹,在离地面660米的半空爆炸,当时报告死了10多万人,后来日本人自己说死了7万多人。

爆炸了以后,美国人很神气,当时的杜鲁门总统发表《告日本人民书》称，"我们庄严地向你们保证投弹是极其准确的"。日本人不相信这是原子弹，为什么？他们有个科学家在 1938 年就开始研究原子弹，认为从技术难度上讲，10 年搞不出来，他就是非常著名的原子物理学家仁科芳雄。仁科芳雄坐了飞机到广岛，一看回来就向天皇报告，说这确实是原子弹。日本外交部建议天皇投降，但国防部不同意。于是美国决定丢第二颗原子弹，这颗原子弹不是铀做的，是另外一种元素钚做的。8 月 9 日，B - 29 轰炸机在长崎上空投下原子弹"胖子"，导致长崎市两万多人死亡，死伤总计 14 万人。

这一枚原子弹扔下去以后，美国人说，你们信不信，不信我们再扔几个。日本人心中没数，以为还有几个，害怕了。美国当时也就这两个，没有了，日本御前会议决定接受《波茨坦公告》，无条件投降。原子弹在世界上第一次投弹，使二战提前结束。原子弹虽然看起来对日本人很残酷，但是真正残酷的是日本军国主义分子，发动了二战，在中国就杀死千万普通百姓。

日本新任首相重光葵受降。当时麦克阿瑟讲了这样一段话，说"我们将致力于维护人类的尊严，实现人类追求自由、宽容和正义的最美好的愿望"。当时代表中国参加受降仪式的人是徐永昌将军。投降书承诺，日本放弃军国主义，实际上现在也没有放弃。最有意思的是，麦克阿瑟签字时带了 5 支派克笔，后来分别送给美国博物馆、图书馆、档案馆、西点军校等，最后一支给了他老婆，这 5 支金笔现在都是很有意义的历史文物。

当年在广岛投下原子弹的美军 B - 29 型"埃诺拉·盖伊"号轰炸机飞行员保罗·蒂贝茨死于 2007 年 11 月，当时 92 岁。人家问他，"你丢了原子弹之后，你后不后悔？"他说不后悔，如果轰炸任务没有成功，那场战争的结局可能完全不一样。我们认为导致无辜人员死亡的罪魁祸首应该是日本军国主义。

1964 年中国爆炸了第一颗原子弹，1967 年，中国爆炸了第一颗氢弹。邓小平说过，如果 60 年代以来，中国没有原子弹、氢弹，没有发射卫星，中国就不能叫有重要影响的大国，就没有现在这样的国际地位。这些东西反映一个民族的能力，也是一个民族、一个国家兴旺发达的标志。

核技术对文明的贡献在什么地方？提前结束二战就是核技术的贡献。

三次核事故的原因及其教训

迄今为止，我们更多强调的就是核电的应用。世界上第一个核电站由苏联建造，能量很小，只有 5000 千瓦。1957 年，世界第一座商用核电站——美国希平港（Shippinport）核电站并网发电，人类进入了和平利用核能的时代。1979 年 3 月 28 日，位于美国宾夕法尼亚州的三里岛核电站发生了核泄漏事故，这是核电历史上第一次大的事故。由于设计时有压力壳，事故对环境没有造成影响，对人没有产生直接伤害，虽然当地居民也有人抗议。

历史上最严重的核电事故就是切尔诺贝利核电站泄漏事故。1986 年 4 月 26 日，乌克兰基辅市以北 130 公里的切尔诺贝利核电站的灾难性大火造成了放射性物质泄漏，污染了欧洲的大部分地区。由于运行人员的误操作，加上反应堆的设计缺陷，切尔诺贝利核电站 4 号反应堆发生爆炸，8 吨多强辐射物泄漏。事故共造成 31 名消防人员死亡，数千人受到强核辐射，数万人撤离。保守估计，苏联共花费了 180 亿美元，并动员 50 万军民处理此事件，但是现在看来事故对环境的负面影响仍然无法估量。

我们讲一下日本的福岛。福岛核电站是日本最大的核电站，也是目前世界上最大的核电站。这个核电站于 20 世纪 70 年代初期建造，它设计的标准是防 8.0 级地震。2011 年 3 月 11 日 14 时 46 分（北京时间 13 时 46 分）发生在日本本州东海岸附近海域的里氏 8.8 级地震（3 月 13 日中午日本国家机构重新核准为里氏 9.0 级，历史最大!!!），地震震中位于北纬 38.1 度、东经 142.6 度，震源深度约 20 公里，地震并引发约 10 米高海啸。

这个堆设计虽然是防止 8.0 级地震，当时地震已经达到了 9.0 级，但堆的应急措施还是正常的，停堆、应急发电机启动为冷却堆芯供水等。他们倒霉在什么地方？就是地震震中位置离福岛不近不远，大约 100 公里。如果近一点，地震引起的海啸的浪头高度还形成不起来，如果离得远一点，这个海啸的浪头高度也就低下去了。当时浪高达到 10 多米，而它的防波堤只有 8 米，应急发电机被淹，反应堆虽然已经停机了，但是余热带不走，加上福岛核电属于私人企业，私人老板总是想省钱，他总想把反应堆保住，拒绝用海水来冷却，如果海水冷却就不会发生大事故了，但是这个堆就不能用了。他总想把这个堆保住，实际上这几座反应堆已经运行了 40 年，已到了设计寿命，结果他还想延长，结果就出事了。一提到核辐射大家就非常担心，实际上我们每年接受很多辐射，包括太阳紫外线、坐飞机、抽烟。一般我们每年受的辐射剂量是 1 毫希伏，我们放射性工作人员规定的剂量不能超过 20 毫希伏，实际上我们接受的辐射都远远低于这个剂量。

我国历来十分重视核安全

不管怎么说，福岛核事故或者是切尔诺贝利核事故，对当事国家乃至人类都是灾难，我们应该从中吸取教训，从而防范类似事故发生。

中国核电在 20 世纪 80 年代末才开始起步，吸收了别国很多经验，包括切尔诺贝利核事故的经验教训。我们的核电站的反应堆的堆型基本上都是压水堆，这种堆有三个回路。所谓内循环回路，就是说所有带放射性的水不会跑出去。二回路把热能带出堆外推动汽轮发电机发电，二回路的水基本没有放射性。它还有三个循环，这是冷却回路。在发生事故时，它有三道屏障，第一道屏障——燃料芯块的包壳，燃料芯块是烧结的二氧化铀陶瓷基体，核裂变产生的放射性物质 98% 以上滞留于燃料芯块中，不会释放出来。燃料芯块密封在锆合金包壳内，可有效防止裂变产物及放射性物质进入一回路水中。第二道屏障——坚固的压力容器和密闭的一回路系统，反应堆堆芯被密封在20厘米厚的钢质压力容器内，压力容器和整个一回路循环系统的管道和部件是能承受高温高压的密封体系，可防止放射性物质泄漏到反应堆厂房中。第三道屏障——安全壳，安全壳是由钢筋混凝土浇筑而成，壳壁厚90厘米，内衬6毫米的钢板，在建造时运用了预应力张拉技术，提高了混凝土墙的强度，可以承受5个大气压的压力，确保在所有事故情况下都可以防止放射性物质进入自然界。

目前按国家部门提供的国家标准，正常的辐射剂量是0.25毫希伏/年·人。大亚湾核电站经过超过10年的运行，核电站周边地区辐射测量结果是0.01毫希伏/年·人。而人到医院看病需要照X光透视的辐射剂量是0.02毫希伏/次·人。如果人们乘飞机从北京到欧洲往返一次的辐射剂量是0.04毫希伏/次·人。由于压水堆核电站有了三道屏障，核电站运行对周围居民的辐射影响远远低于天然辐射。

现在我们对新核电站的要求更高了，开始了第三代核能技术。二代核电站和三代核电站有什么区别？三代核电站，具有非能动冷却系统，哪怕应急发电机被水淹了也没有关系。它有一个储存水箱，可以自动把水灌进来冷却，不可能出现福岛那样的事故。每次事故，都使得我们技术上有很大的进步。

非动力核技术在我们日常生活中

核技术除了有动力应用以外，还有一些非动力应用，就是射线应用。它的射线包括x、β、γ，或者是中子，或者其他。非动力核电应用已经扩展到工业、农业、环保、医疗或者其他方面，形成了很长的产业链。这个产业链的好处就是节能，同时产生高附加值。

非动力核技术依靠是各种射线，我们把产生这些射线的装置称为辐射源。辐射源有哪些？有反应堆，有钴源，目前使用最广泛的是带电粒子加速器，因为一旦停机，就不再带有放射性。利用辐射交联技术，可以使塑料耐高温、高压，耐老化，使用寿命长等。辐射交联电缆广泛应用于航空、航天、汽车领域。橡胶有一个特点，生胶不能用，为什么？因为它遇热就会变软，遇冷就会脆，所以必须要硫化。一般过去我们硫化都是用硫黄来硫化，但硫黄有一个缺点，一是污染环境，二是化学硫化往往不完全、不充分。如果发生在医用产品中，后果有时相当严重，因为橡胶的成分是蛋白质，如果医生戴着没有硫化完全的橡胶手套给患者动手术，这些没有硫化完成的蛋白质可能进入人体，如果该患者对橡胶过敏，就可能失去生命。辐射的办法就很有效，可以使橡胶充分硫化，而且它形成的化学键不是碳硫键，而是碳碳键，结构特别稳固。这样的产品用于外科手术就十分安全。辐射技术可以加工很多产品，如热缩材料、发泡材料、水凝胶、吸附材料、记忆功能材料等等。大家可能没有想到辐射在我们的身边同每个人紧紧联系在一起，你日常用的手机中的许多配件、汽车的轮胎离不开辐射技术。

辐射技术对生命的意义

在食品保鲜方面，辐射过的和没辐射过的，同样情况下保存，一个生了霉，一个没生霉。现在世界上都承认辐射产品是可以上市的，因为在目前看来对人没有什么影响。

辐射过的花可以改变颜色，使我们的生活更加多彩。女士们都喜欢用化妆品，化妆品很容易生细菌，所以一般加了很多防腐剂，你想防腐剂加进去能不伤害身体吗？最好的化妆品就是用辐射的方法来消灭细菌，比较安全。

一些中药材出口，不用辐射技术不行，因为你不杀死超标细菌，人家不让进口。我们很多中药材被人拒之门外。辐射技术就可以帮助灭菌。利用回旋加速器生产一些短寿命放射性药物，用于正电子断层照相，把这种药物注射到患者的身体中，它们具有葡萄糖一样的性能，但是它们不一样的是，可以产生正电子。我们的身体都由原子组成，原子由原子核和电子组成，正电子和负电子对撞以后就发生正负电子对淹没。所谓正负电子对淹没，就是正负电子对淹没后会产生一对 γ 射线，这个 γ 射线的能量是 511 千电子伏。患者身边的探测器把这些 γ 射线记录下来，就可以看到整个身体新陈代谢的过程。大家都知道癌细胞的新陈代谢特别旺盛，所以它吸收这种药特别多，在图像上形成亮点，这样就可以发现早期癌症。癌症只要早期发现并不危险，危险的是你自己不知道，一旦有感觉，往往已是没有希望治疗的晚期。

我们需要科学发展

为什么我今天宣传这个？主要是跟大家探讨现在我们处于什么情况。这么多年来，国家确实发生了很大变化，日子越来越富裕，但是我们的能源消耗也越来越大。虽然我们生活变得越来越方便，但这些方便基本上靠化石能源支撑，环境越来越恶化。

地球上的人增加得有多快？到现在为止人口接近 70 亿人。现在我们的资源非常匮乏，而且寻求新能源不那么容易。拿太阳能来做例子，太阳能很好，但是你知道生产太阳能板需要多少能源？几乎占了它将来能生产能源的一半。

风能也有很多问题。它的利用效率比较低，有风就可以发电，没有风就不能发电。另外，它存在上网的问题，有风的时候想把它储存起来，不那么简单，上网又比较困难，能量也不是很多。有些控制技术我们都还没有完全掌握，所以风能也有问题。

水电很好，但是水资源毕竟有限，而且水电大部分集中在西部，开发很困难。有些水电要占用大量的土地，涉及生态平衡以及后续问题，我们都还搞不太清楚。

现在我国消耗的能源，已经占到世界能源消耗总量的 20%，我们 GDP 比日本稍高，但能源消耗量是日本的 5 倍。我们的 GDP 只有美国 GDP 的 1/3，但我们的能源消费超过了美国。如果我们再这样不科学地发展下去，我们将会付出巨大的环境代价。

核电可以帮助我们解决能源问题，核安全一定要保证

核电确实有安全问题，这我们一定要注意，我们需要也只能发展安全的核电。今天，在我们生活的环境中，面临这么多二氧化碳、二氧化硫，还有严重威胁健康的雾霾天气。面对现实，核电在目前来讲，虽然出现过几次核事故，但是它仍然是清洁、经济的高质量能源。目前核电的安全水平已大为提高，各种措施可以保证在发生事故的状况下不会影响环境，这是我们的最低目标。我们尽量不让它出现问题，保证它的安全，所以核电要发展，核电不可取代，包括国外，特别是法国核电已经占了很高比例了。要达到节能减排的目标，核电不可取代。我们要有很强的责任心来维护核安全，科学发展核电。

中国每产生 1 美元的 GDP，能耗居世界第一，甚至高于印度。瑞士人口比深圳还少，只有 800 多万，但是它的人均产值居世界第一，而且更有意思的是，他们没有我们这么忙，也没有我们这么辛苦，那些手表做得非常好，就是一些小工厂搞的。国家有什么特点呢？人非常严谨。比如他们训练工人，很多东西都需要手工操作，甚至拿刀的角度、方式也要训练，这样的产品才有高质量。瑞士这么小的国度，它的环境可以保持得这么好，他们的银行业、保险业也是世界第一，做手表有几百年历史，堪称世界第一，这么小的国家有这么多世界第一，有这么多名牌，不可思议。瑞士不仅数控机床名气大，而且一把小刀还叫瑞士军刀，中国的小刀卖几十块钱一把，瑞士的要几百块钱，一样的材料，凭什么他们卖这么贵？就凭他们的敬业精神，这造就了他们产品的质量。瑞士巧克力很不起眼，已经推广到全世界；咖啡还能以"雀巢"闻名世界。

我们的发展要反思。什么叫科学发展？要使得我们每个人，不管是工人、工程师、技术人员还是教授，都要在平等的地位上做好自己该做的事，每个人把自己的事情做好了，我们的国家就好了。我们需要人才，什么是人才？能以精益求精的态度，做好自己的本

职工作，做出同行做不出的产品或成果，这就是人才！这是我们自己的需要，也是我们国家的需要。我们需要科学发展，需要建立和谐社会，需要幸福地生活，实现我们的梦想，需要靠我们一起来努力。

谢谢大家！

从核电争议看越过临界点的科学技术

江晓原

江晓原

上海交通大学特聘教授、博士生
导师、科学史与科学文化研究院
院长。中国科学技术史学会前副
理事长。已出版著作 70 余种，
发表大量学术论文以及书评、影
评、文化评论等，并长期在京沪
等地报刊上撰写个人专栏。

中国核电站大部分是在建的，真正建成的核电站并不多。福岛核
电站事故之后，我们国家就暂停了新的核电项目的审批，现在许多在
建的核电站又开工了。在福岛核电站发生事故以后，我本人确实仍然
赞成发展核电，一直到我给一本书写序，是日本人在 15 年前写的书，
叫《核电员工最后遗言》。这个人是核电系统的人，这本书明确预言

了福岛核电站 1 号机组要出事，后来果然出了事。出版社请我给这个书写序的时候，我看了一遍这本书，之后我改变了发展核电的看法。在这里我与大家分享自己的心路历程。

核电站有三大致命的问题

以前我想，煤的储藏是有限的，所以我们要用核电。但核电站有几个非常致命的问题，我归纳出了三大问题。

（1）核电废料。核电运行的时候每时每刻都在产生核废料，多种带有放射性。主要是放射性钚，这种核废料的半衰期为 24000 年。这种放射性物质的放射性在很长时间里都不会消失。

废料放到哪里去呢？卡逊写了一本书名叫《寂静的春天》，卡逊揭露说，美国人把核电废料装在铁桶里沉到深海。可是这些铁桶在海底只能维持 50 年，然后就会腐烂掉。海里有生物，它们会吃这个东西，也会受到污染。一旦铁桶的寿命到了，核废料就会分散出来。现在 50 年已经过了，那铁桶差不多已经烂了。后来美国人又有一个想法，就是找报废矿井，把所谓的废料放到地下去。美国是世界上最早使用核电站的国家之一，所以废料问题非常麻烦。有一段时间美国甚至跟中国接洽，想把核废料放到中国来，给中国钱。幸亏中国拒绝了这个请求。台湾地区的做法也很惊人。台湾现在有 3 座核电厂一直在运行，第 4 座就是台湾的"核四"。"核四"这个厂还没有建好，但是"核四"厂长说，这个厂的废料不运到别的地方去，就放在厂里。反"核四"的人说那 3 座核电厂的地下核废料池已经填满了，现在"核四"还要采用这种做法行不通。

（2）安全问题。我一个比较夸张的想法是，核电站比原子弹都危险。关于核电安全，日本的平井宪夫说了另一个问题。他说，核专家告诉我们设计了很多新的反应堆，有很多层屏障，非常安全。但这些纸上的设计，在实际施工的时候基本上都达不到要求。他举例说，他是核电技师，直接参加过福岛核电站 1 号反应堆建设。他说，有一次一个螺丝松了，只要拧几圈就可以把它拧紧。于是找了二三十人去拧，每个人都穿上防护服，在里面的工作时间只有15秒，大家轮番进去，才把这颗螺丝拧紧。日本供电公司的员工自己不愿意检修这个东西，他们总是在农闲的时候临时招附近的农民去检修。他们会为这些临时工做简单培训，当然也给他们穿防护服并给补助费。为什么自己的员工不愿意去？因为员工知道那里有危险。核电在施工和维护的时候会有很多问题，根本原因是人如果意识到自己处在辐射环境中，他就没有办法安心工作，只想赶快逃出来。

（3）停堆问题。核电站开工容易，要关掉非常难。福岛核电站1号机组设计寿命早就到期了，但是东电要把它关掉成本很大。核反应堆如果现在不发电，就要停下来，需要由外界把它持续冷却50年才会达到安全标准。每个核反应堆设计寿命到了，要停堆时就会发现问题。本来在前面用它挣了钱，现在又倒贴钱进去冷却它。福岛核电站1号机组的那个堆采取的办法就是从美国请来技师，然后对这个机组大修了一遍接着用（设备是从美国买的）。核电站不管设计的寿命多长，达到使用寿命之后就不能用了，但你不用的时候就变成麻烦了。它就让你倒贴钱进去，给它持续冷却，这样就容易出问题了。

核电的综合成本也非常大

再说成本。核电成本很低吗？电厂里每天都要产生核废料，有潜在的危害。你平常维护它的成本也非常大，如果考虑进去这些，核电的成本够高了。这个成本是整个社会承担的，如果核电出了问题，肯定政府出来善后，所以从全社会的角度来看，核电成本其实十分高昂。如果完全没有考虑这个厂出了事故怎么办，就会超出正常的成本预算，所以说核电的隐性成本其实非常大。

我们再看看核电的必要性。主张发展核电的人经常说，因为电力不够用，所以必须发展核电。我们先看一下台湾地区。我前不久刚刚写了一篇关于"核四"的文章。台湾现有的3座核电厂，所发电力占了全岛总电力的 18.4%。他们从全岛角度考虑，发电要有余量，就是"备载率"，比如我们用电 20 千瓦，必须具备发 25 千瓦的能力。如果让"核四"再开工，这个备载率就能上升到 14.1%。

我们看看我国官方公布的数据。我国目前核电仅占总电力的 1.4%，我们的一些官员认为这个比例太低了，他们认为核电在总电力中的比例越高就越现代化。如果我们今天把核电站都关掉，我们的电力肯定够用。大陆的备载率也许不到 25%，即使是 2.5% 可能也远远超过了使用率。从这些数据来看，建设核电站并不是迫切的事情。

我们是否需要无穷多的电呢？我们如果不去思考这个问题，我们会想当然地认为我们需要无穷的电力。实际上无论提供多少电，你都不认为它是多的。什么叫可持续发展？绿色生活怎么会让你用无穷多的电力呢？我们对自己的物欲要有一个限制，很多人觉得我们有能力进一步满足自己的物欲，干吗要约束呢？这种想法确实有原因。

核电争议对我们有什么启示呢？

如果有争议我们就应该重研究而慎发展。我们已经运行的核电站可以继续运行，但我们要加强安全管理，不要再造新的核电站。我们应该投入更多的费用和资源去研究怎么去解决核电站的那三个致命难题，如果解决了，我不反对再建。

其实现在很多科技新成就有争议，比如转基因主粮和互联网。安全不是客观的，就像幸福不是客观的一样。如果你自己觉得不幸福，那就不幸福。安全也是一样，如果你自己都觉得不安全，你就不安全。客观的安全在哪里？难道我们要依赖于极力主推转基因主粮的专家告诉我们它是安全的，就安全了吗？现在很多人到超市里去买油，一定要看是不是转基因产品，如果他们吃了标有转基因字样的油，就会感觉不安全，感觉自己受到了伤害，所以这就不安全。

杀虫剂是失败的科技成就

我还要给大家讲一下杀虫剂的例子，用来说明一种科技的利弊需要过一段时间才能够看出来。杀虫剂只用了 15 年就显示了弊端，这个例子我们比较容易理解。卡逊当年写《寂静的春天》的时候，很多人骂她，认为这个女人很讨厌，因为她说杀虫剂有害。现在你吃的东西没有不喷杀虫剂的，但是虫子是不是绝迹了？没有。现在虫子进化出了抗药性，它们仍然在吃我们的粮食、水果、蔬菜。有一些人自己弄了地，然后要种绝对绿色的蔬菜、水果。很多人试过不用杀虫剂，结果周边的虫子立刻把地里的东西吃得一干二净，你不能忽视这个动态平衡。今天我们不得不继续用杀虫剂来维持这个平衡，但是我们的空气、土壤、水里面都是杀虫剂，我们没有死掉是因为我们跟虫子一样，也进化出抗药性了。

借用中国传统的天人合一的观念，虫子生来就有权享用那一部分蔬菜和水果，但是人不让它们享用。结果它们仍然在享用那一部分，人自己却在吃毒药，所以杀虫剂是彻底失败的科技成就。核电站的历史到今天也就半个多世纪。如果这个东西需要像杀虫剂一样最终明确无误地显现出恶果，也许要 100 年。

现在核电站出了多次事故，但是人们依然执迷不悟。很多新技术我们是被迫接受的，现在人人都在那里用新技术，你口袋里的手机就是典型的例子。实际上绝大部分人今天都被迫用手机，你不用还不行。你的单位不干，你的女朋友也不干。现在只有两种人不用手机，一种是已经退休的老人；还有一种就是地位特别高的人，那个手机放在他秘书手上。被迫用的东西有没有必要歌颂它呢？本来不是你所需要的，只不过是有人把你这个欲望勾起来了。其实在 20 世纪二三十年代，美国人已经提出，不但要满足人们的需要，更要创造人们的欲望。你没有 iPhone、iPad，生活也不会有什么影响，甚至比现在还要好一些。你整天沉迷在这个手机上，工作状态下降，亲情疏远了。所以我在微博上说，"乔布斯给了我们毒苹果"。这些东西其实就是诱惑、上瘾、虚荣消费，简单地说跟毒品是一样的。美国几十年前大麻是合法的，可以自己种植，后来就变成了毒品。我认为早晚有一天国家会认定"苹果"是毒品。

科学不能变成挣钱的东西

很多人认为科学技术需要进步，其实科学是我们进步的工具，但不是进步本身。人们把科学技术的一切发展都看成进步，这就是今天的主题：科学越过了临界点。临界点不是一个时间点，其实就是一个性质。科学曾经是不爱钱的，爱因斯坦弄出他的相对论，他没有拿纳税人一分钱。但是后来我们向科学要生产力，要让科学从"象牙塔"里走出来，让科学变成挣钱的东西。科学院经常强调说，你取得的科学成果要转化，去申请专利，能够创造经济效益。很多年以来我们都认为这种科学效率才是好的。具体的表现是你弄出专利，然后你从这里面挣钱。

爱迪生弄了很多专利，他爱钱。没有人把爱迪生当做科学家，他只是发明家，还不是科学的代表。目前科学和技术也分不清，科技这个词是中国人想出来的。当科学和技术的界限模糊的时候，科学变成了科技，就变成了爱钱。你向科学要生产力没错，但是你忘了，给了你生产力的科学就不叫科学了，它就不再纯洁了。

我们对科学的印象是哪里来的？从小学开始老师给我们贯彻的科学形象，是不爱钱时代的科学形象。而今天的科学已经不再是这样的形象了，今天的科学已经是越过了临界点的科学，就像一个学坏了的孩子。今天你还会热爱科学吗？这个被你热爱的对象，肯定在道德上有正面的价值。我并不反对科学，这个工具我们还要用，但是我们对这个工具要提防。

为什么我们需要提防"科学"呢？美国国防部一位副部长退休以后在书里写着："世界上唯一一个没有目标的活动，就是科学。"我们做什么事情都有目标，哪怕这个目标非常荒谬，比方说你要娶嫦娥做太太，可是科学没有目标，你问科学家要达到什么目的，科学家是不会回答你的，他们会说要一直发展下去，没有目标。一个没有目标的事情是荒谬的，如果你不知道自己要达到什么目的，这很危险。

人类历史就是从初级向高级的发展过程，这种发展无限制，所以进步也无限制。任何一种没有限制的发展都有问题。今天的科学技术就是一列特快列车，但这列列车没有刹车系统，不能停车，而且越开越快，而且你不知道它开向哪里。刚开始的时候你觉得挺爽，觉得这列车越来越快，但是你不知道这个车的目的地，就会很担心了。本来我们的目的特简单，目的是幸福，发展是手段。现在手段和目标混淆了。

有些人会反对我说，这是在阻碍科学发展。如果科学发展已经到了阻碍我们幸福的时候，我们为什么不能阻碍它呢？我们的幸福不就变成了"发展"的"祭品"了？如果我们把不发展列入选项之一，这并不意味着我们一定要选这个选项，但是至少它是选项之一。如果你把它排除到选项之外，就没有不发展的可能，就一直没完没了。

我们一直说科学技术发展越来越快，说 21 世纪科学技术的进步相当于人类有史以来所有科技进步之和。这个速度越来越快，我们应该感到忧虑才对，如果一直这样增长下去，就会失控。现在每个国家、每个人都不能从这列"列车"上下来。如果你下来的话，其他的列强就会欺负你，你必须和他们一起跑。将来有一天，人类会展开跟裁军谈判一样的关于"裁科"的谈判。这样搞下去确实会有不可收拾的局面，这是我个人的看法。

最后我们以学习文件结束。我们学习中国科学院院部主席团《关于科学理念的宣言》，这个文件为什么重要？它对于科学的责任特别是社会责任有着全新的论述。这个宣言已经发表了 3 年左右，我特别拿出了两点来强调。

第一，从社会伦理和法律层面规范科学行为。如果科学像我们原来想象的那样尽善尽美，用得着规范吗？当一个事情要规范的时候，就意味着这件事情隐藏着危险性。

第二，避免将科学知识凌驾其他知识之上。肯定别的知识是和科学平等的，科学不是至高无上的体系。

这个宣言反映了高层人士对国际上最新思想结果的接纳。中国科学院依然是中国科学技术的国家队,《关于科学理念的宣言》反映了在科学领域最高层的人在这些问题上的一种前瞻性的思考。这个宣言其实并没有受到很多人的重视,很多人忽视了这个宣言里面所包含的非常先进的思想。我的报告就讲到这里!

中国人的探月梦

欧阳自远

欧阳自远

中国科学院院士，第三世界科学院院士，国际宇航科学院院士，中国月球探测工程首席科学家。现任中国科学院地球化学研究所研究员，国家天文台高级顾问。主要研究领域：各类地外物质、月球科学、比较行星学和天体化学研究。曾获全国科学大会奖、国家自然科学奖和中国科学院自然科学奖等多个奖项。

中国人为什么要去探测月球？全面建成小康社会，构建和谐社会，西部要大开发，东北要振兴，中部要崛起，这么多贫困人口问题没有解决，怎么瞎折腾，要去弄月亮？这对国家经济发展、技术进步究竟有多大好处？对老百姓生活改善有没有用处？20 世纪美国和苏联就做了 100 多次月球探测，中国人再去，我们有什么新招没有？假如没有，干吗要花那么多钱做月球探测？"嫦娥一号"上去了，"嫦娥二号"上去了，2013 年我们马上要发射"嫦娥三号"了，还有没有"嫦娥四号"和"嫦娥五号"？中国人什么时候登上月亮，有多大的意义要去探测？还有，是不是中国人就到月亮为止了？月球与地球的平均距离 38 万公里，我们是否要往更遥远的空间迈进？我今天尽量说清楚。

月球到底是什么样子的

大家最熟悉的两个天体，一个是太阳，光芒万照，给我们地球以温暖、光明；还有一个是月亮，它代表着一种团圆，花好月圆，很温馨，所以大家对月亮都有特殊的感情。月球从各个方面来说，都象征着一种宁静、温馨，中国自古以来就有嫦娥奔月的传说，其实我后来了解到，全世界各个民族都有自己的月亮神，日本的月亮神叫辉夜姬，她是非常美丽善良的女孩，天皇看上她，但是她并没有跟随天皇进入皇宫，却孤独地驾着天车，像嫦娥一样地奔向了月亮。另外，古印度、古埃及、古希腊都有月亮神，当然全世界的月亮神有一个特点，全是女性，没有男性，这也说明自古以来大家崇拜月亮，也是对女性的崇拜、依恋。

实现嫦娥奔月，一直是人类几千年以来的梦想。但是究竟为什么地球边上有个月亮，科学家研究了二三百年。其实月亮很古老，有 45 亿年的历史。很多证据证明，月亮跟地球关系十分密切，一直跟随我们的地球，这就构成了地月系统。

月球是地球的忠实伴侣，月球的表面都被撞成了坑坑洼洼，什么东西撞的呢？小天体，今天砸一个坑，明天又砸一个坑，它在地球外头转，总是挡了一部分本来该砸到地球上来的天外来客。月亮还起了一个作用，我们的海洋有潮汐，主要不是太阳的作用，而是月亮的作用，特别是潮汐造成了一个潮间带，涨潮把海洋里面的各种营养物质带到陆地，一退潮又把陆地上的营养物质带回了海洋，结果使生物有很丰富的养料。对于海洋生物过渡到陆地上，月亮也有功劳。

但是，月球到底是什么样子的？早在 1609 年，意大利科学家伽利略用当时制造的望远镜，首次看到了我们的月亮，那个时候没有照相技术，他只能画出来，他的手稿发表后，没有人相信这是月亮，为什么？月亮在人们心目当中非常圣洁、高贵、温馨、美丽，伽利略画下来的月亮简直极其丑陋。随着望远镜技术的进步，月亮的表面越来越清楚了。

我们每天看到的月亮都有几块大的黑斑，为什么有这么几块呢？古人说这是桂花树、广寒宫、玉兔。伽利略当时认为，这是辽阔的海洋，里面是海水，所以是黑的。我们现在知道，月球上一滴水也没有。那究竟是什么呢？39 亿年以前，很多小天体砸在了月球上，砸出一个一个大盆地，都有好几百公里的直径。一砸下去以后，还出现了很多深的裂缝，里面的岩浆流淌出来，火山爆发了。这些石头比较黑，流出来的熔岩，跟峨眉山、五大连池的玄武岩是一样的，颜色是黑的，月亮自己不发光，太阳光照在上头，它本身就是黑的，所以我们看到月亮上有那么多的黑斑。发亮的地方是另外一种石头，颜色比较浅。

谁也没见过月亮的另外一半。那一半你绝对看不到，永远看不到。为什么？月亮自己转一圈是一天，绕地球转一圈是一个月，刚好相等，什么意思呢？就是月亮上一天大概是地上一个月，太阳一出来半个月长，就是白天半个月长，晚上半个月长。既然这么转，你站在地球上，绝对看不到另一半。

美国人确实上了月球

1958 年，美国和苏联为了争夺空间霸权，展开了一场非常激烈的军事竞争，发射了 108 个探测器，但成功率不到一半。后来美国总统肯尼迪下决心要一举击败苏联，动员全美国搞了一个阿波罗计划，要把美国人送上月球，彻底打垮苏联，最后美国人实现了这个目标。

人类20世纪只有两个超级大国能够到月球上去，一共采回了382公斤的月球样品，其中美国人带回来381.7公斤，苏联人上不去，他们发射了3次机器人，采回了0.3公斤。美国人一共上了6次，有12名美国宇航员登上了月球。随着冷战的结束，随着苏联整个衰败，特别是最后苏联的解体，剩下来的唯一的霸权国家就是美国。

上一次的月球探测，所有的方式都做过了，撞在月球上，落在月球上，绕着月球飞，到月球上采样，最后把人送上了月球，应该说月球的探测是最完善的。自从美国取得了最后的胜利以后，再也不搞月球探测了。后来美国把它的全部注意力集中做了两件事情：第一，发展航天飞机；第二，搞空间站。

不久前网上透漏了一件事，逃到俄罗斯去的美国情报人员斯诺登说了一句话：是苏联先探测月球的。人家斯诺登真没说错，开始的时候真的是苏联节节领先，但斯诺登没说苏联人没上去。

我简短介绍一下阿波罗。当时全世界最大的火箭"土星5号"，搭载了阿波罗飞船，从地球直接奔向了月球。有3个宇航员，其中一人留在飞船上绕着月亮飞，另外两名宇航员随着登陆舱降在了月球表面，采集了很多样品，最后回到舱里，跟等候的飞船交汇对接，3个人一块返回地球。1969年第一次载人登月，引起全世界轰动，很多作家写了科普小说，其中最有名的一本叫做《我们从来也没有到过月球》，说这是一个阴谋，欺骗了全世界，结果就在全世界引起热烈的讨论。

他们找了很多证据强调这是一个阴谋。

第一，最有名的，就是美国宇航员把美国国旗插在月亮上的时候，这面国旗在录像里一直在飘荡，这完全不可能，因为月球上没有大气，不可能有风，是真空状态。

第二，月球的天空是漆黑的，因为它是真空，没有任何反光折射，但星星是闪亮的。为什么几十万张照片没有一张照片拍到月亮上面的一个星星？说明你没上去。

第三，阿姆斯特朗是第一个走在月球上的美国人，他说，"对于我个人来说是一小步，对于全人类来说是一大步"，这是很有名的一句话。但他突然出现了两个影子，完全是作假，因为月亮上只有一个光源——太阳，怎么会出现两个影子呢？疑是在地球上，另外加了一个光源，所以才有两个影子。

第四，奥尔德林的鞋印为什么这么清楚？月亮上一滴水也没有，这是作假。

美国航空航天局官员怎么回答的？所有问题完全不值得回答，随他们怎么说，就是40多年不吭声，美国官方的反应，我也觉得奇怪。要我来解释这几个问题太简单了，比如，他把国旗插上去，为什么会飘荡？他把最上面一个杆子一打开来，这个国旗就拉开了，然后把这个竖的旗杆一插下去以后，一使劲，一松手，这根旗杆在摆动，带动这面旗帜在晃动。在地球上一个摆动的杆子很快就停下来了，为什么？因为有空气，有阻力。但在月球上是超高真空！

至于说天空拍不到星星那更简单了。那个时候用胶卷，是在太阳底下去拍漆黑的天空，月亮上是真空状态，太阳一出来，表面温度110摄氏度到130摄氏度，地球上没那么热的地方，也没有那么亮的地方，在那么亮和热的地方去拍一个漆黑的天空，你不能曝光，长一点都不行，全部要换胶卷，所以只能很短暂地拍摄，拍不到星星，会照相的绝对可以理解。

阿姆斯特朗之所以出现两个影子，要看他站在哪里。登陆舱是多面体的，表面是金属，这些金属就像镜子，会反光。那看你站在哪里了，站得好，这面旗子反光也照在上头，两个影子，有时候出现三个影子，主要看他站在哪里，他一离开这个登陆舱，他就只能是一个影子了。

至于说那个鞋印，我把它放大，确实是很清晰的鞋印。大家不了解，月球上土壤的每一个颗粒都是有棱角的，不是滚圆的，不像地球上的沙子，风吹、水磨，它上面没有水，也没有风，什么也没有，都是棱角状的，一加压力，很清晰的印子就出来了。

阿波罗计划，其实直到阿波罗 11 号才载人登月，阿波罗 1 号到 10 号做了七八年，都是为载人做准备。另外，实施阿波罗计划以后，地面上经常收到月亮上发回来的各种科学信息，比如月亮上一个地方有月震了，月亮上有几台月震仪把那个信号发下来，我们都可以收到，假如没有人上去，哪来的月震仪在上头记录？

另外，40 万美国人参加这个项目，没有一个科技人员跳出来说他们是假的，在美国很难做到。最重要的是，苏联情报机构一直在秘密地调查，寻找各种证据，但科科伯最后给苏联领导人的报告里面有一句话：他们真的上去了。

时间最长的一场科普运动

我还可以举个例子，是我亲身所经历的。1978 年，美国卡特总统派他的安全事务顾问布热津斯基访问中国，他送给华国锋两件礼品，一件礼品是中华人民共和国国旗，说这是美国人从月亮上带回来的，很珍贵。另一件礼品是一块石头，大概有大拇指大，也交给了华国锋主席，说这是美国人从月亮上采回来的石头。

等客人走了，华主席说，这面国旗无法考证它是不是被带到月亮上去过，但石头中国人可以把它鉴定出来，国务院就派人送到我这里，我负责鉴定这块石头。当时把这块石头打开来，看起来有大拇指大，其实只有黄豆大，为什么？它表面做成了一个凸透镜，就是放大镜，只有 1 克。后来我组织相关人员做各种分析，全面地把它解剖出来，是典型的月亮石头，还剩下一点绿豆大小的，还有一半，我就送给了北京有关部门，让公众看看什么是月亮上的石头。我可以告诉大家，跟地球上的石头一模一样。

美国为了第七次载人登月，2009 年发射了一颗人造卫星，去月球上制作大比例尺的地形图，现在还没做完。发射完了以后，它经过了阿波罗着陆的6个点。在月亮上，只要你走路，这条路把底下的土翻出来，可以保持好几百年、上千年，为什么？因为不刮风、不下雨，晚上是黑的，白天是亮的。

我特意说明一下，斯诺登从来就没有说美国人没有登上月球。阿波罗计划投资了254亿美元，是人类有史以来规模最大的科技项目之一，这笔钱相当于2005年的1360亿美元，参加的有2万家企业、200多所大学、80多个科研机构，总人数达到了40万。阿波罗计划促进了20世纪60年代、70年代一系列技术的创新并诞生了一大批高科技工业群体，带动了整个技术的突破与发展，大大提升了人类的科技能力。

阿波罗计划大概产生了3000多种新技术，包括航天航空、军事、通信、材料、医疗卫生、计算机、其他民用设施等。美国人算了一笔账，投入产出比达1∶14，取得了极大的经济利益，同时推动了苏联的没落和解体，所以政治上也取得了巨大的成功。

我只是想说明一点，人家没作假，阿波罗计划是真的，美国还要进行第七次载人登月。

月球的真实面貌

下面我来介绍一下月球的真实面貌。月亮表面面积有3800万平方公里，约等于4个中华人民共和国版图总和。月球表面没有空气，真空状，所以必然没有任何声响，即使你放一个炸弹在旁边炸都没有任何声音。另外，月球表面没有温度传导，比如一块石头照着太阳的地方是130摄氏度，这石头无光照一面可能就是零下150摄氏度，环境非常恶劣。

月球表面有一层土壤，这层土壤有可能解决全人类的能源需求1万年以上。另外，月球上可能有水滴，但没有任何生命，连有机化合物都没有。同时，月球的矿产资源非常丰富，但现在谁也不去开采，为什么？成本太高。月球内部像一个鸡蛋，熔化后，重的往下沉，轻的往上浮，核心这一大块质量最高，表面一层最轻，组成一个壳。现在探测的结果是，月球内部还有一个一个的大疙瘩，我们叫质量流，是流质的，但是它很重。

为什么残留了那么多呢？说明月亮的内部温度不是太高，没有能耐把所有的东西再熔化掉，已经凉了，就是内部能量已经衰减到不能产生岩浆了，所以就没有岩浆活动，内部已经慢慢冷却下去了。

地球内部很热，达到 6000 摄氏度，而月亮内部 1000 摄氏度都不到，里面热一点，但是不能把这些东西熔化掉。月球也有月震，但是月震大小只有一级、二级，人感觉不到。它的总能量相当于地球的亿分之一，所以月球是几乎没有活力的天体。

地球的未来也要走到这一天的，地球会有末日，就是说它内部没有能量了，没有火山，没有板块，连温泉都没有了。而只要有太阳，地球表面的所有生命仍然生机勃勃。我们并不靠地球内部的能量，我们靠的是太阳，假如太阳要灭了，地球末日就到了。50 亿年以后，太阳将变成红巨星，要吞掉我们的地球，到了那个时候，人类完全有能力移居到别的天体上去了。

月球原来也像地球一样，有一个南北极磁场，在 31 亿年以前，这个磁场丢了。因为月球里根本就没电流了，它的磁场丢了。月球的历史非常清楚，从 31 亿前开始就没有活动了，它就是一个小地球，地球的未来也会走到它这一步的，但是时间不同。

月球表面一直挨砸，砸了一大堆坑坑洼洼，直径大于 1 公里的坑有 33000 多个。其实在太阳系里，其他球体的固体表面都砸了很多坑。

现在的月球是古老的，是个趋于死亡的天体。我指的死亡概念，不是说它要炸了，它内部就没有活力了，就是一块大石头。这就是他们的末日，大石头就大石头吧，它绕着地球转就是了，这就是月亮。

这么一块大石头，为什么那么多国家要去探测？所有的科学家都很清楚，月球具有重大的军事战略地位，现在都是信息战，伊拉克战争、海湾战争，开始都是卫星控制导弹，把对方有生力量基本上消灭掉，最后地面部队收拾残局，这已经发生过多次了。现代战争最重要的不是制空权、制海权、制陆权，是制天权。而月球呢？最早肯尼迪说过，谁控制了太空，谁就控制了地球。后来他们又说，谁控制了月球，谁就控制了环地球的太空，因而谁就控制了地球。

月球上可以发展各种月基武器，它1秒多钟可以摧毁地球旁边的所有这些现代武器，因为月球和地球平均距离38万公里嘛，以光速运行。而你永远没有办法摧毁它，它在月球上，它是一个新的军事平台。

月球上有丰富的能源

中国是竭力维护和平利用太空的，坚决反对太空军事化。

为什么要探测月球，因为月球上有丰富的能源。第一，太阳能。月球上，太阳一出来就是半个月，没有东西遮挡，不像地球，又是云，又是雾，又是大气层，又是电离层，所以能量密度比地球上大多了。另外，月球上没有任何建筑物，可以铺设太阳能电磁板，你只要每隔120度建一个太阳能发电厂，永远至少有两个电站照着太阳，而且把这个电能传到地球上，这个技术上已经完全解决了。所以，月球的太阳能巨大，日本有一个科学家建议，给太阳系一根腰带，全长11000公里绕一个圈，宽400公里，假如能把这个腰带系上，照着太阳就可以发电了，再传到地球上来。这件事情办好了，它能够提供地球多少能源呢？子孙万代，都不要别的能源了，用这个清洁能源足够了。

当然，这个工程极其浩大，现在根本只是一个设想。地球也有太阳能，但是春夏秋冬不一样，刮风下雨又不一样。月球上就是光秃秃的，它那个能源很稳定，而且是清洁能源。

凭什么这个太阳就这么热？地球离太阳是1.5亿公里，太阳360度发散各种能量，地球这么远，我们才得到了16亿分之一，夏天热得要死，又使万物生长，凭什么太阳这么大的能量？因为太阳上一直在进行大面积、大规模的氢弹爆炸。

科学家们学会了太阳爆炸的方式，研制出了氢弹。氢弹比原子弹威力大多了，能不能和平利用呢？像原子弹一样，现在所有核电站采纳了重核裂变的原理。

中国科学家造了大概 200 套人造小太阳，安徽一套、成都一套。现在中国参加了一个国际计划，7 个国家在法国共建一个热核反应堆，要投资 100 亿欧元，中国已经投入 100 亿元人民币，这种能源才是人类终极的能源。

大家很清楚，煤可以用 100 多年，石油可以用六七十年，天然气用 70 年，现在天天说风能、太阳能、生物质能，我都很赞成，但是它解决不了全人类的能源问题。

热核反应堆点火的温度很高，要几百万、几千万摄氏度，甚至 1 亿摄氏度。2009 年，美国宣布他们做出来了，但还在初步阶段。他们用的原料就是氢的两个同位素，一个叫氘，一个叫氚，氘在海水里面多的是，氚在地球上几乎没有。还有个大问题，就是放射性，非常不安全，氘加氚反应以后产生中子，不利于防护。所以，科学家建议，不用这个氚，换成氦 - 3，氦 - 3 是稳定安全的，反应以后产生质子，更容易防护。但是地球上没有氦 - 3，后来才知道，氦 - 3 在月亮上。

太阳是公平的，对每一家都注入了氦 - 3，但是地球上有大气，有电离层，有臭氧层，还有磁层，已经保护了人类免受宇宙的各种辐射，同时它也抵挡了太阳带来的这些离子。月亮上光秃秃的，太阳把这些东西全部注入月球的土壤里头了，氦 - 3 就很多了。

我同俄罗斯月球探测首席科学家有过一次讨论，他说，氦 - 3 的分布跟力度、矿物成分有关系，俄罗斯以后研究月球就是一个目的：为人类探索这种新的能源。我说，中国的"嫦娥一号"马上要上去了，要探明月球上有多少氦 - 3。他大吃一惊。我们实际上要探测到底月球上有多少氦 - 3，能够解决全人类的能源需求。我当时估计有 100 万到 500 万吨。全中国一年需要大约 8 吨氦 - 3，所以他说，一架航天飞机一年运一次就够了。这将是全人类社会长期稳定、安全、清洁、廉价的可控核聚变能源原料，这是第二。

第三，月球超高真空，没有磁场，稳定。60 千克重到月球上只有 10 千克。另外，高洁净的环境，产生很多生物制品、新材料。

第四，月球的资源丰富。有很多的稀土、铀矿、土矿、磷矿。

美国的新航天计划

月球上的资源、能源、特殊环境，和它的军事战略地位，激励着众多国家提出要重返月球。联合国规定，在月球上不能占有土地，我们大家都签了这个协议，但是谁先开发利用，谁先获益。中国一定要有这个能力，否则根本没有参加会议的权利，也没有话语权，不能维护合法的月球利益。

2004 年，美国搞了一个新航天计划，启动重返月球。他们准备 2008 年以后无人探测，2015 ~ 2020 年宇航员第七次登上月球，另外人类登上火星，这是布什的计划。当时的美国航空航天局局长格里芬在参议院陈述说：发展航天飞机和空间站是误入歧途，是代价高昂的战略性错误。我们被限制在低轨道已经太久，丧失了正确发展的机会，国家空间计划的重心应该是开发太阳系。

美国政府决定，2010 年航天飞机全部退役，再也不用了。2010 年，停止投资国际空间站，2018 年投资 1040 亿美元，载人重返月球；耗资 2170 亿美元，2020 年载人登上火星。这就是美国的新航天计划。

全世界评论，美国为什么又倒腾回来了呢？

第一，保持美国空间科技的领导地位；

第二，控制未来的能源；

第三，占有军事领先的优势。

2006 年，胡锦涛主席跟美国谈，跟美国进行月球探测合作，都谈得很好，但是美国议会决定禁止航空航天局跟中国有任何合作。美国对任何涉及技术的元器件，"嫦娥"需要的，全部扼杀，不卖给中国，这是美国的政策。欧洲的政策叫做禁运，也不给中国。俄罗斯的，又不是太好。有些国家，它每一批给我们的元器件要10万、20万个，总有一两个坏的，根据合同要赔偿、罚款，他们都愿意，最后谁最吃亏？是中国，因为它把你的时间全耽误了。

我们的处境只有一条路，自力更生，自主创新，艰苦奋斗。奥巴马上台以前，完全赞成布什的意见，上台以后金融危机发生，没钱了，就修改了计划。

我们现在是"前有阻击，后有追兵"，我们一定要认识到这个严峻的形势，而且印度再三提出，2020年要实现载人飞月，将比中国早4年，印度下决心一定要超过中国。

中国大有希望

我谈一下中国的月球探测。

人在屋檐下，不得不低头。从1993年开始我们进行论证，当时叫必要性可行性论证，搞了两三年，搞了个发展规划。我们精打细算，第一次向国家申报的经费是14亿元，恰好北京公布建地铁计划，每公里7亿元，恰好等于北京市2公里地铁的钱，中国人可以首次上到月球上去，并不是一个天文数字。

中国人从来没有离开地球，我们发了100多颗卫星，全部被地球控制了。载人航天是340多公里距离，也是绕着地球转。俄罗斯航天之父齐奥尔科夫斯基讲，人类终究将离开自己的摇篮——地球。最重要的是，我们需要发射一颗绕月卫星，另外把基础设施建好，培养出一支青年队伍，这才是中国的希望。

现在的总指挥、首席科学家都不是老头了，全部是年轻人了，中国大有希望。我们开始到月亮去，第一次离开地球，我们真的没有把握，你看绕多少圈，最后加速，冲破地球的束缚，奔向月球。我们有那么多测量站，还有"远望号"船，还不够。在上海，我们有一台世界望远镜；乌鲁木齐也有一台世界望远镜，直径 25 米；在昆明，我们又做了一台新的，直径 40 米；北京又做了一台最大的，直径 50 米。干吗要 4 个呢？中国国土广阔，东南西北各一家，联合起来探测，才测得准，否则这"嫦娥"跑得太远了。信息从 38 万公里外传过来，由两个大望远镜接收。

刚才我讲过，别人做过的，我们一定要比别人做得好一点，否则你别干了。另外呢，总有一两样东西别人没做过，我们要开个头。我们大概花了 3 年半，在西昌发射，星箭分离的时间很准，我们走了多少时间呢？花了 13 天 14 个小时 19 分才到了月亮，走了 206 万公里。

我们打开所有的科学仪器，首先打开的是照相机。要测量月球的地形地貌，做出一张地形图，照相机很重要。我们的这个相机有个特点，一边飞一边照 3 张，一张往前看，一张往下看，一张往后看，这样才能看到对方是立体的。最后，我们一边飞，数据直接传回。我们得到的第一张月球照片中，月亮上到处坑坑洼洼，宽 60 公里，长 11000 公里，转一圈 127 分钟，转完了头一圈，月亮是在里头走，它在外面飞，第二圈再拍的时候，月亮挪了一点，它不是要自转嘛，然后第二张照片跟第一张照片叠起来了一部分，第三张又叠了一部分，这个就可以把它拼起来了，这样设计就好了，一共飞了 1 年零 4 个月，最后把它全部做好了。

最后我们用了 589 轨，什么意思？绕了 589 圈得到 3 张照片，然后把它重叠起来进行各种矫正，得出了世界上最好的一张全月球照，没有一点没有照到，全部覆盖，跟我们一起发布的有日本、印度，他们就没有得到这张图，为什么？他们的分辨率比我们的好，但是覆盖得不全，我们开始是一个总体性的了解，所以我们这个结果还是比较好的。

另外，我们有一台仪器，叫极光高度镜。什么意思呢？1 秒钟测量月球表面一个点的高度。飞了 1 年零 4 个月，一两千万个高高低低的点都测准了，把这些高高低低的点连起来，不就是个立体模型图吗？

我们用了3套仪器来测成分，每一轨都算出来有哪些化学元素，有哪些矿物。另外我们用了一台微波辐射剂，这是世界上没搞过的，我们要测月球这层土壤有多厚，里面含有多少氦-3，最后全月球有多少氦-3。氦-3的分布，大概100多万吨，至少可以解决全人类1万年的能源需求。

然后测环境。这个卫星飞到各种场合，有大量新的发现。事实上，"嫦娥一号"不能总飞，它的任务完成得特别棒。一般情况下，完成任务后撞在月球上，是晚上撞，一闪光就没了。我们想，晚上撞不好，还是白天的时候撞吧，于是我们控制它撞在海区，就是下降飞1469公里左右，到距离月球50公里时撞上去，大概飞一刻钟，后来真是这样的。

分辨率为7米的全月球照片

"嫦娥二号"卫星是嫦娥一号的备份。什么意思呢？我们发射一颗上去是干活的，万一它失败了，就全砸了，所以我们又造了一个"嫦娥二号"在地面等着。没想到"嫦娥一号"完成任务特好，这样"嫦娥二号"就没必要再上去干这些活了。所以我们当时就计划直接奔火星，4亿公里，后来分析大概不能完成，最后就变成做"嫦娥三号"的先导，让它干一些我们没干过的活，让它先去做这个事情。

"嫦娥二号"是2010年发射的，它干什么呢？直奔月亮，这是第一；第二，飞得很低，距月球100公里；第三，尝试飞得更低，就是距离月球15公里。月亮的山，要比地球的珠穆朗玛峰高，珠穆朗玛峰才8800多米，它接近11000米，高了2000多米，飞这么低很危险。科学目标也定了，我们的照相机改成两个视角，就像眼睛一样，飞100公里高。

最后我们做了一张分辨率为7米的全月球照片，假如我们把这张图全部用纸版做出来，比一个足球场还要大。就是说，月球上的哪个细节我们都知道了，这是全世界目前技术领先的最好的一张图。我估计大概能够坚持领先三四年。

我们出了影集，它每一个坑照得都非常精细。因为"嫦娥三号"将来要降落在虹湾，我们要对虹湾进行精细探测，分辨率达到了1米，一块大石头都要看得出来。

为什么叫虹湾？外面那个山很像彩虹。为什么很像海湾呢？这是伽利略那时候取的名。400多年以前，以为这是一个海湾，其实就是一块平原，它平坦，能源充足，通信畅通，轨控有效，综合性强。苏联、美国都没有去过那个地方。温家宝总理第二次公布了虹湾地区一个局部的照片，其实这底下还是坑坑洼洼。这些照片非常精细，很多小坑，有很多新发现，取得了大量数据。

这一次我们不忍心再撞了。给它一个新任务，让它飞到地球150万公里以外的一个叫拉格朗日点（指在两大物体引力作用下，能使小物体稳定的点）的地方，到那里监视太阳。2011年6月9日，离开月球飞向L2点，飞了77天，到达了指定位置，然后在那里工作了239天。因为那个地方是一个引力平衡点，晃来晃去的，但是都针对太阳，积累了大量的数据，这是以前探测月球做不到的。

当然也不能让它一直在那里干活。查来查去，我们了解到，有一个小行星4179号，它的名字叫"战神号"，地球上看不到它，但是它很可能未来要撞地球，所以得把它搞清楚。所以我们准备好了，2012年12月13日，在700万公里以外，让我们的卫星跟它交汇，这样的话，就指挥它离开拉格朗日点，飞向700万公里以外的某一个位置，当然计算机都算好了，最后我们的卫星在2012年12月13日跟它见面了。原来不知道"战神号"是什么样子，后来在很近的距离拍到了它，3.2公里，太细了，最后测量出它的长度是4.46公里，宽2.4公里，这是人类第一次看到它的身影。最后"嫦娥二号"以10公里多的相对速度飞过这个小行星，把它的照片一个一个拍下来。这个事大家都感到很惊讶，中国人控制的精度特别高，700万分之3.2，都可以精确控制。

2013 年 12 月，我们还计划发射"嫦娥五号"。为什么"嫦娥四号"没说？因为"嫦娥四号"是"嫦娥三号"的备份，所以就不讲它了。"嫦娥五号"的备份是"嫦娥六号"，我现在都讲单数。"嫦娥五号"的任务是，到达月球后，还要返回来，这个就更难了。

"嫦娥五号"有一个着陆器，它走出月球车，我们的卫星将是第一次实现在别的天体上软着陆。另外，这个着陆器里面有两台仪器，非常先进，而这个月球车由我们国家最高水平的智能机器人指挥，它完全自主导航，自己选路线，自己爬坡、下坡，如果碰到一块石头有障碍，它自己可以避开障碍，最后指挥身上的仪器探测，然后把数据各自发回地球。它将在西昌发射，在着陆器上有两台仪器，一台是天文望远镜。在月亮上看天文，这是天文学家梦寐以求的，条件比地球上好多了，地球上需进行各种矫正，如大气矫正、电离层矫正，而且污染多，天气又有变化。在月亮上什么都没有，干干净净的，这也是世界上第一次在月亮上设天文望远镜。

把中国航天员送上月球

我们还有一台极紫外照相机，来拍摄地球环境的变化。

月球车上面有各种相机来曝光它，有测成分的、测矿物的，特别是它的底下有一台雷达，干什么呢？一边走，一边切到地下 100 米的深度看里面的结构，用雷达来探测，这也是世界上没做过的。

最难的一件事情是落下去。"嫦娥一号"是撞上去的，粉身碎骨了。这个要慢慢落下去，但是月球上没有空气，不能用降落伞。那怎么办呢？一边往下落，一边往上推，让它慢慢地落下去，所以这个控制很困难。到了 100 米高，我们的着陆器有智能功能，自己会找底下一个平的地方降落下去，但你还要托住，还得往上推。等它到了 4 米高的地方，把发动机关掉，自由落地掉下去，以确保它软着陆。以后就变成一个着陆器，一个月球车，一个待着，一个走，探测后信号直接发回，这是我们国家的卫星第一次降落在月球上。

另外比较难的一件事是什么呢？怎么过夜。它一个夜晚是半个月长，而且温度很低，零下 180 摄氏度，所有的电子学仪器可能被冻坏不能工作了，所以必须给它加温。所有的电磁都没有那么大能耐，最后我们用的是原子能电池，这种电池可以连续工作 30 亿年，以确保它不至于被冻坏，第二天太阳一出来，就叫醒它，该继续干活了，这个问题就是这样解决的。

2013 年要发射"嫦娥三号"，以后我们要发射"嫦娥五号"，要返回来，就是首先要降落，采样。我们有一个铲子一样的机械臂，铲那些土壤，最后装在返回舱里。另外我们要让它把岩心给取回来，保持原有的结构带回地球。它自己可以发射发动机，离开月球表面，进入月球空间，不过它自己还没有本事直接返回地球，因为它离不开月球的束缚。我们要安排一条飞船在那里等候它，跟它交汇对接，带着它返回地球，进入大气层。

进入大气层后，如果速度太快，它可能被全部烧掉。怎么办呢？安排它进入大气层以后，让它再冲出，第二次再返回，速度就降低了，就不会被烧掉了，道理就是这样。最后让它降落在内蒙古四子王旗，就是杨利伟降下来的地方，然后我们得到样品。那个时候就可以用降落伞了，我们就可以取回样品。

因为装的东西太多，现有的火箭都没这么大能耐，于是我们在天津造了"长征五号"大火箭。这个火箭造出来以后，运不到西部去，因为铁路隧道的洞口太小，火箭进不去，通过高速公路也不能运输，桥梁太矮，只有一个办法——船运，只能运到海南岛。这样我们国家新的发射场就在文昌建设，很快就要投入生产，就要发射了。

现在我们登月球，落下月球，从月球回来，这三步都做完了，我们都有经验了，下一步我们就是把中国航天员送上月球，然后建设月球基地。胡锦涛主席讲了，我们开启了中国人走向深空、探索宇宙奥秘的时代，标志着我国已经进入世界具有深空探测能力的国家行列。什么叫深空探测？就是探测整个太阳系。

火星也许可以改造成为第二个地球

要探测整个太阳系，中国人一定要去探测。已经初步拟定了一个中国太阳系探测路线图，到火星是 4 亿公里，到木星是 10 亿公里，到土星是 16 亿公里。最近网上说，美国的"旅行者一号"已经飞出太阳系了，翻译错了，实际上是日球层边界，不是太阳系边界。离开太阳系要走多远呢？"旅行者一号"要走接近 3 万年才能到，它现在才飞了 40 多年，才走了千分之一的距离。

进行太阳系探测，在科学上主要考虑几个问题。第一，太阳系别的天体有没有生命？大家太关注了。生命究竟是怎么起源的？为什么只有地球有如此繁茂的生命？第二，我们要探测所有的行星，跟地球比较，才能深刻地理解地球，理解整个太阳系的起源，这两个都是基础问题。第三，我们现在最担心的两大灾害，一是太阳爆发，包括宇航员的安全、短波通信和输电线的破坏等，影响非常大；二是小天体撞地球，用什么办法来规避。历史上地球几次生物大灭绝都是被撞的，以后肯定还要撞，这关系到未来人类的安全。第四，地球外有哪些资源、能源可以开发利用，来支持地球人类社会的持续发展。第五，在太阳系可不可以找到一个地方，把它慢慢改造，变成第二个地球，让我们的地球可以大量移民，让人类有第二个栖息地。月球不能改造，也没法改造，太小，又没有一点空气，唯一可以改造的是地球的姐妹——火星。

以火星为切入点，是我们火星探测第一步，既有轨道器，也要加火星车。第二步，我们要把火星样品采回来，因为火星太像地球了。要探索它有没有生命，当然绝对没有火星人，但是不是有最初始的生命？现在"嫦娥七号"就是奔着这个目的落在火星上的，现在没找到。火星是不是有适合未来生命繁衍的条件？火星本体有很多问题，还有改造问题，人类通过几个世纪的努力，能不能将这个贫瘠的行星改造成一个拥有蔚蓝色的天空、类似的平原、蓝色的湖泊的生态环境友好的新世界？地球、火星将成为人类社会持续发展的姐妹共同体，这是人类最伟大的设想。

我们还要探测太阳。

第一步，我们在拉格朗日点，通过7台望远镜，集中探测太阳活动；第二步，我们要飞到太阳的南北极上空去组成一个卫星阵来探测太阳；第三步，我们要探测其行星。所以第一步我们要探测3个，一次出去探测3个，有两个对地球有严重威胁，要摸清楚大小、形状、轨道、成分等，然后第二次要到小行星取样。

我们还要探测另外一个邻居——金星，它现在被云雾遮住了，什么都看不见。人类最担心的是它的温室效应太严重了，表面温度达480摄氏度，人根本没法生存。我们现在也担心二氧化碳越来越多，全球变暖，最后地球变成金星。金星上没有任何生命，而且金星要进行探测。

我们还要探测木星，就在十几亿公里以外。除了探测大木星，还要探测木星的第二个卫星，叫木卫二，它有60多个月亮大小。你站在木星上，晚上那个月亮是圆周，转着过去，太美了。但是我们只对第二个比较感兴趣，因为这个木星表面有很多裂缝，有很多排出物，很可能是生命物质排出来的一些东西，因为它表面有冰，地下有海，越到底下温度越高，很可能有生命。总之，要探测木卫二。

要让中国人飞得更远，我们已经安排了这一系列的探测，将在未来20年实现这个目标，圆满完成"嫦娥"的任务。

但是中国不能止步于月球，所以我们还将积极进取，攻克难关，加速开展太阳系的全面探测。我们热切地希望深圳的专家学者和青年学子，能够投入到嫦娥工程和探索宇宙奥秘的行列中来，让我们共同为人类社会的持续发展和美好的前景，为中华民族的伟大复兴和繁荣昌盛，做出历史的贡献，让中国飞得更远，这就是我们的一种希望和我们未来的奋斗方向！

张骁儒 / 主编

深圳市民文化大讲堂
2013年讲座精选

下册

The Selections of
Shenzhen Civil Lecture on Culture
(2013)

社会科学文献出版社
SOCIAL SCIENCES ACADEMIC PRESS (CHINA)

【目录】 Contents

上册

一 改革创新·中国梦

二 生态环境·美丽中国

三 文学·艺术

下　册

五　教育·励志

六　法律·经济

七　深圳学派·社会民生

八　传统文化·养生

五

教育·励志

继承传统与坚持开放

——当代教育面临的新课题

雷 实

雷 实

华中师范大学教育学院教授，
教育部国家基础教育课程专家
委员会委员，教育部中小学教
材审定委员会委员，中国教育
学会教育实验分会副理事长，
教育部义务教育语文课程标准
研制组、修订组成员，高中语
文课程标准研制组成员，香港
高中中文课程标准研究内地特聘专家，澳门小学中文学力
标准研制内地特聘专家。主持了多项教育部和国家教委基
础教育司课题。出版了《教育实验与教育思潮》《教育实
验方法论》《小学语文教学评价》《初中语文教学评价》
《中小学书法教育指导纲要解读》等多部论著；刊发教育
科研论文百余篇。

学校的价值主要体现在课程上

今天我跟大家谈的是学校教育面临的新问题。我主要从文化角度来谈，从继承传统和坚持开放这两个角度来谈。

我谈的文化是比较具体的文化。什么文化？我们学校的课程文化。"课程"这个词听起来不陌生，就是学校的功课和它的进程，我们到学校学什么？语数外、理化生、体音美这些课程，还有班会、队会等活动都是学校的课程。这些课程是怎么安排的，有什么样的目的，有什么样的内容？用什么样的方法来实施？值得认真考虑。我们学校的价值就体现在这些方面。学校通过课程对学生进行德育教育，不是通过说教，学生的德智体美的发展都是通过课程实现的。

课程文化是我们学校教育的根本内容，我们学什么，达到什么目的，用什么方法学，就会培养什么能力。为什么今天我说继承传统和坚持开放呢？因为优秀文化怎么在学校传承是很大的问题，是维护民族文化的基本元素。对传统文化，在座年纪大的人都知道，很长一段时间里，是提倡批判地继承，要厚今薄古，古为今用。实际上在我的记忆当中，我们批判多、继承少、破坏多、维护少，一直到20世纪80年代。

汉字是中国的第二座长城

我们先从五四运动说起。五四运动时期，批判孔家店是为了弘扬民主和科学，还有点道理。那时候也批判《三字经》《百家姓》《千字文》。郑振铎说，"用严格的文字的和音韵的技术上的修养来消磨'天下豪杰'不羁的雄心和反抗的意思，以莫测高深的道学家的哲学和人生观，来统辖茫无所知的儿童"，这是注入式的教育。无疑，这是一针见血的。

　　清朝末年，废科举，办学堂，出现了很多民国时期的课本。比如，辛亥革命以后，1912年编的《国文》里面就有很多共和、民主思想。叶圣陶编的《开明儿童国语读本》里面有很多儿童童话，有很多小猫小狗这种儿童喜欢的东西。但是教材里没有一首古诗，没有半篇文言文。为什么？那时候大家认为文言文和古诗是封建的东西。鲁迅当时就反对学文言文。别人说，你的古文学得那么好，为什么反对别人学习？鲁迅回答，像我喜欢抽烟，但是我绝对反对别人抽烟，读文言文同抽烟一样有害。他们这代人出于对封建社会的批判而非常偏激。

　　现在中学里经常有这样的标语，"无端地耗费别人的时间，无异于谋财害命"，鼓励中学生要节省时间，抓紧时间，这句话是鲁迅说的。鲁迅在《门外文谈》里讲，汉字太难学了，学了一辈子还有很多汉字不认识，如果学26个字母，走拼音化之路，文字基础很差的人都很快可以学会，所以学习汉字浪费别人的时间，无异于谋财害命。他当时就说，"汉字不死，中国必亡"。这个思想一直传承到20世纪80年代。

　　新中国成立以后，国家成立了文字改革委员会，首先简化汉字，这是有价值的。还有一个是推广汉语拼音。当时有一个计划，就是要废除汉字，走拼音化的道路。文字改革委员会就有这样的想法，还上了国家文件。我就查到1956年教育部文件《初级中学汉语教学大纲》里白纸黑字写着，我们第一步简化汉字，第二步走拼音化道路。如果中国的汉字走了拼音化道路，那么未来一代只有极少数人能够读懂用汉字写出来的古典经书。

　　经过很多次辩论，现在才明白汉字确实是我们的瑰宝，而且汉字是中国的第二个长城，汉字和所有拼音文字一样，有好学好用的地方，也有难学难用的地方，这是美国语言学家乔姆斯基说的。汉字有优点，但是很多字比较难认，只要认识了2500个字，文章里95%的字都可以认识。懂2500个字到3000个字就差不多扫盲了，认识3500个字就是一般人应该有的文字水平。

大学很难找到健在的国学大师

汉字是表意文字，只要有一个认识的偏旁，我们都能猜出大意，需要准确理解时可以再查字典。汉字字形多，这些是我们可以克服的困难。汉字具有很强的生命力，汉字统一了中国东北、西北的各种方言，无论你是说客家话、说闽南话，还是说带有家乡口音的话，大家本来听不懂，但是一看到汉字，大家就明白了，汉文字统一我们整个民族。现在没有人提汉字走拼音化道路了，因为如果实现了拼音化就是中华文化的重大损失。

在我的记忆里，一直到"文化大革命"结束，都在批判传统，批判武训，批判俞平伯的《〈红楼梦〉研究》，批判老师、学生厚古薄今等。如果说五四运动批判传统是为了弘扬科学与民主，后来的批判传统大多是为专制、为愚昧服务。比如胡适、鲁迅、陈独秀这些人都是国学非常好的人，他们的古书读得很好，但后来批判传统的人，甚至连大字不认识几个，比如让工宣队批判传统，让农民批判传统。俞平伯对《红楼梦》的研究贡献很大，有很多《红楼梦》的考证就是俞平伯做的，《红楼梦》现在有一个正确的版本，他做了很大的贡献。俞平伯在"文化大革命"中被下放到农村去了，农民说他"你胆大包天，竟敢写《红楼梦》来反对我们伟大领袖毛主席"，就是愚昧在批判文明。造成什么损失？首先造成我们这代人基本文化修养的缺失，以致我们的国学基础比较薄弱，我们在学校里面读书没有接受过系统的《论语》、《孟子》及诸子百家学习，老师讲的多是简单批评。

"文化大革命"结束以后，初期一些教材里仍然存在对传统认识的偏差。90年代，我们研究高中语文课本，结果发现《诗经》只有两篇，一个是《伐檀》，一个是《硕鼠》，因为这两篇反映了劳动人民对剥削阶级的仇恨和反抗，才选入课本。"关关雎鸠，在河之洲。窈窕淑女，君子好逑。"这样的句子根本找不到。《诗经》的开卷第一篇《关雎》，当时的高中语文课本里没有。1998年，我在教育部开会，我说这个不好，为什么教科书不敢选《关关雎鸠》呢？孔夫子都不怕，我们为什么怕？怕我们的孩子早恋？孩子到了这个年龄，性生理成熟了，对异性会感兴趣，如果他不感兴趣，家长就会着急了。君子应该怎么样求爱？求之不得怎么办？辗转反侧，自己折磨自己，而且继续追，还表示美好的祝愿，"钟鼓乐之，琴瑟友之"，这就是中国的君子。中国的君子知道怎么对待爱情，完全不像现在有些年轻人，追女孩子追不上就往女孩子身上泼硝酸水，或者到准岳父家里举炸药包，你不把女儿嫁给我，我就把你家给炸了！这不是君子，是小人。中国的君子应该知道怎么对待爱情，还应该知道爱情是非常复杂的。"蒹葭苍苍，白露为霜。所谓伊人，在水一方"，知道爱情是一种迷茫、一种痛苦、一种反复、一种期望。还要知道怎么对待友谊，"投我以木桃，报之以琼瑶。匪报也，永以为好也！"知道跟朋友一起出去，不能老是朋友买单，自己从来不掏荷包，那不是君子。还要知道君子的责任，"岂曰无袍，与子同衣"，国家有事情，我们没有战衣，不要紧，我跟你穿同样的战衣，这是君子的责任。一个君子就是在丰富的中国传统文化中培养出来的。如果只用阶级斗争来分析中国传统文化，把人培养成一种阶级斗争的工具，非常危险。

这么多年我们的教育造成的损害有多大呢？现在中国大学里有没有健在的国学大师？像华中师范大学的国学大师有钱钟书的父亲钱基博先生、张舜徽先生、詹剑峰先生（研究墨子逻辑学），都去世了，现在没有人敢承认自己是国学大师了。别人说季羡林是国学大师，他申明不是，为什么？他是研究梵文，研究印度文化的；国学大师要坐冷板凳几十年。现在出现了非常严重的文化断层，尤其在道德文化方面出现的断层更加严重。

哲学家张岱年说，中国的优秀传统文化不是讲得太多，而是没有被充分发扬。对本民族与文化知之甚少的人在精神上肯定缺乏一种归属感，不懂继承发扬自己传统的民族，无法自立于世界民族之林。这是 20 世纪 80 年代痛定思痛后的深刻认识。

上千专家进行了专门论证

下面谈谈我们的学校课程是怎么样继承传统文化的。2001 年，出台了《基础教育课程改革纲要（试行）》，语数英、理化生、体音美都重新制定了标准。为制定这个标准，当时国家拿了 7000 万元，调动上千个专家进行了专门的研究、论证。我参加了一个课题，专门翻译国外的母语课程标准，翻译了 100 万多字，包括他们的教材，包括他们的评价，然后来研究我们的目标、内容、方法。2001 年颁布的《基础教育课程改革纲要（试行）》强调继承发扬中华民族的优秀传统，把"批判"两个字去掉了。如果说"批判地继承"，很多人首先想到的是"批判"，而不是"继承"，我们认为，在继承当中有分析，继承绝不能盲从。

像语文课程标准，义务教育阶段，就是从小学一年级到初中三年级，要求学生背诵古今优秀诗文，该项标准推荐古诗文 135 篇（段）。其中小学 75 篇诗歌，初中选入了 60 篇古典诗歌要求学生背诵。我们制定这个标准之初，有香港课程专家持质疑态度，他们反对死记硬背，为什么要背这么多？我们共同讨论之后，觉得这些基本的东西让孩子背诵是一种文化享受，而且背的是唐诗、宋词、元曲，以唐诗为主。因为唐诗本身就如白话文，"床前明月光，疑是地上霜。举头望明月，低头思故乡"，比我们很多朦胧诗好懂多了。高中语文必修的文言文比例基本上达到了 47% 左右。我们的高中选修课里也有先秦文学研究，《史记》选读，《红楼梦》选读，《论语》与《孟子》选读，唐宋八大家作品选读，这是学生的选修课程，如果学生对高中阶段的传统文化感兴趣，可以选修这些内容。

2013 年教育部颁布了《中小学书法教育指导纲要》，要求小学三年级到六年级每周开一节书法课，写毛笔字，要求学生初识"篆隶草行楷几种字体，了解历代书体变化"，接受基本的书法文化和书法审美教育。这个指导纲要非常详细，由小学到初中、到高中提出了要求，小学落实得比较好，初中怎么落实还在下一步研究。一个中国人一辈子应该有几年拿过毛笔，写过毛笔字。日本学生到了一定年级，学校会发一支毛笔，还有墨和纸等，要他练毛笔字。日本保留了1000多个汉字，日本学生必须要认识。韩国议员开完会，一部分议员就在旁边的房间练中国书法，日本人大概5人中有1人学过中国书法。

《中小学书法教育指导纲要》推荐一些碑帖，楷书有欧体、颜体、柳体、赵体，介绍学生临摹这些碑帖，家长可以陪孩子练。还有行书，如王羲之的、颜真卿的、苏轼的、赵孟頫的。要知道一点篆、隶、草、行、楷的变化，知道如何欣赏书法作品。这些要求在台湾的许多小学写字教学里几十年来一贯坚持了。我们现在有很多学生不会写毛笔字，我们要抓紧。

"三、百、千"属于逝去了的风景

我们的教材有没有变化？有的人说现在要学国学，有的人提出让孩子背《三字经》《千字文》《道德经》。还有人大讲《弟子规》。我们曾经接到代表转来的提案，要求把《弟子规》全部放进小学低年级的教学里，把《大学》《中庸》全部放在语文教材里面进行系统的学习。我们的答复是行不通。

《弟子规》《三字经》《百家姓》《千字文》，尤其是《三字经》《百家姓》《千字文》（通称"三、百、千"）在中国的启蒙教育当中做出过重大的贡献，用韵语组合、集中的方法让孩子在很短时间就认识了2000多个字。《三字经》《百家姓》《千字文》加起来不重复的字是1500～1600个字。《千字文》里面没有一个重复字，只要把这三本书认熟了，基本上可以转入下一步阅读，而且是韵语识字，押韵就可以帮助记忆。

很多人讲，当一组数字超过13个字，记不住，但如果用中国字押韵的方法，即使超过100个字都可以很快记住。比如小时候我们上农业课，老师讲"八字宪法"用了韵语"水、肥、土、种、密、保、工、管"，到现在我 70 岁了还记得，为什么？韵语集中。但是我们的语言内容现在变化了。《弟子规》里有 1040 个字，小学一年级语文课全部上《弟子规》，孩子会觉得非常累。很多现代内容在《弟子规》里缺失，比如缺公民规。现在讲民主、平等，保护自己的权利，我们的小孩子不能只要听话、孝顺，还要有公民思想，防止非法侵害等，课程标准就是这样规定的。从启蒙经典来讲，《三字经》《千字文》远远超过《弟子规》，为什么？《三字经》谈了宏大哲理，"人之初，性本善；性相近，习相远"，还有系统的历史知识和科学知识。《千字文》开始就讲宇宙空间，"天地玄黄，宇宙洪荒"。讲了很多科学知识，"金生丽水，玉出昆冈"，"云腾致雨，露结为霜"。但《弟子规》里没有这些内容。从专业角度讲，《三字经》《千字文》《百家姓》对中国教育的贡献非常大，但也属于逝去了的风景，现在全部套进我们的语文课本是不可能的。那种语言、那种习惯、那种生活，离我们的孩子太远了。就是《千字文》因为字不重复，有很多句子别扭，很难理解。现在小学语文最大的进步就是识字教学，比我国台湾、澳门、香港和新加坡的识字教学都要好多了，他们都要来学习我们。有各种学派，比如说看图识字，有生活识字，有集中识字，有分散识字，最终把各种韵语编得非常好。（图）这是教材里面的韵语识字："骏马、秋风、塞北、杏花、春雨、江南、椰树、骄阳、海岛、牦牛、冰雪、高原。"这种韵语吸收了中国传统文化的某些要素，如同"枯藤老树昏鸦，小桥流水人家"，有那种诗词的美感在里面。以前是胡马、秋风、塞北。我们不能用"胡"字，为什么？"胡"字带有对少数民族的歧视，就改为"骏马"，一改之后有塞北、江南，还有海岛，还有青藏高原，比当初的文化视野开阔多了。"沙滩、贝壳、脚丫、海风、海鸥、浪花、珍珠、鱼虾、海带、港湾、渔船、晚霞"，这些韵语词语的组合，学生读起来朗朗上口，识字很多。还有起床、叠背、上学等，这些词语组合得很好。

还有中国传统民歌，《十二生肖歌》非常活泼，"大老鼠、大黄牛，花狗回头汪汪叫，胖猪娃娃加把油"，使十二生肖动起来了。中国传统文化非常活跃，把民间的东西吸收进来了。

为什么把颠倒歌放进教材

有的识字教材为什么要把颠倒歌放进来？很多国家的幼儿园、小学里面都有很有意思的颠倒歌，把事物的特征朝反的方向说，让孩子知道这是错的，知道正确的逻辑，知道小槐树不会结樱桃，杨柳树上不会长辣椒，从反面上知道事物的逻辑，而且给人一种颠倒的幽默，孩子上课上得笑，而且识了字，知道颠倒歌是故意颠倒是非。很多国家幼儿课程里面都有颠倒歌给孩子唱，唱得孩子捧腹大笑。我们小时候也唱颠倒歌，"先生我，后生我的哥"，"河里的石头爬上坡"，"我到外婆门前过，看见外婆睡摇窝"。这种民歌很多，能够达到识字的目的。

有些易懂的文言，直接进入了我们的教材。好比《道德经》里讲的"千里之行，始于足下"，孩子很快搞得懂。《愚公移山》在小学课本里不需要翻译，《狐假虎威》也不需要翻译，一看就知道这些文言文，这是我们的进步。有些古典名著，就是当时的白话文，有一些小学课本直接编入《西游记》原文让孩子去学习，如《孙悟空大战二郎神》，这一段描述非常精彩。"那大圣变鱼儿，顺水正游，忽见一只飞禽，似青鹞，毛片不青；似鹭鸶，顶上无缨；似老鹳，腿又不红。"这些特点抓得多准，而且是中国式的短句语言。现在有很多人写的文章就是一种半洋化语言，一个句子很长，过去有人形容这个句子是什么？叫"盈尺"洋句子，意思是一句话超过一尺长，不是中国式语言，中国式语言非常简短、非常精练。

在历史课程里面，我们现在要求了解《伤寒杂病论》《本草纲目》《齐民要术》，美术课里面，要求欣赏民间年画，学习中国传统绘画的形式和方法，体验笔墨趣味。

2008 年的奥运会里面有 "2008 北京"，其中 "北京" 这几个字是汉语拼音，那个汉语拼音和阿拉伯数字的笔法，一看就知道是中国笔法，上面写的是阿拉伯的数字和拉丁字母，但是使用了中国笔法。一个女书法家汉简写得很好，让她写，她就用汉隶笔法写了 "2008 北京" 这几个字，一看就有中国味，外国从来没有谁用这样的笔法来写字母和阿拉伯数字。

数学课本里介绍了《九章算术》《孙子算经》，《孙子算经》里提到一些雉兔同笼的知识，介绍了祖冲之的圆周率。我看这个数学特别好的一点是，介绍了中国过去的成就，但不是到此为止，又说现在世界的圆周率已经通过计算可以算到多少位。现在的数学教科书注意把传统和现代结合起来。

面对国学热，有三点建议

应该怎么样看待国学热？面对国学热我有几点建议。

学习要循序渐进。一切离不开学生的全面发展，现在的学生比较起来还是负担太重了。为什么小孩子到外国去读书？因为他们用脚来投票，出去之后感觉很轻松，小学生就是玩，玩中学，做中学，没有这么多作业。有人提议让孩子背很多东西，现在搞不懂，将来有益。如果孩子有兴趣当然可以背，但不必让所有学生来背。比如说老子的《道德经》，幼儿园的孩子背得很难，建议孩子学点唐诗宋词，读一点《西游记》《三国演义》《水浒传》。《三国演义》和《红楼梦》一般初中生就开始喜欢了，小学的时候可以读一读。

所谓不要输在起跑线上，这是很大的误区，好像一定要小孩子什么都走在前面。心理学研究表明，一个人要提前学，无非想你能占优势。人的成长有多种优势。一是学习优势，学和没有学确实不同。二是先天优势，尤其是在体育、音乐方面，比如说姚明，没有那个基因，你让他再努力也长不到那么高；如果没有刘翔的某些基因，你怎么努力也跑不过刘翔，这个基因是爸爸妈妈给的。有的人特别善于动手操作，有的人特别善于逻辑思维。这是先天优势。先天优势每个人身上都有，认清了自己的先天优势，可以朝这个方面发展。三是兴趣优势。一个人对某个东西感兴趣就能学好。到了高中阶段，有的国家会根据兴趣指引孩子将来干什么，帮助孩子进行职业规划，这很重要。四是成长优势。有一些内容小时候不懂，到了一定年龄很快懂了，尤其是数学。如果没有到那个成长阶段，硬要学习，就是揠苗助长。

我们国家小学四年级的数学课，基本上把美国小学生五年级的数学都学了，确实没有必要再学那么难的内容。但是我们的高中数学又低于美国、法国、俄罗斯，低在什么地方？低在选修课程方面。美国高中学生选修数学可以选微积分，大概有多少人选微积分呢？不到40%的学生选微积分，最后通过微积分考试的大概只有15%，有些人只是想了解微积分是什么意思。对于真正要学数学的人，微积分对你的数理思考非常有用。很长时间里，我们的高中阶段数学没有微积分的内容，为什么？把微积分放在必修课里，肯定很多人不及格，我们又没有选修课。我们以前为什么不学习微积分？因为50年代苏联数学课程里没有。世纪之交我们再回去调查，发现俄罗斯的高中数学选修课程里有微积分，苏联人后来补充了微积分方面的内容，那时我们跟他们搞翻了，也没有交流了，不学他们了。人有成长优势，尤其是数学，到一定年龄很容易学会了，不需要把三年级的东西拿到一年级来学，到三年级只要花很少时间就学会了。

我们常常说，"孩子，现在让你吃苦，是为了你将来幸福"。这点值得质疑，人其实首先是现在幸福，将来说不清楚。

现在的国学有点鱼龙混杂，盲目自大。有一些国学班学《易经》，报名费几万元，学算命、学看风水、学判断祸福，有些有钱的人和当官的人真的就去学，一是想真的学一点国学，二是对自己的前途有点迷茫，有点不安，喜欢算命。这些国学大多是骗人的。

我们说不能把《弟子规》全部放进小学语文课程，否则学生会学得很苦。《弟子规》《三字经》的内容可以有一点放在教材里。但也有人写提案，要求坚决杜绝小学生学《弟子规》，认为这是害了学生，恐怕也太绝对了。在课程方面我们要把握好度。

讲国学离不开文字学、经学、子学、史学和中国文学

学术本来无国界，什么是国学？钱穆先生提出这个疑问。但是，确实有国学，钱先生就编过一本《国学概论》给高中生学习。对此需要有一个基本共识。

可以说国学是本民族传统文化的精粹。台湾高中选修内容有一个《国学概论》，我看后，觉得和章太炎的《国学概论》大体一样。大家都知道，章太炎在日本流亡的时候就曾经讲国学，首先是文字学，鲁迅先生就在他那里学过文字学。孔乙己说茴香豆的"茴"有四种写法，我猜测是鲁迅从章太炎那里学的。国学很重要的基础就是文字学，必须了解中国文字基本规律，中国文字的结构和演进。唐兰先生对于中国文字究竟是六书还是两书为主有一些新的论点。其次是经学，比如《论语》《孟子》《孝经》。再次是史学，如《二十四史》，读史使人明智，读史让人知道事物是怎么变化的，历史是怎么发展的。复次是子学，如先秦诸子之思想，汉以后各家思想之概略。以前的中国国学，子学和经学放在一起，现在分开了。最后是文学，从《诗经》讲起，包括近代文学。

我们主张国学应该从先秦开始到五四运动。"五四"以后的学问还要等待一段历史时期再做结论。1949年以来的中国文化究竟怎么认识？要等下一辈人来做判断。

章太炎的《国学概论》体系与台湾高中《国学概论》结构基本相同，所以我们讲国学离不开文字学，离不开经学，离不开史学，离不开子学，离不开文学。我们的学生能不能全部学完国学？不能，要循序渐进，小孩子可以知道一点《论语》《孟子》做人的基本方法，知道庄子的思想充满审美、充满想象，知道墨子的兼爱、非攻思想，

而且墨子是逻辑学家、科学家。我们还应该了解惠子，就是老跟庄子辩论的那个人，他是科学家，逻辑学非常厉害，不是我们以前所认识的反面人物。庄子跟他是一辈子的朋友，庄子的夫人去世了，他来悼念。他们两个人总在一起游玩、一起辩论，有很多的观点留下来，非常了不起。惠子学富五车，在科学上，当时他就提出一尺长的木棍每天分一半，万世都分不完，这就是物理学上的物质可以无限分开论。庄子跟他的友谊非常深厚。惠子死了之后，庄子经过他的坟墓，曾经讲过动人的故事，叫做运斤成风。一只斧头砍下去，把鼻子尖的一点白石灰砍掉，而那个人毫发无损。君王说，你表演一下给我看看。匠人说，我不能了，那个站着不动的人已经死了，没有人跟我一起来表演这个绝技。庄子说，惠子死了，再也没有任何人跟他讨论学问了。惠子死后，庄子10年后才去世，其间，庄子基本上就没有什么著作了。

中国的子学非常丰富，这些内容都是我们的精粹。《孙子兵法》是美国西点军校必学的课程内容，这些传统很重要，包括汉以后的思想，新文化运动的文化成果。现在中学语文课本里面胡适、梁实秋的文章也是文化进步。

学音乐就是为了一种修养

学习要学以致用，识字习文，提高听说读写能力，打好基础，这很重要。

学习可以陶冶性情，获得审美享受，使人多才多艺，提升气质。像诗教就是让人陶冶性情，获得审美享受。君子不器，琴棋书画都会，提升人的气质。孔子会弹琴，会驾车，力大，他说他小时候很卑贱，很多事他都会干。我们现在调查，有一些农村学校体音美课上得很少，结果孩子出来难以融入现代社会。其实体音美非常重要，没有好的身体，我们的体质不强怎么行？最怕的是营养过剩，一胖之后什么事情都要呆三分，因为胖了以后很想睡觉，上课注意力高度不集中。农村孩子营养不足，体力不够，天天做作业，所以农村的孩子生长得很矮，这是很危险的。

不学音乐，一个人可能缺乏审美气质，缺乏修养。学音乐不是为了考级，而是为了培育一种修养。像孔子会弹琴，弹得非常认真。诸葛亮，大兵围城都把琴弹得很好，一点混乱都没有，用一个琴就击退了敌人的几十万雄兵。周瑜非常懂音乐，你弹错半个音他都知道。很多女孩子非常喜欢周瑜，是周瑜的粉丝，他很帅，又是将军，又懂音乐，一表人才，给他表演的时候就想周瑜能够多看她一眼，怎么办？有的故意把音弹错半拍，弹高半个音，或弹低半个音，周瑜一听，就看她一眼，她非常高兴，就是"曲有误，周郎顾"，我曲子弹错了，周瑜看我一眼，我非常高兴。人的气质非常重要。会打扮的女性不仅是打扮自己，她是在打扮我们整个城市，打扮我们的整个社会，是美化我们的好环境，所以男士们要支持女士们买衣服，因为她们是在美化我们的生活。国内建筑为什么发展这么快，北京鸟巢、水立方、国家大剧院、中央电视台，这些都是外国人设计的。很多优秀的设计师不是学建筑的，是学美术的，只有美术才能创新。广州的小蛮腰扭动了一下，一扭动就非常漂亮。如果不重视美术，就没有设计。审美，包括动漫设计是非常大的生产力，包括电影、摄影，跟审美有关系。培养至大至刚精神，威武不能屈，贫贱不能移，富贵不能淫。中国的君子要学这些东西，敢于坚持真理。

还要修身正己，具备君子风度。君子是很复杂、很丰富的概念，如君子坦荡荡、君子有"三乐"等，内心的自我体验非常重要。当什么大官不是我的君子快乐观。能够当上大官，是客观条件造成的，君子强调内心体验。还有豁达、开朗，进退裕如。像陶渊明、苏东坡一样，不为一点小事就生气，提得起、放得下，有大抱负、有使命感。

孟子见梁惠王，王曰："叟不远千里而来，亦将有利吾国乎？"孟子说："王何必曰利，亦有仁义而已矣。"我开始读这段的时候，觉得孟子是迂夫子，谈什么仁义？一个省长会见外面一个大老板或者是科学家，肯定说欢迎你到我们省来投资，或者引进重大科学技术。结果那个人说这些都没有，就给你谈仁义，那省长、书记肯定会说你先休息一下，应付一下就算了。孟子怎么这么迂腐呢？他讲，"上下交征利，国危矣"。我现在看到这句话就感觉到了确实是这样的，我们现在所说的很多腐败现象就是"上下交征利"，每个单位尽量地想把钱拨给自己，每个单位尽量地想多赚钱，医院里开大药方，学校里面高择校费，搞培训班。现在幼儿园让孩子进一些班，有一些孩子都知道老师让他进这个班就是为了收钱，这个国家危险不危险？腐败问题愈演愈烈，最终必然会亡党亡国。我们要惊醒啊！这句话谁说的？习总书记说的，十八大第一次政治讨论会议上说的。

我们的国学就是要学习这些东西。下面谈一下文化开放。

我们引进了国外课程标准

文化开放，包括教育三个面向（面向现代化、面向世界、面向未来）。1949 年以后，我们的中小学课程文化在封闭、半开放、封闭中游移后退，先是片面学苏联，后来又反修，完全封闭，"文化大革命"当中基本封闭，教材内容给学生灌输的是世界 2/3 的人民在受苦受难，等我们去解放他们，20 世纪 80 年代才开始逐渐开放，但是仍然有半封闭的残痕。

90 年代我在教育部开会，我说，我们小学六年级的语文教材，凡是外国儿童受苦不是冻死就是打死，不是打死就是饿死。卖火柴的小女孩死了，凡卡活不下去，伏尔加河的纤夫苦不堪言，外国儿童全部是苦不堪言，为什么？1993 年的标准还强调语文要对孩子进行思想教育，其中有一条，"让学生知道资本主义是怎么残酷剥削压迫劳动人民的，从而热爱社会主义"。有人说，雷老师你记错了吧，怎么还会有这些内容？拿出文本看，就是那样写的。1992 年邓小平就说了，信社信资不要争了。课文还要跟卖火柴的小女孩比童年，这个怎么比？我说是扭曲时空的比较，给人造成一种误会，等他走向世界之后才说世界不是这样的，傻了！这样会使孩子觉得课本告诉我们的是假的，所以文化开放很重要。我们引进了国外的课程标准，开始关心当代文化生活，尊重多元文化。当然，后来我们改成尊重多样文化。因为当时有人反对"多元文化"，后来我们的一些文件开始有"多元文化"了，说明我们的政治是在进步的。

课程标准要求学生"了解人类丰富优秀文化的营养，提高文化品位"。我们的教材内容开始改变，苏联的分量显著减少，以前苏联文化在语文课本外国文化部分占36%，西方文化只揭露虚伪、人性的剥削、资本主义的腐朽，顶多歌颂它的科学家，现在美国、英国等地表达诚实、敬业、勇敢、反法西斯的文章也陆续进入我们的课本。90年代中期，初中语文讲新闻，仍然有"我们的形势一天一天好起来，敌人一天一天烂下去"。第一篇文章讲的是百万雄师过大江解放南京，第二篇是美国"挑战者"升天爆炸了，就有点这个味道。当今世界，谁是我们的敌人？谁都不是我们的敌人，谁都可能是我们的敌人。我们尽量争取更多人当我们的朋友，尽量不树敌、少树敌。不要轻易说谁是敌人，确定了敌国关系就是宣战了。这也是多元文化"相知相和"的重要思想。

让学生知道找资料搞调查研究

阅读教学是学生与作者、编者、老师的平等对话，不要用老师的一种见解来制约学生。这些话就是直接从国外课程标准里面拿出来的。美国五年级学生写的研究报告都是很大的题目，比如，第二次世界大战美国该不该投原子弹？什么是文化？如果你来自别的国家，请写写你国家的现在、过去、将来。学生一写就是十几张纸，要有附加参考资料一、参考资料二。他们从小就是这么训练的。无论是什么样的报告，只要是实事求是，都有意义。美国学生可以写小布什税收政策对什么人有利。日本学生可以写甲午战争，研究中日甲午海战是什么原因造成的，将来中国和日本还会不会发生类似的矛盾、会不会有冲突，以及我们该做好什么样的准备。而我们是简单地念历史，介绍甲午战争发生在哪年，战争经过怎么样，最后邓世昌驾着军舰向敌人冲过去，不幸中了敌人的奸计，最后光荣牺牲……不能这样就完了。你说哪个国家的学生从甲午海战汲取的历史经验更多，对未来的准备更多、更充分？这个研究报告让学生去找资料，搞调查，去研究。

我们现在的作文要大大改进。文科在作文内容要求上低于美国、低于法国，法国高中毕业生一毕业通过会考就可以上大学，他们高中毕业的作文题是哲学题。就像中国的孔子说什么、孟子说什么，你怎么看；庄子说什么，你怎么看。都是考这样的题目。考了多少年，我不知道。我查了资料，至少存在主义哲学家萨特当高中学生的时候就有这样的题目。我们原来高中生升大学也做过类似的题目，就是清朝废科举的时候。我们查了一下 1904 年师范馆招生也是类似于这样的题目：孔子曰唯上知与下愚不移，孟子说人皆可以为尧舜，他们之间的异同，你怎么看？都是这样的问题。因为孔子说唯上知与下愚不移，他在强调先天的重要性。孟子说人皆可以为尧舜，每个人都可以成为像尧舜一样伟大的人。孟子说人皆可以为尧舜，不是空的，不是像尧舜成为部落的首长，是要像尧舜一样道德好的人。有人问孟子："我能成为尧舜吗？不可能。"孟子说："怎么不可能？你跟老人同行，你能够让老人先走，做得到吗？做到的就是具有尧舜一样的高品质。"这是孟子的观点。两种观点都有意义，不同意两种观点也可以，给学生作文留有自由思考的空间。

再谈谈"科学素养"。美国国家科学课程标准对"科学素养"有几条界定，首先强调的是科学兴趣和探究新科学的冲动，能够有科学的价值判断。我们现在的理化生课程标准解读里，都引用了美国的科学素养来培养我们的学生，在这个方面我们有很大的提高。高中设立了许多选修课。数学选修课有这样的内容，有系列 1、系列 2、系列 3，有一些很难的内容；在物理选修课里面有热力学第二定律，有波粒二象性。这些内容不是所有的学生都学的，是少数有兴趣、有能力的学生学的。

一个国家没有少数精英学好这些东西，这个国家别想在世界科技上走在前面。深圳曾经在初中开了科学课，后来又退回去了。在很多国家初中开科学课，因为科学课更加综合，更加强调理论联系实际。像浙江省全省已经开了几十年，他们的高考跟江苏完全没有落后。香港初中就有科学课。

美国的课程改革值得关注

美国有两个课程改革我们值得关注，其一是1958年的《国防教育法》，就是加强科学和数学教学。1957年苏联的人造卫星上天，美国觉得这对美国是科学界的一次"珍珠港事件"，要奋起直追，从教育抓起。他们把经费拨到学校，加强了数学和科学教学，别的课程老师用了属于违规。1983年，美国又进行了一次课程改革，为什么？在全球经济竞争赛中他们感到有人赶超了他们，如韩国、日本、德国。日本人在美国买了很多房地产，买了很多公司，他们的制造业抢夺了美国市场。美国那次课程改革特别注意人的创新能力的提高，尤其是基本的人文、科学素养上。后来他们抓了两个重点，一是生物科学，二是信息技术。从1983年到现在，美国在生物工程和信息技术方面已经把别的国家全部抛在后面。现在我们有人得了肺癌，要吃美国人的药，500元吃一颗，一个月花1.5万元，还是一种实验药。

国家要强大，民族要复兴，我们必须重视继承传统文化。文化开放干什么？就是把我们缺失的东西引进来。我们和世界还有很大差距，有共同性课程目标的差距、自主管理的差距、美育和体育方面的差距，另外，学生对学校生活的幸福感、依恋感不够。如果努力多年以后，有一些香港孩子说，深圳哪几所学校办得特别好，我要到那里去读书，那就是进步。我相信这一天会来的。

为了民族的复兴，为了每个孩子的全面发展，希望父老乡亲们多多关心学校课程的文化继承与文化开放，提高家庭文化品位和教育品位。我为什么这么说？因为我们长期以来以文明为耻，以大老粗为光荣。有一些家长怎么教育孩子？我看到有家长领来一个孩子，让孩子过来，但孩子不过来。家长说，《弟子规》怎么说的？他开始喊了啊，一、二……孩子知道说到三就要打屁股了，孩子连忙过来。像这样培养孩子，要把《弟子规》搞成什么样啊？我们必须防止用传统文化来抵制我们的民主、法治，抵制现代社会的制约和平等；我们要防止外来文化使我们丧失信心，淡化我们的民族传统。在这点上大家要把握好一个平衡关系，和孩子一起辛勤劳作而又过诗意的生活。与大家共勉！谢谢大家！

钱学森之问与问题教育

张碧晖

张碧晖

中国科学与科技政策研究会常务
副理事长。曾任华中工学院党委
副书记，创办番禺职业技术学院
并任院长。主要从事科学社会
学、科技政策的相关研究。主要
著作有《科学学概论》《科学认
识的方法论问题》《科学教育与
科技进步》《高技术与软科学》
《城市发展对策研究》等；发表论文近百篇；承担国家、省
部级课题 10 项。

　　钱学森之问是这样的。2005 年，温家宝总理去看望钱学森，钱
学森就跟温总理提出一个问题，就是：我们这个国家、我们的大学为
什么总是培养不出创新型的拔尖人才？这个问题就成了著名的钱学森
之问。

钱学森之问出来以后，引起了全国人民特别是知识界的普遍反思和重视。比如安徽有 11 个教授上书教育部谈自己的观点，要求教育改革。有的大学还专门成立了回答钱学森之问的研究所，上海交大就成立了这样的研究院。

2006 年，温家宝专门找 6 所著名大学校长和教育家座谈，请教钱学森之问。这 6 位著名校长和教育家就说这主要是教师问题，要把中等教育跟大学教育连贯起来；还有的说，要做大做强之类。很显然，这些回答并没有令钱学森和温总理满意。

温总理讲，钱学森之问刺中了我的心，我想也刺中了全国人民的心，特别是我们教育界更加感到汗颜。国家自然科学技术奖是最高奖，从 2000 年设置以来，一共有 20 位科学家得了奖，其中有 15 位是 1951 年毕业的。什么意思？就是全是新中国成立前的那批学校培养的。

西南联大是抗战期间清华大学、北京大学和南开大学在云南成立的联合大学。这个学校应该是史上最短的，寿命只有 7 年，但是它一共培养了 2 位诺贝尔奖获得者，就是杨振宁、李政道。1948 年，中央研究院有 80 多位首席研究院士，其中 26 人是西南联大毕业的，像华罗庚这些人，最年轻的也是西南联大的。美国的科学院，我们华裔第一次有 5 位当了院士，除了吴健雄以外，其他 4 个人李政道、杨振宁、陈省身、林家翘都是西南联大毕业的。新中国成立以后，西南联大的老师和学生，一共有 171 个人成了两院院士，尤其是理科生，西南联大毕业的理科生 40% 成了院士。

根据统计，平均一个国家建国 30 年就会出现一个诺贝尔奖获得者，比如俄罗斯（含苏联时期）是 39 年，捷克是 41 年，巴基斯坦是 29 年，印度是 30 年。中国现在 60 多年了，还没有出现零的突破，还好有一个文学奖获得者莫言。

日本面积只有我们的 1/25，他们已经有 18 位诺贝尔奖获得者，仅仅 2008 年一年就出了 3 个诺贝尔物理学奖获得者。小小英国，光剑桥大学就有 80 多名诺贝尔奖获得者。美国人口占世界人口的 5%，但是它有 816 人获得诺贝尔奖，约占到诺贝尔奖获得者总数的 70%。哥伦比亚大学就有 75 位。海外华人有 9 个人得到诺贝尔奖。

现在有个统计杂志叫 *ISI*，专门研究论文被多少人引用，被人家引文数最多的就是水平最高，这两年有多少呢？全世界有 6466 人，其中美国 4127 人，英国 484 人，日本 264 人，德国 263 人，澳大利亚 120 人，瑞士 115 人，荷兰 106 人，中国 39 人。中国这 39 人在香港的占到 20 个人，台湾 14 个人，大陆 5 个人，这 5 个人里面，还有 2 个在美国进修、工作。这些数字我们听了以后能无动于衷吗？

其实钱学森提这个问题，他自己是有答案的。"钱学森之问"有几个层次，第一就是学校培养、创造人才的机制我们没有找到。第二是创新创业人才，在社会上脱颖而出的机制我们没找到。

20 世纪，研究中国科技史最好的人不是我们中国人，而是英国人李约瑟，他有一个助手即后来成为他夫人的鲁桂珍。李约瑟也提出过"李约瑟之问"。他问，为什么古代中国人发明了指南针、火药、造纸术和印刷术，工业革命却没有在中国发生？哥伦布、麦哲伦依靠指南针发现了新大陆，用火药打开了中国大门，用造纸术和印刷术传播了欧洲文明。所以"钱学森之问""李约瑟之问"都指向了一个问题——文化层面。

尽管很多人，包括一些大家、院士都对"钱学森之问"做了回答，但我自己还觉得应该从其他角度来回答一下这个问题。

教育的问题

提出问题教育的命题，是因为教育的问题太多了，而且好像没办法找到解决的办法。比如现在讲的"一考定终身""按分数线录取""一分决定人的命运"，有人要改变。很多校长出来讲，如果要改变，就是一种灾难，开后门就来了，是不是啊？我个人认为，教育主要有这么几个问题。

癸卯学制是中国近代由国家颁布的第一个在全国范围内推行的系

统学制。1904 年（光绪三十年）1 月 13 日清政府颁布，是针对过去的科举制而来的。1905 年，正式取消了科举制，当时光绪借助于洋务运动的改革派的意见，叫中体西用，就是要搞现代教育体制。

1912 年 1 月，陆费逵在《教育杂志》上发表《敬告民国教育总长》一文，对当时中国教育的发展献计献策。陆费逵提出了一个很有见地的观点，他说："吾国今日，极宜注意者有三。国民教育，一也；职业教育，二也；人才教育，三也。"

这个思想和现代化国家的结构差不多。国民教育可以理解为我们现在的九年义务制教育。但是，人家的国民教育注意什么呢？除了学一般的文化科学知识以外，主要是学会做人。现在我们提出不要输在起跑线上，在娘肚子里就开始胎教，要听音乐。到了幼儿园，又要学数学，其实这个没有必要，孩子到了五六岁，酱油一打，他基本的数字都会了。所以我们现在义务制教育跟以前的科举制教育没有什么区别。

2009 年，教育进展国际评估组织对 21 个国家的小孩进行了测评，发现中国孩子计算能力世界第一，想象力倒数第一，创新能力排名倒数第五。我们现在说外国的小孩傻乎乎的，一些数字算不出来，但是人家到后面就得诺贝尔奖。所以我们这个教育体制就有问题。

现在的这种教育使学生从小就紧张，有的口号很可怕，说要"考过高富帅，斗倒官二代"，全是这一种，怎么做人不管，所以现在出现了很多非常极端的事情。复旦的学生把自己的同学毒死，清华出现了朱令事件，人格分裂，反映了民族素质有问题。

我前不久在一个大学做励志教育。我跟女孩子讲，女孩子要分三个阶段，18 岁以前，要有好的教养，要懂得礼仪，弹弹古筝，懂懂茶道，学学十字绣。18 ～ 35 岁要人见人爱，花见花开。并不一定人要长得漂亮。有人讲了，女孩子是因为可爱而美丽。35 岁以后要有好的脾气，因为现在家里没什么大事，都是小事，不能一个气头上来，就闹得不可开交。

职业是我们安身立命的场所。国学大师南怀瑾讲过，"要技在手

（手里要有技术），能在身（身上要有能力），思在脑，这样才能从容过生活"。古人也教育我们，"家有良田万顷，不如薄技在身"。职业技术非常重要，你这一辈子，几十年都要在要职业岗位上服务，服务国家，养活自己，这是看家本领。

德国人在初中就开始分流，大概1/4的学生觉得读书没意思，他要去赚钱，要去闯荡。1/4的人升入高中，基本都可以考上大学，不像我们似的过独木桥。1/2（即2/4）的学生进入各种职业教育学校接受培训，他们的高级技术人才工资高过教授。现在我们搞地铁，从德国请来的专家不是什么院士、教授，而是职业学校毕业的。

为什么德国人在战后经济搞得那么好？因为德国是靠职业技术教育，发展实体经济，成为欧共体的中流砥柱。希腊人太会享受了，他们的国家很穷，老百姓还是富的，早上9点起床，慢慢去上班，还有上午茶，中午午睡，下午茶、咖啡，白天斗地主，晚上脱衣舞。德国人的秘密武器是二元制的职业技术教育。哪个人失业了，国家马上安排重新培训，所以德国的实体经济非常好。现在葡萄牙、西班牙，包括希腊，都在向德国的职业教育学习。

我们国家的职业教育晚了世界100年，真正有职业学校是1911年。后来陶行知、王炎培，南通的实业家张謇，非常有远见，说我们要本着"无业者有业，有业者乐业"的宗旨，成立中华职业教育社，新中国成立以后，说这个是资产阶级的，就把它取消了。

我正好是1958年进的大学，当时国家提出了教育与生产劳动相结合。我考察了一下我们国家这几十年的教育，真正成功的教育就这一种，就是"文化大革命"前，各个行业办的四年制中专教育，就是初中毕业以后再读4年，它是理论够用为止，动手能力很强。

克林顿总统讲，美国的college（学院）教育是最有特色的创意，比尔·盖茨说将来的数字化经济就要靠这个college出来的人。美国的college就是职业技术教育。现在真正培养研究性人才的美国大学只占2%。我们国家稍有点规模的学校，都要建成世界第一流，要做研究性大学。北京大学前校长许智宏在深圳讲，中国到现在没有一所一流大学。

这就是我所说的结构有问题。

根据国家统计，2009 年，我国中等教育以上的毕业生总计 3808 万人，其中研究生、本科生、专科生 3189 万人，占 83.7%。而各类中等职业教育以上的毕业生仅仅 619 万人，占 16.3%。职业教育不发展，是企业高技能人才研究匮乏的重要原因。我们现在高技能人才即使在一些国企也只占全体职工的 3% ~ 6%，而发达国家要占 40% ~ 50%，现在发达国家也缺这样的人。

有报道说，山东济南有个后楚庄，大概有 201 户人家，其中有 25 户人家因为都有高超的电气焊接技术移民到澳大利亚去了。工资大概一个月两三万块人民币，住的房子是 200 平方米，还有 600 多平方米的花园，有的一家买了两部车子。全世界都在抢这样的人。你说这样的人怎么会分配难？

要搞实体经济，没有高技能的人才，都在搞一流的误人子弟的专业，非常危险。

一定要减少计划经济的影响

我们国家的改革就是从计划经济向市场经济过渡起步，深圳是典范，市场经济的思想深入人心。但是，计划经济在教育界的影响根深蒂固，已经成为不争的事实。现在把大学分为三六九等，什么"211"、"985"、二本、三本，这非常不公平，非常不对。特别荒唐的是，一些小城镇招收公务员，其中有个条件就是要"985"、"211"高校毕业的学生，你这不是把大多数毕业生挤在门外嘛，这是典型的计划经济。其他地方倒是不设什么门槛，像唱歌一样的，靡靡之音叫绵羊体，五音不全叫原生态，设这个门槛。这跟我们以前讲的不拘一格降人才完全不同嘛。

中科院院士杨叔子教授非常有名，他同意我的观点。大学教育只有类型不同，没有高低之分。职业技术学院出来的学生就一定差？现在搞什么"千人计划"，这都是打击有创新力的人。

听完习近平主席在天津的讲话，我很受感动。他跟学生讲，要注意情商。我认为，智商决定录取，情商决定升迁，胆商决定成败。中国最有钱的人，很多文化水平是小学到初中程度，为什么他们能成功？因为他们胆商大，他不怕，我们读了书的人就顾虑多。

有个年轻教育学者针对广东省高教厅颁布《关于加强高校"四重"建设的实施意见》写了一篇文章，我觉得写得不错。

高教厅的意见书说，到2018年，广东高校改革有重大突破，在重点学科、重点人才、重点平台、重大科技项目上取得显著成效，有1~2所高校综合实力排名进入全国前5名，等等。文章批判说，这样太功利化了，这是计划经济思想在作怪。说老实话，现在这个排名也有问题，今天不谈它。你怎么进入全国前5名？你只有一个办法，就是把中山大学、华南理工大学合并，这样院士多了，有名的教授也多了，研究生规模也大了。如果还不够，再把华南农业大学合并，除非这样，你凭什么5年内能够进入前5名？这个太功利化了。

大学发展过去的经验证明，没有一所世界一流的大学是由政府计划打造出来的，都是通过自主办学和市场经济推出来的。

美国斯坦福大学是私立大学，现在的排名在全世界都是前几名。香港科技大学到现在只有20多年的历史。吴家伟当首任校长，经过20多年的奋斗，现在在亚洲名列前茅，超过了北京大学、清华大学。他靠的是自己打拼，在市场竞争中的努力。它是马会捐资建的一所大学，推行教授治校，校长负责制，非常成功。

所以，一定要在教育里面剔除计划经济的思想。

一定要按教育规律办事

教育有自己的规律，跟其他行业一样。过去我们讲大学是"传道授业解惑"。后来德国洪堡大学提出来"科研要加强"，就是坚持科研、教学为社会服务这样的宗旨。

现在的教育特别是大学教育问题太多。前几年，凤凰卫视播了南开大学校长龚克的讲话。他讲得非常好，他说教授的操守主要是培养学生。现在我们的教授都去捞钱、争课题了，现在的博士生怎么培养？现在是工厂化生产，一个博士生导师带几十个学生，根本见不到面，都是用e-mail联系。过去马克思跟他的导师是彻夜长谈，现在有这种现象吗？根本连讲话的时间都没有，你等着我，晚上我跟你 e-mail，这哪里是教育规律？

大学就业难，一个重要的原因就是专业设置没有遵循规律。大学教育说到底就是专业教育，专业是一个学校最基本的特色，比如我们讲到建筑，过去是清华大学梁思成、东南大学杨廷宝，还有华南理工大学的建筑，讲到桥梁是同济大学，讲到土木是天津大学，讲到机械工程设计是华中科技大学，讲到粉末冶金是湖南大学，这个专业非常重要。

现在学生报专业都非常盲目。95%的高中毕业生没有选专业的能力，90%的家长没有选专业的能力，80%的班主任没有选专业的能力。选专业是有原则的，我有三个原则：第一，一定要尊重小孩的爱好；第二，光喜欢还不行，你得有这个能力，比如你要搞计算机程序，要考虑数学好不好、逻辑好不好；第三，还要看社会需求。专业设置分基础性研究、应用研究、开发研究。电子理论只有研究性大学（比如北大）可以搞，到了广东工业大学、深圳大学，你就只能搞无线电技术。到了我们职业技术学院，你就老实一点，搞手机维修、计算机维修，这个是有分工的。就是一级专业、二级专业、三级专业，是不是啊？刚才那个管理我就不讲了，管理、金融等专业真是误人子弟，学出来以后，你问问他们到底学了什么东西。现在最有名的精算专业，在英国和澳大利亚非常吃香。人家是读了数学，到边远山区搞几年实践，才能拿到精算师资格。

我们不能按教育规律办事，关键是我们的教育主管部门，特别是校长，称职的不多。耶鲁大学施密德校长讲，"新中国没有一个教育家，而民国时期的教育家灿如星海"，这当然有点绝对。20 世纪 80

年代以后，中国出现了4个改革非常有成绩的教育家，其中3个跟我很熟，可以说是我的老师。

第一个是华中科技大学的朱九思教授，现在已经97岁了。他把一个二流的华中工学院变成了名列前茅的综合大学。

第二个是武汉大学老校长刘道玉，他的改革也非常有特色。

第三个是上海交通大学的邓旭初。交大的改革，包括人事改革改得最快最好，受到了王震、邓小平的重视。

第四个是深圳大学罗征启教授。很多人对深圳大学有不好的看法，我觉得它有很多特色。

没有按教育规律办事，是校长的责任，是教育主管部门的责任。①职业教育学院应该是工科为主，现在我们搞成文科为主，这首先是违反规律的，根本就不是职业教育。②职业技术学院搞什么科研处，包括我们这个学院，现在是全国示范医学院，搞什么科研呢？两年半的时间，实际上就是忽悠课题费，你搞个技术开发处还差不多，这都是不遵循规律的。③盲目升本科。不是讲不能办本科，科学跟技术是两码事，科学应该从本科到博士，技术也可以从本科到技术博士，关键你需要坚守住这个职业教育。校长行政化，就是空降一些领导干部，不好安排就到学校来。校长应该是管理专家，有教育家志向。我希望校长都要自觉，当校长就不要搞学问，搞学问就不要当校长。现在有些校长自诩当了校长，带了多少博士生，我说要么你校长没当好，要么你就是误人子弟。

只有我们按照自主办学、学术自治、教授治校这样的现代大学制度方向走，创新人才才会出来。

要整治学术腐败

这几年，教育部门成了腐败的重灾区。北京有一个副部级干部跟我讲，碧晖啊，你武汉的亲密战友都抓得差不多了。现在的腐败已经到了大家想象不到的程度。

有一个系主任，为了升副教授，要考计算机，竟然在大庭广众下请自己的学生代考，听到过没有？不仅没有严厉制裁，反而一路升官，怎么告都没有用。教育部领导曾经讲过，对学术腐败要零容忍，这不是零容忍吧。

现在你要当几万人的大学校长，要当院士，那就要写文章。文章哪有那么好写出来的，就抄袭。院士一当，就是副部级待遇，院士楼、看病、各种荣誉、利益不得了，大家都争着当院士，有的院士要双评。其实院士也不要这么神秘，他就是某个专业里面稍微强一点。我们每年要开科学大会，我是一个分会场的主持人，它轮流在各个省举办。当某个省举办时，一定要请院士来讲科技政策，院士根本就不研究科技政策，讲不出什么名堂，搞得院士也很为难。这也是一种腐败的表现。这种腐败就打击了真正做学问的人，这样哪有创新环境？

优化创新人才的生态环境

这个问题我们要重点讲一下，十八大也讲了这个问题。前面讲的"李约瑟之问""钱学森之问"都指向了文化，中国文化有好的传统，但是应该讲不是什么都好，不能盲目，不能民粹化。比如中国人强调共性，不鼓励标新立异，不鼓励异端，所以我们在科研立项的时候，如果是偏题目、怪题目，绝对通不过。

创新经常是歪打正着。比如研究心脏病，就发现了伟哥。而且现在很多的创新不是我们想象的，不靠什么国家创新系统，不是什么协同创新。以色列有个13岁的小孩，连程序都不会写，他用手机搞了一个程序，就是后来的飞弹防御系统。

创新很多时候就是有意栽花花不发，无心插柳柳成荫。

发展经济学就是讲创新，它分产品创新、技术创新、组织创新、管理创新等，我们现在到处讲创新。创新是一种文化。上海交大有个教授，他曾经跟钱学森有交往。大概就是80年代，钱学森到上海请他吃饭，在桌子上吃饭时，两个人就谈音乐。钱学森的夫人蒋英是蒋百里的女儿，蒋百里是著名的军事家，蒋英是音乐教授。搞音乐的要学 $1+1=2$，但一定要萌发出 $1+1\neq2$ 的灵感。现在有些考试你们听着都可怕，某市有个中学，每年北大、清华的升学率高得不得了，怎么考？有日考、周考、月考、期末考试。这样怎么能够出创新人才？都成了考试机器。

有个四五岁的孩子，他老问他爸爸马铃薯这个芽为什么老是在凹的地方长出来。他很想把这个问题搞清楚。他的父亲非常支持他，有一天幼儿园通知，说下个礼拜一拿个玩具过来。这个小孩就拿了一个长了芽的马铃薯到幼儿园去，结果老师大发雷霆。一位将来很有希望的生物学家，就这样被扼杀在摇篮里了。我们的教育是这样的。

现在发现人才的机会少了，也没有这样的机制。过去季羡林数学只考了 4 分，他竟然能上清华大学，现在可能吗？华罗庚初中毕业时，数学也考过 25 分，结果就他一篇论文引起了数学泰斗熊庆来的注意，他在西南联大就跟校长讲，要把华罗庚请来当教授。华罗庚是初中生，而且面试的时候，他一瘸一拐，现在敢要吗？但他就成了数学的天才。

我考察了一个喜欢计算机的高中毕业生，他的软件、硬件都行，我就把他招进来了。因为他没有职称，就安排他在实验室里面。好多人告我状，但现在他们还不得不承认，什么硕士生、本科生，计算机都不如他。学电脑最好的时机就是高中时期，现在很多黑客都是高中生。我们的文化要好好反思一下。

西方人迷恋科幻，我们迷恋武侠，异想天开，但都是旁门左道，出现什么王林等。古人讲不问苍生问鬼神，现在讲不问马列问鬼神。这种文化，怎么适宜创新发展呢？

有些东西我们其实是有发现的，但不善于总结。比如现在心理学里有一个很重要的理论叫"马斯洛理论"，就是人的需要有不同层次，开始是求生存，后来求安全。"马斯洛理论"是 20 世纪 40 年代提出的，鲁迅早在 20 世纪 30 年代就讲过，"饥区的灾民不会去种兰花，贾府的焦大是不爱林妹妹的"。这就是需要不同，但是我们只能写成小说，没有上升到这个理论。

现在从国家到地方都在讲创新，但是我们一定要注意这个教训。又有这样一个城市，要花 5000 万元打造 150 个乔布斯出来。在我们现在的这个环境，一个乔布斯都很难出现。乔布斯读大学一年级就退学了，后来女友未婚先孕，他还不负责任，在中国口水都要把他淹死了，你还能出乔布斯？

中国也出不了哥伦布。哥伦布出去的时候跟太太讲，亲爱的，我走了。太太说，亲爱的，你走吧。结果就发现了新大陆。中国的哥伦布要出去，老婆要千叮咛万嘱咐，送你送到大路边，有个问题要问清，船上有什么人？有没有女的？什么时候认识的？漂不漂亮啊？中国的哥伦布同志说算了，我还是不去吧，老婆这么不放心。

现在中国有创意产业，美国人叫 3T 产业，3T 就是人才、技术、宽容度，都是 T 打头的，创意产业就要靠人才、靠技术、靠宽容。因为创新人才往往比较怪异、标新立异、好走极端，可能脾气也不好。我们大家对他要宽厚。单位要宽容，只要你不犯法，有点什么爱好这有什么关系啊。社会、国家有宽松的政策，这样才能发展创意产业。

现在全社会都要克服功利化倾向，不能像我们这样搞学问的，带研究生几十个，工厂化生产，e-mail 交谈，非常浮躁。外国人怎么做学问？慢悠悠的。有批理论物理学家叫哥本哈根学派，他们吃饭的时候，桌子上放着玻璃、粉笔，一边吃饭一边聊天讨论一些问题。很多外国教授也很怪，下午要到咖啡馆来一杯卡布奇诺，坐在那儿发发呆，哪能像工厂生产，完全违反科学规律，违反教育规律，违反创新规律。

现在要注意这个气氛、氛围，比如现在搞了很多大学城，房子不错，一些大学都欠着几十个亿，但梅贻琦早就讲过，大学者，非大楼也，非高楼也，大师也。

当年费孝通研究人类学，围绕他的研究，带着新婚太太到云南去做田野考察，结果妻子为了救他坠落深渊。现在我们做学问的人，都靠e-mail，百度一下，很可怕。我有个小孙女，12 岁，那天布置一个作业，让她写作一篇作文，叫《幸福番禺人》。我说，好几天过去了，你怎么还不着急，她说没关系，百度一下，有《幸福广州人》，我把广州人变成番禺人，不就是《幸福番禺人》了嘛。

我是三个杂志的编委，那些文章我都不看，大都是文献调研。什么是真的学问？最近有一个榨菜指数你们知道吗？南方榨菜指数，包括深圳，2007年是47%，现在是31%，什么道理呢？就发现民工回流了。因为吃榨菜的都是收入比较低一点的人，像西北的榨菜指数都是50%以上。这个就叫田野考察，叫真学问。现在我们都非常浮躁，而且还都错位。像北京的士司机自嘲一样，"喝地沟油的命，操中南海的心"，他谈的问题全是中国时局、埃及的穆兄会，你管这些干吗？

我当科委主任的时候，我做了一件比较出格的事情。那个时候礼拜四要政治学习，我就跟他们讲，礼拜四不政治学习了，因为每个人都看《新闻联播》，都很关心国家大事，礼拜四大家坐在这儿念报纸这不是发疯了嘛。我说改学计算机、改学外语，结果有人反映到纪委那么去了。那个纪委书记不错，是一个女同志，找我谈话，她偷偷地跟我讲，将来老百姓会感谢我的。现在我们都错位了，丫鬟的命，小姐的心。是工人就当好工人，是农民就当好农民，这个社会就和谐了嘛，现在的人太浮躁了。

什么叫情商？就是能够正确认识自己。为什么菲律宾的女佣干得好，她认命，就是想把家政做好。能够控制自己的情绪，心情很重要。有些人猝死，命都没有了。心绪要淡定。什么叫发达国家，都是淡定。这种文化要研究，这样才能够出那些有意栽花花不发、无心插柳柳成荫的人才。

三元人格与和谐促进

嘉 源 ✏️

原名薛克勋。管理学博士，高级
工程师，美国加州大学洛杉矶分
校安德森管理学院访问学者。现
任职于深圳市公安局网络警察支
队。著有：《中国大中城市政府
紧急事件响应机制研究》《三元
人格》（合著）等书籍。

王守莉 ✏️

深圳市紫阳心理咨询有限公司创
办人，国家二级心理咨询师，深
圳都市频道《第 1 调解》心理嘉
宾，《深圳晚报》"情感热线"
心理顾问，深圳电台《飞扬
971》心理顾问，深圳市全程职
业培训学校特约心理讲师。

幸福人生由综合因素决定

嘉源：各位朋友，下午好！世界上没有最好，只有最适应、最和谐，和谐的就是最好的，所以和谐最重要！非常高兴今天下午和大家一起分享"三元人格与和谐促进"这一话题。

我首先跟大家分享一个故事，这是一个真实的故事。这还要从我毕业20周年的同学聚会说起。每个人都会有毕业20周年的同学聚会，只是迟早的问题，在聚会上每个人都有不同的感想和收获。我在参加毕业20周年同学聚会时，有"两个发现""一个启发"。

第一个发现："三变三没变"。一是同学们年龄变了、体貌特征变了，但性格特点几乎没有变；二是同学们的社会地位、拥有的财富变了，但同学们之间简单的关系没有变；三是同学们的阅历变了，但对母校的感情没有变。

第二个发现：四种类型的老同学。一是事业蒸蒸日上型；二是事业平平但生活安逸型；三是"苦大仇深"（牢骚满腹）型；四是"悲剧"型。

由此可见，老同学们的差别还是比较大的。

通过联想比较，我发现了一个非常有趣的因果关系。老同学们的现状，与他们20年前的表现有很大甚至直接的关系。而这种表现不光是他们的学习成绩、性格特点、聪明程度，而是综合性的。当我和很多朋友、同事、同学交流这个发现的时候，基本上得到一致认同。由此我得到一个启发，什么启发？人格决定职业生涯，影响幸福人生。老同学们当前的这些差别，正是由他们当时人格的差别所决定的。

无独有偶，我还听到这样一个例子："节日综合征"。有一位王小姐，得了节日综合征，吃不下、睡不着，原因就是几天前的一次同学聚会。她发现同学们都"混"得比她好，有房有车，生活滋润，而她呢？还挣扎在贫困线上。问题不是她现在如何，而是当年在校期间她的学习成绩很好，是他们班上的佼佼者，其他同学根本没有进入她的视线。而现实呢？她无论如何也想不通，所以不得不去看心理医生。

这个案例再次验证了我的发现，一个人的职业生涯和幸福人生不是由单个因素决定的，而是由综合因素决定的，这个综合因素就是人格！

那么什么是人格？在东方文化里，主要从道德层面来定义，而我主要引用了西方学者的一些定义，"人格是个体相对稳定的行为特征的总和与内部过程"。由于我没有受过专门的心理学训练，所以我只关注前面这部分，也就是说，我的定义是"个体相对稳定的行为特征的总和"，也就是日常的行为表现。

这样，我把人格分解成三个基本的组成元素，即能力元素、持久元素和生态元素，简称"三元人格"。这个分法是我根据相关理论，经过长期观察思考后提出来的。

能力元素：这里是指一个人做事的能力；持久元素：是指一个人在工作和生活中保持长久目标，克服困难、坚持不懈、持之以恒的品质；生态元素：是指一个人与他人、与环境相互适应的能力，简单地说就是人际关系，但比人际关系具有更丰富的内涵。

现在回到咱们今天的话题。我上面讲的这个真实的故事发生在7年以前，它当时给了我很大的启发，但后来是什么原因促使我更深入、更持久、更系统地思考三元人格呢？三元人格的理论框架是什么？它给我们带来哪些启发？等等。下面就和大家一起分享这些问题。

人格不健康、有问题很可怕

首先，人格直接影响个人的好坏。我在这里举几个例子。

第一个例子——人格扭曲的高才生。他，1981年出生，贫寒农家子弟，以优异成绩考入省级重点高中，其间因成绩优异被评为省级三好学生，获全国物理奥数二等奖，后考入省属重点大学生物技术专业。但后来杀害4名同学，于2004年6月17日被执行死刑。

这个人是谁？是什么原因导致这一惨剧？这个人就是曾经轰动一时的马加爵。原因很简单，就是他受不了同学的讥讽。他在和同学打牌时，有人说他作弊，引起争执，别人又讥笑他"吃饭时连你老乡都不愿叫你了"。就因这些鸡毛蒜皮的话，让自尊心极强的马加爵难以承受，进而酿成血案！很显然，他的人格不健康，不能处理好人际关系！

第二个例子——轻生的硕士研究生。前几年，深圳卫视《第一现场》报道，北方某名牌大学硕士研究生，高大帅气，毕业后到深圳科技园一家高科技上市公司工作。可是刚入职半年，这名高才生就跳楼自杀了。他是家中的独子，他的离去给他家庭带来毁灭性的灾难。

是什么让他走上这条不归路？原因更简单——公司计划裁员，他怕被裁掉，所以自杀。说起来简直可笑！我们听听他父母是怎么说的："我们的孩子和别人不一样，从小很乖、很听话，很爱学习，从来没吃过苦，16岁时还要我们给他系鞋带呢。他肯定是担心被裁掉，受不了打击才自杀的。"很显然，他的人格也不健康，不能承受压力和挫折！

我们再看另一个方面的例子——人格健康的农村孩子。小张，1977年出生于一个普通农民家庭，2000年毕业于一个名不见经传的本科学校计算机专业，毕业后到一家外企打工。2004年担任了项目经理，次年被提拔为深圳分公司副总。2009年底，在一次投资合作过程中，他被客户欣赏，并被委以重任。2011年，他34岁，担任了该投资集团的总裁，下辖投资、物流、动漫、就业指导等9个分公司，员工近1000名，事业蒸蒸日上。

这是发生在我身边的例子。我是2004年认识小张的，在与小张的接触中，我发现他很聪明、很好学，阳光向上，诚信敬业，让人感觉很牢靠。用他原来一个下属的话来说，小张是分公司唯一一个集技术、商务、人品于一体的人。也就是说，他有一个健康的人格。尽管他的起点比较低，但很有发展潜力。

正反两个方面的例子可以说明，和谐的个体是和谐社会的基因、幸福社会的基础。只有个体人格和谐了，才能有和谐的家庭、和谐的团队、和谐的社会。

人格问题引发的社会问题比较严重

其次，人格问题引发的社会问题比较严重。我们看看这几个方面的现象。

第一个现象，社会缺乏人情味。表现在哪里？表现在弱势群体经常抱怨社会的不公，具有强烈的仇富情结；而富人呢？则觉得成功全是个人的因素，是自己个人奋斗的结果，因而对弱者缺少必要的关心。这样，就导致成功者的冷漠和自大，失败者的愤怒、抱怨和仇官仇富心理，使整个社会缺少人情味。

第二个现象，社会角色错乱。社会上历来高尚和卑鄙并存。应该说，我们社会的主流是高尚的。但是，也确实存在卑鄙行径，表现为有些人急功近利，心浮气躁，唯利是图，一切向钱看，从而导致社会角色的错乱，如官员不像官员，医生不像医生，教师不像教师，法官不像法官……许多人对职业缺乏自豪感，对自己的分内职责不用心、不尽心，甚至不负责任。

第三个现象，食品安全问题比较严重。继三聚氰胺以后，毒大米、假药、假酒、地沟油等，让人无所适从。另外，社会诚信体系也出现了严重危机。

上面这些社会问题的产生，既有体制或制度的原因，也有政府管理的原因，但是，不能不说的是，它与社会成员的人格问题息息相关。正是这些因人格问题引发的现实问题，促使我不断地思考三元人格和当前的价值观问题，这也可能就是三元人格面世的时代背景了。

过去我们说"时间就是金钱，效率就是生命"，这个口号当时改变了人们的时间观念和效率观念。但随着时间的推移，只注重效率产生了新问题，什么问题？这个口号被许多人用到了不应该用的领域，比如犯罪分子，他们也知道"时间就是金钱，效率就是生命"。因此，我们现在亟须解决的是价值观问题，也就是哪些事情可以干，哪些事情坚决不可以干，要有一个最基本的道德底线和道德约束。而这正是三元人格所倡导的主要内容，它能够解决现实问题。所以，在社会问题多发的今天，三元人格理论的面世恰逢其时！这就是我近几年一直思考三元人格的主要原因。

人格可分解为能力元、持久元、生态元

三元人格的理论框架是什么？在前面，我们把人格分解为能力元、持久元和生态元。在这里，我们以这三个元素为三条边，组成一个三角形，我们称为"人格三角形"。三角形的面积就代表人的行为效果，称为"人格效果"，代表一个人对社会贡献的大小，对应着职业生涯状况。在一个人的职业生涯中，除了自己的努力以外，机遇也非常重要。所以我们综合考虑以后，得出这样的职业生涯方程式：职业生涯 = 人格效果 + 机遇。从这个方程式来看，一个人，平时努力了，准备好了，机遇一来，职业生涯就上一个台阶；如果平时为人处事都不好，工作不努力，一是机遇很少，二是机遇来了也抓不住，职业生涯就难有起色。

上面说的是人格三角形的面积。三角形的形状则代表人格健康状况。分为均衡型（也叫和谐型）、失衡型和扭曲型。这三种不同的人格状况，对应着不同的职业生涯类型。对均衡型的人格来说，职业生涯顺风顺水，是非常理想的，所以对应于理想型的职业生涯。对失衡型的人格来说，职业生涯阻力不断，对应于缺憾型的职业生涯。对扭曲形的人格来说，辛苦努力难有成效，对应于失效型的职业生涯。

同时，人格状况还与人的幸福感有关系。什么是幸福？幸福就是

一个人在自我满足基础之上的心理感受，与一个人的能力大小、期望高低、人际关系好坏之间的匹配情况相关，所以和谐的人格、均衡的人格是幸福快乐的基础和支撑。

为了说明这个问题，我列出了两组三角形。单从面积来看，第一组的一号、二号相等，第二组的三号、四号相等，并且很明显，第一组的面积比第二组大。由于面积代表一个人的职业生涯状况，所以一号和二号的职位相同，三号和四号的职位相同，而且一、二号的职位高于三、四号的职位。单从形状来看，一号和三号是均衡的，二号和四号是失衡的。由于形状与一个人的幸福感相关，所以在这里，一号和三号可能更幸福，二号和四号可能不够幸福。最重要的是，尽管二号的职位比三号的职位要高，但是不一定更幸福。

所以综合来看，职位高、赚钱多的人，并不一定比那些职位低、赚钱少的人更幸福。只有有了和谐的人格、均衡的人格、健康的人格，才可能幸福，或更幸福。所以我们在这里大力倡导和推崇的是三元人格的和谐发展、均衡发展，而不是单极发展。这也正是我们今天在这里讨论"三元人格与和谐促进"这一话题的主要原因。

为了说明这个问题，我再举一个例子——可悲的老专家。

有个老专家，据说有上百项发明专利。但是，他穷困潦倒，几乎无依无靠、无朋无友。有一次，我和他一起吃饭，他喝了一些酒，就开始数落周围的人，诉说自己的不幸、坎坷和辛酸苦辣。首先他抱怨父母，说父母对他不公；接着怒骂儿女，说儿女对他不孝；再就是骂他的厂长和原来的下属；等等。说到激动的地方，他满脸通红，脖子上的青筋突突直跳。在他眼里，世界上没有一个好人，全亏欠他！大约半年后，我收到他发给我的一条短信，这条短信的内容我说完后大家可能会吓一跳，我至今还留在手机里："如果我为人所害，×××就是凶手！请嘉源帮我留着这条短信！"

真是悲剧啊！他能力元、持久元都很好，但生态元很差，没有施展才华的舞台，没有钱生活，甚至生命受到威胁，可悲不可悲啊？

对三元人格三个元素的分解

下面我们继续对三个元素进行分解，将能力元素分解为三个要素：一是智慧，二是技能，三是体能。智慧又可分解成三个方面：智商、知识和经验。知识包括书本知识、社会知识和生活知识。我们发现有许多人学历很低，但是很有智慧，为什么？他只是书本知识少了一点，但是他的生活知识和社会知识非常多。那么，在日常生活和工作中，智慧表现在哪些方面？表现在四个方面：一是洞察力，二是创造力，三是决断力，四是幽默感。

我们把持久元分解成目标兴趣、恒心意志和时间管理这三个正向的要素。其中，目标兴趣是一个人长期坚持下去的动力。一个人，要想长期地做一件事情，要么对这件事有目标，要么对这件事有兴趣，既没有目标又没有兴趣，要想长期坚持是不可能的。恒心意志是持久元得以实现的心理品质。时间管理则是持久元的保障。这里主要说一下时间管理。时间管理如果差的话，下午做什么，上午不知道，明天做什么，今天还没打算，你说你能长期做一件事吗？现实中，大多数人持久元不好，就是时间管理不好导致的。这是持久元的正向要素。还有三个负向要素，那就是漫无目标、心浮气躁、急功近利，只要和这几个词一沾边，那么你的持久元就不好了。

根据这些，大家可以对照检查一下自己的持久元如何。

对于生态元，我们可以将其分解为三个大方面：人的品格、对人对事的态度、为人处事的方式。品格就是厚德博爱、诚信正直、勇于担当；对人对事的态度包括自信自强、积极主动、务实肯干；为人处事的方式就是谦逊宽容、情绪管控和沟通协作。

一个人要想有好的人际关系，这三个大方面九个小方面必须同时做到才行。首先，要有好的品格，这是高压线，如果你的品格出了问题，或者更严重地说你道德败坏，在长期的人际交往过程中，你不可能有好的人际关系；其次，光是人好还不够，对人对事的态度不积极、不主动、不务实等，也不会有好的人际关系；最后，你有了好品格，是好人，态度也很好，但方式方法有问题也不行，也不能有好的人际关系。有些人好心办不了好事，好心被人当了驴肝肺，什么原因？就是方式出了问题。这符合短板原理。也就是说，你的人际关系不是由最好的因素决定的，而是由最差的因素决定的。打个比方，有一个人，人品很好，态度也很积极，只是情绪管控不好，喜怒无常，动不动发脾气，那他的人际关系肯定也不好。

为了便于大家记忆和操作，我把上述的内容列了一个表格。这个表格基本上涵盖了三元人格的内容，有兴趣的朋友，可以用手机拍下来，对照检查自己的短板，也可回去看书，了解详细内容，当然也欢迎找机会我们一同探讨。

人格元素与构成要素、因子对照表

能力元	基础		行为要素	
	智慧(智商 知识 经验) 技能 体能		洞察力 创造力 决断力 幽默感	
持久元	正向要素		负向要素	
	目标兴趣 恒心意志 时间管理		漫无目标 心浮气躁 急功近利	
生态元		要素	正向因子	负向因子
	品格	厚德博爱	仁厚、感恩、利他、乐施	冷酷、贪婪、自私
		诚信正直	忠诚、诚信、正直	奸猾、邪恶、背信弃义
		勇于担当	认真、用心、尽心、担当	敷衍、草率、推托
	态度	自信自强	自信、果敢、自立、自强	自卑、怯懦、依附
		积极主动	热情、激情、乐观、分享	消极、冷漠、悲观
		务实肯干	务实、勤奋、任劳任怨	好高骛远、懒惰、抱怨
	方式	谦逊宽容	谦虚、谦让、包容、温和、欣赏	傲慢、狭隘、自负、自我、偏执
		情绪管控	理性控制、适当表达、疏导转移	易喜怒、易烦躁、易悲伤
		沟通协作	坦率表达、认真倾听、顺应融通、乐于合作	封闭、多疑、顽固

三元人格理论对家庭教育的启发

三元人格理论给我们哪些启发？三元人格理论最大的作用就是促进和谐。它以个体的人格塑造为起点，进而促进个体自身的和谐、家庭的和谐、团队的和谐，最终促进社会的和谐。可以说，这是给我们最大、最宏观的启发。这样的话，前面所说的人格缺陷导致的惨剧以及人格问题造成的社会问题都会大大减少。人格塑造，是一个人的终生课题，活到老、学到老嘛。但是，从时间顺序上来讲，人格塑造有三个黄金时段：一是从婴幼儿开始的家庭教育；二是学校教育；三是初入职场的3～5年。下面谈谈三元人格理论对家庭教育、学校教育、职场教育和团队管理方面的启发。

第一，对家庭教育的启发。

家庭教育是人格塑造的第一个黄金时段，它符合三七定律。什么是三七定律？也就是我们俗话说的"三岁看大，七岁看老"，我们平时都说"三十而立"，从这个意义上来讲的话，应该是"三岁而立"：1～3岁是人格形成的关键期，3～7岁是人格形成的强化期。

我们每个人都想自己的孩子有健康的人格，这个人格怎么塑造？要从婴幼儿开始。由于现在大多是独生子女，很多人都很心疼孩子，无微不至地关爱孩子。这不奇怪。但是，如果疼爱方式不正确，爱就变成了害，而且爱得越深，害得越严重。

这里和大家分享一篇文章的几个观点。我看到一篇文章，是一个美国医生关于婴幼儿人格培养的，我觉得很有道理，而且很值得我们关注，所以在这里和大家分享一下。

第一个观点，孩子哭的时候不要抱，不哭的时候才抱，让孩子养成一种潜意识，哭的孩子不是好孩子，没人抱；不哭的孩子才是好孩子，有人抱。

第二个观点，孩子入睡的时候，不要摇来晃去，让孩子知道床是安静的。

第三个观点，晚上不要总是给孩子喂奶，让孩子睡个长觉。

第四个观点，鼓励孩子试一试、摸一摸。

对照这些，我们在座的各位做得怎么样呢？就我的观察发现，很多家长，孩子一哭就抱，不管白天还是深夜；再就是孩子要睡觉了，就抱着摇来晃去，孩子要什么，你就给他什么，那长大以后满足不了他，怎么办呢？他就发脾气！如果从婴幼儿开始你就输给了孩子，那以后麻烦就大了。

这里就有一个现成的例子——溺爱娇惯结苦果。有个女孩子，她从小就生长在溺爱娇惯的家庭里，要什么，妈妈就给什么，饭来张口，衣来伸手，什么也不会做。我讲三件事，你就知道多麻烦了。第一件事，初中升入高中后就要住校。没几天，她嫌学校的饭不好吃，也没人洗衣服，她坚决要求妈妈在学校旁边专门租一间房子，专门给她做饭、洗衣服，而她妈妈也是上班族啊。第二件事，有一次，爸爸开车送她去学校，快到学校门口了，车进去不好掉头，就说，已很近了，你自己走进去吧。她连眼皮都不抬，冷冰冰地、很不耐烦地说："快走啊，你烦不烦人呀！"爸爸花了近1个小时才转出来。第三件事，有一个周五的晚上，她从学校回家。这天正好刮台风，雷雨交加。她又有事了，说："妈，我想吃雪糕。"她妈妈说："好的，宝贝女儿，等雨停了妈就去买。"她非常坚定地说："我现在就想吃，你现在就给我买！"妈妈生气地说："你这个孩子，现在这么大的雨，还打雷，怎么出去啊?! 等雨停了再买好不好？"她暴跳如雷，气愤地跑到自己房间，嘭的一声把门关上，大声叫骂。

她妈妈简直叫苦不迭，从小就把所有的爱都倾注在她身上了，可这个女孩根本不领情，冷酷、没爱心，不为别人着想。这就是溺爱娇惯的苦果！大家一定要引以为戒啊！

怎样才是正确的家教方式呢？

首先要把握三个元素的均衡发展，可以说这是家庭教育的基本原则和基本内容。在能力元方面，要培养孩子健全的心智，简单有效的方法是从做家务开始——会做家务者，就会掌控生活，继而掌控自己和世界。在持久元方面，就是培养孩子的兴趣、意志力与良好习惯，可以说这是家庭教育的核心。在生态元方面，就是培养孩子健康的生态元，前面两个元素是成才的教育，这是成人的教育。其次是基本方法，就是随遇而教，抓住每一个教育机会。具体内容很多，就不细讲了。

三元人格理论对学校教育的启发

第二，对学校教育的启发。

学校教育是人格塑造的第二个黄金时段。一个人，在学校阶段，包括小学、中学、大学，如果能够遇到 3~5 个好老师，就足以影响其人格。所以，这就给老师提出了一个课题，老师有双重责任，就是不但担负着灌输知识，即"教书"的责任，而且担负着"育人"的责任，即如何培育学生良好的行为习惯，如何教育学生成人。对其他职业的人，工作干不好，只影响自己的升迁。老师就不同了，别说你干不好了，即使你"教书"和"育人"这两项责任偏废其一，都是对学生、对下一代的不负责任。教育的本质乃成人之道，培养均衡的人格之道，可以说，这也是我们素质教育的基础。

对职场教育的启发——初入职场要做三件事

第三，对职场教育的启发。

初入职场的 3~5 年，是人格塑造的第三个黄金时段。它是年轻员工从学校到社会的第一步，也是一张白纸，新的开始。对已经错过上面两个黄金时段的人来说，这无疑是最后一个黄金时段。在这个阶段，工作环境、工作团队、团队领导，对其人格的形成非常重要，甚至改变其人格状况。对初入职场的年轻人而言，要做好三件事。

第一件事，确定职业目标，这对应于强化一个人的持久元。在这里我想给大家讲一个人顺利成为老板的故事。我曾经采访过一个年轻的小老板，他从毕业到创业只用了8年时间。他是1979年生人，2002年大学毕业后到深圳一家很有名的大企业从事技术工作。他当时就给自己确定了职业目标，就是以后自己当老板，而且是在自己30岁时当老板。工作1年后，他和表哥谈起自己的职业目标时，这个在银行工作的表哥告诉他，如果你想自己当老板，光做技术不行，应该从市场做起。于是他在2003年底到市场部工作。2004年底，公司把技术部与市场部合并成立了系统集成部，因为这两个部门他都熟悉，就让他负责。2006年开始，他一个人负责5个部门的工作。由于他的目标很明确，所以他把一切工作任务当做锻炼自己的机会。他经常加班加点，甚至连续有几年，为了做标书，几乎每天都是凌晨两三点才睡觉。这种高强度、魔鬼式的工作训练，使他进步很快，积累了很多。2010年初，他成功创建了自己的高科技公司，比预想时间晚了不到半年。现在公司已经拥有员工40多人。

从这个例子看出，新入职场，非常重要的一点就是尽快确定自己的职业目标，也就是平常我们所说的职业规划，搞清楚自己到底想要什么、想要成为什么。不然的话，就失去了方向和动力，东游西荡，几年下来，一无所获，浪费了时间，浪费了青春，岂不可惜。

第二件事，精进职业能力，对应于强化能力元的内容。超强的职业能力是职业辉煌的基础。凡是职业成功者，大都是这个行业的大家或专家，至少是行家。现实中，缺乏职业能力、对本职工作稀里糊涂就能出类拔萃的，以前没有，以后也不会有。所以，精进职业能力是立业之本，是年轻人入职后的头等大事。要想精进职业能力，需要注意几个常见的问题。

我们看这样一个例子："什么误了他？"他的学历很高——令人眼热的博士。而他的周围，几乎是清一色的专科生或本科生。从学历上说，他是鹤立鸡群。但在实际工作中，他认为自己是博士，高人一等，职业能力自然很强。所以他很少钻研业务，一些小事，比如写报告、写总结以及行政事务都不屑去做，所以几年下来，不能独立承担工作任务，上司也不敢把任务交给他去做，因而职业生涯一直没有起色，远不如其他低学历的人。

请大家看看，是什么误了他？当然与他的学历有关，但主要是他的认识导致的。

从这个例子可以看出，精进职业能力是理念或观念问题，而不是技术问题。但遗憾的是，这里往往很容易犯一些低级的错误，什么错误？一是认为学历就等于职业能力；二是没有认识到精进职业能力的重要性；三是不去精进职业能力，凡事差不多就行了；等等。实际上，只要认识到位了，精进职业能力是完全能够做到的。

怎么精进职业能力呢？可以从五个方面入手：分别是业务技能、文字表述、口头表达、组织协调、责任担当。

如何知道你的职业能力是否精进？有没有标准？有！我给出了一个检验标准，就是你是否能够独当一面，是否能让上司放心。实际上这是一个问题的两个方面。今天在座的有许多年轻人，大家可以对照这个标准检验自己的职业能力是怎么样的。

第三件事，积极融入团队，对应于强化生态元的内容。初入职场，能够快速融入团队，对职业发展非常重要。这里为什么说"积极"融入团队呢？因为积极融入和被动融入效果完全不同。你见了上司、见了同事，你能主动打个招呼、给个微笑，非常容易做到，也很不起眼，实际上这都是积极融入团队的具体表现。就是这些不起眼的表现，能让你积极融入团队。

讲个小故事，题目是《谁是傻瓜？》。小李和小谢同时大学毕业进入一个公司的同一个部门。为了让新员工全面了解公司情况，公司规定新员工必须到其他每个部门实习1个月。他们到的第一个部门，是数据录入部门，工作单调枯燥。部门经理交代录入方法和要求后就交给他们很多数据。一开始，他们俩都很认真，不懈怠。可是，后来他们发现两个现象：第一个，你这里一录完，部门经理就马上给你新的，录得越快，他给得越多；第二个，自他俩来后，本部门原来录数据的人都闲着，全让他们录。所以小谢就和小李说，这个部门经理太欺负人了，只让我们干，而且给我们这么多任务，我们应该录入慢点。小李说，我们是来实习的，多一点任务好呀。小谢说，你傻啊？人家这样欺负你，你还不知道！你自愿被欺负就被欺负吧，反正我不想当傻瓜！从这之后，小谢"变得聪明"了。而小李，还是像原来那样，不但如此，还提了许多建议。到了第二个实习部门、第三个部门……第六个部门，小谢总结了第一个部门的经验，从一开始就"聪明"了，小李还是"傻乎乎"地干。半年后，小李对全公司无论业务还是人员都比较熟悉。而小谢呢？业务一知半解，人员也认不全。后来，公司有一个新项目要找个项目经理，部门经理们不约而同地推荐小李，而小谢呢？只是成员。收入呢？小李随着项目经理的头衔而提升。

大家看看，谁是傻瓜？

结合这个例子，积极融入团队，可以从以下几个方面入手。一要勤快。不管你是哪个学校毕业的，也不管你有什么学位，新到一个单位，一定要勤快。比如，早晨早到办公室几分钟，擦擦地板、抹抹桌子，为大家提点水，冲好茶；下班晚走几分钟，把文件整理得井井有条；上司或老员工请你做事情，你能热情、愉悦、快速地完成等。虽然这都是最基础的小事，甚至没有人看得起它，但久而久之，会给人留下深刻的不一样的印象。这还很可能成为你积极融入团队从而职业辉煌的起点。二要主动。三要谦虚。四要负责。五要诚信。六要沟通。七要合作。八要务实。这里就不细说了。

在这个时期，要注意一个方法，那就是"拜个明师、交个益友"。因为正如常言所说，"读万卷书，不如行万里路；行万里路，不如阅人无数；阅人无数，不如明师指路！"有了明师，可以少走弯路！

对团队管理模式的启发——人格塑造管理模式

如果你是一个团队领导者，或许在团队管理上遇到一些问题，下面的内容可能会给你一些启发。

所谓人格塑造管理模式，就是以个体人格塑造为导向从而实现团队管理目标的管理模式。以往，企业为了提升经济利润，制定了许多规章制度、奖惩措施，让员工更好地为企业工作。有了三元人格以后，就可以变化一下管理模式了：员工入职后，首先协助分析他们的人格状况，找出短板，并给他们提供相应的工作机会。由于"人格决定职业生涯，影响幸福人生"，员工要想有好的职业生涯，就首先要有好的人格。员工为了完善自己的人格，就会主动努力。在能力元方面，努力掌握本职工作所需要的知识、经验与技能；在持久元方面，尽快确立职业目标，培养毅力和时间管理能力；在生态元方面，有意识地改善自己的品行、对人对事的态度和为人处事的方式方法等。这样，在主观上，广大员工在完善自己人格的过程中，产生无穷的热情与干劲，在客观上为企业创造了经济利润。

人格塑造管理模式的理想状态，就是让管理者、员工从内心里认为他们不是为企业而工作，而是利用企业提供的宝贵平台，提升自我、塑造自己，从而使年轻员工每天自觉、主动地工作。

在人格塑造管理模式中，领导者要有广阔的胸襟，允许新入职的年轻人犯错误，允许并有意识地根据三元人格理论，就事论理地批评指导，帮助他们改正，让他们"不二过"。甚至允许或鼓励他们，在多长时间内离开现在的企业，"另立山头，自主创业"。

人格塑造管理模式有两个特点：一是让员工实现从"要我做"到"我要做"的转变，也就是从被动到主动的转变；二是让企业实现从"生产物品"到"生产人才"的转变。

人格塑造管理模式对企业领导有这样几个要求。在理念上，一是树立"把人当做人，而不是机器"的理念。为什么这样说？因为科学管理就是把人当做会说话的机器。二是树立"产品就是人品"的理念。毒奶粉、瘦肉精、毒大米，看起来是物品有问题，实际上是人有问题。三是树立"企业的危机永远是人才的危机"的理念。资金断流、市场遇阻、突发事件等，看起来像是危机，但只要人才不出现危机，每个岗位都有人才储备，每个人都能够尽职尽责，就不会产生危机；相反，企业可能永远立于不败之地，百年老店可能就是这样发展起来的，否则，随时可能产生危机。在程序上，先生产人才，再生产物品，或者二者同时并行。这里的人才，是具有健康人格的人才。在方法和工具上，就是运用三元人格理论。

人格塑造管理模式的操作流程：首先，确立企业文化或价值观，树立楷模；其次，明确"岗位—人格状况"匹配，也就是把什么样的岗位上应该具有什么样的业务能力、什么样的心理素质、什么样的人脉关系等予以明确，也就是把每个人的目标明确化，谁符合要求谁就上岗；再次，协助员工进行人格状况分析；最后，人格塑造的状况跟踪，帮助员工进行全方位的人格塑造。

构建核心价值体系的方法——人格塑造"四部曲"

为了便于大家更好地掌握三元人格、应用三元人格，我们总结出了简单的人格塑造"四部曲"。

第一步，设问：你是否想有好的职业生涯？是否想有幸福人生？或者，即使没有很好的职业生涯，但有幸福人生？

你如果是在校中学生，或是在校大学生，这个命题似乎离你较远，但请花点时间关注一下；

你如果是刚刚踏入职场的新员工，请认真考虑；

你如果是一个教师，正困惑于应试教育和素质教育的撞击，请认真思考；

你如果是职场中的管理者，或是某个团队的领导者，请慎重思考；

如果你已为人父母，请为自己的下一代着想，时不我待，马上思考！

你如果对这个问题从未想过，不要紧，任何时候都不晚。假如选择"否"，则退出；如果选择"是"，进入下一步。

第二步，准备。怎么准备呢？正确理解、掌握三元人格的内涵，包括什么是三元人格，三个元素的内容，三个元素由什么要素、因子组成等。

第三步，诊断——就是根据自己的实际情况，对号入座，找出自己的短板。

第四步，塑造——对自己的短板进行有针对性的改善，从而使自己的人格更均衡、健康、和谐。

小　结

现在对今天所讲的内容进行小结。大家经常听各种讲座，我希望我们的讲座不是最精彩，但是最实用。首先请大家记住那张"人格要素与构成元素、因子对照表"，回去对照检查自己的人格状况，同时记住以下三点。

（1）人格由能力元、持久元、生态元三个元素组成。三个元素均衡了，人格就容易健康；三个元素都好了，事业就容易成功。

（2）个体的人格塑造，能促进个体自身的和谐，进而促进家庭的和谐、团队的和谐、社会的和谐。

（3）三元人格理论能为人格塑造、和谐提供方法与路径，正像深圳大学魏达志教授所说："三元人格，是构建中华民族核心价值体系的方法与路径！"

最后，希望三元人格助力大家事业更成功，人生更幸福。谢谢！

主持人：嘉源老师就像是一本精装的书，您可以了解什么是三元人格，可以了解如何提升自我的魅力，发现自己人格上可能会存在的一些问题。接下来给你们介绍的这位嘉宾，她像一位大夫一样，有多年坐诊、问诊的经验，通过多年实践的经验，通过她对一些案例的讲解和对故事的解读，来告诉您如果遇到问题该怎么办。有请王守莉老师！

王守莉：我今天与大家分享的是从心理视角看"三元人格"，由于时间关系，我重点讲嘉源老师"三元人格"当中的生态元部分。

智慧来源于人格的健康

嘉源老师《三元人格》书里谈到能力元素，它的精彩，我会从心理学的角度讲讲。当一个人在压力状态下出现某种让人感觉不舒服的表达时，有人就说你神经病，其实这并不是骂人，只是大家的一句口头禅，这里涉及心理健康出现的问题。心理健康与身体健康都同能力方面有关，我身体不健康，我没有体能，我怎么有技能？没有技能，我怎样去学习？即便我是特别强壮的人，如果整天闷在房间不出屋，40 多岁的人让 70 多岁的老母亲给送饭吃，在心理不健康的伤害下，这个人的能力显然已经丧失。

心理健康和身体健康在能力元方面，在我们没有理论支撑的时候，我们都会说这个人有心理疾病。其实，有心理问题很正常，像感冒一样，只要关注了，问题就可以解决。

关于情商和智慧，我讲一下。能力元素当中有一个因子是智慧，不是你读了多少书，就一定会有智慧，智慧来源于人格的健全，如果一个人人格健全，那么他就会有智慧。因为人格健全的人，他会心态平和，他会发展均衡，他不会偏激，不会钻死胡同。这个智慧与情商又是什么关系呢？原来学校的佼佼者，最后是一个失落女，她的情商一定不高。情商高的人，她各方面能力在无形中能得以整合，她在这个过程中会不断地感受到成功的体验，这种体验就会渐渐地注入她身体的记忆里。其实记忆不仅仅是大脑的功能，很多时候是身体的记忆，心理学叫潜意识，这个过程当中，如果你能做得很好，你一定是既有智慧又有能力的人。

如何从心理视角、从成败看三元人格之持久元素？从字面上讲，持久就是坚持恒久，这里包含恒心意志、梦寐以求的愿望。目标如果确定了，那么我们就能够坚持。

联合国教科文组织对健康的定义，首先是身体健康，其次是心理健康，再次是道德健康，三种健康俱在，才叫健康的人。我们现在大多数人不健康，首先是身体不健康，否则不会有什么健康日、跳舞操。其次我们的心理也不健康，压力大，情绪不好，这里原因很复杂。有贫富悬殊各方面的因素影响，当然更和一个人的人格健全与否息息相关。最后是道德失落。所以，自我管理非常重要。心理学经常讲管理我们的情绪，我们都知道幸与不幸，中华文化有风水之说，其实我们身体的风水、自己的风水管理好了，风水养人，人也养风水；如果你的糟糕情绪全部管理好了，你一定是健康的人，健康的人才有资格快乐，其实心理不健康伤害的是自己。

很多心理问题来源于人格部分，人格不健全是最糟糕的。心理学当中有一个词很恐怖——人格分裂，即心理学意义上的癌症，它还没有完全精准到精神层面。这个时候，嘉源老师的《三元人格》的面世，它带着希望和祝福而来，我相信能够给大家带来一顿营养大餐。之前，我们没有自己的人格理论。中国人特讲究关系，所以中国人就复杂。

大家如果能够好好地感受自我的成败，如果把自己管理好了，我确定了目标，我能够坚持下去，我相信一定是成功的人，也一定可以让身边的人受益，能够分享这一成功，体验成功带来的快乐！

三元人格理论促进人际关系

下面从沟通看三元人格之生态元素。生态元素比较动感，无论是道德层面、情绪层面、技巧层面还是智慧层面，都包含其中了。我自卑、我自闭，我不愿意跟人交流，看到他我就恐惧，到广场我就哆嗦，我手心、脚心都在冒汗，这是什么？这是人际交往障碍。如果大家了解了这些，知道这不是问题，就不会害怕了。

我们自己的人格如果能够不断地健全，没有缺陷，我们会跟父母更加亲近。作为父母，您和孩子的关系怎么样？有父母这样投诉自己的孩子：这个小兔崽子，拿着手机看穿越，拿着手机看情书，拿着手机大话西游，就是不给你完成作业。妈妈把手机收了，孩子呢？关门，退避三舍。我问这个妈妈，为什么做出这样的决定？她说，老师说了，这个小孩哪样都好，就是不用功。老师为什么这么说？说明这孩子可塑。因为老师面对几十个学生，他没有那么大的耐心一个一个地去教，可是对父母来说，孩子就是他们百分之百的希望。我跟那个女孩说，如果我是你的妈妈，我会说，女儿，今天老师跟我打电话说你进步了，你前几天看手机的概率很高，这几天好像你只看一次或者两次，那孩子眼泪就下来了。她说，阿姨，如果你是我的妈妈，我手机就放在家里不拿了。就这么几句话，就让那个女孩子感动了。

这叫什么？在这个亲子关系里，我去感受这个孩子，去理解他，哪怕我们小小的善意的谎言，因为我们带着爱，我爱你，你才能接受我。我们要永远以父母的心态，要带着爱去引导他，而不是约束他，当我们被捆绑的时候，没有动力去做任何事情。所以当你看《三元人格》的时候，这个人际关系，会给你带来很多的利好，就亲子这一块，我相信大家一定最受益。那夫妻关系呢？在整个人际关系当中，夫妻关系也是很重要的关系细胞，家庭不和谐，社会哪有和谐？一个一个细胞死掉了，那我今天不就成了一具尸体吗？所以夫妻关系，一个出嘴巴，一个出耳朵；还有就是爱他，不能他要的你不给，他不要的你偏偏喜欢给，这就是沟通障碍，关系不畅。

在职场当中，有的人看上司不顺眼，其实他对上司的讨厌、排斥完全来源于他家庭中的亲子关系不良，因为他的上司讲话口吻就像他的爸爸。还有人跟同事不能相容，跟下属不能和睦，因为他妈妈从来不包容他，所以他就不能包容他的下属，他带着一些恐惧，带着原生家庭的这些错综复杂的不良关系，带着林林总总的一座一座大山的障碍，他走进了他的职场，能没有障碍吗？

三元人格当中的三个元素是相互关联、相互作用的。我说职场的时候既说到了爹，也说到了妈，这就是说，三元人格三元素是相互关联、相互作用的。有的人能力特别强，什么问题他都能解决，但是他不坚持，他就是少年英雄，老来狗熊，因为他不能坚持。还有生态元，你把能力元、持久元全坚持下来了，你的人际关系和谐，你的道德底线有水准，你不触碰，你不突破，那这个过程当中，你想想，整个就和谐了，三元人格你都做到了，你一定是成功的人。

其实我还想告诉大家一句话，未来赢在正能量上，不仅仅是学历背景和能力。正能量真的可以救人，不断给自己注入正能量，场是存在的，你们相信吗？不然我们到墓地，为什么谁也不放声高歌，我们到 KTV 谁也不拿一本书，这就是那个场，让你干什么，你就能干什么，所以说能量场对人的影响非常大。

我相信大家听过今天我和嘉源老师给大家带来的经验分享，您一定会逐渐地营造自己正能量的场，然后去解读自己的人格，补足自己的缺陷，去影响身边的人，然后自我和谐、亲人和谐、社会和谐。其实大家活得都不容易，但是大家活得又很容易，想想被杀的室友，想想被毒的婴儿，想想被砍的无辜的大爷大妈，我们还坐在这里分享，你说我们是不是很幸运？当我们抱着一颗感恩之心的时候，你的世界就简单多了，你爱他，他绝对不害你，我的核心就是自助者天助，助人者人助，这是我的座右铭。

嘉源老师的《三元人格》带着祝福和期待面世了，这是我们自己的人格理论，愿我们都能不断地完善自己，和谐自我、和谐亲人、和谐社会！这是我们共同的愿望，我们不像叙利亚、伊拉克战火纷飞，我们可以吃馒头、可以喝粥、可以吃咸菜，这就是幸福，谢谢！

丰盈心态养孩子

蒋佩蓉

蒋佩蓉

毕业于美国麻省理工学院，任麻省理工学院中国总面试官，儿童成长力培训专家、教育专家，国际商务礼仪培训专家。已出版《丰盈心态养孩子》《佩蓉的妈妈经》《佩蓉谈商务礼仪》《下一代的竞争力——美国麻省理工学院中国总面试官的教子手记》等书籍。

儿童成长力培训专家、教育专家蒋佩蓉

作为家长和学生，我有过中西教育的体验，因为我 11 岁就到加拿大接受北美的教育，我家老大则在 10 岁来中国接受国内的学校教育。我发现，无论是国际学校，还是农村学校，学生家长都有一个共

同点，就是焦虑。我担任麻省理工学院面试官这么多年，一直在思考，到底这些顶尖的大学要找什么样的人才？他们培育出来的人才为什么能够为社会做这么多的事情？他们具备了什么样的素质？家长应该如何培养这样的孩子？

中国家长都处在一种焦虑状态

经过我的观察，我认为国内教育环境的大土壤是有毒的。在这种大环境里面，作为家长，我们要怎么样去给孩子解毒？我发现我们的家长在不同的阶段其实是在加毒而不是解毒。希望我今天的讲座能够给孩子一些自我成长的建议。

世界最古老的大学出现在哪里？先在意大利，之后到了巴黎、牛津。牛津大学是最古老的讲英语的大学，但在多元化环境里一起共同学习，大学这个概念是在意大利开始的。欧美大学跟教会有很多的关系，英国最古老的大学剑桥跟牛津的校训都是来自《圣经》，跟信仰有很大的关系。我们再看看美国的常春藤学校，他们的校训也跟《圣经》和宗教有很大的关系。

北美的社会结构是平的，因为要开发新大陆，每个人的潜力需要被挖掘，需要每一个人都努力来开发这个新大陆。人是平等的，社会结构也是平的。

中国文化历史悠久，中国古老的教育体系产生了十年寒窗的学子，科举跟教育挂钩，我们的教育背上了原来本身没有的包袱。

一个人的成绩不只是对个人的肯定，也是父母的成绩单。如果孩子的学习成绩不好，等于他的父母不是一个好爸爸或者好妈妈。

在现在的高考体系下，这个孩子是好还是坏，你看他的分数就知道了。再加上独生子女制度让你没有失败的余地，所以无论在哪个阶段，大家都处在一种焦虑状态。

中国的社会结构是一个金字塔，为了筛选顶尖的1%，其他的99%在陪读。根据传统的伦理观念，我们必须成为金字塔顶尖的这

1%，才算成为精英。而金字塔顶尖的精英有"特权"心态，能够获得所有的资源，不需要学会跟别人相处和分享，因为"我就是特权"。在金字塔下面的这些人就有难民心态，不去争抢就得不到资源，所以你不焦虑也不行，否则你连生存都有问题。这是我们的社会结构产生的问题，但是我们现在正在改革，在经济快速成长的过程中，我们大家真的不能分享资源吗？未必！我们要先检验一下这个焦虑心态是不是理智的，是从哪里来的。

顶尖大学在抢什么样的孩子

世界顶尖大学在寻找什么样的学生？我每年替麻省理工学院面试学生的时候都会碰到一两个特别的学生，他们被所有他们申请的高校录取了，这些高校就抢这些人。这些顶尖大学这么难申请，竞争这么激烈，需要这么费力去争取这几个学生吗？我一个朋友说，其实他们也是品牌，这些学校希望这几个特别的学生能够贴上他们自己（如麻省理工或者哈佛）的品牌，因为他们以后肯定会很成功。我就开始想，这类人到底具备什么样的素质能够让大家抢？我就做了一个总结，把它们总结成4Q［德商（MQ）、逆商（AQ）、情商（EQ）和智商（IQ）］人才，下面具体进一步解释。

我们先看看世界顶尖大学是哪几所？这是2012年世界前15名大学的排名，除了第8名的东京大学，其他的都是欧美大学，差不多一半是美国大学。我为什么会把这个罗列出来？我们要培养足够进入这些大学的人才，就需要了解正确的目标，这样才有方向。我经常跟我的孩子说，你有目标就会有方向，知道往那个方向努力。这些学校到底在找什么样的人才，我们要先把这个目标瞄准了。

很多SAT考满分的人未必进名校

我们先看智商（IQ）。高考差了10分，命运能完全不同，一个变成都市白领，另一个或在农村当农夫。但是欧美大学不是这样子的。学术能力评估测试（Scholastic Assessment Test，SAT）由美国大学委员会主办，SAT成绩是世界各国高中生申请美国名校学习及奖学金的重要参考。我常常会遇到一些家长跟我说，孩子考SAT分数低了一点，夏天再补补课。我告诉他们，千万不要浪费时间，因为你过了这个入学门槛就可以了。其实这些学校招你的时候看你的分数，就是想知道你有能力承担他们课程的难度，并不一定要求你是全省第一、全校第一。我家老大凯文被麻省理工学院录取，但他不是全校第一。现在每年都有很多SAT考满分的人被名校拒绝，为什么呢？因为当你过了入学门槛以后，他们会看你有其他什么特长没有，要是你只拥有分数，你就不可能被这些高校录取。

美国著名企业家卡耐基讲，一个人的成功15%靠智商，85%靠情商！你在你的周围有没有看到智商非常高但不成功的人？很多！你观察周围非常成功的人，他们中有智商不高的人，但情商都高。为什么我们教育孩子总是把大部分时间放在开拓智商上？

我分享两个例子。一个是我在北京面试了一个北京很有名的重点学校试验班的前几名学生。一个女孩子被保送到了北大与清华，但她想去麻省理工。我面试她时问，除了读书还有其他兴趣吗？她说没有，我就看了她的简历。我说：看你弹过钢琴，你喜欢弹钢琴吗？她说：喜欢，但是到了10年级，妈妈不让我弹了，因为学习紧张。我问她，到麻省理工想学什么？你毕业了之后想做什么？她说：面试怎么是这样的，我以为要考一大堆数学和英语题目，你怎么会这样考我？我说：你想要学什么？她说：我的人生里面除了家和学校以外，我唯一看到的外面的世界就是从车子里的窗户看到外面有很多美丽的建筑物，我想毕业之后，应该跟这些建筑物有什么关系吧。我就想，一定要找到一个跟这个女孩子聊天的题目。我说：春节你有什么打算，要做什么？她说：学校不让我们过春节，因为学习非常紧张。到了这个时候，我对这个女孩子已经不是钦佩，而是同情了。因为她有这么高的智商却不知道要用在哪里。有时候我会面试一个人，你想学什么？他们会说看当时什么专业热门吧。我很奇怪，热门跟你的兴趣有什么关系？他们觉得能赚钱就好，但是这些人以后会幸福快乐吗？很难！

我还面试过一个南方来的男孩子，他是物理奥数金牌的获得者。我跟他聊得很开心。我说：对你来讲人生最重要的是什么？我以为他会说物理试验或者比赛，但他的回答是"我的哥们"。我问：什么意思？他就从他口袋里拿出一张照片，说这些人是跟他一起长大的足球队的哥们，现在虽然一直忙着比赛和做试验，没有时间参加他们的足球比赛，可是彼此在 MSN 上都会联络，他们会告诉他这次赢了还是输了，他们一辈子都是朋友。这个男孩子已经毕业好几年了，哈佛商学院毕业的，现在已经回到深圳了。深圳的孩子被哈佛商学院录取的情商都特别好，挺有意思的。

台湾很有名的教育家、经济学家高希均教授创办了《天下》《远见》杂志。他有一句话我很欣赏，说没有人做不了事，没有人才做不了大事，没有人品大事小事做了都坏事！大家同意吗？现在中国人缺乏创造力吗？好像有人觉得缺乏，有人觉得不缺乏。我想问：这个世界有哪个民族会做假鸡蛋？这不是创造力吗？但我们的创造力用在了哪里？所以没有人品（德商），大事小事都坏事，这只是时间的问题。所以这些世界名校不想录取一个以后可能坐牢的人，即使没有坐牢也说不定会做假奶粉。

对家庭负责的孩子最有出息

在我老二毕业典礼上，校长讲的一句话给我留下很深的印象，他说，整个人类历史上，最可怕的犯人都是天才。你要是很聪明不要做坏事，因为坏事太多了。我们在培养孩子的时候，有没有注意到他的人品？现在申请美国大学中介文化很浓厚，我记得有很多次看到面试者的文章感动得快流泪，写得真的非常好。然后一进来面试他，我问他文章的语言，他讲不出来，英文程度很低，这个时候他的第一关都过不了。

我对深圳一个面试者的印象很深刻。他十年级的时候去农村住了一个礼拜，他住的那个家庭里有两个男孩子，其中老大跟他差不多年龄，他们因为经济能力不够就不能继续读书了。这个孩子回来以后就一直思考：怎么会是这个样子？我可以继续读书他们却不行？所以他就把节省下来的零用钱每月寄给这个家庭，让这两个兄弟继续上学。这两个孩子也一直保持着学校第一名，然后他们一起大学毕业。这个孩子是萨克斯乐队队长。这个乐队里面有一个孩子非常喜欢音乐，但是因为功课跟不上，有一段时间他不能参加，这个面试者就组织其他孩子帮助这个同学补习物理和数学。很快他能够跟上功课了，于是继续参加这个乐队。这个面试者的成绩不是全校第一，但成绩不错，现在已经在麻省理工学院毕业两三年了。

有个母亲问我，她很早就研究儿童教育和心理学，把市场上所有的育儿书全部读完了，以最好的条件支持她的孩子学习，但他就是不喜欢学习。为什么高考放榜后，发现一些高考状元的父母亲或是出租车司机，或是清洁工？因为这些孩子需要为家庭负责。当我们看到孩子失败，或者考不好时，其实不必这么慌张。要允许孩子犯错。台湾有一个词叫做"草莓族"，"草莓族"代表这个时代的孩子，外表看着非常美丽，只要压一下就碎了。

在北美，很多教育家说，这几个 Q 里面，最重要的是逆商（AQ），为什么？看看过去这 5 年发生了什么？金融危机、地震灾难、海啸，对不对？这些都是人能够控制的吗？如果你的孩子面对挫折没有阳光的心态，他恐怕连生存都有问题了。如果他能够在恶劣环境中坚定、自信，他很可能成为别人的安全避难所。

学习不同的思维方式

我们对智商的认识存在很大的误区，以为智商就是得到标准答案。但是思维方式有很多种，国内擅长的智商测验就是聚合思维（指从已知信息中产生逻辑结论，从现成资料中寻求正确答案的一种有方向、有条理的思维方式）。聚合思维只有一个正确答案。记得我老二在学校的时候解答一道数学题：三层的屋子，你从地上爬到屋顶需要多高的楼梯？我儿子说不需要楼梯，爬窗户就可以了。老师说：错，只有一个正确答案。我儿子说：用这种方法解决不是很好吗？老师说：是可以，但是不能得分，因为正确答案只有一个。

其实我们的教育需要的还有其他不同的思维方式，比如扩散思维。扩散思维与聚合思维是每个人都具有的。只不过对一般人来说，较习惯于聚合思维，而忽略扩散思维的重要性，总想寻求唯一正确的答案，其实多种答案是最好的。我举个例子，比如这个麦克风，也可以当武器用啊。扩散思维能力越强的人创造能力越高，因为他能想到很多种用处。在国内我们没有教这么多，因为同聚合思维是相反的。作为家长我们应该多多培育孩子习惯扩散思维。

第三种思维方式是批判性思维。中国教育最缺乏的就是批判性思维与创造力。但是我发现大部分家长对这两个词缺乏了解。什么是批判性思维？就是我们在看到一个问题的时候，先看它的假设是什么，然后我们来推翻这个假设。推翻了以后我们再做一些搜索跟研究来建立新的假设来解决问题。批判性思维最合适一个互相尊重的群体来进行开放式的探讨。有一次，老三问我：上帝为什么创造蚊子这么恶劣的动物？我当时没有时间回答。你有没有这样一个孩子，一天到晚都在问你为什么？你可以先记住这个问题，等过几天有时间再解说答案。这样你可以帮孩子学会延时满足，还可以学会帮自己找到答案。

创新需要跨领域团队合作

我们的假设是蚊子对人类没有益处，结果在这个搜索的过程当中，我们发现了其他不同的假设，我们找到了3200多种蚊子，其中只有几种蚊子会叮人。这些蚊子有时候会帮助植物传播花粉，如果在一个大环境里面蚊子全没有了，当地的青蛙就没有了食物，吃青蛙的动物也就没有了食物。

另外一个假设是蚊子喜欢咬人。我们发现这个假设也是错的。蚊子自然会咬牛和老鼠，但在都市里面找不到牛和老鼠，就只好咬人了。因为人在都市里是蚊子的第一选择。

最后一个假设是，蚊子吸我们的血是需要食物。这个假设也是错的。蚊子吸我们的血是因为需要我们血里面的蛋白。我们怎么会被蚊子咬呢？蚊子在吸我们血的时候会留下口水，让血液不会凝固，这样才能够吸取更多的血液，人的身体对这个口水敏感。

有这样一个横向思维的例子。有个杀人犯被关在监牢里，他的妻子打电话问他，什么时间在后院种土豆最好。这个杀人犯就说千万不要在后院种，因为那是他藏武器的地方。过了几天，他的妻子打电话来说，警察来把土全部翻了一遍，找不到武器。那个犯人说，现在是种土豆的时候了。这就是横向思维。本来这两件事没有任何关系。大部分创新跟横向思维有关，常常是跨领域的。

我们在家里可以同孩子玩一些能够开发他扩散能力和横向思维的游戏。企业现在也很流行 T 型人，都想要找 T 型人。因为现在创新都是跨领域的，而且都是在一个团队里。现在已经没有那种科学家一个人关在研究室里面发明东西了，那个时代已经过去了。现在大多数发明属于团队共同创造，T 型人学习很广泛，什么都懂一点点，但是每个人有一两个自己的专长。

上次回到麻省理工学院，学校正颁奖给那一年的发明者。一个女孩子是学生物的，她用了美术的技巧，用量子物理的理论把人的细胞一层一层地打印出来（用打印机），之后叠上去变成一个人的肝脏，然后移植在老鼠的身体里。如果让药物在人的身体上做实验，成本肯定非常高，时间也非常长，出了人命又很麻烦。能够用打印机打印一个人的肝脏放在老鼠身上做实验，就会降低很多风险。她就得了这个发明奖。我想问各位，这是哪个领域的发明？化学、物理、美术都涉及了，这就是跨领域发明。我们的创新需要团队，需要知道到哪里去找资源，自己一定要有一两个长处。

有使命感的孩子很难变坏

下一个 Q 是情商（EQ）。情商有四个定义，一是了解自己的情感；二是知道怎么样处理自己的情绪；三是能够了解别人的情绪，知道怎么样去回应；四是具有解决冲突的能力。有很多人会去上情商课，但我觉得最好的情商教室是家里。我写了一本书，就是经过礼仪手段的培训，提高孩子的情商，让他学会尊重、体谅别人。比如，我们往往习惯先解决孩子的问题而不是他的情绪。我们可以颠覆这个次序。

孩子的情绪常常有它的来源，我们要帮助孩子学会管理自己的情绪，而不是让情绪推他去做什么冲动的事情。现在的独生子女非常需要群养。我们的家长或者看护者常常过度保护孩子，不愿意他跟别的孩子去"抢"，去"发生冲突"。不让他跟别的孩子玩儿，他就失去了群养的机会。当孩子发生冲突时，我们能在干涉的过程中帮他们学会怎么解决冲突，让他们输得起，赢得漂亮。高希均讲的一句话我很欣赏，他说最大的赢家就是输得起的输家，最大的输家就是不择手段而赢的赢家。

有使命感的孩子很难变坏，因为他正在尽力改变世界。在培养孩子品格的过程中，我鼓励家长们多多跟他们一起阅读英雄的故事，讨论英雄的品质，这样孩子成人之后的偶像就不是明星或者运动员，而是品德高尚的人。

现在我们的社会正在走另外的极端，以前我们称赞孩子不够，现在什么都要称赞。有一本书叫做《教养大侦探》，我推荐家长有时间翻一翻，里面讲了很有趣的实验。斯坦福大学有个教授做了一个这样的实验，他找了一群学生，让他们参加考试。然后他随便地把这一群孩子分成了两组，教授跟一组的孩子说，你肯定很聪明；然后跟另外一组的孩子说，你肯定很努力。他想要了解对孩子不同的肯定将有什么样的结果，但实验结果让他很惊讶。接着他让孩子自由选择考卷，一种比较难，一种很简单。结果聪明的孩子大部分选择了简单的考卷，因为他怕得不到肯定；而努力的这群孩子选了比较难的考卷，因为这种选择能够体现他有多努力。最后他们很惊讶地发现，聪明的这组孩子成绩降了20%，努力的孩子成绩升了30%。我们肯定孩子的时候，是肯定他先天很聪明、很美、很高，还是肯定经过他自己的努力一切能够改变？我们最好是肯定孩子的品格，多多肯定他后天的努力。

孩子在遇到挫折的时候，我们应该帮助他怎么反思，让他从中学到什么，对自己有什么认识。

国内家长在培养孩子能力的时候，常常发现我们在培养一些"花瓶"，架子上有很多的认证；赢这个比赛又赢那个比赛，钢琴得几级，跳舞几级，但这些没有用。要是我们把能力跟知识比喻成水，我们累积了很多的死水，但没有流出去使用。越大的水桶越骄傲、越"臭"，因为它觉得自己很棒、很牛。我们应该培养以服务别人为生活方式的孩子，当他一直在使用他的技能时，他会发现他不断有活水进来，能够服务别人。我家孩子的能力都是这样开发出来的，不是上什么班或者通过培训。

我们不要惧怕孩子吃苦

逆商（AQ）的定义是什么？它是用来研究和衡量一个人面对逆境时的弹性，一个孩子跌倒的时候他怎么样能够再爬起来。麻省理工学院申请书上就有一个问题：讨论你失败的经验，然后你学到了什么？有的学生说：我一直都是第一名，有一次得了第二名，我哭了一个礼拜，最后我就鼓起勇气再次发奋。这些都不是逆商。逆商是你真正面对失败的时候怎么样有弹性。逆商是怎么样培养的？有两个部分，第一是家长对孩子的信心，第二是童年累积快乐的时光。一个人面对挫折时对自己的信心有多大，可以表明他能不能够再站起来面对挫折。内心比较强大的孩子，他们内心之所以比较强大，当然是出于信心而不是恐惧。

我们不要惧怕孩子吃苦，但孩子受挫折时，你是否能够陪伴在他身边才是最重要的。我们不要把一切都包办，因为孩子迟早会有挫折。

我儿子凯文上初中时要参加军训，但他第二天就打电话说很想家，我跟他讲，这是你自己的决定，妈妈鼓励你再坚持24小时。结果他第二天没有打电话，第三天也没有。最后，在整个军训营1000多个孩子里，选出了态度最好、姿势最正确的5个孩子，他是其中之一。

逆商是为了一个更美好的目标而愿意去接受现在的苦难，而不只是吃苦。逆商需要激情。激情是怎么来的？是被感染来的，这是一种情绪。你很难教一个人如何表达情绪，但是你能够被另外一个人的情绪感染。如果你发现一个老师对美术很有激情，你让孩子跟这个老师学会被感染。

替孩子做得太多致他弱化

培养逆商需要做鹰爸吗？鹰爸在零下4摄氏度时可以把孩子的衣服脱到只剩下一条内裤，让孩子在雪地里跑半个小时，并把整个过程都拍摄下来，说是要锻炼他的逆商。人生的挫折不够吗？需要再多造一些虚幻的东西吗？这个孩子后面的动力是想要跑到终点的激情还是恐惧？动力不一样，即使他很能够吃苦，但这不是他自己想要吃的苦，而是别人想要让他吃的苦。如果强迫这个孩子吃苦，你会发现他以后会有很多忧虑，他不敢去冒险。他会为了满足一个人的要求做很多的事情，而他内心的抗逆能力不会那么强。

不是家长越强势孩子越强。北美一项研究说明，母亲学历越高，她孩子的能力就越低。我们常常会因为替孩子做了太多，让他弱化了。家长能不能弱化自己，让孩子的能力强大一些？我家老二现在学业再忙碌也要刷碗。有一次他说，不明白为什么我们家请了阿姨还要把他当童工。他说：我这么认真学习还要去刷碗。我说：请问你学习是为了你自己还是为了我？他说为了自己，我说对呀，为什么爸爸要去工作赚钱来养家？我们都是家庭的一部分，我们大家都有对家人的责任，连两岁的凯恩都能够排鞋子，在这个家里没有没用的人。所以千万不要帮他做完所有的家务，因为这是培养他的责任感的很好的机会。

一次我到深圳中学，发现很多孩子找不到需要解决的问题，因为他们的生活太安逸了。所以他们发明的是梳头发的东西，他们说父母把所有的问题都解决掉了，他们没有问题可以解决。这不是很可悲吗？等于你把孩子的翅膀给绑住了。

我们有没有停下来思考

我们刚做父母的时候，会想以后一定要好好地保护我们的孩子，不让他像我们成长的时候一样受批评，一定要肯定他、爱他。有的母亲就一直陪孩子睡到十几岁，父亲就睡在沙发上。不让他哭，什么都让他自己决定。现在早教也是这样子，他爱怎么样就怎么样，因为我们要给他完全自由。如果约束他会影响他的创造力，但这种想法是错误的，创造力直到我这个年龄都还可以继续成长。

大部分家长刚开始说，绝对不会让他报补习班。但小学一年级之后很多人都报了，人家都报了就产生焦虑了。结果呢？我们把孩子变成马戏团动物了，认证、游泳、学英语，这些是为了他们自己的兴趣吗？有些家长问我，怎么样让孩子学好英语？我回答说，学好英语是为了认证、升学还是自己用？是为了兴趣吗？

到了初中，孩子开始把所有的兴趣都抛弃掉了，因为准备中考没时间。孩子变成了考试机器，以前发誓不会给他报补习班补奥数，现在都上了。

到了高中就更严重了，因为大家都在挤高考的独木桥，或者准备出国留学。现在最赚钱的行业就是留学中介，我们很容易被忽悠，花很多钱把孩子丢到国外，不知道是读野鸡学校还是名校。这样的孩子到了大学之后很容易迷失自己，最根本的问题还是焦虑。因为别人都这样子，你不跟风怕被落下。

我不知道你们有没有发现一个很奇怪的现象，就是跟跑。有一次在商场慢慢地走，突然间一群人在我的身边很快奔跑开来，我就莫名其妙地跟着跑。后来发现，原来路边摊上，有人在卖工厂倒掉的产品，其实贴我钱，我也不想去买那个东西。我们做家长常常缺乏思考，愿意盲目地去跟班。我们有没有停下来思考，这是孩子需要的吗？

每个生活的阶段都需要解毒

我想给大家一些解毒药。焦虑的来源不同，每个生活阶段都需要解毒。0~6岁不给他任何约束，让他自由自在，随心所欲的孩子到了小学会被贴上标签，是一个不守纪律的孩子。我比较提倡漏斗式的管教，这时候开始约束他，当他能证明能够承担相对责任的时候，可以增加他的自由。有些家长怕孩子哭，怕他的心灵受到伤害，这是很大的误区。因为眼泪是医治自己的一个机制，哭完了之后自己会很开心。哭是调整自己情绪的工具，千万不要让孩子的哭要挟到你。你要训练他而不是他来训练你。

然后是延时满足。孩子跟你要一件东西，不要马上就给他，他通常会用哭闹来要求你，我会给孩子上个定时器。2分钟、3分钟以后，当这个闹铃响了以后，如果你用正确的方法要求我，我再给你。孩子很聪明，他觉得哭这招不管用。下一次彼此之间会形成一个互相尊重的关系。

一个教授做了这样一个实验。他在房间里面放了棉花糖，然后让孩子进来。孩子一进来就很喜欢棉花糖，就把它吃掉了。他跟孩子们说，如果能够等5分钟不吃这个棉花糖，后面还有更多的糖给你们吃。但有些孩子忍不住还是先吃了，因为他们延时满足的能力非常低。也有些孩子在那里唱歌、跳舞，用各种各样的方法不让自己吃糖。研究表明，这群延迟满足能力比较高的孩子，跟踪他们20年之后，发现他们的肥胖率比较低，健康状况比较好，而且成绩也好很多，因为他们能够延迟自我满足。自我控制能力比较低的人通常会肥胖，离婚率也比较高，人生也没有那么顺利。所以我们要给孩子一些延迟满足的机会。

请让孩子知道，他不是家庭宇宙的中心。在家里进餐的时候，是老人先吃，家长先吃，还是孩子先吃？请让孩子知道，父母存在的使命不是为了满足他所有的需要，因为他是家里的一分子。

家庭最重要的是婚姻，不是孩子。让孩子知道父母非常相爱，父母是站在一线的。他没有空子可以钻，他不会挑拨你们争吵，因为你们育儿的观念都一样。当你们都统一来好好地养育这个孩子的时候，他会有安全感，因为游戏规则是一致的。

帮助孩子用言语和非哭闹的方法来表达自己。孩子还不会说话前，要让他们先会表达"请""对不起""谢谢"。孩子有能力用不同的方法、用非哭闹的方法来表达自己。你教他用适当的方法沟通，大家都比较舒服。

留学生最大的问题来自生活方面

小学又有另外一种解毒药，因为有升学压力。现在越来越多的中国孩子去美国做交换学生，他们遇到的最大的问题来自生活方面，不管你成绩多好，美国家长很反感你吃完饭不帮忙收拾。大部分学生回来时说，最大的挑战来自生活方面能力差。学习是为了孩子自己，不是为了家长，请家长们千万要搞清楚。

要帮孩子分析到底什么是自己的事情。在孩子9岁的时候，我邀请朋友来我们家过夜，大部分孩子自己不会换衣服。我对一个小朋友说：现在11点了，你该睡觉了。他说：我不想睡觉。我说：对不起，在我们家11点就要关灯睡觉，我们家的规则不一样。

千万不要替你的孩子做太多，让他自己刷牙，这些技能在四五岁的时候就该掌握。

不要让孩子太擅长抱怨，让他为自己的学习负责任。在这个阶段，你要认真学习怎么样去聆听孩子。你要是不学会怎么和他聊天，到了高中，你就要偷偷地看他的日记了，因为那个时候他不愿意跟你沟通了。所以要先同他发展良好的亲子关系。如果孩子早恋了，他不会跟你讲这些，他会偷偷去做。有的妈妈说，发现孩子对异性有兴趣了，她开始跟男孩子发短信了，怎么办？我说，你愿意让她做同性恋吗？人到这个阶段自然对异性产生兴趣呀。

在初中阶段，青少年每天每失去 1 个小时睡眠，他的大脑发育将慢两年。孩子极需要自己管理自己，千万不要因为时间管理不好缺乏睡眠，这将影响他大脑的发育。这个时候你会发现，初中生开始照镜子，在意外表了，千万不要否定他。不然他就会从异性的身上找肯定，这个时候孩子还在摸索自己的身份，需要你的肯定。初中生非常需要父母的肯定。在这个时候，应试教育、聚合思维已经开始在孩子身上凝固了，要多多鼓励孩子提问，多多引起他的好奇心。

我的书里面讲了很多提问的方法，谈到如何保留孩子的好奇心，不要被应试教育凝固了他的思维方式。这个时候身体在发育，给他运动的机会，帮他保留一两个兴趣。在这个时期，兴趣是医疗他灵魂的调味剂，也是帮助他面对压力的抗压机制。当孩子面临考试压力的时候，你在旁边说，别紧张，这有用吗？反而带来更多的压力。当我有压力的时候，我喜欢做家务，孩子的爸爸喜欢运动。因为运动会产生一种荷尔蒙，会产生解压作用。我家老大压力来的时候就去遛狗，因为他发现在走路的时候可以思考。压力大时，孩子们知道应该怎么样给自己解压，他们自己会处理。

需要孩子的心对你敞开

高中生即将面对高考，这个时期的解毒药是帮助他管理好时间。

因为这个时期你不能再安排他，他要为他自己的学习承担责任，他也需要承担一些非学习的责任。要帮助他面对挫折，因为他难免有考砸的时候。这个阶段的教育体系就是在凝固他的大脑，学习一种思维方式。要鼓励他多看杂志，不要把所有的时间都放在课本里，这时候要渐渐地给他自由，让他自己去尝试。我们去度假，让孩子负责策划流程。我们要转换角色，不再是说教，我们要转化为朋友了。当他们来问我们时，我们才给建议，要学会欣赏孩子。

前几天在北京有个讲座，一个家长对我说，你的孩子怎么看你？我说我的孩子都觉得我很笨，常常需要他们帮忙。家长不要觉得自己是万能的，因为你不是。孩子会有异性朋友，多跟他们谈你恋爱时的经验，多讨论健康的异性友谊，这个时候需要他们的心对你敞开。

我们自己成长的清单，首先是完美主义。我们在单位是因为成绩优秀而被接纳，在家里我们是因为接纳了孩子而期待他能够有责任心，不要颠倒了。我们追求完美主义，在单位我们会做得很好。因为老板很喜欢负责任的人，但是回到家里，你要是太完美主义了，就会让孩子失去失败的空间，他就不会成长。所以我在书里有一部分内容专门讲完美主义，要激发自己更多的不完美才能激发孩子的完美。

我们有没有自省的时间？反省今年有什么目标？是社交的目标、学习的目标还是成长的目标？我的目标是减肥。有一年我老大的目标是每天喝两杯牛奶，因为想让他的骨骼成长得更好。我的老公每年会带我们全家反省，最好是量化的。根据我目标是否达到，确定我今年想有什么新的目标。不然的话，我们就是瞎忙，也不知道自己在忙什么。尤其是母亲们，我们习惯牺牲自己，但是要有照顾自己的习惯。这不是自私。

最好的服务家人的方法，就是好好地照顾自己。这听起来很简单，但是很难做到。孩子很小的时候，我每周六会让我老公照顾孩子，我自己去和朋友喝茶，或者溜达溜达放松一下。我有一个朋友是全职妈妈，所有时间都牺牲给家人了，她会跟她丈夫发脾气。我说：今天你出来跟我对话，你丈夫有什么感受？会不会觉得你给了他很多负担？她说：我丈夫追着我说，"你高兴就好"。宁愿让丈夫负担孩子半天，让你高高兴兴地回去，一定要留出照顾自己的时间跟机制。

我们是金钱的主人还是奴仆？我们一天到晚在追求金钱，而牺牲了跟孩子在一起的时间。我们有没有平衡家庭跟工作？还是全部时间在工作，或者全部在家庭，没有这之外的一些兴趣？我家老三给我看了一个视频，一个母亲骂孩子没有做作业，突然电话来了，之后她变得很温柔。我们有没有一个习惯，对外人比对家人还好？我们能不能内外一致？或者对家人比对外人更好？我们总觉得家人能够扛得住，但是跟我们生活更长时间的是家人。夫妻有没有时间去管理你们的婚姻？我们有个规则，我们出去约会时不谈孩子，你会发现这样做很难。但是你会强迫跟你的配偶去发觉一些除了孩子以外的共同点，一起学摄影、跳舞、画画。

你跟孩子的关系，比较多的是说教还是提问与欣赏？孩子会不会独立思考？会不会具有批判性思维？你是擅长接受挑战跟冒险，还是喜欢回避风险？如果家长接受挑战跟冒险，这样的心态是充满信心，是丰盈的心态。回避风险可以选择安全，后面的心态一定是焦虑。

最后我送给大家一句话，这句话来自电影《蜘蛛侠》中叔叔跟蜘蛛侠讲的，"能力越大，责任越大"。你越是精英，你越要承担更多更大的责任，让我们的社会资源得到更多共享！

家长角色与家庭关系

萧斌臣

萧斌臣

家长教育研究专家，知名报告文学作家。"三宽"家长教育理念首倡者和创始人。主要著作有《求索》《牧歌与陷阱》《烛泪如歌》《寻找失落的钥匙》《教育唯真》《读懂孩子》《三宽家长大讲堂》《"三宽"家长教程》。

　　如今我们的时代发生了变化。那么，我们的时代究竟发生了什么变化？

　　用一句话来概括：中国改革开放的 30 多年，完成了西方一些发达国家经过 100 多年才完成的两个重要的转变。哪两个重要转变？第一个就是由农耕文明转向了工业文明，第二个变化是由工业文明转向了信息文明。对于这两个转变，在深圳的朋友体会更深刻。

这两个转变给中国的家庭教育、家长教育带来什么变化？今天我简单给大家描述一下，就是五个方面的变化。

中国家庭教育、家长教育的五大变化

第一个变化，以新世纪为标志，中国全面地进入了网络时代，网络改变了每个人的生活。它对家庭教育又带来了什么挑战？带来了两个挑战。一是它使家庭教育中出现了一种知识倒挂现象。什么叫倒挂？就是我们的孩子（我们受教育的对象）通过互联网与新媒体获得的知识，在总量上第一次全面地超过了成年人，这就彻底地动摇了我们做家长的权威地位。比如现在孩子们说话、写文章已经不是用地球人的语言，他们用的是火星人的语言。什么意思？现在孩子们在网络时代自己创造了一套语言体系，大家有兴趣到百度上搜一下，那个火星语言是成系列的、成系统的，可不是零碎的，很多家长可能听不懂。二是社会评价人才的标准发生了深刻的变化。从孔子到后来的2000多年时间里，中国一直有一个评价人才的标准，叫知识广博、渊博，在互联网时代、在搜索引擎的时代里，知道得多还重要吗？还是个人才吗？人家还需要问你吗？不需要了，为什么？中文问百度，英文问 Google。知道得多已经不是人才了，创新才是人才。

从这两点上来看，中国的家长都处在同一个起跑线上，不管你的学历多高，不管你的事业多么成功，都需要重新学习，网络时代中国家长面临一种尴尬的局面。

第二个变化，中国全面进入了"双独"时代，就是一个家庭里两代人都是独生子女。这以什么为标志？以"80后"登上中国家长的舞台为标志。中国进入"双独"时代后，家庭教育模式发生了非常大的变化。家庭教育本来有三种模式，一种模式叫"放养"，一种模式叫"圈养"，还有一种叫"笼养"。什么叫"放养"？冰心老人说过一句话，"让孩子像野花一样成长"，这就是"放养"。"放养"其实是家庭教育的最高形态，因为它相信生命自己的力量，可以规避刻意教育和错误教育。但是现在我们在这里奢谈"放养"已经不行了，为什么？因为"放养"的生态环境已经被破坏掉了。

我们可以退一步，退到"圈养"。这个"圈"是什么东西？就是世界观、人生观、价值观、法律和道德的底线，让孩子不出这个底线自己成长就够了。但是我们现在做到了吗？做不到，我们不得不退到"笼养"，把孩子关在笼子里养。这个"笼"有两个概念：一是我们家的钢筋混凝土的房子，是有形的笼子；二是我们家长的很多清规戒律，很多不当的教育原则也是一个"笼"。笼养好不好？笼养肯定错误，因为它和千家万户培养孩子的目标不一致。如果我们把孩子比喻成一棵树，如果把这棵树放在房子那么大的笼子里养，最高长得也就是天花板那么高，一定要回头。所以笼养一定要打破，一定要让我们的孩子回归到大自然中去，让他感受日月之精华，经受风雨雷电之考验，才能达成我们的培养目标，长成一棵参天大树。

第三个变化，中国社会普遍进入了"富裕时代"，富裕时代给家庭教育带来了一个很迷茫的现象，造就了很多浑浑噩噩、糊里糊涂、没有目标、没有梦想的孩子。

几十年前，我还是一个乡村少年。我想这一辈子如果能在日光灯下读书、工作，我的人生就彻底成功了。一只简单的日光灯成了我努力学习的动力，后来走向城市，改变了命运。可是，现在我们的孩子们一生下来就在日光灯底下，比日光灯好的东西更多。他们反而没有学习和改变的动力了，不知道为什么要学习，更不知道要改变什么，这是很多家长非常头疼的事情。关于这个问题，我们有一堂课专门讲怎么改变这种孩子。

现在有很多家长用的方法，一种叫"打工"教育，强化孩子要好好读书，包括用物资刺激的方式奖励孩子读书，结果很多孩子认为读书是你大人的事。他们不过是在为家长"打工"。还有一种叫"饭碗危机"驾驭，就是威胁孩子上不了好大学将来出来就找不到一个好饭碗，可是这种教育也不灵。什么样的教育才是有效的？只有一种，叫做梦想教育，就是你要千方百计去点燃这个孩子的梦想，让他为梦想学习，让他为梦想奋斗，这样这个孩子才会由里到外发生变化。这就是富裕时代家长的困惑，怎么去点燃没有梦想的孩子的梦想？

第四个变化，中国进入一个 PK 时代。大家知道 PK 实际上是一个游戏规则，在娱乐场上可以，但可怕的是，中国教育这些年来实际上已经变成了一个 PK 场。孔子提倡的教育是有教无类、因材施教，教育的本源与真谛是让每个人都成功、让每个人都成才，这才叫教育。可是今天的应试教育实际上是一个 PK 游戏，教育很长时间都被绑在了选拔人才的战车上。

这样的选拔规则给家庭教育带来了什么导向？就是我们评价孩子的标准越来越简单、越来越单一了，只有一个标准，就是分数。这是违背教育规律的。因为会读书、会考试本身就是一种能力，有的孩子天生会读书、会考试。我经常对老师们讲，你不要以为那些好学生是你培养出来的，好学生天生会读书、会考试，这就是一种智能。有些孩子天生不会读书、不会考试，这种孩子是不是就是没用的孩子呢？不一定。有的孩子可能不会读书，也没有别的特长，但是他特别会和别人打交道，从小就是孩子们的头，这种孩子是不是就没用？不是。因为人一生有三个"场"，一个"场"叫子宫，一个"场"叫学校，还有一个"场"叫职场。学校和职场的评价标准不一样，学校这个"场"的评价标准只有一个，就是分数高；到了职场评价标准就复杂了，它重要的是衡量你做人、做事的能力，人际交往能力很强的孩子，如果他在学校接受了正常的教育，也许他当时并不优秀，但他未来可能做政治家、外交家、营销专家，还有可能做社会管理人员，做公务员。但是今天的教育背景下，用一个模式去评价孩子，一些孩子可能被牺牲掉、被埋没掉，甚至被贴上不好的标签。所以 PK 时代确实造就了一些人，但同时也埋没了很多人，这是非常现实的问题。

第五个变化，中国进入个性化教育时代。它强调以人为本，每个人都是宝贝，而且我们要强调每个家长要重新审视自己的孩子，重新去认识自己的孩子。教育一定要先了解再教育，教育一定要先了解孩子内在的潜力在什么地方。科学发展到了今天，孩子的潜能是可以被检测出来的，可以非常明白地展示到我们面前。我们要明白，每个孩子要有他适合的教育，教育不是只有一种模式，不同的孩子应该给他不同的教育，这才是对孩子最大的爱。如果说个性化教育时代已经悄然到来，对家长来讲就提出了一个新的问题——你不能再落伍了。

这是我们前面提到的时代的五个变化。

"本我"替代"角色"导致人生失败

在这样一个大的社会转型时期，我们的教育理念是什么？我们用什么教育原则去教育孩子？我们提了一个"三宽"原则：宽厚、宽容、宽松。

怎么讲？"宽厚"就是说家长要有宽厚的胸怀，要能从长远的眼光和发展的眼光看孩子，要有一个大格局，不要只看到鼻子尖下那一点点利益，比如今天考了多少分，比同学强还是差。"宽容"就是正确对待孩子在成长中所犯的大错误和小错误、大缺点和小缺点，这也是中国家庭教育的软肋。中国家长尤其是孩子妈，最不能容忍的就是孩子犯错误，孩子一犯错误就着急，一定要把它纠正回来。请大家记住一句话："孩子犯错误上帝都会原谅。"因为孩子很多的人生经验都是在磕磕碰碰中、在不断犯错误的过程中积累起来的，不让孩子犯错误的家长本身就是愚蠢的家长，不让孩子犯错误，将来有朝一日如果孩子犯了错误，可能就是天大的错误。"宽松"就是要为我们的孩子创造宽松的成长环境，因为你的培养目标是要把孩子培养成一棵参天大树，笼子里养是养不大的。

今天我们要谈的主要话题，就是家长角色。"角色"这个词是从戏剧舞台来的，从戏剧舞台延伸到影视剧等，我们看到了很多很受欢迎的演员，因为他们角色意识很强，演戏演得很好。人生如戏，人的一生中在不同的场合面对不同的人在扮演着不同的角色。人生成功的标志是什么？就是角色定位准确和角色转换自如，你是个什么角色，你就演好这个角色，你的人生就成功了多半。还有，当这个角色发生转换，场地变了、对象变了的时候，你能随机转换，这也是成功的一半。人生失败的原因是什么？就是角色定位失误或者以本我来替代"角色"，家长是成年人一生中最难扮演的重要角色。

家长这个角色有三个特点：第一，责任重大；第二，关乎亲情；第三，无法逃避。

责任重大，首先是它事关本我成功，为什么？一个成功的家庭里往往有两个孩子，一个孩子是父母两个人培育的孩子，还有一个是你的事业、你的企业，这是一个打引号的"孩子"。这个打引号的"孩子"也是社会评价一个人成功与否的标准。在大家看来，你的官做得很大，你在商场上生意做得很大，钱赚得很多，你就肯定是"成功"人士。但是，我今天要给大家泼一瓢冷水，如果你夫妻两个人养育的那个孩子本身教育不成功，你这个所谓的"成功"人士要打折扣。

其次，孩子教育成功与否，还关系到家庭和谐。改革开放之后，经济高度发展出现了一个衍生现象——离婚率攀升。导致家庭破裂有两个杀手，一是外遇，一是孩子教育失败。外遇能导致家庭破裂，但是不是所有有外遇的家庭夫妻都离婚了？不一定。如果两个人都很爱这个孩子，孩子教育也比较成功，有可能他们会忘记这一小插曲，最后牵手到白头。如果有外遇的家庭，孩子教育也失败了，那唯一的选择就只能是"一刀两断"。所以孩子教育还关系到家庭和谐。

再次，关系到孩子的未来。有人说，世界上只有一种爱是为了分离而来，哪一种爱？就是父母亲对孩子的爱。作为成年人，我们的人生经验告诉我们，我们的路程没有孩子长，我们不能陪着孩子走到底。如果陪到底了，那就反而是悲剧了。作为家长我们关心什么？我们焦虑什么？我们关心的是，有朝一日，当我们不在孩子身边的时候，当没有我们陪伴他们的时候，他们的人生还能不能走下去？还能不能有一个美好的未来？

最后，关系到民族的兴衰。现在，全国上下都在热议"中国梦"。而"中国梦"其实就是千家万户的梦。而千家万户的梦落到实处就是孩子教育的"梦"。只有每个家庭的孩子都教育成功了，才可能成就民族复兴的中国梦。

家长角色还有一个很重要的特点，就是无法逃离。这个角色一上岗，你就不能辞职，孩子再不满意，你能退货吗？你没有地方退，家长当得再不幸福，你可以辞职吗？你不能。所以家长太难当了。

孩子的培养目标有三个层次

到底是什么东西决定了家长角色的定位？

是我们的培养目标。

这个目标是什么？

每个家庭都有不同的培养目标，我们不可能一一分解。但可以把目标分成三个层次。第一个层次叫初级目标，第二个层次叫中级目标，第三个层次叫高级目标。

初级目标就是每个家庭生下来这个孩子一定要实现的目标，是让孩子平安长大，让他成为一个自食其力的人。千家万户都应该实现的目标，实现了没有？是不是每个家庭都实现了？不一定。让孩子平安长大，每个孩子都平安长大了吗？不是。很多孩子在花季的时候就夭折了，在学习中有的孩子自杀了，现在甚至还出现了"组团自杀"。

武汉有个小学校长在一次教育论坛上讲过两句话，当时语惊四座，匪夷所思。他说，"各位同仁，我们不要把教育的目标说得多么伟大、多么神圣，其实就两句话。第一句话：让我们的孩子今晚睡得着；第二句话：让他明天不跳楼"，这就是教育的最高目标吗？这叫话糙理不糙。现在的很多家长都认为孩子没心没肺，不懂得着急，尤其是考试之前，家长一定要通过唠叨、说教甚至发脾气等方式，对孩子进行提醒式教育，其实，这就是在向孩子传递焦虑。殊不知焦虑传导的全是负能量，如果你的孩子很敏感、很在意，他听得多了以后，积累得多了，不是左耳朵进、右耳朵出，而是在那里发酵，最后的结果是什么？这个孩子很有可能就精神崩溃了。

有心理健康机构的调研表明，中国现代青少年群体中，在健康人与心理疾病患者中有一个巨大的灰色地带，就是往这边靠可能是健康，往那边靠一点可能就到精神病院去了，很多孩子的心理健康问题其实是我们家长造成的。我要特别告诉家长，让孩子心情平静地入睡，不给他传导焦虑，这是家长对孩子的怜悯，更是爱。

第二句话：让孩子明天不跳楼。这是说我们现在教育还有一个问题，就是挫折教育缺失。很多家长怕孩子吃亏、怕孩子吃苦、怕孩子上当、怕孩子走弯路。所以我们要像母鸡一样呵护着、保护着孩子，哪怕摔一跤都不得了。这不合适，家长不仅要敢于让孩子吃苦、受罪、遭受挫折，并且还要告诉孩子"人有悲欢离合，月有阴晴圆缺"，人的一生有顺风行船的时候，也有逆风行船的时候，有高潮的时候，也有低谷的时候，将来我们走上社会一定有很多坎坷，无论遇到什么事情，哪怕刀架在脖子上，你都要相信生活、相信明天，不要拿生命当儿戏。

这样的生命教育课是最基本的课程，如果过去忽视了，现在就必须补上。

初级目标还有一句话，要让孩子成为一个自食其力的人。这是个很低标准的目标，中国也有很多家长做得很不到位。

今天的中国社会有一个群体正在每天以几何倍数增长，这个群体叫做"啃老族"。我认为"啃老族"有两种类型：一种叫显性的"啃老族"，一种叫隐性的"啃老族"。我2012年去青岛讲课，接待单位有一个小伙子来接我，开了一辆黄色的本田车。这个月薪只有2000元的年轻人，他的房子、车子都是父母帮助买的，还准备让父母替他养一个不赚钱的老婆，当然，一年半载后还会有一个不赚钱的儿子，你说他是不是"啃老族"？现在，在我们身边，很多年轻人，多多少少都要啃一点老人家的。当这个家庭啃得起的时候它是一个家务事；当这个家庭出现了变故，没有东西给他啃的时候，它就一定是社会问题。所以，各位家长不可小看这件事。

培养孩子的中极目标是什么？

就是要把孩子培养成对家庭、对社会有用的、有贡献的人。什么叫有贡献的人？就是说这个人来到世界上，除了吃喝拉撒睡之外他还有其他，他创造的财富除了他自己用之外还有多余的，这就是马克思说的"剩余价值"。我们国家是社会主义国家，这个剩余价值应该是国家财产，国家可以用它去修路、修桥、养老等。如果很多人都不产生剩余价值，而且还要吃别人的、喝别人的、占别人的，这就麻烦了。中国如果出现了这个情况，那就糟糕了，因为中国有近 14 亿人口，谁都救不了。我认为"啃老族"的问题，无论是显性"啃老族"，还是隐性"啃老族"，它都不是家庭问题，它是国家问题、是社会问题。所以我们国家已经提了一个口号，每个家庭教育孩子的时候，已经不是个人问题，你是为国教子，以德育人，你要上升到这个高度来看待孩子教育问题。

培养孩子的高级目标是让孩子幸福。这是没有争议的目标。

但是，什么是幸福？如何保证你的孩子幸福？这个问题太不容易回答了。幸福不是给孩子存了很多钱，买了很多房，也不是让孩子从小择名校，更不是出国……幸福是人自己的一种主观感觉。幸福的标准就是，让他成为一个有梦想、有目标、追梦的人。最终成为梦想成真的人。一个人只要为自己的梦想去奋斗了，包括还有一部分人最后成功了，这就叫做幸福。如果我们按照这个标准去衡量，可以这样说，90% 的人还达不到这个标准，很多人朝九晚五地奔波，还只是在养家糊口，离梦想和幸福其实很远。

我们要让孩子幸福，一定要明白什么是幸福。要让他成为最好的自己，先要弄明白他是一个什么人，他想成为什么样的人，他的人生目标是什么，他的爱好是什么，兴趣是什么，梦想是什么，很多人都不知道。在这个时候奢谈让孩子幸福，这是不合适的。真的想让孩子幸福，达到这个高级目标，先去了解你的孩子是什么人，他想干什么，让他能成为一个他最想成为的人，这才谈得上让孩子幸福。

干涉型的家长容易出问题孩子

下一个话题跟大家谈一下家长角色定位。

家长角色有两个定位。首先，家长是子女的法定监护人。有三句话，第一句话叫保护孩子平安顺利地长大并非易事。下面重点说一句话，教会子女生活的本领，这是动物的本能，但是还有很多父母做不到。很多"啃老族"的孩子不是不能读书，也不是不能工作，是因为他生活不能独立，处理不好人际关系。教子女生活的本领是动物的本能，狼那么凶残的动物，养下小狼之后，过了哺乳期还要教给它捕食本能才把它赶到荒原上去，但是中国很多家长现在连生活的本领都不教给孩子，这是一种倒退。

其次，家长是孩子的第一任老师和终身老师。第一任老师是无可争议的，全世界都这么说。为什么？因为孩子早期的一切都是家长给的，所以第一任老师很简单可以理解。但是这里要特别说一下，有些家长听了这句话很兴奋，说：老师，你说得很好，我就是当他老师的。我说：你怎么当的？他说：我每天监督他写作业，孩子写作业我拿小板凳坐在后面看着他，他错了之后，我就拿着橡皮给他擦掉，他错了之后，我就给他改正，改正以后让他抄了以后，每次都是 100 分。我们说的老师正是人生的指导老师，是你要做他的榜样。在孩子是一张白纸的时候，你的世界观、道德观、价值观都会深刻影响他，你的一言一行都在影响他，而不是让你手把手教他写作业，恰好这是错误的，那是你在给孩子当拐杖，当久了以后一定会吃亏的，最后孩子对你形成依赖了，你就完蛋了。

终身老师这个说法，西方没有，这是中国独有的。西方国家有一个理念，就是孩子不是父母的私有财产，他是上帝派到每个家庭的天使，是委托家长帮忙养大，到 18 岁的时候就要让他自己出去。以后要自谋生路，打工也好，学习也好，回到家里坐父亲的汽车要付油钱，吃饭要付饭钱。现在中国倒好，还立法让孩子一定要"常回家看看"。现在一些家庭常回来看看成了一个灾难，很多孩子带着老婆、子女一大堆人回来，吃了、喝了之后，一擦嘴巴走了，留下一大堆盘碗让父母洗刷……

中国家长最大的问题是在教育、培养子女的问题上不撒手。

为什么？因为中国人非常重视家庭稳定，最崇尚的是四代同堂。四代同堂的家庭里，80岁的老奶奶要操三代人的心。问题是，你操心了，你管了孩子了，就一定对孩子的成长发展有利吗？不一定。如果你不是一个与时俱进的人，如果你的教育是错误的，你就不是爱孩子，而是害孩子；不是害一代人，而是害几代人。

老师不是与生俱来的一个职业，需要后天学习和培养才能达成。

我们要做孩子的第一任老师，还要做终身老师，我们在哪里学习？中国整个教育链条存在缺失。有人说中国家庭教育的现状是无证上岗，中国实际上迎来了一个考证上岗的年代。有人统计，现在各种各样的职业需要考试才能上岗的有7600种，唯独做家长没有地方去考证。而我们今天坐在这里学习，就是开始迈出"持证上岗"的这一步。

家长角色不到位，一句关键词就是用本色来替代角色。本色就是本我，我是个什么人我就演成什么样，但这不合适。角色需要学习、需要提升、需要涵养，如果经常用本色来替代角色，那你的家庭教育一定会出问题。

不同本色的父母对孩子的人格形成什么影响？一共有七种：支配型、干涉型、娇宠型、拒绝型、不关心型、专横型、民主型。

我举其中两三种。一种是支配型。就是一定让孩子听父母的，什么都要听，这是中国家长的一大特点。今天我要颠覆一下这个观念。我在杭州跟家长交流的时候，有一个孩子妈很痛苦，她焦虑得不得了，睡不着觉，因为孩子不听她的。这是一个自我评价人生很失败的母亲。她说，正因为自己的人生很不成功，所以，希望孩子要听她的话，要活得比她成功。问题是，如果这个孩子真的很听话，甚至言听计从，一辈子听她妈的话，那最高境界不就是复制跟她妈妈一模一样的人吗？而她自己已经承认她是一个很不成功的人。这就是我们很多家长都要反思的一个问题：我们为什么要让孩子听话？

教育有三种情况。一种是科学的教育，这是求之不得的；另一种叫错误的教育；还有一种教育叫"零教育"。科学的教育肯定是好的，但是很难做到。在错误的教育和"零教育"之间，"零教育"甚至比错误的教育要强一点，因为如果家长自己不教育，社会还会教育，学校还会教育，而且生命自己还有强大的正能量。如果有教育却是错误的教育，那就南辕北辙了。

青春期的孩子不听话，其实是在向家长发出重要的信号，告诉你"我长大了，我要自己决定我自己的事情，你应该放手了"，但是很多家长不明白，不愿放手，不懂放手。

还有一个类型叫干涉型。

孩子大大小小的事情家长都要干涉，穿什么衣服、上什么学校、结婚找对象等都要管。有一次，一个家长电话联系我，说她孩子早恋了。多大的孩子？19岁！19岁的女孩，上大二了，在谈恋爱，她母亲还要追着去干涉她，这种家长其实是很可怕的。干涉型的家长容易培养出患癔症、神经质、被动、幼稚的孩子。

当然，还有娇宠型、放任型、拒绝型家长，我这里不一一列举了。

我想说一下民主型的家长。民主不是说放任孩子自由，民主有一个基本前提，就是它有原则、有底线，会明确告诉孩子什么是对的、什么是错的。而且孩子犯了错误照样要批评，并且要惩罚，但是惩罚不等于打。民主型的家长就是要尊重孩子，要把他当全新的生命去尊重。

我讲一下我自己的例子。我们家有两个女儿，一个"80后"，一个"90后"，两个孩子都喜欢写作。我们有很长时间都是分居两地，我在北京，孩子妈带着小女儿在武汉，2012年才到了北京，才一家团圆。我夫人有一次跟我讲，我们家小公主写小说了，你抽空看看，给孩子提点意见和建议吧。但我坚持看这个小说必须经过我女儿同意。为什么？她作为青春期的孩子写小说，她肯定得思考她写的小说里哪些情节可以给她老爸看，哪些不能给她老爸看。先征得孩子的同意再去看，这是对另一个生命个体的尊重，哪怕这个生命个体是你自己的孩子。

民主的家长除了尊重，还要善于与孩子沟通，要小心翼翼地说好每一句话。因为做家长的不知道有哪句话会深深影响这个孩子，也许是好的影响，也许是坏的影响，可是都有可能会影响孩子的一生。在这里，我送大家八个字，在陪伴孩子成长过程中，教你如何做一个民主的家长。必须"心怀敬畏，如履薄冰"，一切本着从孩子的发展去着眼做，你才能真正做好一个民主的家长。

要明白你家孩子不同在哪里

现在很多家长都在抱怨说，"如今的孩子都是'白眼狼'，不懂得感恩"。但是我想跟大家传递的信号是，这是站在家长、成年人的立场上，我们认为孩子不懂事，但是孩子怎么看这个问题？前两年，在互联网上出现了一个现象，叫"父母皆祸害"现象。互联网上有一个小组，聚集了27000多个孩子，他们聚集在互联网上干一件什么事情呢？就是同声控诉父母对自己的祸害，他们认为父母不仅不是他们的恩人，还都是祸害。这些人的共同名字叫做"小白菜"，《杨乃武与小白菜》大家还记得吗？"小白菜"是一个冤情的代表，孩子们认为自己才是受害者。"小白菜"们总结了一段话，题目叫做《父母毁掉自己孩子的七大绝招》：第一，让孩子觉得自己什么都不行；第二，经常拿比他行的人来刺激他；第三，父母把自己塑造成孩子的牺牲品，让孩子觉得欠父母的；第四，挖苦孩子并向孩子吼叫；第五，不给孩子一点自由；第六，经常拿孩子出气；第七，当众让孩子出丑等。

"小白菜"们说，其实你不要把七条都学会了，你只要掌握了其中三条，经常用一用，就足以毁掉孩子，而且一切都是在爱的旗号下。

说到这里，我想给大家传递一个有点危言耸听的事实：父母不等于家长。父母是什么概念？父母是生理学意义上的，因为你们给了孩子生命，所以，你们是孩子的父母。但是家长是社会属性的，是孩子的老师，而且是第一任老师和终身老师，这需要水平、经验、素养。从父母到家长是一个漫长的过程，有的人甚至一辈子也没有实现从父母到家长的跨越，只是个父母而不是家长。

怎么办？父母必须提高素养，因为本我的素养的高低，直接决定家庭教育的成败。

现在很多家长找我们诉苦，都说自家的孩子出了问题。我想告诉大家一句话，如果有孩子有问题，那么"问题孩子"的背后基本上都有"问题家长"和"问题家庭"。如果家长爱孩子，要先从改变自己开始，通过系统的学习，做明白的家长、民主的家长、智慧的家长、"三宽"的家长。

明白家长就是说你要明白生命成长的规律，要知道孩子什么时候就应该调皮，他就应该不听话，他就应该反叛，还要明白你家的孩子和别的孩子不一样。很多家长认为，孩子之所以学习不好，是因为不努力，其实不是这样的。有的孩子不一定很刻苦，也可以考清华、北大，什么原因？前面我们讲过，会读书、会考试本身就是一种能力。你家的孩子如果不会读书、不会考试，只是证明他这方面的能力比较弱，并不是说，这个孩子就一无是处。家长一定要明白你家的孩子和别人为什么不一样，他不一样在什么地方。然后，根据他的特点再考虑要给他什么样的教育。

教育有两个属性，一个是科学性，一个是艺术性。说得对和错叫做科学性，如何表达这是艺术性。当孩子反叛家长的时候，往往不是因为你说得对或错，而是因为他不能接受你当时说话的表情、态度、语气等。做家长的不要总是咬牙切齿地表达对孩子的爱，要学会艺术地、智慧地表达。

家长要学会装穷、装弱、装笨、装病

家长教育是一个系统工程，不是一两个小时的讲座能够说明白的。希望能有机会和大家分享我们的"三宽"家长系列课程。

在讲座快要结束的时候，我送大家两个成语。

第一个成语叫子啐母啄。

这是讲母鸡孵小鸡的过程。小鸡在蛋壳里长成后，要先用小嘴在蛋壁里摩擦，这叫"子啐"。母鸡看到了小鸡啐过的地方有一个亮点，助其一啄之力，里应外合，一个新生命就破壳而出了。

家庭教育也是双向行动，首先是孩子"啐"，然后才是父母"啄"。孩子一定要自己先动起来，这就是所谓的"内驱力"。他有愿望，他要先"啐"，他"啐"到一定程度的时候家长再一"啄"，就帮他成功了。其实，家长在孩子成长过程中原本只有一啄之功。但是，现在很多家长是天天"啄"，从早晨"啄"到晚上。但是，如果孩子的内驱力没有调动起来，你"啄"来"啄"去，也只会"啄"出一地蛋黄、蛋清。就像一句话所描述的：从外部"啄"开的叫食品（炒鸡蛋），从内部打开的才叫生命。

还有一个成语叫做化蛹成蝶。

蛹变成蝶的过程非常悲壮，当蛹变成一个成虫的时候，怎么出来？它要往上不断地冲，要冲千百次，因为那个空间太小了，力量太小了。但是它必须不停地往上冲，终于有一次它冲破了一个口子，一飞冲天，完成了华丽的转身，一只美丽的蝴蝶诞生了。但是生物学家看这个过程太痛苦了，说我们人类来帮它一下吧。怎么帮它？拿个剪刀来，把蛹口剪一下，于是这只蝴蝶爬出来了，但从此之后这只蝴蝶就不会飞了，永远失去了飞翔的能力，只会爬。这只蝴蝶之所以要冲，这个冲虽然是很痛苦的过程，但是是它积聚飞翔能量的过程，省略了这个过程，它就永远只会爬行。

我们孩子在成长过程中一定要吃苦，一定要上当，一定要走弯路，一定要犯错误，有些事情无可替代。可是我们现在的家长都在替代，尤其是一些全职太太，她们经常替代孩子，把孩子应该做的事情都做了，你以为你成就了这个孩子？实际上最后培养了很多只会爬行的孩子，永远也不会飞翔。"啃老族"是怎么培养出来的？是家长们用爱的双手一点一点培养出来的，你不要抱怨任何人，只能抱怨自己。

我最后给大家支个招。聪明的家长要学会四个装——"装穷、装弱、装笨、装病"。

第一，装穷。现在深圳的很多家庭很有钱，但是你不要把家底都告诉孩子，说"我们家有钱，房子好几套，你不用操心，好好学习就行了"，你这样告诉他以后，他就没有动力奋斗了。我们一定要明白，家里再有钱，不需要在孩子面前去炫耀，不需要告诉孩子，他心智不成熟。没有钱的不要装富，有钱的要学会装穷。

第二，装弱。家长强了，孩子就很可能弱。我们要特别提醒孩子的爸爸，你不要去逞这种强。不要去帮孩子包打天下，包括择校、替孩子铲事、为孩子犯的错误"擦屁股"……你做得越多，你的孩子越没有出息。像我是彻头彻尾的农村的孩子，从 10 多岁离开农村走向城市，在生活中遇到过九九八十一难，很多时候甚至是"九死一生"，但是从来没有想过要打道回府，回去干什么？指望谁？你不可能回去"啃老"，你只有硬着头皮往外闯，也许能混出个人模狗样来。但凡家里有点温暖、有点指望的，父母怕孩子吃苦，把孩子招回来，回来这个孩子就完蛋了，一个"啃老族"就可能诞生了。所以家长要装弱，你弱了孩子才能强，你太强了、太能干了，你家里的孩子肯定显得弱，这是规律。

第三，装笨。前面两句话说给爸爸们听，后面装笨和装病是给妈妈们听。孩子妈妈们一定要明白，你不要太能干了，你把家里什么事都干完了，你家里一定会培养两个笨孩子，一个是你老公，一个是你的孩子，因为你什么都做了。家里面的事情你都做完了，男人没事情做了，他就可能到别人家里帮忙去了。

第四，装病。现在妈妈们都认为孩子是"白眼狼"，没有良心，父母对他天好、地好，他一点都不知道，而且他也不心疼你。其实这不是孩子的错，依然是家长的错。因为你给了他一个定式：我妈铁打的，她不需要关心。要制造机会让孩子帮你倒杯水、揉揉背，其实很多孩子还是有良心和孝心的。

今天的讲座就讲到这儿。谢谢大家！

一位美国最佳教师的启示

王水发

王水发 ✏️

教育学博士，中学特级教师，省
"五一劳动奖章"获得者，首届
全国教育改革创新杰出校长，深
圳大学师范学院教育硕士研究生
导师。现任深圳市南山区人民政
府教育督导室主任。曾应邀到全
国各地讲学 50 余次，已发表论
文 30 余篇，出版论著 17 部，主
持国家级课题 3 项。多次担任深圳电视少儿频道《校长访
谈》等栏目主讲嘉宾。

最近一段时间，我一直在学习和研究名叫雷夫·艾斯奎斯的一位
美国老师，我研读了他所有的著作，也研读了他先后两次来中国巡回
演讲的所有报告和对话实录，还研读了关于他的大部分媒体采访和评
论文章。他带给我很多震撼、很多共鸣，也有很多惊喜和很多思考。

今天，我和大家一起来分享他的故事、他的思想、他的教育经验和他的教育情怀。我们教育工作者和广大的家长甚至所有的人都会深受启发。

在普通公立小学创造教育奇迹

在美国洛杉矶，有一个霍伯特小学，这是一所非常普通、非常简陋的学校，有 2300 余名学生，属于美国的第二大公立小学。这个学校所在的社区很差，周边的环境非常恶劣。当他们晚上入睡的时候，经常会听到警报声或枪击声。学生 92% 来自贫困家庭或者父母吸毒的家庭，85% 是拉丁美洲或者亚洲移民家庭的孩子，母语都不是英语。他们的父母大多数没有接受过很好的教育，甚至有很多的孩子来自单亲家庭或者无父母家庭，学生非常顽劣，偷盗、逃学、打架斗殴是司空见惯的事，他们很厌倦学校，不喜欢上学。因此这个学校的教学质量非常低劣，70% 的孩子到了 15 岁就会离开学校不再读书了，或者是沉迷于毒品，或者被捕入狱。

就是在这样的一所学校里，却有这样一个老师，那就是雷夫·艾斯奎斯。这个老师的班级在第 56 号教室，一个五年级的教室。雷夫老师在这个教室里面待了 29 年，他是一名在小学"包班"教学模式下的"全课"教师，每年都任教五年级。尽管这个 56 号教室跟其他教室没有两样，同样很简陋，甚至很破旧，下雨天还经常会漏雨，但不像其他教室，这里没有暴力、没有恐惧、没有压抑、没有愤怒，只有欢乐、只有安全、只有热爱、只有激情。于是，这个教室便成为孩子们最温暖的家，同学之间便成为非常亲密的人，而每一个人则成为真正的自己。

在 56 号教室，雷夫老师创造了轰动世界的教育奇迹，他独创的阅读、数学、戏剧等课程深受孩子们喜欢。他们是如此的喜欢，着迷般地每天都提前 1~2 小时到校，放学以后好几个小时都不愿意回去，周末和假日，他们还自愿来到学校学习或者开展活动。雷夫老师根据劳伦斯·柯尔伯格道德发展六阶段理论引导学生人格的成长，孩子们的品行很快发生了令人诧异的变化。与其他班级孩子完全不一样，走在任何一个公共场所，一看他就是属于这个教室。每个人谦逊有礼，诚实善良，学习勤奋，成绩优良。他的学生不仅能够在美国全国标准化测试当中取得高居全美前茅的好成绩，而且几年之后，这些孩子都能够顺利地进入哈佛、普林斯顿、斯坦福这样的世界名校。

雷夫作为老师当中的佼佼者，他同时获得了美国"总统国家艺术奖""英国女王帝国勋章""全美最佳教师奖"等许许多多国内外大奖。令人感动的是，雷夫把他的奖金以及外出演讲的报酬都捐给了所在的学校和学生，并且成立了"霍伯特莎士比亚"慈善基金，他被《纽约时报》称为"天才与圣徒"。

雷夫有4个孩子，他常常为他们感到很自豪。他喜欢这么介绍他们。"我的大女儿是一位医生，经常免费救助病人；我的二女儿是一名律师，常常帮助那些艾滋病患者，确保他们的家人在其死后能够得到很好的照顾；大儿子是一名英语老师，常常在周末义务辅导其他的孩子学习英语，因为在这个社区，大部分的学生母语都不是英语；小儿子是学计算机的，非常愿意免费帮助他人解决电脑方面的问题。"从这里可以看出，雷夫是一名成功的教师，也是一个成功的父亲。

仁爱是雷夫的核心价值观之一

雷夫所坚持的理念让我们明白，仁爱是他的核心价值观之一。雷夫曾两次应邀来中国巡回演讲，第一次是2012年3月，当时应北京新学校研究院的邀请，所到城市就是北京、上海、深圳。第二次是2013年3月，应人民教育家研究院的邀请和中国同行做交流，所到城市也是3个，济南、杭州和苏州，一个地方做一天演讲，反响很强烈，震动很大。而我非常荣幸，主持了他2013年在济南为期一天的报告，并且与雷夫有了零距离接触，也有了比较深度的交流。我做了几十年教育，感觉这次收获很多。

雷夫在济南演讲的主题是"没有什么能阻挡我们成为优秀教师"，在这一天的报告当中，他主要讲了这么几个观点。他说，在过去将近30年的教育事业当中，他主要做了两件事。第一件是给他的学生安全感，让孩子们感觉到安全，教师就能创造教育奇迹。他有一句很有名的话，"我的教室里面什么都有，唯独没有恐惧和害怕"。他说，在很多学校和很多班级，学生怕老师，学生也怕学生。为什么？怕同学讥笑他。于是他要创造一个没有恐惧、只有信任的教室。第二件，就是更多地了解他的学生，尽可能地了解并且满足孩子们的各种合理的需要。

孩子们有很多合理的需求。在老师、家长看来，未必合理。比如，孩子们有很强烈的体验和参与的欲望和需求，但老师们总是剥夺了学生体验和参与的机会；又比如说孩子们有交往和互动的欲望，这种社会性的需求，我们也觉得很不理解；孩子们有表现和分享的欲望，我们也不给机会；孩子们有发泄与创作的欲望，而我们讲究的是讲授、传授和灌输；孩子们更有受到表扬和被认可或者被确认的欲望和需求，当我们的批评远多于表扬，特别是做父母的特别吝啬他们的表扬，这并不值得提倡。

雷夫说，他从事教育30年，主要做了这么两件事情。然后他提出了几个建议。

第一，在任何学习活动之前，都首先要让学生明白他们为什么要学。他强调，要让学生知道，他们所学的任何一项技能都是为了使今后的生活变得更好，要让学生建立一种逻辑关系，那就是如果学会了什么，他的生活就会更好，这样来激活他学习的动力。

第二，跟学生们一起来分享自己喜欢的事情、我们擅长的事情，并且把它建设成为让学生受益终身的课程。雷夫特别强调把老师的兴趣和特长，或者喜欢做的事情，变成学生的课程资源。最后他得出了一个结论。他说，只要老师坚持做上几件事情，学生每天都在改变。

美国《达拉斯早报》这样评价雷夫：如果你能提炼出雷夫·艾斯奎斯老师的精华，把它装在瓶子里，然后卖给那些渴望得到优秀教师的学区，你绝对会成为百万富翁。

这句话当然是幽默，但我们笑过之后，会引发我们深刻的思考。

雷夫老师给我们的十个启示

第一，我很想帮助我的国家履行它的承诺，能够为所有人创造相同的教育机会。

有人问雷夫，为什么能够三十年如一日，不知疲倦，全身心都投入教育，内在动力到底是什么？他说："第一是因为我的那些孩子，家里面太缺乏爱，因此我要加倍地爱他。第二是因为政府承诺要给所有人公平的机会，但是目前还没有做到。我要尽我的所能来帮助政府实现教育公平。尽管我对这个社会很悲观，对我们的政府有时候也非常失望，但是我要尽我的所能为我的孩子们做些什么。"

雷夫小时候他的父亲就去世了，他小时候缺乏父爱，他要给这些缺乏父爱、母爱的孩子更多的爱。他说："我的父亲在我 9 岁的时候死了，但是他在我很小的时候就告诉我，将来做的事情，一定要使这个世界变得更好。"

一个人的今天，与他的家长，与他小时候的家庭教育是相关的。在他小时候，他的父亲就给他播了爱的种子，播下了尽自己所能让世界变得更美好的种子。"我帮这些孩子，他们没有像其他同龄人一样，拥有那么好的机会，那么好的环境，因为他们很穷，但是穷并不是这些孩子们的过错。或许他的父母或者兄长正在吸毒，但是这些事情与孩子们也没有关系。所以，我一定要尽我自己的努力来帮助他们，使教育公平成为现实。"他说，"我最开心的事情，就是看到我的孩子们开心。"

美国《时代周刊》这样评价他，"还在为如何教育差生而争论不休、抱怨不止的那些人们，你们放下争论、停止抱怨，去看看雷夫老师的课堂，你们就不会觉得教育差生还是什么苦差事了。说到这里，我们应该得到启示：我们不要只是抱怨，而要由积极的作为，来改变我们的孩子。"

第二，教人做人的老师才是真正的好老师。有人问雷夫，分数与能力的关系怎么处理？他说："我会要求我的学生们努力学习，争取考好，要善于在自己的错误当中去发现问题，总结经验教训；但是我更会告诉我的孩子们，不要害怕考试，如果考得不好，你们不会下地狱的，我会再教你们一遍，我和你们的父母也仍然会爱你们。"他说，"在我的班级里，学生的成绩不是最重要的事情。最重要的事情就是要关爱他人。这种事情在我们班里面经常都在讨论，我所操心的是如何给孩子一生受用的技能"，着力于孩子品格的培养，激发孩子自身的高要求，才是成就孩子一生的根本。

雷夫的太太也经常提醒他，"雷夫，你的责任不是去创造会考试的好学生，而是要去塑造好人"。雷夫确实也是这么做的。雷夫运用我刚才提到的劳伦斯·柯尔伯格的"道德发展六阶段理论"，来引导学生的人格成长。"道德发展六阶段理论"具体内容如下。

道德的发展、人格的提升，往往是从低级到高级形成的。很多人一开始做什么事情都是以我不想惹麻烦为原则，当然也不错，但这属于低一点的层次。我们还要不断地提升自己，往上走。第二个层次就是我想得到奖赏，这个就比较开放。再往上走，就是我想取悦某人，不仅仅要考虑自己，我想得到奖赏只是考虑自己。他说，还应该往上走，那就是我要遵守规则，有规则意识，或者在公共群体当中遵循游戏规则，这个社会化的交往意识很强。心里要装着别人，能够体谅别人、体贴别人，这是第五个层次。他说，我们还可以往上走，那就是第六个层次，我要有自己的行为准则，并且奉行不悖。说到人格提升、道德发展，最高的层次与我们国家所提倡的"慎独"应该不谋而合，就是我们在独处的时候也能够非常谨慎。

他还经常引导他的孩子们，对生活当中的一些人，包括我们阅读时著作里面的角色，进行对照分析、考虑辨别，比如在这个著作里面有若干个角色，他们分别属于道德发展六阶段的哪一个阶段。第一个阶段就是不想惹麻烦或者自己不想挨批评、不想挨骂，逐渐想别人、想大家，想得到奖赏，想取悦别人，等等。并且强迫学生在当今生活中去体验，促进学生的行为养成，形成积极的人生观、价值观。所以他的学生走出来就跟别人不一样，谦虚、礼貌、遵守规则，这样的一些素养就已经深入他们的内心、深入他们的性格。

为了培养正确的价值取向，每天放学的时候，雷夫老师还喜欢拿出几分钟时间和学生做游戏，叫"赞美游戏"，每一天让每一个孩子赞美另一个孩子，并且说出你的理由。长此以往，这对孩子的道德培养、人格提升、价值取向有很大的益处。说到这里，我们看给我们的第二个启示是什么。那就是品行教育才是教育的根本。这与十八大报告里面教育部分谈到的，以及我们《国家中长期教育发展规划纲要（2010—2020年）》所提到的"立德树仁"才是我们教育的根本任务是高度一致的。

第三，"以信任为基础，毫无恐惧的教室是孩子们学习的绝佳场所。"有人问雷夫，你为什么将与学生建立相互信任的关系摆在首要的位置？他说："孩子入学的第一天，我就会告诉他，你们在56号教室里，可能会犯许许多多的错误，可能会忘记做家庭作业，可能考试考砸了，可能完不成某一件艺术作品或者弄坏了乐器等，这些麻烦都有办法解决。但是有一件事情是无法弥补的，那就是我们之间的信任关系被破坏了，那就麻烦了。"他说："我是一个非常严格的老师，但我从来不对我的学生大喊大叫，从来不侮辱我的学生，我要给他们一个宽松的、自由的、安全的环境，以便他们能够释放出最大的学习能量。同时，我也要他们珍惜并且维护好我对他们的信任，善待他人、努力学习、谦逊有礼、诚实善良。"

他说，老师以信任来取代恐吓，学生就会以诚实来取代谎言。老师热爱学生、学生尊敬老师，师生之间才能相互信任，只有信任才会有安全感，只有拥有安全的环境，每一个孩子才能专注地学习，他就会愉快，长大了以后他才会努力工作，也才是一个积极的、阳光的、自信的、乐于挑战的人。

于是，雷夫随时都会为他的孩子们挺起可靠的肩膀，他以热情的、支持的教育态度，把 56 号教室变成了一个温暖的家。

到这里，我们可以得到第三个启示，那就是"当我们信任孩子，一切皆有可能"。

第四，雷夫说过，"我们希望学生成为什么样的人，我们自己就应该是什么样的人"。有人问雷夫，你为什么如此勤奋、如此专注，一直坚持在 56 号教室？像你这么有名望，完全可以去很多更好的学校。他说："一是因为我喜欢孩子们，我喜欢教书育人的工作。二是我有使命感，就像我前面提到的那种爱和实现教育公平这样的使命感。还有一个重要的原因，那就是我必须成为我的学生们的榜样，我希望我的学生能够善待他人，勤奋学习，我就必须成为他们见过的最友善、最勤奋的人。"

孩子们时时刻刻都在注视着我们，他们以我们为榜样。"我如果要孩子喜欢这个学校，喜欢 56 号教室，那我就要做出表率。如果说 56 号教室是一个重要的地方，那我就应该待在这里。"因为他的教育传奇在美国震动很大，好莱坞导演多次要拍他的电影，他都谢绝了。他说："如果我离开了孩子，离开了 56 号教室，那我说 56 号教室重要，那我就是撒谎。我不能对学生们撒谎，他们信任我，我不能破坏这样的信任。"于是，他坚持了下来。他非常勤奋、非常专注，他自己也理所当然成为孩子们真正的榜样。这里有这么一个启示，"要让孩子优秀，老师或者父母都要成为他们的榜样"。

第五，雷夫说："如果有孩子在活动当中捣乱，他就必须退出这个活动。"这是关于惩罚的原则，各位老师和家长可能会有一些不同的意见。雷夫说，惩罚是必要的，但是惩罚一定要公平，要符合逻辑，一定要适度。"几十年来我摸索出一个经验，对不当行为最严厉的惩罚，就是不准其参加发生不当行为时正在进行的活动。"他说，"如果我的学生在棒球运动课中表现不好，我就会让他退出比赛，坐在一旁观看。如果哪一位学生在自然课堂上不专心，他就得站在一旁，看着其他学生饶有兴趣地参与。"

当然，这种惩罚的前提是，要让学生觉得你的课堂十分有意义，以至于错过哪怕一个小小的活动环节，对他也是最大的惩罚。说到这个地方，可能我们做家长的，包括做老师的，在认识上有点想法，雷夫是怎么解释的呢？他说，学生们并不非议老师的严厉甚至苛刻，但是他们讨厌处事不公的老师。这里我想得到一个启示，那就是"惩罚是为了让孩子学会对自己的行为负责"。

第六，雷夫说："我每天上课，我的课程都是我自己设计的。学校开设了丰富多样的课程，对于学生的个体发展和生命成长，那都是非常必要的。"雷夫说，学校课程一定要丰富多样，学校课程或者班级里独特的课程的开发和设计，一定要坚持课程要为学生的未来生活服务，学习对学生一生都有用的技能。他说，老师擅长什么，能够为学生提供什么帮助，就应该从什么地方入手来开发课程。为此，雷夫在做好传统教育课程的基础上，扩展了艺术教育课程，增加了生活价值教育课程与生活技能教育课程。他还根据自己的课程理念，发挥自己的兴趣特长，开发并实施了阅读原著课程，他的学生一年至少会阅读 12 部经典著作。写作训练课程也很有意思，分四个阶段，首先是语法练习，因为英语不是这些学生的母语。然后是每周的周记，之后是每个月的读书笔记，再有一个叫做少年创造计划，让小孩有计划地写一本自己的著作。他还开发了趣闻数学、经典电影，他的学生一年要看 100 部经典电影，一个星期每人两部，周二全班同学一起看一部，周末每个孩子借一部回去跟家人一起看。一年是 52 周，每一个学生看 100 部。他还开发了注重学习、参观旅行、线绳艺术、棒球运动、理财教育、吉他学习、摇滚乐队、莎士比亚戏剧等行为养成课程，这是他的 56 号教室的特别课程。

我们由此得到启示，"教师要有很强的课程开发意识"。而课程开发的逻辑起点是什么？要看教师擅长什么。比如雷夫擅长棒球、摇滚乐、莎士比亚戏剧，于是充分发挥优势，为学生们开发莎士比亚戏剧课程、棒球课程等。雷夫会二十几种乐器，所以他的学生至少会几种乐器。

第七，雷夫说："我的工作不是拯救孩子的灵魂，而是提供机会让他们拯救自己的灵魂。"

有媒体报道说，雷夫能够拯救每一个孩子。雷夫辩解说，这不可能，他只能提供更多的机会让孩子们自己去拯救自己。他说，有的学生生活中有很多困难，他们非常需要有一个默默关心他们的老师，无论有什么事情都可以寻求帮助，并且在任何时间老师都愿意倾听。雷夫说："我愿意做这样的老师，我要更多地了解我的孩子，给孩子安全感，使他们远离毒品，远离危险的东西，我带他们体验另外一种生活。因为他们的家庭、他们的社区是一种非常糟糕的生活。"为此，雷夫经常和孩子们一起吃午饭、一起读书，带他们外出旅行，到过很多国家和城市。组织夏令营，开设免费的周六班，欢迎以前毕业的孩子回来参与其中，和他们一起阅读或者帮他们一起准备考试，让他们体验不一样的生活，感受一种美好，激发他们的学习兴趣，生成一些良好的习惯。

他在引导学生人格的发展时，一直坚持前面所讲的"道德发展六阶段理论"。一年内，他只教即将小学毕业的五年级。一年的时间，雷夫确实以他与众不同的方式改变了很多孩子的一生。有个孩子叫李笛，家里7个人就有6个人吸毒。他在进入这个班级的时候非常糟糕，习惯很不好。但是雷夫硬是花了两个月的时间，陪他吃午饭、陪他聊天、陪他阅读，一起交流、一起看电影，一起讨论里面的角色。他后来考取了美国大学。

读大学的时候，因为他家里的条件不好，他在生活上很受困扰。雷夫资助他。但李笛把钱退回给雷夫。李笛说："老师，如果不是你的话，我可能早就死了；如果不是你的话，我可能也吸毒了；如果不是你的话，我可能会蹲进监狱里，是你拯救了我。你已经给了我方法，给了我独立的能力，我不需要你再资助了，感谢你给了我一生受用的技能。"

说到这里，我们可以得到第七个启示，"内省式成长比外压式教育更为有效"。我这里独创了一个概念，内省式成长、外压式教育，哪个效果更好？内省式成长更为有效。

第八，雷夫说："我们要让课程成为学生非常向往的地方。"上海浦东教育大学研究院院长陈红兵问，他如何使学生对课堂教学更感兴趣？课堂教学是学校教育的核心，应该说尤为重要。他说，任何学科的课程教学都应该与生活联系起来，而且首先要让学生了解他为什么要学习这个内容。

在他的课堂里面，雷夫讲的不多。他在做演讲的时候说："别看今天我在这里滔滔不绝，我在课堂上讲的不多，常常站在某一个角落里。我主要是启发学生思考。"他强调教学要密切联系生活，同时要加强个性化指导。

学生是存在差异的，我们要尊重差异，也鼓励差异，然后发展差异，特别是把差异变成资源，针对差异进行个性化指导，利用差异能够让他们相互信任、相互学习。他认为，好的课堂教学不是在教师的"讲中学"，而是在学生的"做中学"。他创新了教学方法，把一届又一届的孩子们变成了热爱学习的天使。学生们的潜力是无穷的，是我们没有办法相信的。

雷夫非常强调，我们一定要让孩子明白，他们是为生活而学习，而不是为了考试而学习；他们是为自己而学习，而不是为了取悦老师或者父母而学习。他说，在很多课堂里，老师常常会用奖励的方式来鼓励孩子学习。他说："我的班级里没有奖励系统，因为我们认为学习过程就是一种享受，就是一种奖赏。我们每年表演莎士比亚戏剧结束的时候，我们从来不会额外开一个庆功会，表彰学生我们不会做，表演戏剧的本身过程，就是一种庆祝，就是一种奖励。激励我的孩子们一直努力学习的动力，就来自学习过程本身是快乐的，最好的班级管理是让你的课堂教学活动变得非常有趣。"

第八个启示，"把我们的学校，把我们的课堂都变成一个让学生激动、令学生向往的地方"。如果是这样的话，那么学生个个都会让家长称心、让家长满意，也会让我们感到自豪、感到骄傲。

第九，雷夫说："假如地球上的每个孩子都爱玩音乐，这个世界会变得更加美好。"在雷夫的书里面和他的报告当中，不断地提到莎士比亚戏剧和音乐、艺术，好像这些东西才是56号教室里最重要的。

56 号教室的学生也常常被人们称为"霍伯特的小小莎士比亚们"，因为他们每年都会制作和演出一场完整的莎士比亚戏剧。为此，孩子们要付出前所未有的努力。

雷夫说："我找不到任何其他计划，能够把所有想教孩子们的事情都像排练莎士比亚戏剧一样教给他们，本来排演的目标是让孩子学习语言和团队合作，但孩子们收获了更多。"

在圣母大学读书的珍妮，毕业很多年了，她对 56 号教室仍然念念不忘。她说："每年从无到有打造一出又一出戏剧的经验，不只让我认识了莎士比亚，也知道了何谓团队合作、何谓谦逊。"走出 56 号教室以后，她还每天回来继续学习，帮助学弟学妹，参与莎士比亚戏剧排演。她说："我们把流行歌曲融入各个场景，于是我学会了各种乐器的演奏；我了解了责任和认真付出的价值，我知道如果我不在期限内把自己的台词记熟，不只是影响我自己，还会牵连到剧组中其他人的进度。有谁会想到，原来参与一出戏剧的制作与演出可以让人学到这么多呢？"雷夫也说，这些艺术经历将会给孩子以后的人生提供很好的帮助。对雷夫来说，对孩子以后的人生是否有帮助，是他非常重要的甚至是唯一的做事标准。

他还说，一旦艺术成为教学的一部分，你会发现它让你上瘾的程度比巧克力还大。欣赏音乐就如同阅读书本一样重要。他发现，那些学习音乐、艺术的学生，他们的其他学科也往往比别的孩子学得要好。他说，如果你想让你的学校与众不同，那就让所有的孩子每天花1 个小时练习一种乐器。"如果你让我当世界教育局局长，我就会让所有的孩子每天至少 1 个小时用来学习音乐，这样会比学习其他学科更加重要。"

有人请雷夫谈谈家庭教育。他说："我在学校怎么教育学生，我就在家里怎么教育孩子。"他送给家长"五个一定"。第一个，是让孩子一定学习。第二个，每天一定要和孩子一起吃晚餐。第三个，一定不要在孩子的卧室里放电视和电脑，卧室是睡觉的，而且他提供了研究数据。他说，卧室里面不放电视、电脑的学生，比那些卧室里放电视和电脑的学生在标准化测试当中成绩一般要高 7～9 分。他最后得出结论，一定不要在孩子的卧室里放电视和电脑。第四个，一定要孩子保持足够的睡眠，养成比较好的生活习惯。第五个，一定要用心培养孩子的阅读习惯。好的习惯包括一天看多少本书，包括上图书馆借书、喜欢到书城买书、一年大概看多少本书等。

说到这里，我们可以得到第九个启示，那就是"艺术让孩子内心丰富、人格健全"。

第十，雷夫说："56 号教室里的成功，一部分是来自我以前的学生。"有人问雷夫，在他的专业发展过程中，最主要的力量有哪一些？他说，他以前的学生对他的影响与帮助很大，其次是他那位既聪明又漂亮的妻子；还有就是他以前所犯过的错误；再就是他身边的那些他认为某些方面比他做得更好的老师，以及一些好书、一些好的电影。雷夫确实是这样做的，他看遍了经典电影，他的学生一年看 100 部，他肯定超过这个数字了。他说起电影时如数家珍，对电影非常熟悉。

雷夫建议，老师们一定要跟毕业以后的学生保持联系，可以写信或者发电子邮件，给孩子们发生日贺卡，跟踪关心他们的情况，不断鼓励他们进步。我们可以得到第十个启示，"发挥孩子们的作用，他们互为教育资源"。

到这里为止，我给大家分享了雷夫给我们带来的十个启示，他讲了十句很经典的话。

给孩子们一生受用的技能

雷夫常常说："我要给我的孩子们一生受用的技能。"他用了一本书专门来介绍这个话题。到底是哪些技能呢？我概括了一下，主要有八个。

第一个，就是守时惜时。他说："我们的孩子必须要理解时间的概念，守时、准时。从字里行间中我也有共勉，守时是一种能力，守时是一种素质，也是对别人的尊重。守时是一种感恩、负责任的表现。守时当然也是一个好习惯，我们要让守时成为孩子们的生活方式。我们要孩子学习把握时间，珍惜当下，要对时间心存感激，要学会时间管理，要善于计划统筹。"

第二个，强调一个人的专注力，专心致志。假如一个孩子能专注于学校的学习，专注于自己的梦想和目标，他的人生会更加美好。他认为，延长阅读时间，然后跟同伴一起讨论阅读的内容，是加强专注力很有价值的一个练习。有人就问他，如何加强专注力？他忠告说，可以给孩子们一张读书卡或者一个乐器，一支画笔或者一本写生簿，这是很好的工具，也可以帮助孩子达到更高的专注力。

第三个，正确选择。特别是一些重大选择，如果错了一步，肯定步步错了，遗憾终生。他认为，成功的孩子应该有能力来认定与评估自己的选择，为了帮助孩子提高这个能力，孩子做选择的时候，我们也可以让他给我们解释选择的理由，让孩子锻炼他们以正确的理由做正确的选择。

第四个，勤奋努力。他写的第一本书书名就是《成功与捷径》，非常强调努力、勤奋。他在教室里每天站 12 个小时，从不落座。一个礼拜据说有两个通宵在工作。他非常强调勤奋、努力，他说，放弃或者半途而废是非常危险的习惯，天下没有免费的午餐。他让孩子把做家务看做给家人最好的礼物。学习的过程本身就是一种奖赏，又乐在其中，不赞成学习以后另给报酬和奖励。

第五个，慷慨无私。他非常强调一个人不能太自我。他说："我们现在的社会文化，包括很多电视节目，常常宣传自我为中心的行为。"他非常反感孩子们看电视。他家里不放电视，他每天回家都不看电视，他跟孩子一起吃饭、聊天、阅读、交流讨论。他说超越自己、放眼世界对你一生都有帮助。他还说，无私从家里开始，我们要做有意识的引导。他说，当你超越自己，你才会发现你心里的平静就在那里了。

第六个，低调谦虚。他说："我发现花时间去证明别人是浪费时间。当我成功获得每一次教师奖，当我一次次被总统接见，同行、老师妒忌我，老师们要我的解释，为什么会这样？以前我会努力解释，后来我发现向他们解释和证明自己是浪费时间。应该成为舞台中心的是表演本身，而不是你这个人，就像我今天跟大家交流分享一样，应该成为中心的、应该被大家关注的是我的分享，而不是我这个人。"

第七个，延迟满足。他说，得到一个美好的东西需要时间和耐心，要鼓励孩子做个等待"棉花糖"的人。

关于棉花糖，有一个非常好玩的故事。一群4岁的孩子被带到一个房间，然后给了他们每个人一个棉花糖，指导者告诉他们，他会离开一会儿，但马上会回来。孩子们可以把棉花糖吃掉，但是如果哪个孩子等到指导者回来的话，那他就可以多得一个棉花糖。最后怎么样？他离开以后，通过大面的镜子观察孩子，当然孩子们看不到他。一些人拿了棉花糖就吃，而另外一些人一直等，指导者回来，这些孩子才吃。14年以后，他们做了一个延续性的研究，调查发现，那些等了20多分钟的孩子，大学入学考试成绩比较突出，他们显现出来的情商也比另外一部分孩子要高，而这些特质与一个人能否拥有成功的幸福人生直接相关。所以我们要鼓励孩子控制欲望。

第八个，享受阅读。教育改变命运，阅读改变生活。雷夫的学生充分聪明地体验这一点。雷夫说，阅读不是一门科目，它是生活的基石，它是所有与世界接轨的人乐此不疲的一项活动。孩子们长大以后是否能做与众不同的人，能够考虑别人的观点，能够心胸开阔，能够拥有和他人讨论伟大想法的能力，热爱阅读是必要的基础。当我们在读书的时候，其实读的不是书本，而是人生，以及对他个人的意义。读书就是读生活、读社会、读自己、读未来。一个好老师的标准就是善于将学生读的书与学生的个人生活串联起来。

这八个技能是雷夫给孩子们一生受用的技能。

雷夫给中国五年级学生王柯竹的五封信

雷夫的教育不仅感动了各地的教育同行，也感动了学生。在

2009 年，当时就读于北京中关村一小的五年级学生王柯竹给雷夫发了一封信，雷夫很快就给她回信。她是这么写的信：

> 雷夫先生，你好，我叫 Betty Wang，我是中国一所小学五年级的学生。我读到了很多关于你和你的教学方法的故事，我非常希望可以认识你。
>
> 我听说你讲课特别酷，能够让你的学生心甘情愿地早来晚走。我真的不敢相信这是真的。
>
> 你也教五年级是吗？你怎样帮助你的学生减压？你怎样看待好的成绩和繁重的家庭作业之间的关系？怎样才是一个好老师？怎样才是个好学生？
>
> 我知道你一定很忙，会花很多时间和你的学生们在一起，我希望你在不太忙的时候可以回信。我希望得到你的指引。

雷夫很快地回了信：

> 亲爱的 Betty：
>
> 首先，请叫我 Rafe 吧，我的学生们都是这样叫我的。
>
> 你的信字里行间充满了智慧，我很难在一封信里回答你的所有问题。如果你不介意的话，我会分几次来回答（他回了四次）。
>
> 首先，你要知道，我并不是个特别的人。我不知道你是怎样知道我的，但是我就是个平平常常的人，不过，我是个很幸运的老师。
>
> 并不是我所有的学生都愿意早来晚走，有些人不愿意这样，我也能理解和支持。
>
> 我不认为我应该强迫我的学生。我知道有很多学生很怕上学，这个让我很担忧。我的学生们常常跟我说，他们觉得在 56 号教室很安全，这让我很开心。我对学生的期望值很高。我们一

起努力学习，但是我不认为我要让他们觉得害怕。中国的父母担心孩子不怕老师，雷夫不怕。

我希望我的学生们都善良、刻苦，我就必须先成为那样的人。如果我冲他们尖叫，那可不叫善良。我必须要做出表率，所以我要善良、充满爱心，同时做一个好的倾听者，你的新的崇拜者。

他回的第二封信：

亲爱的 Betty：

很多孩子都不喜欢学校，这很正常。我也不喜欢很多学校。我很高兴看到你对作业和压力提出质疑和反思。

在学校可以学到的一点是如何面对不同的老师和同学。有的时候，你会觉得作业太多了，或者你的老师觉得考试成绩就是全世界最重要的事情。这不是真的。你是一个人，你比起你的考试成绩重要得多。当然你会尽最大的努力，并改正自己的错误，但是如果你考得没能像自己期望的那样好，你也千万别太难过了。

你问我，好学生是怎样的？我是这样想的：好学生会尝试不同的事情。好比是个小探险家，去发现自己感兴趣的事情，也许是数学、园艺、排球、科学、艺术或者是音乐。当一个好学生找到他感兴趣的事情，他就会努力做好，而且不会觉得辛苦。

好学生喜欢问问题。我最好的学生都会在遇到不懂的问题的时候勇敢提问。好学生爱笑，好学生关心同学，他们会帮助那些不如自己聪明的同学，他们会关注社区，比如我的学生们就会为无家可归者送饭。好学生会弹一样乐器，好学生不太看电视，好学生从他们的错误当中吸取教训，他们从不放弃。好学生会努力学习，也会和家人、朋友一起休息、一起玩。好学生爱阅读并以此为乐。

他的第三封回信：

亲爱的 Betty：

你问我怎样算是好老师，我是这样想的：好老师善于倾听，坏老师喜欢说教。老师要多听你们的想法，尊重你们的意见。

好老师为人师表。我希望我的学生们与人为善、努力工作，那我就要做他们所能见到的最好的人、最刻苦的人。

好老师回答所有的问题，即使有些问题要反复回答。

好老师在学生们在和不在的时候都一样，好老师不会煲电话粥，特别是在学生面前。好老师很耐心，好老师知道考试不等于学习，好老师懂得寓教于乐，好老师不会放弃。他们也不会对学生大吼大叫，不让任何一个孩子觉得羞愧。

他的第四封回信。

周末快乐，Betty！

你说很多人都说你的学校很好，而你觉得它并不完美。继续想想！你在表达一个很多优秀的孩子都会有的想法。

我有一些好消息，也有一些坏消息。

坏消息是，你会遇到很多无聊的考试。有些作业让你觉得压力太大了，其实做完了你的收获也很小。悲哀的是，很多好的学生也都经历过这些。

但是好的消息呢？当你再长大一些，你会发现你喜欢做的事情，你会推开那一扇通向美好生活的大门。如果你还没有遇到一位老师可以看着你的眼睛，你告诉他你是多么的优秀，那请让我做那位老师吧。从你的信中，我能够看得出你是一个爱思考的聪明孩子，你的人生一定会很精彩。

当你觉得伤心的时候，或者你需要人倾诉的时候，请给我写信。

现在，享受每一天吧。和好的孩子交朋友，这很重要。

雷夫与 56 号教室的故事，我就和大家分享到这里。

家庭是孩子的第一所学校，父母是孩子的启蒙老师。在国人都在讨论"中国梦"的时候，我希望我们的教育工作者与广大父母以及全社会都能够一起来共同努力，在中国、在深圳，多一些雷夫式的老师、雷夫式的父母、雷夫式的校长，也多一些 56 号教室、56 号家庭、56 号学校，谢谢。

底层青年的奋斗和实现

程　青

程　青

供职新华社，中国作家协会会
员，新华社《瞭望》周刊高级记
者。出版长篇小说《最温暖的寒
夜》《发烧》《成人游戏》《恋爱
课》《织网的蜘蛛》《美女作家》
《月亮上的家》；小说集《十周
岁》《上海夜色下的36小时》
《今晚吃烧烤》；散文集《暗处的
花朵》等。中篇小说《十周岁》获第三届老舍文学奖。

因为我既写小说又做记者，所以我非常希望用生活中的例子以及
文学当中的一些故事来讲一下这个话题。

最近文学圈有一个热议的话题，加拿大女作家艾丽斯·门罗获得
了诺贝尔奖，获奖之前，艾丽斯·门罗在中国只有一本书，叫做
《逃离》，很多人并不知道她。她20岁就结婚了，当时比较贫穷。结

婚以后，她希望能够尽快安定下来进行写作，但是她写到37岁才推出第一本书，而且她的作品很短，没有长篇，因为她没有时间。她说她在怀孕的时候最紧张的事情就是要抢在生孩子之前写一部鸿篇巨制，但是她每次写出来的都是短篇。那几个月大家应该可以想象，她怀孕了以后，可能会不舒服，而且身体负荷很重。她与丈夫开了一家小书店，但是她坚持下来了，一直坚持到82岁，终于获得了诺贝尔奖。这使我觉得很震惊，当然也很励志。

莫言老师2012年获得了诺贝尔奖。莫言小时候也很苦，他1955年出生在山东高密。那个年代物质比较匮乏，我看资料，他小的时候备受歧视。我们在一起参加过会议，在扬州的一次笔会上遇到过他，但是我并不知道他在童年时被歧视。他骂老师是奴隶主，学校给了他一个处分，那个时候他非常小，心灵肯定受到创痛。

莫言最悲哀的还不是被学校处分，而是他家里特别穷，而且他不是长子。他自己写的文章当中就提到，自己被父亲打得很厉害。根据我个人的经验，现在年轻的爸爸们对孩子都很疼爱，但以前孩子多，父亲要么缺席，要么就是特别威严，把很多脾气发在孩子身上，所以莫言饱受毒打。他一是穷，二是不受待见，就是没有人喜欢他，这使他的童年很孤独。大年三十，家里没有饺子，他就去别人家里要饺子吃，这种经历全都在他的心里积攒下来了。

这样的成长环境和这样的生活条件对莫言产生了极大的刺激，成名以后他说了这样一段话，这是原话——"我的童年是黑暗的，恐怖、饥饿伴随着我成长，这样的童年也许是我成为作家的一个重要原因。我的写作动机一点也不高尚，当初就是想出名，想出人头地，想为父母争气，想证实我的存在并不虚幻。"他说得特别明确，他写作就是为了成名。

好在他赶上了一个独特的时代，靠一部小说就可能改变命运。但是到了现在已经完全不是这么回事了，这也算是他抓住了机遇。他写了很多好作品，有《红高粱》《丰乳肥臀》《檀香刑》《生死疲劳》《蛙》等，最终获得了诺贝尔奖，这也是中国文学的骄傲。我记得在 80 年代看到《红高粱》后特别振奋，莫言也因此与电影结缘。

为了理想首先就是要坚持

我顺着电影说到另外一个人，他叫宁浩，一位年轻的电影导演。我的孩子毕业后找工作，一年前找到了宁浩，现在在他那边上班，所以宁浩就成为我们在生活当中认识的一个人。

宁浩导演的故事非常传奇。可能不少朋友都看过这两部电影——《疯狂的石头》《疯狂的赛车》，这是他导演的。2013 年 12 月好像要上映他的一部新电影——《无人区》。他的个人经历也挺传奇。2006年，他以 300 万元的投资博得了 2000 多万元的票房，这就是《疯狂的石头》。三年以后他以 1000 万元博得了 1.4 亿元的票房，这是《疯狂的赛车》。他是第四位进入"亿元俱乐部"的导演，前面是张艺谋、陈凯歌还有冯小刚，那一年他只有 32 岁，非常传奇。

宁浩是山西人，太原钢铁厂的子弟。他描写童年的生活环境，说厂区就是白茫茫的，也没有树，一群半大小子永远坐在街边上，也不知道在等待什么。我的理解是，当时他对前途感到非常渺茫。他喜欢画画，也画得不错，他甚至已经有了自己的一个画室，结果他去体检的时候发现自己色弱，也就是说他并不能吃专业饭，当时一定相当沮丧。经过一番努力之后，他决定到北京上学，去了北师大，后来又去了电影学院。

在电影学院的时候，他自己写了一部剧本，拉到一笔赞助，可是上面突然发了文件，不许私人老板投资地下电影，这钱就没了。他决定拿出自己拍广告等挣来的钱来拍这部电影，编剧、摄影和导演都是他自己。这部电影叫做《香火》。讲一个小和尚所在庙宇的佛像倒塌了，有佛像才会有香火，他实际上就是靠香火生存。这个佛像是他的饭碗，也是他的理想，但是现在等于生存和理想顿时坍塌，他要去化缘给佛重塑金身。他到了城里找宗教局和文物局，他们相互推诿，根本不给他钱去重塑佛像。于是他就去化缘，一个村一个村地走，这就是这部电影讲述的故事。我觉得这个小和尚就是宁浩本人，他好不容易通过化缘得来一点钱，风一吹这钱就没有了。

宁浩导演在非常艰苦的条件下拍摄了《香火》，在国外得了一次奖，确立了他的地位。他现在已经有 8 部电影了。我觉得他能够坚持下来特别难，不说拍电影本身有多难，首先要找投资，需要几百万、几千万甚至更多的钱投进去，如果票房不好，就会连带着很多机构一起亏损，甚至一起垮台，这种压力可想而知。

即使现在如此成功，他还是要面对票房，面对艺术质量，仍然可能一个月见不到自己的孩子，等等。所以说成功并不意味着仅仅是享受鲜花和掌声，还会面对那么多的压力。我的孩子在剧组里跟着他拍戏，也希望将来能够做导演，我就告诉他要好好地向他的师父学习，首先就是要坚持。一个行当不要因为有挫折和困难就退缩了，假如你坚持了，就会将 10% ~ 20% 的人甩在后面；如果你能够长期坚持，就又会将 10% ~ 20% 的人甩在后面；如果你再好好钻研、有天赋，可能又会把很多人甩在后面，最后达到世俗意义上的成功。

每个年龄段的人都有压力

现在的年轻人生活压力特别大。前些日子以房养老的说法在网络上讨论得非常热烈。有一天我送我的孩子去他的公司，我们两个在车上就谈这件事情。我说按照网上说的，现在买一套 100 万元的房子，每个月给银行 11000 元，等你老了之后再把房子抵押给银行，每个月只能拿到 3700 元。假如社会保障制度与现在差不多，那么就意味着后面的生活至少不是那么富裕的。

我孩子说，如果现在每个月按照 2000 元的工资交养老金，到 35 年之后每个月只能够拿到 800 元。那个时候 800 元还值多少？

现在一听到电视里面说"养儿防老"，我就替我儿子觉得心惊，年轻人本来就很不容易，还要承载这么多的东西。

不仅年轻人不容易，中年人也不容易。中年人上有老、下有小，而且中国基本上都是家庭式养老，如果我们的父母经济上不行，我们需要贴补他们，这在中国觉得很正常。到了三四十岁突然发现上有老、下有小，就像割麦子一样，一垄麦子没割完，一抬头发现天都黑了，就是这种感觉。你觉得自己什么都还没做，人生已经过了一大半了。

每个年龄段的人都有压力，很多东西没有办法回避。

我们可能在学校里学习了很多知识，老师也教给了我们很多知识，但是社会是一所更大的学校。比如说我们对邻居的态度好，可能邻居也会对我们特别客气。但是你对邻居特别好，可是邻居还是给你制造小麻烦，那么我们如何对待？这实际上就是我们每天要学习的功课。

我们每个人都有无奈，我们都希望这个社会公平公正、人人平等。我们只能尽自己的力量来努力，但是真正面对社会，面对不公平、不公正的时候，我们只能来学习、来适应、来想办法，慢慢地改变。有些事情确实是我们自己没法控制的，但是我们能够让自己变得更好，就是学习、奋斗和上进，在顺境的时候这样，在逆境的时候也是这样。

讲到上进和坚持，我在网上看到过一个段子。小李带了100元钱到北京，5年下来，他口袋里的100元还在。忙了5年他还是一无所有，这个笑话比较冷，属于冷笑话。我们那一代人确实与现在不一样，物质观念比较淡。我记得我第一个月的工资是46元，还能够剩下20元寄回家去。现在回过头来看觉得特别高兴。能让别人一起分享，能有余力照顾到别人，实在是一件令我高兴的事。

我们那一代人不是很重视物质，可是到了现在，年轻人的物质观念已经悄然改变，如果家里没有办法资助你，完全靠你自己，你的生存压力忽然就变得特别大了，不像我们那个时候，没有钱照样结婚生孩子。刚才说到养老，现在倒过来，父母一直在养孩子。其实中国人的经济总是卷在一起，折腾来折腾去大家都很辛苦。可是咱们也没有办法，你说唐朝适合你，但是你生活在清朝就得适应清朝。

我这样教育儿子

我儿子叫张弛，他很有梦想。他十几岁的时候说要去澳大利亚留学，我说行，把房子卖了让你去。后来他有一个同学要去美国，他也去了美国。在去美国之前，他到新东方咨询读什么专业，当时留学专家给他指了一条路，让他去读媒体，说回来找得到工作，能有饭吃。但张弛的理想是戏剧，他对我说：我能先不吃饭吗？我说能。我们支持他去追求理想。

戏剧在美国也是比较有钱的人家的孩子读的，因为读完以后很难找到工作，或者就压根儿找不到工作。他去了之后，突然就用功了，读书真的读到夜里三四点钟，读了很多书，两年没有回来，一直在那里读书、打工。两年后，他回国的时候带回了两张小奖状。

他在国外的时候经常演戏，演了 5 部戏，有的是参与幕后，有的是做演员。后来我说很不错，能够在外国话剧舞台上演出，已经达到很高的水平了。但他回来找工作仍然非常困难。他先在一家公司里工作，每天开车路上单程要走两个小时，一天有 4 个小时在路上。老板每月给他 3000 元。

后来他换了一个工作，去了一家杂志社，做一些杂志的推销以及大型的展览活动，推广杂志、拉广告等。实际上还是要拼很多人脉关系，他觉得特别难，待了不到 1 年就辞掉了这份工作。后来他自己找了一份拍小电影的工作，1 个多月拍了 3 部小电影，他带家里一部车去帮剧组工作，忙了 1 个月只给了他 900 元。这就是刚刚进入社会的年轻人，非常艰难。年轻人就算水平达到了，但是与别人承认你的距离还很远，这些都是难处。但是再难也得保持上进，又过了一段时间，他找到了宁浩，因为他经过了前面的这些锻炼，经过一个简单的谈话以后，宁浩的太太、有名的编剧邢爱娜觉得这个孩子还可以，就留下了他。我经常跟张弛说，奋斗不一定就会成功，但是不奋斗一定不会成功。

我不知道大家是否听说过"1万小时理论"，就是熟悉一个行当，花1万个小时，差不多就会达到相当熟练的境界。我算了一下，如果每天3个小时也要10年，比如画画、练书法。假如你今天因为旅游或者其他的事情没有练，明天得补上，明天就是6个小时。你假如连着一个星期没有做，那么就有21个小时要补上，实际上很不容易坚持。

机会是为有准备的人准备的

根据我自己的经验，我大学时代就开始写小说，但是写完了几篇之后就不会写了。我当时从南京到北京，我也搞不清楚是地理问题还是文化的改变，或者当时太年轻，掌握的技艺不够扎实，有相当一段时间不会写了。每次感觉就在胸口，总想写，但就是不能抽出丝来，不知道怎么写出来。一直到1996年，我才再次找到写作的感觉，每天真的是写六七个小时，这样积攒至少坚持了17年。我用计算器在那里算，我花了四五万个小时，写了10多本书，但我仍然觉得有很多想写的书还没有时间写，有很多想看的书还没有时间看，希望学习到的东西还有很多没有学到。这就是所谓学无止境，也是所谓的学而知不足。

有句很俗的话，叫机会是为有准备的人准备的。有一个故事特别有意思，2004年，我在鲁迅文学院学习，鲁迅文学院作家高研班基本上把中国作家都收进去培训了一轮，现在可能有20多期了。每天下来吃饭的时候，有几个穿着食堂白大褂的年轻人交叉着膀子，趴在窗口看我们这些作家，其中有一个师傅忽然想：这些人能够写小说，我自己为什么不能写？他回家后真写，之后拿给编辑看，人家一看说，写得相当好，就拿到杂志上发表了，这个做饭的小师傅转眼就成了作家了。有人说："作家有什么了不起啊？我们工人随便写一篇小说就很厉害。"实际上这个年轻人读了很多书，很多准备工作外人看不见，而且他确实有天赋。

还有一个差不多的故事，也是真实的事情。一个四川籍女人和她丈夫双双下岗，他们打牌、打麻将，以此挣钱。他们有一种"放水"的说法，就是现场如果把钱用完了可以借高利贷。他们越借越多，没有办法还债。后来她去北京做保姆，晚上没事就写小说，写完了自由投稿。编辑从很多的自由来稿里发现她的小说写得很不错，就给她发表了。我有幸读到过，觉得写得很好。发表她小说的杂志就是《当代》，这是一本文学品位非常高、对作品要求非常严格的杂志，我也在《当代》上发表小说，而且已经发了 10 多年了。我跟我的责编说，读了那部小说以后感觉很不错。她说人家真的当过保姆，所以写得真切。我明白这个道理。比如一个不用药的人写用药，跟用药的人写用药完全不一样。她用她的亲身经历记录下了她的感受、她的生活，包括这个行业与这个社会的生存形态，也让读者体会到了在那种生活状态下的心情。如果她不写，她只是一个打工者；她写了，她成为作家。

这两个故事让我们看到了人生一下子绚丽起来了。听上去觉得作家是相当容易的行业，这碗饭很好吃，其实不然。这个行当确实是为有天赋的人准备的，或者这么说，有天赋的人做这个行当更加容易。但是除了天赋之外还需要凭努力。这位当保姆的女作家，她的文字基本功一定过关，否则很难想象她能写出一部很好的小说。

当然，她能够坚持下来也不容易。写 20 万字的长篇，如果改两遍，也不是那么容易。当然也有像天然翡翠一样的作品，写完以后不需要修改，但不那么容易遇到。有的人运气好，或者说手感好，得天独厚，真的捡到了金子和翡翠，拿出来就是特别好的作品，而且不需要改。但是更多的人不是这样，像种庄稼，要撒种子、施肥等。而且你看着已经在田里金黄一片，风吹麦浪，结果一场雨，割下来的麦子也可能捂坏了。很多小说写好了，没有刊物发表，没有出版社对你有兴趣。有很多知名作家，出版社一预算，说你这个作品只能卖几千本，不值得，于是就不要了。中国杂志看起来很多，实际上就那么几家。而且大家的审美取向虽然各不相同，但也有很多相同的地方，很可能这家拒绝了，那一家也会拒绝。所以通往发表的路对有的人来说可能非常艰辛，这得有心理准备，有时甚至得有百折不回的勇气。

写作相当于某些运动项目

我特别佩服一位作家，他是刘震云，《一九四二》是他写的。前几年他写了一本两百万字的书，叫《故乡面和花朵》，这套书有 4 本，版心很大，翻开来是满篇的字。当时我采访过他，我问他这本书写了多长时间，他说写了 6 年，加上修改是 8 年。当时我很崩溃，一本书写 8 年，一个人要用多大的决心和力量做这件事情？刘老师是天赋特别好的作家，写得很深刻又很幽默，终于一步一步地走向成功。他一直在写作上挑战自己，在采访他的时候，我谈到这个问题，我说一本一本地写，到底下面写什么？能不能写得更好？这些会不会困扰自己？他说了一句话我觉得特别聪明，他用烤红薯做比方，他说，作家写作不是烤红薯，不能保证一炉比一炉烤得好。

写作相当于某些运动项目，比如跳高和举重，是以跳不过去、举不起来标志最终的胜利。比如举重，最后一次肯定举不起来，跳高最后的杆子一定跳不过去，这是最好的成绩，其实是以失败来标志胜利。

有的时候现实真的不尽如人意，还有的时候现实与心理预期不吻合，甚至差得很远，你做了、你付出了、你收获了，你的人生就不是空虚的。

我在一本作家访谈录里面看到，美国有一位女作家花了 17 年写她的一部长篇。她说以为自己很快会写完这本书，但是事实上越写越长。她说如果早知道要用这么长时间写这本书，她就不会写了。还有一位是歌德，德国的伟大作家，他写《浮士德》用了 60 年，这使我很震惊。歌德一生得天独厚，写了伟大的《浮士德》，然而，即使他本人也没有另一个 60 年来写另一本《浮士德》了。以后别人也很难拿出 60 年来写出一本能够与《浮士德》媲美的书，真的太难了。

　　法国作家司汤达的《红与黑》非常有名，他在 1830 年完成了这本书，只印了 750 本。750 本是什么概念？就是出版社要赔钱，而且赔得不少。如果我写一本书，出版社知道仅仅卖 750 本，是不会给我出版的，或者他们会让我自费出版。假如印了 750 本，基本就是送人。司汤达这本书后来加印了几百本之后就被收起来了。他一生中写了 33 部书，只出版了 14 部。他当时也是鼓足勇气，他说自己会在 50 年以后被别人理解。他想了想又说，到了 1935 年，就是 105 年以后，他会成为被人阅读的作家。现在他的书卖得太多了，我家也有他的书。这位只能卖 750 本书的作家如果放在如今，可能没有机会出版小说，作为作家他很可能就被埋没了。所以说，有一些事情可能要通过时间，有些事情要通过机缘，才能得以实现和成就。

成功需要勇气、努力、坚持、奋斗

　　也许有的朋友会说，你说了这么多人，都是有才能的人。要么是机遇好，要么是天赋好，反正是得天独厚，赶上了该赶上的。如果我什么都没有赶上，我一无所有，我怎么办呢？这确实是个难题，但是我觉得还是要有勇气、努力、坚持、奋斗。哪怕在流水线上做，只要反复地认真去做，总归会更加熟练，比以前更好。我以前采访过很多人，大家基本上都认为应该做一个好人，享受平凡生活，或者说好好地面对平凡生活，我总结成四个字——做个好人。做个好人的标准特别多，要遵纪守法、利他、有爱心，不能是自私自利的人，这些都特别好。四川大地震的时候，我儿子在美国留学，他打工经过一个广场，见到有中国人在为同胞募捐，他在 MSN 上跟我说了这件事情。我问他有没有捐，他说捐了两美元。我说很好。两美元大概是他送一趟外卖的收入。我说你不能因为自己贫穷就不去帮助别人，无论自己处在什么境地，利他和帮助他人肯定不能变。

　　我在一位朋友的博客上读到一个故事，那位朋友是炒股专家，他写了一个关于出租车司机的真事。一个上市公司老总去参加一个活动，换了一身西服以后忘记带钱包，他如果再回去拿钱包就赶不上将要去参加的活动。他跟司机说自己没带钱，让司机带他回去取钱。当时已经有点堵车了，司机说：这样肯定会来不及，我免费送你过去。然后他给了这位老总一张卡片，说：只要打我公司的电话，我的同事会免费把你送回去。这家上市公司的老总就让他免费送了。第二天，这位司机接到电话，这位老总请他去他公司的车队当负责人，给他的薪水大幅提高。我觉得这就像一次奇遇。当时我读了这篇文章深受感动。这位司机方便了别人，并从中获得了奖赏。在平凡生活中，正是这样的人性光芒让社会和谐，也让我们的人生更温暖。说到底这也是一种实现。谢谢大家！

六

法律·经济

律法与道德

——中国如何成为世界大国

李大华

李大华

深圳大学文学院教授、博士生导师，中山大学兼职教授。主要从事中国哲学、宗教与文化的教学和研究。在《哲学研究》《世界宗教研究》《光明日报》《道家文化研究》《宗教学研究》等专业学术杂志和报纸上发表学术论文百余篇。已出版学术论著《岭南道教思想》《生命存在与境界超越》《隋唐道家和道教》《文化艺术修养与行政能力》《李道纯学案》；出版长篇历史小说《李世民》；主编了《文化与生活方式》和《历史文化资源与城市风格定位》。

我们今天谈一个话题，就是中国是如何成为一个中央帝国的，具体来说，我们谈的是律法与道德问题。

一个贫弱的国家变成了中央帝国

复兴中华民族，我们要有梦，这个梦叫"复兴强大的中国"。现在我们提出来要实现"中华民族的伟大复兴"，就是要恢复、重现曾经有过的那种繁荣。这样一种繁荣在中国历史上曾经有过两个时期，一是汉代，二是唐代。汉代是因为汉武帝打败了匈奴，疆土极大地扩大了，到了汉武帝晚年，疆土扩张了，但国家财力已经消耗殆尽。唐朝不同，唐朝在贞观年间，从一个贫弱的国家一举成为世界的中央帝国。大家知道唐朝的版图有多大吗？我现在手头有日本人在公元662年制作的唐朝版图，东至太平洋，西至阿拉伯海、里海，南至越南，越南曾经也是中国的，北方靠近北极，中国的版图就有那么大。那个时期唐朝皇帝站在长安的楼上往外张望，看到四方来朝贡的人络绎不绝。唐朝书法家兼画家颜师古绘过一张图，名为《百国朝觐图》，内容是大唐皇帝李世民会见百国代表的场景，李世民当时开了个玩笑，他说，你这个图恐怕要修改，不能说是百国，那是不够的，还会有新的国家要来的。在唐朝的外国人不知道有多少，仅广州外国人就有10万人之多。

贞观初年，唐太宗和当时的宰相封德彝打过赌，就说现在国家已经贫弱到这个地步了，我们能不能实现天下大治？封德彝说不可能，一代不如一代，这是历史的规律。夏商周最好，后来就一代不如一代了。但他遇到一个强大的对手，魏征就反驳他，要是那样，我们现在还是人吗？不是成鬼魅了吗？魏征说，天下渴望大治如同人饥饿想吃饭一样，很容易实现。3年过去了，果然天下大治，夜不闭户、路不拾遗，人们出去旅行的时候不用带干粮。这个时候唐太宗举行了一次大型宴会，他说：这个时候，朕特别想让封德彝见到如今的场景，只可惜封德彝此时已经死去了，无法见证到今天天下大治的局面了。所以说，没有做不到，只看你想不想做到，愿不愿意做到。

大唐在20多年里就强大了，击败了北方最强大的敌人突厥。就在贞观三年（629），唐太宗举兵，在万里战线上向突厥发起全面进攻，几个月时间一举消灭突厥，把突厥的可汗颉利抓到长安来。这是怎样实现的？这个问题先抛给大家。

唐朝如何从一个贫弱的国家变成了中央帝国？简单说就是一句话：治理出来的。如何治理呢？

第一方面，要有一部好的法律，在执行过程中能够体现公正，这为营造和谐、稳定、宽容的社会创造了条件。

第二方面，广开言论，也就是解放思想，唯有如此社会的智慧才能释放出来，这个民族才具有创造力。大家看《水浒传》，宋朝的宋江写了一首发泄个人不满的诗，朝廷马上把他抓了，说他写的是反诗。那叫文字狱。明朝朱元璋设东厂、西厂，搞特务制度。清朝也搞文字狱，历史上唯独唐朝不设文字罪，言论广开。

太宗为了使大家畅所欲言，各自献计献策，立了一个条约，他当着满朝文武说，"只要你们为了国家利益，任何建议可放开说，我绝不治你们言论方面的罪，而言论放开了，你们仍然不肯说，就是你们没有尽到责任"。唐朝制度规定，所有官员有义务向国家提出建议。

第三方面，宽松的文化政策。李家皇帝信奉道教，认为老子是祖宗，不信佛教。但在唐太宗的文书和诏书里，他说他不信佛教，但是不影响他对佛教的尊重。大唐的玄奘和尚从印度回来了，他远远派人到敦煌去接，迎到长安，专门给他修建了译经场，就是现在的小雁塔、大雁塔，专门翻译佛经。基督教是在贞观年间进入中国的，现在西安的碑林有一个《大秦景教流行中国碑》，记述了基督教是如何进来的。这个国家真的呈现大帝国的气象。

《贞观律》就有很好的道德基础

我们今天重点谈一谈一部好的法律。

世界研究法律史的人，公认唐朝的《贞观律》是中国最好的法律，可以与西方的罗马法相媲美。深圳的大小书店，基本都有两本书卖，一本叫《唐律疏议》，就是长孙无忌为《贞观律》写的注疏，这个注疏与《贞观律》一样具有法律效力。另外一本书是《贞观政要》，做领导的人，读读《贞观政要》非常必要。简单说，罗马法落实了人的权利，有些东西不可剥夺，这是罗马法的长处。而《贞观律》的好处在哪里？它实现了仁道与律法的平衡，也就是德行，把道德和法律很好地结合了起来。我这么说，大家不要误以为我认为这个国家既讲法治又讲人治，法治就是法治，人治就是人治。但是一部好的法律应该有强大的道德基础，《贞观律》就有很好的道德基础。

《贞观律》是怎么样出台的呢？过程是这样的，贞观元年（627），唐太宗的内兄长孙无忌做了宰相，但是他的妹妹，也就是长孙皇后，坚决反对他当宰相，反复地向太宗恳求，说：您真的想长孙家族好的话，不要给那么高的官，我们已经恩宠过重了，不应该有那么大的权力。最后她真的把长孙无忌从宰相位置上拉下来了。长孙无忌下台后，没有事情可做，太宗于是安排他主持修律。于是长孙无忌加上左右宰相，也就是房玄龄、杜如晦、魏征，这几个人领头去修订唐朝的法律。这个法律以隋朝《大业律》和唐朝初年的《武德律》为基础，武德只有9年的时间，当时李渊做皇帝，前方还在打仗，天下远没有太平，那时候修法很仓促。到了贞观的时候，一修就是10年，太宗说不要紧，慢慢来，要修一部好的法律，一直到贞观十一年（637），太宗才正式颁布了《贞观律》。

这个《贞观律》好在哪些方面？我从三方面来说。

第一，这个律法建立在《道德律》的基础上。

秦朝法律很严苛，陈胜、吴广之所以起义，就是因为在规定的时日到达不了长城，依照秦律一律处死。秦朝法律条文完善，但是不人道。如果我们反省历史，我们就知道中国曾经有过走法制社会道路的机会，这就是秦朝，但是秦朝的法律过于严苛，不人性，所以它很快就完了。唐朝就不同，起草法律的人包括魏征，他是个了不起的政治家，智商非常高，但他其实不懂法律，他不懂法律却参与了法律的起草，而且还做了一件事情，就是在法律起草过程中把道德塞进去了。

魏征虽然不懂法律，但是因为他强调人道，所以说得总是有道理，所以法律才采纳了。

魏征在给太宗的上疏当中写道："故圣哲君临，移风移俗，不资严刑苛法，在仁义而已。"

意思是说：立法不在于你搞了很多严苛的东西，老百姓走错了路都犯了罪，一定不能那样，法律一定要宽平，所谓"宽"就是宽容，"平"就是平和，不要故意治人罪，一定要在"仁义"上下功夫。这个理念整个贯彻到《贞观律》当中去了。

元朝柳赞谨在《唐律疏议序》说："太宗因魏征一言，遂以宽仁为出治之本……其不欲以法禁胜德化之意，皎然与哀矜慎恤者同符。"也就是以宽厚和仁爱来治理国家。他说"其不欲以法禁胜德化之意"，就是说不想用过于严苛的法律抢了道德的风头，所以一定要在道德上下功夫。这个意思不是说我们要道德，就不要法律了，而是说道德的东西要融入法律里，这个法律就比较人性、比较道德。

我们国家在执法过程中，过去长期对疑案按有罪推断。2000年以后，中国修法后规定疑案做无罪推断，就是凡是不能证明有罪的，都要无罪释放，以前凡是不能证明你是清白的，你就是有罪，所以很多冤案就这么出来了。唐朝把宽仁、仁道的精神贯彻到律法中去了。"不欲以法禁胜德化之意，皎然与哀矜慎恤者同符。"就是要富有同情心，"慎"是慎重，慎重体恤罪犯。中国近些年变化了，原来我们枪毙死刑犯是朝脑袋开枪的，现在我们改进了，注射死亡。这些东西都体现了我们的"人道"精神，"哀矜慎恤"就是强调哀怜、同情、宽容、公平。

《资治通鉴》在评价唐朝的法律时说，"唐朝用法宽平（宽容公平）"。当时一个叫崔仁师的人在为民申冤时说了一段话，"凡治狱当以平恕为本"，当时唐朝就提出来治理国家要"以人为本"。

再说两个例子。唐朝法律规定，亲戚之间，尤其是父子之间、夫妻之间、主人与奴仆之间，国家不鼓励举报。《贞观律》规定，你检举了你的丈夫杀人、谋反、偷盗，我先治你的罪，叫"夺亲"之罪，然后再论你举报的是不是事实，如果你举报的是事实，国家依照法律再治你丈夫的罪，这是一个导向，就是不鼓励亲人间互相举报。如果谋反这样的大事没人举报怎么办？唐太宗有一个说法，谋反之罪不是两三日可以搞成的，一定有很大的动作，一定有人举报。要举报也轮不到做儿子的举报父亲，妻子举报丈夫。大家看，这就是建立在道德基础上的法律。从国家的长治久安来说，亲属间举报不是什么好事情，唐朝就是这么认定的。

不能纵容父亲和儿子反目

第二，我再举一个例子。药王孙思邈跟太宗有密切的关系，太宗想把孙思邈请到宫廷里，孙思邈待不住，说自己是乡里人，就习惯在穷乡僻壤里给老百姓看病。"药王"除了有《千金要方》《千金翼方》以外，还送给太宗一本《明堂针灸书》。太宗有一天就拿着书翻，他发现原来人的五脏六腑都是贴着背的，他说道：难怪我们审犯人的时候，经常把人打死了，从此改正，以后凡是审犯人只准打屁股，不能打背部。大小史书都记载了这个事情。犯人该打，该拷问，但也有个人道问题。法律上应该体现人道精神。在执法过程中也要体现出同情心，唐朝的法律就体现了执法过程中的同情心。

魏征隔三岔五总喜欢给皇帝上书，他要不上书了，唐太宗反倒觉得很不习惯。太宗有很多爱好，玩个鸟、养个马，魏征老盯着他，揪住他的那些爱好不放。所以太宗就对太监说：你给朕打听打听那个家伙有没有什么爱好，也就是找他的毛病。有人找了，说魏征这个人喜欢下棋，家里还喜欢泡酒，有几缸酒，几年都喝不完，太宗很高兴，说总算找到这个家伙的毛病了。魏征给太宗上书的时候说："凡听讼理狱，必原父子之亲，立君臣之义，权轻重之序，测浅深之量。悉其聪明，致其忠爱，疑则与众共之。疑则从轻者，所以重之也……是以为法，参人之情。"意思是说，在用法律断案的时候，不能纵容父亲和儿子反目，而应该促成父子之情，同时也要表明君臣之间的信义，不要鼓励君臣之间不信任。魏征还提出，凡是有疑问的案子，一定要经过大臣们的反复讨论，一律要从轻处罚。"法"在执行过程中要体现"人情"，要体现同情，要体现君臣、父子、夫妻这些关系，而不是鼓励他们反目，"参人之情"是在这个意义上讲的。

美国法官主持审判，但由陪审团来定罪，这些陪审员大多数不懂法，一个人只要正直就有资格做陪审员，法官只管量刑。如果陪审团认定一个人有罪，法官就要根据法律的条文、过去的案例来推断应该判他多少年，是从轻还是从重。陪审团的审判是什么审判呢？道德审判。人情就体现在这方面。控辩双方在辩论的时候，陪审团凭着感觉、良知和道德，认为这个人有罪还是无罪，这个法律的基础就是道德。

魏征很有智慧，他总是会引出很多的例子，比如他跟太宗说，孔子讲过，"古之断狱，求所以生之也；今之断狱，求所以杀之也"。这是说，古时候的法官断案是为了救人，如今断案是为了杀人。这是孔子说过的话。法律应该把人救出来，而不是要去杀人。

贞观年间，也曾经错杀过人，比如当年的大理寺的张蕴古就被错杀了。大理寺相当于今天的最高人民法院。太宗追悔莫及，他把大臣们叫来说，"你们为什么不劝阻这个事情？"唐朝杀人一定要皇帝批准的，临刑之时，官员要三次向他奏明，所谓"三覆奏"。还有两个时辰要执行了，还有一个时辰要执行了，还有半个时辰要执行了，一遍一遍地告诉皇上，皇上最终决断杀还是不杀。张蕴古事件后，太宗决定将"三覆奏"改成"五覆奏"，这个"五覆奏"制度就是怕出现冤案，让皇帝有机会反复权量。

唐朝还规定，一年当中很多日子不能杀人，春节不行、春分不行、端午不行、秋分不行、夏至不行、冬至也不行，所有的节日一律不能杀人，这样算下来，一年365天有200天是不能杀人的，就是尽量想要延长人的生命。

唐朝法律体现了对人深切的关怀与同情

再说一个例子。唐朝当年监狱里关了死刑犯。这一天唐太宗突发奇想，他说，快过年了，能不能把这些人放回去过年呢？这么说的时候，大多数人反对，说这些人都被判了死刑，如果放出去，绝对不会回来。唐太宗说，试一试吧，如果失败了，我们以后改正，我们就做这一次行不行？太宗一意孤行就这么做了。但是奇迹发生了，这一批都要被处以极刑的犯人回家过年之后，一个没少，全回来接受处罚。这件事让太宗很感慨，他跟大臣们讨论说，我们要向天下讲大信义，要允许百姓犯错。

太宗又进一步突发奇想，既然这些人这么讲信义，我们能不能废除他们的死刑呢？大家又是一片哗然。其中主持修律的长孙无忌坚决反对，甚至还发脾气，"您还要不要法？"有人提出来以那种断脚指头或者手指头的形式替代死刑，太宗说，这个不符合儒家的规定，儒家的观念是，你的一身是父母给的，残害自己的身体有负于父母，不道德，不能这么做。这个时候成都有一个官吏提出来可以把他们流放到边疆去，让他整天思念自己的亲人，痛不欲生，让他去经受精神上的折磨，但是不杀他。这个建议被采纳了。当时是否废除死刑，在唐朝有一次很大的辩论，如果唐朝完全废除了死刑，可能中国的路以后就不会这么走了。当然，"十恶不赦"的人是不能免除死刑的，这些人该死还得死。但是一般的，比如说过失杀人，很多这种犯罪可以宽宥。

我再说一个案子。板桥镇有个店主叫张迪，家里有些个用人。有一天他被杀了，人们发现他的店里正住宿了几个卫士，相当于我们现在的武警，而且第二天发现卫士的刀有血迹。当地的人就把这几个卫士捆了，审问之后，这几个人熬不住，认了。最后到了太宗那里，太宗反复琢磨下不了笔。这个案子只有供词，没有旁证，太宗觉得蹊跷，把这个案子打回大理寺重审。大理寺的一个御史专此前往板桥镇进行"覆推"，经过缜密而精巧的侦查，终于破了这个案子，查出了真凶，原来是老板娘与其中的一个店员私通，一起谋杀了店主，但是是乘人睡熟之时，借卫士的刀杀了人。这个事情差点就错杀了 3 个人，有意思在哪里？一个皇帝亲自去过问一个小店员的事情，对人命关天的事情慎之又慎，就是在执法过程中体现出同情与对生命的尊重。

唐朝兵部尚书侯君集是有功之臣，被太宗杀了，原因是他参与太子谋反。太宗亲自审侯君集，他怎么说？"我怕下面这些人羞辱了公"，你这么大的官，我不能叫一般的官员去审。这说明皇帝对这个人是尊重的。审了以后侯君集认了，最后在执行死刑的时候，依照唐朝的法律，谋反是不能被宽宥的，按照过去的惯例要灭族。侯君集在临刑之前说："我也是对国家有功的人，我只有一个请求，请给我留一个烧纸祭祀的人。"太宗满口答应，"可以，你儿子可以留下，你老婆也留下，但是从此要被贬到南方"。执法过程当中体现了人情，人情很重要，但不是那个法外说情。唐朝法律体现了对人深切的关怀与同情。

法律营造了宽容、公平、和谐的社会环境

第三，唐朝法律体现了对社会公正的追求。在立法中贯彻仁爱与宽容精神，不等于没有法律界限。这种宽容精神不是纵容犯罪，只是本着这种精神去履行司法的责任，在执法过程当中体现公平。法外说情，这是司法的不公正，法官收取了别人的礼物这是法律的不公正，在法律面前人人平等，这本身就体现了社会的同情。道理很简单，在执法过程中，如果我们对一些人有偏爱，对另外一些人就是不公正。我们现在是不是做到了在法律面前人人平等呢？这还需要我们共同努力。

一个好的皇帝，背后一定有一个了不起的女人，长孙氏就是这么一个人。考虑到汉朝吕后的事件，所以长孙氏担心，如果皇帝不在了，我去掌权怎么办，我克制不了自己怎么办？所以每当李世民生病时，她就悄悄准备一包毒药，说太宗一死，她立刻服药自尽。这个事隐瞒了很多年。长孙氏是 36 岁去世的，死之前把衣兜里的东西翻出

来，告诉太宗说，"我随身一直带着这包药，我怕将来做了吕后那样的事情，每当皇上生病的时候，我随时做好准备自尽"。我们不要把太宗想象成一个神，他是一个人，他也会犯错误。太宗说："法不是我一个人的法，虽然这个法是我昭告天下的，是天下的法。当我要干扰到法律的时候，请你们立刻指正。"他还说："凡君人者以天下为无私"，不能有私心，要讲公平。

太宗的内兄长孙无忌犯了事，怎么处理呢？长孙无忌有一天进宫，配了剑走过去了，门卫也没有阻止他，可能忘了这个事，皇上的内兄谁敢挡他呢？这个事出来后，守门的校尉被绑了，被送到大理寺审，但没有人敢绑长孙无忌。有人说这个校尉没有履行职责当杀，长孙无忌罚一罚款就可以了，唐太宗也没有多加思考，就同意了。但是魏征这帮人坚决反对，说王子犯法与庶民同罪。经过议论，最终大理寺提出两个方案，要么一起治罪，要么一起免罪，太宗选了第二个方案。这么一个案例，体现了在法律面前的公正问题。他的内兄长孙安业犯了罪，依照法律是要治死罪的，这个时候长孙氏皇后唯独一次出来说情。她跟太宗说，她跟长孙安业同父异母，小时候一直关系不好。这个时候长孙安业犯了罪，长孙皇后出来说，"长孙安业的确犯了罪，是该当杀头的，如果我在这个时候不说两句话，天下人会认为我在泄私愤，报私仇"，唯独这次长孙氏说了情。最后，削除了长孙安业所有的官爵，还他一个庶人身份，没有杀他。

唐朝逐渐形成了一种风气，叫"志存公道，人有所犯，一一于法"，整个唐朝关押犯人最少的时候只有 20 多个人，有一次到了 200 多人，太宗就很吃惊，他说，怎么犯人这么多了？那么大一个国家，犯罪率如此之低，从这当中，我们可以窥见贞观年间的道德水平与社会安全程度有多高。

这样一部好的法律，这样一种宽容的精神，为大唐的崛起奠定了一个很好的基础，营造了宽容、公平、和谐的社会环境。当然大唐的崛起有很多因素，今天因为时间的关系，我恐怕只能说这一条了。

如何防止青少年的性罪错

傅　璟

傅　璟

笔名有丹凤，作家。在全国多家
报纸和杂志发表了多种体裁的文
章，已出版个人长篇小说：《飘
荡的灵魂》。

青少年是人生中最关键的阶段。
为什么选择一个与性有关的话题呢？因为随着时代的发展，这个字已
经不再可以被规避。

我想从几个方面谈这个问题，一是青少年性罪错的含义；二是性
罪错的成因；三是性罪错的危害；四是性罪错的防治方法。

先谈谈青少年性罪错的含义。何为性？性在人类及整个生命物种
起源的过程里面是一个必定的行为。宇宙万物的生命都是通过性的行
为得以延续。性在某个特定的程度、特定的环境下来讲，应该受到法
律的保护和社会的祝福。因为我们每个生灵都与性离不开关系，在某
种程度上性是所有生命应该敬仰与尊重的字眼。什么叫性罪错呢？既

然是受尊敬和敬仰的字，为什么有罪与错呢？当然这有两种解释，第一种是专指违反社会良俗、违反社会道德规范的错误的性行为，相当于性差错；第二种解释是性错误与性犯罪的统称。性罪错，特别是青少年触犯性罪错的案例不在少数。只是因为种种原因没有公布于世，一是为了社会的安宁，二是为了保护青少年的隐私，以及青少年所在家庭的安定。

有些数字在全国工读系统内部还是有一定的传播的，从95%以上的工读女生的矫正原因可以发现，都是因为性罪错进的工读系统。其中60%以上都是被黄色的书刊、影碟所影响而犯了性罪错的案子。青少年性罪错还有一种解释，就是处于性成熟期间的青少年，由于性知识的贫乏或者对性行为的社会意义不甚明了，为了满足自身生理的需要而实施的有关性方面的错误行为或者违法犯罪行为。这种解释就把社会意义提到了一定的高度，强调的是对社会的影响。这种解释比较符合当今社会对性罪错的一种判断。

青少年性罪错为什么发生率如此之高，并且屡教屡犯，一直处在不太令人满意的循环状态里？是不是青少年不肯改，或者是我们的社会环境真的不好呢？不尽然。

青少年性罪错与青少年时代的好奇心有关。每个人在青少年时代的身体变化是最大的。他或者她，会从一个纯粹的孩子出现成人化的身体特征。比如男孩子会长出喉结、胡须，声音开始变得有些沙哑；女孩子开始出现第二特征，而且声音变得尖细，害羞，喜欢独处。男孩子喜欢用肢体语言表达他的成长，比如打架、跟小伙伴撞击，这都是他在成长中的一种特质反映。

男孩、女孩在成人化的过程中有一个共性，就是他们的性器官都在不断地成熟，身体很多部位的毛发趋向完整。这个时候身体的变化就会令这些人对异性产生好奇心。对于这种好奇心，家长不应该给予武断的遏制或者是谩骂，而应该平静地对待。这只不过是这些孩子成人化过程中一些比较正常的生理反应、情绪反应，或者简单地说是一种性别特征的反映。

20 世纪青少年获取性知识，一般是在医学院的教科书里，或者是在图书资料里面，或者在书店的书本里面，并且在获取相关知识的时候，没有现在这样宽松的环境。因为当时网络没有那么发达，根本不敢光明正大地学。20 世纪 70 年代出生的人，对当时轰动中国的被禁止的手抄本《少女之心》应该还有点印象。据说这本书被当时的老师和家长与政府有关部门当成了"洪水猛兽"。当时有些中学生偷偷地阅读了这本书，就产生了很大的反应，就被老师定为不可教的孩子。还有一些孩子读还没有解禁的《金瓶梅》，因为描写了很多与人类爱情或者与人类幸福有关的章节。很多人看了以后，因为他们没有正确地处理这样的事情，出现了不思茶饭、不思学习的现象。所以当时《少女之心》和《金瓶梅》是被学校、社会和家长严厉禁止的。

20 世纪 90 年代末，有一个报社干部的女孩子 14 岁，正读初中。一个女孩子正处于如花的季节，忽然间 9 个月之后就成了母亲。这件事情出来了之后，整个社会的某个领域产生了非常愤慨的情绪。第一怪家长，第二怪学校，第三怪社会，第四怪当事人。我们最应该怪谁？很多法律专家、教育专家在一起座谈之后，很多人说，你怪学校有没有道理？有，它有一个失察的过错。怪家长也有道理，因为你是法定的监护人，你的孩子 9 个月的身体变化都没有注意到吗？据说这个孩子在怀孕 6 个多月以后，在邻居指出她的肚子有点不正常的时候，父母才发现有点不对劲，还以为是孩子长胖了。当然孩子也有错误。当时这个案子震惊了法律界和教育界。

前些日子电视台播了一个节目，留守老家的 6 岁男孩，假期的时候父母就把他带到身边来。因为打工的夫妻没有住房，孩子就和母亲住在一起。这个孩子表现出来的并不是孩子的幼稚天真，而是对女性充满了好奇。他动不动就掀开女青年的裙子，或者是解开她的衣扣直接抓胸。你说那个孩子是性罪还是性错、耍流氓？都不是，这就是孩子对性的好奇心。关键还是因为母爱的缺失。两种情况的结合，出现了这样一个案例。

以前的女工宿舍、女大学生宿舍经常出现内衣失窃现象。什么人作案呢？他别的东西都不偷，就偷内衣。保卫处的干事抓到了行窃的人士，经询问得知，他并没有很恶劣的作案动机，仅仅就是好奇，就是青春期的懵懂引起了他对性的好奇，这只是性错而已，没有达到性罪的程度。

课程应该随着孩子成长规律做调整

说到中国的教育，大家对孔子、孟子、老子的教育耳熟能详。其实孔孟之道在中国流传的"毒素"也是根深蒂固的。我仅指在性教育这一点上。新中国成立 60 周年时，师范院校——老师的摇篮都没有设置性教育专业。连老师都没有接受过专门正规的性教育，怎么能够在你的工作岗位上，对你受教的小学生、中学生、大学生进行正确的教育呢？这不能怪老师，这是中国教育体制应该更改的方面。中国性教育可以说是滞后、愚昧的，相当的虚伪。我觉得这是百姓的心声。

由于性教育缺失，师道尊严所在，家庭教育更加不会对孩子提及性。在所有人的心目中，青少年在花季的时候，他们应该在社会、学校、家庭各个层面的关爱下纯粹地生活，幸福地学习科技、文学、艺术等方面的知识，健康无忧地成长。但是人生并不是由着你的设想而定，每个人成长的过程、生理的变化，一定会引起他心理变化，心理变化一定会影响到他的行动。

西方国家把性教育定义为人格教育。每个学生都会有 120 个小时关于性知识、性道德、性价值观的课程学习。西方在孩子成长的过程中，在对他进行人格教育过程中，其教育模式就比亚洲或者比中国先进了 10 年，甚至 20 年、30 年。你想想，在这种教育体制下成长的孩子，犯性罪错，能把错误的原因归结给老师、孩子或者仅仅是家长吗？我觉得应该上升到一个高度，就是中国的教育体制、教育机制、教育课程应该随着人正常的成长规律做相关调整。这样的话，我们培养出来的青少年才能真正成为将来社会的栋梁、人类的希望、家庭的幸福资源。否则，还是一个貌似健康、心有残疾的"健康人"。

我要讲一个与性错有关的事。台湾有一对化学博士，结婚十几年一直没有孩子。碍于情面，同事、朋友、家长、亲戚都不敢问他们中间的问题。最后亲朋好友就问："是不是你们俩感情有问题？""没有。""你们俩是不是身体有问题？"结果大家就把他们送到专科医院检查。检查的结果让所有人大跌眼镜，医生也吓了一跳，惊讶。结婚十几年的女化学博士竟然还是处女，他们两个就是因为性教育的缺失导致了这种尴尬。他们夫妻仅仅有其名，同床而眠，但是他们没有真正的夫妻生活。这个案例的出现，给整个世界的教育甩了一个大脸子。这也警醒亚洲的教育，应该重视与人性相关的课程，否则出现这样的高学历而性知识如此贫乏的人是多么可怕的事。

再讲一个性教育缺乏引起的案例。湖北、河南都发生过多起青少年对中老年妇女施暴的案例，这些犯罪嫌疑人的年龄令人觉得非常心痛，大的不过21岁，小的才10多岁。中老年妇女行走夜路或者偏僻小路可能也不太注意，结果被孩子施暴。碍于颜面她们也不敢报案，也不想破案，丢不起那人。这是中国的传统，觉得失贞了比失命还重要，感觉丢不起那人，不敢报案。很长时间这个事情都没有被发现，直到有一个妇女被家人发现了，在报案的时候才引发出这个群体案件。这个案件出来以后，你们想想，对受害人的心理伤害有多大？因为她们是中老年妇女，有家庭、孩子、丈夫、亲戚，她们怎么面对周围的舆论？因为中国人喜欢吃饱饭就谈点比较欢乐的事情，一般都是以别人的痛苦为欢乐聊一聊，也没觉得给别人造成什么伤害。这些人就因为这种顾虑不敢报案，案件出来以后，给这些受害人的心头留下的伤疤是永远不会愈合的。这些施暴孩子的家庭，也不会有安宁的日子。因为他们的父母跟受害人年龄差不多，或者比受害人年龄还要小点。这一类属于无知青少年的性罪，已经达到了犯罪的高度。这不能简单地看成个人的问题，这也要归结于学校性教育匮乏。他在学校没有学到相关的性知识，他在成长过程中有好奇心、冲动，或者是受外界的影响，造成了一定的破坏性。

中国的教育，很多时候不是为了让孩子真正了解生命的起源，它是为了防止出事。比如男同学和女同学应该有一定距离，不讲为什么，只是简单地说你们不要太亲密。我们都是在这种教育体制下成长起来的。家里管教严格一点的，或者保护措施好一点的，或者本身意志力强一点的，就平安无事地度过了青春期。意志力差一点的，比如有些留守家庭的孩子，有些单亲家庭的孩子，有些周围居住环境差一点的孩子，他们势必会受到一些影响，就容易造成一些危害，或者是犯性错案，或者是犯性罪案。

性教育的缺失，在当今中国应该引起警醒。现在网络上有很多的案例，让人非常痛心。多少孩子、多少花朵、多少祖国的未来，就葬送在某些无知、无耻、下流、卑鄙的人手上。你看网络，点开网页，可能出现非常不堪入目的画面。甚至有些网页是非常强势地攻入我们在看的那些网页，你点击删除却被打开了。还有黄色书刊，以及藏匿于城市角落的色情酒吧、迪厅、夜总会等。

如果大家留意的话会发现，在繁华城市的某个地段、某些角落，灯红酒绿，甚至看不到服务生和迎宾小姐。但是你进去就需要特别的"证件"，也就是你必须是他们的会员。还有一些就是特别不堪入耳的词语。这些酒吧如果是正规经营的，需要这样吗？正规的迪厅需要这样吗？他们是在比较合法的外衣掩盖下，干着不法的勾当。他们在残害我们的下一代，在残害祖国的未来，在动摇国之根本。

孩子性罪导致的后果非常严重

有记者曾经对广州市某所中学 300 个学生进行问卷调查。187 名学生很坦率地说，他们浏览过黄色网页，还有 170 名学生看过限制级的影片。什么叫限制级？就是未成年人不能观看的视频，或者是其他文字之类的东西。但是这些学生就看了。如果学校教育跟不上，家庭教育跟不上，这些孩子会出现什么样的反应？会发生什么样的行为？会对这个社会造成什么后果？这都是不可估量的。我相信这些学生一定不会跟老师讲，不会跟家长讲，除了特别好的朋友可能会讲，一般人是不会讲的。这个报告出来之后，有人感觉非常惊讶。300个学生里面187个有这种行为，这是什么概念？可能还有很多人讲假话，也许是怕老师、家长发现，或者就是不愿意告诉你。这个数字还有水分，可想而知，这样黄色的网页、书刊、音频、限制级影像对孩子的影响多么巨大，对社会的动摇性是多么的可怕。如果我们的教育跟不上，这些网页"毒素"在跟我们争夺青少年，光靠传授知识、文化来争夺青少年，有用吗？他们的心灵被腐蚀了，他们的思想被侵害了，他们学了更多的知识，只能让他们往某种更坏的方向滑得更远、更深。

通过对14岁到18岁青少年性罪错案例的调查，青少年犯案的机会越来越多，而且他们越来越趋向低龄化。并且性罪错在整个青少年犯罪中的比例已经相当高，超越了58%。我相信没有家长会说自己的遗传基因差、自己的家教差、自己的素质差，只能说因为种种原因，这些孩子中毒了、受害了。这些性罪与性错的案例，与黄色网页、黄色书刊、色情酒吧、迪厅分不开，这是青少年受伤害的重要的环节之一。

某中级人民法院女法官的儿子17岁，高中生。有一天，他看到门卫老大爷的孙女非常活泼可爱，他说，哥哥带你出去玩儿。那小女孩很纯洁，但他忽然间就动了邪念，用非常恶劣的手段，把这个非常可怜的4岁幼童给强暴了。强暴了以后，他还装作若无其事的样子回去，把女孩扔在了施暴现场。这个女孩被别人发现时，浑身是血。就是因为他的性冲动，因为他成长期的生理需求，这个女孩被祸害了。

这仅仅是祸害吗？给幼童的家庭又会带来什么样的痛与悲伤？又引起了多大的恶劣反响？很多民众完全不认识这个门卫老大爷，他就在法院门口拉上横幅，强烈要求枪毙这个法官的儿子。可能因为我做慈善很多年，每每看见别人的孩子，就觉得这孩子真可爱，你怎么忍心去伤害她？并且用这么恶劣、卑鄙、下流、无耻的手段！他不仅是强暴，而且对她毒打，手段相当恶劣！

据说那个女孩子在后面的成长道路中非常悲惨，整个家庭就几乎听不到笑声，没有欢乐，她将永远生活在恐惧与不安之中。有一段时间，周围在幼儿园上学孩子的父母现在都不敢让保姆接孩子了，很多人没下班就请假去接孩子，不给请假就早退。这个案例造成了大批人的心理阴影。这样的案例出来，教育界就应该寻着犯案的枝节去了解罪犯的心理成因。他为什么会犯这样的罪？如果加强教育，政府、学校、家庭、社会通力合作，对别的孩子、对未来的孩子会有一定的帮助和保护。可惜我们的教育一直滞后。

长期以来，性禁锢造成人们对性的很多错误认识，包括反叛、逾越规矩、破坏良俗、不遵守相关的准则。以前一讲性，就是丑的，性是万恶之源。凡是谈论与生殖器有关的话题，都是羞耻的、压抑的。但是越是不准讲，就越会讲。我们每个生命都是爱的结晶，也是性的产物。动物也是如此，我们就是动物。我们控制了整个社会，所以我们自称为人，既然我们自称为人就应该配得起人的称呼。

青少年性罪错过多影响国家声誉

大家看一下"摸奶门"。每个正常人降临到人世，一定会摸到奶，那是你母亲的奶，孕育你生命的奶。应该说这代表着纯洁与爱，但是这个"摸奶门"是什么概念？淫秽、侮辱，还有一种是伤害，这是动物与人应该区分的一个点。还有就是"脱裤门"，你说这有什么好脱的？你脱了又能怎么样呢？你能吓到外科医生吗？会吓到爷爷奶奶那一辈子的人吗？只可能会吓到那些孩子。你这样祸害的还是下一代，你动摇了国之根本、家之根本！

这个门、那个门，为什么都与青少年有关呢？青少年在成长过程中，家长禁止他涉性，学校也禁止他涉性，甚至男女分组而坐。我发现小学生很有意思。我有个朋友，他的儿子有一天写了一张纸条：某某你真漂亮，你的小脸蛋就像我妈妈给我的小红苹果，我可以咬一口吗？他偷偷把纸条送给一个女生了。回到家里，这个女孩的父母发现了纸条，第二天就交给老师，老师一对笔记，发现是这个孩子，而且还是学习成绩非常好的孩子。你能说这孩子不好吗？他这是一种好奇、一种爱，与性无关。如果我们教育得好，就不会出现这样的问题。

学校在我的心里是一片净土，是净化灵魂的花园。2013 年 5 月，20 天之内发生 8 起性罪错案件！为人师表的老师干的事！令全国的网民、家长、法律界人士、教育界人士感到汗颜！祖国的花朵一而再、再而三地被摧残，祖国还有未来吗？家庭还有希望吗？孩子还有前途吗？

最无耻的案例是，海南万宁一个小学姓陈的副校长，带 6 个小学女生开房。请大家记住这样可耻的人，不要忘记这个社会在极大的物质丰富的前提下，还有灵魂十分肮脏的人存在。

所有在学生时代有过性行为的人，成年之后，或者是婚后，在内心深处或多或少会有失落感或者是不安全感，与他人交往也会出现不信任感，这是很多实例证明过的。我还认为性罪错的危害会影响整个国家的未来，因为青年就是祖国未来的承载者。如果受害的群体人数太多，这样的国家在世界的可信度有多高？所以我认为，青少年性罪错案件过多会影响国家的声誉。因为青少年素质高低，直接影响国家未来的发展与建设大计，还会危害社会健康有序的发展；不仅影响涉案的家庭，还会引发群体的恐慌。

性罪错有几种防止方法。改革开放 30 多年，无数的令人难以置信的案例已经充分证明，对青少年开展青春期性教育已经迫在眉睫。我们的方法有很多，首先应该用开放、包容、互信的态度来对待，而且用科学启蒙引导的方法来实行。早在 1963 年，周恩来就曾经召集了 10 位专家说，为了保护祖国的下一代，应该在女孩子首次来月经、男孩子首次遗精之前，把科学的性知识告诉他们。不要让孩子在青春懵懂期因为对异性身体的好奇，或者是对性知识掌握得不够完整或者不正确而受到不必要的伤害。50 年过去了，青春期孩子的性知识教育、性心理以及性情感的引导，在多数的学校、家庭依然是零，是个盲区。只有用科学的知识来引导青年的成长，才有可能规避一些不必要的性罪与性错。

我提倡强化素质教育，树立理想与信念。有高尚情操和理想、信念的人，在人伦与性道德方面是不会轻易乱来的。有很多兴趣的孩子，不会把兴奋点仅仅停留在某个生理方面。

我来举个例子，深圳斌鹏体育文化有限公司开设了很多篮球训练班，教练是国家级的裁判，原是安徽省篮球队队长，训练班那些孩子刚刚进去的时候，有些孩子极度自私，说话非常难听。经过篮球训练之后，明显看到孩子有了变化。篮球是一个群体项目，讲究的是团队合作，传球、运球、投篮，这些孩子经过一段时间的培训，彼此会有一种关照，对家人和学校的认识会有改善，粗言粗语少了，乱动拳脚少了。

爱好文学的人，他可能沉浸在文字里，或者在书法里，或者在音乐艺术里。我要特别推荐中国的民族乐器二胡。二胡只有两根弦，却可以拉出人生的各种境界，这与演奏者本身对音乐的理解、对人生的感悟有极大的关系。所以我觉得孩子如果有一定的修养，可以转化他们的注意力。

多方合力才能防止青少年性罪错

学校是最好的教育场所，可以增加一些性心理课程。如果老师觉得男女生在一起培训会有点害羞，难为情，可以分开加以辅导，让他们的性心理问题得到有效的解决。还有就是，教育青少年加强自我防范意识，不要轻信他人，不要动不动一个电话就跟着别人跑了，一个电话就跟着别人开房去了，要自我防范。

政府部门要建立健全保护体系，健全法律制度，建立健全学校与家庭联系保障制度。非常令人高兴的是，2007年6月1日颁布了修订后的《中华人民共和国未成年人保护法》，总共有72条相关法律规定，就是针对孩子在成长过程中可能发生的一些问题的法律解释与保护措施。要引导孩子们从善，明辨是非。学校、家庭、社会、媒介形成一种良性循环，他们才能够真正健康地成长。

我们也可以借鉴外国的教育方法，让孩子接受性知识、性道德以及性价值观的教育，可以有 120 小时甚至 240 小时的课程。我们可以像宣讲《三字经》一样，告诉他们这是与人、与生命、与家庭、与社会的未来都有密切关系的一种知识。这种知识可以说比天文、物理更重要，因为它关系到每一个人。我在日本访问的时候提过，日本对青少年有什么特别的保护措施吗？他们说是学校、家庭、社会联动。韩国也是这样，他们会让孩子从幼儿园开始手拉手（行动），不一定是在节假日，不一定是在纪念日，去参观军事博物馆、科学馆，这就是一种国民素质教育。他们在保护青少年方面有我们可以借鉴的经验。

加拿大畅销书作家阿瑟·黑利 8 岁的女儿问：我是怎么来的？孩子的母亲就把孩子拉到卫生间，然后告诉她，"你是由爸爸与妈妈相爱而来，爸爸的精子与妈妈的卵子幸福地结合在一起，就有了你"。她把细节大致地告诉了孩子，这个事情出来以后，周围的朋友感觉非常惊讶。但这个孩子并没有被吓到，这个孩子非常健康地成长着。中国家长和孩子就缺少这样的对话。人的起源本来是非常美妙、幸福、令人敬仰的，但是被中国的父母讲成什么了？"你是捡的，你是石头缝里蹦出来的。"好像非常难以启齿。

香港没有专门为青少年立法，但是保护青少年的规定出现在很多的条例与法规里。香港立法会为孩子们设立了一个类似立法会的会堂。孩子可以不定期地去体验当立法委员的这种崇高，让他们宣读法案，体验立法的过程，孩子们就会明白，原来法制社会的青少年应该遵守相关法律制度，只有这样才能够获得法律的保障、社会的尊重、人格的尊严。

中国的教育界也应该鼓励青少年参观科普展览，阅读科普读物。让他们了解生命的起源，不好直接讲的话可以用图片来普及生命成长的过程，包括听《动物世界》的一些讲解。

最后我要讲的一点就是，多方合力，防止青少年性罪错，形成良好态势。学校、家庭、媒介、政府、社会通力合作，才能把孩子培养好，确保孩子的身心健康。这样，孩子才会成为拥有正确的价值观、人生观、道德观的人格健全的人。中国的孩子就应该像中国的孩子，社会主义国家的孩子就应该像社会主义国家的孩子，倘若如此，看明日之中国，必将能够实现明显减少青少年性罪错之梦想。

在跟大家说再见之前，我还要与大家分享一句话。这是傅璟健康人生的六大标准：

让我们的孩子拥有"积极的人生态度、健康的身体素质、健全的心理品格、正确的性爱标准、强烈的法律意识、科学的理想境界"。不是每个人都可以成奥巴马、李嘉诚，我们可以普通，但是不要平庸；我们可以平凡，但是不要下贱；我们可以粗茶淡饭，但是不会沦落为低级动物。我们依然可以有高贵的人格，因为我们有健康的人生标准，所以我们可以对孩子骄傲地说，"自在、自信、自豪、自由地活在人间！"为我们的社会、家庭做出一定贡献，为我们的国家做出一定的贡献，这才是青少年朋友应该、必须做到的，而且也是能够做到的！

我国经济转型的方向与前景

张燕生

张燕生

国家发展和改革委员会学术委员
会秘书长，国务院特殊津贴专
家。曾任国家发展和改革委员会
对外经济研究所所长、研究员。
主要研究领域：国际金融和国际
贸易。曾先后主持或参与国家重
点研究项目、国家计委重点课
题、国家社会科学"七五""八
五""十五"规划重点课题等。出版中、英文专著 10 多部，
发表学术论文 200 余篇。

三次大的改革运动推动中国经济持续发展

要谈下一步的改革进程，一定难以回避过去 35 年当中经历过哪
几个大的改革运动。在过去的 35 年当中，我们曾经有过三次大的改

革运动。

第一次改革运动是在 1978 年，我把它总结为一次危机驱动的改革运动。新中国成立 30 年，我们经济社会的发展都有了很大的进步，但是直到 1978 年，老百姓的温饱问题还解决得不好，社会生产力的发展解决得不好，也就是如何缩小与世界发展差距的问题解决得不好。

以 1978 年党的十一届三中全会为标志，我们实现了工作重心的转移。从"以阶级斗争为纲"转向了要发展社会生产力，要搞改革开放。在 1978 年，我们做出了改革开放的三个重要选择。

第一个选择，发展外向型经济模式，就是很重视出口和招商引资。1978 年，我们外汇短缺、资本短缺，制约着我们的发展。外向型模式——扩大出口和招商引资能够解决我们在发展当中所需要的外汇和资本问题。还有，当时面临着如何从为计划而生产转变到为市场而生产的问题，在这个转变当中，体制的转轨需要引入外来竞争压力。

第二个选择，1978 年改革，我们选择了不平衡的发展战略，也就是让少数人先富起来，然后实现共同富裕。先把经济建设搞上去，然后再促进经济、社会和生态环境保护的统筹发展。先把东部沿海地区发展上去，然后再顾及中西部地区的发展。重点是对西方发达国家的开放。

第三个选择，低成本的竞争模式，主要是农村剩余劳动力的转移。前 30 多年转移到城市的人口有 1.7 亿人。

第二次改革运动始于 1992 年的"南方谈话"。改革开放的方向究竟是什么呢？"南方谈话"明确了要搞市场经济，这实际上解决了世界性的难题——社会主义国家如何能够有效率。在"南方谈话"当中还有一项重大的突破——明确了中国的改革开放就是要发展市场经济。此外，围绕着市场经济进行了以市场经济为指向的全面的经济体制的改革，包括财税、金融、外贸等。

如果没有这次改革，如果没有明确的方向，如果没有围绕着市场经济所施行的一揽子改革方案，我们很难使贸易和国际收支由逆差转变为顺差，我们也很难从经济匮乏国家转变成今天这样有着强大供给能力的国家，对于这些转变，"南方谈话"功不可没。

第三次重要的改革运动是2001年中国加入WTO。当时我们说得最多的有三句话。第一句话是：为什么中国要用15年的时间来申请WTO？而且要接受明显不公平、歧视性的条款？比如第15条。当时的一些大国迫使中国必须做出选择，要么就不要加入WTO，要么就要接受一个很不合理的条款。中国只有等到2016年才能够被承认是完全市场经济国家，在2016年之前，任何WTO成员都可以根据第15条对中国发起反倾销诉讼。当时我们说，要按照国际规则走，如果中国市场经济地位只有到2016年才能够被完全承认，中国会遭受持续的反倾销诉讼，中国就不能够同时被采取反补贴诉讼。但是2012年，美国国会通过国内法授权美国有关部门对中国同时进行反补贴诉讼。在中国加入WTO的时候，大家提出：为什么我们要接受第15条？为什么我们要接受第16条？为什么我们要接受第二、三段这些明显不公平的条款？当时说得最多的一句话是：为了中国能够融入世界，为了中国能够参与经济全球化，能够把握全球开放的重要战略机遇期。第二句话是：与国际通行规则接轨。从1986年一直到2001年，我们始终按照WTO市场经济的原则来调整我们的政策和各项规定。当时我们的汽车工业有一项重要策略，叫做用市场换技术。第一，任何外国资本到中国来，都要接受强制性的合资要求，要教会中国企业如何管理一家国际化跨国公司。第二，任何外国资本到中国来投资都要接受强制性的技术转让要求，要教会中国企业如何掌握新技术。第三，强制的国产化要求，即任何外国的资本到中国来都要教给中国如何建立汽车的零部件体系。WTO国际规则说，这些不符合市场经济规则，因此在入世的时候我们就取消了这些规定。第三句话叫"狼来了"。什么叫"狼来了"呢？就是说家里有一群中国的"肥羊"，外面有一群西方的"恶狼"，现在门要打开了，西方的"恶狼"要吃中国的"肥羊"。在10多年前，我们做了很多研究，研究门打开以后外面的"狼"最可能吃掉哪些"羊"。我们这样分类，一类是纺织服装，纺织服装这些"羊"跑得很快，"狼"追不上。还有一类，开始跑不过"狼"，在跑的过程中老弱病残会被吃掉，可是"狼"越追它们就跑得越快，慢慢地就跑赢了"狼"，如仿制药、原料药、中成药这些"羊"。还有一类，无论如何努力都不可能在短时期内跑赢"狼"，如汽车、银行、农业。当时大家心里没有底，不知"狼冲击"究竟会对我们的企业、老百姓、整个国民经济造成哪些影响和伤害。

为什么预期的"狼冲击"没有发生

加入 WTO 使中国经济获得了快速的发展。我一直在思考三个问题。我们认为很多抵挡不住"狼"的企业会停产、破产、转产，可能会有大量工人下岗，大量人才流失。第一个问题，为什么人们预期发生的"狼冲击"却没有发生呢？外面有一群"饿狼"，家里有一群"肥羊"，门打开了，那些"饿狼"对家里的"肥羊"不感兴趣。"狼冲击"的这个门事实上早就打开了，"狼"实际上已经在"羊圈"里面了，我们预想的"狼冲击"就没有想象中那么强烈。

第二个问题，为什么中国经济和社会发展却取得了非常明显的、长足的进步？从 1986 年申请一直到 2001 年加入 WTO，我们天天喊"狼来了"，从最高层一直到最基层，从大企业一直到小企业，从银行、农业、汽车一直到所有行业，我们都在做着应对"狼冲击"的准备，准备和"狼"搏击，这是我们加入 WTO 取得巨大进步的原因。

第三个问题是什么呢？加入 WTO 以后，中国改革开放加快了还是减慢了？从 2002 年开始，我们在用开放促改革。我们发现过去的很多问题都与改革放慢有直接关系。

1992 年邓小平"南方谈话"做了一件很重要的事情——明确了发展市场经济的方向。如果邓小平还健在的话，2002 年进行第二轮视察，他会说什么？他会推动什么？他会不会推动先让少数人富起来，然后共同富裕的改革？共同富裕改革的第一步应该做什么？会不会首先要争取机会公平？如何才能够实现机会公平？一定是围绕着机会公平来推动要素价格的市场化改革、财税体制改革、金融体制改革。如果我们从 2002 年开始推动了要素价格市场化的改革，当美国的金融泡沫和房地产泡沫带动了全球化非理性繁荣的时候，当油价从 22 美元一桶上升到 147 美元一桶的时候，一定会带动全球煤炭价格暴涨，一定会带动中国煤炭和油价暴涨。

下一步应该朝哪个方面做呢？我个人认为，应该推动新一轮高标准的改革、高标准的开放和高标准的发展。首先是政府职能改革，要明确政府是干什么的、市场是干什么的、企业是干什么的，进一步划分政府与企业之间的边界。其次要推动金融体制、财税体制、要素价格体制、衍生品市场等一系列改革。应该对接国际高标准的市场经济规则。中国市场经济要走向完善，就要完善中国特色和国际高标准规范对接的现代治理体制和法制建设。再次是推动竞争中心的改变，打破各种垄断，打破各种不合理的干预。最后是推动更高的劳工标准、环境标准和知识产权保护标准。政府要回归维护市场秩序、社会秩序和生态秩序的责任。要推动政府采购、自主创新和产业政策的变化。

更高标准的开放在性质上与以前不同

什么叫高标准的开放？——要推行高标准的商流、物流、人流、信息流、资金流的国际化、自由化和便利化的改革。要探讨高标准的投资自由化和便利化，实行准入前的国民待遇和负面清单管理（负面清单是指在开放方面外国资本不能做的事情，涉及国家安全和命脉，不能碰，国家应该有明确的界限）。

一位美国的朋友这样对我讲过，"在美国，凡属于通信和电讯的东西中国碰都不要碰"。我问他，"华为能够在 140 个国家做生意，为什么在美国就不行？为什么你们的安全标准比其他国家门槛高得多？"我的朋友讲，"美国是大国，因此它的安全和核心利益有着非常严格的界定"。

如果"安全、敏感、命脉"以外的领域都是开放的，那意味着今后的中外资本在这三个领域以外的领域都是开放的，不需要政府批准，那么这个开放与前35年的开放在性质上根本不同。这个开放在未来35年我们需要一步一步地探索，意味着今后中国的投资会更加自由、更加国际化、更加便利化。

第三个开放的领域是服务业，包括服务业的对内改革和对外开放，也就是服务业对于民企和外企的开放。相信下一步，在我们主要服务业领域的开放程度上，会大大超出我们的想象，此外还包括国内统一的市场建设，包括向西方开放，包括中国对自己周边地区的开放，像我们周边地区的南亚、中亚、西亚、东北亚、东南亚都将变成我们下一步开放的重点。可以提高我们的人才、资本、市场、产业、城市的国际化。

下一步要探索高标准的发展，也就是要实现我们包容性的发展、平衡性的发展和可持续的发展。什么叫包容性发展？衡量的标准就是居民收入和劳动者报酬能够与经济发展同步，而且要得到明显的改善。过去10年我们与包容性发展有距离。

平衡型发展主要讲城乡和区域发展的平衡。可持续发展是指绿色发展，由依靠劳动力投入、资本投入、土地投入、能源和资源投入支撑的增长能够转变为靠生产率、人才支撑的增长。

回顾过去的35年，在区域方面我们是沿着一个方向走的，就是沿着经济特区、开发区、综合改革配套试验区的方向发展。深圳是特区，这个方向的重点是探索如何不断提高我们的市场化程度。第二是沿着高新区、高科技创新园区和国家自主创新示范区的方向发展，重点探索的是科技创新。第三是沿着保税物流园区、出口加工区、保税港区和综合保税区、自由贸易园区方向向前发展，这主要解决的是国际化程度问题。

上海自贸区应该对标纽约和伦敦

下一步开放会沿着什么方向走呢？9 月 29 日，国家批准建立上海自由贸易试验区，我提出了四个问题。

第一个问题，上海自由贸易实验区的改革模式是沿着过去35年的三个方向往前走一小步，还是探索未来 35 年高标准的改革、开放、发展从而往前迈一大步呢？以上海作为起点，我们究竟走哪个方向呢？沿着我们过去的特区、高新区和综合保税区往前再走一小步，还是能够往前走一大步呢？对于上海来讲，重点应该是国际化、现代化和知识化，它的目标应该是对标纽约和伦敦。

第二个问题，自由贸易区有两个概念，一个概念叫做海关特殊监管区，也就是综合保税区，再往前走一步就是深圳人特别了解的一线放开，二线管住，英文的缩写叫 FTZ。它是自由贸易区，但是这个自由贸易区往往是在一二十公里的范围内被物理围网围住，今后会被信息围网围住的特殊区。下一步的开放是搞更多的、越来越像香港的这些自由贸易园区呢，还是搞 FTA——全域的自由贸易区，从而让整个区域内贸金融投资更加自由？这个问题一直困扰着我们，我们的目标是哪一个呢？

第三个问题，上海自由贸易试验区往前发展越来越开放，它是不断扩大差距的开放方案，还是不断缩小差距的开放方案呢？当年讲开放是三个方面的开放，既包括对于发达国家的开放，也包括对于发展中国家的开放，还包括对于转型中经济体的开放，它是全方位开放的概念。开放的概念不仅仅是上海、深圳、北京这样的东部地区开放，更重要的还是中西部地区的开放，如何能够带动整个国家开放呢？这是第三个问题。

第四个问题，上海自由贸易试验区是继续沿着过去摸石头过河的方式来探索有上海特色的开放方案呢，还是探索与国际高标准制度接轨的方案呢？在上海自由贸易试验区被批准建立以后，广州南沙、天津滨海、厦门、舟山、重庆也要申请。这样，我们以前的开放与未来的开放有什么不同呢？以前的开放更多的是摸索，今后我们要继续摸下去吗？我们是不是应该走向规范了？

我们会发现，新一轮的开放在很大程度上还是要沿着国际化的方式往前走，我认为上海应该追求像纽约和伦敦一样成为全球的领袖城市。香港朋友去了上海以后同我讲，他认为上海与国际化标准还有50年差距，上海自由贸易试验区如何能够通过新一轮的开放明显缩小国际化程度，这就变成了上海自由贸易试验区下一步的重点。

5个城市群——以上海为龙头的长三角城市群，以广州、深圳、香港为龙头的珠三角城市群，以辽东半岛和山东半岛为主的环渤海城市群，以武汉、长沙、南昌、合肥为龙头的长江中游城市群，以成都、重庆为龙头的西部城市群，在未来的35年，谁能够首先成为国际化程度最高、经济发展活力最高、体制的弹性和创造性最高的地方？在这五大城市群当中一定会出现像伦敦、纽约这样的世界级领袖城市，谁最具备条件呢？无论是上海、深圳、环渤海、长江中游还是西南的成都和重庆，都很像站在了新一轮开放的起跑线上。

如果想成为最好的城市，有几个条件，谁对于全球发展具有更大的影响，谁能够集中全球最优秀的人才、最优秀的资源、最有影响力的企业，谁能够决定全球价格、制定规则、担当责任，谁就能够在未来的发展、中国的开放中走在最前面。

宁夏可能成为与阿交流的重大平台

落后地区应该怎么办？新一轮开放当中，真正的重点应该是中西部落后地区，如何能够更加开放，而且能够向西开放？我列了一个案例——宁夏，一个约700万人口的西部区域。宁夏下一步的开放应该如何做呢？宁夏有可能成为中国与阿拉伯国家之间交流的重大平台。宁夏有没有可能像35年前的深圳，能够从渔村变成中国西部发展的重要窗口、重要平台和重要桥梁呢？宁夏是否应该成为打造中国与阿拉伯 5 条供应链的重要窗口和平台呢？这 5 条供应链包括生产和贸易的供应链、金融的供应链、基础设施的供应链、人才的供应链和公共服务的供应链。宁夏是内陆地区，内陆地区如果想打造成为中国与阿拉伯之间交流的窗口和桥梁，那么跨境供应链一定是依靠深圳、上海、天津的港口来做，这样一来，它重点就要保证整个西部地区的"三小时经济圈"和阿拉伯中心城市地区的"三小时经济圈"之间的商流、物流、人流、资金流和信息流之间的畅通。

我画了两个"三小时经济圈"，一个是国内能够覆盖整个西部的经济圈，一个是国外能够覆盖整个阿拉伯的经济圈。宁夏打造这 5 条供应链的第一件事情是能力建设，在打造中国与阿拉伯这两个重要经济体之间跨境贸易平台和生产供应链的过程当中，能力建设的重点应该放在什么地方？我认为应该放在宁夏内陆开放型经济试验区和上海自由贸易试验区之间的合作上。上海下一步国际化所形成的能力、人才、资源应该与宁夏下一步开放能力的提升建立起一种合作机制。

宁夏是否能够与深圳进行贸易便利化和投资便利化的合作？是否能够与上海合作"开放天空"，在临港经济发展方面进行合作？在西部内陆地区，在准入前的国民待遇、服务业的开放和投资贸易便利化方面，要看是否能够在宁夏先行先试，从而带动整个西部地区的开放。

大学生就业难源于职业教育比重太低

中国的发展到了新的拐点，前 35 年的年均 GDP 增速是 9.98%，前 10 年 GDP 的年均增速是 10.7%，"十一五"期间 GDP 的年均增速是 11.2%，2012 年下降到 7.7%，2013 年上半年下降到 7.6%。我们会发现我们的 GDP 增长大大减速了。从世界经济增长当中我们能够看到，90 年代全球的增长速度是 3.5%，2002～2008 年，全球增长速度是 4.5%，2012 年全球增长速度是 3.3%，2013 年全球增长速度是 3.1%，增速也慢了。

中国经济究竟发生了什么？从就业来看，2001～2005年，每年城镇新增就业人口930万人，2006～2010年城镇新增就业人口1140万人。2012年GDP增速降到7.7%，城镇新增就业人口1266万人。2013年上半年GDP的增速下降到7.6%，但是城镇新增就业人口725万人，乘以2就是1450万人，是30年来城镇新增就业人口最多的一年。

中国经济速度大幅度下降，就业人口却大幅度上升。以前速度如果下降到8%以下，会出现大规模的失业，会出现大规模的社会不稳定，但是2012年一直到2013年上半年，速度下来了，就业人口却上去了；速度下来了，但是结构改变了；制造业的就业人口下来了，服务业的就业人口上去了；东部沿海地区的就业人口下来了，中西部的就业人口上去了；传统重化工业的就业人口下来了，新兴行业的就业人口上去了。最后我们发现：速度下来了，结构优化了，就业人口上去了。

这是什么原因导致的？因为经济内在的规律改变了。就业人口上去了，大学生就业却更加困难了。为什么？在珠江三角洲地区，很多地方招工难，工人的流失率高，而大学生们却找不到工作。大学生找到工作以后平均工资比农民工还要低，这又是为什么？现在企业家迫切需要的是普通技工、中级技工、高级技工。但是学校培养的都是知识型的大学生，而不是技能型的大学生。如果每年毕业的700万大学生中有350万是职业教育院校出来的大学生，那么大学生就业的形势一定比现在好。

企业现在缺少能够为企业提升劳动生产率的技能型人才，企业迫切需要技术，缺少开发新产品、开发新市场、开发新的管理方式的能力，缺订单、缺融资、缺规范。怎么办？大学生就业难，必须加快转型，创造更多的现代服务业，给他们提供更多的白领工作，这就要求整个产业结构、整个经济结构要转型升级，否则大学生就业难的问题很难解决。要完善人才的需求结构，为大学生创造更多的工作岗位。在深圳，大家发现越来越好的工作正在产生。

另外要培养更多企业迫切需要的技能型人才。我们的速度下来了，研发创新支出占 GDP 的比例却上去了，去年达到了 1.97%，研发创新支出的 74% 来自企业的贡献。全球需求萎缩，中国需求萎缩，成本大幅度上升，贸易保护措施越来越多，企业要想生存就必须开发新产品，必须开发新市场，必须开发新的竞争模式。从整个宏观大背景来讲，速度下来了，创新的进步上去了。

从数据能够看出，2013 年服务业的增加值占 GDP 的比例，是过去 10 年最高的。每个企业家都明白，再想降低制造成本难上加难了，怎么办？就要向服务要效率，降低物流、商流、人流、信息流、资金流成本。我的一位朋友是做纺织的，他在佛山有一家三四万名工人的企业，他愿意让工人的工资提高得更多一些，但劳动力成本高了怎么办呢？他的每个农民工都有智能手机，他现在千方百计用信息化的方式来降低成本。比如说三四万名工人发工资，以前都去财务处领，现在用手机发。只要给工人发一条短信，工资就进了他个人的电子银行。他做了两件事，第一是确保当事人的信息是安全的，没有人能够侵犯他的隐私。第二是确保他老婆不知道，免得他老婆把他的钱都没收了，最后搞得他东躲西藏。他说，工人的工钱高了，可以通过各种方式降低成本，改变物流、布局等，最后劳动生产率上去了。

我这里列了两组数据。2000～2011 年，GDP 的增速是 10.7%，人均是 9.4%，城镇人均实际收入的增速是 8.6%，农村是 7%。在下面的数据当中，我们能够发现 GDP 降到了 7.7%，城镇新增就业人口增速上升到 9.6%，农村人均实际收入上升到 10.7%。速度下来了，不等于老百姓的生活状况会恶化，关键是我们如何改善蛋糕的分配。2013 年上半年 GDP 下降到 7.6%，城镇人均可支配收入的实际增长率下降到 6.5%，农村是 9.2%。2013 年上半年农村人均收入继续上升，但是城镇居民人均收入增长率低于 GDP 增长率。这就说明我们现在发展的基础不稳定。如何能够持续地改善民生？这是严峻的挑战。

可能会经历 5～8 年的苦日子

我对于形势的基本判断是，我们可能会经历 5～8 年的苦日子。生产过剩非常严重。第一，过去 10 年当中，全球泡沫和中国经济高速增长带来的重化工业和重大装备制造业产能严重过剩。第二，过去 30 多年所形成的外贸不稳导致目前的产能严重过剩，因为成本高了，需求萎缩了，而新竞争对手对我们的冲击越来越大，从而形成了产能过剩。第三，过去 5 年所形成的战略性新兴产业的产能过剩，也就是在应对危机的过程中所形成的巨大的产能过剩。到 2013 年第二季度为止，我们所列出的这些行业当中，绝大部分产业部门的产能利用率都低于 80%。这意味着产能调整需要 5～8 年的转型时段。

成本上升、价格低迷形成了调整压力。国际上讲得最多的是"克强经济学"，最重要的一句话就是，中国在这种情况下，必须要坚持结构性调整。十八大有两句话我铭记在心，第一句话是要牢牢把握扩大内需这个战略机理，第二句话是牢牢把握发展实体经济这个坚实的基础。我认为第二句话更加重要，也就是说我们的企业现在面临着脱胎换骨的转型之痛。借用一位企业家所说的话：除了老婆、女儿不能换，其他的东西无论对于国家还是对于地方、对于企业还是对于个人，都需要转变，如果不转变我们就很难进入下一个阶段。

我自己有一个很强烈的感觉是，我们到了一个坎，一个十字路口。我们想走向新经济、新产业、新模式，还是想走向旧经济、旧产业、旧模式呢？我们过去的打法是低成本、低价格、低增值，这个打法不能继续了，因为成本不低了。与竞争对手相比，价格战我们打不起了。我们的低增值产业也做不下去了，如果没有钱用于研发、工人培训、转型，那我们真的就是温水里煮的青蛙了。

必须要转变到创新驱动、服务驱动、人才驱动的模式。我们能不能把握好信息化的机遇、电子商务的机遇建立起新的增值模式，同时保持我们现在的低碳、绿色、环保追求呢？中国到了需要脱胎换骨的时期，无论过去多么成功、多么辉煌，我们都要向新的阶段转变，未来的时代是企业家的时代，企业家最重要的是创新精神，也就是创新的意愿、能力、抱负。

如果我们能够熬过这 5~8 年的转型之痛，我们将迎来黄金般的30 年。我向很多的外国企业家讲，过去的 35 年，你们在中国挣的是辛苦钱，未来 35 年，才是真正挣钱的时代。

诺贝尔奖获得者斯本斯讲，下一步中国中等收入人群倍增将是大趋势，将从 2.3 亿人增加到 6.3 亿人。在前 35 年跨过的第一个坎是吃、穿，第二个坎是住、行。下一步我们能够有钱去买好的产品、好的服务、好的创意。有什么样的消费者就有什么样的企业，如果消费者想买好的产品、好的服务、好的创意，那么企业就愿意为创新、创意、创造投资。

如何使 1.7 亿农民工变成城里人？需要解决三个问题。第一，让农民工在城里有工作，就要发展好小企业，发展好服务业。第二，要解决农民工进城以后的基本住房保障、教育保障、医疗保障、养老保障问题，让农民工在城里扎下根，生活下去。像上海、北京、深圳这样的地方谁提供保障？当然是政府的责任。第三，想让农民工在城里扎根，就要让他接受职业教育和技术培训，让他有一技之长。

现代服务业、先进制造业的发展和现代农业体系的发展将成为下一步发展的主流趋势，在这个发展过程中能够创造越来越多的白领工作和金领工作，来为大学生创造机会。中国真正到了一个需求结构升级、诱导供给结构转型的阶段，我真正担心的是，当中国黄金般的需求结构海量涌现出来的时候，谁负责供给？这个诱导供给结构转型需要相当长的时间，但是我们的需求每天都在产生。谁负责供给？搞不好就是跨国公司。

政府就要减少对经济的管制和干预

我们喊了好多年"狼来了"，今天"狼"真的来了！如果想为中国的企业家创造机会，就必须实施能够帮助企业转型的供给管理政策。如果想让企业家马儿跑得好，就要让马儿轻装上阵，就要靠市场推动。市场竞争的压力会使企业家非常努力，要想让竞争机制起作用，政府就要减少对经济的管制和干预。要推动产学研联合研发，大中小联合研发，国内外联合研发，通过创新来帮助企业解决技术问题。金融要切实为实体经济转型服务。要建立绿色的生产方式、生活方式和消费方式，这是我们下一步供给观的变化。

第三次工业革命正在来临，新能源与新互联网技术的交织会产生新机遇。企业家如何把握？过去的30多年当中都是在简单模仿，现在要创造性模仿。如果要创新，马上就会涉及技术的来源、知识的来源、人才的来源，就要走出去，到有人才、有知识、有技术的地方去建立自己的分支机构。什么地方有呢？美国、日本、欧洲。要使我们与整个世界的技术进步、知识的积累和高端人才的集聚保持零距离，然后把他们的技术、知识、经验、人才引进到中国来，然后将这些技术在中国大规模地开发利用，推动中国企业的发展。他们为什么会来呢？因为机遇在中国。

我个人有一个看法，最关键的还是技术创新的"最后一公里"——真正把科学家的科学发明、工程师的技术发明变成企业家的产品。德国有一个协会，有1.8万名研发工程师，经费的1/3来自财政、1/3来自公共经费、1/3来自企业。台湾地区也有一个非常有名的机构叫"工业院"，有6000多名研发工程师来帮助企业解决技术创新问题。我们到处呼吁，中国也需要建立我们自己的"最后一公里"创新。在20世纪90年代，有242个科研院所转制，现在大部分变成了赚钱的机构，怎么能够为社会赚钱呢？

要坚持国际化、走出去。我们现在有5万多亿美元的对外金融资产，直接投资的部分不到10%，只有5000多亿美元。外汇储备是3.3万亿美元，将近70%。如何把3.3万亿美元的外汇储备一步一步变成企业的投资？这是我们下一步要努力的。中国真正到了要全球投资、全球生产、全球销售、全球服务的新阶段。我们孩子的英文现在越来越好了，他们受教育的地点越来越国际化，在我们进入一个全球投资、全球生产、全球销售和全球服务的阶段后，他们将会挑大梁。如何看准方向？我们要培养出一批在全球具有竞争力的大企业。我向三星的朋友们讲，不要忘记三星是谁培养的，是中国大市场培养起来的。中国市场能够培养出最优秀的企业家。

改革如何跑赢危机

迟福林

迟福林

研究员，博士生导师，第十一届、十二届全国政协委员，中国（海南）改革发展研究院院长，国务院特殊津贴专家。兼任中国经济体制改革研究会副会长、中国行政体制改革研究会副会长、海南省政府咨询顾问。曾获全国"五个一工程"奖、孙冶方经济科学论文奖、中国发展研究奖等研究奖项。

自贸区上海挂牌对深圳意味着什么

我从 20 世纪 80 年代初参与改革进程，到现在有 30 多年了。26 年前，我从中央机关到了海南，从官员开始转做学者。昨天我在海南参加活动，记者问我，上海自由贸易试验区今天正式挂牌成立，对于海南和深圳意味着什么？1987 年 10 月，中央当时考虑把海南作为国家第一个自由贸易试验区。其实创办深圳特区最重要的就是走向自由贸易试验区。我想，对深圳意味着，第一，我们有更大的压力；第二，有更多的希望，因为上海自由贸易试验区可以复制，它的目标是在未来中国开放道路上探索一条路子。所以有三个目标，第一就叫经济的转型升级，尤其是以金融为重点的服务贸易领域的转型升级；第二是探索了一条在开放中如何来实现转型升级的道路；第三是以政治改革为重点来创造更多的改革红利。我认为这些创造出来之后，对未来很多地区可言有可复制性。

改革从来不是哪一个人的。35 年前邓小平发动的改革，也不是邓小平的个人愿望，这是社会危机状态下的重大决策。1979 年探讨如何建立特区，当时深圳没法跟香港比，我们是被逼出来的，任何改革都是领导者的愿望和社会危机逼迫因素的结合。今天大家都高度关注三中全会给改革带来什么。除了对新一届中央领导人的期望外，更重要的是社会的需求。

今天的改革和过去相比，有三大特点。

第一，转型和改革直接融合。转型现在正处在历史的转折点上，在我看来 3～5 年没有突破，我们就很难有希望了。到 2020 年，我们的转型与改革如果没有基本完成，我们的经济社会风险就会相当大，我们会面临一场极大的风险。

第二，今天的改革面临着什么呢？利益矛盾非常突出。过去的改革，大家都可以从中受益。现在改革无论在哪个层面都有利益问题，尤其是我们过去参与改革的人，有的成为既得利益者，会继续推动改革，有一些人成为改革的阻力。现在利益博弈是常态，所有的改革都和利益联系在一起了。它的深刻性、复杂性就在于利益关系的调整。

第三，时间和空间的约束。到 2020 年，如果中国转型没有大的突破，我们可能面临更大的经济社会风险。2013 年我在全国政协会议上第一个发言，我讲到了改革与危机赛跑，绝不是危言耸听。我原来担心这句话可能被拿掉，但后来一个字也没改。我们大家都希望能有 10 年新政。未来 8 年，如果没有大的突破，危机就会到来。所以今天的改革，我概括为是处在历史转折关口的改革，是危机导向的改革。

产能过剩或引起经济危机、金融危机

2013 年 6 月初，我所在的中改院向中央提交了一份题为《改革跑赢危机的行动路线》的 30 条建议，得到了相关部门的重视，相关领导也批示了。我今天就以《改革如何跑赢危机》这个题目来跟大家做一次讨论。

今天跟大家探讨三个问题，第一，为什么说改革必须跑赢危机？谈改革的特定背景。第二，未来三五年，改革可能在哪几个方面有重要突破。第三，当前改革需要突破的关键问题有哪些。

关于改革的背景，我概括了三句话：一是经济转型到了关键点；二是社会转型到了临界点；三是治理转型到了关键点。

为什么叫危机导向的改革？我特意做了三个方面的分析。长远来说，为了捕捉优势，确实应有制度保障，而且有很多红利，比如扩大内需拉动消费的大趋势。有人批评我提出了一个很危险的构成，我不以为然。因为我判断中国现在发生重大变化，从生存阶段进入到以自身发展为目标的发展性阶段，我用的是自身发展，没用全面发展。

这个阶段下，人们的需求变化了，物质性需求转向了发展性需求。过去我们更多地要解决吃饭问题，现在与自身发展相关的教育、医疗、规划、环境、社会安全等公共需求全面上升了。全社会的公共需求发生了深刻变化，日益增长的公共需求同公共产品供给不到位、公共服务不到位直接关联。老百姓的需求正处在加快释放的重要节点。

3 年前，整个社会的消费规模只有 16 万亿元，2013 年或者明年大概超过 20 万亿元。到 2016 年，中国的社会消费金额估计达到 30 万亿元，到 2020 年，有可能是 45 万亿元到 50 万亿元。从内部需求来看，这个增长有条件和基础，根据这个服务结构的变化推动服务业的发展，尤其是现代服务业的发展。我们又在推行城镇化。这些大趋势都很好，蕴藏着巨大的制度红利、发展空间。

问题在哪？经济增长方式正从粗放型向节约型转移，增长方式的突出矛盾就是投资的增长与需求结构严重不相适应。我过去还看不清楚，以为产能过剩是一个周期、一个局部，可以缓解和化解。但今天产能过剩问题呈现全面性、长期性、绝对性特点。这9个字十分重要。第一是全面性。不仅传统的钢材、水泥过剩，而且现在风电、光伏这些新兴产业都过剩。第二是长期性。现在钢材的生产能力至少达到了9亿吨，甚至达到11亿吨，但是我们的实际消化能力最多是7亿吨，钢材、水泥过剩长期存在。第三是绝对性。有些产业绝对性特点比较突出。

在这样的背景下，未来三五年，如果增长方式还继续和需求结构不相适应，继续加大某些方面的投资，投资产能过剩引起的经济危机、金融危机就不可避免。而我们需要做的是什么呢？就是从以投资出口为主导的增长方式向消费驱动、创新驱动增长方式转变，使得我们的投资结构和需求结构相适应。

投资结构一定要和消费结构相适应

中国是个发展大国，投资空间很大。问题在哪？我们现在的教育、医疗有多大的投资呀？麦肯锡是世界最大的咨询公司之一。他们提出，2011年中国的医疗市场销售总规模是3570亿美元，到2020年，他们估计至少要达到1万亿美元。不到10年，在一个方面的消费总额要提高两三倍。为什么很多国际医疗保险公司要进入中国呀？因为他们看到了巨大的市场空间。不是我们不可以投资，但投资结构一定要和消费结构相适应，实现投资和消费的动态平衡，使得这种投资成为有效投资，而不能够继续制造产能过剩。否则，生产方式的矛盾肯定会产生经济危机。而这种经济危机蕴藏着巨大的金融危机。

地方搞投资，钱是从哪里来的？都是地方债务形成的，所以经济转型，我们确实到了一个关键点。为什么说社会转型处在临界点？

第一，利益关系失衡日益突出，社会道德危机、信用危机突出，政府信用问题突出。一个小伙子在地摊上待了将近大半年，卖了150吨死猪肉，3块钱一斤买的，然后10多块钱一斤卖出。听了之后很可怕。

环保事件也好，个别的社会事件也好，搞不好都会成为一个局部性甚至全局性的社会危机事件。

第二，我们的社会结构遭到了严重破坏。最大的问题在哪里？改革开放35年，中国的中等收入群体的比例，按照现在的标准，只有不到25%，这是社会矛盾最深刻的点。一个社会的中等收入群体如果不到1/4，肯定会产生众多的社会问题。

社会利益矛盾、利益冲突问题、社会结构问题，应该引起我们的高度关注。

第三，治理转型到了关键点。现在灰色收入占了GDP的12%。当然灰色收入不等于腐败，但至少反映了社会收入的不规范，其中包括一些腐败问题。腐败问题已经不仅仅反映在某些干部的问题上，大家更关注的问题在于，这种腐败常常可能成为引发社会全局危机的导火索。我们看到了官员的腐败问题，更看到了体制机制性的腐败。为什么一个省的几任交通厅长连续倒下？其更深刻的问题在于体制机制。

经济转型到了关键点，社会转型到了临界点，治理转型也到了关键点。如果改革没有突破，不仅经济转型很困难，还会增大经济危机发生的可能性。而且社会矛盾、社会危机、治理转型危机，都可能随时在我们想象不到的那么一个节点上发生。因此我们才要增强改革的动力。

深圳怎么才能有改革的动力？两条很重要，一是要有压力。深圳一直是中国改革的前哨，现在全国改革在加快，这对深圳而言是很大的压力，对上海自由贸易试验区来说是更大的压力。二是政府的转型改革有突破，社会才对整个改革有信心。

危机导向的改革十分重要。改革跑赢危机是我们追求的目标，如果不改革，危机因素增多，搞不好哪天会产生局部性的甚至全局性的危机。

离岸市场培育，前海或会有所突破

我下面以经济为重点讲讲。

我判断未来 3 ~ 5 年改革在八个方面会有所突破，甚至会有重要的突破。

以政府和市场关系为切入点，第一，市场在资源配置中发挥了基础性作用，一个前提就是生产要素市场化。我估计 1 ~ 3 年，中国在资源要素价格改革方面会有突破，国务院会不断推出这方面改革的举措。

第二项改革的突破跟深圳前海有关系，上海自由贸易试验区是重点。我们将以利率汇率市场化改革为重点，推进金融体制改革。现在实体经济遇到的很大问题就是缺少金融支持。市场化很大程度上取决于利率汇率的市场化进程。大家对利率汇率的市场化有不同的看法，比如有人问我，实行利率市场化以后，老百姓的存款怎么办？在实现利率市场化的同时，我们会推出存款保险制度。在利率汇率上首先会有几种方式，第一是利率市场化。第二是汇率形成机制的改革，比如重点改革外汇市场机制，进一步放宽汇率浮动空间。未来 5 年我们基本取消结售汇及其他外汇管制措施。我估计上海自由贸易试验区的实践会大大推动中国利率汇率的市场化改革进程。我们现在采取了几个措施，如大家互换货币。中国和俄罗斯不再以美元结算，以人民币和卢布来结算。比如上海合作组织，人民币开始在这个领域流通。未来东亚区域一体化，人民币可以兑用，所以人民币流通的区间会放大。第三就是离岸市场培育，比如前海也许在这方面会有所突破。

第三项改革是关于垄断行业的改革。从 1998 年开始，我们连续

5年举办了各种类型的国际会议，研讨中国技术领域的改革、垄断行业的改革。当时的判断是，2020年后我们的民营资本将成为中国的垄断或者技术领域的主力军。实际上这个领域的改革发生了某些方面的反复，甚至是某些环节的倒退。比如电力，社会资本很难进去。十八大之前，有人提出中国没有垄断行业。所以十八大报告就没有提加快垄断行业改革这段话。现在本届政府关注到了垄断问题阻碍了社会资本活力、阻碍了市场活力。所以，如何以放开市场公平竞争为重点，加快推进垄断行业的改革，将成为未来三五年的重要事情。垄断行业怎么做？在未来的3年左右，可能在三方面有所突破，尤其是铁路。什么叫体制机制性腐败呀？垄断就是体制机制性来源之一，自然垄断和竞争环节要切实分开。在竞争性领域要对民间资本全面放开。

有关部门在探讨像中石油这样的大行业要不要拆分的问题，我想在一定条件下可能会存在这样的可能性。

对于城市的公共事业这些垄断行业，现在本届政府提出来向社会购买服务，向社会进行招标，实行特许经营制度，激发社会资本的活力，加强社会资本在公共事业领域的合作。

对一些尚未实现政企分开的领域，加快政企分开，在管办分离的基础上，对社会资本放开。这对社会资本会是利好，提供了很多社会资本参与市场竞争的空间。

第四项改革涉及国有资本问题。说到所有制的改革问题，在我看来结构需要变化。过去在经济总量很小、老百姓的生存问题尚未解决的情况下，我们把国有资本做大来解决总量不足和老百姓的生存问题，那是历史的选择。今天，老百姓的物质文化需求变了，他们想多旅游，甚至出国旅游，想把孩子送出国读书。在我看来，除了涉及国家安全的领域和某些特殊行业外，国有资本要适应社会公共需求的变化，在解决公共产品短缺方面发挥国有资本的特殊作用。

怎么样才能够发挥国有资本解决全社会公共产品短缺问题的作用？举个例子，比如保障性住房投资巨大，全靠国家有困难。2011年，整个央企在保障性住房领域的投资大概只占11%。相反，央企在前两年做"地王"的现象时有发生。到底是希望央企在保障性住房建设上发挥更大的作用，还是继续以做大为目标？我认为关键是以公益性为目标，或者以公益性为重点，调整优化国有资本配置。怎么来做？我提了三条：第一是明确国有资本以提高普遍福利为目标，重点放到公共产品领域；第二是建议将二三十岁以上的人的国有股转到社保基金；第三是提高收入分红比例，不低于30%。

如何从根本上解决农村土地问题

第五项改革是农地物权化的制度创新。中国的改革是从农村开始的。20世纪90年代中期，中改院给中央提交一个建议，叫做赋予农民长期而有保障的土地使用权。当时温家宝批示，把提出的这句话原封不动地写到决议中去。后来五中全会谈关于农村土地问题，大标题说召开会议研究农村土地问题，副标题就是赋予农民长期而有保障的土地使用权。"30年不变，30年以后也没有必要变。"但这是物权还是债权？我们的主张是，农民长期而有保障的土地使用权是物权而不是债权，要受《物权法》保护，受法律关系保护。90年代中后期，农村土地立法，而后有《物权法》的立法。在农村土地立法的过程当中，当时的起草组组长思想很开放。他说，一定要把农民土地的使用权、物权写到《物权法》当中去。但在起草最关键的时候，老人家突然离去了，本来就有不同的意见，这样《农村土地管理法》就没有把它写进去，也没有写进《物权法》，农民的宅基地和宅基地的房子就没有受到《物权法》的保护。到现在为止，农民的宅基地和宅基地上的房子没有产权。最多是所谓的小产权，不受《物权法》的保护。

谈到城镇化和农村改革，核心是土地。下一步土地制度怎么改？明显提高对征地农民的补偿重要不重要？很重要。问题是谁是这个土地的谈判主体？是农民，还是村、乡？核心的问题永远在于承认不承认农民对土地的长期承包权或者使用权。长期而有保障的土地使用权是一种物权，中央一号文件改了一个字，过去叫做长期而有保障的土地使用权，现在中央改叫长久不变的土地使用权，这是文字上的创新。

只有把农民土地使用权物权化，才能承认农民土地的主体地位，在这个前提下，农村土地才是农民自己的财产。财产可以抵押，有人说，农民把土地抵押了，谁来种田？我们有个前提，在土地用途严格管制下，无非你耕还是我耕。农民到了城里，别人愿意耕我这个土地，我可以转让给别人，我可以股份合作化。就是说这是在土地用途管制前提下的一个抵押权。承认农民对土地的物权可不可抵押，现在有很多不同的意见。

农村土地制度创新是下一步改革不能回避的问题。现在征地价格提升，在征地过程中尽可能尊重农民的意愿，但是关于要不要物权还是有争论。十几年了，这个事一直在讨论。我想把这件事情解决了，我们既不是在搞私有制的前提下去搞农村土地改革，又找到了一条农民可以把土地作为自己的财产之路，还破解了所谓农村土地使用权的问题。这样才能够从根本上解决农村土地问题。

海南作为服务业开放试点的启示

第六项改革是以服务业开放带动新的全面开放。李克强总理出国谈的最大一件事是服务贸易领域的开放，而且他一直在讲服务业是中国最大的潜力。

服务业发展空间巨大。进入工业化中期，服务业比例最低应该在60%，但是现在只有43%、44%，差距就是空间。如果服务业就业的比重从35%左右提到了50%左右，就能提供将近1.2亿个就业岗位，所以，这是社会发展全局的问题。

服务业的结构，目前严重不合理，一般生活性的服务行业发展很快，但是生产性的服务行业发展相对比较慢，比如文化产业增加值占GDP的比重只有3%，而美国将近25%，日本和韩国将近15%。到

2020 年，我们计划文化产业增加值占 GDP 比重由 2011 年 3% 提到
8%。我知道，在这方面，湖南是 5%，云南是 6%，深圳应该达到
8% 左右了。前几天看了一篇文章，讲美国文化为什么可以统治世界。
美国的高科技首先是应用于电影。撒切尔曾经说过，"中国不可怕"，
因为中国从来没有输出思想和文化。文化占比从现在的 3% 提升到
2020 年的 8%，全国需要累计投资 20 万亿元。调整服务业结构，蕴
藏着巨大的消费空间，也蕴藏着巨大的投资空间。

服务业发展的关键何在？如果服务业永远是教育、文化、医疗，
都是以政府为主体，都主要依靠政府投资，恐怕我们发展的速度就很
难提高，发展结构很难改变。所以上海自由贸易试验区提出，搞开放
性服务业，向社会资本、外来资本开放。

中央给了海南一个政策，万泉乐城允许外国医疗机构和外国医师
到那里开业，可以服务 5 年左右。如果这个措施真的扩展到了海南全
省，海南的旅游一定能够发展起来。海南的旅游业现在发展不起来，
有很多问题，主要是医疗太落后了。一个 BBC 的老记者，2012 年带
着儿子到三亚旅游。儿子突然摔伤了，叫急救车 1 个小时才来。因为
他们不会说中文，到了医院搞了半个小时都没有人懂，最后三亚外办
派了一个翻译。这个记者说，这个样子怎么能叫国际旅游岛呢？国际
旅游是有规则的，比如救护车在 10 分钟之内要到达，这是国际标准。

改革的关键重点在哪里？大家很关心政治体制改革、社会体制改
革，确实，政治体制不改革，特权问题不改革，干部制度不改革，很
多腐败问题很难解决。司法制度不改革，很多问题也很难解决。比如
说很多官司，经济官司在地方打，你就打不赢。我们给中央提出，可
以建立双重法院体制，经济案件归中央，民事案件归地方。我到南非
去考察，他们就建立了巡回法院制度。比如说黑人在一个地方，政府
要赶他们。巡回法院会做一个判决，你赶他可以，但是你要找一个位
置和它差不多的，保证他们现在这种生活条件不变。原来地方法院不
行，地方法院跟地方政府结合了起来。追求公平、公正，可能在政治
体制、司法体制包括信访制度这些方面都需要有突破。

这么多类型的改革，比较现实的是推动政府的转型改革。第一，现在经济转型关键问题在于如何有效发挥政府的作用，改变现在政府主导的经济增长方式，改变现在地方竞争性增长模式。这种模式不改，相关的财税体制不改，干部选拔机制不改，很多事情就很难办。第二，现在政府自身利益问题很突出。政府本来可以代表公平、正义，但在处理问题的时候，常常从部门利益、行业利益、地区利益甚至从官员利益出发，失去了公共利益代表者的身份。怎么解决政府自身利益问题，这也同干部选拔机制相关联，需要找到一条推进行政体制、政治体制、社会体制改革的务实之路。

户籍制度突破大概到 2020 年实现

第七项改革是土地改革。

第八项改革是户籍制度改革。在这次三中全会的改革当中，户籍制度改革可能会取得突破，大概到 2020 年基本能够得到实现。经济体制、行政体制、政治体制改革的关键在于政府的转型和改革。在政府转型与改革方面，要改变政府主导型增长方式，核心问题是从哪里入手，因为政府主导型的增长方式最大的特点是政府在经济领域的权力过大，尤其在资源配置方面的权力过大，有一些领域完全被政府垄断了。

2013 年 1 月 11 日，我找了一些企业家和学者，组织了一次座谈会。我说，汪洋书记在广东的改革，有 6 个字需要总结：放权、分权、限权。

第一是希望以放权为重点来破题政府职能转变。

第二是分权。大部制的核心是什么？是限制权力，形成权力的相互制约和协调机制。大部制形成了，但我们在限制权力上并没有行动。限权，就是决策权、执行权、监督权要相互分离。相互制约才有相互协调，但到现在，有些综合部委决策权、执行权、监督权都有，在这种体制下，很多矛盾集中到了它自己身上。在分权的问题上，如果没有大行政体制，政治体制配套很难。我建议分权的问题和下一步的权力改革结合起来解决。

第三是限权。最重要的是在分权的前提下采取两招。第一招是加强政府权力监督。比如把审计署放到人大还是国务院？2006 年，我们创办了中越比较论坛，当时越南很重视中国改革，他们提出的口号是，经济改革学中国，政治改革超中国。论坛的那天晚上，在他们新闻中有 4 分钟是采访我，我们建议把审计机构放到人大去。第二年，他们的审计署就已经放到人大了。第二招是加强社会监督。一定要把制约权力和社会监督权力相结合，要在放权两个字上破题。

2013 年政府机构改革方案最大的亮点，我认为就是放权两个字，以放权来体现本届政府在职能转变上的决心。李克强当国务院总理以来，国务院一共下放了 200 多项审批权。首先是把属于市场和企业的权力下放。怎么下放？比如进一步减少经济领域的审批权，分流垄断行业的经营权，减少资源要素价格的行政管制权，减少过多通过产业政策干预企业的行政权。我估计本届政府在审批权的下放上还会加大力度。如果政府能够在干预市场、干预企业上面破题，我们不是在改变政府主导增长方式方面往前走了一步吗？政府管得少了，才能管得好。如果管得很多，不但市场的活力、社会资本的活力得到压抑，而且会产生很多不正当性行为。

腐败问题很难解决，很多是从审批权那里来的。一件事本来当时就可以给你办了，不推两三天，你不来求他，他绝不给你办。求他就有代价，跑一次不行，跑两次，两次不行就要想主意。审批权就包含着某些体制机制的腐败因素，审批现在成为有些官员的一种习惯。

财政全部公开可以解决很多问题

放权，绝对是转变政府职能、纠正政府行为、提高政府效率、减少体制机制腐败的最重要的破题点。

向社会放权这一块，我们正在加紧调研。很大的问题是，社会组织的发育远远不够。现在官办的社会组织退权了，向社会组织放权，放给谁？能不能够承接下去？这个事很困难。你要放权，那些官办的社会组织又没有意义了，要真正放给有能力以及独立的社会组织，合格的承接人很少。这是这些年转型不到位、改革不到位产生的不利影响。所以，第一，要放权；第二，政务要公开。怎么建立阳光政府？关键问题是政务公开、政府财政公开。

我最早到北欧是 2000 年。第一次去北欧感到特别新鲜。当时芬兰中央银行没加入欧元区，行长请我们吃饭就讲了一个例子。他说，上个月在这个桌上请筹备欧洲银行的人在这里吃饭，超标了两个菜，被媒体公布了，他差点丢了职务，他做了公开检查，而且掏了一笔钱。他超标不是很多，如果超标多了，这个职务就没有了，他的待遇就会受到严重的影响。高尚全老师说，你是央行行长，你怎么制止这个钱贷给这个人而不贷给其他人？如果他和你有关联，你贷给他和贷给你不一样吗？他说，我们想都没敢想，如果贷给跟我有关系的人，我的社会福利没有了。这个社会福利是公开的。

我问，你们有多少个穷人？当时全国有 450 万人，他说有 114 个穷人，这个数字说得很准确。他说，你到街上查一查，他们是 114 个酒鬼。他们每月拿政府 2000 欧元补贴，生活可以过得去。如果拿它喝酒，变成酒鬼的都是穷人。这就是公开，尤其是支出公开、活动公开、信息公开，极为重要。第一，政府信息公开才能有及时准确的信息，对引导市场、社会行为极其重要。第二，只有财务全公开，才能根本上解决很多问题。我们的政府现在这个不准、那个不准，三菜一汤、四菜一汤、八菜一汤，都没有解决问题。你的财务真公开了，请人吃饭不能超过 200 元，超过了不仅要罚你，你还要受到处分，你看谁敢！这个技术手段早就有，这种公开可以解决涉及政府自身利益的重大问题。所以信息的公开、活动的公开，尤其是财政的全部公开是极大的问题。现在人大也在呼吁，未来财政应该能够通过"两会"向全社会公开。

我做了两届政协委员，有一天讨论有关财政公开的两大问题。我收到的会议材料很厚，至少有几百页。你只能看，看完了以后要收走的。我就关注我所知道的那个单位今年要申报多少钱，批了多少钱。我到了那个单位跟领导谈，他说，老师你怎么知道呀，我说刚开会的时候看到的。讨论了一天，两大本子谁都很难记住。所以，未来我们真要解决什么几菜一汤、几个不准的问题，核心问题是公开，财务权公开。有了公开这一条，什么事情都制止住了。你愿意在哪吃饭在哪吃，只要不超过标准就可以，超过标准就要处罚。所以要高度重视政府的政务公开，在财政公开上我想会有所突破、有所进展。但是公开到什么程度，取决于改革到了什么程度，至少会有所进展、有所突破。

政府在发展理念上要有四个转变

我们的发展理念要转变。前不久我在哈尔滨做了个报告，晚上和两位地方官员聊天，到 12 点，他们还要去见一个企业负责人。当地方官，就要抓经济建设，这话对不对呢？现在看，不完全对。过去市场经济体制尚未建立，企业尚未成为市场主体，政府成为建设的主体是不可避免的。今天情况变了，市场经济体制初步形成了，企业已经成为市场主体。政府还去做投资的主体、建设的主体、项目的主体，最后的结局是什么呢？毫无疑问，你要利用银行贷款，用地方的债务，甚至利用国有资源与民争利。争利的过程当中，第一，你投资的项目很多很难出效益；第二，挤压了社会资本的投资空间。

政府在发展理念上有四件事情特别重要。

第一，在市场经济体制形成的条件下，政府到底是以公共服务为中心还是以经济建设为中心？以经济建设为中心是我们的国策，但是真要让企业、社会、个人成为经济活动的主体，政府要提供平等竞争的市场环境，保护企业的利益，要使得小企业能够像大企业一样得到金融支持。如果政府不提供公平公正的服务，这个企业怎么去搞建设？实体经济怎么发展？今天说注册资金 2 万元以下的企业可以免税了，现在哪有注册资金 2 万元以下的企业呀，现在大学生创业也要10 万元呢。在市场经济体制形成的情况下，政府把公共服务做好了，才能够对企业、社会、个人投资建设起到重要的保障作用。政府的公共服务，公平竞争的市场环境，正是我们以经济建设为中心的重要保障。这个观念要变，你不能口头上说不搞经济建设，又要抓项目。这种理念不改，哪里来的幸福指数呀？

第二，经济活动是市场主导还是政府主导？是政府主导下市场的有限作用，还是市场主导下政府的有效作用？毫无疑问，只有政府去做服务，在市场主导下，有效地发挥政府的作用。

我 2012 年到南非跟总统府的经济顾问座谈时，他提出学中国模式。我说，你认为中国模式是什么呢？他说了一句话很刺激我，他说，中国模式就是政府主导加国有经济。如果中国模式是政府主导加国有经济，我们就不是搞市场经济了。中国模式还是发展中国特色的社会主义市场经济。

第三，是继续坚持国富优先，还是坚持民富优先？在产品短缺、社会贫穷的状态下，首先把国家的力量做大来解决普遍贫穷问题，这是一个发展阶段。今天，要让老百姓公平地享受发展成果，让社会资本、民营资本成为市场经济的主导力量，让社会内需、消费来成为经济增长的推动力。要使大家公平地享受改革发展的成果。

第四，我们继续坚持投资主导，还是转向消费驱动、创新驱动？中国的投资空间巨大，但我们投资的扩张严重不合理。老百姓的收入增长速度赶不上生产扩张的速度。这个方面投资空间巨大，教育也好，医疗也好，要和需求结构相适应。

中国人均 GDP 现在已经 6000 多美元了，进入了消费升级、消费释放的阶段。消费结构同需求结构严重不合理，如果消费释放将是内需拉动消费，这是中国未来 10 年最大的优势，抓住了，我们将会形成巨大的力量。我想消费驱动没有别的目的，就是以消费来拉动投资，然后实现消费与投资的动态平衡。

中国在基础设施上的投资，20 世纪 90 年代初期，1 元的产出是

3. 17 元，现在只产出 1 元多一点，投资边际效应在明显下降。我们的基础设施尽管有些地方还落后，但总体上超前。这个时候政府的发展理念是投资主导、出口主导还是转向内需主导、消费主导、创新主导，这是十分重要的。理念转变了，我们才能形成新的市场，才能形成政府有效的作用空间。

改革的动力在哪里？不改革，未来的经济危机、社会风险会加大。我们正处在历史转折的关口，只有改革才大有希望。改革破题了，我们的转型破题了，中国还有 10 ~ 20 年的中速增长。如果 10 ~ 20 年的中速增长问题解决了，中国就会进入高素质国家行列。

有领导讲过"危机导向"，现在的确是大的危机时期。如果小康既安，就搞不了改革，要看到危机。看到危机才会有紧迫感，有了紧迫感才会有改革的行动。未来的改革，就是以理顺政府和市场关系为重点展开，会在多方面有重要突破。我对此很有信心，因为有这个信心我才不断地努力。如果大家形成共识，在某些方面是可以突破的，以政府的转型和改革为关键点，才能形成务实推进全面改革的路线图。谢谢！

七

深圳学派·社会民生

面向未来的文化吁求

于 平

于 平

文化部文化科技司司长，曾任文
化部艺术司司长。1996 年被评为
文化部优秀专家并获国务院特殊
津贴，1998 年被评为"国家级
有突出贡献的中青年专家"。主
要著作有《中国古代舞蹈史纲》
《中国古典舞与雅士文化》《中外
舞蹈思想概论》《中国现代舞剧
发展史》《舞蹈文化与审美》《高教舞蹈综论》《舞蹈形态
学》。

为什么要关注"深圳学派"

我们谈学派总要有一些界定。就它的形态来说，学派应该是学术
精神、学术方法和学术团队的三位一体，有学派代表性人物，有一定

的学术精神，可能还要有相应的学术方法。我们理解，"深圳学派"指的是深圳的建设实践主体，以经济建设、政治建设、文化建设、社会建设和生态文明建设的建设实践和成长历程为学术案例，有可能这些对象并没有非常自觉地凝聚在一起，因为面临共同要解决的问题，所以会出现一些解决问题的思路和方法，中间可能有相冲性的东西，他们就是在这样的学术案例、学理依据乃至学科建设基础上的学派。

之所以要关注"深圳学派"，是因为它本身的探索和实践也践行着敢闯敢试的实践精神，而且也体现着面向未来的文化吁求。

深圳在建的文化确实跟既往文化有不一样的东西，在新型城市文化建设中，我看到了科技的自觉，深圳在这方面做得比较突出。上海在这方面也有好多创新，他们把科技与文化融合起来，推动了文化发展，在科技这方面他们还是比较强的。

"深圳学派"的来龙去脉

在这里，我想分以下几方面谈一下深圳学派。

第一，"深圳学派"命题的提出源于深圳市委常委、宣传部长王京生同志与余秋雨先生在 1996 年的一个谈话，当时提到了"深圳学派"这个概念。

在这个概念提出来以后，我们慢慢把它作为一种吁求，开始行动起来。2010 年，纪念深圳特区建立 30 周年之际，这一命题再次浮出水面。

1996 年，最初提出"深圳学派"，当时并没有非常明确的学术精神和学术理念。"深圳学派"似乎是奢侈得令人无法消化的精神大餐，而深圳的经济建设甚至文化建设还没有到那一步，王京生同志与余秋雨先生共同分析了深圳还是"文化底蕴尚薄的城市"、是"浮躁的趋利心理左右着新市民价值取向和行为的城市"这种状况，王京生同志明确了深圳文化发展的实践趋向就是"深圳学派"要做什么事，在经济建设发展以后文化应怎么做，他希望从功能上引导市民改变"浮躁的趋利心理",同时使这个"文化底蕴尚薄的城市具备与那些具有厚重文化底蕴的城市对话的资格与能力"。

余秋雨先生认为,提出"深圳学派"是可以的,在深圳这样的新型城市当中,人际关系跟其他城市比起来可能更平等、更单纯,这种人际关系有助于学派发展所需要的民主讨论氛围。他认为,"深圳学派"建设恐怕不是学者自己的事情,要有一种氛围。

他认为,在整体上中国文化处于转型期,深圳担负着先行先试的使命。从广义来讲,经济建设当中形成的一些经济建设理念也属于广义的文化思想,在这种情况下,它必然包括满足人精神情感的一些文化需求,有助于形成新学派充满活力的成长机制。此为天时。

余秋雨先生在谈到深圳充满活力的同时也谈到,在文化积淀比较厚重的城市,会带有一种延滞性。

深圳毗邻香港,必然成为贯通内陆与海外文化的"桥头堡",有助于学派思想的集散与传播。此为地利。

余秋雨谈了"深圳学派"产生的可能性,谈了一些非常优越的条件。王京生同志非常务实地谈到,要促成"深圳学派"被别人认可,要干些什么事。

让文化讨论首先热起来

王京生同志当时表达了五个方面的意思。

第一,要表现出对文化的认真亲近与重视,使关于文化的讨论首先热起来,因势而为。

第二,对文化人的见解拿出更多的时间来倾听,搞文化建设,必须听听文化人的高见。

第三,不以功利为目的兴建文化设施。现在,很多文化设施盖起来以后,文化人很高兴,比如大剧院,但很多地方盖那么大的体育设施,然后就闲置了,成了歌星开演唱会的地方,北京鸟巢也有过类似的情况。去过百老汇的人都知道,100个剧场在那里扎堆,但都不是豪华剧场，就是方便大家看演出，票价很低；剧院豪华，运营成本高，票价就高，老百姓就进不去。

第四，树立崭新的文化理念，制定趋向繁荣的规划。

第五，各类文化人才的聚集。

"深圳学派"出现了"萌芽"

尽管"似乎有些奢侈"，但王京生同志仍然觉得，"深圳学派"命题的提出，"体现出深圳文化发展到一定阶段要求自我认识、自我激励的学术自觉"。这种激励、这种认识就是深圳面向未来的文化呼求，也可以说，深圳要建设一种面向未来的文化。这种文化可能跟以往有传承关系，但可能不是简单的传承，它应该站在更开放的视野当中。

深圳被称为改革开放的试验田、窗口。我们讲天时、地利、人和，其中天时最重要，但又和地利分不开。我们注意到，大部分学派是以地域来命名的，也有以时代命名的，比如乾嘉学派。以地域命名的学派，说明这个地域在特定时期得了风气之先，体现了这个时代的文化新追求，所以以地域命名的学派在本质上是时代向地域的转换。

一讲"深圳学派"，千万不要局限在地域，深圳作为试验田、窗口，在这个时期的文化建设要有领风气之先的时代担当。无论深圳学派是否关涉到某种地利，这种地利并非指具有厚重历史积淀的"文化沃壤"，因为在那时候，它还被指责为"文化荒漠"。但京生当时就看到了，虽然深圳文化当时还不能说积淀厚重，但是也因此能避免内地文化发展所出现的黏滞状态，形成创作新兴学派、充满活力的成长机制。同样，在他们的对话中，在深圳文化运作的态势和潜能中，我们能看到未来形成"深圳学派"的"萌芽"。当时做的事情主要有四方面。

第一，从深圳市政府对文化投入急迫的心情来看，政府已经把深圳文化推向未来主导的、持久的力量。

第二，在深圳投资主体越来越多元化的经济体系中，"社会力量办文化"正释放出越来越强大的能量。2005年，我到福建沿海去调研地方戏，我发现一个现象，一个香港人在那里组织了一个完全像义工的组织，每个参加文艺演出的人都有自己的职业，参加演出的人不拿一分钱，到乡村为老百姓演出。我想，社会办文化，可能真的会出现更多样的状况，在新型城市当中这更明显。

第三，深圳的文化正逐步摆脱既往单纯的文化情结和单向的文化尺度，而其他行业的"非文化人"因为对文化问题的热衷，正成为拓展文化视域的"新文化人"。文化要从文化人的书斋里走出来，永远在一个小圈子里是不行的。

第四，深圳文化建设正从观念层面的吁求步入创新文化产品的实践，这是深圳做得特别好的地方。与其去纠缠在理论上、口头上那么多说法，还不如踏踏实实地干。这种面向未来的创新实践给未来的文化理论留下了阐释空间，这种阐释可能也会构成深圳学派的内容之一。

深圳文化建设通过不到20年的实践，文化地位发生了巨大的变化。王京生同志关于文化建设的认识和见解推动了很多事情，他说，这种变化首先还不在于大批文化设施的兴建、各类文化活动的开展与文化消费市场的繁荣，而在于整个城市发展思路经历着由"经济的深圳"向"文化的深圳"的转换。虽然现在也有人会说，转换还不够，还要更文化一些，但它毕竟经历了这样的转换。

"深圳表达"如何呈现文化个性

城市的文化个性怎么定位？文化个性也是深圳文化发展战略思考的"文化自觉"。经济特区的实践探索，如果是"国家立场"的"深圳表达"，就意味着国家要深圳来先行先试，即在国家的立场上来探索，那么在"深圳表达"中呈现的文化个性，实际上是在更深层面上维系着的"国家立场"。这种"国家立场"的"深圳表达"，在文化建设上主要体现在深圳文化发展战略的思想基点上。

为什么深圳文化发展战略思想的建构要以文化权利和"文化主权"作为理论建构的基石？京生同志说，一方面要从文化权利的历史展开来实现城市的文化转型，创造性地实现以社会主义公民文化为主体的中国现代文化形态；另一方面，强调文化主权更要有一种世界眼光，他说，"要从文化主权的角度锻造中国文化政治意识，创造出建构人类文明秩序的普遍性价值观念"。过去一讲城市就会讲到市民，一讲市民就容易讲"小市民"。实际上在同深圳市民的接触当中，从来没有"小"这个概念。在京生同志的一篇文章当中，他提到深圳是"大市"，它确实有这么一种气派。

讲到文化个性，深圳作为新兴的移民城市，每个人都带着自己不同的文化记忆来到这里，在这里相互碰撞，形成一种新的文化理念。

深圳多元文化相互交融

京生同志谈到这么一段话，他说，"从纵向上说，深圳的文化探索承接着中国民族文化选择的探索，走向中国特色社会主义文化发展道路的前沿，不断开拓文化强国战略的城市实践途径；从横向上说，深圳是多元文化相互交融的舞台，深圳的文化探索直接而鲜明地反映出我国当代文化选择的核心课题，昭示出我国文化发展道路的前行动向"。

深圳文化管理者提出，深圳城市文化建设，要建设创新型、智慧型和力量型的文化，一些学者关注宋代文化，尤其是南宋文化，认为南宋经济、文化发达，但南宋文化不是力量型的文化。

深圳强调创意型、智慧型和力量型城市主流文化建设很重要。五四新文化运动，关于文化建设有很多说法。张岱年是大哲学家、大思想家，他提出了综合创新的理念。他说，文化重建或复兴应当超越文化建设的单向选择和单一立场，不要非中即西、非西即中，"坚持文化模式的可拆解性和文化要素的可选择性"，就是说主体为了解决当下的需要，以往的任何一种模式都是可拆解的，很多地方一直强调集成创新而不是继承创新的概念，或者是两手抓，一手抓继承创新，一手抓集成创新。张岱年提倡"优选法"的文化选择，把"综合"与创新一同视为文化创造的驱动力。深圳的文化实践使得"文化综合创新"也体现出"深圳学派"的文化创新定位。

要把"综合创新"放在深圳"三型"文化建设之首。也可以倒过来，把这个作为对城市个性的文化定位，这是出于对自身文化发展基础的自信，也是对这一文化未来发展的某种期许。京生同志谈到了深圳的"文化地域优势"，深圳没有地域传统文化对移民文化的固有抵抗性，谁到这里来都可以扎下根，再慢慢生长，所以它如饥似渴地吮吸着来自四面八方的管理文化、制度文化、企业文化、社区文化、消费文化等，在这种碰撞和磨合当中去迅速地建构着全新的文化风格。

我曾经想过，可否比较深圳文化和上海文化？早年西方殖民主义者喜欢来上海冒险，开办工厂，其文化形态同深圳完全不一样，移民文化和移民文化之间有很大的差别，但由于"移民"的多源头、广欲求，"文化"在一定的时期会显得有些斑驳杂陈和散漫无章。京生同志看得比较深，他当时说，"在中国绝大多数城市，我们可以发现类似的现象，即真正的大市民们并不是固有文化的承袭者"，"他们绝大多数都欣赏流动的文化，学习崭新的文化观念和文化表达，从而驱动着城市的活跃和进步"。深圳文化建设的实践构成"深圳学派"以后要研究的对象。

王京生说，"如果一种发展战略极大地带动了文化的流动并增强了文化的活力，那么这种战略符合文化生长的特性及其内在需要"。文化越流动，越活跃、越有生长性。他说，深圳的文化发展战略是：一要树立崭新的文化资源观，二要增强文化流动的经济推力，三要培育文化的创新能力。这个"创新能力"又至少包括文化的价值创新能力、制度创新能力、科技创新能力、适应时代变化的创新能力。

"深圳学派"主要体现在六方面

"深圳学派"作为面向未来的文化呼求，正大踏步实践在深圳的文化建设中，也正通过深圳的文化实践，在梳理自己的学术主张并凝聚自己的核心理念，主要体现在五个方面。

第一，关于深圳观念与"深圳学派"。在 2010 年深圳经济特区成立 30 周年活动中，由网民倡导发起，有关主管部门组织开展了"深圳十大观念"的评选活动，选出了十大观念。这些观念是伴随它的经济建设"移民"过来的，后来慢慢成为一种文化精神。

王京生总结说，"深圳十大观念"内涵丰富。从纵向方面涵盖了深圳的精神发展史，从横向方面涵盖了深圳文化价值观。一个是精神发展史，一个是深圳文化价值观，会不会构成深圳学派的内容？这是非常明显的。

第二，关于全民阅读与"深圳学派"。全民阅读是要踏踏实实地引导新市民改变浮躁趋利的心理。"深圳学派"提出是在 1996 年。2000 年，"深圳读书月"活动启动。举办"深圳读书月"活动是深圳关于城市化发展战略理论思考的实践形式，它在纵深方向的推广和扩张更加丰富和完善了我们对城市文化发展战略的理论认识。阅读是市民文化生活中最普遍也最持久的文化需求，深圳在这方面做得特别好。文化建设不是仅靠学者们的建设，而是要把全体市民调动起来参与到文化活动中来。举办"深圳读书月"活动成了实现市民文化权利最有效的途径、载体和方式，这也会构成以后"深圳学派"的一个特色。

第三，文博会展。首届深圳文博会在 2004 年举办，开始两年一届，第二届后开始每年一届，而且每年都有新的内容。后来文博会又加上了文化贸易的内容。"深圳学派"一直主张"文化是流动的"，它有自发的流动，也有自觉的流动。移民文化是把每个人当作一个文化载体，带着自己的文化积淀流动。所以，深圳文博会从无到有、从有到优地连续举办，这种自觉的流动给深圳文化建设提供更丰厚的滋养和更广阔的空间，也使"深圳学派"的建构获得了这样的滋养和空间，文博会强化了"移民文化"的自觉性。

第四，设计之都。2008年，深圳被评为"设计之都"，当时仅命名了16个，深圳很了不起，最早一批获得这一称号。授予者认为，"深圳在设计产业方面拥有巩固的地位，其鲜活的平面设计和工业设计部门，快速发展的数字内容和在线互动设计，以及采用先进的技术和环保方案的包装设计，均享有特别的声誉"，这是我们现在已经做到的事情。这个很可能会形成"深圳学派"的特质。

第五，文化科技与"深圳学派"。深圳作为迅猛发展起来的新兴城市，其文化建设的一个鲜明特点就是高科技含量。科技对文化发展的影响至少有这八方面。一是改变了文化的体验方式；二是扩大了文化的消费需求；三是丰富了文化的生产要素；四是提升了文化的构造品质；五是激活了文化的原始创新；六是催生了文化的新兴业态；七是增强了文化的传播能力；八是改善了文化的储存效果。这些影响构造了深圳文化发展的重要路径和基本特色，而包容创新的文化生态和科技驱动的文化业态将是"深圳学派"构建的一大亮点。

更多的是一种集成创新

因为没有厚重的文化积淀，更多的是一种集成创新。深圳所主张、所践行、所成就的"创新型"文化，内涵指向张岱年先生所论及的"文化综合创新"的范式。这个范式主张"文化模式的可拆解性和文化要素的可选择性"。

在很多集成创新当中，过去不太讲怎么去拆解文化模式和任意选择。为什么中国人会形成继承创新这个理念？因为上千年的农耕文明变化得比较缓慢，造成继承的东西比较多，这是事实，所以讲继承创新没错，但问题是不是所有的现代化都是工业化、城镇化进程导致的农耕文明向现代工业文明的转型，现在你面临一个转型，可能以往的那种厚重的积淀、缓慢的变迁形成的继承创新的概念就发生了变化，现在真正有效的是集成创新。我为了讲得辩证一点，提出一手抓继承创新，一手抓集成创新，两方面兼顾。

这样的概念文化模式的拆解性和文化要素的可选择性，正高度默契于"集成创新"的理念。"集成创新"是自主创新，即集成要素及其模式构建要服从主体创新的需要，创新主体要解决当前的问题。

十八大报告里有些概念是新提出来的，如协同创新、"美丽中国"。协同创新要善于借助外脑以集思广益；前瞻创新要通过应对问题、创造价值来预测未来。

谈"深圳学派"，王京生同志是个绕不开的人，他自己推动文化建设，又对这个建设进行思考，写过很多东西。不仅仅是因为他长期担任宣传、文化主管部门的领导，更在于他对深圳文化建设的思想主张和实践推动。最近5年间，王京生同志从深圳文化建设实践中梳理出一系列关于文化发展的真知灼见，也成为我们构建"深圳学派"重要的思想资源。"京生学理"是我造的一个词，我想"京生学理"会成为"深圳学派"的一个重要构成。今天就跟大家谈这些想法，谢谢大家！

以创新思维推进深圳学派建设

李凤亮

李凤亮

深圳大学副校长、教授、博士生导师，深圳大学文化产业研究院院长、创新型城市建设与治理研究中心主任，国家社会科学基金重大项目首席专家。

一座城市，可能因为尊敬老人而受人尊重，可能因为"赠人玫瑰，手有余香"的志愿精神受人尊重，还可能因为全城老少热爱阅读、书香四溢而受人尊重。笔者期待的是深圳这座城市发展到今天还因为学术氛围浓郁、思想厚重前卫而受人尊重。

学术文化建设与学术精神积淀，
对于今天的深圳特别重要

今天的城市拼什么？

我们常常说，发达城市从传统的"拼经济""拼管理"到了今天"拼文化"的时代。这句话有点大，但想想不无道理。今天有个词，叫城市的"调性"。这个从古典音乐里借用的词，现在常被用来形容一个城市的文化风格、文化特色、文化气质、文化氛围。为什么今天的城市开始"拼文化"、讲"调性"？因为文化决定了你的基因、你的血统，也决定了你的底气、你的后劲。"仓廪实而知礼节"，经济总量巨大的深圳，这些年来一直在寻找着自身存在的文化意义，默默实践着一种理性的"文化自觉"。而在笔者看来，在物质文化、行为文化、制度文化、精神文化构成的文化系统中，学术文化的积淀、学术氛围的营造、学术精神的形成，对于今天的深圳显得特别重要，它在深圳文化建设中的迫切性比过去任何时候都要显著。

为什么今天的深圳要重视学术文化建设？因为学术文化以它的独立精神、自由品格，为这个新兴城市未来的理性发展指点方向；学术文化以它的严谨科学、慎思明辨，为深圳精神、深圳观念、深圳价值的形成奠定沉稳的底色。学术文化应在整个文化建设中起奠基与引领作用。没有学术文化的昌明与发达，深圳的文化建设便很难确立存在的厚度，也很难确立一种低调而强大的自信。

回顾深圳特区 30 多年发展的不凡历程，我们便更能感悟到深圳学术文化建设的迫切性。深圳 1979 年建市，1980 年成为特区。30 多年来，深圳经济社会发展的成就举世瞩目，至少它创造了两个"奇迹"。

一是创造了经济奇迹。国民生产总值从 1979 年不到 2 亿元增长到 2012 年的 12950.08 亿元，人均 GDP 接近 2 万美元，每平方千米产出超过 1 亿美元；说今天深圳的经济发展水平超过欧美很多城市，跻身世界一流，或许并不为过。

二是创造了文化奇迹。从 2003 年确立"文化立市"，到 2012 年提出建设"文化强市"，深圳在文化体制改革，公共文化服务的均衡化、优质化、便捷化，文化产业的发展模式与路径创新，文化贸易平台的搭建与总量的增长等方面，都可以用 8 个字来形容——"突飞猛进，逆势飞扬"。"突飞猛进"，是指深圳文化发展速度之快、增量之大；"逆势飞扬"，是指深圳通过自身的努力，从一个人们眼中曾经的"文化沙漠"，变成今天人人羡慕的"文化绿洲"，改变了内地人认为"深圳无文化"的成见。

广东省委常委、深圳市委书记王荣同志讲，深圳不仅创造了经济发展的奇迹，而且也创造了文化发展的奇迹。这是对这些年尤其是近10年来深圳文化建设成就很高的评价。我们要深深感谢这30年来深圳文化的建设者们。

但深圳文化建设出现了"跛腿"现象，这个现象就是文化体制改革、文化产业创新、公共文化服务、文化贸易交流发展快，但学术文化发展慢，甚至在一定程度上来讲显得有点滞后。这不能怨天尤人，因为前30年深圳人的主要精力放到了经济建设上，经济引领、率先转型发展的城市功能与定位到今天仍在持续。相比之下，办大学、建研究所，投入大，见效慢，很多人不愿意干。对于学术文化认识不到、重视不够、投入不足，先天的缺失加上后天的忽视，导致了学术文化在今天深圳文化建设格局中的相对滞后。

而这种学术文化建设的滞后，已在许多方面显示出来。比如学术科研单位数量有限，在全国有影响的专家学者、重要成果不多，学术研究的社会服务功能还未充分发挥，"智库"效应不足，全社会重视学术、尊崇文化的氛围远未形成。

深圳学术文化渊源有自，积淀不浅，却仍存缺憾

深圳特区建立虽然只有33年，但从创立它的那一天起，特区人就在不断萌发加强学术文化的自觉意识。1982年，图书馆、博物馆、《深圳特区报》、电视台、体育馆、大剧院、科技馆和新闻文化中心等老八大文化设施的建设，曾轰动全国。而次年深圳大学的创建，更成为特区学术文化建设辉煌的起点。自那以来近30年，深圳学术文

535

化走过了从不自觉到自觉并渐渐形成特色的过程，有了自身的积淀。

一是学术渊源有自。深圳大学三十而立，根正苗红，血统高贵。1983年，深圳市委、市政府在财政紧张的情况下，下定决心办深圳大学。当时深圳设立特区才两三年，有很多基础建设要花钱，财政相当紧张。1983年深圳市一年的财政收入还不到1亿元，市委却决定拿出一半来建设深圳大学。时任市委书记、市长梁湘有句名言："当掉裤子也要把深圳大学建起来！"在市委、市政府的重视和支持下，深圳大学实现了当年申请、当年获批、当年招生、当年开学的"深圳速度"。深大创建之初，教育部专门发文，指定北京大学援建人文学科（中文、外语），中国人民大学援建社会学科（经济、法律），清华大学援建理工科（建筑、电子），并从武大、中大等名校调来一批教授、专家，形成了"全国名校办深大"的奇观。李赋宁、黄达、方生、汤一介、乐黛云、胡经之、高铭暄、张敏如等一批博学鸿儒来深传道，成为佳话。这支"京城第一师"，其领军人物是当时的三位国宝级大师——清华大学副校长、两院院士、力学家张维，人民大学副校长、著名经济学家黄达，中国人民大学教授、著名经济学家方生。1985年，中国比较文学学会选择在办学不到两年的深圳大学举行成立大会。可以说，深圳学术文化有今天的发展，与最初的这批专家学者的拓荒有很大关系。

二是学术人才汇集。国内外很多中青年学者，怀着一个学术和思想的"深圳梦"来到深圳，在这里激扬文字，发展学术，使深圳成为中国当代新思想、新学科、新专业、新经验的诞生地。仍以深圳大学为例，建校以来先后形成三次大的"人才引进潮"：20世纪80年代建校初期引进知名学者担任学科创始人，90年代初期引进"十大教授"担任学科带头人，近年来启动从国内外引进高端人才的"五年百人计划"。不同年代，深圳吸引了一批又一批的"学术淘梦者"。他们怀揣真诚的学术创新梦来到这块热土，希望将理论思辨与现实观察有效结合，在这里寻觅、思索、扎根、收获。

三是倡导学术自由。深圳有一个著名的雕塑，叫《打破框框》，成为深南大道上的独特风景，同时也成为 2011 年深圳大运会开幕式上的精彩一幕。深圳人不仅从事经济活动敢为天下先，善于出奇制胜，而且在文化建设中也不拘一格、不落俗套，以现实的视野、开放的意识、自由的精神、灵活的方法，不断推出新成果、新观念，成为中国当代不少新思想的诞生地。

当然，冷静分析深圳学术文化现状，其不足、短板也很显著。深圳高校和学术机构少，学术文化的气场不足；深圳学人来自五湖四海，过于松散，抱团不够，学科特色方向不明；深圳过于发达的商业文明、急功近利的现实主义文化，容易形成学术文化发展中的功利主义倾向，学人很难潜心治学、精心打磨。深圳学人只有正视这些不足，迎难而上，才能开拓出学术文化建设的第二个"30 年"。

"深圳学派"建设应以创新思维
开阔眼界，另辟蹊径

研究人类学术文化的发展史，我们容易发现：一个学派的形成，往往植根于它特殊的对象、稳定的群体、独特的方法、高质量的成果。而学派的形成，除了自身这些条件外，还与时代风气、区域环境、文化生态等外部催生因素有关。学派首先是社会历史文化的产物。社会历史的变迁，或者研究范式的变化、学术方法的调整，往往会导致新学派的产生。换言之，历史文化背景的改变会对某类学派的形成产生一种需求，这种需求，往往会激发一个学派应运而生。当然，新型的学派，其产生、发展和成熟也已不再像传统学派那样，按部就班、循规蹈矩。从这个意义上讲，深圳学派建设应以创新思维开阔眼界，另辟蹊径。

思考深圳学派的创新之路，首先需要我们了解当前学术语境的变化趋势。这个趋势，可以用对策化、跨界化、国际化来形容。

一是对策化。中共中央政治局委员、国务院副总理刘延东 2013 年 5 月 30 日在京主持召开"繁荣发展高校哲学社会科学，推进中国特色新型智库建设座谈会"。她在讲话中阐述了加强智库建设的重大意义和目标任务，强调高校要聚焦重大问题，服务国家战略，坚持求真务实、奋发有为，多出具有前瞻性、战略性、针对性和可操作性的研究成果，为党和政府科学决策提供高质量的智力支持，努力做改革发展决策方案的建言者、政策效果的评估者、社会舆论的引导者。放眼全球尤其是发达国家学术界，科学研究对政府决策的智力支持功能显而易见，有些甚至会主动引导政府政策方向。可以说，学以致用的"智库"，是今后人文社会科学发展的重要方向。

二是跨界化。过去人们喜欢说"术业有专攻"，这是有道理的。但今天更强调合作，体现为学科交叉、文理交融、跨界协同。2012年，教育部启动"高等学校创新能力提升计划"（也称"2011计划"），以协同创新中心建设为载体，分为面向科学前沿、面向文化传承创新、面向行业产业和面向区域发展四种类型，其共同特点是强调跨校、跨学科、跨行业、跨境协同创新和联合攻关。人文社会科学学者，过去个人研究多，合作研究少，总觉得思想、价值需要也只能由"个人"去发现。其实不尽然。比如文化产业研究，涉及文学、艺术、经济、管理、法律、计算机等领域，需要协同。又如创新型城市建设与治理研究，可能涉及科技创新与智慧城市、制度创新与法治城市、文化创新与创意城市等不同方向，也需协同。而移民文化研究，则会牵涉社会学、文化学、经济学、管理学等不同学科，同样需要协同。今天来看，一些学术问题，是难以靠单一学科和个人完成的，所以要强调协同。

三是国际化。我们常说"学术无国界"，其实这话有片面性。美国有一阶段收紧对某些国家学习生物技术的学生申请赴美留学签证的审批，其深层次原因在于担心生化攻击。更不用说当年美国想方设法阻挠钱学森先生从加州理工学院回国服务。人文社会科学的意识形态性更加明显。但并不是说，学术国际化不能实现，学术交流由此中断。从跨国学术会议到跨国联合项目，以及学人的流动与聘用，都显示出今天学术国际化的强化。当然，今天的学术交流中，还是我们引进国外学术著作和观点多，中国学术的对外推广做得少。推进中国学术走出去，深圳应该率先作为。在推动深港学术交流乃至国际学术交流方面，深圳的优势还没有完全发挥出来。深港交流也不是单单指深圳的学者和香港的学者进行交流，而是说我们应发挥深圳地缘优势，成为中国对外学术交流的一个"桥头堡"，借力生力，在交流的过程中，逐渐形成自己的学术风格。

如何以创新思维推进深圳学派建设？笔者认为至少应着力推进五个创新。

创新研究客体

就研究对象这一客体而言，深圳学派应从"现实"而不是"书本"中寻找"问题"，扎根本土，放眼世界，解决实际问题，确立学术文化建设的"现实导向"和"问题导向"，成为与传统"理论性学派"不一样的"实践性学派"，逐步形成既有学理逻辑又有实践逻辑的学科体系。中国传统学人善于从书本找问题，不善于从现实找问题。所以白居易强调说："文章合为时而著，歌诗合为事而作。"文学创作如此，学术研究亦然。像经济、金融、移民、文化产业、国际化、大众审美、大城市管理、社会管理创新、公共服务甚至公益、志愿者等关乎国计民生的现实问题，都应该成为深圳学派研究的主要对象。

其中，"深圳文化"应成为研究的重要内容，换言之，"文化学派"可以成为"深圳学派"建设的重大突破点，因为深圳鲜明的文化理念、丰富的文化实践、有个性的文化学者（如至今仍在笔耕的老一辈学者胡经之、彭立勋，将理论与实践相结合的王京生、吴忠、尹昌龙、杨宏海、王跃军，以及何道宽、郁龙余、刘洪一、吴俊忠、吴予敏、胡野秋、王为理、黄士芳、毛少莹、于长江等一批文化学者）、急迫的文化建设需求，为我们研究文化事业、文化产业甚至移民文化、城市文化等文化领域的重大命题提供了鲜活资料。比如，深圳 1400 万常住人口，有近千万是外来务工人员，公共文化服务如何有效覆盖这一庞大群体，提高全体市民的文化素质，就是一个既有理论意义更有现实价值的迫切命题，深圳大学吴予敏教授还为此承担了国家社科基金重大项目"农民工文化需求与城市公共文化服务体系建设研究"。再比如，"文化+科技"的深圳模式，已成为今天文化产业发展的创新之路。未来全球文化科技融合的趋势如何？我国文化科技创新的广度、高度、深度、跨度还有哪些不足？怎样将文化科技融合的"深圳经验"上升为"国家战略"？……这些问题都亟待我们去思考和解决。我们自2011年起承担国家社科基金重大项目"文化与科技融合创新的内在机理与战略路径研究"，正是要寻求一种"全球视野"下"中国问题"的"深圳表达"。学习和研究应着眼于"用"，即使是研究国学，也应着眼于传统国学的当代转换与运用。深圳在公共场所以不同方式宣传"论语金句"为代表的儒家核心思想，并创作大型交响乐《人文颂》，着力构建新兴都市的传统文化风景，为刚健有力的城市文化增添新的元素，已开展了这方面的有益探索和实践。当然，深圳学派除了面对传统、面对现实，更要面向未来，进而体现出学术研究的全局性、战略性、前瞻性、先导性。

创新研究主体

就研究者这一"主体"来讲，深圳学人应形成新型的文化人格。他们应该思想活跃，不拘泥于古人，不崇拜洋人，穿梭于传统与现代、中国与西方之间，以开阔眼界深研现实问题，追求一种"全球视野"下"中国问题"的"深圳表达"。

学派建设关键靠学人，靠学术上的志同道合者形成"学术共同体"。学者志趣相投，方法相近，观点互补，便有了形成学派的基础。

深圳学派既属于一种"地域性学派"，同时更应该是一种面向现实与未来的"问题性学派"。因此，深圳学派应该是一个开放性的现代学人群体，不局限于深圳，不应只是深圳人。

学术文化建设往往重视传承和积累。深圳市相关部门在酝酿出台《深圳学派建设推进方案》。方案规划了出版方面的三个丛书计划——"深圳学派丛书"、"深圳改革创新丛书"和"深圳学人丛书",看了让人振奋。笔者同时建议:在组织出版新作的同时,还可以分批系统整理出版深圳知名社科专家的文集文丛,从而展示深圳学术发展的历史与实力。对于一个新兴城市来讲,这一工作今天显得尤其迫切。

创新研究方法

就研究方法而言,深圳学派应走出故纸堆,不循传统从文献到文献的研究路子,注重用计量、数据、案例、田野调查等方法发现问题、分析问题、解决问题,并逐步形成自己的分析框架,成为今日中国的"实证学派"。应改变传统人文社科研究"单兵作战"的模式,提倡"抱团取暖"的团队合作。应利用深圳毗邻港澳、面向海外的优势,大开交流之路,广采众家之长,成为当代学术文化新方法、新模式的积极实践者。深圳学派在选题方法上,应改变过去大而空的研究取向,直面现实,从"小现象"中研究"大问题";在切入视角上,应强调"移步换景",多维变化,以灵动的视野凸显学术的活力,改变传统学术的八股面相;在研究方法上,应强调范式革新,突出定性研究与定量研究的结合,突出社会调查、田野作业,力避高蹈虚幻,倡导沉潜务实。

创新载体形式

就成果而言,深圳学派不能著述一完就束之高阁,而应创新成果形式和呈现载体,扩大成果交流推广渠道,变传统的一次性学术阅读为新型的多渠道反复消费,变浅层次阅读为深层次消费,提升"深圳学术创造"的显示度、知晓面和影响力。

现代的学术文化建设,尤其应该注重传播。所谓"酒香不怕巷子深",在今天可能失效。只有有效地传播,学术思想才能产生更大的影响,为更广泛的社会群体所认识、接受甚至争辩。深圳应利用自身的信息产业的技术优势和面向海外的地缘优势,通过学术论坛、学术沙龙、学术活动、学术网站、学术刊物、出版社等平台和载体，开展多渠道的学术传播。

创新学术功能

学术成果的功能，一方面显示在学术系统内的社会系统，即学术的继承、创新、发展（不管是接着说、对着说、从头说还是重新说），体现学术的自洽自适，进而推进知识更新、学科发展；另一方面也显示在学术系统外的社会系统，即学术成果转化为有效服务社会（经济、政治、文化发展）的重要力量，提升学术研究对现实社会的贡献度、影响力。

人文社科学术研究的领域不同，其价值取向的评判尺度也不一样。其中，经济、管理、法律、政治学等社会科学，重在对策研究，其价值判断也主要看为国家和社会贡献战略和对策的多少。如布热津斯基在《战略远见：美国与全球权利危机》一书中，利用自己在外交政策事务方面无可比拟的专业技能，为美国描绘了一幅战略蓝图，鼓励其积极应对危机，重振雄风，促进 21 世纪的和平。在现代社会，学者能否就社会重大公共话题进行发言，讲真话，有独立的批判精神和建言能力，这也会成为学派能否构建的重要指标。在基础研究方面，深圳可能比不过内地一些学术重镇，但在一些对策性的社会科学领域应该能做出更好的成绩。因此，构建深圳学派，一定要找准定位，应做什么、能做什么、不做什么，要想清楚。重视对策研究，并非忽视人文科学的基础研究。文史哲等人文学科，应重在学术传承创新，以发表成果的水平质量、文化创新能力为鉴定标准。在一个学派的形成过程中，基础研究或传统的人文研究是非常重要的，它往往会成为学派形成的奠基性因素。当然，这种基础研究，并不是靠得什么奖、拿什么项目来评价，而是指你在人文社科的基础研究方面能够拿出多少扎实厚重、获得国内外同行认可的学术成果，或者在城市人文精神构建中起到何种导向作用，或者在国际学术交流平台上能不能发出深圳的声音。在基础研究方面，能不能在学术顶级杂志上发表文章，你的学者能不能频繁地参加一些国际学术会议作主旨演讲，这都是培育学派并让其产生影响的重要条件。除了人文学科、社会学科之外，还有艺术学科，对音乐、舞蹈、美术等艺术学科的评价，首先还不应是发表了多少论文，而应看其在艺术原创方面有什么突破，是否带给人们新的审美感受。人文学科、社会学科、艺术学科都面临着创新使命，只是其创新形式不同。深圳学派更应在学术的"经世致用"上多下功夫。

打造"深圳学派"应整体规划，重点推进

明确主攻方向

不论是人才培养、科学研究还是学科建设，特色是生命。是否明确主攻方向，形成特色学科，打造重点学科，鼓励交叉学科，是学派能否成型的关键。特色化的研究领域、创新性的研究方法、有个性的专家学者，可以说是驱动深圳学派建设的"三驾马车"。

事实上，经过多年孵化，深圳人文社科界业已形成一些特色研究领域，如特区与改革研究、基层民主治理研究、传媒研究、公共文化服务研究、文化创意产业研究、移民文化研究、港澳基本法研究、新儒学研究、创新型城市研究、新加坡研究、印度研究等。今后深圳学派的建设，仍应在此基础上持续孵化，不断开拓，经过较长时期的培育，形成一批在全国有影响、有地位的特色领域，方能以"有为"争得"有位"。

打造平台抓手

特色研究领域的形成，有时不是一两个人的事，需要团队机构协同构建。深圳应重点培育一批高水平、有特色的科研机构、社会科学实验室，为学派建设打造平台。科研机构是集聚人才、产生成果、形成影响的重要载体。应加强与国家、省市有关部门的合作，着力建好

一批国家级、省部级、市级人文社科重点研究基地。深圳大学除推动原有的中国经济特区研究中心、港澳基本法研究中心、当代中国政治研究所、传媒与文化发展研究中心、文化产业研究院、体育文化研究中心、移民文化研究所等基地建设外，近期创新机制，内联外合，重点建设国家文化创新研究中心、创新型城市建设与治理研究中心、深圳发展研究院、海洋文化研究中心，努力将其打造成为高水平、有影响的科研创新平台。

建设学术阵地

应加强出版社、刊物、网站等学术平台建设，丰富"深圳学派"建设的基础条件。①刊物。在《深圳大学学报》《特区实践与理论》《开放导报》《特区经济》等刊物上开辟特色专栏、专辑，并努力创设新的学术刊物。②学术辑刊。将《文化科技创新研究报告》《中国经济特区研究报告》《中国当代政治发展研究报告》等按年出版的学术辑刊打造成国内权威性的同人刊物，产生广泛的学术影响。③学术网站与电子刊物。创建一批学术网站和电子刊物，以现代传播手段提升深圳学术的影响力。同时要利用深圳信息产业发达的优势，重视学术数据库建设，形成若干个区域性乃至全国性的学术数据中心，增强学术的辐射力。④出版社。深圳现有海天、报业集团两家出版社，均非以学术为主要出版内容。应重点创建一家学术性出版社，加强数字出版，同时成为港台繁体字版著作引进的先行者。前不久，商务印书馆与深圳大学、深圳职业技术学院合作，成立深圳分馆，相信会对深圳学术出版起到一定的孵化作用。

集聚学术人才

学术文化的建设关键靠人，既靠大师、领军人物，也靠一批根底厚实、思想活跃的中青年学人。深圳应优化引智环境，着力打造"人才硅谷"，不仅让青年人宜业，而且应优化社会文化环境，让青年人宜居，从而保持长久的竞争活力。目前，深圳对学术文化的投入与深圳的经济总量和社会发展速度尚不相称，在这方面，政府应有养"士"之心，加大投入，鼓励创新，宽容失败。深圳不仅民资丰富，而且民智也很发达。像深圳的网民群体中，就有不少富有远见卓识者，甚至还有网民参与省长、市长的问政会。说深圳社会具有"民间精英主义"色彩，似有一定道理。我们要整合好高校、科研院所、政府、民间等不同领域的学术力量，形成推动学术文化发展的良性合力。而在人才引进方面，应坚持培养、引进并重，以多种形式引进市外学术和文化人才，如坚持"只求所用，不求所有"的柔性引才，或在大学设立"驻校作家""驻校艺术家"制度，都是不错的引才形式。

全社会应该形成濡养学术文化的整体氛围

在整个社会运行中，文化构建看似简单，实则不易。而在整个文化建设中，学术文化又最难，它不仅需要硬保障，更需要软环境。笔者认为，深圳学术文化建设的环境营造，至少应突出三个方面。

一是倡导思想激荡。学术的发达，源于思想的自由，像王元化先生所倡导的应形成"有思想的学术"和"有学术的思想"。作为改革开放的前沿地区和屡获"全国文化体制改革先进地区"的先行区、试验区，深圳应发扬特区创立之初的敢闯敢拼精神，积极鼓励新思想、倡导新理念，以扎根现实的观念创造、催生中国新型的"观念学派"。在这方面，"深圳十大观念"的产生和推广，本身就是"深圳学派"建设的一个生动个案。

"深圳学派"应该有这么几个特质：开放、务实、前沿、先锋。应强调"百花齐放，百家争鸣"。艺术、人文学科的研究，甚至社会科学的研究，要不怕说错。先锋，就要有点试验性，力争做到"学术无禁区"，各种各样的声音都能够在深圳发出来，以开放包容体现博大的文化胸襟。

二要注重风气营造。在全社会越来越物质化、功利化的今天，深圳应该反其道而行，崇尚文化、尊重学人、厚待学术，形成全社会资助学术、推崇文化、奖掖学人的高雅氛围。应避免急功近利，在学术建设上做到"多投入、少索取"，不求或少求回报，或许能够收获更大回报。应鼓励学人潜心治学，提倡"冷板凳"上坐热"深圳学派"。学者要有素心、恒心，社会也应潜心、耐心。学术的研究，学派的形成，一直需要潜心、持续性的长期关注，并做可延展性的研究。学术生产的方式会变，但是一些基本的精神是不会变的，那就是对学术的敬畏和坚守。当然，今天这个时代比较浮躁，消费文化盛行，人们对物质的追求远超过对思想的追求，尤其是在深圳这么一个年轻城市，甘坐"冷板凳"并非易事。做学术研究，过去是"饥饿淘汰法"，现在则是"诱惑淘汰法"。但历史会公平地对待一心向学的知识分子。

学术发展需要媒体支持。深圳和广东媒体发达，作为现代学者，也应适当接触媒体，传播学术真知，发挥导向作用。学人面对媒体，应自律、应理性，应体现"学人风骨"。而今天不少媒体往往都愿意找"明星学者"，喜欢登危言耸听的观点。这不仅无益于学术的传播、氛围的养成，而且有时还有损学者的形象。有责任的媒体，应多宣传学者安贫乐道的事迹，而不要去做一些无谓的炒作。媒体的"学术良知"，常常成为推进学术文化建设的正能量。

三要加大扶持力度。提供学者坐"冷板凳"，也要呼吁政府和社会对学术文化建设舍得投入、加大投入。今天的人才引进、成果激励、平台打造，都需要投入。软实力需要硬通货，目前各地对社科事业、基础研究的投入仍然不够。虽然有钱不一定能够成就学术大师，但是在目前的条件下，没有投入会让一些学术人才流失掉。如果比较一下香港政府对本地大学的投入，或许就会明白香港为什么能够吸引全世界一流的学者，迅速办起一批全球一流大学。深圳近年来加大了对于高等教育人才引进和学科建设的投入，相关的住房补贴、科研经费等人才政策也在配套到位。只要政府认识到位、政策到位、投入到位，学术人才的集聚便会出现大不一样的局面，深圳学术文化建设的新景观便大有希望。

国际化城市战略目标与
深圳学习型城市建设

季明明

季明明

清华大学中国科技政策研究中心资深顾问、研究员。中国教育发展战略学会副会长、全国学习型城市建设咨询指导小组组长、中国民办教育协会副会长、教育部国家教育发展研究中心咨询专家。

知识成为决定社会发展的第一资源

终身学习思潮蔓延有半个多世纪了。20 世纪 60 年代，提出了这样一个理念。1968 年，美国罗伯特·哈钦斯写了《学习型社会》这本书。学者们的观点引起了国际组织的高度重视，经过研究，1996

年，把它作为人类进入 21 世纪的八要素之一。

发达国家比较早地推进了实践。美国最早提出要建设学习型社会，也有专门的法律。欧盟也号召它的成员要迈向学习型社会，OECD 国家用一句话概括什么叫终身学习，即人从出生到去世以前，这种学习不应该中断。

把握终身教育体系内涵

终身教育的理念推进后，有些国家提出建设教育城市。20 多年前，有了学习型城市的概念，现在世界上有上千个城市认为要建学习型城市，有的说已经建成了，包括温哥华以及澳大利亚和韩国的很多城市。

中国大概有 200 多个城市或者社区要按这个目标去建设。

首先，2000 年江泽民同志在亚太经合组织人力资源会议上首先提出，我们国家要朝这个目标努力。2002 年十六大最早写入了党的决议，十七大再次强调，到了十八大进一步深化。2010 年，国务院的纲要提出在 2020 年实现三大战略目标，一是基本教育现代化，二是形成学习型社会，三是进入人力资源强国行列，最重要的是形成学习型社会，只有社会真正进入全民学习、终身学习的状态，才是建设人力资源强国的基础，才符合教育现代化的特征。

现在学习型城市建设的成绩怎么样？这半年变化特别大，习总书记反复强调要加强学习，到中央党校也讲到要学习，可以看出，第一，中央领导高度重视，各省积极配合，现在不仅教育部在推，而且党政部门都在齐抓共管。上海市讨论终身学习，各委办局领导、各区县领导都在，就像你们的联席会制度。第二，贴近大局、服务中心。不是只唱唱歌、跳跳舞，而是把它与实现现代化目标和加快建成小康社会密切地结合起来。第三，把握终身教育体系内涵，构建终身教育体系。第四，更新观念、创新模式。

上海创建了很多与学习型有关的平台，如开放大学，包括残疾人大学、老年大学等，上海的老年大学非常活跃，遍地开花。我们国家地级以下城市大概650多万个案例，挑出了16个城市的相关案例，经过教育部统一安排，在北京召开了首届国际学习型城市大会。深圳也在16个城市里，经过全国学习型城市指导小组评估打分，深圳总分名列前三，这也是深圳的光荣。教育局花了很多工夫编写了一本书，单独推出了一本中英文对照、图文并茂的书，还有光盘，光盘是许勤市长代表深圳人民送给会议主办方联合国教科文组织的。深圳从2004年就提出来要建设学习型城市的目标，在国内提得比较早，有以下几个特点。

第一，把它跟创新城市的建设结合起来，而且有经济参数作为它的支撑。数量比较大、年纪轻、层次高、门类相对齐全、相对能学习的人才队伍支撑了经济高速发展。国外评论深圳是最有活力的城市之一，GDP在大中城市中列第4位，在全球也排在前30位，从1980年两个亿不到，到现在的1.3万亿，增量是6632倍，中国还没有这样典型的案例，这就是学习的结果。

第二，发挥骨干企业对全市创新学习的引领作用。华为的培训中心很厉害，引领着深圳企业创新学习。

第三，深圳78%的居民是外来常住人口，在温暖的大家庭中大家共享学习资源。

当前全国还存在一些问题，认识还不是很到位，认为抓经济建设压力很大，没有精力来抓这个，个别城市还有这样的议论。有的人认为，终身教育不就是成人教育吗？有些大学认为跟它没关系，那是成人学院的事，这个认识有问题。

当前，立法还不够完善，政策不到位，学校投入不足。一方面缺优质的学习资源，另一方面又大量浪费，不能资源共享。还有技术、手段、方法比较落后，缺少质量评估体系，在加强终身学习针对性、实效性上还需要下功夫。此外，理论研究还不够，包括中国特色理论体系的架构是怎样的。尽管我们已经取得了很多成绩，但只能说处在学习型社会建设的初级阶段，需要打造升级版的学习型城市。

以这次国际大会作为转折点，希望深圳在这方面先走一步。要怎么打造，我有一些不成熟的建议。要站在新的起点上抢占先机，要围绕建设国际现代化大都市的目标、围绕老百姓更加幸福的战略目标下更大的决心，采取更坚强有力的措施走出一条有深圳特色的全民学习、终身学习的道路。

升级版的学习城市有什么特色？国际上认为具有三条关键特征。一是以终身学习理念引领各级各类教育改革与融合，搭建一个"立交桥"，四通八达，正规学习、非正规学习之路大家都能走得通，各种学习成果都能得到认证。二是要搭建一个数字化的公共服务平台和智能库，哪怕拿智能手机、iPad，走到哪里都可以学习。三是学习成果要有用，对人力资源开发、经济社会的发展、社会的和谐、增强群众的幸福度方面有实实在在的好处，如果不是这样，这样的学习就没有用。

通过怎样的路径来实现？首先要提高认识，清楚到底为什么要学习。仔细想想，改革开放不就是加强学习吗？如果美国不学习，会跟今天的阿根廷、巴西一样落后，其实自然条件都差不多，当时基础也差不多。整个新加坡就是一个学习型组织，它是真学，不是假学，现在 500 多万人口，人均 GDP 是 5 万多美元，在亚洲金融危机的时候，人均 GDP 已经超过法国、英国。他们没有任何资源，除了空气和阳光，连海滩的沙子都是进口的，创造了人类的奇迹，秘密武器就是加强学习。

犹太民族重视学习到什么程度？马克思、伯恩斯坦、托洛茨基、毕加索都很重视学习。从世界上有诺贝尔奖项以来，20% 以上都是犹太人获得的，秘密武器就是学习。

法兰克福航空公司每年 40% 的费用用在员工培训上，所以它的销售额始终在世界前列。乔布斯上了大学一年级走了，因为大学内容太陈旧，不能满足他的需要，他的核心就是学习，学习已经深入他的生命和血液里。现在口袋里的 iPad，就是乔布斯的贡献，就是加强学习的结果。

现在新一届中央领导人强调要实现"中国梦",我们遇到很多的困难和问题。腐败问题,小平同志在 20 世纪 80 年代就讲了。官僚主义到了不能容忍的地步,几十年过去没得到解决,现在更严重了。还有转方式、调结构,现在都面临前所未有的挑战。石油进口现在超过一半了,还有 40% 的环境是污染的。

总之,现在存在一系列的矛盾需要解决,想来想去没有别的办法,只有加强学习。群众路线教育活动实际上也是学习,不学习就不能前进,不创新就不能发展。

深圳人总体受教育年限偏低

再看一下新科技革命。近 100 年曾经实现经济腾飞的有美国、日本和巴西等。200 年以来,全球只有 40 多个国家完成了工业化进程。以年人均 GDP 3000 美元作为衡量标准,深圳现在接近 2 万美元了。工业革命的特点,原来以为是英国的蒸汽机、德国的化学产品、美国的电气化,新科技革命重写了科技革命、工业革命的定义,就是通信技术加新型能源。

第一次工业革命,推广蒸汽机,那个时期印刷代替了传统方法,有了新的通信技术;第二次工业革命,主要特点是美国的电报、电话与石油的应用;第三次工业革命,互联网与新能源得到应用,咱们的太阳能、风能将来和智能电网可以结合起来。这一次革命性的 3D 打印机,很了不起。我们传统生产一个产品,要做一个模具,把水倒进去,它冷却了之后,一个模型就出来了。3D 打印机就是一个虚拟的模具,用电脑按照虚拟个性化设计后,经过一层层加工,没有了边角料,而且个性化了。

什么是 4D 打印机呢?比如我用 4D 技术打出来一个沙发在那里,我正好坐着,很舒服。过两天来了一个 200 公斤的大胖子,他坐不下去了,但是 4D 技术打出来的沙发,他只要往下一坐就膨胀了,可以跟他的身体一样贴近,非常舒服。人类历史上已经到了后大规模生产的时代，我们的飞机已经用这个技术了，寄希望于第三次工业革命解决我们的困难。主要是加强学习，解决国内、国外矛盾；其次要运用第三次工业革命的机会，来解决我们实现"中国梦"遇到的困难。说到底就是学习，学习是我们决定前途命运的一件大事，学习之后，人的思维就会改变。

打造升级版的学习型城市，虽然深圳走在前面，但怎么走快一步、走好一步？深圳虽然有高端的人才，但是总体受教育年限偏低，跟上海、北京比较还差很多。深圳高等教育比较落后，无论是伦敦、纽约还是巴黎，这些大都市高等院校都比较密集，高等学校是建设学习型城市的支柱，我们还处于初级阶段，各级各类学校的"立交桥"还没有搭起来。

深圳特区的特权在缩水，红利也越来越少了，深圳市领导说得很深刻，"学习是创新活力的关键，是城市核心竞争力的重要源泉"。20世纪80年代末，加拿大年人均GDP就达1.2万美元。北京、上海很发达，但已经步入老龄化社会，20%是老人。深圳的人口红利还非常丰富，这是深圳最大的优势，通过全民学习、终身学习的秘密武器，深圳未来大有希望。

要融入全球人才网络

怎么能持续这样的目标？我提出九大建议。

第一个战略，要开发人力资源金矿，从投资推动型转向人力资源推动型。

一是处于生产工作第一线的员工，要终身学习，提高工作效率、劳动生产率。

每个制造业的员工，如果从初中提高到高中水平，劳动生产率可以提高17%，再到大专，可以提高64%，当然用消耗能源的办法也可以提高到64%，但是会多出多少碳的排放？学习是无烟工业、低碳事业，为什么我们不能通过学习来促进科学发展呢？

要重视民营企业的员工培训。民营企业资产规模已经是国有企业资产规模的 1.5 倍，它的总利润是国有企业的 4.5 倍。

要培训进城务工人员。现在大部分人都没有经过培训，"80 后"已经占一半以上了，说是农民工，其实他们中 80%、90% 根本没有下过地，建筑行业工人 80% 没有获得过培训机会。

李嘉诚的长江商学院培养了不少企业领袖。请比尔·盖茨等来讲课，深圳要出很多高端人才，我们的继续教育要完成这个使命。

要培训高管，不光在国内培训，像北大青鸟已经把桥头堡拓展到了纽约、华盛顿，到人家的总部学习、跟踪。我想深圳应该在这方面走在前面，要有这个规划。

专业学位教育也很重要。很多大学本科毕业生在他的岗位上已经是人才了，能不能给他一种专业学位教育？比如金融服务业、生产型服务业。城市功能要发生变化，才能成为真正的世界大都市。继续教育是培养现代服务业人才的快车道，要为社会提供新型服务人才。

二是传统服务业要改造，不光是马路上摆个摊，炸个油条、大饼就是服务业，要转变为现代服务业。

要培训大学生。2013 年大概有 700 万名大学生毕业，就业很困难，主要原因不是没有岗位，而是结构性失业。现在大学生来了之后都用不了，岗位用不上，再培养花的钱很多，周期也长。现在确实是知识爆炸，不搞终身学习确实跟不上。

要服务民众。宝安区搞得非常好，特别是对流动人口进行关爱性的服务，既解决就业问题，又解决家庭纠纷等，还要搞家长高级培训班，让他们永远记住家长是第一老师。夫妻两个人，丈夫是第一责任人。没有母亲的关爱，孩子会缺乏情感；没有父亲引导，影响孩子将来在社会上发展的高度。但是很遗憾，现在很多家长都不合格。

要发展老龄教育。在老龄社会，我们要关爱老人，现在 2 亿老人了，要满足老人人性化、个性化的需求。

要广泛引进高端人才，使其融入全球人才网络。世界高端的金融家、云计算专家、物联网专家需要大量引进，要在深圳入户，这也是打造学习型城市必然的结果，在这方面要做规划。

第二个战略，引领各级学校的教育改革。

怎么解决应试教育问题？要真正普及终身学习的概念，要釜底抽薪。

现在很多学生不愿意报考职业学校。孩子考不上大学可以上职业学校，这是人生学习的一个阶段，不必在乎先上大学还是后上大学。像乔布斯，别看他大学没有毕业，但他有终身学习的能力，走到哪里都不怕。

我们的高等教育比较弱，大学要从象牙塔出来，要围绕经济社会发展，担当构建终身教育体系的责任，改变围墙大学的办学模式，引领社会改革，这是大学发展的几个阶段，高等教育是必然的结果。现在有的大学越来越封闭，围墙很高，别人不敢进去，这样的大学已经落后了。如果按终身学习的思想，它是整个终身教育体系里的一个支柱，应该打通各级各类教育，使它四通八达。

融合是世界教育发展的大趋势。清华、北大课堂里都是十八九岁的学生，美国等发达国家学校里60%都是成人，他们没有什么成人教育和高等教育之分，在终身学习时代已经融合了，这就是世界的趋势，是高等教育改革的方向。我们的任务就是要促进它的融合。

第三个战略，要怎么融合？它的发动机就是学分认证，像我国香港一样，包括英国、澳大利亚、韩国都做得很好，就是建立一个学分认证体系，不管男女老少，不管你通过什么渠道学习的成果，都可以拿来到认证的地方去鉴别，变成学分存在银行，最后我可以把这个分数去兑换成某个毕业证、职业证。

教育部纲要提出要建立认证体系，教育部部长亲自抓这个事情。这个事一解决，谁都能学习，成果都能得到认证，孩子们也不用那么辛苦学习了，你今年没有考上大学，过两年你在工作岗位接着考，各个层面都能有这种发展机会。深圳在这方面可以跟香港资格局紧密结合，借用他们那个模具，很多学分进行论证转换，而且跟世界名牌大学接轨，甚至上哈佛大学网上课程也能得到认证。

学习型社会，可以用飞机来把它系统化，机身就是学习型城市或者叫学习型社会，前面的两翼就是学校教育系统，包括大、中、小学，后面的尾翼就是继续教育系统，第一个发动机是学习型组织，第二个发动机是学习型社区。现在的驾驶员根本不驾驶飞机，飞机自己在天上跑，但它有一个自动操作系统。再有就是有一个罗盘，这就是国际大都市目标。还缺一样东西就是资源，学习要靠资源，就是汽油。有了这些还不够，要有起落架保证安全，所以我们要有政府的法律、组织保证。

国家开放大学"学分银行"建设框架，按我的理解，将来就像全国有全国粮票，地方有地方粮票，地方粮票怎么跟上海、广州对接，我们还要向哈佛学习，这是我们终身学习要考虑的，也是教育部门要考虑的。现在这个工作量相当大，这是一个系统工程。民办的培训机构可抢占先机，把课程打包分类，留出接口，将来跟学分认证挂钩，这样你们的课程就值钱了，未来学完就能兑换存银行了，所以一定要把握机遇。

第四个战略，要全面扩大学习型组织的覆盖面，使全民学习、终身学习落到实处。

学习型组织有概念，还有工具、方法和案例，甚至还有系统软件。除了五项修炼以外，特别重要的是反思，也有一个模型，中国汉字有"学习"两个字，这两个字看起来很简单，实际上学习是"学"加"习"，光"学"没有"习"就没有学习，只有"学"了，再"习"了，才有收获，其实就是一个学习圈。首先，有了概念、有了理论我就做这件事，理论联系实际。其次，以后有了结果我得反思，改进后形成新的思路，再来实践。这是学习型组织的一个模型。它没有固定的格式，但是"以人为本"，它强调活出生命意义的理念。

有的企业也花钱让员工学习，老板恨不得今天学完明天订单就来了，后天老板的钱就多了。我们也有这个目标，更重要的是要以人为本，通过团队的学习，调动每个人内在的积极性，活出生命的意义，产生凝聚力、归属感。

社区也是学习型组织，一定要扩大这个面，这是我们打造升级版的学习型社会的标志。

第五个战略，要运用云计算、物联网、大数据等技术去超常规、跨越式发展。在这方面上海、北京走在了前面，国外搞了 20 年了。我们口袋里的 iPad 怎么能看电影呢？我们从云里摘一片下来就看了，要把这个数字化图书馆的图书搬过来，云计算的功劳很大。再一个是大数据，20 世纪 80 年代有一本书《第三次浪潮》，托夫勒说了，大数据就是第三次革命浪潮的华彩乐章，没想到几年后真是大数据时代，数据的加工整理成了新的生产力，成了创新的源泉，成了教育的课程。

第六个战略，要建立物联网精细化的管理平台。斯坦福、哈佛、麻省理工花了 6000 多万美金打造了一个智能化平台，注入围墙大学的全部功能，而且实行双向、互动、交互式的学习，开设免费的公开课。其发展速度惊人，像 MOOCs 网站，注册的学生数半年翻了 8 倍，由 30 万到了 270 万，这些学生大部分都是发展中国家的，就是利用口袋里的智能手机、平板电脑等，到哪里都能学到哈佛大学的课程，再通过"学分银行"去认证，就可以拿哈佛、麻省理工的文凭，哈佛、麻省理工就成了全世界人的"母校"。要用这样一个"云物大智"的手段打造深圳超级版的学习型城市。我们有华为这样的大企业，技术不成问题，只要加入教育的元素就可以了。

香港有很多资源可以把它拿过来，CEPA 签署以后，很多人只注意到商业贸易的机会多了，其实还有学习资源。深圳和香港签订了战略合作协定，优势互补、资源共享，学分银行联通。新加坡鼓励国内所有企业要看看有哪些跨国公司可以跟它一起建立培训中心。

第七个战略，民办教育力量还是太弱了。民间在深圳大概投了 13 亿元人民币，但是像新加坡投了多少？相当于政府投入的 3.7 倍。澳门民间培训机构很多，民营企业对 GDP 的贡献都在 2/3 以上，但是民办学校是什么情况？台湾地区七八成的大学生都在私立学校上学，深圳能不能再解放一点，在特区政策上放宽一点？印度的软件垄断了世界市场，深圳能不能把民办教育发展起来？

第八个战略，加强理论研究。我建议深圳要成立中文学习理论研究院。这次联合国教科文组织开会，来了300多位国外的市长、理论家，带来了好的经验和成果，我们要向其他国家学习。人家半个多世纪以前就有了好的理念，20多年来一直实践建设学习型城市，但是找不到灵丹妙药能解决中国的问题。这种规模的城镇化、这样的经济基础要实现"中国梦"，变成世界现代化的国家，有复杂的改革问题、错综复杂的矛盾要解决，哪里能找到终身学习的理论拿到我们这里来呢？我们要创造中国特色终身学习的理论体系，只有这样才能解决我们自己的问题。所以，希望深圳特区能在实践的基础上，为形成中国特色终身学习的理论体系做出重要贡献，教科院、电大、深大、华为、政府相关部门能不能把港大终身学习的经验拿过来，打造升级版的学习型城市的智库？

郝克明对深圳情有独钟，每年冬天都在深圳，他喜欢这个创新型城市，他认为这里打造学习型城市很有希望。为此教育部专门召开了郝克明教育思想研讨会，在活着的教育家里，开这样的会还真是第一个，在他的基础上，深圳人有决心把他的理论进一步往前推进。

第九个战略，采取强有力的保障措施，完善顶层设计。

第一，就是为了实现国际大都市的目标，为了深圳所有老百姓的幸福，提高他们的满意度，形成一个新的战略方案。第二，强化领导，完善管理体制与建立促进体系，由市委、市政府领导牵头的联席会议制度一定要落到实处，定期听汇报，指导整个城市的发展。这个联席会办公室不能架空，它要有具体的工作部门。教育局的成教部门应该是两块牌子，也叫终身教育工作处，不仅包括成人教育的内容，还要有一个有综合功能的部门，要起到协调作用。第三，成立深圳市终身教育协会。要利用社会力量来推进这项工作。加强制度建设，维护市民学习权益，共享学习资源。学到多少学分，政府要奖励你，比如奖励到香港考察、奖励到国外发达城市去考察。

从国内到国外、从国家到民族、从城市到组织、从企业到个人都有经典案例，证明要终身学习。通过分析国内终身学习的形势，深圳市一方面走在了全国的前面，是值得我们骄傲的。另一方面也要看到，深圳搞升级版有四大不利条件和七大有利条件，能不能用上述九条发展战略来实现我们打造升级版的目标，下次的世界学习型、创新型城市论坛能不能在深圳召开，发表《深圳宣言》，引领世界学习型城市的新潮流，是值得思考的。谢谢大家！

质量——深圳的未来

程 虹

程 虹

经济学博士、教授、博士生导
师。现任武汉大学质量发展战略
研究院院长。已出版学术专著
《宏观质量管理》。

继续走在全国前列，深圳面临挑战

2013 年 9 月，深圳被评为"全国质量强市示范城市"。虽然深圳
获得了很多其他品牌，如全国文明城市、卫生示范城市、环保模范城
市等，但"全国质量强市示范城市"称号的获得还是最引以为豪的。
深圳历经 30 年超高水平的发展，成就了世界经济发展水平史上的奇
迹。现在深圳面临着非常大的挑战，怎样继续走在全国的前列，是每
个市民都要思考的问题。这些问题和大家的生活质量，以及大家未来

559

的就业和发展密切相关。

深圳市明确提出，要从深圳速度转向深圳质量。这到底是一句口号，还是可以支撑深圳未来发展的可以被检验的一个战略呢？质量成就未来，这是深圳已经正式确定的城市质量精神。当然，今天，质量几乎是每个老百姓都要去批评的对象，我写了一本书，叫做《中国质量怎么了》，大家可能都很关心中国质量到底怎么了。

《中国质量怎么了》里面有一段话，在网上已经流传很久了。这句话的升级版是：早晨起来，买根地沟油油条，吃个苏丹红鸡蛋，喝杯三聚氰胺牛奶；中午，瘦肉精猪肉炒农家韭菜，吃卤注胶牛肉；泡壶香精茶叶，这是我们下午的生活；下班以后，买条避孕药鱼，开瓶甲醇勾兑酒，吃个硫黄馒头；晚上买瓶含氯的可乐，难受了就吃几粒皮革胶囊。吃完这些发现自己居然还神奇地活着，恭喜你，你是中国人。这个段子在网上转发量非常高。

每个人都认为我刚才所读的这段话是正确的，它就是今天中国质量的真实写照。事情真的是如此吗？我想先从一个案例开始和各位讨论。

苹果很伟大，苹果5S、5C刚上市的时候，一部手机在一个周末就卖了900多万部。但是大家知道吗？在20世纪90年代，苹果曾经陷入困境，持续地亏损。当然，苹果电脑当时技术上非常先进，因为乔布斯一直是个技术迷，苹果公司当时的电脑技术，与当时的 IBM、惠普等公司比，技术可以说是不相上下。但就是这样一个技术很先进的电脑公司苹果陷入了困境，乔布斯有一段时间非常郁闷，他被自己公司的董事会炒了鱿鱼，虽然苹果公司是他创立的。

苹果公司并没有因为乔布斯的离开而有好转。到了1997年，乔布斯回来了，并没有研发出什么让大家感觉到惊天动地的新技术，他开始做了一个扭转整个苹果公司经营困境的产品，这个产品在深圳街头100元就买得到，也赚不到什么钱，这个产品就是 MP3。当时人们都认为它即将被淘汰。到了2007年，乔布斯居然又推出了另一个没有前途的产品，那就是今天大家所熟知的 iPhone——苹果手机。

2007 年，贵为世界三大品牌手机之一的爱立信不做了，摩托罗拉开始推出 600 元的手机，他们认为这是同质化的时代，中国的波导、TCL 都开始走向低端的代工模式。2010 年，乔布斯去世之前，又推出了 iPad，就是今天大家所熟知的平板电脑。

以上这些经历，与我们所想象的一个前沿者的形象是不是有很大的距离？他怎么一直在做一些成熟的产品，但乔布斯最后创造了什么样的业绩呢？2007 年 6 月，苹果手机在纽约上市，产品全部被抢购，实际上苹果产品被抢购已经是司空见惯，但是你要沉下心来想一想，除了苹果以外，在当今世界上，有什么产品上市的时候会被大家排队所抢购，而且这个产业竞争如此激烈？苹果 2012 年卖了 1.3 亿部手机，现在的 iPad 卖了 5831 万部，苹果的市值，目前大概是 4300 亿美元。

很多人喜欢炒股票，我建议大家关注一下苹果，你一定会获得非常丰厚的收益。我前年在广东讲课的时候，当时讲买苹果股票，当时是 308 美元，结果半年以后，苹果股票涨到了 700 美元，这绝对不是谁预测的，投资历来都是面向未来的。我今天敢跟大家说买苹果股票，还有一个非常重要的原因，苹果未来的利润会更加惊人。

到市场上去看老百姓买什么

苹果为什么获得了这样突出的业绩呢？苹果的产品真的是颠覆性的吗？手机不是它发明的，准确地讲，智能手机也不是它发明的，但我觉得苹果一定有卓越的技术。

中国第一部智能手机的生产厂商多普达的老总说，苹果的操作系统并不是特别先进，这样一个操作系统，却获得了如此巨大的成功。实际上社会上拥有卓越技术而失败的企业比比皆是，摩托罗拉一直拥有全世界最多的手机发明专利，但是非常遗憾，今天的摩托罗拉手机跟摩托罗拉集团已经没有关系了，它以非常低的价格被谷歌收购了。

今天一说到苹果手机，就让人油然而生敬意。品牌的背后到底是什么？在经营活动当中为什么需要品牌？品牌的背后是品质。人们之所以需要品牌，只有一个原因，就是买的没有卖的精，老百姓不知道这个产品怎么样，就看卓越的品牌。任何营销专家都会告诉你，品质才是营销的核心。

苹果最优秀的地方在于它有好的商业模式。在互联网上，跟它的伙伴们共同开发软件，然后下载分成。我们国家当时的搜狐、新浪，包括网易，就是和中国移动共同用手机来下载他们网上的游戏、音乐，才走出了困境。甚至当时国外都不相信，走手机短信的模式，竟然可以把一个互联网企业给救活。苹果做的就是这个。

以上这些，都不能解释苹果今天如此成功的原因。乔布斯是这样解释的：我不做市场调查，我也不需要顾问公司，我只想做出伟大的产品。我们搞质量的，和政府、和企业家接触得比较多，很多政府官员和企业家问我，中国的企业家和美国、欧洲的企业家有什么区别。我告诉他们，最大的区别就是，国外的 CEO 和总裁大部分都出身于工程师，乔布斯、比尔·盖茨、福特、洛克菲勒等，他们一天到晚都沉醉于产品，并没有想到去赚钱，他们都是想用产品去改造这个世界，去满足他们自己创新的欲望。而中国大部分企业家都出身于销售，大学商科趋之若鹜，工科报的人不多。

应该思考一下我们自己和质量到底是什么关系。如果每个家长都希望自己的孩子进写字楼，而在工厂里面的一线工人全部罢工，这样的劳动者，能够生产出高品质产品吗？乔布斯说，如果你是个正在打造漂亮衣柜的木匠，你不会在背面使用胶合板，但你自己心知肚明，你依然会在背面使用一块漂亮的木料，为了能在晚上睡个安稳觉，美观和质量必须贯穿始终。

有人问乔布斯成功的秘诀。乔布斯说，如果你老是去开发一些稀奇古怪的技术，老百姓都不了解它，他怎么会购买你的产品呢？你应该到市场上看一下老百姓都在买什么，如果都在买服装，那你就做服装，因为服装是老百姓每天都在买的东西，不需要你去教育，没有营销风险。他又说，问一下自己，你能做出在同类服装当中最好的服装吗？如果你能做出来，祝贺你，你一定能成功。

乔布斯为什么要做那些非常成熟的产品？乔布斯在去世之前说了这样一句话：我总算把一个东西搞明白了。这是什么东西？他说总算把电视机搞明白了。在他去世之前，他们就在设计和研究电视机，一直到现在，还在试验，其实苹果产品已经很优秀了，但是他们认为还没有达到他们心目中想象的、能让消费者一次又一次惊喜的状态。

苹果从 2000 年开始成立手机事业部，到 2007 年 6 月才上市。中国有哪个企业家，愿意在一个成熟的产品领域，去做长达 7 年之久的生产前的准备呢？我经常说，我们的企业家做得快，卖得慢，苹果做得很慢，卖得很快，这就叫战略。乔布斯说，他要成为质量的标准。

乔布斯是非常苛刻的人，我刚刚说的乔布斯这句话非常值得我们去深思。

质量决定数量，质量好，数量一定大。有人可能会跟我说，有些假冒伪劣产品，价格很低，卖得很好，但那不符合市场规律，从严格意义上来讲，那是犯罪行为、欺诈行为，你不能把欺诈和犯罪当成经济规律。正常的市场条件下，质量好，价格一定高，卖得一定好。

现在很多行业竞争很激烈，哪个行业最好？婴幼儿奶粉。前段时间，在香港，买两罐以上的奶粉出境要被判刑。我前不久刚从德国回来，我进了好几家店，德国奶粉可以在药店里面卖，都空空如也。我问他们为什么，他说怕中国人抢购。中国人为了买一罐好的、放心的奶粉，不惜代价。

在深圳这样的一线城市，国有奶粉市场占有率在持续下降，原因非常简单，是价格过高吗？价格历来是由市场决定的，再高的价格，老百姓都愿意买进口的。调查证明，中国的人均乳制品销量不仅远远低于发达国家 536 斤的水平，还低于发展中国家 101.8 斤的水平，这个产业有巨大的消费和市场空间。是因为我们供应不了吗？国家的奶粉生产能力是 5300 万吨，但是消费者购买的不到 2100 万吨。

2008 年发生三鹿奶粉事件，后来不断发生奶粉事件，老百姓对此是零容忍的，因为奶粉涉及孩子的安全和健康。在这个世界上，两个东西最容易触碰大家的心灵底线，一是对孩子的伤害，一是对妇女的伤害，而婴幼儿奶粉就触碰了人类最脆弱的心灵底线。经济学研究早就证明，质量信息不对称，不好的质量会导致这个市场消失。深圳为什么提出质量成就未来？它的科学性就在这里。

质量满足要求的程度不同

到底什么是质量？质量有统一的定律，那就是一种固有特性，满足要求的程度，或者一种固有性能满足需求的能力。所谓固有特性，就是事物内部的基本性能。我眼前拿的这杯水，它的质量怎么样，一看它的标签就应该注意，它含钾多少、含钙多少。牛奶包装一定会标明它的蛋白质含量是多少。对质量的管理，全世界都非常重视标识管理的原理，消费者买东西，首先应该看它的标识，这是常识。而我们国家90%以上的消费者都不看标识，拿着就走，他们认为质量是政府的事情，跟自己没关系，拿走就行，出了问题应该政府负责。

汽车的固有特性，很重要的一个指标就是汽车的首次故障率。有些车承诺你跑3万公里，有些说5万公里，它内在的材料、工艺特性不一样。

世界上万事万物都有固有特性。固有特性一般可以用标准来加以衡量。为什么说一流企业做标准？就是说它的水平（固有特性）要比你高。质量可以用标准来衡量。

有一句话叫固有特性满足要求的程度，所以质量不单纯是固有特性，它还有后面这四个字。有一个人曾经跟我说，质量没什么用处，质量好也不一定卖得好。也有人说，你看，质量领先20年，卖得很不好，质量落后20年，卖得非常好，可见质量没有什么价值。有人还说，那些音乐硕士、音乐博士那么刻苦，他们的出场费只有5000元，有些超女、中国好声音学员，也没学过什么音乐，发音也不那么准确，他们的固有特性、发音都不是特别好，但是成名以后，出场费报价就是三四十万元，质量好吗？也不一定好，真的是这样。

有一位歌星，以前的超女，长得非常特别，报价很高，算一线歌手。我女儿常常用非常崇拜的眼光看着这个超女。我就问她，有一个非常重要的问题我没搞明白，这个超女是男的还是女的？我女儿当时读初三，她很淡定地告诉我，她是女孩子，但是她具有男性的风采。我觉得女孩子长大了应该穿裙子，优雅飘逸，但她断然告诉我，如果穿裙子去上课，她会被所有同学围观，当成出土文物来看，因为十五六岁的女孩子，她们追求的是一种中性美。而这位流行歌星，她就代表非常典型的中性美，吸引了我女儿这一代人，她们还没听她唱歌，还没听她发出固有特性的声音，就又是哭又是叫的，因为她满足了她们对美的需求。

我有一次跟女儿一起去看中国传统民歌代表人物的演唱，刚一开场，她拉着我就要走，说：爸爸，我不能看下去。质量是要满足需要的，不是说你的发音有多么完美，而是说你要满足观众的审美需要。

中国人把小汽车叫轿车，轿有很尊贵的意味。中国人认为轿车一定是三厢的，后备厢要宽大，给人非常庄重、威严、有档次的感觉。而雪铁龙90年代进来的时候，这个车是两厢车，一个企业家如果坐上两厢车到银行去贷款，信贷人直接会问你，你是不是要破产了？如果不破产，为什么坐两厢车来贷款呢？中国人在车还比较少的时候，更追求的是车的外观，外观能印证他对车的这种质量的看法。这些年来，为什么雪铁龙又卖好了呢？因为中国人用车越来越多了，车和身份开始脱钩，这就是我们说的，质量一定要满足需要。乔布斯之所以伟大，是因为他把人对质量的潜在心理需求琢磨透了。所以我们说，乔布斯不仅仅是一位企业家，他更是一位心灵大师。

国家标准其实是最低标准

很多企业说自己的产品质量好，达到了国家标准了。大家知道国家标准是什么吗？国家标准就是一个社会大部分企业可以做到的标准，如果一个标准大部分企业做不到，那绝对不是国家标准。你如果只达到大部分人都可以做到的标准，那你产品的竞争力到底在哪里？如果苹果标准只达到工信部对于手机的入网标准，它卖得出去吗？

一个企业必须生产出远远超出国家最低质量标准的产品，才会有竞争力，而这一点就是我们说的质量要满足要求。当我们指责政府没把质量抓好时，我们要问，政府是质量主体吗？质量是由企业提供的，企业是由所有员工在里面工作而构成的。当我们埋怨政府的时候，我们就是被埋怨的对象，因为政府要抓的就是我们这些企业生产产品的质量，我们自己就没有把它生产好。质量说到底是市场行为。

质量有两大功能，一是质量安全功能。产品首先必须保证它是安全的，质量的很多底线必须由政府来约束；二是质量的发展功能，就是一个产品更能够满足消费者需要而高于其他同类产品的性能的功能。

苹果之所以备受青睐，是因为它的产品性能明显地高于其他产品。米亚科技是做金属键的，像苹果手机上面的这个按键，可以调节声音大小。它给 LV、普拉达、江斯丹顿这些世界顶级的手表和箱包生产商做金属键，同时也给苹果做。苹果的正负按键很简单，要在中国企业，随便找个厂家即可，这个正负键不就是调节声音大小吗？很少有人用。但是苹果居然就请了一家专为世界奢侈品服务的厂商来做它的金属键，这就是我们说的质量的发展功能。

质量的属性，当然有公共属性，全世界的政府都监管质量安全。金融危机发生以后，美国政府财政支出很困难，关了一次门，就是在那样困难的情况之下，美国政府连续两年以两位数的速度，来增加对美国消费产品安全监管委员会的投入。今天中国政府监管有很多问题，但我觉得最大的问题在于它的公共性太少。很多监管要收费，政府的很多技术机构也要收费，这是不能容许的，因为政府的服务应该免费，包括你的公共平台。

质量安全确实是公共性的，它需要政府来管，但是质量大部分的属性不是公共属性，它不是安全问题。质量还有一个更大的功能，就是发展功能，完全由市场决定。

中国现在对质量安全很敏感。我想给大家一些非常真实的数据。2013 年欧洲发生了"马肉风波"，在牛肉里面添加马肉，在德国、瑞士都出现了；在美国，1/3 的鱼肉涉嫌假冒，就是把一些低档的、低品质的鱼肉标上高品质标签。美国议会发布的数据称，美国每年因为食品患病人数达 7600 万人次，比如吃了不洁的食品拉肚子等；每年因此住院的达 32 万人，死亡 5000 人。2008 年，中国发生了三聚氰胺事件。在美国，当年发生了花生酱事件，一次死亡 800 人。在德国，毒黄瓜事件导致 50 人死亡；德国的高速列车，由于轮轨质量问题而脱轨，造成 101 人死亡。前两年出现的温州高铁事件，完全跟产品质量无关，纯属管理原因造成的。

质量安全不可能完全避免

客观事实是，质量安全不可能完全避免，有产品存在，有工程存在，就会有安全问题存在，这是国际上普遍面临的挑战。国际质量趋势不是越来越好了，而是可能风险越来越大了。大家可能很奇怪，科技越发达，不是质量安全性越高吗？我跟大家说一个简单的例子，质量安全问题由什么导致？以交通安全为例，走路最安全，正常走路，我能够控制。骑自行车，存在机械失灵的问题。在自行车上面加一个马达，成了电动自行车，风险会增加。你如果在马达上面安装微电控制，那风险更大。

质量安全与风险因素有关系。因素越多，失控的风险越大。不是说科技越发达，安全性越高，这不是简单的线性关系。我还说一个大家都很担心的问题，这个担心很有道理，就是转基因的食物是否能吃。大家知道，基因是隔代变异的，我吃了转基因食物，我的下一代、下下一代会发生变化吗？其实人类不知道这里面到底蕴涵着什么样的不确定风险。科技进步了，但它同时带来了安全风险。

即使在发达国家也有质量安全问题，它常常是由不确定因素造成的。我们国家现在有些质量安全问题是人为造成的，实际上根本就不是质量问题，是犯罪问题。现在政府管制放松了，法无禁止就可以执行，但在食品质量安全领域，法无许可就是禁止。在食品里面，如果你通过研究，觉得添另外的东西更好，要做大量的实验才能添加。

质量安全问题存在的根本原因在于信息的不对称。人类很聪明，但是谁也不可能完全知道转基因和人类之间的关系。若干年前，美国一家非常大的制药企业搞了一个女性减肥药品，效果非常好，结果20年以后发现这个药品会致癌。不能说一个药品研究出来后，必须澄清所有的风险，人类不可能有那么丰富的想象力。所以我经常说，质量有成本，你不能要求食品绝对安全。

质量除了安全属性、公共属性，最根本的是市场属性。很多深圳市民越往北走越不习惯，为什么？你会发现服务态度非常不好。在北京吃个饭，动不动说要关门了，快走快走。你在深圳、广州、武汉绝对见不到这种事情。在北京吃饭的时候，说加碗饭，没有。为什么？师傅下班了。服务质量为什么这样？因为竞争不充分。所以质量不是监管出来的，准确地讲也不是生产出来的，质量是竞争出来的。质量跟竞争水平成正比。

英国从17世纪就进入真正的市场经济，我们连别人的1/10时间还不到。对中国的质量问题，我们要有理性的判断，我不认为质量通过喊口号、政府去抓就抓得好，它确实与市场有关。

大部分女性心理都很健康，原因就在于她们喜欢逛街。陪她逛一天，可能什么都不买，累死人，但要理解她。女性逛街主要的目的不是买东西，是做心理按摩、心理治疗。她逛街的时候，这不好，那不好，什么都不好，服务员都不敢作声，你发现她逛了一天，她什么问题都没了。你们3个人欺负我，我今天欺负300个营业员，心理上怎么会不好呢？各位女性，你们要知道，这些人知道你们根本没有诚心来买东西，她们为什么要给你好的服务呢？没有别的原因，就是竞争导致的。所以我们说，质量从根本上来说具有市场属性，只有市场竞争才能导致质量提升。

质量还与价格有关。价廉物美是我们一句口头禅，产品要很好，价格要很低。我刚刚说质量决定数量，可能有人跟我说，不对，质量不能决定数量。为什么？我们国家出口数量世界第一，但质量很差，真的是这样吗？我们一半以上产品出口到美国、欧盟和日本，这些国家都在买中国质量不好的东西吗？不是的。在低价产品领域，中国生产出了全世界质量最好的产品，同样的价格，其他国家就做不出来。

质量一定要和价格在一起讨论，你不要说质量要很好，价格要很低，这绝对做不到。LV产品质量确实非常好，它的金属键就是在奢侈品厂商做的，怎么能跟一般的金属键一样呢？你去买一个真的LV产品，你一定会发现很经用，质量好，但是你要它的价格跟200元在市场上买的东西一样，绝对做不到。价廉物美，只能是相对的，可能LV和普拉达相比，同样的品质它的价格稍微低一点，也只能低几百块钱，1万元的产品也只能低几百元，最多1000元，绝对不能低很多。如果这个产品过时、打折了，是另外一回事。

所以我们说质量一定和价格有关。一方面要求我们企业按欧洲和美国的质量标准生产产品，另一方面又不愿意用美国和欧洲的价格来消费，这个做不出来。没有哪个企业能够把质量不断提高，价格不断下降，这是不可能的。

质量和收入有关系。中国人的收入差距比较大，很多普通老百姓有权利消费更低价格的产品。我们可以生产1万元一套的西服，老百姓也有资格消费100元一套的西服，你绝对不能简单地说1万元的西服就一定比100元的西服好。如果价格很高，品质并不怎么样，同样不好。很多低价产品，实际上质量不错。不能说所有产品质量要很好，都要成为名牌，这不可能。离开经济因素，一味地谈提高质量，实际上做不到。

质量的主体是生产企业和消费者

质量的主体不是政府，政府只是质量安全的监管主体，质量是由企业来提供的。很多人说，企业才是质量的主体，这句话其实很不正确。质量的主体有两个，一是生产企业，二是消费者。国际上一直是这样认定的。抓质量一定要把消费者抓住，让消费者维护好购买产品的质量权益。美国哈佛大学迈克尔·波特教授写了一本书叫《国家竞争优势》，他说，德国的消费者对产品既内行又挑剔，他们执着于质量，并且对不满意的产品毫不保留地批评。德国客户的行动或许慢一些，买东西会挑半天，但是他们对产品的要求是全世界最高的。对日本的消费产业而言，精致、高标准的要求是一种普遍的压力。日本消费者会因为产品的一个小瑕疵而拒买，这种吹毛求疵的态度，使日本企业在生产产品时必须注意到"精美好用"。日本的消费者善变，他们对产品质量的兴趣大于对品牌的忠诚度。

怎么样让企业有压力？有好的消费者，企业一定有压力。如果消费者都放弃了自己的权利，企业怎么会有压力生产好的产品呢？

德国、日本产品的质量被公认是全世界最好的，因为他们有内行挑剔，有对质量很执着的消费者。

中国的消费者之所以要放弃自己在质量上的权利，也与国家制度有关系。国家一直没有把消费者在质量上的主体地位突出出来，使消费者很难跟厂商理论。消费者不能和厂商理论的根本原因在于你是个体，再小的厂家都比你强大，你成本不够。在国外，消费者组织可以随便成立，一个乳制品公司退休的老工程师，他可以组建乳制品协会，乳制品厂商会很头痛。美国有大量的质量举报法案，而且可以分享。这样消费者就很愉快。

美国老板为什么不敢在质量问题上犯罪？因为他不知道自己的高管和员工到底是什么目的。他是来卧底的呢，还是来打工的？我经常说，你根本不要指望政府监管到位，政府没几个人，那么多企业，怎么可能监管到位呢？如果有举报法案，可以让那些生产者、消费者去举报。老板一定不敢作假，他划不来。曾经有一位领导问我怎么最简单地把质量监管搞上去。我说很简单，就是鼓励消费者举报并给予奖励。老板一定可以躲开政府，但是他一定躲不开他的同事，任何造假他绝对躲不开。他开给同事100万元的年薪，他同事觉得，你造假获得 1000 万元，我还不如举报你，罚你 1 亿元，我拿 5000 万元奖金。

我们的企业也很痛苦。中国人现在都不愿意上职业技术学院，总觉得在生产一线工作不好。海尔评上中国质量奖，我问他们，现在影响质量最大的因素是什么？他们说是工人，生产线的工人，他们最大的理想就是马上不当工人。中国人要改变这个观念，少办综合性的研究型学院，多办职业技术学院。为什么大家不愿意当工人？社会地位、经济地位都不高。中国产品的质量要上去，工人地位不上去，是绝对不行的，因为产品是工人生产出来的。当然，我们更要追求卓越的质量文化。

质量是深圳未来发展的核心支柱。市民是深圳质量腾飞的内在驱动力，"如果每个人都成为质量的建设者，深圳未来会越来越好"。

八

传统文化·养生

《孙子兵法》的兵学智慧与当代价值

黄朴民

黄朴民

中国人民大学国学院执行院长、教授、博士生导师。曾任军事科学院战略研究部三室副主任、研究员，中国人民大学国学院常务副院长、执行院长。主要从事先秦两汉政治思想与华夏古代军事文化的研究。在《历史研究》《中国史研究》《学术月刊》《文献》等海内外学术刊物发表论文90余篇，著作有《春秋军事史》《董仲舒与新儒学》《孙子评传》《何休评传》《道德经译注》等。已出版学术专著20余部，发表学术论文百余篇。

《孙子兵法》是哲学书、智慧书

《孙子兵法》博大精深，是一本奇书，是世界历史上第一部现存的、完整的兵书。中国的兵书有几百种，《孙子兵法》是最好的兵书。唐太宗李世民说，"看遍天下兵书，没有超过《孙子兵法》的"。《孙子兵法》是具有世界意义的兵书，而不只是中国的。从某种意义上来说，世界各国对《孙子兵法》的重视超过了中国。现在中国军人中合格的理论家也有些欠缺。

《孙子兵法》是超越军事领域的兵书，更多地用于我们其他工作当中，有助于成就我们自己的人生和事业。《孙子兵法》是一本哲学书、智慧书、超越军事的书，比如这个事情做不做，决定做了之后，何时做、怎么做，这些都是《孙子兵法》告诉我们的。《孙子兵法》有两个字可以描述，一个是算字，一个是骗字。《孙子兵法》告诉我们，做一个有战略头脑的领导，必须有四种能力：料事能力、遇事能忍、出手要狠、善后能稳。

《孙子兵法》在策略上非常狠，对敌人狠，对自己人也狠。它根本不把兵当回事，它可以爱兵，但是在用兵的时候绝对不会关心你。在《孙子兵法》研讨会上，有一个日本学者说：我们日本人承认南京大屠杀，但是这个 30 万人是怎么统计出来的？我说：3 万和 30 万都是屠杀。他说：日本原来没有"三光"政策，我们是向中国的《孙子兵法》学习的。《孙子兵法》讲，一旦进攻敌人，要堕其城，毁其国。就是把人家的城池、国家夷为一片平地，烧光、杀光没有问题。当时我的反应很快，我说：《孙子兵法》里有许多残忍的东西，不合时宜。我问你一个简单的问题，《孙子兵法》是哪个时代的？他说《孙子兵法》是春秋战国时期的。我说：春秋战国离今天多少年了？他说有 2500 年了。我说：这就对了，2500 年过去了，人类社会取得很大的进步，人类文明也得到很大的提升，连猴子都转化为人了，你们日本人还是猴子，那是你们日本人的悲哀，不是《孙子兵法》的问题。

妥协是大智慧

《孙子兵法》强调，做一个高智商的、有战略头脑的决策者，应该善后能稳。《孙子兵法》提醒我们，做事要见好就收，把握分寸，收放自如，善于妥协。不要认为妥协是不好的词，妥协是大智慧。

唐朝"贞观之治"是盛世吗？当然不是。"贞观之治"的时候，唐朝经济产值只有隋炀帝时期的1/3。但是那个时代是最好的时代，当时的皇帝是好的，励精图治。当时像魏征这样的大臣忧国忧民、恪尽职守。当时的知识分子也是好的，都忙于献计献策，大家群策群力。当时的老百姓也是好的，山西闹灾荒了就跑到河南要饭，河南闹灾荒了就跑到山西去要饭。但是，他们对朝廷没有任何怨言，而且他们都心向朝廷，认为朝廷都替老百姓办事，所以大家体谅朝廷的困难，愿意和朝廷共渡难关、同舟共济。

唐朝盛世是在唐玄宗时期，国民经济大大发展了，可是许多问题也来了。你打了胜仗之后不知道保留胜利成果，比不打胜仗还要可怕。在好的发展时期，老百姓端起碗吃肉，放下筷子就骂娘。知识分子要么溜须拍马，要么自高自大。关键是统治者的问题，统治者好大喜功，爱惜面子，在乎外界的评价。本来人家对你稍微不恭敬一点无所谓，但现在就觉得，如果一个小国对自己不恭敬，马上就出兵打，一定要灭掉你，所以就不断地打杀，把国家给打穷了。

唐玄宗20多岁就当了皇帝，经过20多年的治理，觉得把国家治理得这么富，应该享受了。50多岁的时候决定要抓住幸福的尾巴，就找了杨贵妃。最后"安史之乱"爆发，唐朝从最高的顶点走向了灭亡的道路。所以我们说，一定要把握分寸，要见好就收。

《孙子兵法》的五大关系

今天我重点要讲的是《孙子兵法》的五大关系，实际上《孙子兵法》就是立足于军事，同时又超越于军事，提升到了哲学智慧的层面。这是《孙子兵法》的精华所在，也是我们今天学习《孙子兵法》的道理所在。

力与谋的关系

谋略不是万能的，离开实力后盾，谋略无所施展。但没有谋略又是万万不能的，离开谋略的实力往往会成为摆设。在座的各位可能有一个误区，就是把《孙子兵法》等同于《三十六计》。中央电视台拍了一个电视剧叫做《孙子兵法与三十六计》，加深了大家的这个误解。

《孙子兵法》与《三十六计》完全是两回事，首先是出处不同。《孙子兵法》是兵学经典。《三十六计》是地摊文学，20 世纪 40 年代的成都某小书摊上出现了一个手抄本，来历不明、形迹可疑。当然，我们说英雄不问出身，如果它确实好，来历不明也没有关系。关键是这两本书倡导的价值观明显不同，《三十六计》是专门玩阴谋诡计的，是做无本买卖的。你看看计名就知道了，瞒天过海、借刀杀人、顺手牵羊、树上开花、趁火打劫、浑水摸鱼，以及美人计、反间计、走为上计。

《孙子兵法》的上兵伐谋同样是谋略，但是请大家注意，《孙子兵法》非常注重实力建设。你要战胜敌人，首先要做大做强自己，光靠小聪明、小智慧不行。《孙子兵法》首先强调把自己做大，尊重客观实际，发展自身实力，没有力量，一切谋略无从谈起。实力强大了，说明你具有了胜利的可能性，你必须要把这种可能性转化为现实性，这就需要尊重客观实际，在尊重客观规律的基础上发挥决策者的主观能动性，把这种实力、正能量、潜力淋漓尽致地发挥出来。这里面我最愿意举的例子就是孙膑的故事，叫做《田忌赛马》。孙膑的招是马有三等，用上等马去对付人家的中等马，用中等马去对付人家的下等马，用下等马去对付人家的上等马。这样的话，比赛结果是输一局、赢两局。在双方实力相差无几的情况下，谋略可以起到四两拨千斤的作用。假如你的三匹马都是下等马，你怎么摆阵，最后结果都一样。

有一次我就跟学生们讲，你们的文明就是你们实力的象征。加上你的计算机考级证书、英语六级证书，你就会进人才市场，而不是去劳务市场，这是准入资格。实力、谋略有了之后，还要加点运气。我有一个学生考的是新闻出版局公务员，这很难考，最后他考了第二名。他问我有没有希望。我说，"这不好说，你现在跟我读了《孙子兵法》，首先你可以把第一名到第五名是哪个学校的、是男的还是女的弄清楚。其次，看谁是考官"。因为我的学生是一个美男子，身高180厘米，长得相貌堂堂，让人看着非常舒服，讲话也很好。来考核他的人是一个40多岁的女同志（半老徐娘），我说，"她一定会要你的，一点悬念都没有。因为第一名是北大的女生，同性相斥，异性相吸。而你是第二名，你的成绩没有问题，就有这个机会。如果你是第二十名就对不起了，即使你长得像陈冠希也没有希望"。不要光主观唯心主义，这是不可强求的，不能脱离客观实际。

利与害的关系

利与害交杂在一起，没有单纯之利，也无单纯之害。孙子既不像老子和孔子这样反对战争，也不像法家一样推崇战争，孙子强调的是面对战争，但是反对穷兵黩武。《孙子兵法》说，你不了解用兵打仗的害处，也就不知道用兵打仗真正带来的好处。打仗不是好玩的，打仗要死人，不到万不得已，不要轻易动兵，一将功成万骨枯。美国小布什政府里面的第一任国务卿叫鲍威尔。小布什决定打伊拉克战争，他反对，因为他是军人出身。小布什没有当过兵，他带的是国民警卫队，相当于我们的城管，所以他主张打仗。在以色列，能跟巴勒斯坦和埃及讲和平签订协议的，都是当时以巴战争当中叱咤风云的那些百胜将军，这些人反而珍惜和平。

在孙子看来，做任何事都是利弊相杂的，世界上没有免费的午餐，利和害如影相随。经济发展了，这肯定是利，但是我们的环境污染了，生态破坏了，这也是必然的。一部分人先富起来，我认为是对的。但是贫富悬殊、社会不公正的问题越来越严重，这也是必然的危害。现在我们的生理空间越来越拥挤，心理空间越来越疏远，亲情越来越淡薄。最坏的东西在孙子看来也有有用的地方，最坏的人也有善良的一面。我们说核武器是坏东西，有了核武器之后整个世界笼罩在阴云当中，人类社会具备了自我摧毁无数遍的能力。但是有了核武器之后，这个世界反而和平了。因为只要有理性的人，就不至于随便把核武器真的拿出来使用，它只是作为威慑力量，而不是真正使用的手段。

孙子告诉我们，在不利的情况下要考虑到有利因素，这样才能咬着牙坚持下去，才不至于破罐子破摔。在孙子看来，最大的智慧就是驾驭利害的智慧：要看根本之利，要看长远之利，要看本质之利，要看全局之利，要避免去追求那种蝇头小利。

全与偏的关系

中国文化里面有求全的价值取向，这个可以理解。中国的拜年话都要讲"万事如意"，我们什么东西都讲究"十全十美"。有一种药我们当时叫做"十全大补酒"。我说：你们这个药，里面的中药有重复的，拿出来一点叫做"九全大补酒"行不行？他们说这个主意不好，要是"九全大补酒"就卖不动了，"十全大补酒"才有人买，大家是讨彩头。

《孙子兵法》也求"全胜"，动不动就讲"不战而屈人之兵，上兵伐谋"。孙子把这个理想的东西挂在墙上，作为目标。实际上他崇尚的是兵者诡道、兵不厌诈，如何打胜仗才是重点。说的绝对不等于做的，做的不一定要说出来。如果真的言行一致，作为战略家他往往是失败的。

为什么全胜是不好的主意呢？一个人要是求全，他考虑问题的时候往往患得患失、瞻前顾后，在解决问题的时候往往投鼠忌器、优柔寡断。而战机往往稍纵即逝，你一味求全，这个战机往往就把握不住了。《孙子兵法》讲，无所不备则无所不寡，就是说你到处都要防备，那你的兵力永远都不够用，什么都是重点，就没有重点了。

什么都求全，反而得不到全，就会很累。求全是在工作中很忌讳的问题，如果求全的话经常什么事都做不好。我们知道做好人难，做小人容易。我们说，好人斗不过坏人，君子斗不过小人，贵族斗不过无赖。这里面有一个很重要的原因，就是好人与君子都是求全的。你要做好人，家里面就要有"三好"，即在父母面前要做好儿子，在妻子面前要做好丈夫，在儿女面前要做好父亲。在单位里，校长、书记是你的上级，你要做好下级；书记和院长一样大，你要做好同事；你还是一些老师与主任的领导，你要做好上级。这就变成"六好"了。到了社会上要遵纪守法，做好公民。对朋友要讲义气和诚信，要做好朋友。"七好""八好"太难了，家里"三好"就不容易呀。

如果你经常到母亲那里去，对妻子的感受和关心不够，妻子就会骂，"你这个人不应该结婚，你应该跟你妈过一辈子"。但你要是总不去老妈那里，老妈就会跟邻居说，"我现在发现儿子是替人家养的"。坏人太好了，他剑走偏锋，把所有的资源、力量都集中到一个方向，这样往往会成功。

《孙子兵法》告诉我们舍得的道理，"舍得，舍得，有所舍才有所得"。我有个朋友特别优秀，但是他现在成为蓝宝石级的钻石王老五，也就是说他没有法律意义上的妻子。太优秀了之后，女孩子都愿意跟他好，这时候他就眼花缭乱、无所适从。这个女孩子挺不错的，但是漂亮的程度还不及四大美女，就放一下。另外一个女孩子漂亮是漂亮，但是脾气不大好，又放一放。那些女孩子都很优秀，人家可不愿意做"剩女"，就另外嫁人了。我这个朋友却成了蓝宝石级的钻石王老五。我跟他说："你是典型的多则惑，你看我不怎么优秀，机会不多，我感觉不错就赶紧结婚，现在我的孩子都成博士了。"放弃一部分，你才能得到自己真正想要的东西。

有一首歌就体现了这种哲学，歌名叫《有一种爱叫做放手》。你放手了之后，人家就不干了，就黏糊上了，放手就有可能导致牵手。还有一首歌叫做《牵手》，旋律非常优美，但是在孙子看来并不高明，牵手就会产生审美疲劳，互相麻痹，最后就有可能分手。所以分手赢得牵手，而牵手导致分手。求全是理想层面的追求。如果没有这种理想的追求，他们的思想就不光明正大，就没有感召力。《孙子兵法》告诉我们既不要学儒家，也不要学法家。儒家是挂羊头卖羊肉，光吆喝不赚钱。法家把人心看透了，那是挂狗头卖狗肉，价格上不去。兵家就是挂羊头，最后兵者卖的是狗肉。

势与节的关系

这是度的关系，把自己的能量淋漓尽致地发挥出来，这就需要有一个度。这就要秉持中庸之道，既不要做不到，又不要做得太过。现在我习惯用中庸之道去观察问题。

《孙子兵法·九变篇》有一段话非常经典："故将有五危：必死，可杀也；必生，可虏也；忿速，可侮也；廉洁，可辱也；爱民，可烦也。"什么意思呢？

孙子这里的"死"是指死拼蛮干；"生"指贪生；"忿"指急躁易怒；"廉洁"是指廉洁好名；"爱民"是指不分情况爱民。前三者一般都可理解，而后二者，即一味廉洁好名，就可能陷入敌之污辱的圈套；不分情况"爱民"，就可能导致烦劳而不得安宁。

孙子最大的优点就是善于逆向思维，战略家比普通人高明的地方就在这里。孙子就善于在正常当中发现不正常。孙子认为上面这些都是好的品德，大家都会效仿、学习。大家把这些推崇到极端之后，事物就走向反面了，真理过了之后就成了谬论。廉洁当然是优良品质，但是人往往爱惜自己的名誉，在乎外界的评价，爱惜自己的"羽毛"。孙子知道法很重要，没有规矩不成方圆，但都要讲法的话问题就大了。法是由人来制定的，更重要的是法也是由人来执行的。不同的人，肯定所施的法不一样。法作为一种制度，有滞后性。孙子在强调法的重要性时，还会强调法的灵活性。

常与变的关系

用鲜血和生命换来的那些军事经验和原则是"常"，所谓"变"就是用这些原则面对新的形势，不断有新的发展，灵活变化。孙子讲，兵无常势、水无常形，不变的就是纸上谈兵的人。《孙子兵法》最大的特点就是强调"变"，不要有规则，最高的规则就是没有规则。这就像金庸小说里面讲的"无招胜有招"，只要有招的话就会有克制的方法。

"常"和"变"的统一对我们的生活真的有帮助，它强调稳定性和变化性的有机统一。我们现在老是说创新、变革，这些当然都对。但是光讲创新、变革是有问题的，没有稳定这一前提就无从谈起。我们现在重复的浪费、投入，就是因为我们动不动要创新。坚持原则性与运用灵活性的统一、尊重传统与开拓创新的统一，非常重要。"文化大革命"最大的灾难就是把我们的传统完全颠覆了，中国人的美德逐渐没有了。

传统应该坚持，它是我们宝贵的文化资源，但有时候也是包袱。《孙子兵法》的"常"和"变"是一个大思路，告诉我们怎么来看待那些经典，怎么来看透我们自己的传统文化，怎么来看待我们今天和过去之间的联系。我们既不迷恋于过去，但也不能拒绝过去。我们的任何进步都是前人经验上的一种开拓创新，但是我们任何的开拓创新都不是简单地回复到过去。《孙子兵法》这部著作流传到今天影响了很多人，对当代现实生活有着重要的意义。

中国传统文化的智慧

任 强

任 强

中山大学法学院教授、博士生导师，美国斯坦福大学法学院访问学者。研究领域：司法理论、中国哲学等。主持国家社会科学基金等多项课题，多次获得部级和省级优秀成果奖。已出版《知识、信仰与超越》等著作，在《中国社会科学》《法学研究》等权威期刊发表论文 50 余篇。

我们首先要在这里给大家建立一个概念，就是文化和国学是两个不同的概念。它们的区别在哪里？首先，我们的日常生活就叫文化，而国学是学者的知识积累，是学者所做的学术研究。文化是生动的、活泼的、形象的，而国学是严谨的、刻板的、抽象的。

文化是一种智慧，而国学是一种知识。我们日常生活中所使用的智慧就是文化，文化的作用是修身立命，也就是跟我们一辈子的为人处事和我们如何生存有关系，而知识是信息的梳理和总汇。如何把知识转化为智慧，是我后面要跟大家讲解的。但是至少我们要有这样一个概念，我们今天讲的东西是修身立命的智慧，而不是给大家传播信息，文化不属于信息，它是一种智慧。

我今天讲解的角度和在座的诸位以前所听过的对中国文化或者国学的讲解角度是不一样的。我们先从西方人的角度来看看中国文化的价值在哪里。

我要讲的第一个主题就是生命智慧和经验知识。我们经常会把知识和智慧放在一起用，实际上知识和智慧是完全不一样的概念。

我们一睁开眼睛就在跟别人交流、说话，但人是怎么表达的？我想很多人没有思考过这个问题。但是有人思考过这个问题，就是18世纪英国著名哲学家休谟。休谟观察人说话之后，他发现人说话实际上是在做判断，这个判断大体上可以分为两类，一类叫做事实判断，一类叫做价值判断。举一个简单的例子，比如说外面正在下雨，就是一个事实判断，说外面应该下雨，那就是价值判断；说深圳有一只小猫，这是一个事实判断，说深圳的小猫比广州的小猫更可爱，这就是一个价值判断；说这个东西是白的，那就是一个事实判断，说这个东西是好的，那就是价值判断。

事实判断陈述的是由内容呈现的一种性质，它是客观性判断；而价值判断，就是我刚才讲的可爱、好的，它含有主观规定的目的性意味，所以说是主观性判断。

现在我们来观察这两类判断。说这个东西是白的，我想在座的绝大部分人都会认可这个判断，不会有多大的争议。但当我说这个东西是好的时，马上就会有人有不同的看法出来了。

我们日常生活中接触到的价值判断非常多，最典型的就是爱情。我们经常会说，"萝卜白菜，各有所爱"，就是价值判断。伟大的哲学家休谟还提出一个更为重大的问题：从一个事实判断推导不出一个价值判断，同样从一个价值判断也推导不出一个事实判断。这就是著名的休谟问题，也就是，这个东西是白的，从逻辑上不能推导出这个东西是好的，它们相互之间不能推导。

休谟一辈子只提问题，不解决问题，但是他提出来的每个问题，能够把人类折磨几百年，但是他不给答案。他就是一个靠提问题而名垂青史的哲学家。我读本科的时候，20世纪80年代末期，我们经常讨论问题，比如这个腐败是怎么样的，这个事情我们看不惯，有个同学总是一句话叫停了我们：你们都别说了，存在的就是合理的，这一句话压了我们4年。按休谟的理论对照，存在是事实，合理是价值，存在推不出来合理。当然，在座的可能有人说，存在有存在的原因，记住存在的原因还是事实。如果存在的就是合理的，杀人是存在的，它合理吗？贪污是存在的，它合理吗？暴政存在，它合理吗？这就麻烦了。但这句话是一个名人说的，他就是黑格尔。

黑格尔为什么讲这句话呢？其实"存在即合理"在黑格尔的哲学体系里面确实成立。黑格尔认为，存在是事物的共相，也就是事物的本质；合理就是合乎理性，因为黑格尔认为，整个世界是绝对理念的产物。绝对理念可能大家又不好理解，那我换个方式，假设你承认世界是上帝创造的话，那行了，美的、丑的都是在他创造的范围内，那就是合理的。所以这个提法在他那个哲学体系里面没有问题，你跳出这个哲学体系，把它当做我们日常用语来使用的时候，那就麻烦了。

以爱情为例，它与人们的兴趣、爱好、审美、个性有关系，它看起来是存在不确定性的，每个人都有自己的价值判断，但事实判断是确定的。马克思主义哲学学派里有一个物质概念，说物质是不以人的意志为转移的一种客观实在。但是西方的一些哲学家又说，既然不以人的意志为转移，怎么判断实在不实在呢？判断的标准在哪里？这就成为问题了。

我现在手上拿了一片残缺不全的叶子，绿色的，你就会下一个定义，说这片叶子是绿色的。我现在抓一只猫头鹰来，猫头鹰看见的这片叶子是什么颜色的？灰色的。问题来了，谁看见的那片叶子是真实的叶子？当然人肯定会说：我高级，我看到的才是真实的。猫头鹰说：凭什么，我可以在伸手不见五指的夜晚去抓老鼠，你能抓到吗？你不能说这片叶子是绿色的，只能说人看见的一片叶子是绿色的。如果我紧接着再问：你这片叶子本身是什么颜色的？结果发现一个没有想过的问题来了，有些人说不知道，这就是最正确的答案，本身的颜色确实不知道。所以，英国著名哲学家洛克就交代我们，物质分为两大类，第一性物质和第二性物质。第一性物质就是说，这片叶子本来是什么颜色，没有办法知道。第二性物质是说，进入人的世界了，太阳光线反射，进入我们的眼球，进入我们的大脑，我们看到了一个绿色的东西。这样我们就可以判断，人认识对象，只是认识第二性物质而已。其实这个第二性物质也很难认识，在座的谁敢告诉我能把这片叶子彻底认识清楚了？谁都不敢，为什么？因为我这边看到的和你那边看到的不一样，我们用眼睛和用显微镜看到的叶子又不一样，以后有更先进的科技仪器的时候，我们看到的叶子就更不一样了，所以我们就会发现我们掉进了一个无尽的深渊。认识的对象是无限的，而我们的能力却是有限的。

科学的有限性给信仰留下了地盘

弗兰科技出版社曾经出版过一套普及科学的、一位西方很著名的科学家写的书，有《时间简史》《原子的幽灵》《可怕的对称》《自私的基因》等，大家有兴趣可以去看看。其中有一本书叫《原子的幽灵》，刚开始看到它的题目时，我大为震惊，因为这是物理学家所写的东西，他的那一章标题叫做"主观确定客观"，这完全颠覆了我以前的世界观。里面说，人去观察一个对象，再怎么观察都不可能观察到底，只能观察到一部分，我们的大脑据此得出一定的结论出来，这就是所谓人的认识而已。量子力学完全证实了这个理论。量子力学提出，物质的实在性在于观察，这就跟洛克所讲的第二性物质完全一样，离开人，哪有什么客观性的东西。

587

休谟因此就提出，"人一旦跨越自己的经验范围是不可知的"，就是跨越了人类经验之外的那些东西是不可知的。这个树叶本身是什么颜色，我们是不可知的，我们可知的只是在我们认识范围之内的事物，这就是人类学史上著名的不可知之路，就是人的知识范围之外是不可知的，所谓不可知就是不可证明也无法反驳，这就是深刻的不可知之路，这是休谟提出来的。

我们可以看到我们的认识范围在哪里。在座的很多朋友养过金鱼，没有养过金鱼也见过鱼缸里的金鱼，你来设想一下，养在鱼缸里的金鱼能不能想象鱼缸之外的世界？没办法想象。换句话来说，人就如同养在鱼缸中的金鱼一样，也就是说人只生活在自己的经验范围之内，跨越了人的经验范围，那是不可知的。比如我今天要求你给我画一个你从来没有见过的东西，你再怎么画，你还是只能画出这个世界的元素出来，你离不开你的经验世界。人类如果离开了自己的经验世界，我说句不客气的话，你连梦都不会做。你做的梦不就是重复那些经验世界里面的东西吗？不停地组合，把它像模块一样再现，人的认识就是如此。我今天告诉在座的，10万光年之外，有一颗美丽的行星，上面有一位美丽的神仙姐姐，这是真的还是假的？实际上我们不能证明她存在或不存在，跨越了我们的经验范围就不可知了。这是我们对自己做的定位。

我们现在来定位什么叫科学。科学就是事实判断，科学是非常有限的知识，科学是被局限在人类经验范围之内的知识，也就是说，我们认识的是第二性物质。你不要把科学放大到一个无限大的概念上去。那我们就会问：人是智慧动物，我们跨出去以后，我们不知道又特别想知道，我们有时候觉得很恐惧，跨出去的那个东西到底是什么？那是留给谁的地盘呢？只能留给信仰了。科学的有限性给信仰留下了地盘。信仰是什么？信仰是价值判断。每个人生活在这里都离不开这些东西，事实判断当然很重要，价值判断同样如此。我们很想知道外面是什么样，但是我们达不到，科学的能力也达不到，但那个边界又非常大，我们没办法知道，它就给信仰留下了地盘，所以我们可以看到，科学不可能消灭信仰，因为这是两个不同的领域。

信仰对人类来讲非常重要。为什么？我们很多的伦理和道德观念恰恰是以信仰为基石的。法国著名思想家托克维尔曾经说过一句话：因为有了信仰，信仰者才会认为自己是一个道德的存在。如果你的道德离开了信仰的基石，这个道德不堪一击。

日常生活中，我们会碰到这样一个令人困惑的问题，我们骂一个人的时候会说，"你这个人不要脸"，他说，"我就不要脸，你能拿我怎么样？"再比如说，"你是个流氓"，他说，"我是流氓，我怕谁"。我们还会碰到这样的回答，"人活脸，树活皮，城墙活了一抹泥！"他怎么回答？"人无脸皮，天下无敌。"碰到这样的问题，我们不知道怎么去反击他。所以托克维尔就说，"道德是以信仰为基石的"，如果没有信仰作为基石，你这个道德别人可以用非道德来反击，这是非常麻烦的。

自由也是一样。托克维尔说，"将人导向自由的正是遵守神的戒律"。它是基督教背景下的西方学者所讲的，遵守神的戒律会把人导向自由，自由从来不是想干什么就干什么的自由。无组织、无纪律，想干什么就干什么，那根本不是学术上的自由，那叫自然自由；我们放在学术上讨论的自由叫公民自由，那是两回事。

英国思想家以赛亚·柏林在《自由论》里说得很清楚，说人享有的自由分为积极自由和消极自由。积极自由就是你可以控制的自由，比如说我有投票权、选举权，但我可以放弃。消极自由是只要不妨碍他人的自由，无论做什么都是我的自由，别人不可干涉。这个消极自由在西方非常重要。19世纪以来，美国联邦最高法院很多疑难案子的判决，尤其是涉及民权案子的判决，理由都是维持消极自由。只要你不妨碍他人，你做什么是你的自由。

一个人想干什么就干什么，那是低层次的自然自由，那是没有办法讨论的。可以讨论的叫公民自由。这些道德、这些自由属于价值判断，包括我们今天所讲的意识形态，它仍然是一种价值判断。

我们可以看出事实判断与客观性相联系，价值判断预示着主观性，当然两者都不是我们想象中能那么容易得到的。

当权者不要限制不同价值观讨论

每个人的价值判断都不一样，你不可能要求全中国所有男人都去喜欢一个女人，你也不可能要求全中国所有女人都去喜欢一个男人。为什么？价值是多元化的。事实判断很复杂，价值判断也很复杂。对每个人来讲，价值判断是多元的，但是价值判断还是存在群体性判断，比如国家有价值观、民族有价值观，非常复杂。这两类判断非常重要，它跟我们日常生活中很多东西有关系。

社会科学不可能有唯一正确的选择，只不过解释力高低不同。一个人讲自己的价值观，可能有唯一的答案，比如我喜欢某个人就喜欢某个人，有唯一性。但是谈到事实判断，事实主义就没有唯一性了。

我们经常认为科学讲事实证据，讲逻辑推理，的确如此，但是科学发现的过程，有时候非常有意思。比如门捷列夫化学元素周期表电子轨道的排列，我们知道是门捷列夫先做了一个梦，梦见一条蛇咬着自己的尾巴不停地拽，第二天爬起来就假设了这种理论，说电子轨道的运行应该是这样的。后来到实验室去验证，成功了，所以大家要珍惜自己的梦。有一段时间，美国科学家的创新水平拼不过苏联，他们就成立了一个科研小组去专门研究，据说研究了3年，除了意识形态有重大区别外，其他方面的区别不是很大，但是有一个方面不一样：苏联一流的科学家基本上都是交响乐爱好者。美国人说这不行，赶紧给我们的科学家复习交响乐，就是我们不能想象一个东西从1到3这样的推理过程。我们标榜理性的科学获得结论的过程恰恰不是理性的，甚至是感性的。比如，浪漫就是不守常规。我假设一个男人每天送花给一个女人，从18岁到80岁，那个女的肯定不觉得浪漫，她已经有预期了，她知道每天会有一朵。如果一个男的从来没有给这个女人送过一朵花，80岁时突然给她送了一朵花，那个女人就觉得特别幸福，太浪漫了。因为浪漫就是打破常规、突破预期，给你突然的惊喜，这叫浪漫。

人的思考过程非常复杂。人的大脑分为左大脑和右大脑，左大脑是管理性的，右大脑是管感性的。我们现在对小孩和大人的左大脑开发较多，右大脑开发得很少。我在法学院的时候曾经专门指出，中山大学法学院学生，长期只用左大脑而不用右大脑，对诗歌、音乐、绘画没有多大兴趣，喜欢用逻辑、证据。但有结论说，长期使用右大脑，容易得老年痴呆综合征。所以两个大脑都要用，而且这两个大脑的关系非常复杂，有时候恰恰右大脑给左大脑带来了灵感。

每个人都讲价值主义，关注价值主义确实有必要，但是有些人到处鼓吹自己的价值，把自己的价值强加于别人。要特别注意价值主义很容易成为政治家和阴谋家的指挥棒，就是把他们的价值不断地灌输给你。如果那样，大学就会变成培植官僚的神学院。看待价值观这块，当权者不要限制价值观，要让大家自由讨论问题，这才是防止价值主义者犯错误的法宝。

推荐大家读托克维尔的《论美国的民主》。要了解美国的制度，我认为这是第一本，第二本就是《联邦档案文集》。这本书是法国人写的，是站在外国人的角度去观察美国人。我们想要研究美国人就要去读这本书，里面有很多真知灼见。

作者在这本书里得出一个结论，言论自由对政府最有利。托克维尔得出的结论和我们的常识相反，何以如此？去读他这本书你就明白了。

托克维尔说，"政府不让下面的人说话，讲的人不让听的人表达，存在三种危险"。

第一种危险，统治者不知道被统治的人内心深处想什么。

第二种危险，长期只有一种声音，这种声音只能讲正确的话，不能骗人。只要骗了一次，后果是什么？大家再也不会相信你了，对这个讲的人要求其实非常高。

第三种危险，因为你长期只有一种声音，这种声音再好听，一个人唱歌唱得再美妙，时间长了人们都会腻烦。

你要注意，言论自由不可能堵住它。在多元的环境里，政府才是最安全的，这就是价值。

中国人很喜欢调和，其实价值观不能调和。

思想是如何创造的？我们为什么要去读书？你不能说今天的人比古人聪明。文化是一棵大树，我们从根部吸收营养，慢慢就看到分了很多树杈。你读到最后，你就会觉得有几个枝杈是你最喜欢的，也就是某个流派的思想是你最感兴趣的。我们最后就会问为什么。有那么多思想和流派，为什么你只对一两个流派感兴趣？这是什么原因？价值观。如果这个人说的每句话都说到我的心坎上去了，我真的很信服他，拿他的思想跟别人交往，我觉得很有用，觉得过得很开心，我们也就找到了精神上价值的一致之处，这就是我们要去读书的原因。

科学解决不了价值之间的冲突

价值观之间的对立、冲突和协调，事实上我们是没有办法解决的，科学解决不了价值观之间的冲突。美国著名政治学家亨廷顿有一本书叫《文明的冲突与世界秩序的重建》，他认为在全世界存在几种文明，中华文明、日本文明、印度文明、伊斯兰文明、基督教文明、东正教文明、拉美文明与非洲文明，他认为人类未来的冲突是"1－4－5冲突"，即中华文明、伊斯兰文明和基督教文明的冲突，这是20世纪90年代提出来的观点。我们至少现在可以看到，"4"和"5"确实是如此，"1"好像没见什么动静。我们可以看到价值判断就有这样一种特色。

当然，价值观有国家特色、有民族特色，有时候还有人类统治的价值观，比如法制、民主、自由，这是全人类都认同的，前面不需要加中国特色了，全世界都认同。所以，我们可以看到事实判断追求的是理性，但是理性不一定等于正确，科学和正确之间不能画等号。因为我们知道科学是人类有限思维的产物，它是在经验世界内的产物，而且人类的思维有局限性，人类都有产生、发展和灭亡的过程。

科学是个褒义词，就是不断地去修正、去试验，获得一个比较可能、近似的结果。但科学主义就不一定了。

什么叫科学主义？就是科学等于正确，就是把科学当做一种价值，只要是科学的，你就不要跟我辩论了，它就是正确的，这叫科学主义。实际上我们知道用科学主义去看待有些问题没有办法分析。我举一个例子。西方人不相信中医，为什么不相信？原因是中医的量化标准达不到西医的量化标准。真正好的中医，他的直觉非常重要，好中医带出来的徒弟不一定好，大学更是培养不出来。中医往往是人亡技绝，人走了这个技术就没有了，要靠一种直觉，这个直觉相当重要。中医的辩证法是，两个医生的药方看起来大体相同，只有两味药不同，但是药效完全不同，这叫中医辩证法，加一味或减一味药，它的药性就会改变。

谈到逻辑推理更是如此了。西医是线性的逻辑原理，头痛就医头，脚痛就医脚，消炎就吃抗生素。中医呢？好的中医首先是固本，先把你的身体调理好，他认为你的身体是整体，头痛的病因不一定在头部，有时候根源在脚部。他不仅把人当做一个整体，还认为人和宇宙是一个整体，这哪是医学？这完全是哲学，所以西方人说它不科学。但是中医这么多年，我们知道它可以治病，老百姓临床也有经验了，急性病找西医，慢性病找中医。所以我们看，不符合科学标准未必就是错的，不要把科学和正确画等号。人生当中有两类东西，一类叫生命智慧，一类叫经验知识，经验知识就是科学、理性，生命智慧就是价值观判断。

生命智慧来源于人们对有限人生的恐惧。无论人有多么自信，在面对死亡的时候，总是十分虚弱的。如何在有限当中实现无限，使有限的生命升华为无限的存在，这就是历代圣人体悟的生命智慧。生命智慧属于主体，属于你个人，它具有内在性，它属于价值判断。

经验知识就是人们对外在经验或自然的好奇探求，这种知识不属于主体却可以客观地断定，例如科学知识就是如此，经验知识是一种事实判断。两类判断在我们的人生当中、生活当中的确是存在的。

我前面为什么把休谟的理论拿出来？因为休谟告诉我们，事实判断推不出来价值判断，价值判断推导不出来事实判断，所以这里就产生一个麻烦的问题。号称"西方圣人"的苏格拉底说过，"知识即美德，无知即罪恶"，这句话带来了一个困扰人类的大问题。德国的雅斯贝尔斯提出，公元前800年到公元前200年，主要的几个文明国家都产生了自己伟大的思想家和精神领袖。例如，古希腊的毕达哥拉斯、苏格拉底、柏拉图、亚里士多德，以色列的犹太先知，古印度的释迦牟尼，中国的先秦诸子。这个阶段叫人类文明的轴心时代，这是个非常漫长的过程。这几个文明之间当时没有什么冲突、融合之类的问题，但是各个文明几乎在同一时代、同一时段产生了自己的先知和圣人，至于为什么我也不知道，雅斯贝尔斯也没有说为什么，反正这个时代叫"轴心时代"。

苏格拉底提出，"知识即美德，无知即罪恶"，这句话麻烦在哪里？因为科学知识包括事实判断和价值判断，美德当然是价值判断，休谟认为推不出来，那的确是如此。知识能推出美德吗？知识拥有多的人，就拥有美德吗？不见得，一个人文凭很高，有知识就有美德吗？学了化学可以去造冰毒。知识多就拥有美德，说博士就是最有美德的，你同意这个结论吗？你肯定不同意。说教授是最有美德的，你同意吗？你肯定不同意。台湾的圣言法师到台湾大学去做演讲的时候，说过一句话，"别看你们大学挂的是大学的牌子，你们胸口别的是大学的校徽，有些人做人连小学都没有毕业"。非常无知、非常愚蠢的所谓的博士、硕士干的那些蠢事，诸如往熊的身上泼硫酸之类的事，那是人干出来的事吗？你可以看出来这里有一个问题，也就是说，知识推不出来美德。

代表知识的我们知道，西方的文化叫基督教文化、基督教文明，美德这块是由基督教去完成的。所以，西方文明史是基督教和科学之间冲突和对立的历史。历史上它们的冲突是非常激烈的。

中国人对于知识和美德关系的认识

中国人如何解决这个问题？我们也有知识，也有美德，你只要是人，你就要这两块。怎么解决？中国人很有意思，从西方人的角度来看，中国人还真解决了这个问题。西方没解决，二者在斗。

儒家是怎么解决这个问题的？我们考察儒家的时候，现在很多人说读不懂，字都认识，但是不知道在讲什么。你要读懂儒家，有些概念很重要，有人说是人，其实是天。你只有把天读懂了，才能读懂儒家。为什么？东、西方伟大的思想，无非对生命智慧的思考和结论，人如何克服自己生命的有限性。中国古人也一样，生命有限，我们会有不幸，会有灾祸，会有痛苦，会有自己不高兴的时候。谁在主宰我们的命运？中国人找到了天，天看上去是无限的，要打雷就打雷，要地震就地震，我们根本无法控制，所以我们在有限之外存在一个无限的对应物就是天；西方人说人类是有限的存在，无限的对应物是上帝。

儒家继续反思，人和天是什么关系？儒家讨论来讨论去，人的特点是什么？人是一种活着的生物。活着怎么称呼？在儒家叫"生"。《论语·颜渊》有一句话说"上天有好生之德"，孔子说过，"天生德予"，也就是说我之所以活着是由于天的德行，如果没有天的德行，我根本不可能活着。这个"天的德行"反映在人身上是什么？儒家认为就是仁、义、礼、智、信。如果你按照这个天的德行在人的德行上去反映，你跟别人的关系就会非常好，因为你有良心，别人肯定喜欢你、尊敬你，所以你自然会生活得很好。这个德行与天德是相符合的。天德是天道的反映，道是什么？道就是宇宙间的大真理，这样去生活就与天道相吻合，一个人的生命与天道相吻合了，这是多么好的事情。道灭不灭？道是永远不会灭的。所以，生在道中，灭在道中，道不灭，人也就不灭了。

有人认为儒家是儒教，有些人认为儒家是儒家，历来有两种看法。为什么认为是儒教？因为它承担的是宗教的功能，比如任继愈，他认为是儒教，它确实承担了这样的功能，它已经把人生的大道、人际关系、整个社会的发展、人生所有的东西都弄得明明白白了。这样一个人，即使他离开这个世界，他也明白是怎么回事了，不会有太大的痛苦。这就是中国古人所讲的天人合一。天人合一是一种境界，能够做到天人合一，在日常生活中我们说人家是得道之人，他没有什么痛苦，没有大的忧虑，他已经得道了。

大家可以看到，"仁、义、礼、智、信"在中国古代文化中都是道德判断。在中国儒家那里，知识到哪里去了？这个问题很大。儒家采取的是什么态度？以善摄真，就是你学的科学知识必须被我的善纳进来，为我的善服务，这就转化成智慧了。如果你学了一肚子知识，不能纳入善里面，那学的是什么？奇技淫巧。拿一个博士文凭也就是奇技淫巧罢了，没有什么太大的意义。这是中国人所走的一条路。在西方，科学是一条路，宗教是另一条路。在中国古代，科学家没什么地位，因为那个东西不重要，一个人的幸福取决于仁、义、礼、智、信，这才是关系到人得大道、想通人生的问题。那个东西有了，当然要纳进来为善服务，没有也没关系。我们衡量一个人也不是用知识衡量的。在中国古代文化里，目不识丁的人，我们可以称他为君子，满腹经纶的士大夫，我们可以说他是小人，评判的标准是仁、义、礼、智、信，不是知识。

王阳明说，"在册子上钻研，名物上考察，形迹上比拟，知识愈广而人欲愈滋，才力愈多，而天理愈蔽"，你学到的东西有什么用？有人骂学生把知识学到狗肚子里去了，没有用，王阳明已经非常清晰地把这个思路告诉了我们。

有人说，"为学日益，为道日损"。这里讲的是，你只有在无为的状况下，没有人欲的状况下，离道才越近，你学得的东西最多。你学知识只是把自己的私欲学起来了，学了一肚子自己的欲望，离道只能是越来越远。

佛教说，一个人要证悟佛性，有一种障碍叫所知障。所知障就是所知的障碍。真正修行佛法求开悟，必须放弃一切所学，净除所知障。佛教认为是"无我"的，是不能有我的，这是中国文化的理路和思路。

科学和宗教信仰各有各的地盘

东、西方文化确实不一样。西方是割裂的，中国人是纳进来，纳不进来也没关系。西方人的割裂是相互竞争、相互斗争，科学才发展起来了。中国人强调融合，这个知识没有什么地位，我们不太重视这个，这跟人生的幸福没有多大关系。中国人的科学因此落伍了。如果地球上只有中国人也没有关系，你就这么运转下去，可惜地球上不只有中国人，还有别的族类。别的族类过来就打你了，拿什么打你？拿科学打你，这是你最薄弱的方面。这场文明的较量，中国注定是失败的。

为什么我们打不赢？有人说我们的枪炮不行。中国人很聪明，于是学制造枪炮，19世纪60～90年代我们掀起洋务运动。据现在历史学家的考证，我们造出来的枪炮射程与西方人没有多大差距，但中日甲午战争又败了。于是我们继续反思，我们改制度，进行"戊戌变法"。1900年，我们又吃了败战，打得我们的"老佛爷"到处乱跑，这个时候的中国人非常可怜。刚开始我们还有文化自信，后来文化自信被摧残得几乎没有了。1919年，我们挖中华文化的根，说是我们的文化不行。五四新文化运动，提出打倒"孔家店"，全盘否定中国传统文化。这意味着生命智慧、经验知识一概全部否定。我们打不赢西方人，甚至连日本人也打不赢，整个国人无法忍受，尤其是那批知识分子。日本人，我们什么时候放在眼里？倭寇，长得丑，个子又矮小，什么都学我们的，科举制度学我们的，儒家学我们的，学佛教让鉴真东渡，另外学我们的文字和服装，现在我们竟然被他们打败了，这是奇耻大辱。

实际上，日本人也跟我们经历过一样的事情。"明治维新之父"

福泽谕吉，他提出脱亚入欧，这是日本人反思出来的。还有人反思得更极端，他的名字叫做伊藤博文，他是留英的，曾经四度在日本出任首相。伊藤博文是怎么反思的？伊藤博文说文化不行了，人种都不行了，"凡欧美白人入其境内，辄鼓励日本女子与其野合，以改良种族"。这是伊藤博文提出来的。中国人当然没有反思到那个地步，但是我们认为文化应该彻底否定掉，所以我们现在看到有些人，提到中国传统文化那是嗤之以鼻的。当然，我反对全盘西化，这不公平。为什么不公平？对于中国人来讲，仁、义、礼、智、信做到了，我们追求的是一种和谐的境界，就是人心与外界融合的一种境界。我造了火药，我过春节放一下鞭炮，驱除一下晦气，喜气洋洋又有何不可，为何一定要去强占别人的地呢？中国人发明了指南针看风水，建一个房子，微风徐徐，一边看着书，还放点音乐听一听，最好旁边还有弹琴的，心情很舒畅也未尝不可。探索新大陆，就一定是对的吗？被鲨鱼吃了怎么办？科学有用，但科学能解决你的心灵问题吗？解决不了。所以你要站在里面来评价它，不要站在外面来评价它。科学和宗教信仰各有各的地盘，科学追求的是求真，信仰追求的是崇高，不要把两者混为一谈，这就是我们今天所讲的生命智慧和经验知识。

中华文化的另一个特点是，可言说与不可言说。你读中国经典的时候一定会碰到这样的问题，就是可言说和不可言说。比如你今天高兴，你能不能描述出来？高兴是个什么东西？你说我兴高采烈，兴高采烈是什么东西？是你那个"高兴"吗？你说"我高兴极了"，那个"极了"又怎样？形容不出来。那我就用肢体语言，说我高兴得跳起来了，跳起来就是高兴吗？用科学来描述，我发现我一高兴，我的心脏加速、血压升高，它很难描述。在这时候，语言有它的弱点，也就是说，中华文化有些东西并不是语言本身可以描述出来的。比如儒家里有个重要的概念叫"仁"，"仁"是什么？儒家的仁心是什么？就是生命智慧，就是"参天地而赞化育"的生命智慧。但是这个"仁"怎么下定义？我专门在《论语》里统计了一下，大家看看它的概念。"仁者爱人"，说爱别人是一种"仁"。再来看，"君子务本，本立而道生。孝弟也者，其为仁之本与"，意思是尊敬长辈、爱护晚辈是"仁"。再来看，"弟子入则孝，出则弟，谨而信，泛爱众而亲仁"，"克己复礼为仁"，"为仁由己，而由乎人哉?"有很多概念，那什么叫"仁"? 后来孔子说，"己欲立而立人，己欲达而达人。能近取譬，可谓仁之方也已"，什么意思? 我没办法给你下定义，我只能拿你生活中的例子告诉你什么是"仁"。

"君子所性，仁义礼智根于心。其生色也，睟然见于面，盎于背，施于四体，四体不言而喻。"这是孟子的定义，还是没有办法给你下一个定义。再来看王阳明，"圣人之心如明镜，只是一个明，则随感而应，无物不照"，一个人有良心的时候，你的心就是一块镜子，照过来的时候，你马上就会做一个有良心的反应。这是王阳明给"良知"下的定义。我们下一步有一个定义，"良知，鲜嫩嫩，活泼泼，触之即动，动则即感"。有人说这算什么定义，又不是卖猪肉。我们走到外面，看到一个老人摔倒在地了，这个情景触动我们了，我们就去把这个老人扶起来，这个时候就证明你的良心是鲜嫩嫩、活泼泼的。如果你熟视无睹，或者做更没礼貌的动作，你的良心就死了。这是中华文化的一个特点，你不可能用定义、逻辑去学习中华文化，它没有办法用概念或定义去讲述。德国著名哲学家维特根斯坦曾经说过一句话，"对于无法演说的，请给我闭嘴!"有些东西不是什么都能说的，说不了，我们谈恋爱的时候含情脉脉，你没有办法描述。所以"仁"不是语言问题，而是心理问题。

传统文化资源可以供我们利用

下面来谈一下个性体验与心灵境界。这是我们理解中华文化要注意的另外一个问题。德国著名思想家曼海姆写了一本书叫《意识形态与乌托邦》，他认为我们看待生命智慧的时候有两种视觉，一种叫内在视觉，一种叫外在视觉。我讲一个例子。比如说有两种人在研究佛教，一种是大学的研究人员或者教授，注意，他们不信仰佛教。还有一种人在研究，即庙里的高僧，他们信仰佛教而研究佛教。这就是两种视觉，一个是不信来研究它，一个是信来研究它，信的叫内在视觉，不信的叫外在视觉。北大曾经有两个著名作家，一个是大名鼎鼎的熊十力，熊十力以前信佛教，对佛教下过很深的功夫进行研究，后来这个人不信了。不信了干什么了？去研究儒家了，研究完儒家不消停，还用儒家去批判佛教。对于佛教来讲，熊十力是内在的还是外在的？外在的。北大有个著名作家叫费明，他也在北大任教，是个佛教徒。这两个人住在北大，而且是前院和后院，门对门，结果两个人天天辩论。大家想想，一个是内在的，一个是外在的，天天吵得鸡犬不宁就变成一个固定模式了。熊十力和费明两个人互掐脖子，掐得脸都红了，说要出人命了，赶紧拉开。我们可以看到这就是内在和外在的角度不同。

有一次我到中文系去听课，听了那一次课之后我的文学梦就破了。当时那个老师在讲李白的《静夜思》："床前明月光，疑是地上霜。举头望明月，低头思故乡。"他说，同学们，这首诗代表的是地主阶级的利益，还是农民阶级的利益？我说：这首诗跟哪个阶级有关系吗？李白写的时候无非想念他的家人了，表达的是一种情感。如果从阶级角度一分析，这就是一种外在视觉。一首诗，当它引起我们内在美感的时候，它的意义已经达到了，不存在地主阶级才可以静夜思，农民阶级就不能静夜思的问题。时代进步了，但时代的进步并不意味着人性的进步，这是哈佛大学著名的政治学家罗尔斯说的。他曾经讲，"以为一个正义和善的社会必须依赖一种高度的物质生活水平是错误的"，就是时代进步了，人性未必进步，它们之间没有必然的逻辑关系。我们讲生命智慧的体验，当我们讲到传统文化的时候，今天传统文化在我们身上已经变成碎片了，只知道每当夕阳西下的时候会闪烁几下微弱的残光。学而时习之，我们不一定有人读得懂了。有人说学习了，就去温习，很快乐，有什么好快乐的？你逼着人家白天学数理化，晚上再复习一遍，还快乐，有什么快乐的？其实这里说的

"学而时习之"，指的是仁、义、礼、智、信，用仁、义、礼、智、信这些东西跟别人相处，别人会很尊敬我们，人家会很快乐，我们也会感觉到很快乐。

再看，"知者乐水，仁者乐山，知者动，仁者静；知者乐，仁者寿"。这些话我们已经读不懂了，甚至有人告诉我说，聪明的人喜欢游泳，道德高尚的人喜欢爬山。陈怡和陈浩说过，"仁义礼智皆仁也"，仁、义、礼、智是做人良知不同的方向的反映而已，其实是一个意思，仁就是同情心，义就是做事有分寸、合适，礼就是尊敬别人，智就是有智慧、有是非判断。说一个人"仁"，就会讲仁、义、礼、智、信，做得特别好的，他就会讲义。这样的人的德行如同流水一样自然，如同高山一样厚重。这样的人无论在动中还是静中（动和静指的是一种状态），无论生活在顺境中还是在逆境中，他们都能坚守着自己的良知，他们生活得平和、安逸，所以他们经常快乐，而这样的人往往长寿。

我前几天碰到一个博士生。他问我干什么去。我说锻炼身体，生命在于运动。他说，"不对，孔子说过'知者动，仁者静'，乌龟不用动也活千年"。我说，这个静是一种心灵的静，但你满脸写的是欲望。所以生命智慧的体验是"感通"，"感通"就叫敬畏。中国文化说，一个人要有敬畏之心，畏天命、畏大人、畏圣人之言。曾子说，"君子必慎独也"。大家可以看看，生命智慧的体验是个体性的、创造性的，跟你个人有关系，跟别人没有关系。不同时期的体验也不一样，这就叫做"步步体验、步步呈现、步步创造，直到满证"，这就是中国人说的道德境界。子曰："朝闻道，夕死可矣。"意思是，早上得了道，我晚上死掉也没有什么遗憾。我讲了这句话，学生来问我说，"老师，早上才得了道，晚上就死掉，才十几个小时，多没劲，多没意思啊！"我们怎么理解这句话？就是说，得道之前和得道之后对死亡的概念的理解已经彻底发生了变化，达到天人合一的境界了，所以死而无憾。

在今天这样的社会，我们可以看到我们有很多问题，而我们的问题恰恰可以从传统文化里面找到答案。今天我们做官的有很多烦恼，退休的人也有烦恼，做生意的也有他们的烦恼，普通市民也有很多烦恼，我们离开这个世界的时候有相当多的遗憾。现在的道德水平大家都是公认的，就是不断地向下走，这样的状况不可以再持续下去，而传统文化恰恰有些资源可以供我们利用。

在这种情况下，我们要想想屈原所讲的那句话：举世皆浊我独清，众人皆醉我独醒。印度圣人甘地曾经说有七件事将会导致人类的灭亡。第一件，没有原则的政治，就是不讲原则了；第二，不愿牺牲的信仰；第三，没有人性的科学，讲科学却不讲人性了；第四，没有道德的商业；第五，没有智慧的知识；第六，没有良知的快乐；第七，不劳而获的富裕。这些话值得我们深思。由于时间的关系，我就讲到这里。

佛教文化与佛教音乐

熊惠彤

熊惠彤

深圳佛教新音乐作曲家，长期致
力于用音乐弘扬佛教文化，目前
专事创作、制作万佛之光佛教新
音乐。已创作 300 余首佛教歌
曲，其中百余首作品已被编入由
宗教文化出版社出版发行的《万
佛之光》佛教新音乐系列专辑。

佛教文化的内涵就是佛陀的证悟

佛教文化从概念上来说，与其说是宗教，不如说是文化。对于其
信徒而言，佛教是宗教；但就其内涵和广度而言，文化更加贴切一
些。因为佛教偏重宗教性，其中也含有很多非宗教性的文化内涵。从
东汉开始到今天近 2000 年以来，佛教与儒家、道家相融合，相互吸
收、相互兼容，又保持着自己的特性，形成了有中国特色的佛教文

化，既有宗教性，又有世界性，更有中国特色。

在这 12 年的创作过程中，作为一名艺术家，我的创作是艺术与宗教相结合，希望这个艺术能够更加体现出佛教文化的内涵。

现代佛教音乐与过去不同，在重点方面更加突出文化内涵。佛教是释迦牟尼佛创建的，佛陀在创建之初有他最初的本怀，他从生老病死、生存幻灭来思考这个问题，所以他才放下他的荣华富贵出家，寻求真理。在寻求真理的过程中，他有很多的体悟，也遭遇了很多的苦难，最终在菩提树下得到了觉悟。

他觉悟的是什么呢？就是佛教文化的核心内涵。我们不能空谈佛教文化，不能仅仅谈一些表层现象。佛教文化的内涵就是佛陀的证悟。用更加严谨的话来说，它的核心内容就是佛法。

何为"法"？"法"就是规则，世间万事万物的法则就是"法"。而这个"法"是正确的，得到佛陀证悟的，是必然的，所以称为佛法。佛法不是神秘的东西，也不是玄妙的东西，佛法非常朴实无华，佛法真实正确。现在学佛的人有很多，讨论佛学缘由的人有很多，我今天就从佛教文化的内涵来入手。

佛法就是波若

佛教文化的内涵是佛法。对于佛教本身而言，比如我们平常所听到的宗教词语——加持、禅定、解脱、轮回等，这些名词在释迦牟尼佛证悟之前都存在，不是佛法的新鲜内容。对此，婆罗门教曾经在它的法典《奥义书》中都有严格的阐述，我们所看到的这些表层现象，包括佛学的名称，包括修行的一些方法，都不是佛教所独有的，在佛教产生之前就有了。

什么是佛法呢？可以这么说，佛法本身的内容一无所有，全部借用了婆罗门教、印度教的这些东西，但是翻过来看又无所不有。为什么？因为佛陀发现了波若，就是智慧。有了波若，佛法才能够成其为佛法。所有的这些名词、所有的这些概念都变成了佛法的内容。所以波若就是佛法，佛法就是波若。

是什么样的波若呢？根据我个人的体会，也是很多高僧的一些共识，释迦牟尼佛到底发现了什么样的智慧呢？两句话——揭示了宇宙的真相，诠释了生命的真理。

我们可以把这两句话展开来讲，为什么说揭示了宇宙的真相呢？"三千大千世界，有如恒河沙，识法界，三十三层天。"杨振宁教授有一篇文章写得很好，他一生仅仅在做一件事情，用他的实验来证明释迦牟尼佛思想体系的正确性。从科学角度来讲，宇宙万物确实如2600年前佛陀所说的，还有很多未知的东西。

生命的真理在哪里？是什么样的价值观？是什么样的运行轨道？佛陀用了他的三法印、四圣谛、八正道、十善业、十二因缘法诠释了生命的真理。

可以用一句很通俗的话来表达波若的思想内涵，如果说四圣谛、八正道、十善业、十二因缘法是佛陀智慧的珍珠，那么系上这些珍珠的绳子就是因缘法。因缘法是万事万物的自然法则，所有的法的内涵也好、内容也好，都要遵循因果论。不说因果就不是在说佛教，不说因果就不是在说佛法，离开了因果谈佛法不是真正的佛法。

因果论是佛法的核心

什么是因果论呢？佛说，有因有缘集世间，有因有缘世间集。什么意思呢？任何法都不是孤立升起和消灭的，任何事物一定有它生成、幻灭的条件才会有生有灭，而这个条件就是因和缘。缘就是一般性质的，缘就是力用。用这个缘去作用于这个因才会产生果。比方今天我们有缘能够在这里相见，因是什么？缘是什么？因就是有这堂讲座的安排，我们才会到这个地方来。缘是大家对于佛教音乐很感兴趣，我本人又在做这件事情。但是如果没有主办方的促成，没有这些建筑物，没有这个灯光，我们也坐不到这里来，所以这一切都是缘。犹如西瓜的种子，要长成西瓜必须有阳光、水分、土壤、科学的种植方法，还有辛勤劳作，这一切构成了缘，才会有果。所以因缘的基础就是能够促使它成为"果"的必要条件，此时有故彼时有，此生故彼生，此灭故彼灭，此无故彼无。

因果论是佛法的核心，并不是释迦牟尼佛创建的，而是他所觉悟的。他没有觉悟之前，因果论就已经在这个世间永恒不变，万事万物都要遵循因果法则，它对于我们的现实有没有意义？有意义。我们做任何事情如果不遵循因果法则，就会烦恼不断，招致很多不好的后果。佛家有一句话，菩萨是重因的，菩萨做每件事情之前要先看它的因才会去做，而众生等果结完了才回头去找因。所以释迦牟尼佛的觉悟就在于因果论。

现在人们对于因果论有很多错误的见解，第一个错误的见解是无因论，认为世间万物都是偶然而成的。那好，那就及时行乐，反正生也不知何处而生，灭也不知何处去灭。

在我们的信徒之中，也有很多人持第二种观点——宿命论。经常听到有人这么说，"熊老师，佛们说我今天的生活状态就是我昨天的影子，我前世业力造成了我今生的果"。那么我告诉你，这是错误的，佛陀最反对的就是宿命论。

虽然前世的行为不好会对今生造成一定的影响，但是今生的果报绝大部分取决于今生的努力。这一点非常重要，如果不参悟这一点，就可能陷入迷信的沼泽。佛陀非常反对宿命论，这么去做是什么原因造成的？是我前世的原因造成的？如果照这个道理，一个健康的小孩生下来身体非常强壮，长大了以后胡吃乱喝，造成我这么大的肚子，然后我说这是前世所定的，有没有人相信？没人相信。如果强盗无理地获取财富，掠夺不属于自己的财富，他竟然说"这是我前世的福报"，这更加无知。佛陀坚决反对宿命论。

还有就是非因即因，不是这个因，却把它说成这个因。一些朋友介绍，她离了婚以后去问大师，"我老公怎么不要我了呢？"大师说，"那是你前世欠他的"。我就说，"哪只眼睛看见了她的前世欠了他的？"这就是非因即因。

在 2600 多年的过程当中，有很多人参与了无因论、宿命论和非因即因论的讨论，让因缘变得扑朔迷离。虽然因缘法非常复杂，但是这个因也有主次。如果按八正道来考察，这个因也可以察觉得到。佛法侧重的因果律是讲思想与行为之间的关系，行为受思想指挥。做出什么样的行为是由思想作为内力决定的，佛法中心的中心、核心的核心就是因果。

果一定是由因所成

再往下深入，果一定是由因所成。为什么西瓜的种子一定会长成西瓜呢？这里面就有一个正确而必然的"法"，世间叫做理则，在佛法中就叫做"法"。这是必然的，就是事待理成。任何事情都有它的规律在里面，而这个规律就是法。有一条，这个规律必须是正确的、必然的规律。长命百岁可以，但是有生必有死，这就是必然的法则。

因果论再往下深入是"有依空立"，一切的"有"都是依靠着"空"而建立起来的。打个比方，我们要盖一栋房子，盖房子需要什么呢？需要水泥等建筑材料，那么这些建筑材料就构成了这栋房子的因缘。如果没有一块空地给它盖，那么这栋房子往哪盖呢？所以这栋房子的"有"需要找一块"空"地给它盖，也就是"有"要依靠"空"来立，这是佛法当中非常重要的观点。

小到一栋房子，大到宇宙之中的地球，如何被悬在虚空之中？上下左右一片虚空，地球悬在空中，有法吗？有法，有规定的轨道。所以说"有"是依"空"而立。这个"有"仅仅是因缘的假合而已，如同我们在座的所有人，只是地、水、火、风的假合体，几十年短暂的生命，最后身心俱灭。所以"有"是依"空"而立的，这个"空"是不是真的空了呢？真的空了。但是这个"空"里面充满了无限的妙缘。这是因果论达到佛家哲学境界的时候更深入了解的结果。

这栋房子要找一块空地才能建出来，建好了之后随着时间的推移，慢慢地又破败了。破败了之后又有新的规划了，终有一天房子被推倒了。有一句话叫做"无中生有"，这是不对的，"无中生有"是无因论。"有"生"无"，最终归还于"无"，一切皆为因缘所致。这个法则可以解释世间的万事万物。我在12年以前学佛，到今天为止，每一次感悟以后都会对因果论、因缘法有更深入的理解。仅仅从理论上理解还不够，还要从生活中、实践中去理解。

佛学是科学的科学

佛陀对于"缘"也有很深刻的解释。"因"如果没有"缘"成不了"果"。我与我的老同学相互思念，但是始终没有机会见面，一晃30年过去了，此生有可能相见，此生也无可能相见，这就是缘。佛陀根据生死的"缘"，终于找到了生死流动的密码，就是十二因缘法。

佛陀说："不明白的业力，无明缘行。"因而无明的"因"碰上了行动，就是业力的"缘"，就产生了"识"，意识的识。这个"果"又变成下一个果的"因"，"识"又与谁结了"缘"呢？与"色"结了"缘"，最后又形成什么果？形成了六畜，就是又一轮生命的开始。在妈妈肚子里，2600年以前可没有B超。十二因缘法简直就是B超，将一个生命如何投胎讲得清清楚楚。有了六畜之后就有了"触"，触摸的触。有了"触"就有了"受"，感受的受。有了"受"之后就有了"爱"，有了"爱"就有了"取"，我要这个东西，因为我爱，我就需要。有了"取"就有了"有"，有了"有"就有了"生"，有了"生"就有了"病"和"老"，最终死亡。佛陀的十二因缘法解释了一个生命流转的因缘法则。

了解了这个东西，对于生命的现象、万事万物的生存与幻灭就有了所谓的科学认识。从哲学范畴来说，佛学是哲学的哲学，是哲学之父。中华文化因为佛教这个外来文化的传入，经过了1000多年以后，佛学成为中国文化的顶梁柱，达到了哲学的顶峰。所以从世间和众生的角度来说，说佛学是哲学之父毫不为过。但是佛陀揭示这个生命的真理不是为了科学，也不是为了佛学，是为了解脱。解脱的道路只有一条——正道，光明的大道。光明的大道用什么来构筑呢？八正道，走八正道就是光明的道路。有一位高僧在网上说，八正道是当代青少年成长的指南针、成长的良药，因为现在的社会太缺乏八正道精神。

八正道就是佛指引的解脱之道

什么是八正道呢？首先要有正见，即正确的见解；有正思维，即正确的思想。其次要有正行为、正精进，还要有正业，从事的不能是乱七八糟、损人利己的工作。再次要有正念、正语，就是星云大师所说的做好人，存好心，说好话。但不是做老好人，不是搅稀泥，是说真话、说实话、说真理。

前面七个"正"之后，从佛家的角度来说最后到了"定"的阶段，正禅定是八正道的最后一步。一位大德说，现在的学佛人急于持咒，急于修定。都喜欢持咒，咒很神秘，学起来很有意思。定很清净，打坐，禅定，身心也健康。但是都不愿意学习佛学，不愿意了解佛学真正的教义，了解这个文化的内涵。

没有智慧的定不是定，八正道就是佛指引的解脱之道。八正道在社会现实中也有很重大的现实意义，它体现了正行，即正的行为。佛门弟子都说身、口、意皆相同，身、口、意皆清净。身、口、意要清净，"净"不是安静的静，是干净的净，安静就睡着了。空无一物就是死尸一般，没有思想。所以八正道用四个字——信、简、行、真来概括。信是正信，不是搞迷信。佛法的因缘因果论要正确理解。现在有很多人对于什么是佛法缺乏一定的正解，烧香拜佛只是为了索取，拜佛拜得自己越来越贪心，这不是真拜。本来烧香拜佛要有一个恭敬心，是利用这个场景来激发、点燃自己内心的佛性，通过对于菩萨们的恭敬、礼敬从而唤醒自己内心的佛性。用一句俗话说，拜一次佛回来都进步一步，可现在不是，拜佛是为了祈求，为了满足不断扩张的私欲。我告诉你，菩萨们也不会成就这个愿望，否则他就是贪官。这在因缘果里面已经讲了，佛陀最反对宿命论就是在这个地方体现的。

还有一个神佑论，认为这个世界有一种无形的第三方力量在支配着这个世界，人胜不了天，有某一位神或者某一个天在主宰着我们的命运，我们一生的遭遇总是被一种神秘的力量控制，这是佛教坚决反对的。有人说佛教是迷信，我说你没有真正地进入佛教的智慧里面去，佛教恰恰反对的就是有神论和迷信。佛陀认为自己的命运由自己主宰，自己的命运是由自己的行为、思想准则所决定的，同时还要和众生的大因缘是非和合。换句俗话，就算你有天大的本事，但是现在形势上对你不利，你还是暂时不能成功。个人的努力加上社会众生共同的因缘和合才能成就自己，不是靠神的神秘力量、靠菩萨的神秘力量来满足你的某一种愿望，或达到某一种目的。这是不对的。这种思想叫做神佑论，在因缘法里面也是坚决反对的。

违背三法印也是错误的

佛陀认为十二因缘是一种在世间被杂染的因缘和合，因为从我们"无明"的那一瞬间开始，就决定了我们此生生下来既不善也不恶。

什么叫不善呢？你看小孩，几个小朋友在一起，他的东西如果有多余的会给别人，他自己只有一个不会给别人。你说他善吗？这叫不善。你说他恶吗？他也不恶。这叫一体两面，身上存在着佛性，同时贪、嗔、痴、慢、疑与生俱来。所以佛陀提出了十善业，十善业简单地说就是要克服杀、盗、淫、妄、贪、嗔、痴、慢、疑，以及邪见，能够克服这些不好的，那你就算是十善之人。

为什么第一戒是杀生呢？这充分体现了佛陀对于生命的尊重。释迦牟尼首先是人，不是神，这是有考据的。季羡林教授最重大的发现就是证实了乔达摩·悉达多太子的存在。所以佛陀在世间说经讲法、度化众生，目的是度人。六祖说，佛法世间成，不离世间的觉悟。佛法是说给人听的，不是说给鬼听的，这个杀戒的第一条是针对生命而言的。现在的理解是什么呢？大家可以看到很多放生行为，很好。但是有一条，要科学地放生，放生是一种形式，但是在思想意识上面有没有对人的尊重呢？这是近代人间佛教的核心思想，要以人为本。不以人为本的人，宁愿救助动物，而对人的生命漠不关心，对人的苦难漠不关心，对人寻求帮助漠不关心。那么，你就算是放1万个生也得不到解脱，因为你的思想意识上就没有对人的生命的敬畏。

现在社会上出现了很多不好的事情，比方说在犯罪的同时去伤害对方的身体甚至性命，这是一种对于生命的漠视。抢了就抢了呗，还要加一刀子。已经错了，还要去杀人，说明我们的教育出问题了。在佛法中十善业的头一条就是戒杀生，杀了人要下地狱。

"我家里养一堆狗，我对狗可好了。"但他对人好不好？他对人不闻不问。我们都是平等的，我们听完了佛法，得到了佛陀的教诲，你一点一点地来修行，那么你的行为思想就会逐步靠近佛所说的八正道，向十善业佛法靠拢。所以说四圣谛、八正道、十善业、十二因缘法在现实当中都会起到真正的作用，让我们真正地体会到佛法的智慧。这一切的法都能够归到三法印上面，在这一点上我特别赞同台湾的一位伟大的圣者的观点，他说一个法是否正确不是用佛的经卷的字眼去衡量的，也不是用佛曾经说过的话来衡量，拿三条来衡量，我们称之为三法印。诸行无常，诸法无我，寂灭涅槃，即万事万物无常，万事万物的法无我，最终寂灭涅槃，不是灭了，是不生不灭。这不是证悟之人真正觉悟的体会，即使是经书上佛陀自己说过的话，违背三法印也是错误的。为了去说服一个人或者去劝化一个人，他得讲故事、讲俚语，但最后违背了三法印的原则就不是佛法了，三法印需要我们在修行的过程当中不断地去体悟。

佛学以人为本是积极的

一切的佛法都是实实在在的，既然是"法"就是无我的、无常的。释迦牟尼在临终之时说，"我什么都没说，无法可说，因为没有法，是世间众生谓之法。既然无常、无我，哪来的法？"

今天实际上是我在向你们汇报我的体悟。因为这个法不可说、不可思议，必须你自己去学习，自己去体悟。有句话叫做依法不依人，意思是佛说的也只能作为参考。所以说没有法，法是要自己去体悟的，但是在体悟之前首先要学习。

很多人谈到佛教文化还是要静下心来了解、学习佛法真实的核心内容。三法印到今天为止都还是真理。皇帝说的话是不是最高指示？佛说世间一切皆是苦，是不是每时每刻都是苦？不是，是苦中作乐。什么是苦？生、老、病、死、爱别离、憎怨会、求不得。七苦也好，八苦也好，一百苦也好，总之就是苦。怎么办呢？要学习佛法，在佛法中找到解决烦恼的办法，就可以灭了自己的烦恼。

苦集灭道，苦都集中在一起了就是苦的因，所以才看到了苦。举个例子，人得了病，医生为你看病，是不是要先从病象中查出病因，从病因中开出药方呢？只有这样才能够按照正确的办法把病治好，这就是因果关系。苦集就是苦的因。苦集是先找到了病因在哪里，那么苦就是因，找到了病因来治这个病。最终这个病治好了，靠的是什么？靠"集灭道"，靠着治好了"灭道"这个因。所以到处始终贯彻因缘果的法则，有些人有病不好好看，从病象中找不到正确的因，或者找到了因但没有好的药，没有正确的方法。苦集灭道，就犹如佛陀对症下药来治理世间的大病，消除众生的烦恼。

在我整个的音乐创作中，我无时无刻不参考三法印、四圣谛、八正道、十善业、十二因缘法，有八万四千法门无不是从这些真理中流露出来的。围绕着三法印、四圣谛、八正道、十善业、十二因缘法，要从佛门的根本中走上修行之路，或者是学佛之路。

佛的八万四千法门是什么意思呢？佛法能够普度一切众生，一切众生都能够寻着佛学的根茎得到普度，要知道自己的根到底有多深。用现在的话来说，到今天为止，经过了1000多年以后，佛教在中国分为三大流派——汉传、藏传和南传，无论哪个流派都离不开三法印、四圣谛、八正道、十善业、十二因缘法。

佛学以人为本，佛法是积极的，不是厌世消极的。也有消极的法门，在传统佛教音乐里面有这么几种，其中一种是比较小众化的，佛门说九腔十八调，东北的佛教音乐有东北的风格，南方的禅寺唱的是红梅调，各个寺院有各个寺院的特点，他们都传承于师父的腔调。他们的祖师爷有一套方法，这个方法就是借助戏曲，比如说江南小调（主讲嘉宾唱曲……），这是福建的，非常凄惨，觉得必须要看破红尘才能遁入空门。

以前我说我信佛，别人会问我哪里想不开，是公司破产了还是同爱人分手了。在寺院里面听这种音乐，对于一些有缘的人来说很好，它来源于我们广泛的民俗戏曲。但是如果离开了这个环境，拿给接触佛法不多的人去听，他会很害怕。本来佛像都是很庄严、光明、快乐的，但是很多小孩一进佛堂就哭，好像里面有鬼似的。寂云大师从小跟着奶奶去寺院，听着佛教音乐觉得特别恐怖，整天唱死人歌，不是念咒就是给死人超度，让人感到害怕。现在要用现代的方式来改变过去一些不好的东西，把好的、民族的东西传承下来。

佛教音乐绝大部分都是佛经经文

除了戏曲音乐和寺庙音乐的关联外，有一种小众的东西，随着自己的心境而不同。比如说我们听大歌唱家的歌，就会深深地感受到他内心的故事，那种淡淡的忧伤，孤灯轻影，小河潺潺流水，这也是一种境界，但是我们的佛家音乐如同我们的八万四千法门一样，应该是丰富的，不应该局限在这么一个小项目上。佛有八万四千法门，说明每个人都不一样，不止八万四千根基的因缘。并且现代人的耳朵所听到的，也是近300年以来受到现代元素长期熏染的。音乐本来是抽象的，但是在这几百年里，西方音乐科学体系呈现所谓的现代音乐，把我们的思维浸透了，你一听《我的祖国》会觉得很好听。

音乐本身最抽象，要用这种抽象的语言去唱佛教的歌曲最好不过，可以说每个人都有自己的感受。我采取了什么样的办法呢？我总结的是"三结合"。

第一，东方与西方的结合。东方的音乐并不局限于中国音乐。我在音乐的学习和创作过程中也不是完全东方化或者是完全西方化，在从小的耳濡目染和长期的自学过程中，民族音乐深深地扎根在我的脑海里，同时我也非常热衷于西方古典音乐——贝多芬、肖邦等，我认为他们的音乐是现代音乐的典范、巅峰，所以我试图让音乐呈现东方与西方的结合。

第二，传统与现代结合。我们制作的音乐还让大家认为是佛教音乐，这就对了。在这个传统的基础上加入更多的现代音乐元素。

第三，艺术与宗教相结合。

这"三结合"就构成了我的音乐特色。这样更适合于未来"80后""90后"，包括"60后"。老人家可能接受不了，他还是喜欢老调，但是随着时代不断地进步，音乐一定要呈现新的面貌，否则真的会难以传播。

另外，要很吸引你，更重要的是要让你去了解其中的内容。不要听着我的音乐睡着了，那你就真的只是听音乐了。音乐只是一种工具，同其他的艺术一样。音乐不是实在的东西，但是音乐可以拿来用。佛家讲唯法独尊，只有"法"是尊贵的。"法"要流通，因为"法"要去济世救人。每每想起这些东西，我的音乐就是为了吸引你去了解内容，所以我不惜成本。

我的音乐还有一个特点，绝大部分都是佛经经文。我尽量不采用世间的词作者、文学家写的词，因为我们众生还没有觉悟到佛陀的境地。所以在我作曲的所有作品里几乎 99% 都是佛经原经文，这个创作过程非常艰辛。首先我自己要学习，同时要在音乐上获得突破。在我的音乐作品里面，呈现给大家的是博大精深的佛法。举一个例子，我为经中之王《华严经》谱曲，24 句为一段。事隔半年以后，一位大师告诉我，在五台山就是 24 句一段，证明了我的分段正确。

这里面还有《文殊净行品偈颂》，讲的是文殊菩萨在生活当中如何去修行。748 句，全部听下来要 27 分钟，但是你不会觉得时间很长，非常快。因为音乐用特殊的语言把这个古老的经文非常通俗地展现在你的面前，给你一个画面。

我这里还有弥勒菩萨的题材，4句为一节，表现了对于菩提心的赞美、对于菩提心的诠释。什么是菩提心？平等心就是菩提心，一切的心都由平等之心流露出来。如果你视众生为自己的兄弟姐妹，视众生平等，你离佛就不远了，这是很难做到但是必须要去做的。

我为了创作它，整个作曲花了5个月，做好这张专辑前前后后花了1年半。如果世间再没有人诵经，那么佛法就消灭了。它的目的是什么呢？用通俗的话来说是为世界和平祈祷，为众生安康祈福。佛经给我们呈现了文化的内涵、文化的表现特征，在传递着三个字——正能量。

佛法一无所有　佛法无所不有

如果众生（即人民群众）对于佛教和佛法有这样那样的看法，那么一定是学习它的人，或者传播它的人，或者讲述它的人自己出了问题，而不是佛法问题，佛法一定是传播正能量的。孔子是有教无类，来的都是学生。释迦牟尼佛根据每个人不同的根基施以不同的教育。"法"是变化的，但是根本的"法"亘古不变。文化也是这样，艺术也是这样，是为当代服务的、为现代服务的。

佛教音乐作为一种表演、一种传承、一种文艺都可以，因为时代毕竟在往前走，与时俱进就是要适应当下的社会需要。当下社会存在很多问题，这是存在着大变革的社会，中国在最近30年里取得了重大的成就，可以说这是挑战与机遇并存的世界。在这个世界上，经济基础决定上层建筑，高雅文化的需求越来越强烈。在座的可以看看，音乐题材表面上好像很广泛，实际上越来越单一了。就是你爱来我爱去，围绕着爱情抓着不放，要么就是红歌一片。看似很多，实际上并非那样多样化，起码中年人以上找不到属于自己的，所以他们才会有复古心态。

真正的古乐还有吗？没有了。时代留下了文字，没有留下音乐和唱片，那个时候没有录音机。时代在呼唤高雅文化，呼唤所谓的民俗文化，呼唤能够反映中华文化，反映儒家、佛家和道家文化的音乐。我在这里也希望更多的艺术家，当然谋生很重要，要有一种社会责任感。不是说个个都是理想主义者，而是多创造一些有正能量的高雅文化，来满足广大人民群众日益高涨的文化需求，这是现实的情况，是迫切的需求。

佛教文化的兴起也就是这几年的事情。佛教文化对于中华文化没有影响吗？实际上影响就在你身边，只是你没有察觉到。就拿文字来说，刹那间、光明等都是佛教词语。所以说佛教文化已经真正地深入到每位中国人的骨子里面去了，只是你察觉不到。今天兴起这个热潮说明经济在增长，文化的需求越来越大，文化产业的发展相对滞后了。不要紧，大家共同努力，包括佛教的、道家的、儒家的，凡是一切宣扬善的文化我们共同努力。佛曾经说过，"我所说法，如爪上尘，所未说法，如大地土。世间一切微妙善语，皆是佛法"。

大家都在网上热论佛教是不是宗教、佛教是不是文化、佛教是不是哲学、佛教是不是科学。这个文化的范围太大了，三天三夜都说不完，并且没有标准答案。佛法一无所有，但是佛法无所不有。说佛教是宗教、文化、哲学都没问题。因为佛教是相对的，不是绝对的，绝对的就不能叫做佛法了。这要去参，要去体悟。佛家是什么？是取其中道，在释迦牟尼圆寂数百年以后，古印度出了一位伟大的学者——龙树菩萨，他将佛法展开，更加适应时代的需求。但是还是围绕着三法印，取其中道，要真空妙有。这不是很矛盾吗？"空"和"有"不是矛盾的对立面吗？怎么可能统一呢？因为"空"和"有"取其中道，非空非有。

佛教是不是宗教？这就好比是鸡生蛋、蛋生鸡的问题。就像小和尚问一位高僧，"有一个蚊子咬我，我该不该打它？"高僧说，"没有答案，要取中道论"。这就是国家的思维方法，不能拿常人"绝对"的观念来衡量。

有人说佛陀是真理，我不赞同，没有真理。他们说我在传播佛法的真理，我说没有真理，而是让佛陀的波若正觉插上音乐的翅膀飞向世界的每个角落。在一些事情上向一些菩萨去学习，包括向观世音菩萨学习，去积一点功德，让佛陀的波若正觉传向世界的每个角落。

佛法是拿来用的，不是拿来研究的。就算你钻研佛学，最后成为一位佛学大家，但是如果你不去"行"，不去"证悟"，等于入了宝山空手回。为什么文殊菩萨说普贤菩萨是第一法王子？因为他"行"，他有行动，他在行动中去证明。用佛家的话说就是闻思修，欲界定，去配合三学、三慧，所以要"行"。世间一切微妙皆为佛法，佛法无"法"，哪来的法？是每个人根据自己的心、根据自己的学习、根据自己的感悟为自己所用。我的心里没有是非，充满了平等，我还要戒律干什么？我自然就会证悟。我的心不乱就不需要去打坐，难道需要通过打坐让自己定下来吗？

我的音乐里面有女生独唱《心平何劳持戒》，注意不是安静的心，是平等的心。

以上就是我的感悟，向大家汇报。希望你们跟我一起亲近佛法、走近佛法，在佛教里面找到自己的因缘，找到自己的乐趣。同时多多支持佛教文化、支持佛教音乐，谢谢。

孔孟儒学的生命智慧

冯达文

冯达文 ✎

中山大学哲学系教授，博士生导师。现任中国哲学史学会副会长、广东禅文化研究会会长、中山大学比较宗教研究所名誉所长。长期从事中国古典哲学与宗教学教学与研究。著有《早期中国哲学略论》《宋明新儒学略论》《中国哲学的本源——本体论》《理性与觉性：佛学与儒学论丛》《中国古典哲学略述》等。

　　很高兴有机会在这里和大家一起学习中国古典文化思想。既然这里是一个国学的讲坛，我们就要先搞清楚什么叫国学。国学这个词，可以追溯到比较早的春秋战国时期，有本书叫做《礼记》，里面就有"国学"的提法了。但是《礼记》中的"国学"，主要指国家的学校——太学。国家的学校教的是什么呢？教的是"六经"。"六经"

就是《诗》、《书》、《礼》、《乐》、《春秋》和《易经》。当时太学所传授的主要是这样一些经典。但是我们现在用"国学"这个词，已经不是原来意义上的"国学"了，它主要指中国古典的学问，这是西方的思想文化传进来以后，为了与西学相区别，我们把中国传统的或者中国古典的学问称为国学。古典的学问包括哲学、宗教，还有文学、艺术，这些都属于古典的学问。它体现了中国人独特的思想信仰、治国理念、精神追求和生活方式。对这些内容进行理论上的讨论，或者赋予一种理论的形式使之流传下来的这套东西，我们就称为"国学"。所以国学的范围是比较大的。

我们一般更重视的是古典的哲学和宗教。因为中国古人的精神教养、古人的思维方式、古人的价值追求，都是通过中国古代的哲学和宗教来凝练和提升出来的。也就是说，中国人的国魂，是由中国古典的哲学和宗教凝练而成的。这个"魂"，这个中国人的特点和价值信念，在中国历史上曾创造了无数的辉煌。包括汉唐盛世，还有清代的繁荣，如汉代的"文景之治"、唐代的"贞观之治"、清代的"康乾之治"。中国古代这些辉煌、灿烂的历史，都跟我们的国魂有关系，是由我们的国魂指导、支配并开辟出来的。虽然汉代人口只有几千万，但它的宫殿的规模相当于现在的紫禁城的二十几倍，这是多么的辉煌。唐代的长安，相当于它现在的面积的 6 倍以上，那也是非常辉煌的。这种辉煌都是我们的国魂所凝练、所缔造出来的。在近代以来，由于西方的入侵，我们的国家也曾经衰落过。于是，许多人对我们的国魂产生了怀疑。但是我们看到，经过了几百年的磨难，从 20 世纪的下半叶开始，我们的国家又得到重新振兴。我们的成就，已经引起了世界的瞩目。现在世界的许多国家，重新掀起了学习中文、学习汉语的热情。因为他们看到中华民族又在振兴。随着中华民族的振兴，中国的国魂也会受到更多的关注。所以，我们作为中国人，作为中国的学生，了解我们古典的思想文化，是一件非常重要的事。从思想文化的角度来看，缔造中国国魂的，我想主要可以归结为四大思潮。一是儒家思想；二是道家思想；三是以法家为代表的比较务实的思潮，我们也称为经世致用的思潮；四是佛教思想。我们的国魂，或者中华民族的精神教养，中华民族的思想信仰，主要就是由儒家、道家、佛教、法家等共同缔造的。

在这几家当中，儒家跟法家是从正面建构的，他们的思想对于社会、人生、治国都有正面建构的意义，或者是提供一种正面架构的理论。道家跟佛教是从批判反省的角度来切入问题的。一个是正面建构，一个是从反面来批判反省，这就构成了中华民族思想信仰上的一个张力。在建构当中，儒家是用道德理想来建构，而法家是从现实主义的角度来切入问题的。一个是理想的，一个是务实的，这也构成了一个张力。可以说，中华民族的精神文化就是由这样两重张力共同筑构的。儒家跟法家是正面建构，是入世的。道家跟佛教批判反省，是出世的。这样一种建构所缔造的中国传统的知识分子，或者说知识分子的基本原则，就是以出世的精神做入世的事业。所谓"出世的精神"，就是不要过分看重名誉，不要过分看重利益，要淡泊名利。但是，如果只讲淡泊名利，不讲入世担当，就会走向虚无主义。所以，要讲出世，也要讲入世。如果入世没有出世的精神作为支撑，就可能会迷失在功利、名利的角逐之中，而不能够解脱。所以中国传统知识分子，很强调要以出世的精神来做入世的事业。这是传统知识分子基本的人格精神。而这正是由正面建构和反面批判这种张力构成的。另外一种张力是儒教的道德理想和法家的务实精神的张力。它构成了中国古人处理事情的方式，叫做"极高明而道中庸"。"极高明"就是有远大的理想。在远大理想的光照下去做事。但是如果光有远大的理想，没有切实的功绩，没有在日常的事务中具体的努力，也是不行的。所谓"道中庸"，就是回归日常生活。在具体事务上贯彻这个道德理想，这就叫"极高明而道中庸"。所以我们能看到，儒家思想、道家思想、佛教思想和以法家为代表的经世致用思潮，共同构成了中国传统的思想文化，或者说中国的国魂。我们通过学习，就是要了解这些思潮是怎么样来构成我们的国魂的。在这个过程中，我们自己的精神也会得到陶冶。

我今天讲的主要是儒家思想，是以孔孟的智慧为主要内容的。我分了三个问题跟大家一起讨论。第一个是孔孟原创儒学的根是什么。我把它归结为世间情。第二个是汉唐时期儒学的新拓展。第三个是古典儒学的现代意义。

孔孟原创儒学的根基：世间情

在讲孔孟儒学之前，让我先简单介绍下孔子和孟子。孔子姓孔名丘，出生在春秋的末期，主要活动于公元前551年到公元前479年这一段时间内。他是山东曲阜人，父亲是一个家道没落的贵族武士，力气非常大。曾经在一次战斗中把很重的墙门托起来，让士兵们从那里通过。但是孔子出生得比较晚，所以对他的父亲基本上没有什么印象。他是由母亲抚养长大的。孟子，名轲，生活在孔子死后的100年左右，是孔子的孙子的学生的学生。孟子自认为他是孔子的私塾弟子，认为他继承了孔子的思想。后来，孔子成了圣人，孟子就成了亚圣。孟子生活在战国的中期，这是一个战乱很厉害的年代。他出生在现在山东的邹城。我2013年8月份去山东走了8天，参观了孔孟出生的地方。孔子出生的地方去的人很多，但是太杂乱了。孟子出生的那个地方很好，去的人少一点儿，反而显得很幽雅、很清静。孟子也是由他母亲抚育长大的，所以对研究文化社会学的人来说，母亲的教育是最重要的。除了孔子、孟子外，耶稣也是在母亲的抚育下长大的，这显示了女性的伟大。以上是孔子、孟子两个人的简单情况。孔子在鲁国做过短短一段时间的官，很快地被排挤，以后就以讲学授徒为主。孟子的个人经历基本上是讲学授徒，向学生传授五经。

作为教育家，他们为什么会影响整个中国古典思想文化？这种影响持续了2000多年，现在，他们已经成为世界的文化巨人了。我觉得这是非常值得研究的。孔子、孟子是依据什么来创立儒学的？他们所依据的这些东西为什么会对后世产生这么大的影响？这也非常值得研究，是非常有意义的问题。要研究这些问题，我们首先要研究孔孟所创立的儒学的基本特点：以道德理想来进行社会人生的正面建构。他们的道德理想又是怎么出来的呢？为什么这个道德理想在建构社会中有如此重大的意义？我们首先来看这个问题。

研究这个问题，我们还是要回到春秋战国时期的社会背景。同学们都学过中学历史，大致上应该是了解的。我们知道，春秋战国是中国古代社会一个非常动荡的时期。社会的动荡，是由生产力的发展引起的，也就是铁器的发明和牛耕技术的出现。在周以前，古人所使用的工具是石头，那时是石器时代。虽然也有铜器的发明，但它主要是用来做兵器和祭神用的器皿，很少用来做生产器具，因为铜器比较软，不适合做生产工具。但铁器不然。春秋时期发明了铁器，而且进而发明了牛耕技术，一下子把生产力提高了。生产力的提高意味着财富的增加。财富的增加带来的是地位的巨大变化和财产状况的巨大变更。有的人掌握了先进的生产工具，他就富裕起来了。有的人没有掌握先进的生产工具，他就破产、没落了。这是地位的变化。由于财富增加，有的人吃不完、用不完，他就把剩余的东西拿去做商品。商品的发达使人口的变动加快。人口的变动和财富地位的变化进一步带来社会结构的变化。

原来社会的结构是氏族制，氏族是一个基本的单位。国家也是以氏族为单位进行管理的。国家要征收赋税，要征用劳力、兵马，都是以"族"为基本单位来进行的。但是，随着社会结构变化，人口流动的增加，以"族"的方式来管理必然是不行的。所以春秋时期管理的形式改成了郡县制，就是以一个州、一个县为基本单位来进行管理。这是社会结构变化所带来的管理方式的变化。管理方式的变化进一步又会带来人才选拔方式的变化。在氏族制社会中，人才的选拔是由氏族长老来决定的。由于郡县制打破了姓氏的界限，所以，管理人才只能通过选举的方法来进行。选举看重的是人的能力，而不是人的"德"。由于不重视人的"德"，所以人的道德就慢慢滑坡了。特别是到了战国时期，这种情况表现得就更明显了。

在战国时期，伴随着财富增加的是人们欲望的无限扩张，人们欲望的扩张，好像打翻了一个潘多拉盒子，各种各样贪婪的欲望都被放出来了。为了能够满足土地、人口、财富上的欲望，人与人之间、家庭与家庭之间、国家与国家之间，发生了激烈的争夺。面对这种争夺，人才当然就更加重要了，对人的才能的重视就更加突出了。所以我们看到，在战国时期，各种"连横""合纵"的人，他们讲的都是权术，根本不重视道德。由于整个社会只重视财富和人的才干，而人的才干的竞争又加剧了整个社会的竞争，所以，整个战国时期，人心、人性都在堕落。这种堕落，比较一下春秋时期的社会风气跟战国时期的社会风气就会看得很清楚。

春秋时期，人很讲究教养，很讲究才情。士大夫、君子之间的交往，都是通过赋诗的方式进行的。只要我们相互之间通过赋诗看到对方很有风度、很有才情，我们就会成为很好的朋友。国与国之间的交往也是通过赋诗的方式来进行的。两个国家之间如果发生争端，甚至发生战争，只要你派一个使者来谈判，如果那个使者赋一首诗，显得很有风度，战争就会化解。春秋时期晋国有个叫宣子的，他在离开晋国之前，晋国的六卿摆了酒宴给他饯行。宣子说，你们每人赋首诗，我看看你们的志向是什么。晋国的六卿每个人就赋了一首诗，赋的都是《诗经》的《国风》中郑国那个部分的诗歌。大家以前在中学都学过《诗经》。《诗经》分风、雅、颂三个部分。"颂"是祭奠天地和祖先唱的歌，"雅"是士大夫们互相唱和的歌，"风"是民间的歌曲，很多是民间举办庙会的时候唱的情歌。我看到晋国的六卿回应宣子的全都是情诗。士大夫们之间要表达自己的志向，就念一首情诗，可见当时是很讲究才情、很讲究风度、很讲究人的教养的。现在我们官员们之间的交往，就看不到这种才情了。其实，这种风气在中国传统里面一直都存在，只是春秋时期表现得非常突出而已。这是一种贵族性的精神教养，他们不看重功利的争夺。

但是到了战国时期，整个社会风气已经不同了。功利和财富的争夺占据了社会的主导地位。我们学历史都知道，战国末年，有个叫韩非子的思想家，他说当时的社会是一个"互市"的关系，人与人之间是市场上的买卖关系。做国君的如果要给某人高官厚禄，不是看这个人是否忠心，而是看他有没有用。做大臣的很忠于国君，能够为国君卖命，不是因为他很有道德，而是因为如果不卖命就得不到高官厚禄。这是一种市场买卖的关系。韩非子又说，做轿子的都是希望大家很有钱，这并不是因为他们心肠很好，而是如果大家没有钱，轿子就卖不出去。做棺材的希望人们快点儿死，这也不是说他们的心肠很黑，而是利之所在。因为如果人不快点儿死，棺材就卖不出去。当时的社会风气就是这样。

我们知道，秦始皇有个很出名的丞相叫李斯，李斯和韩非子是同学，他们都跟荀况学习古典思想文化。李斯学得差不多了以后，在告别老师时说：老师，我家里很穷，这是我的耻辱，我非常不光彩。春秋时期人们绝对不会这样想。你看孔子的学生颜回，一碗简单的饭，一碗随便的汤水，只要有书读，他就很快乐。但是李斯不是这样。李斯对荀况说：我家里很穷，这是我的耻辱，我非常不光彩，所以我一定要去谋一个官位，来改变我的地位。后来他到秦国去。因为很有才能，被秦始皇看中了，辅助秦始皇灭了六国，后来做了丞相。做了丞相以后，他觉得自己的功劳很大，可以过很豪华的生活。有一次，秦始皇在一个山腰里逐鹿，看到有一队很豪华的车马从下面经过，秦始皇就问他身边的卫士，这是谁的队伍？他身边的卫士告诉他，这是李斯丞相的车马。秦始皇就很不高兴。过了一段儿时间，秦始皇又看到李斯的车马了，但这次变得非常俭朴。秦始皇知道是他身边的卫士们向李斯告了密，说秦始皇不喜欢你这个样子，所以李斯才改变了作风。秦始皇觉得他身边的卫士不可靠，所以把身边的卫士全部杀掉了。人与人之间的关系、国君与大臣之间的关系就是这样，完全是一个互相猜忌、互相不信任的关系。

大家都知道，秦始皇平定六国的时候，文官是李斯，武官是王翦。王翦打仗非常厉害。当时，好几个国家都平定了，剩下楚国和齐国，楚国是最强大的一个。秦始皇要王翦带兵去攻打楚国。王翦说：楚国强大，你要给我30万兵马，我才有把握打败它。秦始皇一听，要 30 万兵马？那不是把国家的主力都给你了吗？万一你反叛，我还能够站得住吗？所以就没有答应，也没有说话。王翦知道秦始皇不放心，后来他就买了很多田地，娶了很多妾室，生活过得非常腐化。秦始皇看到这个人其实没有很大的政治企图，只是为了财富、为了生活的奢侈，后来才把 30 万兵马给他，要他平定楚国。你看，秦始皇跟最重要的两个人之间的关系都不是建立在互相信任的基础上的，这是战国时期的风气。

当时，孔子和孟子已经感受到社会风气的不断堕落，感受到了人心在堕落，人性在堕落。怎么样救心、救世？这就成了他们思考的主要问题。非常有趣的是，孔子、孟子所面对的问题，也是同一个时期世界几个文明古国所共同面对的问题。所以有的历史学家说，公元前 1 世纪到 6 世纪这一时期，是世界文明的突变时期。这时，所有的文明都面对同样的问题：社会格局发生了巨大的变动，人心、人性发生巨大的变动。古希腊、古罗马，还有古印度，这时都处在社会的巨大变动中。这个变动很可能就跟铁器的发明有关系。铁器的发明，既标志着生产力的提升，同时也标志着战争力的提升。用铁器做武器，在战争中是非常有利的。

虽然世界文明古国的圣贤都感觉到需要救心、救世，但是，表现出来的方式大不相同。以古犹太与古印度为代表，他们的圣贤们把救世、救心的希望寄托在神、佛的身上。古犹太人创造了犹太教，在犹太教基础上又衍生出了基督教，他们都相信有上帝，相信他是全知全能的，上帝可以拯救他们。上帝为了拯救世人，为了为世人赎罪，派了他的儿子耶稣基督下来，耶稣基督以自己的"献身"来为人类赎罪。这是在古代阿拉伯那个地方形成的一个信念，是巴勒斯坦、以色列的信念。他们把希望寄托在上帝身上。古印度是寄希望于佛陀。他们认为，他们之所以有种种的灾难，是由于带着肉身，有很多欲望，有欲望我们就发生争夺，有争夺我们就会有很多的罪行，有很多罪行，所以我们才不能得救。为了得救，需要去掉欲望，甚至去掉肉身。这样，在下一世就会得救。所以，犹太、古印度的传统是诉诸神、佛，希望他们为人类救世。另外一个传统是古希腊的传统。古犹太、古印度用宗教信仰的方法来救世，而古希腊的传统是用认知理性的方法来救世。他们的圣贤们认为只要多讲理性，多接受一些知识的训练，就可以认同一些共同的道德信念，整个社会就会变成一个有道德的社会。这样，社会就会获得安宁。这是古代一些文明古国所走过的路。跟其他古代文明国家所走的道路相比，中国的孔子、孟子所开创的道路是非常不同的。

孔子和孟子走的不是信仰的道路，也不是知识理性的道路。他们回落到人世间，诉诸人世间的情感。他们认为：我们不需要找神、找佛，我们也不需要诉诸所谓知识的建设，我们人世间的情感就可以起到自救的作用。他们是回到世间的情感世界中来思考问题的。

为什么孔子和孟子会觉得世间情可以成为我们救世的起点和基础呢？有什么根据呢？他们的根据是，我们每个人都生活在一个家庭或者是一个家族里面。在一个家族里面，自然就会有一种亲亲之情。我们每个人都知道亲爱自己的父母，亲爱自己的亲人，父母也会亲爱自己的子女。这种情感是天然就有的。凭着这种情感，我们每个人就可以走出自我、走向他人。你们看《论语》，孔子讲的都是很平常的话，都是谈家族、亲族的情感问题。孔子说："父母在，不远游，游必有方。"父母健在的时候，不要去得太远，如果要去远的地方，要告诉父母你在哪里。现在你们可能也会经常打个电话回家去，向父母报平安，这是很自然的情感。孔子又说："父母为其疾之忧。"这句话有两种解释。一种解释是，父母最牵挂儿女有没有病痛。另外一个解释是，儿女最牵挂的是父母有没有病痛。所以我们外出，尽量要用手机打电话报一声平安，特别是坐飞机的。我经常外出坐飞机，下了飞机到旅馆第一件事情就是打个电话回去，告诉家里已经到了，安全抵达，这是很平常的事情。但是这件很平常的事情，渗透了我们的亲亲之情。这个"亲亲之情"其实是我们每个人都有的东西，我们都会关爱父母、关爱子女。这个关爱就表示我们已经走出了自我、走向了他人。

我们每个人不仅会关爱自己的亲族，而且也会关爱他人。孟子就讲了一个例子来说明这一点。它成了后来的学者们都经常讨论的一个问题。一个小孩，差点儿跌到井里去，我们每个人第一个念头是：很危险，赶快去拉他一把。这时，我们并没有想到这样做会讨好他的父母，会获得左邻右舍的称赞。当我们按着后面的这些想法去救他时，就落入了功利的圈套，那是不纯粹的。我们最纯粹的念头就是：他是人，他是生命，我们要去救他。这是普遍人性，这人性是我们每个人都有的。从这里可以看到，我们每个人都有关爱他人、走出自己的一个考虑或者一个念头。而且，在孔子、孟子看来，不仅是平常的人会有这种关爱他人的情感，即使是犯罪的人，他也还是有良知的。明代有个官员，有一次他抓到一个强盗，就开始审讯他，审讯的大意似乎可以这样说："你把别人辛辛苦苦赚来的钱财抢走了，良心上过得去吗？"这个强盗不承认人有良心，说："这个年头，谁还讲良心？"就跟这个官员争吵起来。当时天气很热，这个强盗问："可不可以脱衣服？"审判的官员说："可以，你脱吧。"最后，强盗只剩下一条裤衩没脱了。这个官员就问："你裤衩怎么不也脱下来呢？"强盗说："那样不太好吧。"这个"不太好"就是他的良知。你看，这个罪犯也是有羞耻感的，他还是考虑到了他人的存在，这就是人的良知。所以，一个犯罪的人也是有良知的，只不过这种良知被后来的功利淹没了。正是凭借这一点，孟子才说人在本性上是善的。他说："恻隐之心，人皆有之；羞辱之心，人皆有之；恭敬之心，人皆有之；是非之心，人皆有之。"所以人在本性上是善的，在根底上是善的。这是孟子的说法。

孔子、孟子通过发掘人世间的情感，找到了可以救心、救世，可以走出自我、关爱他人的一个基本的力量和因素。当孟子把人的这种亲亲的情感、关爱他人的情感赋予一种人性的意义的时候，就意味着我们人走向道德、走向善良是必然的。因为人的内在本性就是这样的。人走向犯罪、走向堕落反倒是偶然的，因为这是外在因素导致的。所以，孔子、孟子对人充满了信心。他们从"世间情"出发，找到了救心、救世的力量。在孔子、孟子看来，人要成为一个有道德的人其实并不难，只要把自己内在的善良本性发挥出来，推广出去，就一定会成为一个好人，成为一个有道德的人、一个高尚的人。所以孔子说："己欲立而立人，己欲达而达人。"自己要做成什么事，也希望别人做成同样的事。孔子说："己所不欲，勿施于人。"自己不想得到的，也不要把它强加给别人。这就是好人。

孟子在孔子这个说法的基础上，进一步发挥为"老吾老以及人之老，幼吾幼以及人之幼"。我们不但应该把自己的老人当老人那样去尊重，也应该把别人的老人当老人那样去尊重。我们不但要把自己的小孩当小孩去爱护，也要把别人的小孩当小孩去爱护。这就是"仁爱"，这是非常有道理的。人的修养其实就是这样的。至于治理一个国家，做国君的、做大臣的，只做到"以不忍人之心，行不忍人之政"，国家就会治理得很好。孟子曾经就这个事情和当时的齐宣王进行过讨论。齐宣王说他总觉得仁义不能够治国，而且，他总是觉得人性是不是善良的，这还是个问题。在谈话的时候，齐宣王看到厨房的那些厨师正拉着一头牛从下面经过，齐宣王问，拉这头牛去干什么？厨师就说，拉去宰了给大王吃。那头牛觉得自己就要被宰了，就发出一种很悲惨的哀号声。齐宣王看着很不忍，就说，不要宰牛了。孟子说，既然大王对牛、对动物都有一种不忍之心，您对人肯定更有不忍之心，所以，您的本性是善良的，您可以行仁政。以不忍人之心，来行不忍人之政，这样就可以使天下大治，可以建设一个理想的社会、一个有道德的社会。这是孔子、孟子的一个基本的理论架构：从回到世间开发人的情感的角度，来讨论人如何救心、整个社会如何救世的问题。

我们应该怎么样来评价孔、孟二人这样的思想理路呢？要对孔、孟二人的这个思想理路有一个比较合适的评价，我们还是要从比较文化的角度来讨论问题。我刚才说过，世界各个文明古国，在面对相同的情况时所走的道路是不一样的。古希腊所走的道路就是多学点儿知识，更理性一点儿，他们认为这样就可以救世。但是实际上，多学一点儿知识，更理性一点儿，并不一定能够成为一个有道德的人。有时候知识越多，可能他的轨迹就越多，他犯的错误可能就越严重。所以这条路，在西方的历史上一直争论着，都没办法解决。有知识和有道德，其实根本是两回事。这条路不一定能成功。另外一条路就是寄托于信仰。寄托于信仰的路，能够成就人的超越追求。从成就人的道德的角度来讲，宗教信仰的功能是无可怀疑的。从这一点上说，它跟孔、孟二人的思想是有相同的价值的。但是，宗教信仰有它的难处。这些难处我们可以概括为这样几点。

第一，宗教信仰的族群性问题。一种宗教信仰总是跟一定的族群相联系的。信基督教的，一定不信犹太教；信犹太教的，一定不信伊斯兰教。而且，不同宗教信仰之间的互相排斥也非常厉害。我们看到，犹太教、基督教、伊斯兰教本来是同一个来源的，它们都认同几个共同的祖先。但是，到今天为止，这三教之间的冲突仍然非常厉害。因为宗教信仰是跟一定的族群相联系的，虽然在本族内它可以让人们获得超越，但是，它不能赢得普遍的信仰。它的普遍性是一个问题。

第二，宗教信仰的存在性，即它的实存性问题。所谓的宗教信仰的存在性或者实存性，是指每一个宗教都认为自己信仰的神是真实存在的。有一年我在美国，与当地的基督教教会有很多的交往。我们团队中有一个北大地球物理系硕士毕业生，他在美国加入了基督教。他就跟我说，《创世记》里面讲的上帝用 6 天的时间创世是可以用科学来证明的。可见，宗教都把自己所信奉的神看做实实在在存在的，这就经常会碰到科学的挑战。由科学的挑战所带来的就是信仰的恒久性问题。所以，宗教信仰的这个难题是比较难解决的。

第三，宗教信仰的彼岸性问题。无论是基督教、犹太教、伊斯兰教还是佛教，都把自己信仰的神和最终归宿放到了跟现实生活完全分隔的一个彼岸。因为人生来就带着肉身，就有欲望，所以才会堕落。要回归到彼岸、要获得神的拯救，一定要去掉你的欲望。要去掉你的欲望，也就是要去掉你的身体，甚至要虐待你的身体。古印度佛教以前的宗教——婆罗门教，它认为灵魂之所以不能解脱，正是身体把它绑住了。所以要想获得解脱，就要残害你的肉身。只有用这种方法来虐待你的肉身，你的灵魂才能够解脱，才能够升天。这种宗教信仰的彼岸性所带来的问题，就是不够人性。它太强调神性了，对人性本身的关注不够，不能够回落到现实的日常生活中来。这也影响了宗教信仰的普遍性。

第四，宗教信仰的偶然性问题。许多信徒都会说，我之所以信神，是因为我获得了神的改造，所以我才成了信徒。但并不是每个人都有这个机会的。我有一个朋友，我很尊重他，所有信教的人我都很尊重。他现在在美国，是一个虔诚的基督徒。他本来是一个很厉害的医生，但后来患上了癌症。他就开始向上帝祈祷：如果我的癌症好了，我的后半生就奉献给上帝，我去做传教的工作。后来他的癌症真的好了，因此他就成了一个很虔诚的基督徒。但这是偶然的。不是每个人都会遇到这种事情。有一年去加拿大的时候，我参加了学生们举行的一个聚餐，其中有几个学生是基督徒。他们要求每个人都讲一点儿自己的宗教体验。他们最后要我也讲一个。我说："我只能说，上帝还没有改造过我。我有宗教情操，但是上帝没有改造过我，所以我现在还不能成为基督徒。"我很尊重信教的人，这里我只是讲一个例子，来说明宗教信仰与偶然性是有关系的。所以，用宗教信仰来救心、救世，有它非常好的地方，就是它追求神性、追求崇高，但是也有困难的地方。

相比较起来，我觉得儒学是非常独特的。它回到日常生活、回到世间来思考问题，这就很简单了。在日常生活中，每个人都离不开亲族，这是无法改变的。我们每个人都离不开亲族，我们在日常的真实生活中，都有亲亲之情。这是我们日常真实的情感，是人人都有的。而且，我们不仅离不开亲族，也离不开社会、他人。人跟动物不同，人需要生产才能够获得生活资料。而人一定要结成社群才能够从事生产。我们每天吃的、用的，都不可能离开他人。我们所吃的、所用的都会打上他人的烙印，甚至沾着他人的血汗。我们从每天吃的、用的当中，都可以体会到他人对自己的意义。这是我们真实的生活。在真实生活中，我们都会有对他人、对自己利益的真实感受。我们都会感受到他人、父母或社会对我们的爱。同时，我们也经常会有爱的冲动。有时候我们不太注意，但只要你注意一下，从父母的每一句话中，我们都会感受到父母对我们的爱，从他人、朋友的一句话中，我们也会感受到这种爱。而且我们也希望爱别人，只是有时候由于羞涩或者别的考虑，我们不能够表达，但人都是有这种爱的。所以，在真实生活中，每个人都会有一种真实情感自然流露出来。这种真实的情感是靠我们的感受来体验的。我用"感受"这个词，它的意义在哪里？"感受"需要我们的身体。我们中国使用的词"切身体会""设身处地"都是讲"身"的，因为有身体才能感受。这意味着在感受中是有"我"的，不需要去掉"我"。从"我"的感受出发，同时感受到他人对"我"的利益，既承认有"我"，又走出自我。这和宗教是不一样的。宗教是不讲"我"的，是要去掉"我"的，它认为只有这样，我们才能够获得神的改造。比较起来，在儒家这里，不需要过分虚无缥缈的神的改造，也不需要过分复杂的理论建构，通过感受，我们很自然的就能够走出自我、走向他人，走出功利、走向道义，从而使我们的灵魂、社会获得拯救。通过开解、激发我们的情感，或者说通过点出我们内在生命的光明面，来使我们获得拯救。这是孔子和孟子建立原创儒学的一个基本特点。现在世界的很多人，包括诺贝尔奖奖金获得者，他们都认为，下个世纪世界要获得拯救，必须要求助、回归到2000多年前的孔子。我想，他们应该是从这个意义上来讲孔子的伟大的。特别是当神的存在性受到怀疑的时候，孔孟原创儒学所提出的回归到日常生活中来拯救人类，应该说是一个有独特价值的思想体系。

儒学在汉唐时期的拓展：宇宙论

下面我们就继续讲第二个问题：孔孟儒学的发展。

孔孟儒学在中国历史上一直不断地在发展。其中有两个最有价值的时期，一个是汉唐时期：用宇宙论来为孔孟儒学提供一个有理论特色的支撑；另外一个是宋明时期：在接受佛教的思想后，对儒学进一步推进。由于时间关系，我们只讲汉唐的发展。他们是用什么来拓展儒学的呢？是用宇宙论。我们刚才说过，孔子、孟子最初建立儒学的时候，是回到日常的真实生活，通过揭示日常真实生活中培植起来的真实情感，来建构起它救心、救世的思想体系。日常世间的真实情感，这属于主体方面的东西。如果仅限于从主体层面建构我们的思想体系，人们就会问，这种思想体系有没有客观的依据？如果没有客观的依据，只从主体层面建构，能不能站得住脚？为了解决这类问题，就有了汉唐时期宇宙论的回应。这种"宇宙论"，就是从客观方面为孔孟儒学的道德理论提供一种支撑。

什么是宇宙论呢？大家对它可能既陌生又不陌生。所谓"不陌生"，是因为中医里面经常跟你讲阴阳五行，所以"不陌生"。但是又"陌生"，因为我们毕竟不太了解它的详细架构。所以，大家听起来还是会觉得不容易理解。因此，我们还需要作一些介绍。简单来说，所谓宇宙论，就是从宇宙的来源和变迁来说明人的生存和交往的正当性的一种理论。中国的宇宙论基本上是由阴阳五行架构起来的。《易经》中有一段话，大意是说，"易有太极"，"太极"就是没有分化的一种宇宙生命力。太极分化以后就产生了两仪。所谓"两仪"，就是阴阳两种互相对立又互相依存的生命力。阴阳在运转的过程中，就产生了四时，就是少阴、少阳、太阴、太阳。春天是少阳的季节，夏天是太阳的季节，秋天是少阴的季节，冬天是太阴的季节。四时的观念，实际上是告诉我们宇宙的变迁是跟时间有关系的。再进一步，就是五行的观念。五行是金、木、水、火、土。五行所讲的是方位和方向的问题。木是东方，火是南方，金是西方，水是北方，土是中央。五行的观念，实际上是说宇宙变迁和方位、方向有关系。这就是阴阳五行架构起来的宇宙论的一个基本内容。《易传》、《礼记·月令》、《吕氏春秋》和董仲舒的《春秋繁露》都讲宇宙论。中医亦然。我们看中医经常会问，到底是阴虚还是阳虚？到底是阳火还是阴亏？

其实中医是把五行跟五脏结合在一块儿了。如果是阳火，就是心火。因为心属于火。肾虚，那是水的问题。所以，我们中医在解释人体结构的时候，是用阴阳、四时、五行的观念来解释的。中医给你看病，同一种病，春天和秋天的治理方法是不一样的。这就是考虑到生命运转中的时间问题。还有，对南方的同一种病、北方的同一种病、东方的同一种病、西方的同一种病，它的用药方式是不一样的。这就是一个方位的问题。这是阴阳五行所建构起来的宇宙论。要注意的是，这里所谓的阴气、阳气，不是我们所讲的空气，而是古人在把握推动宇宙变迁的那种生命力时所提出的一对概念。所以，所谓阴阳、五行、四时讲的都是宇宙生命力的变迁问题。

宇宙论为什么会跟孔子、孟子所讲的道德发生关联呢？这要回到古代人们的生存处境来理解。中国古人所处的生存处境是农业社会。农业社会整个的生产和生活，它的整个节奏，都跟阴阳、四时、五行密切相关。这一点，生活在北方的同学体会得可能会深一点儿。春天一来，"春风又绿江南岸"，原来是一片雪白，现在所有的雪都融化了，种子开始发芽、长叶，以后它很旺盛地生长。一个农民看到庄稼很旺盛地生长，心里面就非常高兴，因为一年的收获就有了。所以，人对自然的生命变化有一种敬仰、敬畏、敬祈的观念，还带有一种感恩的观念。从敬仰、敬畏、敬祈和感恩中，就会涌现出人应有的道德和行为。譬如说"诚"，儒家讲"诚"的观念，就是从四时变化中涌现出来的。因为在天道运行中，四时、二十四节气依时而来，我们的万物才能够生长。譬如说现在是春天，是清明，"清明时节雨纷纷"，如果清明不下雨的话，我们一点儿依靠都没有了。这就是天道的诚信。四时、二十四节气依时而来，人的生活就可以得到安顿。从这一点出发，我们古人感受到，诚信是人类应有的道德行为。儒家的"诚"就从天道运行中获得了支撑。还有，在一年二十四节气的变化中，立春是最重要的。因为到了春天，万物才能生长，才有后来的秋收冬藏。所以春天被赋予最重要的意义。春生，那是天的仁德的表现。所以人的道德也应该效法春天的"仁"，把仁爱作为我们的基本道德。孔子、孟子的"仁"本来是从亲亲、从人对他人的"不忍人之心"引申出来的。在宇宙论里，它是从"春生"引申出来的。所以"仁"的依靠也有了，它体现了天对人的关爱。所以，我们应该把人与人之间的互相关爱作为一项基本的道德。同时，收获也是人付出努力的结果。人需要"参天地之化育"，春天我们去耕种，秋天我们去收获，冬天我们施肥，准备明年的到来。所以，宇宙的这种变迁既是一个客观的变迁，同时也是人付出自己努力的结果。所谓"参天地之化育"，就是按照四时的变化付出你的努力，这也构成了人的德行一个评价的标准。所以《易经》中有一段话叫"一阴一阳之谓道"，宇宙的变迁就是由阴阳来构成的。然后"继之者善也，成之者性也"，顺着阴阳二气给出的季节，付出我们的努力，就构成了我们善的行为，善的行为的积累就构成了我们善的本性，人的善性也在这里建立起来了。宇宙的变迁是我们人付出努力的结果，而宇宙的变迁经过了很长的时间，我们今天所吃、所用的一切，都是前辈们依照宇宙变迁的规则付出努力的结果，我们有今天这样好的生活，是前人奉献的结果，因而敬孝我们的前辈、祖先，也构成了我们的德行的一个基本评判标准，这就是"孝道"。祭祀祖先，这是我们人类应有的道德行为。比如每年的清明节，我们看到很多人，包括港台的，都回到家乡来祭祀祖先。这是因为我们今天的一切都是前辈努力的结果，孝心就是从这里出来的。还有，宇宙的变迁并不是到我们这一代就停止了，我们这一代人也要为下一代人付出努力，这就成就了我们的责任意识、担当意识。从这里我们可以看到，原来孔孟儒学讲的整套道德意识，都被汉唐的思想家们用宇宙论支撑起来了。宇宙论之所以能够为汉唐时期甚至为现代社会的人们所接受，就是因为人的生存、人的发展，离不开农业生产，离不开农业社会。再扩大一点，就是离不开自然。所以我们才用宇宙论来支撑儒家的道德理论。因为宇宙论是讨论客观的宇宙变迁的，所以儒家所讲的道德就具有了一种客观的意义。

　　大家一定会问，从现代科学的角度来看，宇宙论能站得住吗？关于这个问题，牵涉到一个知识论的基本问题。我们这里不能够详细地展开。我自己有一本著作，叫《早期中国哲学略论》，那里专门做过讨论。宇宙论在认知方面所提供的价值在哪里？它跟现在科学的认知有什么不同？这些需要专门讨论。我们这里就不展开了。我们最有兴趣的是，宇宙论思考人的生命、人的道德问题的视野和结构，它的独特性在哪里？我想可以从两方面来说。首先，宇宙论强调生命意识。其次，宇宙论强调人跟自然的亲和意识。这两点都是非常有价值的。中国古人把宇宙整个看做一个大生命体。在整个宇宙中，每个部分都是互相关联的，这种关联是宇宙变迁的一个基本力量。宇宙正是在时间、空间的变迁中体现出其生命性。这就是所谓的生命意识。人是宇宙大生命体的一个产物，所以中国古人也把人看做小宇宙。人的生存、人类变迁，跟宇宙的变迁是时时相关的。比如，大家学自然科学都知道的生物属性的问题，还有我们生物钟的问题，都是宇宙变迁带来的。我们内部的生命节律跟宇宙变迁的生命节律是密切相关的。人是宇宙发展的一个产物，同时也是宇宙变迁中的一个环节、一个个体，是宇宙变迁中的一个暂居者。暂时停下来才成就了每个个体生命，好像有点悲凉，但是这是客观的规则。人类最灿烂的时候，就是繁殖后代的时候。并不只是人是这样的，其实整个生物界都是这样的。你看，花开得最漂亮的时候，就是为了雌雄的交配，结成果实，完成了繁殖后代的任务就凋谢了。动物也一样。动物在性没有成熟的时候，雌雄是不分的。性成熟以后，雄性长得特别漂亮，也叫得特别响亮，为什么？其实是求偶。一旦完成了任务，也就衰老了。人类其实也是这样的。所以，生命最灿烂、最辉煌的时候，其实是为了繁殖后代。自然主义的美学家经常说，美其实就是为了完成生殖学的功能才出现的。还有一点是人跟宇宙的亲和力。人既然是宇宙长期发展的产物，宇宙在长期发展的过程中就造就了我们人类。在这个意义上，宇宙是"为我"的，宇宙经过长期的变迁而走到了"我"这里来，所以宇宙的变迁是"为我"的。但是，"我"也会变迁到过去，成为前人。所以，人跟宇宙是不能分割的。

如果我们把宇宙论的这两个观念与近代的机械观比较，它的意义会更清楚。在宗教的观念中是不重视生命的（道教除外）。佛教也好，基督教也好，都把两性的关系看成污浊的，把生命看做负面的。因为我们背叛了上帝，我们才长成了这样的人，才带着罪性在人世间生活。佛教同样是把肉体生命看做负面的。唯独中国人把生命看做正面的，积极地给予肯定。现代社会的人们更重视生命。因为重视生命，才有生态问题。所以世界许多生态学家都把生态的思想资源追溯到中国的古典文明。因为在其他的宗教里面，没有这个资源，其他宗教都不重视生命，当然也不重视生态，所以它们没有这个资源，这是中国古典宇宙论的一个贡献。再有，我们跟机械观来比较。近代机械观的特点就是把人跟自然分别开来，把自然看做没有生命的。自然界只是材料，可以任由我们人去摆布、去组合、去切割。这种机械观因为把自然看做材料，所以它体现了人的主体性。再进一步，就是把个人跟他人也分别开来。把个人跟他人也分别开来的结果就是突出了人的个体性。这是近代机械观的一个特点。人跟自然分割，突出了人的主体性；个人跟他人分割，突出了人的个体性。但是，这样的后果就是人跟自然的对立，自然界不断地向人类报复；人跟他人的对立，甚至把他人看做一个限制、一个地狱，这时人就会非常孤独。西方的观念就是人人为自己，上帝为大家。如果上帝不在了，我们在世间就再也不可能找到依靠了。这是机械观带来的问题。所以，从宇宙论、从比较文化的角度，我们可以看到儒学有非常独特的现代价值。这是我们要讲的第二个问题。

古典儒学在现代社会

怎么样来讨论儒家的现代意义？这是我们第三个要讲的问题。我们前面讲过，儒家有非常独到的地方，有独到的价值。我的意思不是儒家没有困难的地方。儒家也有它的困难和很多需要加以调整的问题。但是，儒家的难处并不是像一些学者所讲的：它的"性善论"

根本不能成立。有的西方学者批评儒家的性善论不能成立，认为它经不起事实的考验。有的人甚至举了一些这样的例子，比如说，你拿一块饼干给小孩吃，但要他给别人的时候，他经常不愿意给，这就证明人性并不是本善的。他们用这样的事实来驳斥儒家，其实是没有力量的。因为性善论固然有一定的事实根据，但是更多的是寄托了儒家对人的信心、对人的期待和对人的理想：人总是好的，人总会变好的。我们对自己、对他人是充满信心、充满期待的。这是无可非议的。儒家的困难不在这里。儒家的困难在什么地方呢？首先，儒家认为人的本性是好的。如果这个说法也能够成立的话，它的问题就是，我们本性是好的，但是，人后来受到外界物质的引诱、欲望的引诱会堕落，怎么办？而且很可能不是少数几个人堕落，很多人都堕落了怎么办？而且，正是堕落、正是人的欲望或者是人的劣根性才促进了后来科技的发展和生产力的提高。生产力的发展，物质的丰富，确实是由于人对欲望的追求才实现的。这个问题实际上就牵涉到儒家的理想追求和现实变迁中的矛盾。现实经常是通过无情地践踏健康人的善良本性而开辟它的道路的。这是一个问题。其次，从宇宙论来看，宇宙论强调宇宙是个生命，而宇宙的生命总是"为我"的，人跟自然是亲近的。但是，实际上宇宙变迁也不总是"为我"的。你想，一次水灾、一次地震、一次海啸，多少生命被吞噬了。可见宇宙并不是"为我"的。正因为我们感到宇宙并不总是"为我"的，所以我们才需要发展科学知识，需要把自然界看做跟人不同的一个存在，对它进行改造，从而发展出了机械观，机械观又推动了工业文明的出现。这样，宇宙论所面临的问题实际上是工业文明跟农业文明的关系问题：在工业文明的时代，农业文明所提供的价值观还有没有意义？20世纪初的五四运动前后，我们把农业文明贬得一塌糊涂。因为它阻碍了科学的发展，阻碍了民主的发展。现在我们回过头来看，我们在享受工业文明的成果的时候，农业文明的价值观就完全应该是被淘汰吗？这两个问题是对儒家的挑战。我想，面对这样的一个挑战，儒家其实是可以回应的。

对于第一个问题，即理想跟现实的矛盾问题，儒家的回应就是：儒家有道德理想的追求，这是没有问题的，是可以坚持的。儒家相信，把人放到一个情感世界中去，通过揭示人的内在的光明面来展示美好的人生、美好的社会，这也是没有问题的。当然，这个美好的人生、美好的人际关系，只是解决人的道德问题，是"内圣"的问题；至于外在的公共社会的建构，我们可以借法家的或者法制的理念来进行处理。这样的话，就可以使儒学得到补充，或得到完善。这不是很难解决的问题。

第二个问题：在工业社会与在工业文明中，农业文明的价值能不能保留？我想回答也应该是肯定的。实际上人永远离不开自然，人永远不能摆脱自然的支配。工业文明实际上过分地夸耀了它的成果，认为什么都可以改变，所以什么都要重新组合、重新组装。到目前为止，尤其近二三十年，人们已经发现这个观念很不对。从宇宙论的角度看，人其实是自然长期发展的产物。自然在长期发展中，把每一个生物造成什么样子，这是很难任意去改变的。有翅膀的，一般它就没有很强的腿力。腿很有力的，一般它就没有翅膀。每种生物都有自己的特点。人类既没有翅膀，也没有很强的腿力，所以大自然给我们一个聪明的脑袋。这是自然长期发展的产物。我们之所以成为这个样子，我们之所以有今天这样的生活，都是自然发展的结果。只要每一个人把自然给予我们的最灿烂的那一面展现出来，我们就成就了辉煌。有时候过度地进行人工的改变，会使人感到它是外在的、陌生的。比如，虽然美国人不断地用转基因的方法生产食物，但他们自己不敢吃，不知道吃了以后会怎么样。所以，我们没必要追求很多不自然的东西。工业文明不仅夸大了自己的量，而且它还是煽动欲望的一种文明。我们每天在报纸上都会看到，这个汽车比那个汽车好，这个房子比那个房子更舒服。然后，我们就不断地换汽车、不断换房子，商家们又不断地开发，我们又不断地向银行贷款，为了还贷款，就要不断地付出，疲于奔命。所以，香港的朋友经常说：这一辈子就是为家庭打拼。因为买一套房子几百万，每个月要还几万块钱，所以一辈子就是为了家庭做牛做马。现代工业文明就是这样一个煽动欲望的文明。不仅如此，这个文明还是一个破坏性的文明。工业产品与农业产品不同，它是不能再生的。所以，工业文明遗留下来的其实是一个破坏性的文明。所以，从这个意义上来讲，农业文明的那种追求——在欲望上淡泊一点，追求亲族，追求人与人之间的情感生活，在现代社会是非常有意义的。尽管我们不一定要丢掉工业文明的成果，但是，我们还是要提倡回归家庭、回归社群、回归情感世界。只有这样我们才能有自己的精神家园，有自己的情感寄托。这是我讲孔孟儒学的一个总结。谢谢大家。

《易经》与人生

曾仕强

曾仕强 ✎

美国杜鲁门州立大学行政管理硕
士，英国莱斯特大学管理哲学博
士。研究领域：中西管理思想。
提出"中国式管理"思想，被企
业界尊称为"中国式管理大师"
"华人三大管理学家之一"。著有
《胡雪岩的启示》《易经的奥秘》
《家庭教育》《孙子兵法与人力自
动化》等。

中国人是一个不明言的民族

《易经》不是知识，如果是知识或者技术，它很快就会被淘汰。
《易经》也不是智慧，《易经》是一种思路。中国人在全世界为什么
与众不同？主要是因为我们的思路与外国人不同。日本一直说与我们

同文同种，其实差得很远。我用一句话可以说清楚，西方人习惯一分为二，他们认为，对就是对、错就是错，好就是好、不好就是不好。中国人是一分为三，我们的选择比较广，弹性最大，大到好像没有弹性。外国人对我们始终不了解。

我讲一个案例。同样卖古董，西方卖古董的人，真的就是真的，假的就是假的。但你问中国卖古董的人，他不会说是真的，也不会说是假的，他会说"我保证它不是假的，但是我不知道它是不是真的"。可是今天的学校都把我们教成外国人了，这是很遗憾的事情。书读得越好的人越要小心，因为你对不起祖宗。老子讲得最清楚，天下事不那么简单，好就是好，坏就是坏，这太幼稚了。因为阴中有阳、阳中有阴，好中有坏、坏中有好，这才是真相。百分之百好、百分之百不好几乎是不存在的。

西方人非常极端，他们经常骗自己。孔老夫子告诉我们，千万不要骗自己。读书不要从文字和字面上去解释。西方人教育小孩，对就是对，错就是错。当兄弟两个吵架，他一定先问谁对谁错，他只骂错误的，从来不骂正确的。表面上听起来好像他们很懂得教育，其实不是那么回事，中国人完全不是这样的。兄弟俩一吵架，不问谁对谁错，两个都要罚站，不管对错。我有两个儿子和一个女儿，我是标准的中国人，两个儿子一吵架，两个都要罚站。但是5分钟以后我会把弟弟叫来，我说："今天只有你哥哥错，你没有错，爸爸不糊涂。我现在问你，你没有错，我罚你站，你会不会不高兴？"他说："不会。"我说："不高兴就说不高兴，你为什么不敢说呢？"他说："不是不敢说，真的没有不高兴。"我说："这太奇怪了，我冤枉你，你没有错，我还罚你站，你还没有不高兴？"他是这么解释的，这是外国人一辈子都听不到的话，他说："有一次，只罚哥哥没罚我，我被哥哥打个半死。"我说："哥哥打你，你就告诉我啊。"他说："不告诉还好，告诉以后打得更要命。"

越是读现代书的人越没有这种智慧。中国人不讲实在话，不是欺骗人，他是尊敬人，是不希望你生气。哪像外国人粗浅，认为不讲实在话就是欺骗，太奇怪了。中国人从来不骗人，但常常不讲实在话。如果你听不懂这种话，你就没有资格做中国人，大家要小心别被误导了。

现在传播也好、广告也好，其实都在毁坏中华文化，因为他们不懂这些意思。我在电视上看到"己所欲，施于人"的时候，我哭笑不得，因为他们完全不懂。我喜欢喝咖啡，你也来杯咖啡？你说："不行，我喝了睡不着。"我说："我不管你，我喜欢喝，所以你要陪我喝。"这像话吗？一定只能说"己所不欲，勿施于人"，因为你喜欢的，对我来说可能是毒药。外国人懂这个道理，为什么中国人反而不懂了呢？因为我们犯了文字上的错误。

你看《道德经》，每个字都认识，但是连在一起你就不会解释了。"知者不言，言者不知。"如果你理解成"老子很滑头，知道假装不知道"，你完全错了。"知者不言"的意思是说如果你真的知道，那么你应该是知"道"，就是已经与"道"合一，而"道"不可言说，你说了也没用，跟没说一样，不如不说。中国人是一个不明言的民族。别人对你说："恭喜啊，今天是你生日。"你一定说："没有没有。"这是老子给我们最好的启发。

《易经》能够将人类所有的学问一句话讲完，其他国家没有人能够做得到。把人类古往今来甚至未来的学问用一句话讲完，外国人一定会笑你胡说八道。《易经》里真有这样一句话，是"一阴一阳之谓道"。没有任何学问超过这个范围。为什么今天我们要把《易经》重新发扬？因为西方科技已经走到了祸害人类的地步，非常可怕。人类如果按照现在这样发展下去，有个结论我可以公开地说——人类终将死于科技。

把"science"翻译成科学是人类最大的笑话。"science"怎么能是科学呢？翻译成学科还勉强。比如"自然科学"我们尚可以接受，社会是科学吗？如果社会是科学，人类就变成机器了。宗教是科学吗？体育是科学吗？音乐是科学吗？钓鱼岛问题可以用科学解决吗？统统不行。科学是很窄小的学科，其余大部分与科学无关。"Are you ready?"能翻译成"你准备好了吗?"这太幼稚了,应该翻译成"你心中有数吗?"中国人心中没有数的时候,不能说 yeah,一说 yeah 就死掉了。

我们真的很糟糕。一天到晚让小孩不要输在起跑点上。结果呢?我们赢在起跑点上,但是死在了跑道上。在小学四年级以前,不可以给小孩子打分数,既不可以赞美他,也不可以贬低他。一个人不会画画,因为看到别人绘画,学了一点点。如果你不负责任地说,"这个小孩画得很好",结果 30 年后他才知道自己不会画画,你耽误了人家大半辈子。

孩子懂事以后才能够慢慢知道他的才能,才可以让他学英语。新加坡和马来西亚人,他们两种语言都说不好。你可能会说:"不会啊,广东就有好几种语言。"那你错了,这些是同语系的。但是英文与中文不一样。人家问你,"你喜欢喝茶还是喜欢喝咖啡?"西方人很简单,他会回答"Coffee please"或者"Tea please",讲得很清楚。中国人都是回答第三种——随便。现在很多人抱怨别人不应该讲"随便",那真是太无知了,其实"随便"就是"不能太随便"的意思。

我在美国学习的是行为科学。与其他人不一样,其他人是把所学的全部搬回来,我不会,我把美国的"行为"留在美国,回来以后用的是中国人的"行为"。我们要的就是中国人的"行为",要美国人的"行为"干什么?"请问你要喝什么?""咖啡!"我就倒一杯咖啡给你,你一喝很苦。我说:"我们这里的茶非常好,你为什么不喝茶而要喝咖啡?"你会说:"怎么不早说啊。"钱穆教授在国内绝对不喝咖啡,可是到了美国,人家问他他就说"Coffee please"。为什么?因为他知道在美国喝不到很好的茶。

我觉得这些才是《易经》给我们的精华,我们今天却把它当做糟粕丢掉。以我研究《易经》40 年的经验向各位保证,老祖宗所讲的话每句都正确,是我们解释错了、实践错了、领会错了,我们对不起老祖宗。

中国人不骗人但不说实话

我举一个例子——"天下无不是的父母"。这句话是告诉你，天下的父母基本上都是人，只要他是人就一定会犯错。但你是他的子女，用不着你讲，就这么简单。孔子讲过，全世界都把这句话当成教材用来批评中国人，说中国人没有法制观念。你爸爸偷了人家的羊，你也知道，公安问你，"你爸爸有没有偷人家的羊？"中国人会说"我爸爸不是那种人"。这不是撒谎。因为"父为子隐，子为父隐"。

这才叫中华文化，我们从来不欺骗人。我们一生一世只讲一种话，叫做妥当话。西方人没有这种观念，西方人是什么就讲什么，这种人在中国社会非常不受欢迎。老板讲的话永远是对的，只是你不一定按照他说的去做。如果觉得这些听起来都很怪，那你就完了。

为什么我们这么敬仰刘罗锅？乾隆皇帝让他去死，刘罗锅说："是，遵旨。"回头他就想："我怎么才能不死？"如果刘罗锅当年乖乖去死了，我们就根本没有机会读他的书了。最后他跳到澡盆里面浸得一身都是水，然后装作死人一样跳了出来。乾隆很生气，"我让你去死，你胆敢不去死。"他说："臣已经死了。"乾隆更生气了，"你这是欺君之罪。"他说："我哪有欺君之罪？我死了以后被一个人骂回来了。"乾隆说："哪个人那么胆大敢把你骂回来？"他说："屈原。"乾隆说："屈原怎么骂？"他说："屈原看到我就大声讲：'我是因为没有碰到好主子才自杀的，你碰到这么好的主子还自杀？给我回去！'"乾隆讲："回来就好，回来就好。"这才是中国人。

中国人从来不骗人，但是不可以说实在话，因为说实在话对方受不了。男女没有什么平等不平等，我读了很多现代书，我也是受害人。我在美国、英国读书，后来我发现都不对，越读越不像中国人。我后来研究《易经》，才知道原来奥妙在这里，我们都有第三种选择。"人不为己，天诛地灭。"有这种事吗？绝不可能。人一定要自私吗？我们把"为"字念错了，"为"就是把自己做出来，人要把自己做出来，像一个人一样，否则连天都不饶过你，这才是正确的。我们读错了，还说中华文化有糟粕。

既然深圳在各方面都有这么好的表现，是不是应该塑造出一种深圳文化？我一直在注意深圳的发展，我总觉得我们没有找到方法，不得其门而入。我现在简单说一下，我从来不会讲"这是我的看法"。因为中国人没有自己的看法。现在动不动就说"这是我个人的意见"，哪里是中国人？《易经》告诉我们，社会人权最受漠视的单位不是个人，而是家庭。动不动就是"这是我个人的意见"。这已经不是中华文化了。

有人说西方是个人主义，中国是集体主义，错了。这始终是二分法，只要是二分法的大概都不可靠。中国人既不是个人主义也不是集体主义。我们有的时候很个人，有的时候很集体，我们是摇摆不定的，脚踏两条船的。不要认为这不好，其实这才是正确的。我们总是说不可以把鸡蛋放在同一个篮子里，那么为什么要把两只脚放在一条船上？这样推理就对了。

深圳要建立自己的文化很简单，首先要找到共识。"这太难了，那么多人怎么找到共识？"其实这很简单，你把最小的交集找出来。中华文化之所以了不起，就在于四个字——求同存异。我们要尊重每个人，不可以强制说"你一定要怎么样"。我们先初步找出来大家都不会反对的东西。比如，我们要做一个堂堂正正的中国人，有没有人反对？没有人反对，第一个就找出来了。深圳人要做一个堂堂正正的中国人，也没有人会反对。接下来我们就说，什么叫做堂堂正正的中国人？很简单，我们做什么事情要讲道理，要凭良心，有没有人反对？没有。但是什么叫良心？什么叫道理？我们再慢慢推理。

中国人喜欢主动，不喜欢被动

记住西方的理是从法过来的，中国人的理是从情过来的。我举个例子，西方人总觉得中国人不守规矩，开会都乱坐。我常常对外国人讲，全世界的人都是对号入座，只不过你们西方人脑筋比较简单，你们只会对票上的号。我们的脑筋比较灵活，我们对自己喜欢坐的号。我去买票的时候，人家问我，"你喜欢坐哪一排、哪一号？"我告诉他"你卖给我哪一排、哪一号"。我还会乱坐吗？我是傻瓜？你又没有问我，偏偏你给了我最不喜欢坐的号，岂有此理。好，我尊重你。最令人气愤的是，我喜欢坐的那个号居然没有人坐，我更生气了。这个时候中国人都很有礼貌，告诉自己"我只是暂时坐一下，有人来我一定让给他"，我不是不讲理的人。

中国人是丑陋的？不要相信这种歪理论。当有人赶我们走的时候，我们蛮不讲理。你去赶一个外国人很简单，"对不起，这是我的位置"。那个外国人马上站起来跟你道歉，因为他有点呆。我是中国人，我坐在这里，你告诉我，"对不起，这是我的位置"。我会怎么说？"这个位置是金子做的？金子做的不要摆在这里。"中国人不对？其实你错了。这是赶的人不对，而不是被赶的人不对。我们的方向经常搞错。

如果你发号施令，你的员工一定不会照做。"你把灯关掉！"他说："那边比较近的人为什么不去关？"你不能说他错误啊。如果我说："糟糕了，你坐在这里不方便。"他说："什么事啊？"我说："只有你会关灯，别人不会关啊。"他会说："我去！"他就去关了。

中国人喜欢主动，不喜欢被动。你问中国人，"你最近比较忙？"他会说："也不会。"如果你说："你最近有空吗？"他一定说："忙死了。"没有人例外。不论你如何被西化，如何被别人摆布，你骨子里面还是中国人，《易经》的思路已经变成我们文化的基因，我们血液里面就流着这些东西，改不掉，也不必改，好东西为什么要改？

我们来试一下。在座各位，住在附近的请举手。如果你住在这附近，你一举手就变成外国人了。中国人听说"有没有人住在这附近"，会一分为三。不管我是不是住在这里，我先考虑你到底要干什么。如果连这个思路都丢掉，那你真的完了。有好处再举手，没有好处举什么手？

要命的是，很多人的同情心已经变成了同理心。情是"心"字旁加一个"青"字，凡是中国文字有一个"青"字大多是美好的意思。水很清，水很美好。情就是人很美好。情就是心很美好。

没有一个中国人认为自己不讲理，但是你常常不讲理。当中国人不讲理的时候，你问他"你为什么不讲理呢？"只有一个答案："你把我气成这个样子还让我讲理啊？门都没有。"中国人心平气和的时候非常讲理，心情不好、情绪浮动的时候蛮不讲理，而中国人偏偏整天都情绪不好。

和中国人讲话，一定要先把他的情绪安定下来才可以讲，否则一定倒霉。中国人问："吃饭了没有？"其实跟吃没吃饭没有关系，是问你现在心情好不好。你与西方人沟通，西方人就以这句话来分辨是非，中国人根据他的情绪来分辨他要不要听。只是现在的心理学完全讲西方人的心理，我为什么最怕心理学博士？他们完全不懂中国人的心理。中国人有面子的时候非常讲理，你不给他面子他就不跟你讲理了。从现在开始记住，中国人讲话一定要讲两句，讲一句不行，因为讲两句才会有第三句出来。

要随机应变，绝对不投机取巧

我们总是同时讲两句话——人同此心，心同此理。人心不同，各如其面。不以成败论英雄，成者为王，败者为寇。最妙的是什么？礼让为先，当仁不让。一阴一阳嘛，本来就是同时存在的。如果你去问别人"那该怎么办"，他只有一个答案："看着办吧。"对外国人怎么讲，他们都听不懂这些道理，有什么办法呢？

中国人做人一定要记住两句话。第一句是，一生一世不要丢父母的脸，西方人心中没有父母，只有上帝。你常常记住我这句话，父母对你的大恩是你一生一世都报答不完的。你倒杯茶给我，我说了谢谢就表示我不欠你的了。大恩不言谢。我们现在很糟糕的事情是很多人认为自己很现代化、很时尚，其实都是在害孩子。谢谢爸爸就是不欠爸爸人情了，以后没有这个爸爸了。你一生一世心中有父母，你永远不敢丢他们的脸，就会规规矩矩，这比什么法律都有用，比什么神明都有用。

第二句，出国不要丢中国人的脸。西方人给我们最新的封号叫做"会走路的财神爷"，他们一方面很欢迎我们，一方面又很讨厌我们。我要代表中国人，我不能丢中国人的脸。

做事情的方法两句话就可以讲完——随时随地要随机应变，但是绝对不可以投机取巧。一切都在变化，没有办法按照一定的路线。我没有反对制度化，但制度化应该合理化，合理化应该人性化，要不断地向上提升。我最近到美国住了一个多月，我说，奥巴马那么有魄力，那么想改革，为什么改不成？美国人说因为美国制度太严密了，无法改。不可以没有制度，也不要完全相信制度，这就对了。

中国人在制度的范围之内加上四个字——衡情论理。我们是合理解决，很少依法办理。用中国文字写法律条文弹性很大。最妙的是我们的法永远少一条，少哪条？就是你需要的那条找不到。这是什么道理？很简单，中国人非常守法，我们从不违法，我们天天做法律没有规定的事情就够忙了，还有时间去违法吗？你相信他，他就让你相信；你不相信他，他就变脸。我们这不叫集体主义，也不叫个人主义，我们是全世界非常少有的交付主义，就是看着办吧。你对我客气，我就对你客气，你对我好，我没理由不对你好；你对我不好，我干吗对你好？连孔子都是这么说的。

我们现在太误解孔子了，孔子的核心思想是无可无不可，你看这又是一阴一阳。天下没有什么事情是可以的，也没有什么事情是不可以的，一切都是随机应变看着办，因为它本来就是变化着的。

《易经》告诉你，"唯识所变"，变到妥当为止。男女之间没有什么平等不平等，哪个男人敢说自己和女人平等？你一举手我就说"那你生个孩子给我看看"。中国女权是全世界第一，因为女人太伟大了。我太太姓刘，我们这个小家庭，三个孩子都是她生的，就凭这一点我就应该尊重她，所以她逍遥自在，"你们家的人都是我生的，没有姓我的姓，你还说什么？"我就乖乖的了。男人为什么叫男人？因为男和懒是一样的，如果没有女人，男人就是全世界最懒的动物，因为他懒得动，所有的文明都是为女人而产生的。

我们内心有一种责任

《易经》告诉我们，人类不应该讲权利和义务，人类只有两个字——责任，我们内心有一种责任。

什么叫责任？就是作为一个人，要赞天地之化育。要帮助天地，使天地的运作正常化。如何做到呢？很简单，首要的责任就是与禽兽不一样。讲到这里我的心很酸，因为现在所谓时尚的人越来越像禽兽，非常可怜。什么叫做禽兽？中国人讲"禽"很可爱，讲"兽"也很可爱，可是禽兽两个字连在一起就非常可怕，尤其被别人说"禽兽不如"，那你就完蛋了。外国人没有这些东西，他们认为人就是动物的一种，如果认为自己是万物之灵，那叫做"人类沙文主义"，就是在欺骗你自己，这是外国人的观点。为什么全天下只有中国人可以有赞天地之化育的责任？我们的责任从哪里来？孟子的书说了，是老天降给我们的，天将降大任于斯人也，讲得非常清楚。

我今天讲一句话，如果你一辈子没有吃过苦头，就是白活一生。中国人不讲能力，中国人讲本事，"这个人很有本事"是赞美的话。我们非常害怕有能力的人，非常欢迎有本事的人。什么叫本事？什么叫能力？就是你的能力表现出来的时候，得到大家的欢迎就叫本事。很多人一表现出自己的能力，所有人都怕你，都不欢迎你，那就是西方人。西方人专门抢人家的功劳，专门把责任推给别人。

各位对西方人，尤其对美国人的了解太少了。美国人最常讲的一句话就是"我不知道"和"我什么都不能做"，因为他一承认、他一做就要承担责任。不要被好莱坞所蒙骗，好莱坞是美国政府的宣传机器，不真实。美国人从来不穿拖鞋，可是你在好莱坞电影上常常看到美国人都穿拖鞋。我们现在都受美国的祸害，所以被搞得很惨。

　　只要是中国人，不论你到海外什么地方，你永远都是中国人。中国人这一套没有错误，不要以为西方人才是正确的，千万不要那么想。我们的一位同胞很年轻就出去读书了，他在餐馆里面打工。我问："人家法令规定不能打工，你怎么打工呢？"他回答道："娶个洋鬼子当老婆就可以打工了。"中国人讲这些话并没有恶意，他就是想告诉你，他懂得随机应变，但是一不小心就变成投机取巧了。

　　最后我要解决一个问题。很多人告诉你，中国有马屁文化，而且很浓厚，错了。我可以把这个问题解释清楚。我们都是中国人，在座的朋友当中专门喜欢拍人家马屁的请举手，答案是："我像那种人吗？我会拍马屁才怪呢。"在座哪位专门喜欢被人家拍马屁的请举手，也没有。我曾经问过100位总经理，他们的答案是："我只要发现哪个人是马屁精，就把他干掉。"我问他为什么这么痛恨马屁精，他说："我迟早死在他手上。"所以我觉得那些研究中国民族性的人很糟糕，他们说中国有马屁文化，他根本看不懂。

　　可是我下面这个公案，你一定要参透才能解决问题。

　　有三个男生跪在前面，准备等大法师出来给自己剃头当和尚。大法师出来以后问第一个人，"你为什么要来当和尚？"他说："是我爸爸让我来的。"大法师突然打了他。中国的教育就是一开口就打你，我们都是这样长大的，这有什么好处？有很大的好处，只是现在学教育的人不懂这一套东西。大法师打了他之后说："你爸爸让你来你就来，你自己后悔怎么办？要自己想来。"

　　大法师问第二个人，"你为什么要当和尚？"他说："我自己想来。"打得更凶。"你居然不跟你爸爸商量就来了。"

　　大法师问第三个人，"你为什么要当和尚？"他吓得不敢讲了，不敢讲打得更凶。"这种事情想都不想就来了。"大法师的每一句话都是正确的。

　　我在加拿大教书几十年，加拿大的学生非常聪明。我问学生，"你是第四个，你为什么要当和尚？"现在的年轻人真了不起，他是这样回答的："我受到释迦牟尼佛祖的启示。"他心里想："我把你大老板搬出来，你敢打我？"结果大法师用脚把他踢开了。为什么？他完全没有面子了。"我搞了几十年，释迦牟尼佛祖都没有给我启示，你年纪轻轻就给你启示？"

请问：你怎么解答这个问题？《大学》告诉我们，"知所先后，则尽道义"。"你为什么当和尚？"我现在把完整的答案说出来，你没有选择，第一句话一定要讲"我受到大法师的感召"。先让他打不下去。"我爸爸很同意，我自己也想来，好像释迦牟尼佛祖也有那么一点意思。"他怎么打都打不下去。

人有时候要先声夺人，有的时候要先下手为强。把这些都搞清楚以后，会发现作为一个中国人真是快乐无比。中国人绝对不可以拍马屁，但是要练习经常制造很浓厚的马屁味道。中国人非常欣赏马屁味道，非常痛恨拍马屁的人，很多人活一辈子都悟不透。不该讲的先说先死，该讲的后说也死。很简单，你观察老板讲话，"你不说我也知道！""你不说我怎么知道？"两句话都正确，你要常常去听老板的话。

老板很容易当，只会讲三句话就是好老板。第一句话："你就照我说的去做。"第二句话："谁让你这样做的？"第三句话："就算是我说的，你也不能这样做啊！"他错在哪里？我不知道他错在哪里。只有学校老师才总是说"这样不对"，他想害死多少人？从现在开始，老师和家长要告诉孩子，以你现在的年龄只能知道这些，等你长大以后会知道更多。这样就对了，对小孩讲太多，他根本听不懂。你告诉他这样才对，会害他一辈子，他的脑筋僵化了。

进者退之，退者进之。没有高，哪有低？没有低，哪有高？一切都是相对的。物质就是非物质，非物质就是物质。科学越发达，越证明老祖宗的每句话都经得起考验。

老子说，天下皆知美之为美，斯恶已。天下如果有美的标准就天下大乱了。老子不是说没有美丑观念，而是美丑不可以有固定的观念。一定要情人眼中出西施，他认为美的你认为不美，你认为美的他认为不美，才会使每个人都有自己的伴侣。全深圳只有三个美女就完了，大家统统倒霉。

老子的影响力会越来越大，因为变化越来越快速。我前天到一所大学去讲课，发现学生都听懂了，就是教授从头到尾都听不懂。因为他学问太大了，就是听不懂，他满脑子都是"对错"，这是很要命的事情。

越来越多的外国人问我，"怎么样跟你们中国人打交道？"我说，我写一句话，如果你懂了，就可以和中国人打交道。他听了以后很兴奋。我写了一句话——"对没有用"。他看到以后很生气，"对怎么会没有用呢？难道可以错吗？"你看他死脑筋到这种地步。我就对他讲："错绝对不可以，对真的没有用。"你很正确，最后把老板气死了，谁倒霉？你很正确，把客户谈跑了，谁倒霉？

中国人分辨是非的方式与西方人不同，西方人是非分明。我今天很坦白地告诉各位，人类没有资格也没有能力是非分明。三句话就讲完了——我们的认知能力非常有限，我们的选择能力很差劲，我们的判断能力很薄弱。我们最常讲的一句话就是"早知道"，"早知道"就是当时不知道。人类没有能力判断是非，但是你不能不判断，所以我们是慎断是非，就是很小心地去判断，而不是是非分明。应该叫做是非难明，这样各位才知道，中国人所有的问题答案只有三个字——很难讲。"明天的气象是晴转多云，偶雨，经常变，很难讲。"永远不会错。

根据你所看到的做判断，这很糟糕。在这个判断里，你看到甲一直打乙，但是没有看到前面乙拼命打甲。外国人被抓到会说"我违法了、我违规了"。中国人被逮到都说"真倒霉"。

"前面那个人闯红灯，你打瞌睡没有看到。后面又过去一个人，你又没有看到。偏偏抓到了我，什么意思啊？"这就是事实。很多人讲话不凭良心。全世界大都市里，没有人不闯红灯，你到纽约、巴黎、柏林去看一看，大都市塞车都很严重，要不然为什么叫做大都市？很多人说"我们这里塞车很严重"。我就知道这个人很土，你只知道深圳，你不知道全世界，全世界都在塞车，你们这边还算好的。

我们经常把《论语》读错了

最后的建议是，先读《论语》，因为《论语》是家常便饭。我们经常把《论语》读错了。"学而时习之"不是学习之后要温习、复习，绝对不是这个意思。因为这句话解释错了，害死了无数的孩子。那个"习"是习惯，学到了以后还要去做，做到变成你的习惯才行。先把《论语》读好，然后再读《易经》，其实《易经》非常容易，我有一本薄薄的书叫《易经真的很容易》。《易经》完全是数学的排列组合，非常简单。

最后才读《道德经》，因为《道德经》和《相对论》是人类最难理解的两部书。老子和孔子所讲的话其实一模一样，只是角度不同。老子和孔子都在讲《易经》的道理，一个从这边讲，一个从那边讲；一个从阳面讲，一个从阴面讲。所以老子是月亮，孔子是太阳。孔子说你要走正道，老子说你不要不走正道，就这么简单。老子很厉害，老子见什么破什么。"道可道"就是把道破掉，"名可名"就是把名破掉。"名可名，非常名"，本来就不应该有名字，是勉强加上去的，不得不有名字。可是一旦有名字就很窄小、很固定，就无法概括同类的东西。最后他连鬼神都破掉了。把他说成是太上老君实在很冤枉他，他是把天、地、人、鬼、神统统破光了，有什么破什么。他比佛教高明得多，佛教只是告诉人们不要执着，他是见什么破什么，要好好去读一读，然后你会知道作为一个中国人是无比的……不可以说骄傲，绝对不可以说骄傲。西方人才可以说骄傲，中国人讲骄则必败。

翻译的时候一定要注意，把"Good morning"翻译成"早上好"真是笑话。美国人在 12 点以前叫做"Good morning"，这只是一种打招呼。他迟到的时候，轻轻地进来，你大声说"早上好！"他会吭气才怪呢。他心里想："你去死好了。"这才叫中国人。

我有一年在美国，正好小布什竞选总统，看到有一件 T 恤的图案很奇妙，一边是老布什的相片，另一边是小布什的相片。老布什下面写了一个"呆"，小布什下面写着"更呆"。美国可以，在中国这样做试试看，看谁呆，最后一定是穿的人呆。国情不同，风俗习惯不一样，谁都无法学谁。

我向各位建议，文化只能交流，无法整合。美国人花了200年把文化整合成美国文化，最后宣告失败。美国人最生气的事情是，很多人在美国不讲英文。现在美国已经有学校是全日都讲中文，美国大学率先把教日语的老师解聘掉，统统改教中文。

生物学家告诉我们，物种一定要维持多元化，否则就要毁灭。所以文化一定要维持多元化，如果全世界只有一种或者两种文化，人类就毁灭了。为什么？一句话就讲完了——没有矛盾就不可能起变化，不起变化就不会进步。这样你才知道，中国人明明没有矛盾，也会给你制造一些矛盾，所以从现在开始不要怕矛盾，矛盾不能解决，一解决就没有矛盾了，没有矛盾就不会进步。矛盾要化解，中国人的"化"非常厉害。不要想完全读懂《易经》，《易经》是一辈子都读不懂的，因为它太深奥了，读了一些你就可以受用无穷。

《黄帝内经》养生课

纪汉平

纪汉平 ✏

北京大学医学部精神卫生与心理
卫生专业硕士，中国心理学会科
普委副主任，中山大学第三附属
医院汕头儿童发育行为训练基地
主任。主要著作有《灾后心理援
助手册》《心理健康完全手册》。

《黄帝内经》在西汉形成了经典

《黄帝内经》讲，物必先腐，而后虫生。什么意思？就是说任何物体一定是先腐烂之后才能长虫子，它一定不是先长虫子才腐烂，这是《黄帝内经》里面的一句经典。这句话对我们现代生活的启发是什么？就在于我们在生活中要讲究养生，让我们的身体活跃起来、健康起来，我们才能去面对未来生活中可能遇到的一些冲突、困难，我们的梦想才能实现。缘于这样的理由，从我们自身的身体健康、我们的生活健康做起，在面对生活的冲突、压力时，我们就会充满正能量地去释怀或者去面对，实现我们理想或者梦想的可能性就会大大增加。

其实《黄帝内经》主要谈的就是生命。《黄帝内经》是源于生命，来滋生生命、提升生命，今天我的课题主旨也是以生命为话题，播下幸福生命的意识，构成幸福生命的思想，形成幸福生命的行为，最后产生幸福生命的行动，就是四句话。沿着这个方向我们共同去努力。

谈到生命，孕育这个阶段主要是养生。养生的始祖是谁？就是黄帝。黄帝又是谁？黄帝是少典之子，姓姬，号黄帝，离现在已经有4600多年。我们了解《黄帝内经》最早是在西汉时期。之前，湖南马王堆出土的经典里发现过药典。但《黄帝内经》这本著作是在西汉时期编撰完成的，简单地说就是以一问一答这种民间记载方式出现的一本书籍，由西汉贤人把它整理成册，内容比较完整。

简单的养生方法可以长寿

在这里我愿意更多地同大家分享《黄帝内经》跟生命有关的智慧。

黄帝生于轩辕之丘，就是河南新郑机场周围，故称轩辕氏。黄帝的父亲少典和炎帝年龄大概相同，黄帝比炎帝年轻一代，最后打败了炎帝，在历史上有记载的就是蚩尤大战、涿鹿大战。那个时期的生活非常简单，跟我们现在的物质生活没有办法比，但是那个阶段国泰民安的程度，跟我们现在很相似。我们国家30年的经济发展让我们有了国泰民安的大环境，大家的物质生活水平在提高，精神文明也相应在不断地提高，与此同时，我们的文化、我们关于养生的理论也在进一步发展。中华民族的始祖黄帝，就是在国泰民安的状况下，用了很多简单的养生方法，他的寿命达到了120岁。为什么他在那个时期能活到120岁？我们现在许多人40岁就患有各种病，有些年轻人还英年早逝，原因在哪里？希望给大家一些启示。

打败炎帝之后，黄帝统领中华大地，这时候国势强盛，中华文明得到了长足发展和进步，出现了许多新的文明和创作形态。比如象形文字就出现在这个阶段。最早的音乐也出现在这个阶段。还有历数，人们通过天气的变化，可以推理历数。当然，那个时期还有一部伟大的著作《易经》，经历三个阶段：伏羲时期，周朝的周文王和周武王时期，孔子时期。最后，终于完成了《易经》这部著作。但是《黄帝内经》基本上是黄帝在位的时候完成的。

历数以外，当时还出现了宫室，就是从黄帝开始，我们不再住在树上了，人们开始建一些四四方方的宫室。北方地区的房子是四四方方的，欧洲人来了之后，发现北京人的文化底蕴都深厚，房子都是四四方方的。南方因为造型的原因，房子形态出现了各种变异，所以人们称南方为南蛮地区，原因在于这里的文化底蕴还不够深厚，而宫室产生于黄帝执政的时期。还有车船，就是让木头在水上漂，漂的时候如果前面放一个柱子，再放一根横的木头，搭建起来就可以引领方向，这是最早的车船。指南针是不是发明于这个时期，现在已无从考证。还有，人们开始习惯穿衣服，一开始穿的衣服是滚烫边，没有扣子，大概拿一个袋子用一根布条拉过来一系。我小时候看奶奶、外婆她们穿衣服，女性很经典的动作是，大褂子一穿，然后一排一排往下扣扣子。

众所周知，中医学的理论渊源于《黄帝内经》里的《灵枢》《素问》两部分。而要弄清楚中医学的理论，就要了解中医学的形成和演变，现在很多科学家还在认真研究《灵枢》《素问》。

《黄帝内经》里很大的智慧就是发明了军乐

人生的导师非常重要。黄帝的老师岐伯是中华医学的鼻祖。黄帝是中华养生的始祖。岐伯是黄帝的太医，同时又是向皇帝传习医药的司长，他是著名的医药家，一生著述很多。他为黄帝服务，把黄帝所有的东西记录下来。由于传承下来很难，常常是支离破碎的经验总结。《黄帝内经》被后人整理后流传至今。

岐伯向黄帝建议，如果要国富民强，这个国家首先要有军乐，一个国家要有部队才能保家卫国，有军队一定要有军队的乐器。所以他也是中国历史上军乐的始祖，创立了《短箫铙歌乐》，用以建武扬德与体现兵马急速出征的威武。他跟黄帝建议，你们整天出去狩猎，或者守卫自己的疆土，应该有专门的音乐。比如：吹什么样的音乐策马扬鞭？吹什么样的音乐让马蹄停下来？如何让马的速度加快或者是减慢？《黄帝内经》为什么能够传承下来？研究发现，在国强民富的时候，大家的精神享受就提到了议事日程。《黄帝内经》里很大的智慧就是发明了军乐。

要敬畏自己的生命

今天重点谈生命。前面讲到"物必先腐，而后虫生"，告诉大家首先要明白自己的生活状态，要敬畏自己的生命，滋养自己的生命。生命到底是什么？我们做科研的，常常必须要给某个名词、形容词下定义，就是用科学的定义来命名它，引导大家沿着这个方向继续成长。按照西学里关于生命的定义，生命不完全指我们人，是具有生长、发育的活力，按自然规律发展变化的某种形态。生命存在的基本要素，必须要有蛋白质和碳氢化合物。如果从物理学的角度细分，蛋白质和碳氢化合物可以进一步细分到夸克（基本粒子理论中的组成粒子），但一切无法测量的时候，人就归零了。从佛教的角度来讲，就成为本无了。这个生命是广义的生命。原始的生态形态——原始细胞，是生命诞生的最初形态。

人和其他动物有质的区别

现代西学对生命的诞生有一个描述，我跟大家分享一下，然后可以再比较《黄帝内经》讲到的生命是怎么传承的。

细胞是生命的基本单位，它是由蛋白质、核酸、脂类生物分子组成的物质系统。生命现象就是这一系统中的物质、能量和信息三个量的综合运动的表现。我们在中科院研讨的时候讲，很多未被我们发现本质性而又存在的现象，未必我们认识，很多我们无法解释。所以我们经常会说，存在就是一种合理性，只是不被我们认识。在每个人身上，首先要具备物质存在的本位，而且你身上一定有能量，这个能量在《黄帝内经》里解释得很清楚。还有，人和其他的动物质的区别在哪里？就是人类能进行一些复杂信息的分享、分析、应用、实践，包括去创造价值，但其他动物不能。

生命诞生的全过程是这样的。根据吴仪大姐带领我们做的一个科学报告，首先看历史的发展。60亿～45亿年前，地球上只存在高热的大气和原始的海洋，整个世界一片死寂，没有任何生命。经过亿万年的变迁，大气不断地冷却，开始存在与生命有关的物质，产生最简单的氨基酸，这是生命构成的基础。跟原始生命细胞最接近的小小的单细胞动物，深圳其实就非常多，深圳科学馆有，包括东部华侨城都有。你们知道这是什么？水母。水母是生命诞生的最简单的原始核细胞。哪个地方如果有水母生活，意味着生命可以诞生和孕育在哪里。这是标识性的东西。前几年看到一些报纸和杂志报道，某某地方井水里或者湖里有水母，这个信号就在告诉我们，凡是适宜居住的地方，有水母的地方，生命就可以诞生。

又经过亿万年进化，大气层冷却后，生命才诞生，但最初还谈不上人的生命，因为人的生命是在单细胞生命存在基础上不断变化最后发展到复合细胞的结果。

《黄帝内经》中关于生命的起源

第一，天气之气生，这是《黄帝内经》里的一段话。天和地之间因为有气，所以我们能生存。虽然这个气我们看不到，但是气可以产生风，可以产生温度，气还可以产生很多让我们看不见的气，最后形成了很多气象。

还有"四时之法则"，就是一年有四季，有二十四节气，它们按规律的法则来运行。如果经常不顺应，就会出现冲突、矛盾，我们的身体会出现状况，甚至患疾病。所以人是依靠天地之大气和水谷之精气来生存的。我们呼吸的是天地之间的大气。如果把气隔绝了，我们分分秒秒都不行，所以离不开天地之大气。

水谷之精气怎么理解？我们是蒙古人种，不以食肉为主。为什么近年来西方传来的疾病很多？因为我们的用餐方式太西化了。我们祖先遗传给我们的胃和身体的细胞是用来消化水谷的。水是液状物，固化后是冰。《黄帝内经》里列出了9种谷物，其实都是草之类，因为我们的祖先不是食肉动物。后来逐渐发生了一些变化，也给我们带来很多疾病。当我们的身体随着四时生长、符合规律而生活，我们就会健康。《黄帝内经》强调，一定要应天时、合身体。白天我们应该工作，晚上就要睡觉；如果白天睡觉，晚上工作，就违背了四时，就是大忌。

第二，阴阳是生命之源，生命源于大地阴阳的运动变化。任何情况下，包括我们今天这个课堂里面也都存在阴阳的变化，一个家庭，万事万物都会经历阴阳的变化，经历漫长的历史过程，天地之气相互感应，然后形成阴阳。

第三，精气是生命的核心，这是《黄帝内经》的哲学思想。我们的身体里存在"精气"，一直在滋养、传递。气直接关系到我们身体生命力的强弱，气的强弱可以决定身体的强弱。我们经常讲，一个人身体好不好，要看他的气色好不好，无关他胖不胖、瘦不瘦，也不是漂亮不漂亮，因为现在化妆很普遍，很难分清楚人的滋养情况怎么样。精气又是后天所生，精气来自吸收的水谷之精华，我们吃的植物，包括9种谷物，吸收营养物质形成精气。如果早期水谷营养好，我们体内的精气就好。

男性群体值得我们保护

我在全国讲课的时候，身边常常有很多 30～40 岁怀不上孩子的妇女，什么原因呢？一是早期爸爸妈妈的精气没有准备好；二是现在的女孩子，在早期养育的过程当中，吃了太多垃圾食品。18 岁之后，一些女孩子还喜欢吃冰冷的东西，宫就寒了，宫寒怎么能孕育孩子呢？精气不足，就藏不住精啊。男孩子呢，现在到处是放射线，其中手机射线伤害是有线鼠标射线伤害的 4 倍。男孩子经常抱一个电脑放在生殖器这个部位，口袋里装着手机，也常常放在生殖器这个部位，而且在肾区，这么多辐射让我们难藏精啊。所以未来最大的挑战是，如何培养一个健康的孩子？现在学历高的人不生孩子，甚至生不了孩子，而农村人拼命生孩子。希拉里讲，20 年后中国又是最穷的国家，值得我们思考。男女藏不住精气，女孩子爱吃冷饮，男孩子爱玩高科技产品，精气不固收，如何来营造新的生命？

精是生命的基础，人的生成必从精始，由精而后生成身体的五脏、皮、肉、筋、骨、脉等，这都是由你的精所来的。法国人很讲究浪漫，在性方面很开放。他们在一起如何交欢，精子如何来追卵子，卵子受精之后什么时候游到了子宫，什么时候着床，着床之后胎盘如何形成，胎盘每天如何长大，一直到这个孩子生下来，我们做了整个科研。做这个科研的时候，我越来越认为男性这个群体非常值得我们来保护，因为他们有非常宝贵的精子。现在男性精子活动度非常低，测算下来只有 78%，而过去精子的活动度是 92%～98%。我们父母这一代，因为婚前没有性行为，婚后精气非常好。我为什么强调门当户对？如果家庭懂得养生，妈妈一定给女儿养血，一定安排男子半年或者一年之内养精，为精气做准备。我们在法国做科研的时候，亿万的精子，就看谁跑得快，因为女孩子一个月只产生一个卵子，只有产生卵子的这天才可以受精，精子千军万马地往前面跑，你死我活，最后最强壮的、跑得最快的、最有力量的才获得钻木取火的机会。精子就是这样努力的，受精了之后，孩子在肚子里才会慢慢地成长。精子有非常大的力量，是动力的来源，最后形成了我们身体的五脏六腑，妈妈的卵子只是等于给了孩子一个房间，房间里面有很好的血液循环来滋养他。妈妈的伟大就在于，怀孕10个月，生下来还要一直帮助他。

阴的东西多了容易产生疾病

气分为先天和后天之气，先天之气禀受于父母的先天精气。如果父母先天的精气好，比如长子长女结婚的，他们生下的孩子状况比较好。先天之气来源于爸爸妈妈，所以爸爸妈妈有一份责任，对孩子的精和气一定要滋养，要有这样强烈的意识。这是生命的本源。你把精和气养好了，后面的能量和信息就不存在问题了，人生创造价值更不在话下。

现在的环境已经被污染了，吃的东西不知道哪样是真的，哪样没有转基因。有一种非常朴素的幸福观就是，幸福就是没有添加剂，或者牛奶里面没有三聚氰胺。当然我们无法生活在真空当中，当我们被污染包围的时候，精气就很难得到滋养。

《黄帝内经》里的哲学思想，如天地之大气，水谷之精气，还有阴阳思想，还有精气等概念，对我们非常重要。

《黄帝内经》也谈到生命活动是有特征的。首先是新陈代谢，阴化成气。我们为什么在白天工作？因为白天让我们有机会接受阳，让我们提升正能量。如果晚上上班，正能量怎么提升呢？阴成形，阴的东西多了以后就会凝固，一些疾病就是阴的东西凝固了引起的，比如心血管疾病。有机体与外界一直存在物质和能量的交换。首先是新陈代谢，然后是反应性。人在受到来自外界和内部的刺激时，会产生各种反应，冷了会穿衣服，热了会脱衣服，酸甜苦辣我们都是有反应的。

生命的本质是生殖和遗传

生命包括了生长和发育。一个人生下来，头围30多厘米，身高50厘米，后来就会成长到1.68米、1.7米。这个是生长。我们生长的同时，男性、女性的特征也会发育，女性还要孕育新的生命。任何生命都从受精卵开始，经过胚胎期、幼年期、成年期、老年期直到死亡的过程。

生命还有个很重要的作用就是生殖与遗传。生殖与遗传是生命得以绵延不断的根本，同时也是生命维持稳定性的基础。欧洲国家现在的丁克家庭特别多，一些国家奖励生孩子，我们也为时不远。2009年以来，我一直在国内传播传统文化思想，这也是我们的出发点之一。

《黄帝内经》谈到，大脑主宰我们的生命，大脑产生很多思维，有知觉、记忆、想象等很多心理现象产生。另外很重要的是，血是生命的物质基础，人必须通过血液循环来滋养，来和大气交换，而气是我们生命的根本动力。结合现代医学来理解，经是神经，络是血管。

经络与气、神经和气有什么关系？古人发现，针刺穴位的时候有感觉传导，比如我按压这个部位的时候，这个部位有麻的感觉，针刺分布在一定部位上的穴位能够治疗一定脏器的疾病，通过由点到线归类总结，经络的概念就形成了。《黄帝内经》里面谈到，经络是维持生命的通道。在《黄帝内经》那个阶段已经有针刺了，只是消毒没有现在这么严格。

我最大的滋养就是看书

个人身上的气有四组。

一是元气。这是先天之气，每个人身上都有。一个来源于妈妈，一个是滋养来的，你的营养状况好不好就在于你的元气好不好。有人问我，纪老师，你 50 多岁了，为什么中气还这么足？我父母结婚时，爸爸 30 岁，妈妈 21 岁，在他们的精气处于最好状态时有了我，我先天就禀受这个元气，一路走来，受家庭的教育，非常快乐，活得很简单。自己乐意做的一定去做，乐此不疲，不会计较，越是不计较，生活就越滋养，结合生殖和遗传，造就了我今天不进美容院、不进健身房、不洗桑拿还非常健康。我现在最大的滋养就是看书、看话剧、看音乐剧、看电影，年轻人喜欢享受的我也喜欢。

二是卫气。主要是由水谷之气化生而来，也就是我们说的营养物质。建议大家不要吃太多肉类，因为我们是蒙古人种，是食草动物，不是食肉动物。欧洲人喝牛奶，吃牛肉，我们同样去吃三天，绝对热得受不了。我们吃的水谷营养物质，可以温煦脏腑，润泽皮毛，保卫肌表，抵御外邪。

三是宗气。宗气就是由肺吸进来的聚积在人体胸中的气。香港大学成立了风水学专业，本科生每天早上起来，要在操场里接天气，就是嘴巴张开，深呼吸多少次，吸的就是宗气了。宗气由肺吸入，积聚在胸中，推动肺呼吸和血脉的运行。宗气也非常重要。很多人早上睡觉，下午出来，其实下午是浑浊阶段，晚上更是浑浊阶段，但早上是清气，下午 4 点以后是浊气，我们要明白哪个阶段吸什么气。

四是营气。由脾胃运化水谷所成，营养全身，化生血液。从西医的角度看，脾脏是造血和储血器官。《黄帝内经》里讲到，当你营养不好的时候一定是脾胃不和，一定要给你治脾胃，所以脾胃进来的气是营养之气，营养之气一定是调脾胃。因为脾胃是基础，感冒也好，发烧也好，看西医要么打针，要么打吊瓶，尽管药不同，但是吊瓶一定要打。脾胃也是一样的，调理你的身体，脾胃非常重要。

阳的东西基本是无形的

《黄帝内经》里除了前面讲的大地之气、身体之气和精气等概念外，很重要的思想还包括神秘的阴阳。

按属性分类，阳：运动、外向、上升、温热、明亮、无形功能、兴奋、推动、温煦。阴：静止、内守、下降、寒冷、晦暗、有形物质、抑制、凝聚、滋润。阴阳都有相对性，随着时间的不同、地方的不同，分类也不同。

就寒暑而言，炎热、温暖为阳，寒冷、凉爽为阴。就天地而言，天气清轻，上升为阳，地气重浊，下降为阴。我们对不孕不育症的人或者孕育了孩子的妈妈的要求是，上午 10～12 点，要晒太阳；8 点到 10 点，要呼吸。

下降为阴：12 点以后重浊下降，特别是 4 点之后，怀孕的妈妈、婴儿就不要出来活动了，因为吸进去的空气对身体不太好。现代人为什么疾病多？因为我们上午这个阶段活动得不多，都在房子里面待着，下午 4 点才出动，特别是晚上吃宵夜，我们整天在浑浊的环境当中生活，接受的全部是阴气，阴气凝聚就固形，身体就会生病。

就昼夜而言，白昼光明为阳，夜晚黑暗为阴。就水火而言，火性炎热而上腾为阳，水性寒冷而滋润下行为阴。

就功能与物质而言，功能无形而外显为阳，阳的东西基本是无形的；物质有形内守为阴。就内外而言，外部易显于阳光为阳，内部难见阳光为阴。房子里面阴气很重。如果你湿气重、浊气重，说明在阴气的环境当中生活太长了，没有去接受阳气的滋养。

阳中之阳：深圳的太阳基本上是 5：40 升起，到中午 12 点这个阶段叫做阳中之阳，这个时候晒太阳可以增加自己的正能量，增加自己身体的元气和肺呼吸的宗气。元气最初是爸妈给你的，先天的滋养和后天的滋养结合会更好。宗气是我们由口腔呼吸到肺的空气，你呼吸到的肺的宗气越足，能量越足。

阳中之阴：中午 12 点到太阳落下这段时间，太阳落下通常在 5：40～6：30。

阴中之阴：太阳落下一直到夜晚 12 点。

阴中之阳：夜晚 12 点到第二天早上太阳升起。

阶段不同，你所吸进去的精气不同。

五行反映了主要人体器官关系

《黄帝内经》还有一个很重要的思想，即五行之术。西周末年已经有了反映朴素唯物主义观点的"五材说"。《左传》中有"天生五材，民并用之，废一不可"，天生有五材，每个人都可以用，没有一个可以去浪费。《黄帝内经》开始把五行学说应用于医学。

每年相应的五行，我们的年代，我们每个人的属性和每个时辰的属性，当我们掌握了规律后，我们生活起来游刃有余，非常开心。

五行应用于医学，这对研究和整理古代人民积累的大量临床经验、形成中医特有的理论体系起了重要的推动作用。

肝属木，心属火，脾属土，肺属金，肾属水，这五种物质相互滋生、相互制约，处于不断的运动变化之中。

金生水，肺脏滋养肾脏。水生木，肾脏又滋养肝脏。木生火，肝脏滋养心脏，心脏又滋养脾脏，脾脏又滋养肺脏，是这样的循环。如果相克的话，肺克肝，木克土，就是肝克脾，脾克肾，肾克心，心克肺，相互冲突。如果相生就会相互滋润。2013年是木年，肝脏容易生病，而且春季是养肝的阶段。

相生，意思是相互滋生和助长，相互推动。钻木取火，木生火，火烧后的灰变成泥土，泥土蕴含矿物质，就是土生金，金属熔化后变成水，水滋养树木，即水生木。

肺虚的时候一定要健脾，叫做培土生金法。把脾脏调理好了，把土培养好了，土里面才生金。经常咳嗽，气喘，怎么治？还是要运用培土生金法，医生还是要给你调脾脏。

金生水，金等于肺，水等于肾，肺生气，肾有精，气生精。气和肾、肺息息相关。当我们肺脏有气的时候，如果我们每天吸收了很好的清气，我们的肺的中气就好。肺又养肾，肾的精气可以在丹田储存。丹田在哪里？在你的肚脐周围。肺气的中气下去之后，就在丹田储存，滋养你的肾气，因此肾气足。而肺有气，肾有精，新陈代谢一定好。

水生木，水等于肾，木等于肝，废物（如尿酸）等通过肾排出。

木生火，木等于肝，火等于心，心是血液清洗的工厂。

火生土，火等于心，土等于脾，血液循环全身，将信息交给脾来处理。西方医学和现代心理学觉得信息是在大脑，我解释一下。火生土，通过血液循环，我们全身将信息交由脾来处理，我们的身体能感觉周围所有的信息。我们的听觉、视觉、嗅觉器官感觉这些信息之后，怎么传送到我们的大脑？一定是通过血液循环。所以《黄帝内经》讲到通过血液循环将信息交给脾来处理，信息通过血液循环送到大脑，由大脑对信息进行处理、表达。脾脏负责整个运送，就是脾脏把我们所有感知觉各个体系里面的信息，最后运到我们的大脑里。

土生金，土等于脾，金等于肺，脾消化食物，有助于氧气之运行。脾消化食物好，我们的氧气就充足，我们的肺气就足。肺在西医学里是个什么角色？由肺泡进行氧气和二氧化碳的交换，人体的静脉血里全是二氧化碳和代谢毒素。毒素必须通过尿液、呼吸或者皮肤排泄。很多二氧化碳储存在肺泡里，我们的氧气携带血红蛋白吸进来后，二氧化碳通过我们的呼吸系统呼出去。因此我们由脾脏消化的食物就可以通过氧气运行。氧气从肺来，消化食物从脾来，所以脾是生金的。如果我们的脾消化好了食物，肺脏吸进来的氧气携带的营养就多。所以《黄帝内经》讲，土生金，脾滋养肺，营养物质通过氧气来运送。

脾在五行当中属土，它主管消化系统，负责提供人体所需的营养。而肺在五行中属金，它负责人体的一身之气，肺没有气了，这个人也就活不了了。脾脏消化不好，人还可以奄奄一息地活几天。如果肺没有气了，人当下就没有了。所以冠心病病人，还有猝死的人，就是因为气没有了。根据五行理论，有气人才有生命，可以利用健脾的方法来滋养肺。

五行反映了主要人体器官之关系。肝气最怕郁结。心主火，散发在小肠，所以心脏病常常在小肠表现出来。一个人的体温反映了我们心脏的功能。我们经常摸到一些人很冰冷，要注意他们的心脏。脾属土，主要起消化作用，好比大地孕育万物，可以提供滋养。肺属金，和大肠相关，心和小肠相关，肝和胆相关，肺主声音，我们经常说铿锵有力，就是肺气好。

相克即互相制约。金坚硬妨碍树木生长，金克木；植物可以防止泥土松脱，木克土；水泛滥时用沙包挡，土克水；用水来灭火，水克火；用火可熔掉金，火克金。

肝火旺每天喝水要达到 2000 毫升

心火旺，肝火旺，怎么办？每天多喝水，一定要达到 2000 毫升。外在的大气是浑浊状态，我们呼吸的时间不对，心脏和肾脏冲突，这时候肝火会旺，水会更少，扑火一定用水。当我们喝了很多水时，我们身体有一个很好的滋养，我们的氧气运行速度会加快，血液循环也会加快。因为火旺，脾气暴躁，你就会焦虑、恐惧，这种状况下很难孕育出孩子。肾主宰我们身体里的水，头发干枯就是因为水分缺失，要滋养，就要多喝水。

土克水，脾属土，肾属水，内分泌正常，可克制肾功能不良。我们的脾脏是很好的免疫器官和内分泌器官。中医和《黄帝内经》讲，病来了一定是先健脾，因为脾是很好的免疫器官，当免疫器官好的时候肾功能就会好，就会克制肾功能不足。肾属水，心属火，我们排泄正常，可克制血液循环不良。尿液排泄正常，每天正常把毒素排出去，金火热就会下降。心属火，肺属金，血液健康，可克制呼吸功能不良。血液循环不够，吸进来的氧气由血液来运送，血红蛋白再多，没有氧气跑不动。如果肝功能异常，就会影响到脾胃，导致我们的消化功能紊乱，即肝气犯胃，治疗胃要适时，不能仅针对肠胃，还要疏肝理气。所以中医和《黄帝内经》里讲，任何疾病来了，我们首先要培土生金，就是健脾养胃；其次要疏肝理气。所以你看中医老是给你疏肝理气，你要明白那是基础。

　　肾属水，心属火，水火不容。若肾水不足，心火相对便旺盛，以致心跳加速，肾上腺素激增，精神过度活跃，表现出来的症状是无故心跳加速、心慌，但心脏功能正常。《黄帝内经》称这种现象为"心肾不交"，医治的方法就是多喝水。爱发脾气的人不要建议他看什么病，多喝水就行了。通过各种各样的方式去喝水，扑减心火，即所谓的滋水制火。

　　今天重点只谈了三个思想，第一是大气之气，第二是阴阳思想，第三是五行与五材。五行与星象有关系，这里不展开，以后有机会再谈五行、星象、星座之间的关系。

　　我们的左耳朵命名为金星，可以反映肺的症状，肺属金，左边的耳朵能够反映我们的肺脏功能。如果我们肺气不足，或者肺虚，就会通过左耳朵表现出来。

　　今天的目的是抛砖引玉。你们可以买一本《黄帝内经》来看，因为一两个小时内，未必能让大家都懂，在这里给大家一个比较科学的引领。

　　右耳命名为木星，你肝有问题就在右耳表现出来。额命名为火星，经常有些人看到这个人的额头好像怎么样，可以反映出心脏怎么样。

　　我们的口命名为水星。我们的口腔反映了什么？肾功能。我们的鼻子命名为土星。鼻子大小、鼻子出气的情况反映了我们脾脏的状况。

　　我今天跟大家分享的内容到此就结束了。谢谢你们！

科学认识、防治慢性乙肝

何 清

何 清 ✏️

主任医师，深圳市第三人民医院
肝病Ⅱ科主任，广东医学院硕士
生导师、教授。主要从事病毒性
肝炎等传染病的一线临床工作，
临床经验丰富。多次参与国家、
省、市卫生科技项目。参与编写
多部学术专著，在国家级和省级
学术刊物发表学术论文60余篇。

怎么正确地面对乙肝，已经渗透到我们每一个人的生活之中。我们国家是个乙肝患者大国，应该怎么样去认识乙肝、防治乙肝，目前还存在一些误区。

肝脏号称"人体的化工厂"

我今天讲座的题目，主要是告诉大家下面三个方面的问题。一是对于慢性乙肝我们应该具备些什么常识；二是怎么治疗才算有效；三是怎么样去应对慢性乙肝。

肝脏是非常重要的器官，又是非常独特的器官。肝脏号称"人体的化工厂"。为什么它非常重要呢？因为它承担我们身体生理方面非常多的功能。比如，蛋白质的合成对我们的身体非常重要，而肝脏是唯一的合成器官。

另外，肝脏可以解毒，包括我们身体的代谢，还有平时的一些药物分解及排泄，都是从肝脏开始的。因此和生命息息相关的几大营养要素，比如糖、脂、蛋白质，它们的代谢都是在肝脏里进行的。缺乏了能量代谢，我们的生命就没法延续，而三大代谢都在肝脏这个场所来完成。它合成和分泌的胆汁，人体生命活动也不可缺乏。

如果没有胆汁的分泌，或者胆汁分泌过程出现异常，人的消化功能就会受到很大的影响。另外，微量元素的代谢、存储铁，还有维生素 A、B$_{12}$，这些都是在肝脏完成。以上至少谈及了肝脏 90% 的功能。这些功能也是人体的生理正常运转必不或缺的，如果其中一个环节出问题，我们就会生病，就会处在不健康的状态。

当然，肝脏也经常受到一些有害物质的侵扰和伤害，其中最多见的是乙肝病毒的感染。今天上午我门诊看了 70 多个病人，而 80% ~ 90% 的人都是慢性乙肝患者。那么，感染上了乙肝病毒会出现什么样的结果呢？我来给大家做一个比较简略的介绍。

乙肝病毒感染我们身体以后，是不是一定会发病呢？不一定。实际上在相当长一段时间里，乙肝病毒与我们的身体、与我们的肝脏处在一个和平共处的状态。这些人叫做慢性 HBV 携带者。这样一种状态其实可以维持非常长的时间。什么时候肝脏会发炎呢？一定是我们的免疫机制出现活动。每个人身上都有免疫系统，当外来物质侵犯我们的身体的时候，我们的免疫系统、我们的免疫细胞要想方设法地清除这些有害的东西，这个清除的活动在哪里发生呢？就在我们的肝脏，像打仗一样，战场就在肝脏。

常见的症状是没力气或食欲减退

炎症就是发生在肝脏这个战场的战斗。我们知道，炎症会引起肝脏的损害，所谓杀人三千，自损八百。免疫系统把乙肝病毒清除掉的同时，肝脏细胞也要付出代价，即发生炎症和肝纤维化。

慢性乙肝有什么样的症状呢？它常见的症状，就是没有力气，或者食欲减退，或者上腹部不适，就是肚子不舒服，有小部分人有一些低烧，或者出现一些黄疸，身上有一些瘙痒。但是，绝大部分患者没有症状。这个现象特别容易让我们的患者疏忽。因为它没有症状，你没有感觉。如果你不去体检，就不会发现你已经染上乙肝，或者也并不知道乙肝造成了什么样的危害后果。所以我们还是提倡常规体检。

为什么我们这么重视慢性乙肝呢？国家的公共卫生事业投入了巨大的资源去防、去控、去治疗，非常重要的原因就是，慢性乙肝是一个进展性的疾病，虽然早期感染上了，它没有什么特别的症状，但它可以慢慢发展。据不完全统计，乙肝病毒感染之后有几个阶段。首先，相当一部分人有个急性感染的过程，有一部分人很快痊愈了，但是另外一部分人呢？病毒没有被清除，在身体的免疫反应过程中，最后形成了慢性携带。像刚才我说到的，如果你的身体最后发生对病毒的排斥，对慢性携带识别了，对它发生一个对抗，发生了炎症，那么这个时候的阶段我们就叫慢性乙肝，这是我们临床需要治疗的对象。如果这个时候你还没有治疗，你忽视了它，那它还会持续地发展。当然这个发展的过程非常漫长，因人而异，有的患者时间短一点，8年或者10年，有的患者过程比较漫长，有二三十年，甚至有50年，纤维程度逐渐加重，逐渐变成了肝硬化。在肝硬化的基础之上，如果病情还没有得到有效的控制，那么其中有15%～20%的患者在不同的时间点会发展成为肝癌。肝癌是癌症之王，对患者的身体健康影响非常大。

从动态的情况来看，乙肝在全球的感染情况非常严重，它已经成为非常严重的公共卫生问题。全世界有六七十亿人，大概有 1/3 的人被乙肝病毒感染了，需要我们重视的人群大概是 3.5 亿~4 亿人，这个数字非常庞大，亚洲占了 2/3，从总数来说，是非常庞大的。

乙肝患者每年全世界有 100 万人死亡，任其发展下去，大概有 15%~20% 的慢性乙肝感染者最终会走向死亡。这是我们社会一直都高度重视乙肝防治的理由。

乙肝危害很大，它具体表现在对一些具体生活的影响上，比如工作、就学、婚恋，基本上渗透了我们日常工作和生活的方方面面。我们经常看病，接触患者，体会特别深，有一些人因为感染了乙肝，或携带病毒，在家里面、在单位承受了非常大的心理压力，这样下去就会造成一种非常消极的情绪。

打乙肝疫苗以后非常管用

乙肝既然对我们影响这么大，如何预防？如果感染上了乙肝，怎么不被它传染？我们要预防，就要知道它是怎么传播的。乙肝有四种主要传播途径，一是血制品；二是母婴，妈妈传给下一代；三是性接触；四是破损的皮肤。

乙肝有些传播途径涉及我们日常的一些生活细节，比如我们到理发店里去刮胡须，剃刀可以传染，很多洗脚和按摩的地方也可以传染乙肝。

预防乙肝，最好的办法是什么呢？就是打乙肝疫苗，通过注射疫苗产生免疫力，可以让接种人群的病毒携带率大大下降。

接种对象的选择，从 80 年代初期就已经开始了，包括新生儿、还没有抗体的非 HBV 感染者。成人、青少年都可以，你只要"两对半"呈阴性，没有抗体，就可以接种。单纯的乙肝疫苗接种的保护率现在可以达到 87.8%，基本上是 90% 了，保护率非常高，疫苗打了以后非常管用。只要你产生了抗体，你对乙肝病毒就会出现免疫力，而且这个免疫力非常持久，一般可以超过 12 年。所以，打过一轮乙肝疫苗后，你就定期查查，只要抗体能够保持在一定的水平，就不用管它，如果这个抗体稍微低一些，可以加强一下，它的保护效果好而持久。所以，乙肝疫苗的注射简单而且重要。

在预防的同时，我们还要注意回避危险程度比较高的一些传播途径，比如去没有经过严格消毒的无牌诊所，接受没有严格消毒的医疗器械、注射器的处理。当然，深圳已经广泛使用一次性注射器了，包括侵入性诊疗操作和手术，包括我们所说的一些无牌诊所的拔牙，这都很容易传染乙肝。另外就是静脉内滥用毒品。毒瘾来了，针管都是共用的，其中一个人患有乙肝，如果其他人没有免疫力，都会被感染上。现在文身的人越来越多，不光男的文，女的也文，觉得非常漂亮。但文身的同时，千万不要忘了传染乙肝的风险。或者扎耳眼，这也是我们经常做的手术。千万不能共用剃须刀、牙刷。另外就是内衣裤不消毒等这些情况，也容易出现病毒传染。

我们知道喝酒引起酒精肝，滥用药物引起药物肝。乙肝病毒传染是发生乙肝的根本原因。而慢性乙肝是一个进展性的疾病。其中有一部分患者会演变成肝硬化，甚至是肝癌，肝癌是死亡率非常高的疾病。乙肝病毒的感染率非常高，覆盖面非常广。经过几代卫生工作者的努力，我们国家乙肝病毒的携带率现在已经从 10% 降到了 8% 左右，才降低了两个百分点，但这已经是非常伟大的成就了。

e 抗原以及 HBV DNA 代表病毒的复制能力

下面我会谈到慢性乙肝的治疗怎样才算有效。讨论这样一个问题，有几个比较重要的指标，第一个就是我们经常说的"两对半"，医生叫血清学检查，就是乙肝的血清学检查。第二个就是 HBV - DNA 的定量检测，就是对病毒的复制情况的了解。这也是我们现在常规的检查项目。第三个就是了解肝脏的功能。这个肝功能是最传统、最古老的指标，我们现在还在用。

乙肝病毒就像一个橘子，我们把橘子一切开，"两对半"的第一项，就是表面抗原，就是橘子皮。大家记住，橘子皮就是表面抗原，你只要记住这个形象，你就一辈子不会再忘了。还有一个e抗原，这是我们所谓的"大三阳"，这个e抗原，我们血中可以查得到。另外就是核心抗原，一般检查查不到，但是e抗原可以查到，它像橘子的瓣一样，这是橘子里面最好的，我们要吃的部分。那么HBV－DNA呢？就是橘子里面的核。这个DNA是代表乙肝病毒复制的指标，它是核。如果从核这个角度来理解，HBV－DNA就是乙肝病毒的种子，乙肝病毒就是从这个种子慢慢发芽、慢慢生长、慢慢复制。"两对半"包括哪些指标呢？第一个指标就是我们橘子的皮，即表面抗原HBsAg，它是英文乙肝单词的缩写，它是表壳部分、包裹部分。另外，e抗原也是非常重要的指标，它代表我们的病毒复制能力，就是我刚才说的橘子的瓣，就是肉这部分，这就代表两个了，"两对半"，就是5个。这两个是相应的抗体，就是第一对；e抗原抗体就叫e抗体，是第二对；核心抗原在血中查不到，它只有半对，只有核心抗体在血中可以查到，所以叫"两对半"。这些化验指标太重要了，"大三阳"和"小三阳"，就是"两对半"。如果这个e抗原呈阳性，我们就叫"大三阳"；e抗原呈阴性，就叫"小三阳"。

下面我将介绍，表面抗原就代表你感染了乙肝。只要查到第一项，这个橘子皮查到了就有了。但是如果它查到的是抗体，那么证明是个好事，就是你具备了免疫力，乙肝疫苗的注射也是为了产生第二项抗体就是第二项呈阳性。经常有患者拿着化验单问医生第二项呈阳性是什么意思。我说你没问题，你有了抗体。但这个e抗原呢？它是阳性的，表示病毒正在复制，就是所谓的"大三阳"。如果e抗原转阴性了，e抗体出现阳性，往往我们叫血清转换，这个代表病情的缓解，也往往代表你感染乙肝病毒的时间可能比较长了，这是两个含义。

那么核心抗体呢？HBcAb呈阳性，它代表以前感染过乙肝。e抗原是我特别要关注的。乙肝患者在治疗过程中，医生对这个指标特别重视，我们希望e抗原能够呈阴性。

另外一个比较重要的指标就是所谓的乙肝病毒定量，即 HBV – DNA 定量。现在它已经被纳入我们常规的检查指标，它可以非常敏感地、直观地反映我们乙肝病毒的量有多少，而且这个量的多少，不光可以评估乙肝病毒的复制强度，它同时也是衡量治疗效果的非常重要的指标。要不要治疗？治疗效果怎么样？对于"大三阳"的患者，如果 e 抗原呈阳性，只要这个 HBV – DNA 定量大于或者等于每毫升 10^5 个拷贝，对于"小三阳"的患者，只要大于或者等于每毫升 10^4 个拷贝，我们就可以治疗了。

另外比较重要的指标就是肝功能。肝功能主要反映我们工厂有没有正常工作。有几个最古老的指标，一个是转氨酶，一个是白蛋白，另外就是胆红素。用得最多的是转氨酶和胆红素，如有没有超过正常的指标。按照目前我们通行的标准，转氨酶在我们国家确定个水平，到底标准是多少，还没有完全统一。按国际上的标准，我们把它定在 40 个国际单位，深圳地区是基本上按这个标准对患者的肝功能进行评估的。

医学可以抑制病毒并控制病情进展

乙肝能不能治愈？怎样才能彻底治愈乙肝？首先要明白，完全治愈是不现实的，不符合科学。那我们就要谈到一个总体目标，关键的目标是什么。每个人的身体情况千差万别，我们一定要个体化，每个人可以根据自身的情况来选择治疗。

基于目前的医学研究水平，乙肝还不能完全治愈。HBV – DNA 是橘子的核，但这个核还有一个密电码，这个密电码平时躲在哪里？躲在肝脏的细胞核里面。这是什么东西呢？我们叫 cccDNA，量非常少。我们现在的药物清除这个 cccDNA 比较困难，但它平时不危害我们。这个 cccDNA 的清除，和表面抗原的水平有关系。为什么治疗乙肝的过程中，表面抗原转阴性的患者特别少？就是因为这个 cccDNA 躲在这个肝脏的细胞核里面，这个密电码是放在细胞核里面的，常规药物渗不进去，对它起不了什么作用。所以，对它清除非常困难。但乙肝表面抗原有没有转阴性的呢？确实有。这个转阴性的概率是多少呢？大概是5%不到。所以，经常有患者表面抗原转阴性了，好像中了六合彩，回去庆贺一下吧，因为它发生机会太小了。那么，表面抗原转阴性会导致什么结果？我后面会谈到。就我们目前的手段而言，不能彻底地把cccDNA清除出去，是不是我们就不管它了？其实在患者中有两个误区，一个误区就是反正这个乙肝我没什么感觉，不管它；另外一个误区就是这个病毒不能完全清除掉，忧心忡忡，到处求医，经常有个别不良药商做些广告，误导了患者。虽然不能把病毒完全清理干净，但是我们可以限制病毒的复制，控制它。现在人类在这方面做得非常好，能够实现长期抑制。让我们肝脏的炎症逐渐缓解，不要发炎了，总是可以的，让它转化为正常总是可以的，然后这个肝脏不发炎了，它的纤维化就可以静止下来。什么叫纤维化？如果我的手不小心被菜刀切了，手上会长一个伤疤，纤维化其实就是这个伤疤。因为我们的肝脏可能反复发生炎症，这个病毒像刀一样一刀一刀在切割我们的肝脏，所以我们肝脏的疤痕越来越多，时间长了，就积累成肝硬化了。

我们通过先控制病毒，再控制炎症，这个纤维化的过程完全可以控制，甚至可以逆转。通过上面说到的这些措施，来阻止和延缓疾病的进展，让我们肝硬化、肝癌的发生概率，还有它的并发症的发生概率大幅度下降，让乙肝患者生活质量得到改善，生存的时间大大地延长，这就是我们定位的总体目标。

这个总体目标很宏大，就像实现"中国梦"一样，它是很漫长的过程。我们目前看得到、摸得到的目标是什么？就是所谓的关键目标。

关键目标是什么？就是要尽量地、最大限度地把病毒控制住。非常重要的，就是让这个e抗原转阴性，"大三阳"变成"小三阳"，HBV－DNA从阳性变成阴性，这是我们目前的治疗措施可以做得到的。如果达到这样的目标，同时就能够降低传染性，改善患者的人际环境、沟通环境。理论上，没有传染性了，你完全可以跟家人一起吃饭，正常社交，不要有心理负担。医生这么一句话，患者有时候会高兴很长时间，可以改变他生活的方式和生活行为。

而反过来，从传染性的角度来看，HBV－DNA 定量的高和低，和传染性的强和弱成正比。HBV－DNA 定量高，传染性高；HBV－DNA 定量中等，它的传染性居中。我们就要追求 HBV－DNA 定量尽可能地低，甚至不可检测，用我们最敏感的方法也测不到，这就可以大大地降低传染性，改善患者的人际沟通环境。

什么时候停药非常关键

治疗的第二个目标就是实现 e 抗原的血清转换。通俗地说，就是把"大三阳"变成"小三阳"。一旦发生血清转换，有可能要实现停药。另外，如果你实现了停药，这个 e 抗原发生血清转换，肝脏的炎症、纤维化都有显著的缓解了，这对于改善远期的预后也非常关键。

这个转换的时间点我们要尽可能早，最好在 40 岁之前，这样肝硬化的发生机会基本上和普通人群差不多了。如果 40 岁以后，发生肝硬化的概率就要高一些，当然我们还是要去追求这个效果。

还有传染性的问题、HBV－DNA 的问题，我们怎么样去比喻它呢？如果你中六合彩了，就是你的表面抗原转移了，一年 5% 左右的概率，这个对远期预后是最好的一个指标，那么恭喜你得金牌了。如果你拿不到金牌，你可以去拿银牌，就是"大三阳"变成"小三阳"了，你就拿银牌了，大概有 40% 的人可以拿到银牌，这个比例也不低。你拿了银牌以后，有几个益处，一是缓解了肝脏的炎症，纤维化也放慢了。二是患者有可能停药了。如果你不是那个 40% 之列，还可以追求铜牌，就是 HBV－DNA 转移。有多少人可以拿到铜牌呢？大概有 90% 的患者，如果治疗得当，选择药物得当，可以拿到铜牌，起码你的肝硬化缓解了，你的生存函数曲线跟正常人也接近了，这就是我们追求的目标。

当然，根据你的病情正确选择治疗方案，才能事半功倍。首先你要具备正确的科学知识；其次，还需要和专科医生做充分的沟通。最近 10 多年，医生手上有了两大类武器。一是核苷类似物，就是口服抗病毒药，目前上市有 4 种，有替比夫定、恩替卡韦、阿德福韦酯和拉米夫定，已经被国家主管部门批准用于治疗乙肝。二是干扰素，它其实用于乙肝的治疗时间更长一些，有 20 多年的历史。但最近我们的普通干扰素，还有聚乙二醇化干扰素，就是一个星期打一针的这种长效干扰素也问世了，不过这个长效干扰素现在还没有国产化，都是国外产品。但是，普通干扰素还是非常丰富的，对实现我刚才说的那几个目标都会有很大的帮助。当然，这个药具体怎么选、怎么用，这是医生的事情，患者要具备这方面的知识。

治疗的目标是，既要有效地把 HBV‑DNA 控制住，也要让 e 抗原转换，变成"小三阳"的机会足够大。另外，还要考虑什么时候停药，这是非常关键的问题。说实在的，这也是困扰我们医生的问题。最近两年肝病方面的专家坐在一起定了一个规范，我可以给大家介绍一下。就是这个治疗至少要考虑连续 2~3 年，有些患者吃个半年转阴性了就把药停了，最后一反弹，病情加重了，这个我碰到不止一例两例。"大三阳"的病人，他的停药标准是什么呢？在治疗 1 年以后，如果 DNA 检测不到了，首先这个 DNA 要转阴性，另外，这个 e 抗原要转换，在这个基础之上，再治疗 1 年，可以考虑停药，停药以后，还要密切地检测其他指标的变化。要记住我的一句话，不要停药就万事大吉了。目前所谓停药只是一个指导性的意见，按照这个停药标准，仍然有一部分患者会复发。

"小三阳"的患者，病毒量要低一些，但是复发率要高一点。所谓"小三阳"就是没有 e 抗原，"两对半"不存在 e 抗原。我们的观察指标就是 HBV‑DNA，HBV‑DNA 这个病毒复制指标转阴性之后，至少要再治疗 1 年半，它稳定了阴性，就可以考虑停药了。给大家强调一下，是考虑停药，不是说一定停药，停了药以后还要不停地检测其他指标变化情况。如果复发，要马上找专科医生进行处理，但是我们有一部分患者已经停药成功了。

个体化治疗是每个人都关心的，因为每个人不一样，年龄、性别、免疫状况、抵抗力不一样。个体化治疗，就是根据患者差异化的情况制订不同的治疗方案。首先，每个患者的治疗目标不一样，比如普通患者和肝硬化的患者、肝癌患者治疗的期望值和目标是不一样的，根据这个目标的差异，我们再制订治疗方案。其次，患者的需求是不一样的，要和患者做充分的交流和沟通，取得患者的同意。我们现在启动一些治疗，都要患者签字，经过充分的沟通以后大家签字，这个签字不是要患者承担责任，因为签了字以后，你对这个治疗有充分的了解，更有利于你顺利完整地实现治疗目标。再次，个体化治疗怎么选药也非常重要。干扰素有好几种，口服的抗病毒药也有好几种，你到底选哪一种药物治疗，要根据病情，这需要有一个充分的评估。

我们通过抗病毒治疗，抑制患者的病毒复制，通过抑制病毒复制控制肝脏炎症，通过控制炎症来控制肝纤维化，最后让他的肝硬化、肝癌发生的概率下降，提高生存质量。

对慢性乙肝一定要定期复查

下面我们谈谈如何应对慢性乙肝，这也是公众所关心的。首先，一定要定期复查，如果不复查，最后出现了病情的变化，那就麻烦了。复查什么项目呢？就是我刚才说到的几个重要的指标，乙肝"两对半"、HBV–DNA 和肝功能，如果你的化验稳定了，病毒转阴性了，你可以选择 3 个月复查一次。停药以后，也要观察病情的变化，尤其是病毒复制的变化，如果病情出现了一些我们预见的变化，1 个月就得查一次。

在生活管理方面，我们提出长期随访、终生管理，而且自我管理要纳入终生管理的重要环节。做好自我管理是你治疗成功非常重要的环节。其实就是一个习惯，叫制订合理的治疗和复查计划，有些患者非常仔细，他自己制作了一个表格，什么时候复查，吃了什么药，他都做很详细的记录。还要特别注意平时的饮食起居，不能酒照喝、舞照跳，最后效果肯定不好，因为肝脏是"人体的化工厂"，治疗是综合性的，不能光靠药物，还得靠自身的配合。

最重要的是，我们强调抗病毒第一，这是最近10年人类对乙肝病毒认识的一次革命。治疗乙肝最关键的就是把这个病毒控制住，这个永远是第一。坚持吃药，坚持治疗。

强调劳逸适度，保证休息。肝脏的恢复，和肝脏充分的血流量和养分关系密切，有时候适度的运动，对增加肝脏的血流量、增加肝细胞的再生有非常重要的作用。如果你是乙肝患者，我建议你不要去当驴友，不要作没有计划的长途旅行、频繁地走亲访友、劳累过度等。喝酒对肝脏有比较大的伤害。

饮食方面要注意什么？要科学搭配，饮食要合理。如果是普通的慢性乙肝，我们提倡高蛋白饮食，多吃一些高蛋白食品，比如说鱼类、豆制品，牛奶、蛋类也可以考虑。大家一定要多吃蔬菜，如一些含纤维素比较高的蔬菜，还有水果。麦当劳里面的炸鸡腿，包括油条，含了一些能够让肝脏负荷加重的成分，要少吃。另外，不吃辛辣刺激的东西，吃了对预防出血没有好处。肝硬化患者吃东西特别要讲究，粗糙的东西、坚硬的东西不能吃，太烫的不能吃，不能吃得太急。为什么？因为有出血的风险。出了血，对肝硬化的预后非常不利。

乙肝患者千万记住，滴酒不沾。喝很多酒，对肝脏的恢复非常不利。烟抽不抽呢？肝病患者，特别是肝硬化患者，一定要把烟戒掉。另外就是心态，有的人懂得自我调节，要有乐观的心态。不好的情绪会影响你的免疫力，影响你疾病的预后，甚至可以导致疾病的复发。

我们特别强调，在整个治疗过程中，患者的亲人要能够参与进来，关心他、提醒他，这对他身体的恢复有非常大的好处。

最后还有两个问题，一是怎么样去解决耐药的问题，二是抗病毒治疗要不要加上抗纤维化治疗。抗病毒治疗等于抗纤维化治疗吗？是不是要双管齐下？这方面已经做出了一些规定。我刚才谈到了，要把病毒抑制住，长期抑制住，抑制纤维化的进展，它最终的目标是让纤维化能够逆转、能够缓解、能够变轻。

既抗病毒，也抗纤维化，在抗病毒的基础之上，对纤维化形成的病理过程进行干预，这样效果可能会更好一些。当然，现在这样一个治疗手段，我们正在观察、研究。

氧气健康与疾病

龙　颖

龙　颖

暨南大学第二临床医学院（深圳
市人民医院）高压氧医学专科主
任，中华医学会高压氧医学分会
第七届委员会委员，广东省医学
会高压氧医学分会第五届委员会
副主任委员，中华医学会航海医
学会第七届委员会、中华医学会
航海医学分会临床高气压专业委
员会副主任委员。在中华医学会系列杂志与《中国康复医
学杂志》等国家核心期刊发表论文 20 余篇。

环境压力造成人体神经功能紊乱

我们今天的主题就是"氧气健康与疾病"。氧治疗分为鼻导管吸
氧、常压下面罩吸氧及高压氧治疗。根据机体缺氧的情况，应用不同

的吸氧方式。高压氧治疗是吸氧治疗方法之一，高压氧到底和我们老百姓的生活有什么密切的关系？

在人的日常生命活动中有三大要素必不可少：空气（氧气）、水、营养物。如果没有氧气，人几分钟就会死亡；如果缺少几天水，生命仍可存活；缺少营养物1周以上，生命仍可存在。

人体正常的生理机能和生命活动包括呼吸、消化吸收、血液循环、各个细胞的新陈代谢、生育繁殖、神志、意识、思维、说话等，都和氧气密不可分。我讲一个案例。2011年，我们医院抢救过一个病人，他是一名男子，28岁。他考上公务员才工作1年，身体非常健康。在工作中，他心脏骤停，呼吸停止，昏迷不醒。工作单位急呼120，医生在车上对他进行了心肺复苏术后把他送到了心血管医院。心血管医院在心肺复苏的基础上进行脑复苏治疗，虽然生命体征稳住，但是他仍然持续昏迷，对外界没有任何反应。虽然在病床边给予病人鼻导管和常压面罩吸氧，但该病人未能清醒。我们就采用了高压氧治疗，这个病人很快完全恢复了正常状态，回到了工作岗位。

从这个案例可以看到，高压氧对抢救危重、昏迷病人非常重要。正常状态下，我们必须呼吸，呼吸的目的就是吸进氧气，排出体内代谢产生的二氧化碳。通过身体的血液循环，把氧气带到各个组织细胞里面，进行气体的交换，维持生命。每个细胞的生存和维持，都需要氧气。我们身体中最重要的器官是大脑、心脏、肾脏等，像皮肤、肌肉、骨骼这些都是次重要的器官。

如果机体轻度缺氧会缺乏活力、精力不足、疲劳、衰弱，甚至引发疾病。德国诺贝尔医学奖获得者 Otto Wartrig 说"缺氧症是癌症最重要的诱因"；日本医学博士野山英说："一切疾病的根源是缺氧症。"小内山博士（日本前劳动科学研究所所长）认为，"癌细胞在缺氧细胞中增殖很快，缺氧还导致脑猝死、心脏病、动脉硬化、肝病等"。危重病人住院治疗，最重要的就是要给予吸氧治疗。如果这个病人断了氧，很快就会死亡。因此，氧气实际上是维持我们生命和细胞活动最重要的关键因子。没有氧气，其他药物可能都无法显效。

　　氧气处于人类生命中最中心和重要的位置。随着我们年龄的增加，血管硬化、动脉硬化或者是血脂增高就会带来衰老、机体缺氧。环境污染，加剧空气中氧的含量减少和人类机体供氧的缺乏。这些因素相互之间都有密不可分的联系，所以氧气是我们的生命中最重要的因素之一。

　　世界卫生组织现在对健康做了新的定义。以前认为"健康就是没有疾病"。现在健康的定义是：不但要求在身体上没有器质性病变，而且在精神和社会生活上还要处于一种完好的状态。不仅仅是没有患病或身体衰弱，而强调的是全面功能上的健康，这就是健康的新概念。亚健康现在被提到最多，亚健康"一般是没有任何器质性病变的功能性改变"。病人常诉说"头痛、头晕、失眠、记忆力下降、肢体无力，好像对任何事情都没有兴趣"。这种情况可能是人体健康和疾病之间的过渡阶段。如果不给予及时干预或治疗，长期在这种状态下，机体一定会有疾病出现。

　　现代生活压力和工作压力非常大，"心理因素"是导致亚健康的四大诱因之一。我们现在一天能接诊80多个病人，无论是器质性的，还是功能性的，很大部分是不健康的生活方式及行为导致的。其中大部分年轻病人晚上上网、打游戏很晚，第二天全天会恶心、头痛。还有一些人滥用药物，也会造成身体功能性改变。现在的大气污染非常普遍，很多疾病和各种污染有关系。

　　你们可能听说过"自闭症"小孩，以前老百姓都认为这是遗传病，不可治愈，其实并非如此。现代更多研究结果显示，这个病的最主要原因就是父母工作压力很大，跟孩子接触非常少，缺乏沟通。而很多污染造成了重金属中毒，重金属中毒在自闭症的发病原因里也占了很大的比重，所以欧美现在发展出了排毒治疗法。不管是空气污染，还是食物和水的污染，都影响我们身体的健康。

　　人如果经常处于一种精神紧张状态，大脑就会受到影响。有时候，人感觉到胸闷、气短、心慌、四肢冰凉，就是因为环境压力造成整个人体的神经功能紊乱。神经功能紊乱会导致精神紧张、压力大、失眠、抑郁等，还有心率快、血管收缩、体内血液重新分配，全身器官缺血、缺氧，引起机体疾病。故缺氧—亚健康—疾病之间存在恶性循环。

老年性疾病会加重缺氧状态

衰老和缺氧到底有没有关系呢？我们年龄逐渐增大，新陈代谢功能也会逐渐下降，基础代谢率降低，精神上及体能上都会出现逐渐衰老的现象。许多老年性疾病会加重缺血性脑血管、心血管疾病和糖尿病等，加重缺氧状态。如果我们早期干预了这些疾病，在一定程度上可以延缓衰老的过程。

我从 1994 年就从事高压氧行业，碰到过很多老年病人记忆力下降。这些老年人以前没有任何疾病表现，但逐渐地他们连自己家人都不认识，也不认识回家的路。当诊断为"老年性痴呆"后，家人就天天送他来做高压氧治疗并联合药物治疗，10 天后，他家人告诉我说："昨天他自己走回了家，认识自己的家门，自己能够吃饭。"这说明，高压氧的及时干预，缓解了他缺氧的状态，增强了他的记忆力，很好地缓解了他老年痴呆的症状。

年龄与体内血氧分压也有关系，随着年龄的增加，血氧分压会逐渐地下降。这可能跟红细胞携带氧的能力、我们的血管也有关系。血管就像我们家里的供水管，如果长期不予以清洗，水管会生锈，水管内径就会变细，流经的水就会减少。血管壁硬化，血管内径就会变小，所以血流量就会减少，携氧量也就会降低。通过缺氧症候群的自我诊断，可以看看有没有缺氧。

（1）早上起来精神差，打哈欠，整天感觉疲倦无力。

（2）记忆力变差，注意力不集中，工作能力下降。

（3）失眠。

（4）经常头晕、头痛、心慌、胸闷。

（5）情绪不稳定，易烦躁、易发脾气、易感冒。

（6）易口腔溃疡、易患咽喉炎。

（7）面色晦暗，眼睑或肢体水肿。

（8）食欲差，经常便秘，患胃炎或胃溃疡。

（9）腰酸腿疼、关节痛。

（10）白发多，皮肤苍白，伤口不愈合。

（11）老年痴呆。

（12）高血压、糖尿病控制不佳。

这些都是体内缺氧的表现。如果你有 1~4 项特征就说明机体含氧不足；5~8 项说明机体轻度缺氧；9 项以上说明你明显处于缺氧状态。

缺氧在临床上分为全身和局部缺氧。全身缺氧到底有哪些呢？全身缺氧分为环境缺氧，比如高原上是最明显的缺氧；还有通风不好，如办公大楼里面有空调，各个窗户都密闭着，里面的人呼出二氧化碳过多，氧气含量就会减少。长期慢性的生理性缺氧会造成衰老，也会引起心脏病，或者呼吸性疾病（引起病理性缺氧）。这些带来的都是全身缺氧的状态。

各个脏器缺氧都有一个耐受程度，越重要的器官，耐受缺氧的时间就越短。大脑缺氧 8~15 秒就会意识丧失，缺氧 6~9 分钟将导致昏迷甚至死亡。

有一个 59 岁的男性病人，患有高血压、糖尿病、冠心病。5 年以前做过心脏搭桥手术，前两个月他去印度工作，心脏骤停，在印度做了心脏复苏手术，昏迷 1 个多月不醒。送回国内做高压氧治疗后，现在已经两个多月了，仍没有任何反应。他的大脑缺氧时间太长了，到了不可逆的病变程度。一旦缺氧，血管内的氧气全部都要分到大脑，还要保证心、肺、肝、肾功能。如果依然缺氧，保证不了心、肝、肾、肺功能，人就会出现心脏功能衰竭等、肾脏功能衰竭、肝脏功能衰竭，随着重要器官功能衰退，病人病情越来越严重，危及大脑供氧，造成病人死亡。

实际上全身缺氧缺乏特异性表现，这主要取决于缺氧的轻重及持续的时间。我 2012 年到新疆工作，在喀什的时候大概是 2000 米高，觉得还可以。随着海拔的上升，缺氧的表现就越来越明显，这就是急性缺氧。

急性缺氧，首先是呼吸及心率的改变，随着缺氧程度加重则表现为兴奋、烦躁；严重缺氧的表现是谵妄、淡漠、昏迷。在我们平原生活时，也有可能出现慢性缺氧。大家要注意，"在大脑缺氧的时候，意识状态明显改变，并伴随着呼吸急促、心律失常等等"。

局部缺氧就比较常见了，如褥疮、糖尿病足、下肢静脉曲张、手术或外伤伤口不愈合、骨折后生长不良、老年性股骨头坏死（长期应用激素或跌伤骨折导致的），此时及早高压氧治疗效果非常好，成功率很高。

吸氧治疗要在医生指导下进行

作为医生，重要的是给大家以建议和指导，如在生活上如何去做、治疗上给予方案。吸氧治疗一定要在医生的指导下进行。

1. 轻度缺氧状态下，到底怎么干预和治疗

（1）体内氧含量不足，我们需调整一下生活习惯和生活方式。

（2）适当的体育锻炼、有氧运动。

（3）保持良好的心态和乐观的生活观。

（4）室内多通风等。尤其是在夏天，广东地区居民习惯用空调，一定要注意房间内通风。

（5）如有失眠、精神紧张、血压不稳定或其他临床症状，一定要到医院进行干预。适当服用一些抗忧郁和治疗失眠的药物，可以起到帮助作用。

2. 氧疗

目的就是治疗低氧血症或可疑组织缺氧。不管是急性缺氧还是慢性缺氧，承受最大负担的都是我们的心脏和肺。吸氧治疗一定要在医生的指导下进行，因为药物有治疗作用，必然也有副作用。

（1）家庭氧疗。

①适应证：慢性心肺疾病所致的缺氧。慢性阻塞性肺部疾病、弥漫性间质性肺部疾病、睡眠呼吸暂停综合征等。

②家庭吸氧用具：制氧机及氧气瓶。

③吸氧用具给氧流量不超过3升/分钟，根据情况使用湿化器。

④注意事项：

➢有条件监测脉搏氧饱和度：慢性阻塞性肺部疾病吸氧。低流量吸氧保持1~2升/分钟，氧饱和度保持在88%以上。在吸氧时如发生意识改变，应该及时送医院。

➢氧气是助燃的，一定要保持房间的通风，不可在房间内点火，冬季须防止静电。

（2）医院的氧疗。

①富氧治疗（鼻导管、普通面罩）：吸入氧浓度大于21%、小于100%。

②常压饱和氧治疗：吸入100%的氧气。

③高压氧治疗：在高压氧舱内超过常压下吸入100%的氧气。根据疾病的不同，会给予不同的压力。一氧化碳中毒、全身急性缺氧心肺疾病、脑中风、脑手术等通常都采用富氧治疗。

广东刘子藩教授和易治教授在国际上最早对高压氧治疗进行定义。高压氧治疗就是在一定密闭空间里，在高于1个大气压环境下吸入100%氧气治疗疾病的治疗方法。高压氧治疗对一氧化碳中毒、气体栓塞、减压病的治疗可以起到"雪中送炭"的作用；对急重症病人的抢救治疗是其他治疗无法替代的，具有独特、多重的治疗作用，如麻醉意外、重型颅脑外伤、心脏停搏复苏后，高压氧治疗可以提高病人的存活率，降低病残率。高压氧治疗对突发性耳聋、脑瘫、脑血管意外、老年性痴呆、慢性难愈性伤口、慢性骨髓炎（放射性、外伤）、烫伤、糖尿病等也有很好的疗效。高压氧治疗经济实惠，有多重治疗效果，性价比高。例如伤口不愈合的病人，每次换药费用不菲，换药时病人非常痛苦；高压氧治疗则可提高机体抗感染能力，减少抗生素应用，降低抗生素耐药性，促进伤口细胞增生愈合，具有多重治疗作用，明显降低了昂贵的抗生素费用。

高压氧治疗的原理是什么呢？大家都喝过啤酒和汽水，就是把二氧化碳在高压的环境下变成很小的粒子，然后溶解到酒和汽水里，高压氧治疗就是这个原理，在高压力环境下我们吸入体内的氧气压变成微小的粒子溶解在我们的血液里。在这样的状态下，血液携氧量极高，这些氧气随血液流至机体每个组织细胞中。高压氧治疗可以增加血液中溶解氧的含量。

高压氧治疗在急性病抢救治疗方面有及时、尽快纠正机体缺氧状态，以及缓解由缺氧引起的后续病症（水肿等）的作用。氧气本身可抗菌杀菌。高压氧治疗的药物作用包括抗菌杀菌、减轻水肿等，而且可以调节亚健康。

例如有个病人做完手术之后，可能因为水肿压迫了神经，腿抬不起来了，在做了10天的高压氧治疗后出院了。高压氧治疗还有一定预防保健作用。在上高原前，如果做了高压氧治疗会减轻高原反应。国内很多高压氧单位推荐，去高原前做5~10天的高压氧治疗，以减轻高原反应。

高压氧治疗病症：

1. 急慢性全身缺氧及并发症

（1）急性一氧化碳中毒（煤气中毒）及其他有害气体中毒。

（2）各种原因所致昏迷（麻醉意外、脑外伤、脑血管意外、呼吸心脏骤停复苏术后）。

（3）糖尿病及糖尿病足。

（4）老年性痴呆。

（5）新生儿缺氧缺血性脑病、小儿脑瘫、孤独症、病毒性脑炎、手足口病、脑外伤等。

（6）高原反应。

2. 急性局部缺氧

（1）突发性耳聋。

（2）烫伤或烧伤。

（3）骨折手术前、后（外伤或放射性损伤）。

（4）脊柱外伤/椎间盘突出症手术前或后。

（5）视网膜血管栓塞。

（6）断指（肢）再植。

（7）挤压综合征。

一旦诊断为视网膜血管栓塞了，就尽早地做高压氧治疗。你做得越早，氧气越早到达这个部位，效果就越好。

3. 慢性缺氧及后遗症。

（1）脑中风、脑外伤后遗症（失语、偏瘫）。

（2）皮肤溃疡/伤口不愈合（褥疮、下肢静脉曲张等）。

（3）周围神经损伤（面瘫、视神经损伤等）。

（4）头痛、头晕、失眠。

（5）无菌性骨坏死（股骨头坏死）、骨折不愈合。

高压氧治疗与糖尿病/高血糖的关系：高压氧治疗可以改善胰岛血液供氧，促进胰岛素分泌。增加组织细胞有氧代谢，促进骨骼肌和肝脏对糖的利用。减轻组织细胞对胰岛素的抵抗，减少降糖药物用量，减少药物副作用。改善心、脑及肾供氧，保护重要脏器。减轻糖尿病并发症，如末梢神经炎、糖尿病足（烂脚）。一旦有了糖尿病足怎么办？需要去截肢，做了高压氧治疗之后截肢的范围会缩小。

伤口的高压氧治疗：

（1）烫伤急性期：消除水肿，减少换药，促进皮肤生长及伤口愈合，减少病人换药痛苦及治疗费用。

（2）外伤伤口、糖尿病足、褥疮伤口：改善伤口血液循环，促进上皮细胞生长。

（3）痤疮：抗炎杀菌，促进上皮细胞生长，调节机体内激素分泌。

（4）美容手术后：促进上皮生长，减少瘢痕。

高压氧治疗与美容术种植牙：

　　手术前高压氧治疗 3 次，提高手术局部血液供氧，为手术创造好的条件。

　　手术后尽早做高压氧治疗，减轻水肿，消炎预防感染，减少瘢痕，提高种植牙等美容术（隆鼻、双眼皮）成功率。现在欧美国家以及韩国、我国台湾地区的整形外科诊所都配有高压氧舱。

　　亚健康和慢性缺氧是有关联的，而且相互作用，高压氧治疗可以预防长期亚健康造成的器质性病变。定期高压氧治疗可最大程度纠正机体慢性缺氧状态（机体各组织细胞再充电），缓解头痛头晕，改善睡眠，保护机体重要器官，达到"治未病"目的。高压氧治疗还可以延缓衰老，提高智力及记忆力。早期高压氧治疗的目的就是控制疾病、消除症状，提高抢救成功率，减少后遗症。高压氧治疗对慢性疾病可以起到消除症状的作用，一定程度上可以减轻症状，延缓病情进一步加重。高压氧治疗对于亚健康而言属于预防治疗，防止发生器质性病变。

　　任何治疗都有副作用，所以高压氧治疗也有副作用，如氧中毒、气压伤。但严格按医嘱治疗发生概率极低，有什么症状一定要及时跟医生沟通。

　　氧气与健康、疾病有极大的关系，我们要合理、正确应用氧气。

　　谢谢大家！

后　记

2013 年，"深圳市民文化大讲堂"邀请了汪玉凯、谢春涛、孙立平、孟繁华、鲍尔吉·原野、白燕升、王宁、陈蔚、樊明武、朱锋、欧阳自远、张碧晖、蒋佩蓉、张燕生、迟福林、于平、黄朴民、曾仕强等 106 位专家学者，举办了文学、艺术、军事、科学等各类专题讲座 88 场。这些讲座不仅内容广博、贴近生活，而且凸显了鲜明的时代性和文化特色，在丰富市民业余文化生活、培养市民良好文化习惯的同时，极大推动了深圳社会科学普及事业的发展。

2013 年，大讲堂继续秉持着务实创新的工作理念，在运作上主要体现了以下几个特色。

着力质量提升

2013 年，大讲堂坚决贯彻市委市政府于年初提出的"质量提升"的战略目标，努力打造精品讲座。在专家推荐方面坚持高端化，邀请了于平、汪玉凯、谢春涛、孙立平、蒋佩蓉、张燕生、迟福林等具有较高水平和在全国有较大知名度的专家登堂演讲。在改善现场配套设施方面，添置了分辨率更加清晰的 LED 屏，为了提升电视效果，组织更新了大讲堂拍摄背景板，使之更加符合电视传媒的相关要求，这些务实的做法吸引了更多的听众，更树立了深圳市民文化大讲堂的高端文化品牌形象。

推出"热点解读"讲座

2013 年，大讲堂将每月首场的"时事登堂"讲座更名为"热点解读"。"热点解读"相较"时事登堂"具有更强的时效性，讲座内容不仅局限于时事，也涉猎社会热点，如朱锋的《中国崛起的战略选择》、欧阳自远的《中国人的探月梦》，其内容既包含了新鲜时事，也包含了"神十"发射等方面的热点话题，深受市民欢迎。

加强品牌宣传

为稳步提升深圳市民文化大讲堂的品牌影响力，在做好电视（包括移动电视）和报纸等媒体的宣传之外，组委会积极拓展传播渠道，与深圳广播电台交通频率 FM106.2 和深圳飞扬 FM97.1 音乐频道达成了合作协议，与深圳地铁集团建立了合作关系，每月月初在深圳各地铁站摆放印有大讲堂当月讲座信息的宣传折页，市民乘车时可以随手取阅，随时了解大讲堂的最新讲座资讯。此外，向省委组织部干部培训网络学院提供大讲堂讲座视频 112 场，这些做法都进一步扩大了深圳市民文化大讲堂的知名度。

优化官方网站

2013 年，大讲堂官方网站更新了会员论坛页面，采用全新的论坛空间和相册系统，改版后的界面更加简洁美观，功能更加强大完善；同时，还调整、优化了论坛板块，使得分类更加精细，交流更加方便。2013 年，大讲堂官网共举办了 40 期有奖征集和积分获奖活动，有 2000 多人获奖，其中，深圳本地以外的粉丝获奖比例达

30%，由此可见，深圳市民文化大讲堂的影响力已不仅仅局限于深圳本地。

《深圳市民文化大讲堂 2013 年讲座精选》由 88 场讲座文稿中精选出的 44 篇文章集结而成，《深圳商报》记者王光明同志对本书所选文稿进行了认真整理并付出了巨大辛劳，同时，各主讲嘉宾对本书的出版也给予了大力支持，在此，我们向所有参与本书选编和出版工作的同志表示深深的谢意！

图书在版编目（CIP）数据

深圳市民文化大讲堂 2013 年讲座精选：全 2 册/张骁儒主编.
—北京：社会科学文献出版社，2015.4
ISBN 978 - 7 - 5097 - 7201 - 0

Ⅰ.①深…　Ⅱ.①张…　Ⅲ.①社会科学 - 文集　Ⅳ.①C53

中国版本图书馆 CIP 数据核字（2015）第 048051 号

深圳市民文化大讲堂（上、下册）

——2013 年讲座精选

主　　编／张骁儒

出 版 人／谢寿光
项目统筹／王　绯
责任编辑／单远举

出　　版／社会科学文献出版社·社会政法分社（010）59367156
　　　　　　地址：北京市北三环中路甲 29 号院华龙大厦　邮编：100029
　　　　　　网址：www.ssap.com.cn
发　　行／市场营销中心（010）59367081　59367090
　　　　　　读者服务中心（010）59367028
印　　装／三河市尚艺印装有限公司

规　　格／开本：787mm × 1092mm　1/16
　　　　　　印张：44　字数：623 千字
版　　次／2015 年 4 月第 1 版　2015 年 4 月第 1 次印刷
书　　号／ISBN 978 - 7 - 5097 - 7201 - 0
定　　价／168.00 元（上、下册）